사도행전과

바울서신 핸드북

사도행전과 바울서신 핸드북

2022년 9월 15일 1쇄 인쇄
2022년 9월 20일 1쇄 발행

지은이 | 토마스 R. 슈라이너
옮긴이 | 조호형
펴낸이 | 박영호
펴낸곳 | 도서출판 솔로몬

주소 | 서울시 동작구 사당로 143
전화 | 599-1482
팩스 | 592-2104
직영서점 | 596-5225

등록일 | 1990년 7월 31일
등록번호 | 제 16-24호

ISBN 978-89-8255-611-1 03230

사도행전과
바울서신 핸드북

토마스 R. 슈라이너 지음

조호형 옮김

Handbook on Acts and Paul's Letters

솔로몬

그리스도의 신실한 종이자

나의 사랑하는 친구,

에릭 존슨(Eric Johnson)에게

이 책을 헌정한다.

| 차 례 |

시리즈 서문

신약성경 핸드북 시리즈는 베이커 출판사(Baker Academic)에서 출판되었다. 이는 아주 좋은 평가를 받은, 4권으로 구성된 구약성경 핸드북 시리즈에 상응한다. 그러나 신약성경에 관한 무수히 많은 주석서와 개론서가 있음에도 불구하고, 왜 여전히 다른 시리즈를 저술해야 할까? 핸드북 시리즈는 개론서도 주석서도 아니라는 점에서 독특하다. 대부분의 신약성경 주석서는 각 구절에 직접 접근하여 구절별 해석을 시도하는 반면, 개론서들은 마치 성경 본문과 약 12,000미터 정도 떨어진 상공에서 비행하는 것처럼 보인다. 이 시리즈는 이 두 접근 사이에 있다고 할 수 있다. 시리즈를 구성하는 각 권(volume)은 자세한 주석에 얽매이지 않고 각 신약성경 단락을 설명한다. 이에 대한 의도는 독자들이 핸드북에서 신약성경의 특정 단락을 펼쳤을 때, 이 단락의 앞뒤 논의를 읽지 않고도 그 단락의 의미를 빠르게 파악할 수 있도록 하기 위함이다. 이 시리즈는 신약성경의 각 주요 부분을 요약하기 위해 최선을 다한다. 물론 개론적인 문제들도 무시되지 않는다(가령, 저작권, 연대, 독자, 등등). 그러나 이러한 것들에 초점을 맞추지 않는다. 각주 역시 나타날 수 있지만, 독자들이 각 단락에 익숙해지게 하려고 좀처럼 사용되지 않는다. 저자는 각 장(chapter)의 끝에 추가 연구를 위해, 간략하지만 최신의 참고문헌 목록을 포함한다.

핸드북 시리즈는 성경 본문 그 자체에 초점을 맞추기 때문에, 시리즈의 각 권의 저자들은 구약성경의 암시와 인용에 특별한 주의를 기울인다. 신약성경 저자들은 구약성경을 약 350회 인용하고 약 1,000회 이상 암시하기 때문에, 이 시리즈의 각 저자는 논의 중인 단락에 구약성경의 암시와 인용이 어떻게 나타나는지 주목한다. 핸드북 시리즈의 주요 독자는 평신도와 학생들 및 목사들, 그리고 신학과 성경 연구를 가르치는 교수들이라고 할 수 있다. 우리는 이 시리즈의 각 권이 교실과 개인 연구를 위한 장소에서 사용되었으면 한다. 또한, 이 시리즈에 더욱 쉽게 접근할 수 있도록 전문 용어는 가능한 한 피한다. 각 권은 신학적으로 목회적으로 많은 정보를 담고 있으며, 각 권의 저자들은 자신의 의견들을 교회와 그리스도인의 삶에 적용한다. 무엇보다도, 우리의 기도와 소원은 이 시리즈가 하나님의 말씀에 대한 더 많은 연구와 진지한 묵상이 있도록 자극하는 것이며, 결과적으로 경건한 삶과 하나님 나라의 확장이 이루어지는 것이다.

벤자민 L. 글래드(Benjamin L. Gladd)

저자 서문

사도행전과 바울서신의 내용에 대하여 묵상하고 글을 쓰는 것은 즐거운 일이었다. 많은 개론서는 저자, 연대, 정황, 그리고 다른 중요한 질문들을 효과적으로 논의한다. 그러나 많은 독자는 간단하고 비전문적인 방식 안에서 신약성경의 내용에 대하여 논의하는 설명을 원한다. 셰익스피어의 작품을 예로 든다면, 개론서들이 마치 셰익스피어가 정말로 희곡을 썼는지, 각 희곡의 상황과 배경이 어떻게 되는지, 또한 셰익스피어에 대한 다른 문학적인 영향들이 있는지 등등에 관하여 집중하는 것과 같다. 물론 셰익스피어가 실제로 썼는지에 관한 토론과 의견 역시 간과할 수 없지만, 그의 작품의 내용 역시 중요하다. 이 책의 초점은 각 책의 내용이다. 서술적인 개요는 큰 그림을 제공하기 위한 것이며, 아주 지나치게 단순하며 독자들이 해당하는 책의 윤곽을 빠르게 이해하도록 도움을 주기 위하여 제시된다.

나는 벤 글래드(Ben Gladd)에게 감사한 마음을 전하고 싶은데, 그는 이 시리즈에 대한 기여를 나에게 요청하고, 성경 신학에 대한 비전을 나누며, 이 작업에 관하여 유용한 논평을 해 주었기 때문이다. 전문적으로 이 책이 출판되도록 안내하고 저술된 것을 날카롭게 수정해 준 브라이언 다이어(Bryan Dyer)와 에릭 살로(Eric Salo)에게 나는 감사를 표한다. 나는 또한 각 참고문헌을 정리하고 형식에 맞게 교정해 준 안드레스 베라(Andrés Vera)에게 감사한다. 사실 나는 그에게 너무 정리되지 않은 형식으로 보냈었다! 나는 안드레스의 우정과 그의 세심한 작업, 그리고 그가 어떻게 그리스도를 매일 닮아야 하는지 보여준 것에 대하여 매우 감사한다. 이 책은 비전문적이며 개론적인 책이기 때문에, 각주가 없다. 사실, 어떤 의미에서 모든 문장에 각주를 달 수 있다. 왜냐하면 나는 수많은 학자에게 빚을 지고 있는데, 이들의 강의와 저작들이 나를 형성했기 때문이다. 그러나 나는 참고문헌만을 제시하고 있는데, 독자들이 각 성경의 참고문헌을 통하여 가치가 있는 자료들을 발견하기를 소망한다. 이 책에는 내가 다른 곳에서 저술한 내용들, 특히 로마서와 고린도전서, 그리고 갈라디아서에 관하여 가져온 내용들이 포함된다. 각주를 사용하지 않기 때문에, 나는 별도로 인용하지 않았고, 다른 곳에서 저술했던 것을 가져올 때도 이전에 저술했던 것을 수정 보완했음을 밝힌다. 물론 참고문헌 또한 선별적으로 제시했고, 다른 많은 책이 포함될 수 있다.

나는 이 책을 나의 사랑하는 오랜 친구, 에릭 존슨(Eric Johnson)에게 바친다. 에릭은 기독교 심리학자의 모범이고, 내가 아는 가장 경건하고 지혜로운 사람 중 한 명이다. 나는 그의 사랑과 우정에 영원히 감사한다.

한국인 독자들을 위한 저자 서문

나는 『사도행전과 바울서신 핸드북』을 번역하기 위해 시간과 노력을 들인 조호형 박사에게 깊은 감사를 표한다. 조 박사는 이전에 Southern Baptist 신학대학원에서 나의 학생이었으며, 지금은 신약학의 학자이자 교수로서 한국에서 활동하고 있다. 나는 사도행전과 바울의 서신들을 조사하면서, 이 책을 쓰는 것은 기쁨 그 자체였다. 신약성경에서 중심적인 역할을 하는 사도행전과 바울의 편지들은 예수의 사역과 죽음, 그리고 부활과 승천 이후에 기록되었다. 물론 히브리서~계시록과 같이, 예수의 사역 이후에 기록된 다른 책들도 있다. 그런데도, 신약 27권 중 14권은 사도행전과 바울의 서신들로 구성되어 있다. 예수의 지상 사역이 끝난 후 어떤 일이 일어났는지 아는 것은 매우 중요하다. 사도행전은 예수의 사역 이후 30년이 넘는 기간 동안 그리스-로마 세계에서 복음이 발전해 가는 과정을 보여주고, 누가는 복음 전파를 이끈 주요한 몇몇 인물과 사건들에 관해 이야기한다. 결국, 초점은 사도행전의 베드로나 바울이 아니라, 복음 말씀의 능력과 영향에 있다. 복음의 메시지는 선포되는 곳마다 열매를 맺으며, 그리스-로마 세계 전역에 교회가 생겨났다. 교회의 성공과 발전은 예수가 계속해서 제자들과 함께하고 있음을 보여주며, 교회의 성장은 오직 아버지와 아들과 성령의 역사로부터 온 결과임을 드러낸다.

바울의 편지들은 예수의 사역과 죽음 및 부활을 보여준다. 바울은 다양한 교회의 삶에 예수의 메시지를 적용한다. 바울이 세운 교회들은 예수 그리스도를 믿는 공동체로 성장하고 성숙으로 나아갈 때, 여러 어려움에 직면하곤 했다. 바로 이때, 바울은 이 교회들을 향하여 편지를 썼다. 그는 예수 그리스도의 복음을 다양한 상황에 적용하여, 복음의 중요성과 그 의미를 깊이 있고 심오하게 풀어낸다. 우리는 바울의 편지들로부터, 그가 단지 좋은 조언이나 도덕적 처방을 주는 것이 아님을 알게 된다. 신자들이 수용한 믿음에 대한 위협을 받고 있거나, 이들이 일상생활에서 경험하는 것은 물론 교회에서 일어나고 있는 것들에 대해, 그는 올바로 해결하기 위하여 복음을 제시하고 이에 합당한 삶을 촉구한다. 몇몇 학자들은 바울이 그 당시 교회들 안에 일어난 특정 상황들을 언급하기 때문에, 과연 바울의 서신들을 하나님의 변함없는 말씀으로서 우리에게도 적용 가능한지 궁금해 할 것이다. 그러나 우리는 그의 서신들이 하나님의 말씀임을 믿는다. 우리가 이 편지들을 주의 깊게 읽으면, 이 말씀에 비추어 우리의 삶에서 일반적으로 일어날 수 있는 여러 상황을 다룰 수 있다는 것을 알게 된다. 그러므로, 바울의 신학적, 목회적 진술들은 하나님의 변함없는 말씀임을 나타낸다. 주님은 역사 전체에 걸쳐 예수 그리스도의 교회를 세우시고 굳게 하시기 위해 하나님의 말씀을 사용하셨다. 이 책이 한국인 독자들에게 복음의 능력을 일깨워주고 힘을 북돋우어주기를 바라며, 이들이 땅끝까지 복음을 전파하며 쓰임 받기를 간절히 바란다.

토마스 R. 슈라이너(Thomas R. Schreiner)

옮긴이 서문

나의 학문의 여정 끝자락에서 Southern Baptist 신학대학원에서의 삶은 잊지 못할 추억들로 가득하다. 그때 교정(校庭)에서의 긴장의 삶은 지금 추억이 되었고, 이제 추억을 생각하며 나는 현재의 "나"에 대하여 감사할 수 있는 여유를 발견한다. 감사할 수밖에 없는 것 중 하나는 Southern에서 많은 스승을 만났다는 것이다. 이들은 정말 큰 사랑으로 부족한 나를 인도해주었다. 특히, 토마스 R. 슈라이너(Thomas R. Schreiner) 박사는 나에게 학문적인 영향을 많이 주었고, 바울의 서신들에 나타난 이슈들의 본질을 이해하도록 하였다. 이렇게 나에게 영향을 준 그의 책을 번역하게 되어서 개인적으로 큰 영광으로 생각한다.

본서의 장점 중 하나는 주석서와 개론서 사이에서 균형을 유지한다는 것이다. 주석서들은 많은 경우 지나치게 모든 구절의 이슈들을 다루려고 한다. 개론서들은 성경의 내용이 아니라, 각 성경의 배경을 주로 다루게 된다. 본서는 독자들이 숲의 윤곽을 보면서 숲을 이루는 나무들을 파악하도록 한다. 즉, 본서는 각 성경 전체를 조망하면서도 독자들이 알아야 하는 주요 이슈들을 이해하기 쉽게 설명한다. 본서는 사도행전과 바울의 편지들에 초점을 두고 있는데, 신약 학자로서 특히 바울 신학자로서 지난 수십 년 동안 학계에 지대한 영향을 끼친 슈라이너 박사는 본서 안에서 더욱 명확하게 이슈들을 조명하고 안내한다. 사도행전과 바울의 편지들의 밀접한 관련성 안에서 펼쳐지는 그의 탁월한 학문성은 본서 전체에 깊게 베어져 있다. 또한, 본서는 슈라이너의 목회적인 통찰력도 나타나기 때문에, 현장 사역에 적용들도 만날 수 있다.

이 책을 통하여 독자들이 성경을 가까이하고 깊이 연구하며, 이들 안에 복음의 열정이 타오르고 하나님 나라가 더욱 확장되길 간절히 바란다.

약어

다른 주요 본문들

속사도 교부들(Apostolic Fathers)

1 Clem. 1 Clement
Did. Didache

아풀레이우스(Apuleius)

Metam. *Metamorphoses (The Golden Ass)*

아라투스(Aratus)

Phaen. *Phaenomena*

아테나에우스(Athenaeus)

Deipn. *Deipnosophistae (Banquet of the Learned)*

성경: 여러 성경 본문들과 번역본들

CSB Christian Standard Bible
ESV English Standard Version
KJV King James Version
LXX Septuagint (the Greek OT)
MT Masoretic Text (of the Hebrew Bible)
NASB New American Standard Bible
NET New English Translation
NIV New International Version (2011)
NKJV New King James Version NRSV New Revised Standard Version
NT New Testament
OT Old Testament
RSV Revised Standard Version
Tg. Onq. Targum Onqelos (Aramaic translation of the Pentateuch)

키케로(Cicero)

Cael. *Pro Caelio*
Clu. *Pro Cluentio*
Off. *De officiis (On Obligations)*

사해 두루마리 사본(Dead Sea Scrolls)

4QMMT Halakhic Letter (4Q394–399) 4QpNah Pesher Nahum, from Cave 4 of Qumran
11QTemple Temple Scroll, from Cave 11 of Qumran *Diatr.* *Diatribai/Dissertationes*

디오게네스 라에르티우스(Diogenes Laertius)

Vit. phil. *Vitae philosophorum (Lives of Eminent Philosophers)*

에픽테토스(Epictetus)

Diatr. *Diatribai/Dissertationes*

요세푸스(Josephus)

Ant. *Jewish Antiquities*
J.W. *Jewish War*

유베날리스(Juvenal)

Sat. *Satirae (Satires)*

구약 외경(Old Testament Apocrypha)

Bar. Baruch
2 Esd. 2 Esdras
1–4 Macc. 1–4 Maccabees
Sir. Sirach
Tob. Tobit
Wis. Wisdom of Solomon

구약 위경(Old Testament Pseudepigrapha)

2 Bar. 2 Baruch
Jos. Asen. Joseph and Aseneth
Jub. Jubilees
LAB Liber antiquitatum biblicarum (Pseudo-Philo)
Pss. Sol. Psalms of Solomon
Sib. Or. Sibylline Oracles
T. Benj. Testament of Benjamin
T. Sol. Testament of Solomon

랍비 전통을 따르는 작품들

m. Avod. Zar. Avodah Zarah

m. Demai Demai

m. Kiddushin Kiddushin

Num. Rab. Numbers Rabbah

Sifre Num. Sifre Numbers

t. Sukkah Sukkah

파피루스(Papyri)

P.Oxy. Oxyrhynchus Papyri

필로(Philo)

Creation *On the Creation of the World*

Decalogue *On the Decalogue*

Embassy *On the Embassy to Gaius*

플라톤(Plato)

Leg. *Leges (Laws)*

플루타르크(Plutarch)

Conj. praec. *Conjugalia praecepta (Ad- vice to Bride and Groom)*

Lib. Ed. *Pseudo-Plutarch, De liberis educandis (Educating the Virtuous Citizen)*

Mor. *Moralia (Moral Essays)*

크세노폰(Xenophon)

Mem. *Memorabilia*

현대 자료들

AB Anchor Bible

ABCS Asia Bible Commentary Series

ABR *Australian Biblical Review*

AcBib Academia Biblica

ACCS Ancient Christian Commentary on Scripture

ACNT Augsburg Commentary on the New Testament

ACT Ancient Christian Texts

AGJU Arbeiten zur Geschichte des antiken Judentums und des Urchristentums AnBib Analecta Biblica

ANTC Abingdon New Testament Commentaries

BBC Blackwell Bible Commentaries

BBR *Bulletin for Biblical Research*

BCBC Believers Church Bible Commentary

BDAG Danker, Frederick W., Walter Bauer, William F. Arndt, and F. Wilbur Gingrich. *Greek-English Lexicon of the New Testament and Other Early Christian Literature*. 3rd ed. Chicago: University of Chicago Press, 2000.

BDF Blass, Friedrich, Albert Debrunner, and Robert W. Funk. *A Greek Grammar of the New Testament and Other Early Christian Literature*. Chicago: University of Chicago Press, 1961.

BECNT Baker Exegetical Commentary on the New Testament

BETL Bibliotheca Ephemeridum Theologicarum Lovaniensium BHGNT Baylor Handbook on the Greek New Testament

BHT Beiträge zur historischen Theologie

Bib *Biblica*

BIS Biblical Interpretation Series

BNTC Black's New Testament Commentaries

BSac *Bibliotheca Sacra*

BST Bible Speaks Today

BT *The Bible Translator*

BTCB Brazos Theological Commentary on the Bible

BTCP Biblical Theology for Christian Proclamation

BZNW Beihefte zur Zeitschrift für die neutestamentliche Wissenschaft CBET Contributions to Biblical Exegesis and Theology

CBQ *Catholic Biblical Quarterly*

CBR Currents in Biblical Research

CCSS Catholic Commentary on Sacred Scripture

CGTC Cambridge Greek Testament Commentaries

CPNIVC College Press NIV Commentary

CRINT Compendia Rerum Iudaicarum ad Novum Testamentum

CTJ *Calvin Theological Journal*

CTR *Criswell Theological Review*

DSBS Daily Study Bible Series

EEC Evangelical Exegetical Commentary

EGGNT Exegetical Guide to the Greek New Testament

ETL *Ephemerides Theologicae Lovanienses*

EvQ *Evangelical Quarterly*

ExpTim *Expository Times*

FRLANT Forschungen zur Religion und Literatur des Alten und Neuen Testaments FSS Five Solas Series

GNC Good News Commentary

GTJ *Grace Theological Journal*

HBT *Horizons in Biblical Theology*

HDR Harvard Dissertations in Religion

HNTC Harper's New Testament Commentaries

HTR *Harvard Theological Review*

IBC Interpretation: A Bible Commentary for Teaching and Preaching

ICC International Critical Commentary
IVPNTC IVP New Testament Commentary
JAAR *Journal of the American Academy of Religion*
JBL *Journal of Biblical Literature*
JETS *Journal of the Evangelical Theological Society*
JPTSup Journal of Pentecostal Theology Supplement
JSJ *Journal for the Study of Judaism*
JSJSup Supplements to Journal for the Study of Judaism
JSNT Journal for the Study of the New Testament
JSNTSup Journal for the Study of the New Testament Supplement Series
JSOT Journal for the Study of the Old Testament
JSPL *Journal for the Study of Paul and His Letters*
JTS Journal of Theological Studies
LNTS Library of New Testament Studies
LTP *Laval théologique et philosophique*
LTPM Louvain Theological and Pastoral Monographs
LW Luther's Works
MNTC Moffatt New Testament Commentary
NAC New American Commentary
NACSBT New American Commentary Studies in Bible and Theology NCB New Century Bible
NCBC New Cambridge Bible Commentary
NCCS New Covenant Commentary Series
NIBC New International Biblical Commentary
NICNT New International Commentary on the New Testament NIGTC New International Greek Testament Commentary
NIVAC NIV Application Commentary
NovT *Novum Testamentum*
NovTSup Supplements to Novum Testamentum
NSBT New Studies in Biblical Theology
NTC New Testament in Context
NTL New Testament Library
NTM New Testament Monographs
NTOA Novum Testamentum et Orbis Antiquus
NTS *New Testament Studies*
NTT New Testament Theology

PBM	Paternoster Biblical Monographs
PCNT	Paideia: Commentaries on the New Testament
PGNT	Phoenix Guides to the New Testament
PNTC	Pillar New Testament Commentary
Presb	*Presbyterion*
ResQ	*Restoration Quarterly*
RevExp	*Review and Expositor*
RNTS	Reading the New Testament Series
RTR	*Reformed Theological Review*
SBLDS	Society of Biblical Literature Dissertation Series
SBLMS	Society of Biblical Literature Monograph Series
SEJC	Studies in Early Judaism and Christianity
SHBC	Smyth & Helwys Bible Commentary
SJT	*Scottish Journal of Theology*
SNTSMS	Society for New Testament Studies Monograph Series
SNTSU	Studien zum Neuen Testament und seiner Umwelt
SNTW	Studies of the New Testament and Its World
SOGBC	Story of God Bible Commentary
SP	Sacra Pagina
ST	*Studia Theologica*
SUNT	Studien zur Umwelt des Neuen Testaments
THNTC	Two Horizons New Testament Commentary
TJ	*Trinity Journal*
TNTC	Tyndale New Testament Commentaries
TPINTC	TPI New Testament Commentaries
TTE	*The Theological Educator*
TUGAL	Texte und Untersuchungen zur Geschichte der altchristlichen Literatur
TynBul	*Tyndale Bulletin*
TZ	*Theologische Zeitschrift*
WBC	Word Biblical Commentary
WTJ	*Westminster Theological Journal*
WUNT	Wissenschaftliche Untersuchungen zum Neuen Testament
ZECNT	Zondervan Exegetical Commentary on the New Testament
ZIBBC	Zondervan Illustrated Bible Backgrounds Commentary
ZNW	*Zeitschrift für die neutestamentliche Wissenschaft und die Kunde der älteren Kirche*

1. 사도행전

서론

저자와 연대

사도행전에서 우리는 저자가 누구인지 또는 사도행전이 언제 기록되었는지 발견할 수 없다. 그러나 사도행전이 누가복음을 기록한 동일 인물에 의해 기록되었다는 것은 아주 분명하다. 여러 가지 이유가 나열될 수 있지만, 나는 세 가지로 제한하려고 한다. (1) 두 책 모두 데오빌로에게 보낸 것이다(눅 1:3; 행 1:1). (2) 사도행전은 "먼저 쓴 글"을 언급하는데(1:1), 이것은 분명히 누가복음이다. (3) 아래의 표는 누가복음의 결론 부분과 사도행전의 시작 부분에서 발견되는 몇 가지 공통 주제들을 보여준다.

주제	본문
예수의 부활에 대한 증거	누가복음 24:1-43; 사도행전 1:3
성령의 약속	누가복음 24:49; 사도행전 1:4-5, 8
예루살렘에서 기다림	누가복음 24:52-53; 사도행전 1:4
복음을 선포의 사명	누가복음 24:47-48; 사도행전 1:8
예수의 승천	누가복음 24:51; 사도행전 1:9-11

누가복음의 끝부분과 사도행전의 시작 부분 사이에 나타난 관련성은 동일 저자가 저술했다는 것을 보여준다.

데오빌로는 저자를 알고 있었겠지만, 누가복음과 사도행전을 누가 썼는지 우리가 어떻게 알 수 있는가? 이 문제를 자세하게 규명하는 것이 나의 목적은 아니지만, 우리는 전통과 사도행전의 내적 증거, 즉 사도행전의 저자가 바울과 함께 여행했다는 것을 암시하는 "우리" 단락에서 결론을 도출한다(행 16:10-16; 20:5-15; 21:1-12; 27:1-28:16. "우리" 단락은 대명사 "우리"가 나타나는 단락-옮긴이). 초대 교회는 초기부터 사도행전이 누가에 의해 기록되었다는 것에 동의했다. 우리가 신약성경을 읽을 때, 누가가 거의 보이지 않기 때문에, 이 전통이 조작되었을 가능성은 거의 없다. 사실, 그는 오직 세 구절에만 나타난다(골 4:14; 딤후 4:11; 몬 24). 오늘날 우리가 이 구절들을 읽을 때 누가를 주목하는 유일한 이유는 누가가 복음서와 사도행전을 저술했다는 전통을 알기 때문이다. 사실, 초대 교회가 누가를 저자로 인정할 만큼이나 누가의 명성이 높았던 것은 아니다. 오히려 정반대였다. 전통이 누가를 저자로서 인정했기 때문에, 누가는 유명해졌다고 할 수 있다. 사도행전의 "우리" 단락들은 비록 완전히 결정적이지 않다고 할지라도, 누가를 저자로서 인정하게 만든다. 또한, 사도행전에 나타난 "우리" 단락들을 연구할 때, 누가가 가장 가능성 있는 저자로 드러나게 된다.

사도행전의 연대는 훨씬 더 어려운 문제이다. 사도행전이 누가복음 이후 기록되었다는 것은 분명하므로, 사도행전의 연대 측정은 우리가 누가복음의 연대를 어떻게 측정할 것인지에 관련된다. 또한, 학자들 대부분은 누가가 누가복음을 저술할 때, 마가복음을 사용했다고 생각하므로, 사도행전의 연대 측정은 여기에서 우리가 탐구할 수 없는 문제들과 연결될 수 있다. 그러나 누가복음이 충분히 일찍 기록되었으므로 사도행전은 AD 70년 예루살렘 성전 파괴 이전, 60년대에 기록되었다고 생각할 만한 좋은 이유가 있다고 나는 믿는다. 아마도 누가는 바울이 감옥에서 풀려나기 이전에 사도행전을 완성했을 것이다(행 28:30-31). 이와 달리, 사도행전이 70년대나 80년대에 기록되었을 가능성도 있다. 어떤 경우이든, 우리가 어떤 연대를 정하든지, 사도행전의 해석은 그대로이다.

구조와 중심 주제들

사도행전을 배열하는 많은 방법이 있다. 이것 중, 세 가지 가능성을 다음과 같이 제시할 수 있다.

주요 인물들	
베드로	1:1-12:25
바울	13:1-28:31

지리	
예루살렘	1:1-8:3
사마리아와 팔레스타인의 해안 지역들	8:4-11:18
남 갈라디아	11:19-15:35
빌립보, 데살로니가, 베뢰아, 아덴, 고린도, 에베소	15:36-19:20
예루살렘과 로마	19:21-28:31

요약 진술들	
6:7	"*하나님의 말씀*이 점점 왕성하여 **예루살렘**에 있는 제자의 수가 더 심히 많아지고 허다한 제사장의 무리도 이 도에 복종하니라"
9:31	"그리하여 온 **유대와 갈릴리와 사마리아** 교회가 평안하여 든든히 서 가고 주를 경외함과 성령의 위로로 진행하여 수가 더 많아지니라"
12:24	"*하나님의 말씀*은 흥왕하여 더하더라"

16:5	"이에 여러 교회가 믿음이 더 굳건해지고 수가 날마다 늘어가니라"
19:20	"이와 같이 *주의 말씀*이 힘이 있어 홍왕하여 세력을 얻으니라"
28:30-31	"바울이 온 이태를 자기 셋집에 머물면서 자기에게 오는 사람을 다 영접하고 *하나님의 나라를 전파하며 주 예수 그리스도에 관한 모든 것을 담대하게 거침없이 가르치더라*"

아래의 개요는 지나치게 단순하고 일부 현대적인 범주를 사용한다. 그러나 이 개요는 사도행전의 큰 그림을 얻도록 우리에게 도움을 준다.

개요	
복음이 예루살렘에 전파되다	1:1-6:7
복음이 유대와 사마리아, 그리고 갈릴리에 전파되다	6:8-9:31
복음이 이방인에게 전파되다	9:32-12:24
복음이 현재의 터키에 전파되다	12:25-16:5
복음이 유럽에 전파되다	16:6-19:20
복음이 예루살렘에서 로마까지 전파되다	19:21-28:31

위에 제시된 첫 번째 구조는 분명히 받아들이기 쉽지 않다. 왜냐하면 사도행전은 근본적으로 베드로와 바울에 대한 것이 아니기 때문이다. 사실, 베드로는 사도행전 7장에도 등장하지 않으며, 8-9장에서 중요한 역할을 하지 않는다. 지리에 따른 구조는 첫 번째 구조보다는 더 가능성이 있지만, 사도행전 전체를 이해할 때 매우 도움이 되지 않으며, 솔직하게 말하자면, 그렇게 흥미롭지 않다. 물론 결함이 없는 구조는 없다. 그러나 나는 세 번째 표의 요약 진술들이 사도행전을 구성한다고 믿는다. 요약 진술들은 1:8("오직 성령이 너희에게 임하시면 너희가 권능을 받고 예루살렘과 온 유대와 사마리아와 땅 끝까지 이르러 내 증인이 되리라 하시니라")에 있는 사도행전의 주제와 잘 맞는다.

그 요약 진술들 표에는 세 가지 주제를 나타내기 위해 표시된 것들이 있다. 첫째, 굵은 글씨는 복음이 지리적으로 퍼져가고 있음을 나타낸다. 사도행전 1:8에서 우리는 복음이 예루살렘에서 시작하여, 유대와 사마리아에 퍼지고, 그리고 땅끝으로 간다는 것을 보게 된다. 흥미롭게도, 우리가 요약 진술문에 있는 굵은 글씨를 볼 때, 지리를 언급하는 요약 진술이 6:7과 9:31에만 있다는 것을 알게 된다. 6:7에서 1:8에 있는 약속의 첫 부분("복음이 예루살렘으로 퍼짐")이 성취됨을 알 수 있다. 1장과 6장은 예루살렘 성전을 중심으로 하며, 복음은 예루살렘과 성전 뜰에서 선포된다. 이사야의 예언이 여기에서 성취되기 시작하는데, "이는 율법이 시온에서부터 나올 것이요 여호와의 말씀이 예루살렘에서부터 나올 것임이니라"라고 진술된다(사 2:3; 미 4:2 참조). 사도행전 9:31의 요약 진술은 유대와 갈릴리, 그리고 사마리아로 복음이 확장된다는 것을 기록한다. 복음이 '어떻게 유대와 갈릴리에 확장되었는지'에 관하여 알려지지 않지만, 사마리아에 복음이 전파되었다는 것은 유대와 갈릴리 또한 복음이 전해졌다는 것을 나타낸다. 나중에 우리는 사마리아가 여기에 포함된 것이 왜 그렇게 중요한지 살펴볼 것이다.

1:1-9:31의 구조에 대한 세 가지 다른 설명을 우리는 주목해야 한다. 첫째, 6:7의 요약 진술 이후 6:8-8:4에서 왜 스데반이 등장하는가? 특히 스데반은 예루살렘에서 순교까지 당했는데 말이다. 게다가, 스데반은 6:1-6에서 봉사하도록 선택된 일곱 명 중 한 사람으로 임명되었기 때문에, 예루살렘에 전파되는 복음에 대한 요약 진술 이후에 그의 죽음에 관한 이야기(6:8-8:4)를 위치시키는 것은 내러티브를 깨뜨리는 것처럼 보인다. 나는 스데반의 연설과 죽음에 관한 이야기가 6:7의 요약 진술 이후에 위치해야 한다고 제안한다. 왜냐하면 스데반의 죽음은 제자들이 "유대와 사마리아 모든 땅으로" "흩어지도록" 했고(8:1) "그 흩어진 사람들이 두루 다니며 복음의 말씀을 전하도록" 했기 때문이다(8:4; 11:19 참조). 다시 말해, 스데반의 연설과 순교는 예루살렘 밖 유대와 사마리아, 그리고 갈릴리에서 복음이 전파되는 원동력이 되었다. 즉, 예루살렘 밖에서 복음이 전파되도록 하는 촉매제(catalytic) 역할을 하는 사건이다.

둘째, 왜 바울의 회심(9:1-30)이 두 번째 요약 진술(9:31) 이전에 위치하는가? 어떤 의미에서, 바울의 회심은 예루살렘과 유대, 그리고 갈릴리와 사마리아에 있는 유대인들에게 복음이 완전히 도달했다는 것을 나타내는 것처럼 보이지만, 이러한 질문은 바울의 사역이 주로 이방인들과 디아스포라 유대인들을 위한 사역이었기 때문에 충분히 제기될 수 있다. 이 관찰은 누가가 이야기를 풀어가는 서사적(narratival) 관점에서 이루어진다는 것을 이해하는 것이 중요하다. 확실히, 유대 기독교인들은 바울의 회심 이후에도, 예루살렘과 유대, 그리고 갈릴리와 사마리아에서도 복음을 계속 전파했다. 그러나 누가는 바울의 회심 이후 그 이야기를 자세히 말하지 않는다. 누가는 바울의 회심을 구속 역사에서 중요한 변화를 나타내는 것으로 분명히 이해한다. 이 지점부터, 주님은 베드로를 인도하고(10:1-11:18), 바울에게 예수에 대한 복음을 이방인들에게 선포하도록 위임하기 때문이다.

셋째, 1:1-9:31의 구조와 관련해서, 중요하게 제기할 수 있는 질문은 9:31 이후 등장하는 요약 진술에서 왜 지리적인 언급이 나타나지 않는지이다. 우리는 1:1-6:7이 예루살렘을 중심으로 하고, 6:8-9:31이 유대와 사마리아, 그리고 갈릴리에 초점을 맞추고 있지만, 뒤따르는 요약 진술들에는 지리적인 언급들이 없다는 것을 주목했다. 9:32부터 복음이 세상의 가장 먼 곳을 포함하여 땅 끝에 있는 이방인들에게 전해지기 때문에 지리적인 장소들을 언급할 필요가 없었을 것이다. 9:32, 이 지점부터 사도행전에 등장하는 모든 장소는 복음이 "땅 끝까지"(1:8) 전파되고 있는 것을 나타낸다. 예루살렘에서 나오는 주님의 말씀은 모든 민족에게 임하는 것으로 나타난다(사 2:2-3; 미 4:1-2). 그러므로 사도행전은 로마에 있는 바울로 끝나는 것이 적합하다. 로마가 땅 끝이기 때문이 아니라, 로마 제국의 수도에 복음을 전함으로써, 교회가 땅 끝까지 가라는 예수의 명령을 수행하고 있다는 것을 상징하기 때문이다. 그런 의미에서, 로마는 선교의 새로운 출발점이 된다.

위에 있는 요약 진술들의 표에 등장하는, 두 번째 특징은 이탤릭체로 강조된다는 것이다. 우리는 요약 진술 중, 세 진술에서 교회가 주님의 말씀이나 하나님의 말씀으로 성장했다는 것을 발견한다(6:7; 12:24; 19:20). 말씀의 내용은 "하나님의 나라"이며, 이 나라는 예수 그리스도에게 초점이 맞춰져 있다(28:31). 사도행전에서 교회는 말씀의 능력으로 성장하고 확장하며, "이 복음은 … 구원을 주시는 하나님의 능력이 됨이라"(롬 1:16)라고 말하는 방식을 보여준다. 이 구절 안에서 우리는 매우 중요한 관찰을 할 수 있다. 사도행전에서 구원의 메시지는 내재된(inherent) 능력을 가진 메시지이며, 마지막 날에 완성되는 하나님 나라에 관한 메시지이다. 몇몇 학자들은 하나님 나라라는 주제가 복음서들과 비교했을 때 사도행전에는 그다지 중요한 주제가 아니라고 말하지만, 이것은 잘못된 판단이다. 비록 "나라"라는 단어가 자주 사용되지 않지만, 이 "하나님 나라"의 주제는 실제로 사도행전 안에서 중심적인 역할을 한다. 하나님 나라는 사도행전 전체의 틀을 이룬다고 할 수 있는데, 예수가 제자들과 40일 동안 만나고 승천한 이후, 그는 "하나님 나라"에 대하여 그들에게 말했고(행 1:3), 바울이 "하나님의 나라를 전파하는" 것으로 끝맺기 때문이다(28:31).

더 나아가, 하나님 나라가 예수 그리스도에게 집중되고 있음을 이해하는 것은 필수적이다. 사도행전의 마지막 부분에 나온 것처럼, 바울이 로마에서 가택연금 상태에 있는 동안 유대인들에게 복음을 설명하면서(행 28:16, 23), "하나님의 나라를 증거하였고" "모세의 율법과 선지자의 말을 가지고 예수에 대하여 권하려고" 하였다(28:23). 예수 그리스도의 나라와 복음은 바울이 로마에서 유대 기독교인들에게 선포한 복음과 서로 다른 메시지가 아니다. 구약성경에 나타난 하나님 나라에 대한 약속은 예수 그리스도의 죽음과 부활안에서 성취되었다. 복음과 하나님 나라, 그리고 예수 그리스도에 관한 메시지 사이의 밀접한 관계는 사도행전 8:12에 의해 확인된다. 빌립이 사마리아에 있을 때, 그는 "하나님 나라와 및 예수 그리스도의 이름에 관하여 전도하였다"('유앙겔리조메노'[*euangelizomenō*]). 게다가, 누가는 바울이 에베소에서 3

개월 동안 복음을 전파했다는 것을 요약할 때, "하나님 나라에 관하여 강론하고 권면하였다"라고 말한다(19:8). 비슷하게, 바울은 에베소 교인들 중에서 행한 자신의 사역을 "하나님 나라를 전파"한 것으로 묘사했다(20:25). 주님의 말씀은 복음이며, 하나님 나라에 대한 메시지이고, 예수 그리스도에 대한 좋은 소식이다.

밑줄로 표시된 요약 진술들의 세 번째 주제(위 요약 진술들 도표에 표시되어 있음)는 복음의 성장과 말씀의 확장이다. 이 두 단어는 교회의 성장을 나타내는데, 바로 "흥왕(왕성)하다"('아욱사노'[*auxanō*])와 "수가 증가하다"('플레띠노'[*plēthynō*])이며, 바로 아래 표에서 이탤릭체로 표시된다.

6:7	"하나님의 말씀이 *점점 왕성하여* 예루살렘에 있는 제자의 수가 더 심히 많아지고 허다한 제사장의 무리도 이 도에 복종하니라"
12:24	"하나님의 말씀은 *흥왕하여 더하더라*"
19:20	"이와 같이 주의 말씀이 힘이 있어 *흥왕하여* 세력을 얻으니라"

우리는 "흥왕(왕성)하다"와 "증가하다"라는 동일 단어를 하나님께서 인류에게 "생육하고('아욱사네스떼'[*auxanesthe*]) 번성하라('플레띠네스떼'[*plēthynesthe*])"라고 말씀하신 칠십 인역(LXX)에 나타난 창조 설명에서 발견한다. 창조 명령(creation mandate)은 복음 안에서 독특한 방식으로 성취되고 있다. 인간은 하나님을 위하여 세상을 다스리도록 창조되었고, 세상을 다스리는 것은 예수 그리스도의 복음을 통하여 회복된다. 복음이 전파될 때, 인간에 대한 하나님의 통치는 회복된다. 회심한 사람들의 주목할 만한 '숫자'는 두 개의 요약 진술에 기록되며(행 6:7; 16:5), 숫자의 증가는 아래 표에 나타난 것처럼, 사도행전의 다른 구절에도 기록된다.

사도행전에 나타난 교회 성장	
본문	성장에 대한 언급
2:41	"그 말을 받은 사람들은 세례를 받으매 이 날에 신도의 수가 삼천이나 더하더라"
2:47	"하나님을 찬미하며 또 온 백성에게 칭송을 받으니 주께서 구원 받는 사람을 날마다 더하게 하시니라"
4:4	"말씀을 들은 사람 중에 믿는 자가 많으니 남자의 수가 약 오천이나 되었더라"
5:14	"믿고 주께로 나아오는 자가 더 많으니 남녀의 큰 무리더라"
6:1	"그 때에 제자가 더 많아졌는데 헬라파 유대인들이 자기의 과부들이 매일의 1)구제에 빠지므로 히브리파 사람을 원망하니"
9:35	"룻다와 사론에 사는 사람들이 다 그를 보고 주께로 돌아오니라"
9:42	"온 욥바 사람이 알고 많은 사람이 주를 믿더라"
11:21	"주의 손이 그들과 함께 하시매 수많은 사람들이 믿고 주께 돌아오더라"
11:24	"바나바는 착한 사람이요 성령과 믿음이 충만한 사람이라 이에 큰 무리가 주께 더하여지더라"
14:1	"이에 이고니온에서 두 사도가 함께 유대인의 회당에 들어가 말하니 유대와 헬라의 허다한 무리가 믿더라"
17:4	"그 중의 어떤 사람 곧 경건한 헬라인의 큰 무리와 적지 않은 귀부인도 권함을 받고 바울과 실라를 따르나"
17:12	"그 중에 믿는 사람이 많고 또 헬라의 귀부인과 남자가 적지 아니하나"
18:8	"또 회당장 그리스보가 온 집안과 더불어 주를 믿으며 수많은 고린도 사람도 듣고 믿어 세례를 받더라"
21:20	"그들이 듣고 하나님께 영광을 돌리고 바울더러 이르되 형제여 그대도 보는 바에 유대인 중에 믿는 자 수만 명이 있으니 다 율법에 열성을 가진 자라"

하나님을 위하여 세상을 다스리라는 창조 명령은 교회가 왕성하고 증가할 때 성취되고 있었다. 그러나 우리는 여기에서 한 걸음 더 나아갈 수 있다. "땅의 모든 족속이 너로 말미암아 복을 얻을 것이라"(창 12:3)라는 아브라함에게 주어진 약속은 아브라함과 맺은 언약의 중심 주제이다. 사실, 보편적인

(universal) 복에 대한 이 약속은 창세기 안에서 아브라함과 이삭, 그리고 야곱에게 정기적으로 반복된다(18:18; 22:18; 26:4; 28:14). 아브라함에게 약속된 보편적인 복은 하나님의 세상을 다스리라는 창조 명령이 성취될 수단이다. 그러므로 신자들의 수가 증가하고 땅 끝까지 믿음이 확장되는 것(이방인들의 포함)은 아브라함에게 주어진 보편적인 복에 대한 약속의 성취를 나타낸다.

마지막으로 한 가지를 더 짚고 넘어가야 한다. 시편 72편은 다윗 언약 안에서 다윗에게 주어진 약속들의 실현을 고대하는 메시아적 시편이다. 이 시편에 등장하는 한 가지 간구는 "사람들이 그로 말미암아 복을 받으리니 모든 민족이 다 그를 복되다"(72:17)라는 진술에 나타난다. 아브라함에게 주어진 보편적인 복에 대한 약속은 다윗 왕을 통하여 실체가 될 것이며, 사도행전에서 이 왕은 명백하게 예수 그리스도이다. 이 모든 주제는 예루살렘에서 행한 베드로의 두 번째 설교에 담겨있는데, 사도행전 3:24-26에서 그는 "또한 사무엘 때부터 이어 말한 모든 선지자도 이 때를 가리켜 말하였느니라 너희는 선지자들의 자손이요 또 하나님이 너희 조상과 더불어 세우신 언약의 자손이라 아브라함에게 이르시기를 땅 위의 모든 족속이 너의 씨로 말미암아 복을 받으리라 하셨으니 하나님이 그 종을 세워 복 주시려고 너희에게 먼저 보내사 너희로 하여금 돌이켜 각각 그 악함을 버리게 하셨느니라"라고 말한다. 하나님을 위하여 세상을 다스리라는 창조 명령은 아브라함과의 언약을 통하여 실체가 되었고, 아브라함의 언약은 다윗의 자손 예수 그리스도를 통하여 성취되었다.

오순절을 위한 준비(1:1–26)

사도행전 1장은 오순절(AD 30년)과 예수가 제자들에게 약속했던 성령의 선물을 위한 준비로서 기능한다. 우리는 사도행전 1:1에서부터, 사도행전이 예수의 말씀과 사역을 이어갈 것임을 알게 된다. 그러나 제자들은 성령의 권능을 받아야만 예수가 행했던 것을 하고, 그의 말씀을 전할 수 있게 될 것이다. 그러므로 예수는 사도들이 성령의 약속을 기다리도록 가르친다(1:4-5).

성령에 대한 약속은 하나님 나라의 도래와 밀접하게 관련된다(1:4-6). 하나님 나라는 공관복음에 나타난 예수의 설교에서 중심적인 역할을 하며, 분명히 성경의 중심 주제 중 하나이다. 선지서들(예를 들어, 사 9:2-7; 32:1-5; 33:15-24; 암 9:11-15; 옵 21; 습 3:8-20; 슥 14:9)과 시편들(예를 들어, 2편; 72편; 89편; 102:15-22)은 하나님 나라가 임하여 땅에 널리 퍼지게(prevail) 될, 그때를 예견한다. 구약성경에서 언약 약속들의 성취와 하나님 나라의 도래는 하나님께서 성령을 부어 주실 때 현실이 되는 것이다(예를 들어, 사 32:15; 44:3; 겔 36:26-27; 욜 2:28-29).

그러므로 사도행전 1:4-5에서 제자들이 성령에 대한 약속을 들었을 때, 그 나라가 언제 이스라엘에 회복되려고 하는지 묻는 것을 우리가 발견하는데, 이러한 모습은 놀라운 것이 아니다. 이스라엘의 회복은 구약성경의 많은 구절 안에서 발견되는데, 특히 포로 생활에서 귀환을 약속하는 구절들에 나타난다(예를 들어, 사 11:11-15; 40:3-11; 42:16; 43:2, 5-7, 16-19; 48:20-21; 49:6-11; 51:10; 렘 31:27-34; 겔 34-37장; 암 9:11-15). 이스라엘의 포로 생활로부터 귀환과 성령의 선물은 똑같은 약속의 두 가지 차원이며, 이 약속은 또한 "새 언약"(렘 31:31-34 참조)으로 묘사된다. 새 언약은 또한 "화평의 언약"(사 54:10; 겔 34:25; 37:26)과 "영원한 언약"(사 55:3; 61:8; 렘 32:40; 50:5; 겔 16:60; 37:26)으로 묘사된다. 이사야 52:13-53:12에 의하면, 포로 생활로부터 돌아오는 것은 자기 백성의 죄를 위하여 죽임을 당하는 주님의 종의 희생에 근거한 것임이 명확하다. 주의 종으로서 예수가 십자가에 못 박히고 다시 살아나기 때문에, 새 언약(예를 들어, 성령의 선물)은 오순절 기간에 현실이 되었다. 우리는 예수가 세례를 받을 때 성령으로 기름 부음을 받았고(눅 3:21-22), 이제 오순절에 자신에게 속한 사람들에게 성령을 부어 준다는 것을 보게 된다.

이스라엘이 언제 회복될 것인지 제자들이 물었을 때, 예수는 회복의 정확한 시기를 아는 것은 그들의 것이 아니라고 가르치면서, 그들에게 예루살렘에서 시작하여 땅 끝까지 증거해야 하는 책임을 명령하였다. 예수가 이스라엘의 회복이라고 했을 때, 이 회복이 무엇을 의미하는지 논쟁이 있다. 몇몇 학자들은 제자들이 잘못된 질문을 하였다고 생각한다. 그러나 예수는 이스라엘이 회복될 것이라는 개념을 비판하지 않는다. 다만, 그는 회복의 시기가 계산될 수 있는 것이 아님을 암시한다. 다른 학자는 그 나라의 문자적인 회복이 이스라엘 민족에 해당할 것이며, 천년 기(millennium)에 예수가 유대인 신자들과 함께 예루살렘에서 다스리게 될, 미래의 왕국이 있을 것이라고 믿는다.

그러나 우리가 본문을 더 자세하게 조사하면, 참 이스라엘의 회복은 그리스도 안에 있는 이방인 신자들을 포함한다는 것을 알게 된다. 물론 그 나라는 유대인 신자들을 포함하며, 그 열두 명(아래 참조)은 회복된 이스라엘의 기초와 중심 부분을 구성한다. "땅 끝"('에스카투 테스 게스'[*eschatou tēs gēs*], 1:8)이라는 표현은 아주 중요한 단서를 제공한다. "땅 끝"은 이방인들이 사는 지역들을 나타내며, 이스라엘과 약속의 땅 밖에 사는 사람들을 표시한다(신 28:49; 사 8:9; 48:20; 62:11; 렘 6:22; 16:19; 25:31). 예수는 제자들이 "땅 끝까지"(행 1:8) 증거할 것이라고 약속했고, 이것은 이방인들이 하나님의 백성이 될 것임을 의미한다. 이사야는 모든 민족이 와서 믿도록 초대하는데, 이사야 45:22에서 "땅의 모든 끝이여 내게로 돌이켜 구원을 받으라 나는 하나님이라 다른 이가 없느니라"라고 진술된다. 이사야는 또한 주님의 종 예수 그리스도가 이스라엘보다 더 많은 것을 회복할 것이라고 예언하는데, 이사야 49:6에서 "그가 이르시되 네가 나의 종이 되어 야곱의 지파들을 일으키며 이스라엘 중에 보전된 자를 돌아오게 할 것은 매우 쉬운 일이라 내가 또 너를 이방의 빛으로 삼아 나의 구원을 베풀어서 땅 끝까지 이르게 하리라"라고 진술한다. 여기에서 우리는 회복될 이스라엘의 특성 때문에 놀라게 되는데, 바로 이방인들을 포함한다는 암시를 얻게 된다. 이러한 해석은 이사야 49:6을 인용하는 사도행전 13:47에서 확인된다. 비시디아 안디옥에 있는 유대인들은 주로 바울과 바나바가 선포한 복음을 거절하였다. 이러한 이유로, 바울과 바나바는 구원의 빛이 "땅 끝까지" 비추도록 이방인들에게로 돌아섰다. 그러므로 유대인들과 이방인들로 구성된 예수 그리스도의 교회는 회복된 이스라엘을 구성한다는 것을 우리는 알게 된다.

사도행전 1장을 마무리 지으면서, 우리는 세 가지 다른 주제들을 간략하게 살펴볼 수 있다. 첫째, 성령이 주어지기 이전, 우리는 예수의 승천에 대한 설명을 보게 된다(1:9-11). 부활 이후 40일 동안 예수는 제자들에게 여러 차례 나타나셨다. 이 40일 동안, 제자들은 예수가 언제 갑자기 자신들 앞에 나타날지 몰랐다. 승천은 예수가 출현하는 기간이 끝났다는 것을 분명히 한다. 제자들은 그 나라가 완전히 임할 때까지 예수를 다시 볼 수 없을 것이다. 그러나 가장 중요하게도, 예수가 승천하여 높은 곳에서 통치할 때까지, 성령이 부어지지 않을 것이며 새 시대가 시작되지 않을 것이다. 우리는 이것을 사도행전 2:33에서 명확하게 보게 되는데, "하나님이 오른손으로 예수를 높이시매 그가 약속하신 성령을 아버지께 받아서 너희가 보고 듣는 이것을 부어주셨느니라"라고 진술된다. 예수가 십자가에 달리고 부활한 이후에만 성령이 주어지기 때문에, 성령은 예수의 사역과 죽음, 그리고 부활안에서 예수를 영화롭게 한다.

두 번째 주제는 제자들의 기도이다(1:12-14). 120명의 제자는 성령이 강림하기 전, 기도를 위해 모였다. 제자들이 예루살렘에서 단지 성령을 기다리기 위해 수동적으로 모였다고 생각할 필요는 없는데(1:4; 눅 24:49), 이들은 기도하는 데 시간을 보냈기 때문이다. 누가복음과 사도행전에서 자주 기도할 때 성령이 임한다. 예수는 성령이 비둘기 같은 형체로 내려올 때, 기도하고 있었다(눅 3:21-22). 제자들이 예수와 부활을 선포하는 것 때문에 위협을 받은 이후 그들은 함께 기도했고, "무리가 다 성령이 충만하였다"(행 4:31). 마찬가지로, 베드로와 요한은 사마리아인들이 성령을 받기를 기도했다(8:14-15). 고넬료와 그의 친구들이 성령을 받은 이야기는 부분적으로 고넬료의 기도에 기인한다(10:2, 4, 30, 31). 여기에서 우리는 성령의 함께 하심(confluence)과 그 나라의 도래, 그리고 기도를 보게 된다.

셋째, 1:15-26에서 우리는 사도들이 오순절 전에 열두 번째 사도를 선택했다는 것을 본다. 많은 학자들은 바로 이 선택이 어떤 의미에서 실수이고, 사도들은 바울의 선택까지 기다렸어야 했다는 말을 종종 한다. 이러한 이해는 확실히 잘못이다. 누가는 사도들이 잘못했다는 암시를 전혀 주지 않는다. 오히려, 그 반대로 그는 유다의 배반이 성령에 의해 예언되었기 때문에(1:16), 성경이 성취되었다는 것을 강조한다. 여기에서 누가는 다윗의 가장 친한 친구 중 한 명이 그에게 등을 돌렸다는 것을 진술하는 시편 41:9의 성취를 보는 것 같다. 다윗의 친구의 배신은 엄밀하게 말하자면, 다윗의 삶에서 일어난 한 사건을 기록하기 때문에, 예언은 아니다. 또한, 시편에서 다윗은 자신의 죄를 고백하기도 한다(41:4). 우리가 여기에서 예표론(typology)의 관점에서 성경을 조망하는 모습을 보게 되는데, 그렇다고 임의적이라고(arbitrary) 말할 수 없다. 왜냐하면 그 본문은 주님이 자기 백성과 맺은 언약들에 따라 해석되어야 하기 때문이다. 주님은 다윗과 언약을 맺으셨고, 그의 왕조가 영원히 지속할 것이며, 다윗의 후손이 왕위에서 통치할 것이라고 약속하였다(예를 들어, 삼하 7장; 대상 17장; 시 2편; 89편; 132편). 그러므로 다윗의 삶은 예수 그리스도의 삶에 대한 예언적인 유형(pattern)과 예상(anticipation)으로서 기능했다. 다윗이 왕위를 얻기 이전 고난을 겪은 것처럼, 예수도 고난을 겪었다. 다윗이 친한 친구에게 버림을 받았던 것처럼, 예수도 그랬다. 예표론은 마치 유사한 것들이 발생한 사실 이후에만 존재하는 것처럼, 단순히 회고적이지(retrospective) 않다. 상응(correspondence)과 유형은 태초부터 하나님에 의해 계획되었고, 이런 점에서 예표론은 비록 독자들인 우리가 유사한 것들을 회고적으로만 볼 수 있다고 할지라도, 예언적이다. 예표론의 다른 특징은 확대 상승(escalation)인데, 이것은 "앞으로 이루어지게 될" 성취가 모형(type)보다 더 크다는 것을 의미한다. 성취는 모형을 능가한다. 이것은 구약의 희생 제사의 경우에서 분명히 나타나는데, 예수의 희생이 동물들의 희생보다 명백히 더 크기 때문이다. 시편 41편에 따르면, 다윗은 죄인이었지만 예수는 다윗보다 더 위대하시므로 그는 죄가 없으셨다. 그는 완전한 메시아 왕이다.

두 개의 구약 시편은 1:20에서 인용되는데, 이 시편들은 상당히 유사한 기능을 갖는다(69:25; 109:8). 두 시편 모두 다윗의 삶에 나타난 경험을 이야기한다. 시편 69편은 다윗의 인생에서 큰 위기의 때를 묘사하는데, 생명이 위태로웠고, 그는 어떠한 이유 없이 자신을 미워한 적들을 직면했던 때였다. 다윗은 주님에게 자신을 구원해달라고 간구했고, 자신을 학대하고 있는 적들을 주님께서 심판하도록 기도했다. 69:25에서 다윗은 자기 원수들이 멸망하고 살 곳을 갖지 않기를 기도했다. 베드로는 이 기도가 유다가 사도의 사역에서 물러나고 그의 죽음 안에서 성취된 것으로서 이해한다(행 1:18-20). 분명하게도, 이 시편은 명백한 예언이 아니기 때문에, 다윗의 예표론이 작동하고 있는 것으로 이해해야 한다. 우리는 이 시편에서 다윗이 자신의 죄를 고백하는 것을 다시 보게 된다(시 69:5). 다윗 왕에 대한 증오와 반대는 예표론적으로 메시아 예수에 대한 유다의 반대와 배반을 가리킨다. 우리는 다시 확대 상승(escalation)의 예를 갖는데, 흥미롭게도 신약성경의 많은 저자들이 시편 69편을 궁극적으로 예수의 삶과 죽음에서 성취된 것으로 이해한다(예를 들어, [요 15:25에 나타난 시 69:4]; [요 2:17과 롬 15:3에 나타난 시 69:9]; [마 27:34, 48, 막 15:23, 36, 눅 23:36, 요 19:29에 나타난 시 69:22]; [롬 11:9-10에 나타난 시 69:23-24]).

시편 109편은 많은 면에서 시편 69편과 비슷하다. 다윗은 다시 한번 적들에게 괴로움을 당했고, 이 적들은 그를 미워할 이유가 없었다. 다윗은 자신을 향한 격렬한 반대에도 불구하고, 주님이 다윗 자신을 향하여 신실함을 보일 뿐만 아니라 자비를 베풀어주도록 기도한다. 이 시편에서 다윗은 하나님이 그 대적을 심판하도록 기도한다(시 109:6-20). 그렇다고, 사도행전 1장에 등장하는 시편의 전유(appropriation)가 마치 기도가 나쁜 태도를 반영하고 있는 것처럼, 이해할 필요는 없다. 다윗은 악인이 마땅히 받아야 하는 것을 갚음으로써 하나님의 의가 세상에 구현되기를 기도한다(시 109:20). 다윗이 자기 원수를 대적하여 기도하면서 간구하는 것 중 하나는 "그의 직분을 타인이 빼앗게 하시며"(시 109:8; 행 1:20)이다. 다시 말하지만, 이 구절은 예언이 아니라 기도이며, 예수의 대적자가 아니라, 다윗의 적에 대한 것이었다. 그런데도, 베드로는 이 시편에서 진술된 것을 취하여 예표론적으로 유다에게 적용한다. 다윗이 기도한 것은 예수와 유다의 관계에서 가장 잘 성취된다.

누가는 세상에서 가장 엄청난 배반, 즉 예수를 배반했던 사건을 성경의 성취로 묘사하고 있으며, 우리는 유다가 가진 사도의 지위를 잃고 다른 사람이 이 지위를 채우는 과정 안에서 성경이 성취된다는 것을 보았다. 사도들이 열두 번째 사도를 선택하기 위해 제비를 뽑았는데, 이러한 방법 말고 더 이상적인 모습은 없었는가? 아니면, 성령을 받은 이후의 상황에서 제비를 뽑는다는 것을 보게 된다면, 이 제비뽑기가 열등한 것으로 이해되는가? 이러한 추론 중 어느 것 하나도 설득력이 없다. 제비뽑기는 구약성경에서 유래한, 인정받을 만한 기원을 가졌다(예를 들어, 수 18:6, 8, 10; 대상 24:31; 느 11:1). 세상에는 어떤 사건도 임의대로 일어나지 않기 때문에, 제비를 뽑는 것에, 주님의 뜻이 반영되기도 한다(잠 16:33). 또한, 누가는 마치 성령을 가진 사람들이 항상 하나님의 뜻을 확신하는 것처럼, 성령이 왔기 때문에 제비를 뽑는 것과 같은 그러한 활동이 소용없는 것이라고 지적하지 않는다. 누가는 미래에도 하나님의 뜻을 분별하기 위해 계속해서 시행해야 하는 본보기(pattern)를 제공하려고 하지 않는다. 그는 교회가 둘 중 누구를 사도로 선택해야 하는지 분별할 수 없었고, 신자들은 둘 중 누가 사도의 직분을 수행해야 하는지 선택하기 위하여 하나님을 신뢰했다는 것을 지적한다. 사도들이 맛디아를 선택하는 것은 옳은 일이었다. 열둘이라는 숫자는 열두 사도가 회복된 이스라엘의 핵심 부분을 나타내기 때문에, 오순절 이전에도 중요했다. 마치 열두 부족이 옛 언약 아래에서 이스라엘을 나타냈던 것처럼, 열두 사도는 회복된 이스라엘, 즉 하나님 나라가 회복될 이스라엘의 핵심이다(행 1:6).

예루살렘에서 확장(2:1–6:7)

오순절(2:1–41)

기독교 역사상 가장 중요한 사건 중 하나는 예수의 부활 이후 첫 번째 오순절에 일어났다. 성령은 120명의 신자에게 부어졌고, 이들은 방언을 했다. 성령의 선물은 "하늘로부터 급하고 강한 바람"(2:2)을 동반하였고 "마치 불의 혀처럼 갈라지는 것들이 그들에게 보여 각 사람 위에 하나씩 임하였다"(2:3). 곡식 추수를 기념하였던 오순절은 유대 전통 안에서 시내산에서 일어난 율법 수여와 밀접하게 관련된다. 그러므로 이때 성령을 주신 것은 새 언약(렘 31:31-34; 겔 36:26-27)이 도래했고, 하나님의 백성이 모세 언약 아래 살았던 시대와 율법이 끝났다는 것을 시사한다. 성령이 임할 때 나타난 현상들은 시내산에서 일어난 것을 반영하기 때문에, 이 해석을 확증한다. 강한 바람은 시내산에서 "매우 큰 나팔 소리"(출 19:16)와 유사하다고 할 수 있다. 불의 혀는 시내산의 "우레와 번개"(출 19:16)를 생각나게 하며, 성경에서 불은 자주 하나님의 임재를 나타낸다(예를 들어, 창 15:17; 출 3:2; 13:21-22; 14:20, 24; 시 104:4; 사 5:24). 시내산과의 연결은 새 언약의 시작과 구약성경에서 자주 약속된 성령의 선물을 가리킨다(사 32:15; 44:3; 겔 36:26-27; 욜 2:28-29).

사도행전 2장에는 분명히 외국어로 말하고 있음을 암시하는데, 이 다른 방언으로 말하는 것은 어떤 중요성이 있는가? 이것은 다양한 지역에서 예루살렘을 방문하고 있었던 유대인들과 개종자들에게 관련이 있다. 우리는 여기에서 바벨탑의 반전(reversal)을 볼 수 있다(창 11:1-9). 바벨에서 인간의 언어는 죄 때문에 혼란스럽게 되었다. 오순절에 다른 언어를 사용한 사람들은 성령이 강림했을 때 서로 이해했으므로 우리는 여기에서 서로를 이해할 수 없어서 생긴 사람들 간의 분리가 종식되는, 새 창조에 대한 기대를 하게 된다.

예루살렘에서 복음 선포(2:1–6:7)

십자가에 못 박힌 예수는 죽은 자로부터 일어났으며 하나님의 오른편에서 통치하기 때문에, 제자들에게 성령을 부어 주신다. 베드로는 예루살렘에서 두 개의 긴 연설(행 2:14-40; 3:12-26)과 두 개의 짧은 연설(4:8-12; 5:29-32)을 했다. 나는 이 연설들을 7가지 주제로 나누었다. (1) 예언이 성취되는데, 이 예언은 (2) 예수의 사역과 (3) 그의 죽음, (4) 그의 부활, (5) 그의 승천, 그리고 (6) 성령의 선물 안에서 성취되므로, (7) 사람들은 회개해야 한다는 것이다. 첫째, 예수 그리스도의 사역과 죽음, 부활, 그리고 승천 안에서 성취의 날이 도래했으며, 이 예언은 성령이라는 선물 안에서 또한 성취된다. 성령의 부으심은 요엘이 기록하였던 것을 성취한다(행 2:16-21; 욜 2:28-32). 구속 역사의 절정, 즉 이스라엘이 간절히 기다렸던 모든 것의 성취는 예수 그리스도 안에서 이루어졌다(행 3:24, "모든 선지자도 이 때를 가리켜 말하였느니라"). 모세는 백성들이 자기 말을 듣고 있는 것처럼, 훗날 백성들이 들어야 하는 자신과 같은 선지자가 일어날 것이라고 예언했고(신 18:15), 예수는 모세와 같은 선지자이다(행 3:21-22). 모든 족속을 위한 복을 약속한(창 12:3) 아브라함과 맺은 언약은 예수 그리스도 안에서 이루어졌다(행 3:25). 이것은 종말론적인 나라가 도래했으며, 언약들이 성취되었고, 새 창조가 나타났으며, 새로운 출애굽이 일어났고, 마지막 새로운 다윗이 보좌에 앉는다고 말하는 누가의 방식이다.

둘째, 예언은 예수의 사역 안에서 성취된다. 우리는 실제로 예수의 사역에 관한, 하나의 구절만을 발견한다. 바로 사도행전 2:22인데, "이스라엘 사람들아 이 말을 들으라 너희도 아는 바와 같이 하나님께서 나사렛 예수로 큰 권능과 기사와 표적을 너희 가운데서 베푸사 너희 앞에서 그를 증언하셨느니라"라고 진술된다. 우리는 누가가 베드로의 설교를 축약했다는 것(2:14-36)을 인식하는데, 데오빌로가 누가복음에서 세부적인 것들을 채울 수 있었기 때문에, 예수의 사역을 더 구체적으로 확장할 필요가 없었다. 예수가 행한 기사들(miracles)과 표적들(signs)은 그를 메시아로 인정하기에 충분하였다. 여기에서 우리는 고넬료와 그의 친구들에게 한 설교에서 베드로가 "하나님이 나사렛 예수에게 성령과 능력을 기름 붓듯 하셨으매 그가 두루 다니시며 선한 일을 행하시고 마귀에게 눌린 모든 사람을 고치셨으니 이는 하나님이 함께 하셨음이라"(행 10:38)라고 상기시킴으로써 예수의 사역을 축약적으로 요약하는 설명을 발견할 수 있다. 예수는 성령으로 기름 부음 받은 메시아이고, 그의 사역은 선을 행함과 병 고침으로 요약된다.

셋째, 하나님은 또한 예수의 죽음을 통해서 자신의 목적을 이루고 있었다. 예수의 죽음은 우연이 아니라, 예언을 성취한다(3:18)는 점에서 하나님의 예정된 계획을 이루는 것이었다(2:23; 4:27-28 참조). 독자들인, 우리는 베드로가 어떤 예언들이 성취되었다고 말하는지 알고 싶을 것이다. 확실히, 베드로의 연설들은 우리가 여기에서 가지는 축약된(그러나 정확한) 요약들보다 훨씬 더 길었다는 것이 분명했을 것이다. 그래서 듣는 사람들을 위해 베드로 자신이 염두에 두었던 예언들을 충분히 설명했을 것이라고 확신할 수 있다. 우리는 예수를 하나님의 "종"(3:13; 4:27-28)으로 밝히는 3:26에서 하나의 단서를 갖게 된다. 누가는 예수가 왜 죽임을 당하였는지 정확하게 설명하지 않지만, 그 종에 대한 언급은 거의 확실히 이사야 52:13-53:12를 가리킨다. 이사야서에서 그 종이 자기 백성을 위하여, 그리고 이들의 죄를 속죄하기 위하여 이들을 대신하여 죽었다는 것은 아주 분명하다. 베드로가 예수의 죽음을 근거로 "죄 사함"(2:38; 5:30-31 참조)을 위하여 회개하도록 요구할 때, 누가는 예수의 죽음이 속죄한다는 암시를 제공하는 것이다. 마찬가지로, 예수의 고난과 죄 씻음은 3:18-19에서 밀접하게 연결된다. 베드로는 예수의 이름이 구원을 위한 유일한 수단이며, 이 구원은 그의 죽음과 부활에 연결되어 있다고 주장한다(4:10-12).

넷째, 베드로의 연설들은 특히 부활을 강조하는데(2:24-32; 3:15, 22, 26; 4:10; 5:30), 예수가 메시아라는 주장이 부활에 의해 증명되었기 때문에 그렇게 놀라운 것은 아니다. 부활은 예수에 대한 하나님의 변호(vindication)를 나타낸다. 왜냐하면 유대인들과 이방인들의 통치자들은 예수가 메시아처럼 행동한 것 때문에 유죄이고 이러한 이유로 죽임을 당했다고 선언했기 때문이다(2:23; 4:27-28). 당연히, 예수를 죽게 하는 특별한 책임은 유대인 지도자들에게 주어진다. 왜냐하면 예수가 성경과 예언적인 소망을 성취하였기 때문이다(2:36; 3:13-15; 4:10; 5:30). 예수의 부활은 예수가 유죄라는 판결이 결정적으로 잘못되었다는 것을 나타냈고, 오히려 예수가 하나님의 기름 부음을 받은 자이며 하나님의 새 성전인 회복된 이스라엘의 모퉁이의 머릿돌임을 선언했다(4:11; 시 118:22; 사 28:16). 그러므로 예수는 구원을 위한 유일한 희망(행 4:12; 5:31)이다. 다행히도, 예수의 부활은 그를 정죄한 사람들에 대한 즉각적인 심판을 가져오지 않았지만, 용서는 악에서 돌아선 사람들에게만 주어졌다(3:26).

특히 3:13의 언어는 흥미롭다. 왜냐하면 우리는 이 구절에서 하나님이 "그의 종 예수를 영화롭게 하셨다"라고 읽기 때문이다. 앞에서 언급된 것처럼, 종은 이사야 52:13-53:12에 등장하는, 고난받은 종의 모습을 다시 떠올리도록 한다. 그 종이 자기 백성을 위해 그리고 자기 백성을 대신하여 죽었지만(53:4-6, 10, 12), 이 백성은 그를 거절하고 멸시하였으며(53:3), 그를 믿지 않았다(53:1). 이들은 실제로 하나님이 그를 벌하고 있다고 생각했다(53:4). 그러나 예수의 영화(즉, 그의 부활)는 하나님의 변호(vindication)를 나타낸다. "영화롭게 하다"('독사조'[*doxazō*])라는 동사가 사도행전 3:13과 이사야 52:13에 나온다. 그 종은 "받들어 높이 들려서 지극히 존귀하게 될" 것이다. 예수의 죽음은 굴욕으로 끝나는 것이 아니라, 그가 영화롭게 되는 길이었다.

예수의 부활에 대한 가장 긴 설명은 오순절에 행해진 첫 번째 연설에 나오는데(행 2:24-32), 여기에서 베드로는 예수가 죽은 자로부터 살아났다는 주장을 뒷받침하기 위하여 시편 16:8-11을 인용한다. 베드로는 또한 자신과 다른 사람들이 부활에 대한 증인들이었다고 강조한다(행 2:32). 성경이 예언한 것은 경험적 세계 안에서 입증된다. 예수의 부활을 뒷받침하기 위하여, 시편 16:8-11을 언급하는 것은 흥미롭다. 왜냐하면 이 시편은 다윗의 삶에서 일어난 한 사건을 분명하게 기록하기 때문이다. 이 시편의 정황 안에서, 다윗은 자신의 생명을 보존하도록 주님에게 간구했고, 주님이 그의 기도에 응답하였기 때문에 찬양으로 가득하다. 이 시편은 오실 메시아에 대한 예언인 것처럼 보이지 않는다. 우리는 여기에서 앞에서 언급된 것들을 보게 된다. 다윗에 대한 시편들은 다윗의 언약에 비추어, 또한 다윗의 후손이 영원히 통치할 것이라는 약속에 비추어 예표론적으로 읽힌다. 베드로는 구체적으로, 다윗의 예언적 위치와 한 상속자가 그의 왕좌에서 다스릴 것이라는 다윗의 깨달음을 주목한다(행 2:30). 다윗의 예언적 위치는 다윗 자신이 시편 16편에서 메시아에 대하여 기록하고 있다는 것을 스스로 인식하였다는 것을 의미하지 않는다. 요점은 다윗에 대한 시편들은 예언적으로 기능하고, 이것은 특히 예표론적으로 사실이라는 것이다. 우리는 또한 예표론에서 확대상승(escalation)의 또 다른 예를 보게 된다. 왜냐하면 다윗은 이 시편이 기록되었던 정황에서 죽지 않고 보호를 받았지만, 예수는 죽은 자 가운데서 살아났기 때문이다. 그러므로, 이 시편의 표현은 특히 예수가 무덤 안에서 썩음을 경험하지 않기 때문에 예수에게 적합하게 보인다(행 2:31).

다섯째, 예수의 부활은 하나님의 변호(vindication)를 의미했고, 그의 변호는 예수가 높임 받은 주님으로 통치하기 때문에 영원한 실재이다. 그는 “하나님의 오른손으로 높임을 받았다”(2:33). 높임을 받은 분으로서 그는 성령을 부어 주었다. 베드로는 신약성경에서 가장 유명한 시편 중 하나인 시편 110편을 예수의 승귀(exaltation)를 뒷받침하기 위하여 인용한다. 예수는 주님으로서 하나님의 오른편에 앉아 있는데, 그의 적들이 발아래 놓일 때까지이다(행 2:34-35). 하나님은 "이 예수를 주와 그리스도가 되게 하셨다"(2:36). 중요한 것은 우리는 여기에서 예수가 죽음 이후 주님과 메시아가 되었다는 개념, 즉 양자론적(adoptionistic) 기독론을 갖지 않는다는 것이다. 대신에 요점은 예수가 이제 하나님의 오른편에서 주님과 메시아로서 다스린다는 것이며, 그러한 통치는 그의 부활 이후에 시작했다는 것이다. 참으로, 예수가 영화롭게 된 것은(3:13) 앞에서 언급된 것처럼, 그의 승천과 승귀(exaltation)로부터 분리될 수 없다. 이 종은 "받들어 높이 들려서 지극히 존귀하게 될 것이다"(52:13). 예수의 승귀는 또한 모퉁이의 머릿돌로 확인됨으로써 전달된다(4:11). 또한, 하나님이 "그를 오른손으로 높이사 임금과 구주로 삼으셨다"(5:31)라고 우리는 이해한다. 한 상속자가 영원히 다스릴 것이라는 다윗 언약의 약속(삼하 7:12-16; 시 89:29-37)은 예수 그리스도에 의해 성취된다. 그러나 성취가 이루어진 방식은 예수가 하늘에서 높아진 주님으로서 아버지의 오른편에서 통치한다는 점에서 예기치 못한 것이었다.

여섯째, 십자가에 달리고 부활하여 높임을 받은 주님으로서 예수는 성령을 자기 백성들에게 부어주었다(행 2:33). 오순절에서 성령의 강림으로 현실이 되었던 성령 세례(1:5)는 요엘서의 약속을 성취하였다(2:16-21; 욜 2:28-32; 또한, 행 5:32 참조). 비슷하게, 사도행전 3:19에 나타난 "새롭게 되는 날"은 아마도 성령을 언급하는 또 다른 방식일 것이다. 회개하고 용서받은 사람들은 2:38에서 성령을 받는다. 유사하게, 회개하고 용서받은 사람들은 3:19-20에서 새로움을 경험한다. 이 새로움은 성령이라는 선물이다. 앞에서 주목했던 것처럼, 오순절에 성령이라는 선물은 하나님 나라와 언약 약속의 성취를 나타냈다.

마지막으로, 청중들은 응답하기 위하여 소환되었다. 이들은 죄 사함을 받기 위하여 "세례를 받고 죄 사함을 받아야" 한다(2:38). 비슷하게, 이들은 "회개하고 돌이켜 죄 없이 함을 받도록" 부름을 받는다(3:19; 또한, 3:26 참조). 우리는 5:31에서 죄의 회개와 용서는 연결되고, 성령은 순종하는 사람들에게 주어진다는 것(5:32)을 다시 보게 된다. 회복된 이스라엘의 일원이 되길 원하는 사람들은 죄를 인정하고 죄로부터 돌아서야 한다.

초대 교회 안에 나타난 생활의 결속 (2:42–46; 4:32–5:11; 6:1–6)

초대 교회에 나타난 생활의 또 다른 주목할 만한 특징은 결속이었다. 사랑은 교회 공동체를 특징지었다. 우리는 2:42에서 공동체 생활의 네 가지 요소를 보게 된다. 첫째, 교회는 사도들의 가르침에 전념했고, 이 가르침은 아마도 베드로 연설들 안에 요약되어 있을 것이다. 단체적으로, 이들은 사도의 가르침을 듣고 순종했다. 둘째, 신자들은 서로 교제하는 것에 열심이 있었는데, 이것은 교회가 서로 관심과 책임을 보였다는 것을 의미한다. 이 교제는 2:44-46과 4:32-37에서 확장된다. 이러한 교제의 표시 중 하나는 "믿는 사람이 다 함께 있었다"는 것이다(2:44). 기독교인들 사이에 사랑은 이들이 함께 시간을 보냈다는 점에서 나타났다. 이들은 날마다 성전에서 모여 음식을 함께 나누었다(2:46). 주목할 만하게, 이들은 궁핍한 사람들을 돕기 위하여(2:44-45; 4:32-37) 심지어 "재산과 소유"를 팔아(2:45), 서로를 위해 희생했다. 이러한 나눔은 의무적이거나 강요된 것이 아니라, 전적으로 자발적이었는데, 초대 교회에 활력을 불어넣었던, 관대함을 증명한다.

셋째, 신자들은 또한 함께 떡을 떼었다(2:42). "떡을 떼는 것"은 일상적인 식사를 언급할 수도 있지만(27:35), 이것은 또한 주의 만찬에 참여했다는 것을 의미했다(눅 22:19; 24:30; 행 2:42, 46; 20:7, 11). 이 후자의 경우, 식사와 주의 만찬 모두를 함께 나누었는데, 이 둘은 같은 상황에서 일어났다. 신자들이 자주 함께 기념했던 식사는 이들 모두를 위한 예수의 죽음에 대해 정기적으로 상기시켰다. 그의 죽음은 그들의 죄 사함과 그들의 삶에 대한 기초였다. 넷째, 신자들은 또한 "기도하기를" 힘썼다(2:42). 이 기도는 자발적이고 반복적으로 행해졌을 가능성이 크다. 기도는 공동체가 진리와 사랑 안에서 함께 신자들의 삶을 유지하기 위해 하나님에게 의존하는 것을 의미했다.

공동체 안에서의 삶 역시 부담이 있었고, 누가는 그 삶이 완벽하지 않았다는 것을 보여주는 두 가지의 징후를 제시한다. 첫째, 아나니아와 삽비라의 죄가 기록된다(5:1-11). 아나니아와 삽비라의 죄는 그들이 돈을 다 기부하지 않았다는 것이 아니다. 왜냐하면 베드로는 그들이 재산을 팔도록 요구받지 않았고, 그들이 재산을 판 이후 모든 수익을 교회에 줄 것이라고 기대하지 않았다는 것을 분명히 하기 때문이다(5:4). 그들의 죄는 거짓말하는 것이었다. 그들은 팔린 땅의 모든 수익을 교회에 기부하는 것처럼 가장하였다(5:1-3, 8-9). 그들의 죽음은 교회 안에서 노골적이고 의도된 위선에 대한 신적인 심판을 상징한다. 확실히, 누가는 그러한 상황에서 그러한 죽음이 필연적으로 따른다고 가르치고 있지 않다. 새 언약의 시작에서, 주님은 공동체를 위한 기준들을 나타내신다. 아나니아와 삽비라의 죄는 구약성경에서 아간의 죄를 반영한다(수 7장). 왜냐하면 이스라엘이 여리고를 이기고 처음 약속의 땅에 들어갔을 때, 아간 또한 부정직하고 고의로 죄를 지었기 때문이다. 그러므로 이스라엘은 아간을 돌로 쳤고 악에서 깨끗하게 되었다. 마찬가지로 새 언약의 시작에서 우리는 공동체 안에 뻔뻔스러운 죄에 대한 주님의 반응을 보게 된다. 아나니아와 삽비라가 새 언약 안에서 받은 성령을 거슬러 죄를 지었기 때문에 새 시대 안에서 심판이 가중되었다.

다른 두 번째 징후는 예루살렘에서 차별을 받고 있었던 헬라파 과부들과 관련된다(행 6:1-6). 헬라파 유대인들은 헬라어를 말했고, "히브리파 유대인들"은 모국어인 아람어를 말했다. 히브리파 과부들은 분명히 필요한 음식을 받고 있었지만, 헬라파 과부들은 무시되었다. 여기에서 우리는 초대 교회가 수 세기 동안 교회를 특징짓는 옹졸함과 편견, 그리고 문화적 차별에서 벗어나 있지 않았다는 것을 알게 된다. 누가는 아마도 교회가 이 문제를 해결하기 위해 어떻게 힘을 썼는지 그 방법을 설명하는 것 같다. 교회가 계속해서 성장했을 때, 새로운 문제들은 불가피하게 나타났다. 사도들은 가르치는 일과 기도에 계속 집중할 수 있도록, 그 문제를 다른 사람들에게 위임했다.

동시에, 이 문제를 해결하기 위해 임명된 일곱 사람 모두 헬라어 이름을 가지고 있다는 것과 이들 모두 디아스포라 유대인임을 제안한다는 것은 주목할 만하다. 그들 중 몇몇(스데반과 빌립)은 아마도 이중 언어를 구사했지만, 교회는 편애나 차별을 피하고자 헬라적인 배경을 가진 사람들을 임명하였을 것이다. 헬라파 과부들의 이야기는 공동체의 사랑을 유지하는 것이 얼마나 중요한 것인지를 보여준다.

고난과 표적들(4:1-31; 5:12-42)

초대 교회가 고난과 표적들과 기사들로 특징지어졌다는 것 역시 주목할 만하다. 사도들은 종교 당국자들에 의해 체포되고(4:1-3), 심문받고(4:5-7), 위협을 받았다(4:16-21). 또한, 이들의 생명은 위태로웠고, 이들은 당국자들에 의해 매를 맞았다(5:17-42). 비록 이들이 가말리엘의 도움으로, 이 상황에서 벗어날 수 있었지만 말이다. 표적들과 기사들을 고난과 나란히 배치하는 것은 유익하다. 왜냐하면 표적들과 기사들을 믿는 사람들은 고난에서 벗어날 것임을 당연시하며 쉽게 생각할 수 있지만, 초대 교회에서는 그렇지 않았기 때문이다. 사도들은 당국자들에게 위협을 받았을 때, 이들은 십자가에 달리고 부활한 예수 그리스도의 복음을 담대하게 계속 전할 수 있도록, 그리고 하나님이 자신들을 통하여 병을 고치고 표적들과 기사들을 행하도록 간절히 기도했다(4:29-30). 놀라운 이적들과 기사들, 그리고 병 고침과 귀신을 쫓아내는 일(5:12-16)은 사도들이 선포한 메시지를 신뢰할 수 있게 하였고, 사람들이 하나님의 말씀을 귀 기울여 듣도록 하였다. "표적들과 기사들"이라는 표현은 출애굽 상황을 반영하는데, 이때 주님은 이스라엘을 이집트에서 자유롭게 할 때 많은 "표적들과 기사들"을 행하였다(출 7:3; 신 4:34; 6:22; 7:19; 26:8; 29:3; 34:11; 느 9:10; 시 78:43; 105:27; 135:9; 렘 32:20-21). 그러나 이스라엘은 그들의 완악한 마음 때문에 표적들과 기사들을 완전히 믿지 않았다(신 29:3-4). 출애굽이 표적들과 기사들에 의해 증명된 것처럼, 예수의 죽음과 부활 때문에 이루어진 새 출애굽 역시 표적들과 기사들에 의해 입증되었다. 고난과 표적들과 기사들은 사도들에 의해 선포된 복음을 신뢰하도록 하였다.

이스라엘에서 확장(6:8-9:31)

스데반의 연설(7:1-60)

나는 앞에서 스데반의 연설이 어떻게 예루살렘 지역의 범위 밖에 있는 유대와 갈릴리, 그리고 사마리아로 복음을 전파하는 촉매제가 되었는지 주목했다(행 9:31). 예루살렘 땅 밖에 있는 "흩어진" 사람들은 여러 지역에서 말씀을 전하였다. 우리는 여기에서 스데반이 약 AD 31-32년에 전했을 연설의 주요한 주제들을 조사하려고 한다. 아마도 스데반은 디아스포라 회당에서 온 유대인들의 반대에 직면한, 디아스포라 유대인이었을 것이다(6:9). 이 유대인들은 스데반을 대항하여 두 가지 혐의를 적용했다. 첫째, 이들은 그가 모세율법을 비판한다는 것을 고소했다(6:11, 13-14). 둘째, 이들은 그가 성전이 불필요하고 파괴될 것이라고 가르치고 있음을 고발하였다(6:11, 13-14). 율법과 성전은 유대교의 두 기둥이었으므로, 그 혐의들은 매우 심각했다.

얼핏 보면, 스데반이 그 고소들에 대하여 대답하지 않는 것처럼 보일 수도 있다. 그는 자신에 대하여 제기된 불만 사항들과 전혀 관련이 없는 성경 이야기를 하는 것처럼 보이지만, 자세히 들여다보면, 그의 연설은 그 혐의들에 대한 진지한 반응을 나타내고 있다는 것을 알 수 있다. 그의 연설의 두 가지 주제를 탐구할 필요가 있다. 첫째, 하나님은 이스라엘이 그 약속의 땅 밖에 있고 성전이 없었을 때도, 이스라엘 역사에 깊이 역사하였다. 예를 들어, 아브라함은 그 약속의 땅에 어떠한 유업도 없었고 "발 붙일 만한 땅"조차도 없었지만(7:5), 아브라함은 유대 민족의 조상이었다. 확실히, 이스라엘은 결국 성전에서 주님을 경배할 것이라는 약속이 있었지만(7:7), 이 일은 애굽에서 거주한 약 400년 기간 이후에나 있었다(7:6). 우리는 요셉의 삶에서 비슷한 주제를 보게 된다. 하나님은 비록 그가 약속의 땅 밖 애굽에서 살았다고 할지라도 그와 함께 계셨다. 참으로, 하나님은 이스라엘 백성이 애굽에 머무는 동안 함께 하였고, 우리는 이를 통해 하나님은 놀라운 방법으로 일하신다는 결론을 내릴 수 있다. 같은 맥락에서 하나님이 애굽에서 백성들을 해방하기 위해 사용했던 모세는 "애굽 사람의 모든 지혜를 배웠다"(7:22). 우리는 어쩌면 그가 이교적인(pagan) 학문의 전당에 참석했다고 말할 수 있을 것이다! 하나님은 그가 광야에서 살았던 40년 동안 리더십을 위해 준비시켰다(7:29-30). 그러므로 성소는 하나님이 자기 백성을 만나는 곳이며, 신성한 장소는 성전에 제한되지 않는다. 하나님이 애굽에서 요셉과 함께하셨던 것처럼, 모세가 이스라엘의 거룩한 분을 만났던 성소는 시내 산 광야 가시나무 떨기 불꽃 가운데 있었다(7:30-34).

게다가, 하나님은 처음부터 성전이 건축되어야 한다는 명령을 하지 않았다. 이스라엘 백성은 이동하기에 편리한 성막을 지으라는 지시를 받았고, 그 움직일 수 있는 성소와 함께 이들은 약속의 땅을 정복했다(7:44-45). 성전은 다윗과 솔로몬의 시대에 세워졌기 때문에, 항상 하나님께서 자기 백성과 거하는 방식은 아니었다(7:46-47). 이사야도 백성들에게 하나님이 건축물을 초월하기 때문에 어떤 성전도 그분을 모실 수 없다는 것을 상기시켰다(행 7:48-49). 여기에서 우리는 예루살렘에 있는 성전보다 더 위대하고 새로운 성전이 오고 있었다는 암시를 받는다. 연설 전반에 걸쳐, 스데반은 점진적인 계시를 지적한다. 하나님은 여전히 그대로 계시지만, 다른 방법으로 다양한 언약으로 자기 백성을 다루신다. 구원 역사의 한 부분(하나님이 성전을 주셨을 때)이 마치 하나님의 계획의 종점과 절정인 것처럼 취급되어서는 안 된다.

두 번째 주제는 이스라엘 백성이 하나님의 사자들(messengers)을 거절했던 역사에서 하나의 패턴을 드러낸다. 예를 들어, 요셉은 애굽의 기근 동안 이스라엘이 멸망하지 않고 보존되도록 하는 하나님의 대리인이었지만,

그의 형제들은 그가 하나님이 정한 사람이라는 것을 인식하지 않고, 오히려 그를 거절하고 종으로 팔았다. 물론 우리는 형제들의 행동이 하나님께서 자신의 목적을 성취하는 수단이었다는 것을 알고 있지만 말이다(창 45:4-7; 50:19-21). 그 패턴은 모세의 상황으로 확장된다. 스데반 당시의 종교 지도자들은 모세를 존경하였지만, 모세가 살았던 그 당시와는 상당히 달랐다. 이스라엘 남자가 모세의 리더십을 거절한 것으로 등장하지만, 이 모습은 모세의 인도에 대한 그 당시 이스라엘 백성의 전형적인 반응을 대변한다고 할 수 있다(출 2:13-14; 행 7:26-28, 35). 이스라엘이 소중히 여기고 있다고 주장했던 율법은 이스라엘에 주어졌을 때, 즉시 거부되었다. 왜냐하면 이스라엘 백성은 언약의 잉크가 거의 마르기도 전에 극적인 방식으로 그 언약을 깨뜨렸기 때문이다. 이스라엘은 금송아지를 만들어 숭배함으로써 하나님의 율법을 무시했다(출 32장; 행 7:38-41). 광야 세대와 이스라엘의 역사는 이스라엘이 자주 다른 신들과 다른 성전에 전념했다는 것을 증명한다. 이스라엘은 노골적으로 그 언약을 어겼기 때문에 백성들은 포로로 가게 되었다(7:42-43).

물론 요점은 스데반 당시 이스라엘도 역시 조상들의 패턴을 계속 따랐다는 것이다. 이 당시 백성들은 모세를 존경한다고 주장하지만, 실제로 모세를 거절하였던 모세 시대의 백성들과 같았다. 모세 시대의 백성들이 모세를 거절한 것처럼, 똑같은 상황이 예수에게도 일어나고 있었다고 스데반은 주장한다. 왜냐하면 예수는 모세가 오실 것이라고 예언했던 바로 그 선지자였기 때문이다(7:37). 스데반의 청중들은 이스라엘의 역사를 특징지었던, 성령에 대한 거절과 같은 완고함을 겪고 있었다(7:51). 스데반이 율법을 지키지 않았다는 혐의는 정말 터무니없었다. 왜냐하면 이 청중들은 자신들의 조상들처럼, 하나님의 사자들(특히 예수!)을 죽이고 박해하여 그들 자신조차 율법을 지키지 않았기 때문이다.

율법을 옳게 이해한다는 것은 구속 역사의 관점에서 율법을 이해하는 것을 의미한다. 즉 율법을 옳게 이해하는 것은 전체 이야기의 관점에서 율법을 이해하는 것을 의미한다. 예수를 믿지 않는 사람들은 성전이 더 위대하고 최종적인 참 성전으로서 예수를 가리킨다는 것을 이해하지 못했음을 나타냈다. 율법을 지킨다는 그들의 주장은 율법이 약속했던 그분이 올 것이라는 사실을 믿지 않았기 때문에 모순되었다.

스데반의 연설은 사람들을 격노하게 했고, 결국 그는 죽임을 당하였다(7:54-8:4). 스데반이 돌에 맞기 이전에, 그는 "보라 하늘이 열리고 인자가 하나님 우편에 서신 것을 보노라"라고 말했다(7:56). 하늘이 열린다는 것은 하나님의 계시를 상징한다(사 64:1; 겔 1:1; 막 1:10; 눅 3:21; 요 1:51; 행 10:11; 계 4:1; 11:19; 19:11). 스데반이 본 것은 하나님의 우편에 서 있는 인자이신 예수를 보았기 때문에 가장 놀라운 것이었다. 여기에서 우리는 사도행전 안에서 예수가 인자와 동일시된 유일한 사례를 발견한다. 비록 이 칭호가 복음서에서는 꽤 일반적이지만 말이다. 인자에 대한 언급은 다니엘 7:13-14를 암시하는데, 이 구절들은 인자가 하나님 앞으로 인도되고, 하나님은 이 인자에게 권세와 영광과 나라를 주고, 모든 백성은 이 인자를 섬긴다는 것을 보여준다. 스데반은 예수가 인자이며(행 7:59 참조), 이스라엘과 세상의 왕이라고 고백했다. 일반적으로 복음서에서 인자는 하나님의 오른편에 앉아 있다고 묘사되고(마 19:28; 25:31; 26:64; 막 14:62; 눅 22:69) 예수도 앉아서 다스리는 분으로 그려진다(마 20:21, 23; 22:44; 막 10:37, 40; 12:36; 눅 20:42; 행 2:34). 그러나 흥미로운 것은 인자가 앉아 있지 않고 서 있다고 묘사된다는 것이다. 사실, 여기를 제외하고, 인자가 하나님의 우편에 서 있다는 묘사를 우리는 발견하지 못한다. 학자들은 왜 예수가 서 있었는지에 대하여 다양한 설명을 하는데, 아마도 예수가 스데반의 변호자로서 보좌 앞에 서 있다는 것이며, 이것은 스데반의 주장에 대한 정당성을 나타낸다는 것이다. 바로 이후, 스데반의 연설은 인자이신 예수의 영광스러운 모습을 드러냄으로 절정에 달하는데, 구원과 복의 약속들은 예수 그리스도 안에서 성취되었기 때문이다. 스데반의 주장들은 죽음에 이르게 하였다. 자신을 죽였던 자들을 용서하는 스데반의 모습은 십자가에 못 박은 자들을 용서한 예수 그리스도를 반영한다(눅 23:34). 비록 스데반이 죽음에 이르렀지만, 이러한 순교는 복음 선포를 억누를 수 없었다. 왜냐하면 박해 때문에 흩어진 자들이 예루살렘 밖에서 말씀을 전파하였기 때문이다(행 8:4).

사마리아에서 빌립의 전도와 에디오피아 내시의 만남(8:4–40)

8장은 빌립이 사마리아에서 복음을 전하고 에디오피아 내시와 만난 사건을 기록한다(아마도 AD 31–32년). 여기에 등장하는 빌립은 사도 빌립이 아니다. 그는 헬라파 과부들을 돕기 위하여 임명된 일곱 명 중 한 명이었다(6:5). 사마리아에서 빌립의 설교는 엄청난 영향을 가져왔다. 많은 사람이 그가 복음을 선포할 때 믿게 되었는데, 이 복음은 표적들에 의해 증명되었다(8:5–8). 사람들은 이전에는 마술사 시몬에 빠져 있었지만, 빌립이 복음을 선포했을 때 이들은 복음을 따르게 되었다.

흥미롭게도, 비록 사마리아인들이 믿고 세례를 받았다고 할지라도, 이들이 믿었을 때 성령을 받지 않았다(8:12, 15–16). 신약성경 안에서 사람들이 예수를 믿고 성령을 즉시 받지 않았던, 다른 예가 없다. 그러므로 이러한 장면에서 우리가 보는 것이 어떤 패턴이나 기준이 될 만한 본보기가 아님을 알아야 한다. 오히려 사람들이 믿을 때 즉시 성령을 받는다는 것이 표준적인 패턴이다(2:38). 눈에 띄는 것은 사마리아인들이 나중에 사도 베드로와 사도 요한이 안수했을 때만 성령을 받았다는 것이다(8:17). 그렇다고, 이러한 안수가 성령을 받기 위한 필수적인 요소로 이해해서는 안 되는데, 고넬료와 그의 친구들은 안수 없이 성령을 받았기 때문이다(10:44–48 참조). 반드시 주어져야 하는 질문은 '왜 성령이 전도자 빌립을 통해서가 아니라 오직 사도들을 통하여 나오게 되었는가?'이다. 아마도 유대인들과 사마리아인들 사이에 문화적 단절이 있었기 때문일 것이다. 예를 들어, 사마리아인들은 예루살렘 대신에 그리심산에서 예배하면서, 구약 전체 대신에 모세오경을 소중히 여겼으며, 유대인들과 단절된 오랜 역사를 가지고 있다. 하스모니아 왕조 요한 히르카누스(John Hyrcanus)는 통치 기간(BC 134-104년) 동안 그리심산에 있는 그들의 신전을 파괴했다. 또한 유대인들과 사마리아인들 사이의 긴장은 신약성경 안에서도 분명히 나타난다(눅 9:51-56; 10:33; 17:16; 요 4:9; 8:48; 행 1:8; 9:31 참조).

성령은 항상 사람들이 믿을 때 주어진다는 것이 분명하여서 누가의 내러티브는 자연스럽게 독자들의 마음에 질문들을 불러일으킬 수밖에 없는데, 사람들이 믿을 때 성령을 받지 않는다는 것을 들어본 적이 없기 때문이다! 이러한 현상은 어떻게 설명될 수 있는가? 가장 좋은 대답은 하나님이 이 경우에 유대인들과 사마리아인들 사이의 불화를 막기 위해 성령을 보류하시고, 오직 사도들의 손을 통하여 성령을 주어서, 사마리아 교회가 예루살렘에서 갈라지지 않게 하였다는 것이다. 그래서 교회는 사도들의 권위 아래 연합될 수 있었다.

사마리아인들의 믿음이 거짓이었다고 주장할 수도 있는데, 이에 대한 설득력 있는 증거가 있지 않기 때문에 이 주장을 받아들이기는 어려울 수 있지만, 시몬의 믿음은 결함이 있는 것처럼 보인다. 시몬은 빌립에 의해 행해진 "표적과 큰 능력"에 의해 놀라게 되었다(8:13). 그가 "성령이 주어지는 것을 보았을 때"(8:18), 그는 베드로와 요한에게 돈을 주어 자신에게 성령을 받게 할 수 있는 능력을 주도록 하였다. 베드로가 사용한 단어들은 시몬이 하나님에게 속하지 않았다는 것을 보여준다. 왜냐하면 "관계"와 "분깃"('메리스 우데 클레로스'[*meris oude klēros*], 8:21)은 구약성경에서 기업(inheritance)의 소유를 나타내기 위하여 사용되는데(예를 들어, 신 10:9 LXX), 이 기업은 한 사람이 이스라엘 땅 안에 어떤 장소를 가지고 있다는 것을 의미하기 때문이다. 예표론적으로, 구약성경에서 땅은 신약성경에서 신자들의 최종적인 기업을 가리킨다(예를 들어, 롬 4:13). 이러한 해석은 베드로가 시몬에게 "회개하라"라고 요청할 때(행 8:22) 확증된다. 게다가, 베드로는 시몬에게 "악독이 가득하며 불의에 매였다"고 지적하였다(8:23). "악독이 가득하며"라는 표현은 주목할 만한 평행을 이루는 신명기 29:18까지 거슬러 올라가는데(행 8:23의 "악독이 가득하다"라는 문자적인 번역은 "쓴 담즙"이며, 신 29:18[29:17 LXX]의 "독초와 쑥"이라는 표현의 원문과 아주 유사함-옮긴이), "너희 중에 남자나 여자나 가족이나 지파나 오늘 그 마음이 우리 하나님 여호와를 떠나서 그 모든 민족의 신들에게 가서 섬길까 염려하며 독초와 쑥의 뿌리가 너희에게 생겨서"라고 진술된다. 독이 있는 뿌리를 가진 사람은 참 하나님으로부터 거짓 신들에게로 돌아서고 있음이 분명한데(신 13:2를 보라), 이러한 사람은 배교(背敎)하는 것이다. 시몬은 하나님의 백성에 속하기 위하여 진정으로 회개해야 한다.

사마리아인들의 회심의 의미는 무엇인가? 사마리아는 이스라엘의 일부로 간주되었고, 북쪽 왕국의 일부였기 때문에, 사마리아가 그리스도를 믿고 예루살렘 교회에 복종하는 것은 에스겔 37장에 나타난 예언의 성취를 나타낸다. 에스겔은 "에브라임의 막대기"와 "유다의 막대기"가 "한 막대기"가 될 때가 올 것이라고 예언하였다(37:15-28). 사마리아와 유대/갈릴리의 통일은 에스겔에 나타난 약속의 성취에 해당하며, "그들 모두를 다스릴" "한 임금"이 예수인데(37:22), 이들은 예수를 통하여 죄로부터 깨끗하게 되기 때문이다(37:23). 또한, "내 종 다윗이 그들의 왕이 되리니 그들 모두에게 한 목자가 있을 것이라"(37:24)라고 진술된다. 사도행전에서 종 다윗은 예수 그리스도이며(행 3:13, 26; 4:27, 30), "처소"는 약속된 성령이다(겔 37:27).

에디오피아 내시 이야기(행 8:26-40)는 이방인의 첫 번째 회심으로 이해할 수 있지만, 이 내시는 이미 개종한 사람으로 이해될 가능성이 크기 때문에(8:27), 고넬료와 그의 친구들이 첫 번째 이방인 개종자들로 생각된다. 이 내시가 문자적으로 거세되었는지, 아니면 그가 단순히 관리였는지 확실하지 않다. 어쨌든, 이 내시의 회심은 아마도 이사야 56:3의 성취로서 나타나는데, 일단 어떤 남자가 거세된다면 주님의 총회에서 제외될 것이기 때문에, 56:3에서 내시들이 하나님 나라에 포함된다는 것은 종말이 도래했다는 것을 가리킨다(신 23:1). 흥미롭게도, 이 내시는 주의 종에 대하여 나온 이사야 53장을 읽고 있었으며, 빌립은 이 본문이 예수 안에서 성취되었다는 것을 설명했다. 그가 읽고 있었던 부분(53:7-8)은 예수의 대속적 죽음이 아니라 그의 무고한 고난에 초점을 맞추고 있다. 왜 죄인들을 위한 예수의 죽음 대신에 그의 무고한 고난에 초점을 맞추는가? 아마도 초대 기독교인들은 사람들에게 예수가 무고한 분이었기 때문에 그는 정당하지 않게 죽었다는 것을 정기적으로 상기시켜야 했기 때문일 것이다. 사람들이 묻는 첫 번째 질문은 하나님의 기름 부음 받은 자가 어떻게 고난을 받고 죽임을 당할 수 있느냐인데, 초대 기독교인들은 이사야서를 읽으면서, 예수의 거절이 처음부터 예언되었다는 것을 발견했다.

바울의 회심(9:1-30; 22:1-21; 26:1-32)

누가는 사도행전에서 사울/바울의 회심과 소명을 세 번 설명한다(9:1-30; 22:1-21; 26:1-32). 그러므로 이 회심 사건은 바울과 관련된 내러티브에서 중요한 역할을 한다. 바울의 소명과 사역은 복음이 이방인들에게 선포되는 중요한 수단 중 하나이며, 그의 회심은 아마도 30년대 초반, 아마도 AD 32-33년에 일어났을 것이다. 바울의 회심에 대한 세부적인 사항들은 잘 알려져 있어서 여기에서 자세히 말할 필요는 없다. 놀라운 것은 하나님의 주권이다. 왜냐하면 기독교 신앙에 대하여 열렬한 반대자가 갑자기 예수가 메시아임을 깨달았기 때문이다. 바울은 부활한 주님이신 예수가 자신에게 나타나서 사명을 주었기 때문에 확신을 가질 수밖에 없었다. 바울의 회심은 누가의 내러티브에서 큰 방향 전환을 나타낸다. 왜냐하면 바울은 이스라엘에 계속해서 복음을 전한다고 할지라도(9:15), 이방인들과 임금들에게 복음을 전하도록 부름을 받았기 때문이다. 바울의 회심 이야기에서 놀라운 것은 박해를 한 사람이 박해받는 사람으로 변한다는 것이다. 다메섹에 있는 유대인들은 예수에 대한 그의 설교를 견딜 수 없어서, 그를 죽이기 위해 음모를 꾸미기까지 했다(9:19-

25). 동일한 상황이 예루살렘에서 되풀이되었으므로, 교회는 그를 안전하게 보호하기 위하여 다소로 보냈다(9:26-30). 유대인들의 거절은 바울이 이방인에게 복음을 전하는 길이 되었으므로 바울의 전도는 땅 끝까지 이르러 복을 준다는 아브라함의 약속을 성취하는, 근본적인 역할을 한다(1:8).

이방인들에게 다가감(9:32-12:24)

고넬료 이야기(10:1-11:18)

사도행전에서 누가의 내러티브의 중심적인 이야기 중 하나는 고넬료와 그의 친구들의 회심이다(아마도 AD 37년 또는 38년). 우리는 누가가 그 이야기를 두 번이나 말하기 때문에 그 기록이 누가에게 매우 중요했다는 것을 알고 있다. 첫 번째 이야기는 더 구체적인 방식으로 이야기되고(10:1-48), 이보다 더 단축된 두 번째 이야기에서 베드로는 예루살렘에 있는 반대자들에게 자기 행동을 변호했다(11:1-18). 이 두 번째 이야기는 매우 중요한데, 우리는 이방인들이 하나님의 백성으로 처음 들어가는 것을 발견하기 때문이다. 고넬료는 아마도 "하나님을 경외하는 자"(God-fearer)였을 것이다. 하나님을 경외하는 자들은 유대교의 유일신론과 도덕 원칙들에 매료되었지만, 할례를 받지 않았기 때문에 유대교로 개종한 것은 아니었다. 한 천사가 고넬료에게 나타나서, 가이사랴에서 약 60km(37mile) 정도 떨어진 욥바에 있는 베드로를 불러 고넬료 자신을 방문하도록 지시했다. 한편, 고넬료의 친구들은 베드로가 머물고 있었던 무두장이 시몬을 발견하려고 할 때, 베드로는 황홀한 중에서 부정한 짐승들이 있는 큰 그릇을 보았고, 그것들을 잡아먹도록 지시를 받았다(10:9-16). 이 환상은 베드로를 혼란스럽게 하였다. 왜냐하면 모세의 율법은 부정한 동물들을 먹는 것이 금지되었다고 가르쳤기 때문이다(레 11:1-44; 신 14:3-21). 우리는 또한 베드로의 경험으로부터 예수는 제자들과 함께 부정한 음식을 절대로 먹지 않았다는 것을 알게 된다. 만약 베드로가 예수와 함께 부정한 음식을 자주는 아니더라도 단 한 번이라도 먹었다면 당황해하지 않았을 것이다. 베드로는 "주님 그럴 수 없나이다 속되거나 깨끗하지 아니한 것은 결코 내 입에 들어간 일이 없나이다"(행 11:8)라고 말함으로써, 음식법 준수를 아주 강한 용어로 강조한다. 예수는 입에 들어가는 음식들이 사람을 더럽게 할 수 없다고 말하였지만(막 7:15), 부활 이후에 제자들은 예수가 말했던 것의 의미만 분명하게 이해했을 것이다. 이들은 모든 음식물이 깨끗하다는 것을 서서히 깨달았다(7:19). 어쨌든, 현재 상황 때문에 베드로는 혼란스러웠는데, 이 환상이 구약성경에서 하나님이 주신 명령들을 어기도록 가르치고 있었기 때문이다. 고넬료의 사람들은 베드로가 머물렀던 집에 도착했을 때(그리고 이들은 신적인 계시에 의해 베드로를 발견할 곳을 지시받았을 것이다), 베드로는 이 환상의 의미를 이해하기 시작하였다. 그 음식들의 깨끗함은 이방인들의 깨끗함과 관련되었다. 베드로의 통찰력은 사도행전 10:28에서 발견되는데, 이 구절에서 그는 "유대인으로서 이방인과 교제하며 가까이 하는 것이 위법인 줄은 너희도 알거니와 하나님께서 내게 지시하사 아무도 속되다 하거나 깨끗하지 않다 하지 말라 하시기로"라고 진술한다. 몇몇 유대인들은 결코 이방인들과 함께 식사하지 않았을 것이고(Jub. 22.16), 다른 사람들은 음식이 정결한 음식이라면 이방인들과 먹었을지 모르지만, 사람들 대부분은 부정하게 되는 것에 대한 두려움이 있었기 때문에 어떠한 접촉이라도 피했을 것이다. 그러나 정결법(특히 음식에 관한 규정들)이 하나님의 백성에 속하기 위해 이방인들에게 더 이상 요구되지 않았고, 이방인들과의 교제가 유대인 기독교인들에게 허용되었다는 것은 베드로에게 분명해졌다. 이제 그리스도 안에 있는 모든 인간은 의식적으로(ritually) 순결하고 깨끗하다. 다시 말해서, 이방인들은 하나님의 백성이 되기 위해 유대인들이 되어 모세율법을 준수할 필요가 없었다. 유대인들과 이방인들을 분리하였던 장벽들은 무너지고 있었다. 이것은 구약성경에서 유대인들과 이방인들을 구분하는 율법들이 처음부터 잘못되었다고 말하는 것이 아니다. 모세 언약과 율법들은 구속 역사의 특정 시기에 시행되도록 의도되었지만, 이제 그리스도가 왔기 때문에 새 시대가 도래하였다. 유대인들과 이방인들 모두 예수 그리스도를 믿음으로 말미암아 하나님에게 속하였다.

'베드로의 연설에 대한 설명이 단축되고 요약되는데(10:34-43), 다음의 주제들이 주목될 수 있다. (1) 하나님은 편애를 나타내지 않지만 모든 나라에서 오는, 옳은 것을 행하고 그를 두려워하는 사람들을 받아들인다. (2) 복음의 메시지, 즉 평화의 메시지는 먼저 약속의 백성으로서 이스라엘에 먼저 보내졌다. (3) 예수는 유대인들과 이방인들 모두의 주님이라는 것이다. 이 진술의 기독론은 예수가 하나님과 같은 지위를 공유한다는 것을 보여주고 있으며, 상당히 주목할 만하다. (4) 예수는 세례를 받을 때 성령으로 기름 부음을 받았고, 그 이후 예수는 아픈 사람을 고치고 귀신들을 쫓아냈다. (5) 베드로와 다른 사람들은 하나님께서 예수를 통하여 행한 것의 증인들이지만, 예수의 선함에도 불구하고 그는 나무에 달렸다. "나무"라는 단어는 신명기 21:23을 가리키며, 예수는 자기 백성을 위하여 하나님에 의해 저주를 받았다는 것을 제안한다. (6) 하나님은 그를 죽은 자로부터 일으키셨고, 많은 사람은 이 진리의 증인이다. (7) 베드로와 다른 사람들은 예수에 관한 복음을 선포하고 다가오는 심판에 대하여 사람들에게 경고하도록 부름을 받았다. (8) 예수는 성경을 성취하고, 죄의 용서는 그를 통하여 온다. 중요하게도, 그 연설은 베드로가 예수 그리스도의 이름으로 죄 사함을 받는다는 것을 언급할 때 멈추었다(10:43). 바로 그 순간, 놀라운 일이 일어났다. 베드로가 그들에게 회개하고 믿도록 요청하지 않았다고 할지라도, 성령이 갑자기 고넬료와 그의 친구들에게 부어졌다(10:44-48). 베드로가 11:15에서 설명한 것처럼, 유대인 회의론자들은 사도들이 오순절에 했던 것과 마찬가지로 그 이방인들이 방언을 말했기 때문에, 이들이 성령을 받았다는 것을 의심할 수 없었다. 고넬료와 그의 친구들이 갑작스럽게 방언을 말했다는 것은 이들이 신자들이 되었다는 것을 증명했다. 여기에서 일어난 일은 두 번째 오순절, 즉 하나님이 이방인들을 위한 교회의 입구를 열어준 것이라고 할 수 있다.

베드로가 경험한 음식에 대한 환상의 중요성은 이제 분명해졌다. 하나님의 백성을 구성하는 정결법은 더 이상 필요하지 않게 되었다는 것이다. 만약 옛 언약이 인종적 제한으로 표시되었다면, 새 언약은 인종적 개방성을 특징으로 한다고 말할 수 있을 것이다. 어떤 사람이 유대인의 일부가 되어야 한다거나, 또는 이방인들과 유대인을 분리하였던 규정들을 따라야 할 필요가 없었다. 사람들이 함께 식사하는 것을 방해하는 규칙들보다 사람들이 분리되고 단절되는 것을 상상하기 어렵다. 베드로와 예루살렘에 있는 유대인들은 하나님의 역사가 일어났다는 것을 인식했다. 이들 모두는 "하나님께서 이방인에게도 생명 얻는 회개를 주셨다"는 것에 동의했다(11:18).

구약성경에는 이방인들이 하나님의 백성에 포함될 것이라는 많은 증거가 있다. 물론 몇몇 본문들 안에서 이방인들이 여전히 유대인들에게 종속되는 것처럼 보이기도 하고(사 60:10-14; 61:5-7; 슥 2:11-12; 8:22-23), 다른 구절들 안에서 그들이 동등한 위치를 갖는 것처럼 보이기도 한다(시 47:9; 87:4, 6; 사 11:10; 19:16-25; 25:6-7; 42:6; 49:6; 55:4-5; 56:6-7). 어쨌든 중요하게도, 고넬료와 그의 친구들은 이방인들이 언약 공동체의 동등한 구성원들이며 성령의 평등한 수혜자들임이 분명하다. 하나님은 새 일을 행하고 새 언약과 새 창조에 대한 약속을 성취하고 있었다.

박해(12:1–24)

교회에 대한 박해는 헤롯 아그립바 I세가 AD 39년에 갈릴리를 통치하면서 새로운 국면으로 접어들었는데, 그는 AD 41년부터 에돔과 유대까지 통치하고 AD 44년에 죽었다. 아마도 예루살렘에 있는 유대인들은 그리스도를 믿는 신자들을 향하여 점점 더 적개심을 가진 것처럼 보이고, 아그립바는 요한의 형제 야고보의 목을 베어(행 12:2) 그러한 분위기에 동조하였다. 아그립바는 그 일이 유대인들을 기쁘게 한다는 것을 알았을 때, 베드로를 처형 목록에 추가하고 그를 체포하였다. 많은 유대인이 기독교인들이 되었음에도, 이들은 유대인 전체로 보았을 때 여전히 소수였을 것인데, 아그립바의 행동이 적어도 부분적으로나마 다수의 유대인에게 정치적인 호의를 얻기 위해 계획되었기 때문이다. 천사에 의해 베드로는 기적적으로 구출되었는데, 그를 위해 기도하려고 모였던 신자들조차 깜짝 놀라게 되었고(12:6-17), 그가 구출된 것은 하나님의 주권에 의해 이루어진 것임을 증명한다. 즉, 어떤 신자도 하나님의 뜻이 있기 전에 죽지 않는다. 동시에 하나님의 방법은 계산할 수 없고, 분별하기 쉽지 않다. 확실하게도, 하나님은 야고보 역시 구할 수 있었지만, 그의 지혜와 주권 안에서 야고보가 아니라 베드로를 구출하셨다. 때때로 신자들은 구출되기도 하고, 때때로 고난을 받기도 한다. 어떤 특정한 사람에게 일어나게 될 일에 대한 사전 예고는 주어지지 않는다. 교회와 개인들은 그들의 운명이 고난을 받는 것이든 구출을 받는 것이든 하나님을 신뢰하도록 요청받는다. 이 박해 이야기는 헤롯의 교만 때문에 하나님이 그를 치신 것으로 끝나는데, 요세푸스도 이것을 언급하였다(*Ant*. 19.343-346). 오늘날에도 교회는 박해받지만, 하나님은 궁극적으로 박해하는 자들을 심판할 것이다. 물론 이 이야기는 심판이 현재의 삶에서 악인에게 반드시 빨리 올 것이라고 가르치지 않는다. 주님은 거의 항상 악한 통치자들을 활발하게 활동하는 전성기에 죽도록 치지 않는다. 대신에, 이 역사적 이야기는 또한 비유적으로(parabolically) 읽혀야 하는데, 하나님의 백성을 박해하는 사람들은 결국 반드시 심판받게 될 것을 의미한다.

이방인들에게 집중된 선교(12:25-16:5)

첫 번째 선교 여행(13:1-14:28)

이방인들이 예수 그리스도의 복음을 듣게 하려고 처음으로 계획된 선교 여행은 바울과 바나바에 의해 수행되었으며(행 13-14장), 아마도 AD 45-47년에 이뤄졌을 것이다. 성령은 예언을 통하여 바울과 바나바를 선교를 위해 부르셨다. 이 부르심은 이들이 다른 몇몇 신자들과 함께 예배하고 금식하고 있을 때 이루어졌다(13:2). 이들은 바나바의 고향인 구브로 섬과, 비시디아 안디옥, 이고니온, 더베, 루스드라를 포함하여 남 갈라디아에 있는 네 개의 도시를 방문했다. 비시디아 안디옥을 방문했을 때 보여진 그들의 습관은 먼저 회당에 있는 유대인들에게 설교하는 것이었고, 만약 유대인들이 그 메시지를 거절하게 된다면, 그들은 그다음으로 이방인들에게 향하는 것이었다(13:44-50). 주목할 만하게도, 이사야 49:6을 근거로, 바울과 바나바는 땅 끝까지 구원을 선포하는 사람들로서 이방의 빛이 된다는 것을 언급한다(13:47). 확실히, 누가는 예수가 이사야의 예언 안에 있는, 주님의 뛰어난 종이라고 믿었다(눅 4:16-21; 22:37; 행 8:32-35). 주님의 종으로서 예수는 자기 백성의 죄를 위해 죽으셨고(사 53:4-6, 10-12), 바울과 바나바는 다른 사람들의 죄에 대해 속죄하지 않았다. 우리는 이사야가 그 주님의 종이 이스라엘이라고 명시적으로 말하지만(41:8-9; 43:10; 44:1-2, 21; 45:4; 48:20; 49:3), 이사야서를 자세히 읽어보면, 그 주님의 종 역시 이스라엘을 위하여, 이스라엘을 대신하여 고난을 받고 이스라엘을 회복하기 때문에, 이스라엘을 초월한다는 것을 암시한다(49:5-6; 53:4-6, 12). 그런 의미에서 주님의 종으로서 예수는 참 이스라엘이다. 그러므로 예수에게 속한 사람들 모두 또한 참 이스라엘에게 속하고 계속해서 이사야의 예언을 성취하는 셈이다. 이스라엘이 주님의 종이기 때문에, 예수에게 속한 사람들 또한 주님의 종들이며, 특히, 복음을 땅 끝까지 전하는 사명을 받은 사람들이다.

비시디아 안디옥에 있는 회당에서 행한 바울의 설교(행 13:15-41)는 아마도 그가 설교했던 전형적인 모습이었을 것이다. 그 설교는 사도행전 2장에 나타난 오순절에 행한 베드로의 설교와 몇 가지 공통점이 있는데, 이것은 사도들이 공통된 복음을 선포했다는 것을 보여준다(고전 15:11 참조). 그러나 차이점들 또한 있다. 바울은 구원 역사, 즉 이스라엘의 선택과 애굽으로부터 구원, 그리고 왕으로서 다윗의 임명에 초점을 맞춤으로써 시작했다(행 13:16-22). 우리가 여기에서 이해하는 것은 아브라함 언약(창 12장, 15장, 17장), 모세 언약(출 19-20장), 그리고 다윗 언약 (삼하 7장; 대하 17장)을 포함하여, 이스라엘 역사를 언약의 관점으로 읽는 것이다. 성경의 이야기는 단순하게 여러 사건이 분리되어 나타난 단발적인 것들이 아니라, 하나의 이야기 즉 의미와 목적을 가진 하나의 이야기로서 읽히게 된다. 이스라엘의 이야기는 창조주 하나님이 자신이 베푼 구원의 약속들에 대하여 어떻게 신실한지에 대한 설명이다. 다윗 언약은 메시아 왕으로서 예수의 오심으로 성취되므로(행 13:23; 또한, 삼하 7:12 참조), 예수는 이 이야기에 대한 최절정의 성취이다. 선구자로서 세례 요한의 역할 또한 주목되는데(행 13:24-25), 이것은 하나님의 구원 행동의 마지막 커튼이 열리기 전에 세례 요한에 의한 위대한 왕의 선포가 있었음을 의미한다.

예수의 죽음은 예언을 성취하였다. 즉, 그 죽음이 하나님의 계획이었으므로 우연히 일어난 것으로, 마치 악한 사람들이 하나님의 목적들을 틀어지게 만든 것처럼, 해석되어서는 안 된다. 몇몇 사람들은 예수가 행한 악 때문에 죽었다고 생각하는 경향이 있으므로, 그의 무죄 또한 강조된다. 사실, 메시아가 나무 위에 달린 것은 수치스러운 일이다(13:27-29). 그러나 나무에 달린 예수의 죽음은 하나님의 계획이었고, 누가는 나무에 대하여 언급하면서(신 21:23을 보라), 죄인들이 받아야 할 저주를 예수가 친히 담당하였다는 것을 암시한다. 십자가에 못 박혀 죽은 것을 나무에 달린 것으로 언급하는 것은 고대 세계에서 사람들이 십자가에 못 박는 것을 설명하는 방식은 아니었다! 나무에 대한 언급은 신명기 21:23에 대한 의도적인 암시이며, 이 구절은 나무에 달린 자들은 하나님의 저주를 받았다고 설명한다. 만약 이렇게 그 이야기가 끝났다면, 예수는 참으로 저주를 받은 것이겠지만, 바울은 하나님이 예수의 부활을 통하여 예수를 메시아로서 그 정당성을 입증하였다고 계속 말했다. 그러므로 그 저주는 우리를 위한, 그리고 우리의 구원을 위한 것이었다(갈 3:13 참조). 예수의 부활은 종교적인 신화(myth)가 아니라, 증거자들에 의해 증언된 사실이었다(행 13:30-31). 예수의 부활은 또한 예언을 성취하였고, 바울은 시편 2:7과 이사야 55:3, 그리고 시편 16:10을 인용한다. 예언의 증거는 초기 기독교인들에게 주요한 역할을 하였고, 우리는 이미 베드로가 부활을 변호하기 위하여 시편 16편도 인용했다는 것을 주목했으므로, 시편 16편에 대한 언급은 여기에서 다시 조명되지 않을 것이다.

시편 2편의 인용은 특히 흥미롭다. 이 시편의 원래 정황은 세상의 나라들이 여호와가 기름 부은 왕, 다윗을 거절하였다는 것이다. 그런데도, 여호와는 다윗을 시온산에 왕으로 세웠다(시 2:6). 동일한 진리를 표현하는 또 다른 방법은 다윗이 하나님의 아들이 되었다는 것이며, 하나님은 그를 왕으로 세우심으로 그의 아버지가 되었다는 것이다(2:7). 말하자면, 하나님은 다윗을 낳아, 그를 세우고 왕으로 세우고 높여주었다. 모든 나라들이 아브라함을 통하여 복을 받을 것이라는 약속은 다윗 왕을 통하여 현실이 될 것이다(창 12:3; 시 2:8-9). 이 시편의 사용은 예수가 더 위대한 다윗이며 다윗 언약을 성취하였기 때문에, 다시 예표론적이게 된다. 다윗이 "만민의 인도자와 명령자"(사 55:4)가 될 것이고 그 나라들이 믿음과 순종으로 다윗 왕에게 달려올 것이라는(사 55:4), 언약 약속들은(행 13:34에서 인용된 사 55:3) 예수 안에서 성취되었다. 하나님은 예수를 죽은 자로부터 일으키고 그를 하늘에서 자신의 오른편에 왕으로 세움으로써, 그의 아버지가 되었다. 바울은 예수가 영원 전부터 하나님의 아들이었다는 것을 부인하지 않고, 예수가 이 땅에서 하나님의 아들이었다는 것을 부인하지 않는다. 그러나 이 문맥에서 그는 예수가 부활하여 통치하는 왕으로서 언제 세워졌는지를 생각한다. 예수가 그 나라들을 통치할 것이라는 약속은 그가 하나님의 오른편에서 다스릴 때 성취되고 있다(시 110:1). 그러므로 여기에서 예수가 나셨다는 언급(행 13:33-34)은 성육신이나 예수의 세례를 언급하는 것이 아니지만, 부활하여 다스리는 주님으로서 예수의 지위를 가리킨다.

바울은 죄의 용서를 제시함으로써 자신의 연설을 마칠 때, 그의 독특하고 주목할 만한 주제가 소개되는데(13:38-39), 죄의 용서와 칭의는 모세율법을 준수하는 것 대신에 믿음을 통하여 받게 된다는 것이다. 모세율법은 용서함을 이룰 수 없었고 오히려 인간의 죄성을 드러냈다. 청중들은 선지자들의 메시지를 거절하지 않도록 경고받는다(합 1:5; 행 13:40-41). 여러 가지 점에서, 하박국 1:5의 경고는 하박국 전체의 메시지를 포착한다. 주님은 바벨론을 유다의 죄를 심판하는 도구로써 사용했지만, 그 심판 안에서, 그 심판을 통해서 그는 자기 백성을 구원하였다(합 3장). 구원은 심판의 맞은편에서 이스라엘에게 왔다. 주님이 자기 백성을 심판하고 구원할 때, 주님의 일을 보도록 이스라엘에게 경고했다. 바울은 하박국서 안에서 선포된 심판과 구원을 예수 그리스도 안에서, 특히 십자가와 부활안에서 성취된 것으로서 이해했다. 다시 말해서, 하박국의 메시지는 예표론적으로 십자가의 수치(심판)와 부활의 사건에서 정당성(vindication)이 있음을 예고한다. 십자가에서 심판만을 보는 사람들(그리고 예수가 메시아가 되기에 합당하지 않다고 생각하는 사람들)은 하박국 전체를 읽어야 한다. 왜냐하면 비록 백성들에 대한 심판이 있지만, 정당성이 있기 때문이다. 우리는 다시 예표론적인 확대 상승(escalation)을 보게 된다. 왜냐하면 예수가 자기 백성을 대신하여 고난을 겪고 무죄한 분으로서 심판을 당했기 때문이다.

영향력 있는 유대인들은 바울과 바나바가 첫 번째 선교 여행을 하는 동안 사람들을 선동하여 반대하도록 했다. 그러므로 바울과 바나바는 이 마을에서 다른 마을로 도피하였다. 루스드라에서 발을 쓰지 못하는 사람을 치유한 사건(행 14:8-10)은 상당히 인상적이다. 왜냐하면 그 사건은 베드로와 요한이 예루살렘에서 못 걷는 사람을 고쳤던 것을 상기시키기 때문이다(3:1-10). 베드로와 요한이 고친 사건은 예루살렘에 있는 유대인들에게 복음을 전하도록 하는 문을 열었고, 바울과 바나바가 고친 사건은 이방인들에게 복음을 선포할 기회를 주었다(14:11-18).

우리는 또한 새로 개척된 교회들에게 주어진 가르침들 안에서 하나의 패턴을 볼 수 있다. 바울과 바나바는 시리아 안디옥으로 돌아오는 여행에서 남 갈라디아에 개척한 교회들을 다시 방문하여, 하나님의 나라로 들어가려면 많은 환난과 고난을 겪어야 하므로, 교인들이 믿음 안에서 계속 머물고 견디도록 격려하였다(14:22; 또한, 11:23; 13:43 참조). 새로운 개종자들에게 가르쳤던 첫 번째 진리 중 하나는 그들이 믿음 안에서 인내하고 계속 머물러야 한다는 것이다. 참으로, 개종자들로서 그들이 소유한 믿음은 시험을 받았을 것이다. 그래서 바울과 바나바가 주님에게 새로운 신자들을 맡기고 기도했던 이유는 새 신자들이 믿음의 여정을 위해 은혜가 필요했기 때문이다(14:23). 바울과 바나바는 또한 새로운 교회들을 이끌어갈 리더십이 필요했기 때문에 각 교회에서 장로를 택하였다(14:23).

예루살렘 공의회(15:1-35)

바울과 바나바는 첫 번째 선교 여행을 통하여 많은 이방인을 교회로 데려왔다(행 13-14장). 이 이방인 신자들은 할례를 받지 않았음에도 기독교인들로 간주되었다. 할례는 구약성경에서 언약 백성의 일원이 되기 위해 남자들에게 명백하게 요구되었으며(창 17:9-14), 할례에 복종하지 않은 사람들은 하나님의 백성에 속하지 않았다. 신약성경 시대 동안 몇몇 이방인들은 할례에 복종하였고 유대교 신앙으로 개종하였지만, 유대교에 끌린 많은 이방인은 하나님을 경외하는 자들이나 유대교에 동조하는 지지자들로 가장 잘 묘사되었다. 왜냐하면 이들은 회당에 참석하고 유대교 유일신론과 도덕에 매료되었지만, 할례를 받지 않았기 때문이다. 우리는 구약성경(창 17:9-14)에서 왜 기독교 신앙을 가진 몇몇 유대인들조차 할례가 구원을 위해 필수적이라고 주장했는지 그 이유를 알 수 있다(15:1, 5). 예루살렘에서 공의회가 열렸고, 사도들과 장로들, 그리고 예루살렘에 있는 교회가 그 문제를 판결하기 위해 모였다(AD 48년). 이 문제는 엄청나게 중요했다. 왜냐하면 만약 할례와 모세 율법의 나머지 부분(15:5를 보라)이 이방인 신자들에게 요구되었다면, 신생 기독교 운동이 유대교의 한 종파로 남아있었을 것이다. 왜냐하면 이방인들이 개종하여 유대 민족에 합류할 것이기 때문이다.

베드로는 자신의 연설을 통하여 그 공의회가 바울과 바나바의 관점으로 기울이도록 했고, 누가는 베드로의 말을 축약하여 제시한다(15:7-11). 베드로는 고넬료와 그의 친구들의 개종을 보여주는 사도행전 10-11장의 사건을 상기시켰다. 예루살렘 공의회는 AD 48년이나 49년에 열렸고, 고넬료와의 만남은 아마도 7-10년 전에 일어났을 것이다. 베드로는 하나님이 유대인들과 이방인들을 구별하지 않는다는 것을 청중들에게 상기시켰는데, 그는 이방인들이었던 고넬료와 그의 친구들이 믿음으로 성령을 받는 것을 보았기 때문이다. 이방인들에게 율법을 부과하는 것은 유대인들도 질 수 없는 멍에를 그들에게 놓는 것이었다. 하나님의 언약 백성들인 유대 민족조차 구원을 위해 율법을 충분히 지킬 수 없었다. 그러므로 구원은 율법을 지키는 것이 아니라, 그리스도의 은혜를 통하여 온다. 왜냐하면 유대인들도 율법을 지키지 않았기 때문이다.

예수의 형제 야고보는 야고보서를 쓴 사람이며, 갈라디아서 2장에서 결정적인 역할을 했으며, 이 공의회에서 최종 결정권을 가졌다. 이때까지 야고보는 전 생애를 예루살렘에서 사역하면서 보냈기 때문에 사실상 예루살렘의 지도자로서 그의 조언은 매우 중요했다. 야고보와 대조적으로, 베드로는 예루살렘으로만 제한하지 않고 유대인들과 이방인들 모두를 섬겼다(갈 2:11-14 참조). 야고보는 이후 AD 62년에 대제사장 아나누스(Ananus)의 명령에 따라, 그리스도에 대한 신앙 때문에 예루살렘에서 돌에 맞아 죽었다(Josephus, *Ant.* 20.9). 야고보는 예루살렘에서 강한 영향력을 가졌기 때문에, 이 공의회에서 그의 판단은 결정적인 역할을 하였다. 그는 베드로의 입장에 동의하면서 시작하였다(행 15:14). 더 중요하게도, 그는 성경, 즉 선지자들이 베드로가 지지한 것과 같은 방향을 가리키고 있다고 주장했다(15:15-18).

야고보는 아모스 9:11-12를 인용하였지만, 아모스의 예언은 "선지자들의 말씀"(행 15:15)과 하나로 합쳐져서 함께 읽히게 된다. 그러므로 야고보가 말한 것은 아모스의 말에만 제한되어서는 안 된다. 아모스는 심판이 이스라엘에 임한 후, "다윗의 무너진 장막"(암 9:11)이 다시 일으켜질 날을 고대했는데, 이것은 아마도 성전 재건과 예루살렘의 회복을 의미할 것이다. 그 결과, 이스라엘은 "에돔의 남은 자와 내 이름으로 일컫는 만국을 기업으로 얻게 될" 것이다(암 9:12). 이 번역은 사도행전 15:17과 상당히 다르다. 즉, 15:17에서는 다윗의 무너진 장막이 재건될 것이므로 "그 남은 사람들과 내 이름으로 일컬음을 받는 모든 이방인들로 주를 찾게 하려 함이라"라고 진술된다. 누가에 의하면, 하나님의 성전은 십자가에 달리고 부활한 예수를 통하여 재건된다. 즉 하나님의 백성들은 하나님과의 관계에 의해 정의되고, 이들은 새 생전을 구성한다. 유대인들과 이방인들이 함께 하나님의 성전을 이루는데, 이러한 상황은 이방인들이 유대인들에게 종속된다는 것이 아니라, 이방인들과 유대인들이 동등하게 하나님 백성의 일원이라는 것이다.

야고보는 또한 여기에서 예레미야 12:15-16을 암시하는데, 이 구절들 안에서 주님은 유다와 이방 민족 모두에게 자비를 줄 것이라고 약속한다. 주님의 도를 배우는 이방인들은 "내 백성 가운데에 세움을 입을 것이다"(12:16). 이방인들은 유대인들과 함께 새 성전, 즉 하나님의 새 백성을 이룰 것이다. 게다가, "예로부터 이것을 알게 하시는 주의 말씀"(행 15:17-18)은 거의 확실히, 구약성경의 위대한 선교 본문 중 하나인 이사야 45:21을 암시한다. 이사야는 오직 한 분 하나님이 있다는 것을 선언한다. 즉, 모든 사람은 구원받기 위하여 이 하나님에게 돌아와야 하며, 이 초대는 "땅의 모든 끝"(사 45:22)까지 주어진다. 모든 무릎이 주님에게 꿇을 것이며, 모든 혀는 그에게 충성을 고백할 것인데(45:23), 이 표현은 바울이 빌립보서 2:10-11에서 인용한 본문이다.

야고보는 베드로의 관점이 성경에서 입증되었다는 것을 주장했다. 유대인들과 이방인들은 하나님의 새 성전이었고, 성취의 날이 도래했다. 그러므로 믿음으로 하나님에게 돌아온 이방인들에게 할례의 의무가 부과되어서는 안 된다. 할례는 하나님의 새 백성의 전제 조건이 아니었다. 옛 언약 아래에서 요구된 것은 이제 새 언약이 도래했기 때문에 적용되지 않는다. 사도들과 장로들, 그리고 전 교회는 동의하여 안디옥과 수리아, 그리고 길리기아에 있는 이방인 신자들에게 편지를 보냈다. 이 소식이 바울과 바나바, 그리고 유다를 통하여 전달되었는데, 바사바라 하는 유다와 실라 역시 아마도 편지의 내용을 확증하기 위하여 함께 여행하였던 것 같다(행 15:22-28). 이 결정의 영향은 폭발적이었다. 이방인들은 유대인들이 될 필요가 없었고, 구원받고 하나님 백성의 일원이 되기 위하여 율법을 준수할 필요가 없었다. 이들은 오직 믿음으로 하나님의 새 성전의 구성원들이 되었다.

이 공의회는 할례와 율법 준수가 구원을 위해 필수적이지 않다는 것을 동의했지만, 야고보는 또한 이방인들이 준수해야 하는 네 가지 규정들을 조언했다(15:20, 29). 몇몇 학자들은 이 규정들은 이방인들이 할례와 율법 준수 없이 하나님 백성의 일원이 될 수 있다는 주장과 모순된다고 생각하지만, 우리는 여기에 어떠한 모순이 있지 않다는 것을 보게 될 것이다. 확실히, 야고보의 이러한 금지들이 의미하는 것은 분별하기 쉽지 않다. 학자들은 이 금지들을 어떻게 이해해야 하는지, 또한 이것들이 오늘날 어떻게 적용될 것인지 이해하려고 노력했다. 우리는 야고보가 말한 것이 무엇을 의미하는지 정확하게 확인하는 것이 어렵다는 것을 인정해야 하며, 우리가 내리는 해결책 역시 잠정적이어야 한다. 나는 우상에게 바쳐진 음식을 먹는 것과 음행을 금지하는 첫 번째 두 가지 요구 사항을 파악하려고 한다. 이 두 금지는 이방인 기독교인들을 위한 모든 시대의 도덕적 규범을 나타낸다. 고대 세계에는 이교도 신전들 안에서 우상에게 바쳐진 음식을 먹는 것은 일반적이었지만, 유대인들은 그러한 절기에 참여하는 것이 우상숭배라고 믿었고, 초대 기독교인들 역시 이에 동의했다(계 2:14, 20). 몇몇 학자들은 바울이 고린도전서 8-10장에서 동의하지 않는다고 믿지만, 우리가 고린도전서 1장으로 가게 된다면, 나는 바울이 실제로 같은 견해를 가졌다는 것을 설명할 것이다(Did. 6.3 참조). 또한, 이방인 기독교인들 역시 간음은 잘못된 행동이라는 것에 동의하였지만, 여기 "음행"(sexual immorality)에 해당하는 단어('포르네이아'[*porneia*])는 더 넓은 의미로서 성적인 죄를 가리키며, 이것은 간음, 동성애, 수간(bestiality), 다른 성적인 타락을 포함한다. 이러한 죄들은 일반적으로 이방인 세계에서 받아들여졌지만, 우리는 여기에서 이것들이 그리스도 안에 있는 새 생명과 양립할 수 없다고 이해한다.

마지막 두 가지 규정은 아마도 피가 적절하게 배출되지 않거나 피가 여전히 있는 음식을 먹는 것과 관련되는 것 같다. 이 규정들은 레위기 17-18장에서 유래할 수 있고(17:10-14; 18:26), 우상에게 바쳐진 음식을 먹는 것과 성적인 죄에 대한 언급들 역시 레위기에서 유래할 수 있다(18:6-20, 22-23). 아마도 이방인 기독교인들은 모든 상황에서 피를 멀리해야 하는 것은 아니었을지라도, 유대인 기독교인들과 교제할 때 피를 먹어서는 안 되었다(레 17:8-9, 10-14; 18:26). 만약 유대인 기독교인들이 식탁에 있다면, 이 요구들은 유대인들과 이방인들의 교제를 위하여 따라야 했다. 내가 약간 더 마음이 가는 또 다른 가능성은 피를 먹는 것에 대한 금지가 노아에게 주어진 명령에서 유래한다는 것이며(창 9:4), 이 금지는 이후에도 계속 준수해야 하는 도덕규범을 나타낸다는 것이다. 그러므로 피를 먹는 것에 대한 금지는 우상 음식과 성적인 부도덕을 금지하는 것과 같은 구속력이 있다.

주목할 만하게도, 할례가 구원을 위해 불필요하다는 것을 결정한 이후에, 바울은 디모데에게 할례를 행하는 것에 동의했다(행 16:1-3). 왜냐하면 할례는 구원을 위해 필요하지 않다고 결정되었기 때문이다. 디모데의 어머니는 유대인이었기 때문에, 그는 미쉬나(Mishnah)의 모계 원칙을 따랐다면, 아마도 유대인으로 간주되었을 것이다(m. Kiddushin 3:12 참조). 그러므로 만약 디모데가 할례를 받지 않았다면 전도를 하기 위해, 바울이 그를 유대인 회당으로 데려가는 것은 어려웠을 것이다. 이방인 디도의 경우 몇몇 거짓 형제들이 구원을 위해 그에게 할례를 행해야 한다고 주장했던 것처럼(갈 2:3-5), 만약 할례가 구원을 위해 필요하다고 누군가가 주장했다면, 바울은 이 부분에 대하여 타협하지 않았을 것이다. 즉, 그는 이 부분에 대하여 한 치도 양보하지 않았을 것이다. 그러나 그는 복음을 전할 수만 있다면, 문화적인 이유로 유대인으로 사는 것에 대하여 매우 행복하다고 느꼈다(고전 9:19-23).

유럽으로 확장(행 16:6-19:20)

빌립보(16:12-40)

복음은 바울의 선교를 통하여 계속해서 뻗어나갔고, 빌립보, 데살로니가, 베뢰아, 아덴, 고린도에까지 퍼졌으며, 에베소에서도 확고하게 되었다(행 16:6-19:20, AD 49-54년). 빌립보에서 복음은 자색 옷감 장사 루디아의 마음을 사로잡았고(16:14-15), 한 여종을 귀신과 이 여종의 주인들로부터 구해냈으며(16:16-18), 간수와 그의 가족에게 구원을 가져왔다(16:23-24). 빌립보는 로마의 식민지였고, 특별히 크지 않았지만 5,000-10,000명의 거주민이 있었을 것이다. 그 여종으로부터 귀신을 쫓아냄으로써, 그 여종의 주인들은 더 이상 수익이 없다는 것을 깨닫고 격노하였다. 그 주인들은 바울과 실라가 도시의 질서와 평화를 해친다고 불평하면서, 이들을 관리들에게 끌고 갔다. 그들은 바울과 실라가 로마에 충성하지 않았고 로마법들이 전복되고 있다는 것을 주장하면서, 반-유대(anti-Jewish)적인 분위기에 호소하였다. 이들의 혐의는 그럴듯해 보였고, 바울과 실라는 뼈나 금속이 박힌, 여러 가닥으로 만든 채찍으로 몹시 가혹한 채찍질을 당하면서 매질(*verberatio*)의 형벌을 받았다.

왜 바울과 실라는 채찍질 받는 것을 피하고자 로마 시민권을 주장하지 않았을까(16:37)? 아마도 이들은 대부분의 빌립보 기독교인들이 갖지 않았던 권리를 이용하고 싶지 않았던 것 같다. 왜냐하면 빌립보 사람들 대부분은 로마 시민권을 주장할 수 없었고 처벌을 피할 수 없었을 것이기 때문이다. 그래서 바울과 실라는 고난을 겪고 있는 빌립보 사람들에게 본을 보여 주었다. 그렇게 수치스럽게 고난을 당했음에도, 바울과 실라는 감옥에 갇혔을 때 하나님을 찬양하였다(16:25). 이것은 그들의 삶 속에 나타난 하나님의 은혜의 놀라운 표시였다. 사도행전에 깊게 스며든 주제인 하나님의 주권은 모든 죄수의 사슬을 부수었던 지진으로 다시 나타난다. 이 사건을 통하여, 바울이 빌립보 간수와 그의 가족에게 예수를 믿으라고 요청했고 그와 그의 가족은 구원을 얻게 되었다. 당국자들은 (우리에게 전적으로 명확하지 않은 이유들로) 바울과 실라를 석방하고, 이들이 도시를 떠나도록 간청하였다. 그러나 바울은 그러한 수치스러운 대우에 대하여 사과를 담보하지 않고 떠나지 않으려고 했을 것이다. 그는 아마도 빌립보에 있는 기독교인들이 도시를 전복하는 분파가 아니라는 것을 명확하게 하길 원했고, 동시에 바울 자신의 사역이 반-로마적(anti-Roman)인 것처럼 보이는 전례를 지우려고 했을 것이다.

데살로니가와 베뢰아(17:1–15)

복음은 바울의 사역을 통하여 계속해서 나아갔다. 바울은 데살로니가에 도착하여 그의 일상적인 습관에 따라, 예수가 메시아이고 성경은 예수가 고난을 받고 다시 살아날 것을 말한다고 설명하였다(17:1-3). 갈등이 뒤따랐는데, 몇몇 저명한 사회 구성원들조차 믿게 되었고, 유대인들은 반-기독교

(anti-Christian) 정서를 조장함으로써 반응했기 때문이다. 이 유대인들은 기독교인들이 가이사에게 충성하지 않고 다른 왕 예수에게 헌신한다고 주장했다(17:7). 유대인들이 바울과 그의 동료들이 예수가 왕이라고 믿는 것 때문에 비난했다는 것은 상당히 아이러니하다. 왜냐하면 유대인들이 가지고 있는 성경이 다윗 왕을 약속했기 때문이다. 어쨌든, 바울과 실라는 더 이상 데살로니가 도시에 머물 수 없었는데, 야손이 바울과 그의 동료들을 위해 보석금을 주었고, 이들은 결국 이 도시를 떠났다(17:9). 베뢰아에 있는 회당은 대단한 명성을 갖게 되었는데, 이 회당에 참석한 사람들이 바울의 가르침을 확인하기 위하여 성경을 날마다 상고하였기 때문이다(17:10-11). 성경을 날마다 상고하는 베뢰아 사람들의 습관은 선포되는 복음을 듣는 모든 사람에게 모범으로 기능하였다. 어쨌든, 베뢰아에 있는 많은 사람은 믿음으로 반응하였고, 몇몇 신자들은 상류층에서 왔지만(17:12), 유대인들은 다시 군중들을 화나게 하였고 바울은 아덴으로 떠나게 되었다.

아덴에서 행한 바울의 연설(17:16-34)

우리가 잘 알고 있는 것처럼, 아덴은 고대 그리스의 가장 유명한 도시였다. 몇몇 학자들은 바울이 실제로 아덴에서 선교 사역을 할 의도가 없었고, 아덴에서 행한 그의 설교는 성공적이지 않았다고 주장한다. 그러나 이 두 주장은 의심스럽다. 바울이 이동하면서(아마도 AD 50년) 아덴을 방문하지 않으려고 했다는 명확한 증거가 없는데, 아덴으로의 여행은 거의 확실히 의도적이었다고 보는 것이 자연스럽다(17:15). 그의 설교가 성공적이지 않았다고 말하는 것 또한 설득력이 없는 것이, 누가는 개종한 두 명의 이름을 언급하고, 다른 사람들 또한 있었다고 말하기 때문이다(17:34). 아덴은 고대 도시였기 때문에, 많은 우상과 숭배의 대상들이 있었다. 바울은 그 아름다운 예술에 의해 고무되지 않았고, 그 도시 안에 만연한 우상숭배에 의해 격노하고 분개하였다(17:16). 그는 회당과 장터에서 유대인들과 하나님을 경외하는 자들과 함께 변론하였고(17:17), 이들이 예수 그리스도를 믿도록 설득하였다. 에피쿠로스 철학자들과 스토아 철학자들은 바울이 지적으로 자신들의 수준에 미치지 못한다고 무시했다. 그런데도, 몇몇 사람들(아마도 아레오바고 공의회의 회원들)은 바울을 아레오바고에 데려가서 그의 가르침을 듣고 평가할 수 있을 정도로 충분히 자극받았던 것 같다(17:18-19). 이 아레오바고는 아덴에서 통치하는 기관으로 기능했던 중요한 장소였다.

바울의 연설(17:22-31)은 몇몇 학자들이 주장하는 것처럼, 바울 당대의 철학자들과 타협을 나타내지 않는다. 그는 예수가 죽은 자로부터 살아났다는 것을 강조했기 때문에(17:18, 31-32), 자기 말을 듣는 사람들과의 심각한 갈등을 피하지 않았다는 것이 분명한데, 사실, 그의 주장은 그리스 세계에서 많은 사람에게 혐오감을 주는 생각이었다. 게다가, 그는 또한 예수가 부활한 분으로서 세상을 심판할 것이라고 가르쳤는데, 그의 이러한 가르침은 바울 자신이 청중들을 단순히 기쁘게 하려고 했다는 주장과 거의 일치하지 않는다. 바울이 이 상황에서 말했던 것을 고려해보면, 그가 스토아와 에피쿠로스 철학자들의 사상과 공통점을 가지고 있었다는 것을 부정하는 것은 아니다. 물론 여기에서 목적은 그러한 공통적인 특징들을 확인하는 것이 아니기 때문에, 나는 바울의 연설 내용에 초점을 맞추려고 한다.

바울은 청중들이 무지 속에서 신들을 예배했다고 할지라도(17:23), 이들을 종교심이 많다고 함으로써(17:22), 이들과의 공통점을 확립했다. 바울은 이들의 우상숭배에 의해 화나게 되었지만, 이 우상숭배에 대한 불쾌한 공격으로 시작하지 않았고 토론을 위한 접촉점을 발견하려고 했다. 창조주 하나님을 이미 믿었던 유대인들과 이야기할 때, 바울은 예수가 성경에서 말하는 메시아임을 주장하였지만, 이교도들인 아덴 사람들에게, 그는 한 분 하나님이 세상의 창조주이며 만물을 다스리는 주권자임을 강조했다(17:24). 이교도들이 예수가 누구인지 이해하기 전, 이들은 한 분 창조주 하나님이 있다는 것과 세상의 다른 모든 신들은 우상들이라는 것을 이해해야 한다. 한 분 하나님이 있다는 것과 이 하나님이 모든 것을 창조하였고 모든 생명을 다스린다는 개념은 구약성경에서 반복적으로 강조된다.

하나님이 주권적인 창조주라는 사실이 이해되어야 한다. 유일하고 참이신 하나님이 성전들 안에서만 계실 수 없고, 그분은 어떤 것도 필요로 하지 않는다. 그분은 선물이나 희생 제사들이나 인간이 그분을 위해 행하는 그 무언가를 의존하지 않는다. 하나님은 인간들을 필요로 하지 않지만, 인간들은 생명과 호흡을 주는 그분을 필요로 한다(17:25-26). 하나님은 독립적이며(independent) 자충족적이지만(self-sufficient), 인간은 전적으로 하나님에게 의존한다.

게다가, 인류의 연합이 강조된다(17:26). 세상에 있는 모든 사람은 한 사람에게서 나왔다. 확실히, 바울에게 이 사람은 아담일 것이므로(롬 5:12-19; 고전 15:21-22), 인류가 한 가족이기 때문에 인종적 또는 민족적 우월성에 대한 근거가 없다. 역사적 아담을 인류의 조상으로 믿지 않는 사람들은 인종차별에 대한 과학적인 근거가 있을 수 있다는 어려운 전망에 직면하게 된다. 반면에, 인류가 아담과 하와에게서 유래한다고 믿는 사람들은 인류의 연합과 평등에 대한 생물학적, 신학적인 근거를 갖게 된다.

사람들이 사는 시대와 장소는 또한 하나님에 의해 정해진다. 하나님은 사람들이 하나님 자신을 찾도록 만들었다. 물론 그는 각 사람에게서 멀리 있지 않지만 말이다(행 17:27). 덧붙여 말하자면, 이러한 진술은 "하나님을 찾는 자도 없다"라고 바울이 진술하는 로마서 3:11에 모순되지 않는데, 바울은 사도행전에서 사람들이 하나님을 찾는다고 말하지 않지만, 이들은 하나님을 찾아야 한다. 하나님은 인간 가까이에 있지만, 바울이 이미 관찰한 아덴 사람들의 우상숭배는 이들이 하나님의 자기 계시로부터 등을 돌렸다는 것을 드러낸다.

인간은 하나님의 자녀이며 그분의 형상으로 만들어졌기 때문에(행 17:28) 위대하다(창 1:26-27에서 암시하는 것처럼 창조의 면류관). 여기에서 바울은 그리스의 시인 아라투스(Aratus)를 인용하며(*Phaen*. 5), 인간의 중요성은 신자들과 이교도들에 의해 인식되었다는 것을 보여준다. 인간의 존재는 전적으로 하나님에게 의존하기 때문에, 인간의 생명은 전적으로 그분에게 달려 있다. 그러므로 하나님의 본성은 금이나 은이나 어떤 물리적 형상으로 그분이 누구인지 전달되지 않는다(행 17:29). 여기에서 바울의 구약성경 이해와 우상숭배에 대한 구약성경의 논쟁이 명확하게 드러난다. 바울은 아덴 사람들이 우상들을 만듦으로써 하나님의 계시에서 벗어났다고 계속해서 암시한다. 그런데도, 하나님은 지난 시대의 무지함을 은혜롭게 간과하였고, 이제 모든 사람이 회개하고 믿도록 부르신다. 부활한 주님이신 예수는 마지막 날에 모든 사람을 심판할 것이며, 아덴 사람들은 죄에서 돌이키도록 긴급한 부름에 응답해야 한다.

고린도(18:1–17)

고린도는 약 80,000-100,000명의 사람이 거주한, 두 항구 가까이에 있는 번화한 도시였다. 바울이 도착했을 때, 그는 브리스길라와 아굴라와 함께 선교 사역을 하게 되었다(행 18:1-3). 회당에서 바울은 예수가 메시아임을 선포하였지만, 바울은 유대인들이 자신의 메시지를 거절하였을 때 이방인들에게 향하였다(18:4-6). 바울과 유대인들 사이의 긴장은 그가 디도 유스도의 집에서 복음을 선포하고, 심지어 회당장이었던 그리스보가 복음을 믿었기 때문에, 더 심했을 것이다(18:7-8). 주님은 바울에게 그 도시에 상당한 열매가 있을 것이며, 주님이 바울 자신을 보호할 것이라고 확신을 주었으므로, 1년 6개월 동안 그 도시에 머물렀다(18:9-11, AD 50-51년). 보호에 대한 약속은 유명한 스토아 철학자 세네카(Seneca)의 형제였던 총독 갈리오의 통치 중에 이루어졌다(18:12-17). 유대인들은 바울을 고발하려고 하였지만, 갈리오는 그 고발을 유대인들 내부의 다툼이라고 일축했다. 그가 고발 듣기를 거절했다는 것은 바울이 보호될 것이라는 약속을 성취하면서, 바울이 선교를 계속할 수 있는 여지를 주었다. 유대인들은 로마 제국에서 자신들의 신앙을 지킬 법적 보호를 뒀기 때문에 초기 기독교인들과 자신들을 구별하기를 원했다. 그러나 갈리오의 결정은 그동안 유대인들이 받았던 보호를 기독교인들도 받으면서 계속 활동할 수 있는 또 다른 전례를 세웠으므로, 제국 안에서 공식적인 금지령으로부터 보호되었다. 물론 갈리오의 결정이 제국 전체의 결정을 나타내지 않았지만, 여전히 중요한 전례가 되었다는 것은 분명하다.

에베소(18:18-19:20)

아볼로는 에베소에 등장하여, 뛰어난 수사학으로 성경을 설명하면서 예수를 선포했다. 브리스길라와 아굴라가 그에게 그리스도의 복음에 대하여 충분히 더 많은 것을 가르친 이후, 아볼로는 에베소와 아가야에서 훨씬 더 효과적으로 복음 전도하는 일을 했다.

바울이 에베소에 도착하고 3년 동안 머물렀을 때(AD 52-55년), 그는 세례 요한의 열두 제자들을 만났다(19:1-7). 이들과 교류하면서, 바울은 이들이 성령을 받지 못했다는 것을 알게 되었다. 이들은 성령에 대하여 들어본 적이 없다고 대답했지만, 그렇다고 그들이 성령에 대하여 결코 들어본 적이 없다는 것으로 이해되어서는 안 된다. 대신에, 그들이 성령이 하나님의 새 언약을 위한 약속의 성취 안에서 부어졌다는 것을 듣지 못했다는 것으로 이해되어야 한다(사 32:15; 44:3; 겔 36:26-27; 욜 2:28-29). 다시 말하자면, 그들은 선물로서 성령이 특징되는 새 시대가 도래하지 않은 것처럼, 구속 역사를 인지하지 못한 채 살고 있었다. 바울은 이 사람들에게 주 예수의 이름으로 세례를 줌으로써, 이들은 방언을 말하고 예언하였다. 에베소에서 일어난 이 열두 명의 경험은 회심 때에 첫 번째로 성령을 경험하고, 회심 이후 두 번째로 성령의 임재를 경험했다는 것을 가리키지 않는다. 왜냐하면 이들은 이미 신자들이었기 때문이다. 이들은 처음 예수를 믿고 세례를 받았다. 그래서 비록 예수 그리스도가 이미 왔고, 성령이 주어졌다고 할지라도, 바울이 오기 이전이 사람들은 마치 옛 언약 아래 있는 것처럼, 마치 예수가 죽고 다시 살아나지 않은 것처럼, 살았던 것 같다. 방언으로 말하고 예언을 하는 이 현상들은 이들이 오순절에 120명과 고넬료와 그의 친구들에게 일어난 것과 같은 약속을 받았다는 것을 의미했다. 이 현상들은 이 열두 사람이 성령을 진정으로 받았다는 것을 입증하였고, 예수가 세례 요한보다 우월하다는 것을 확인시켜주었다.

에베소 회당 안에서 일어난 바울의 경험(행 19:8-10)은 다른 지역에서 그랬던 것처럼, 같은 패턴이 반복적으로 일어나고 있음을 보여준다. 그는 회당에서 3개월 동안 하나님 나라를 선포했지만, 그의 메시지가 거절되자, 회당에서 두란노 서원으로 옮겨서 2년 동안 계속해서 설교하였다. 그러므로 에베소는 오늘날 터키 안에 있는 소아시아 전역에 복음이 퍼지는 출발점이 되었다. 복음을 들은 사람들은 아마도 바울을 떠나, 그 지역에서 더 작은 도시들과 마을을 복음화했을 것이다. 우리는 골로새서에서 이에 대한 한 예를 보게 된다. 에바브라가 바울을 대신하는 대표(ambassador)로서 교회를 개척했을 것인데, 그는 교회에서 문제들이 발생했을 때 바울과 상의하였다. 바울은 그가 골로새 교인들을 결코 만난 적이 없다고 구체적으로 말하는데(골 2:1), 이것은 에바브라가 바울의 대표자로 그 지역에 가서 복음을 전했음을 시사한다.

바울의 사역은 놀라운 기적들이 동반했는데, 심지어 그가 사용했던 손수건이나 앞치마로부터 행해졌다는 점에서(행 19:11-15; 5:15 참조), 베드로의 사역과 일치한다. 그러한 놀라운 기적들은 많은 사람을 끌어들였고, 미신적인 모습으로 쉽게 나타났다. 즉, 바울을 모방하려는 문제가 즉각적으로 일어났다. 복음의 진정한 능력은 예수와 바울의 이름으로 귀신들을 쫓아내려고 하였던 몇몇 유대인들과 분명히 대조된다(19:13-16). 기적의 힘을 휘두르려는 이 미신적인 시도는 그 남자 안에 있는 귀신이 스게와의 일곱 아들을 공격하여 이들이 다치게 되면서 엉뚱한 결과를 낳게 되었다. 예수의 이름은 가

볍게 여겨져서는 안 되며, 마술을 하는 것처럼 작동하지 않는다. 이러한 상황의 결과, 사람들은 기독교 신앙과 하나님의 거룩함이 무엇인지 구별하고 인식하게 되었다. 이들은 마술을 포기하였고, 마술책들을 불태웠는데, 사실 이것은 엄청난 희생이었고, 그 책값만 하더라도 약 137명의 연봉으로 계산될 정도였다. 사람들이 책을 불태우도록 강요받지 않았다는 것을 인식하는 것이 중요하다. 즉 그들은 기쁘고 자발적으로 그렇게 행했다. 우리는 지역 문화를 강요하거나 억압하는 예를 가지고 있지 않다. 즉, 사람들은 스스로 하고 싶어 하는 것을 행했다.

예루살렘과 로마(19:21-28:31)

사도행전의 마지막 부분은 바울이 예루살렘에 가고 마침내 로마에 이르는 그의 여행을 기록한다. 사도행전의 나머지 부분에 대한 여정은 19:21("이 일이 있은 후에 바울이 마게도냐와 아가야를 거쳐 예루살렘에 가기로 작정하여 이르되 내가 거기 갔다가 후에 로마도 보아야 하리라 하고")에서 간략하게 진술된다. 바울이 유대 세계의 중심(예루살렘)과 로마 세계의 중심(로마)으로 여행할 때, 나는 성경의 여러 장(chapter)에 나타난 몇 가지 중요한 사건들과 주제들에 초점을 맞추고 요약할 것이다. 우리는 교회가 "이 도"(Way)로 묘사되어 있음을 주목하게 된다(9:2; 16:17; 18:25-26; 19:9, 23; 22:4; 24:14, 22; 또한, 사 40:3 참조). 이 도는 구원의 도이며, 이 용어는 복음을 반대하는 자들이 발견되는 상황에서 자주 사용된다. 이 도에 속한 사람들은 참 이스라엘, 곧 하나님의 참 백성이다.

에베소에서 일어난 소동(19:21-41)

아데미의 작은 신상을 만들었던 데메드리오가 선동한 에베소에서 일어난 소동(AD 54-55년)은 바울의 성공적인 복음 전도 때문에 촉발되었다(19:23-

41). 데메드리오와 그 일을 하는 직공들이 수익의 손실을 걱정하였으며, 동시에 이들은 아데미와 이 여신을 기리기 위해 건축된 신전의 명예와 명성이 훼손될 것을 우려하였다. 바로 이 당시 바울과 그의 동료들을 향한 비난은 심각하였는데, 비록 에베소에 신전이 있었다고 할지라도, 아데미 숭배가 에베소 지역뿐만 아니라 그리스-로마 세계의 다른 많은 장소에서 상당한 영향력을 행사하였기 때문이다. 확실히, 바울과 그의 동료들의 생명은 위험에 처하게 되었다. 당시의 상황을 생각해보면, 많은 사람은 약 24,000명을 수용할 수 있는 극장으로 달려갔다. 유대인들이 회당과 관련된 사람들이 아니라 바울과 예수를 믿는 신자들에 의해 일어났다고 설명하기를 간절히 바랐던 알렉산더(아마도 유대인 지도자)를 내세웠을 때, 군중은 "에베소 사람의 아데미여!"라고 외쳤다. 누가는 모인 사람들 대부분이 그 소란의 원인을 알지 못했다고 유머 있게 말하기도 한다. 어쨌든, 에베소 도시에서 가장 유력한 사람이었던 서기장이 아데미 신전의 수호자로서의 특권에 대하여 군중에게 상기시키고, 아데미 형상은 신적인 기원을 갖는다는 것을 확신시킴으로써, 이들을 진정시켰다. 이 서기장은 데메드리오에 의해 비난받은 사람들이 신전을 약탈하거나 아데미를 모독한 죄가 없었음을 주목했다. 고대 세계에서 신전들을 약탈하는 것은 죽음이나 추방을 정당화하는 극악무도한 범죄로 여겨졌다(롬 2:22 참조).

분명하게도, 바울과 그의 동료들은 예수에 대한 복음을 선포할 때, 아데미를 반대하는 말을 구체적으로 하지 않았다. 그 서기장은 만약 데메드리오와 다른 사람들이 고소를 원한다면, 이들은 그러한 문제를 판결할 수 있는 법정에 호소할 수 있다고 주장했다. 그는 폭동에 대한 근거가 없다는 것과 만약 그러한 소식이 로마인의 귀에 이른다면, 불리한 결과들이 있을 수 있다는 것을 상당히 명확하게 했다. 주님은 그 모임이 합법적이지 않았다는 것을 백성들에게 상기시키기 위하여 세속적인 집행자를 사용하였다. 이 기록에서 우리는 선포된 복음이 종교적이고 사회적인 이해가 서로 충돌할 때 사회에 어떻게 영향을 미칠 수 있는지 알게 된다. 다른 신들에게서 수익을 끌어냈던 사람들은 예수에 대한 믿음이 그들 자신의 수익과 전통적인 생활 방식을 해친다고 염려했다. 복음을 받아들이는 사람들은 충성의 대상이 달라졌기 때문에 사회에서 다르게 살게 된다. 동시에 바울과 그의 동료들은 십자가에 달리고 부활한 예수에 관한 복음을 전하는 것에 초점을 맞추었다. 이들은 심판과 구원을 전했지만, 구체적으로 아데미와 이 여신을 숭배하는 신전을 깎아내리지 않았다. 이들은 지혜와 재치, 슬기로움과 담대함, 사랑과 진실함을 가지고 복음을 선포했다.

에베소에 있는 기독교 지도자들에게 설교(20:17-35)

사도행전 20장의 첫 부분은 바울이 오순절까지 예루살렘에 도착하기를 간절히 바랐다는 것을 언급하면서, 에베소에서 마게도냐로 여행한 것을 기록한다. 그는 예루살렘으로 가는 도중에, 에베소 "장로들"을 밀레도 섬으로 불러서 가르치고 훈계하였다(20:17-35). 이 장로들은 "감독자"(20:28)와 동일시되며, 장로들과 감독자들은 동일한 직분을 나타내는 다른 두 용어라는 것을 입증한다(딛 1:5, 7; 벧전 5:1-2 참조). 흥미롭게도, 이들은 "하나님의 교회를 보살피도록" 부름을 받는데, "보살피다"('포이마이네인'[*poimainein*])라는 부정사는 "목양하다"(pastor)라는 표현으로 번역될 수 있다. 여기에서 우리는 목사들과 감독자들, 그리고 장로들 모두가 같은 직분을 가리킨다는 힌트를 얻는다.

바울은 이 연설에서 자신을 모범으로 제시하며, 시험을 겪으면서도, 자신의 겸손과 신실함을 강조한다(행 20:18-19). 그는 성실하게 살았고, 그 자신을 부유하게 하는 수단으로 설교하지 않았으며, 대신에 자신의 필요를 공급하기 위하여 일했다(20:33-34). 바울의 사역은 자기 삶을 물질적으로 윤택하게 하지 않았으며, 오히려 고난으로 인도했다(20:22-23). 그의 초점은 공중 앞에서나 가정 교회들 안에서 선포했던 복음에 있었다(20:20). 복음은 예수 그리스도에게 집중되는데, 예수는 자기 피로 교회를 샀다(20:28). 복음의 중심에는 십자가가 있으므로, 예수를 믿고 회개하는 사람들에게 그의 죽음과 용서를 전파하는 것은 "하나님의 은혜의 복음"을 구성한다(20:24). 달리 표현하면, 십자가는 하나님 나라의 메시지이며(20:25), "하나님의 모든 뜻"(20:27)으로 확인된다. 다시 말하자면, 성경의 이야기를 이해하고 하나님 나라가 무엇인지 파악하는 사람들은 예수의 대속의 죽음을 하나님 계획의 성취로서 선포한다. 바울이 선포한 복음은 여자의 후손이 뱀을 상하게 할 것이라는 하나님 약속의 성취를 나타낸다(창 3:15). 다시 말해, 다윗 계통의 왕을 통하여 전 세계에 복이 올 것이라는 아브라함과 다윗의 약속을 복음이 성취했다는 것이다.

그리스도를 통하여 오는 용서에 대한 바울의 담대한 설교는 에베소에 있는 장로들에게 본보기가 되었다(행 20:20, 28). 에스겔처럼, 바울의 사역의 신실한 수행은 그가 "모든 사람의 피에 대하여 깨끗하다"는 것을 의미했다(20:26; 또한, 겔 3:17-21; 33:1-9 참조). 마찬가지로, 에베소의 장로들이자 감독자들은 앞으로 장로들 가운데 일어날 수 있는, 거짓 가르침에 대항할 준비를 하라는 명령을 받았다(행 20:29-32). 그러므로 이들은 최종적인 기업을 세우도록 하는 복음에 헌신해야 한다. 바울이 단호하게 전한 복음은 지키고 보호되어야 하는데, 항상 이 복음을 전복하려는 사람들이 있기 때문이다.

예루살렘에서 바울(21:1–23:35)

사도행전 21-23장은 예루살렘으로 가는 바울의 여행뿐만 아니라, 그의 생명이 위협받는 것과 체포, 그리고 가이사랴로의 이송을 설명한다(AD 57-59년). 우리는 예수가 받은 혐의들에 대하여 결백하였음에도 불구하고, 그가 예루살렘에서 체포되어 십자가에 달린 사실을 생각하게 된다. 21:1-16의 요점은 예루살렘에서 있게 될 바울의 고난이 예언되었지만, 성령의 감동으로 바울이 예루살렘으로 반드시 가야하고 그가 직면할 것이 어떤 것이든 겪어야 한다는 의무감을 가졌다는 것이다. 바울은 이방인을 성전으로 데려온 것에 대하여 고소를 당하였고, 유대인들이 내려와서 그를 때리기 시작했다(21:17-36). 그러나 로마의 천부장이 유대인들의 손아귀에서 바울을 구해냈다. 누가는 바울에 대한 공격이 완전히 정당하지 않았다고 설명하는데, 바울은 율법에 대한 유대인들의 우려를 어떻게 누그러뜨려야 하는지에 대하여 야고보의 조언을 따랐기 때문이다. 바울은 유대인들이 율법을 버려야 한다고 가르치지 않았다. 왜냐하면 그는 유대인들과 함께 있을 때 기꺼이 율법의 규례들을 따르고, 자신과 동행한 다른 네 명의 결례에 필요한 비용을 지급하려 했기 때문이다(고전 9:19-23 참조).

바울은 변호할 기회를 가졌을 때, 우리는 그의 회심에 대한 두 번째 이야기를 읽는다(행 9:1-19). 그러나 여기에서 독특한 요소들이 있다(22:1-21). 바울은 자신이 배교자가 아니라, 신실한 유대인이었음을 강조했다. 즉, 그는 율법에 열성적이었고, 유명한 랍비 가말리엘의 제자였다. 바울은 자신의 열심 때문에, 그리스도를 믿는 자들을 체포하여 벌하기 위하여 다메섹으로 갔다. 바울은 자신의 개종을 자세히 말하면서, 이것은 하나님의 초자연적인 일이었다는 것을 분명히 했다. 즉 바울은 기독교인이 되는 것을 단 한 번도 생각한 적이 없었다는 것이다. 바울은 특히 아나니아의 역할을 강조했는데, 이는 율법을 지키고 유대인들에게 좋은 평판을 받았기 때문이다. 바울은 모든 사람에게 증인이 되도록 그리스도에 의해 부름을 받았고, 예수가 의로운 분으로 오셨다는 것을 선포하였다.

22장의 사건은 특히 놀랄만하다(22:17-21). 왜냐하면 여기에서 우리는 다른 곳에는 나타나지 않는 이야기를 듣기 때문이다. 바울은 회심 이후 얼마 지나지 않아, 예루살렘 성전에서 황홀한 중에 주님을 다시 만났고, 유대인들이 그의 메시지를 받아들이지 않기 때문에, 주님은 그에게 예루살렘을 떠나 이방인들에게 복음을 전하도록 지시하였다. 바울은 자신이 유대인들을 위한 완전한 선포자라는 것을 지적하면서 주님과 변론하였다. 어쨌든, 이 유대인들 모두는 기독교인들이 투옥되고, 구타당하고, 특히 스데반의 경우에 죽임까지 당하도록 바울이 승인했다는 것을 알고 있었다. 확실히, 이들은 바울의 삶에 일어난 엄청난 변화를 보면서 더 믿게 될 수도 있었다. 그러나 주님은 바울의 계획을 거부하였고, 그에게 복음을 이방인들에게 선포하도록 위임하였다(사 42:6; 49:6). 바울이 이방인을 언급하는 순간, 군중은 혼란에 빠졌다. 왜냐하면 이방인들에 대한 언급은 바울이 배교자라는 의심을 하도록 확증했기 때문이다. 바울은 어쩌면 자신의 이방인 선교 이후에, 유대인들에 대한 자신의 사역도 성공하기를 바랐던 것 같다(롬 9-11장 참조). 그러나 뒤이어 발생한 폭동 때문에 천부장이 바울을 심문하였고, 그를 채찍질함으로써 정말로 어떤 일이 일어났는지 발견하려고 하였다. 하지만, 그 천부장은 즉각적으로 바울이 로마 시민이라는 것을 발견하고 한 걸음 물러났다. 왜냐하면 재판 없이 이루어지는 그러한 처벌은 로마 시민에게 가해질 수 없었기 때문이다.

바울은 23장에서 산헤드린 앞에 끌려갔다(행 23:1-10). 누가는 바울이 체포를 정당화할 어떤 것도 행하지 않았다는 것을 계속해서 강조한다. 바울은 율법을 아주 잘 준수했고, 심지어 자신이 본의 아니게 대제사장을 비난했을 때조차 사과까지 했다. 바울은 유대 율법을 위반하지 않았고, 부활이 있을 것이라는 바리새인의 입장을 드러냈다(단 12:2 참조). 바울이 바리새인의 입장을 옹호하며 주장했을 때, 산헤드린 안에서 바리새인들과 사두개인들 사이에 격렬한 논쟁이 발생했고, 몇몇 바리새인들은 바울의 정통성을 변호하기까지 했다. 누가가 증명하는 것처럼, 바울이 반-유대적(anti-Jewish)이라는 혐의는 신빙성이 없었다. 왜냐하면 예수를 믿지 않았던 유대인들조차 바울의 견해가 유대인의 정통성 안에 있다고 생각했기 때문이다. 메시아와 미래의 부활에 대한 믿음은 유대인의 신념들과 양립할 수 있었다. 즉, 참으로 이러한 것들은 구약성경에 있었던 약속들을 성취한 것이었다.

누가는 사도행전 23:11에서 자신의 내러티브의 의도를 드러낸다. 주님이 모든 사건을 조정하였으므로, 바울이 예루살렘에서 그리스도에 대하여 증거하고, 그리스도에 대한 증거는 로마에서도 또한 일어날 것이다. 다시 말해, 생명을 위협하는 음모에도 불구하고, 바울은 로마에 도착할 것이다. 9:15에서 주어진 주님의 말씀이 성취되고 있었는데, 바울은 "내 이름을 이방인과 임금들과 이스라엘 자손들에게" 전하고 있었다. 예루살렘에서 온 몇몇 유대인들은 함께 뭉쳐서 바울을 죽이기 위해 음모를 꾸몄고, 산헤드린은 그의 음모에 가담했다(23:12-15). 이러한 행동은 바울이 결백하다는 것과 유대인들이 올바른 길에서 벗어났다는 것을 확증한다. 왜냐하면 이들이 율법을 어기면서까지 바울을 죽이려고 했기 때문이다. 아마도 이들이 그렇게 할 수 있었던 이유는 이러한 방식으로 다른 사람을 죽였다는 근거가 성경에 없었기 때문일 것이다. 재판은 법정에서 시행되어야 했고, 누군가에게 죄를 선고하기 이전 이에 대한 증거가 주의 깊게 평가되어야 했다(출 23:2-3, 6-8; 민 35:30; 신 16:18-20; 19:15-19). 그런데도, 주님은 주권적으로 바울을 보호했고, 그들의 음모는 무산되었다. 왜냐하면 바울의 조카가 그 계획에 대하여 들었고, 이 사실을 천부장이었던 글라우디오 루시아에게 알렸기 때문이다(행 23:16-22). 글라우디오 루시아는 바울을 가이사랴에 있는 로마 총독 벨릭스(AD 52-59년)에게 안전하게 이송하기 위하여 노력했다(23:23-25). 글라우디오 루시아는 편지에서 바울의 결백을 "고발하는 것이 그들의 율법 문제에 관한 것뿐이요 한 가지도 죽이거나 결박할 사유가 없음을 발견하였나이다"라고 설명한다. 요약하자면, 바울은 예루살렘의 종교 지도자들에게 복음을 선포했으며, 바울 자신에 대한 혐의들은 가짜였고, 하나님은 그를 죽음에서 지켜주었으며, 그가 로마로 갈 것이라고 약속하였다.

가이사랴에서 바울(24:1–26:32)

가이사랴에서 일어난 첫 장면은 바울이 총독 벨릭스 앞에서 재판받는 모습이다(24:1-23). 유대인 변호사 더둘로는 고발할 때 비굴하게 아첨하며 사려 깊지 않은 것처럼 나타난다(24:1-9). 바울에 대한 혐의는 명백하게 근거가 없다. 바울은 자신의 사례를 나타내면서, 자신을 향한 혐의에 대한 증거가 입증되지 않았다는 것을 강조했고(24:10-13, 17-20), 주 예수 그리스도처럼 재판받을 근거가 없다는 것을 증명했다(눅 23장 참조). 동시에, 복음이 통치자들에게 선포될 것이라는 약속은 성취되었다(행 9:15). 왜냐하면 바울은 그 도, 즉 성경에 나타난 약속들을 성취하는 그 도에 대하여 벨릭스에게 말하였기 때문이다(24:16-18, 21). 바울은 특히 예수의 부활에 초점을 맞춘다. 벨릭스는 분명히 바울을 잡아 가둘 법적인 근거가 있지 않았지만, 명백하게 유대인들을 달래기 위하여 계속해서 가뒀다(24:22-27). 그러나 이것은 바울이 복음을 선포할 더 많은 기회로 이끌었는데, 그가 벨릭스에게 그리스도를 믿도록 도전하고, 다가오고 있었었던 심판에 대하여 그에게 가르쳤기 때문이다. 벨릭스는 심판에 대하여 들었을 때, 겁에 질려 두려워했다. 총독의 두려움은 독자에게 벨릭스도 평범하고 나약한 인간이며, 그 역시 하나님을 인정해야 했음을 상기시켜 준다. 어느 사람도 심판에서 면제되지 않으며, 모든 사람은 회개하도록 부름을 받는다. 결국, 벨릭스는 하나님과 올바른 관계를 찾는 것보다 돈을 원했으므로, 바울로부터 뇌물을 받기를 바랐다.

베스도는 총독으로서 벨릭스를 대신하였고(AD 59-62년), 바울의 사건은 그가 담당하게 되었다. 베스도가 예루살렘에 갔을 때, 바울을 죽이려는 유대인의 음모가 다시 나타났고, 유대인 지도자들의 사악함과 바울의 주장이 정당하다는 것이 다시 드러나게 되었다(25:1-6). 유대인들이 가이사랴에 와서 바울을 고발했을 때, 그 혐의들이 근거가 없다는 것이 다시 명백하게 되었다(25:6-12). 그러나 베스도는 우유부단한 지도자였다. 그는 유대인들에게 환심을 사길 원했기 때문에, 재판을 위해 바울을 예루살렘으로 데려가는 것을 제안했다(25:9-12). 이미 주목했던 것처럼, 그렇게 한다면 아마도 가는 도중에 바울이 살해되었을 것이다. 이렇게 살해될 가능성이 있었기 때문에 바울이 가이사랴로 옮겨졌다는 사실을 베스도는 너무 잘 알고 있었을 것이다. 바울은 베스도가 분명히 정의를 행하지 않았기 때문에, 로마에 있는 가이사에게 상소했고, 베스도는 그의 요구를 받아들였다. 이러한 모든 상황에서 하나님은 자신의 목적과 계획을 이루고 있었다.

AD 53-59년에 헤롯 아그립바 왕 2세는 여러 영토를 다스렸는데, 누이 베니게와 함께 베스도를 방문하기 위하여 도착했다. 베니게는 또한 베스도보다 앞선 총독 벨릭스의 아내였던 드루실라의 언니이기도 했다. 베스도는 자신이 어떤 악행을 저지르지 않았다는 것을 암시하고, 자신을 고상하고 덕이 많은 사람으로 드러내면서, 바울의 사건을 아그립바와 베니게에게 설명하였다(25:13-22). 그러나 독자들로서 우리는 베스도가 정의를 행하지 않고 불의하게 행했다는 것을 알고 있다. 왜냐하면 그가 만약 옳은 것을 행했었다면, 그 사건을 들은 이후 바울을 놓아주었을 것이다. 그러나 아그립바는 바울의 설명을 듣는 것에 관심을 드러냈고, 베스도는 이러한 상황을 화려하고 많은 손님을 초청하는 공식적인 행사로 바꾸었다(25:23-27). 다시 한번, 하나님은 바울에게 사회의 저명한 많은 사람에게 복음을 전할 기회를 제공함으로써, 악한 통치자들을 통하여 하나님 자신의 목적을 성취하기 위하여 일하고 있었다. 주목할 만하게도, 베스도는 바울이 어떤 죄를 범한 일이 없다는 것을 알고 있었기 때문에, 적어도 황제에게 보내기 위해 죄목을 찾아야 하는 상황에서 도움이 필요하다는 것을 인정했다. 없는 죄를 만들려고 하는 그의 모습은 상당히 악한 것이었으며, 바울에 대한 이 사건이 정의와 관련하여 근본적으로 잘못된 것임을 보여준다. 확실히, 베스도는 가이사에게 보낼 혐의를 바울에게서 발견하지 못했다면, 풀어주었어야 했다.

사도행전 26장에서 바울은 아그립바와 다른 천부장들과 시중의 높은 사람들에게 자신의 사건을 설명했다(25:23). 사도행전에서 세 번째로 우리는 바울의 회심 이야기를 보게 된다. 바울은 자기의 주장을 아그립바가 잘 이해할 수 있다고 깨달았다. 왜냐하면 그는 유대인의 종교에 친숙했기 때문이다. 바울은 유대인으로서 자신의 자격을 강조했다. 바울은 어렸을 때부터, 유대인의 생활 방식을 따랐고, "바리새인의 생활을 하였다"(26:5). 놀랍게도,

그는 지금 하나님의 약속들을 믿었다는 이유로, 메시아인 예수의 부활을 믿었다는 이유로, 유대인 성경이 가르쳤던 것을 믿었다는 이유로 재판을 받고 있었다. 이 약속들이 예수 안에서 성취되었다는 바울의 신념은 피상적이지 않았다. 왜냐하면 처음에 그는 나사렛 예수를 따랐던 사람들을 열정적으로 반대한 자였으며, 심지어 신자들을 감옥에 가두고 이들의 죽음에 대하여 동의도 했기 때문이다. 예전에 바울은 예수를 따랐던 사람들이 이단이며, 이들은 근절되어야 할 정도로 너무 위험하다고 확신했다. 그 이후, 바울은 그리스도를 믿게 되었던 상황을 설명하면서 다메섹 도상에서 부활한 그리스도가 나타나셨던 사건을 이야기했다. 그는 회심뿐만 아니라, 소명을 강조했다. 그는 신실한 증인으로서 이방인들에게 복음을 선포하도록 부름을 받았다. 그런 식으로, 이들은 "그 눈을 뜨게 하여 어둠에서 빛으로, 사탄의 권세에서 하나님께로 돌아오게 하고 죄 사함과 나를 믿어 거룩하게" 되었다(26:18). 이사야의 예언은 "흑암에 앉은 자"(42:7)를 자유롭게 하고, "암흑이 그 앞에서 광명"으로 바뀌는(42:16) 바울의 사역 안에서 성취되고 있었다. 앞서 언급했던 것처럼, 바울이 이스라엘과 연합되었기 때문에, 그 역시 주님의 종이었고, 비슷하게도, 그는 모든 사람에게 구원의 약속을 가져오고 있었다.

바울의 복음 전도는 이방인들에게만 국한된 것이 아니었다. 왜냐하면 그는 또한 예루살렘과 유대 안에서도 전파했기 때문이다. 그렇다면, 그를 반대한 이유는 복음 때문이었다. 반어적으로, 유대인들은 "고난을 받으실 것과 죽은 자 가운데서 먼저 다시 살아나사 이스라엘과 이방인들에게 빛을 전할"(행 26:23) 메시아에 대한 성경의 약속 성취를 반대하고 있었다. 우리는 다시 이사야서에 나타난 어두움에서 빛으로 변하는 것(사 42:6; 49:6)과 이방인의 구원에 관한 많은 구절들(사 2:1-4; 11:10; 19:16-25; 52:15; 55:3-5 등등)에 대한 예언들에 대하여 생각하게 된다.

베스도는 바울이 종교적인 광신도가 되었고, 지나친 연구 때문에 미치게 되었다고 생각하면서, 그를 가로막았다. 그러나 바울은 자신의 주장을 뒷받침하기 위하여 합리적인 증거로 호소하였다. 바울이 성경에서 읽은 것은 현실 세계에서 입증되었는데, 실제로 일어났기 때문이다(예를 들어, 예수가 진정으로 부활하였다). 바울의 근본적인 목적은 자신을 변호하는 것이 아니었다. 그러나 모든 사람이 신자가 되도록 설득하는 것이었다. 그의 부르심은 그리스도의 증인이 되는 것이었다. 바울이 유대인들과 이방인들, 그리고 임금들에게 설교할 것이라는 약속(행 9:15)은 현실이 되었다. 아그립바는 스스로 신자가 되어야 한다는 생각을 미루었지만, 아그립바에게 죄 사함의 복음에 대하여 말함으로써, 바울의 소망이 이루어졌다. 하나님은 바울의 사역 안에서 자신의 목적들을 성취하고 있었다. 복음은 바울을 통하여 땅 끝으로 가는 길에 있었고(1:8), 바울 이후에 신자들(우리를 포함하여)은 바울이 시작한 일을 계속하기 위하여 부름을 받는다. 어쨌든, 그곳에 있었던 모든 사람은 바울에 대한 혐의들이 가치가 없다는 것을 인식했다. 아그립바의 마지막 말은 베스도를 비난하는 것이었다. 왜냐하면 그는 "이 사람이 만일 가이사에게 상소하지 아니하였더라면 석방될 수 있을 뻔하였다"(26:32)라고 말했기 때문이다. 만약 베스도가 정말로 아그립바의 말처럼 했었다면, 바울은 로마로 가지 않았을 것이다. 베스도는 혐의들을 만들어야 했지만, 우리 독자들은 그 혐의들이 실체가 없다는 것을 알고 있다.

로마를 향한 바울의 항해(27:1–28:31)

27-28장은 바울이 어떻게 로마에 도착했는지를 이야기한다(AD 60-62년). 사도행전 27장은 난파의 상황과 배에 있는 모든 사람, 즉 276명 전원이 멜리데 섬으로 구출된 이야기로 가득하다. 바울은 탑승한 모든 사람의 구출에 대하여 천사를 통해 계시받으면서, 바울 자신의 리더십에 대한 이야기를 한다. 우리는 특히 임금들 앞에서 예수에 대하여 증거하기 위하여(9:15) 바울이 가이사 앞에 나타날 것이라는 약속을 받았다는 것을 관찰해야 한다. 멜리데에서 바울은 뱀에게 물렸지만 어떤 해를 당하지 않고, 그 섬의 지도자

의 아버지와 다른 많은 사람을 고쳤다(28:1-10). 바울이 로마에 도착했을 때(28:11-31), 그는 유대인들을 만나서, 자신의 결백을 강조하고, 성경의 성취인 하나님 나라는 예수를 중심으로 한다는 것을 설명한다. 독자들인 우리는 사도행전에 나타난 다른 연설에서 바울이 무엇을 말했을 것인지 충분히 감지할 수 있다. 어쨌든, 바울은 아브라함과 이삭과 야곱에게 주어진 약속들과, 다윗과 선지자들에게 주어진 약속들이 예수 안에서 성취되었다는 것을 선포했다. 그러나 로마에 있는 유대인들은 바울이 선포한 복음 때문에 나뉘었고, 그는 이방인들이 복음을 들을 것이라고 예언하는 이사야 6:9-10의 말씀으로 이들을 경고했다. 이사야 6장은 이사야의 사역에 대한 소명과 그의 메시지의 내용을 포함한다. 그는 이스라엘에게 회개를 촉구하지만, 남은 자를 제외하고 이스라엘은 믿지 않을 것이다. 주님은 그들의 마음과 생각을 심판이 올 때까지 어둡게 할 것이다. 바울이 회당에 갔을 때 사도행전에 나타난 일반적인 주제는 많은 유대인이 믿지 않은 것인데(행 13:46-47; 18:6-7), 이것은 이사야의 예언을 성취했다. 유대인의 불신앙은 우연이 아니라, 하나님의 목적과 일치했다. 바울이 이방인의 구원을 예언했던 이사야서의 다른 예언들을 고려하여(2:1-4; 11:9-10; 19:16-25; 42:6; 49:6-7; 52:15; 55:3-5; 66:18-19, 23), 이 예언(사 6:9-10)을 읽었을 가능성이 있다. 여기에서 우리는 로마서 9-11장과 매우 유사한 것을 볼 수 있는데, 대다수 유대인은 이방인의 충만함이 들어오는 동안 믿지 않았다는 것이다. 동시에 사도행전에 나타난 바울의 말은 마치 유대인들이 버림받은 것처럼 읽혀서는 안 된다. 이들이 더 많이 돌아오는 것을 바라보면서, 그는 남은 자 안에 소망을 갖고 있다(사 6:13; 또한, 롬 11:25-29 참조). 사도행전은 바울이 로마에서 자유롭게 전도하는 것으로 끝난다(행 28:30-31). 복음은 땅 끝까지 도달하지 않았지만, 제국의 수도인 로마에서 바울이 예수에 대한 복음을 선포한다는 것은 중요하다. 누가는 예수에 대한 가르침이 하나님 나라의 약속들을 성취한다는 것을 독자들에게 한번 더 상기시킨다.

사도행전: 주석들

Barrett, Charles. K. *The Acts of the Apostles*. 2 vols. ICC. Edinburgh: T&T Clark, 1994-98.

Bock, Darrell L. *Acts*. BECNT. Grand Rapids: Baker Academic, 2007.

Bruce, F. F. *The Acts of the Apostles: The Greek Text with Introduction and Commentary*. 3rd ed. Grand Rapids: Eerdmans, 1990.

———. *The Book of the Acts*. Rev. ed. NICNT. Grand Rapids: Eerdmans, 1988.

Conzelmann, Hans. *Acts of the Apostles*. Hermeneia. Philadelphia: Fortress, 1987.

Dunn, James D. G. *The Acts of the Apostles*. Epworth Commentary. London: Epworth, 1996.

Fitzmyer, Joseph A. *The Acts of the Apostles*. AB. New York: Doubleday, 1998.

Gaventa, Beverly R. *The Acts of the Apostles*. ANTC. Nashville: Abingdon, 2003.

Haenchen, Ernst. *The Acts of the Apostles*. Philadelphia: Westminster, 1971.

Hanson, Richard P. C. *The Acts in the Revisited Standard Version*. New Clarendon Bible. Oxford: Clarendon, 1967.

Johnson, Luke. *The Acts of the Apostles*. SP. Collegeville, MN: Liturgical Press, 1992.

Keener, Craig S. *Acts: An Exegetical Commentary*. 4 vols. Grand Rapids: Baker Academic, 2012-15.

Kistemaker, Simon J. *Exposition of the Acts of the Apostles*. New Testament Commentary. Grand Rapids: Baker, 1990.

Lake, Kirsopp, and Henry J. Cadbury. *The Acts of the Apostles: English Translation and Commentary*. Vol. 4 of The Beginnings of Christianity, edited by F. J. Foakes-Jackson and K. Lake. London: Macmillan, 1933.

Larkin, William J. *Acts*. IVPNTC. Leicester, UK: Inter-Varsity, 1995.

Longenecker, Richard N. "Acts." In *Luke-Acts, vol. 10 of The Expositor's Bible Commentary*, rev. ed., edited by Tremper Longman III and David E. Garland, 663-1102. Grand Rapids: Zondervan, 2007.

Marshall, I. Howard. "Acts." In *Commentary on the New Testament Use of the Old*

Testament, edited by G. K. Beale and D. A. Carson, 513-606. Grand Rapids: Baker Academic, 2007.

Martin, Francis, ed. *Acts*. ACCS 5 (NT). Downers Grove, IL: InterVarsity, 1998.

Parsons, Mikeal C. *Acts*. PCNT. Grand Rapids: Baker Academic, 2008.

Pervo, Richard I. *Acts*. Hermeneia. Minneapolis: Fortress, 2009.

Peterson, David G. *The Acts of the Apostles*. PNTC. Grand Rapids: Eerdmans, 2009.

Polhill, John B. *Acts*. NAC 26. Nashville: Broadman, 1992.

Schnabel, Eckhard. *Acts*. ZECNT. Grand Rapids: Zondervan, 2012.

Spencer, F. Scott. *Acts*. Readings: A New Biblical Commentary. Sheffield: Sheffield Academic, 1997.

Walaskay, Paul W. *Acts*. Westminster Bible Companion. Louisville: Westminster John Knox, 1998.

Wall, Robert W. "The Acts of the Apostles." In *The New Interpreter's Bible*, edited by Leander E. Keck et al., 10:1-368. Nashville: Abingdon, 2002.

Williams, Charles S. C. A. *Commentary on the Acts of the Apostles*. BNTC. London: Black, 1969.

Williams, David J. *Acts*. NIBC. Peabody, MA: Hendrickson, 1990.

Witherington, Ben, III. *The Acts of the Apostles: A Socio-Rhetorical Commentary*. Grand Rapids: Eerdmans, 1998.

사도행전: 연구논문(article)과 소논문(essay), 그리고 단행본들

Alexander, Loveday C. A. "Acts." In *The Oxford Bible Commentary*, edited by J. Barton and J. Muddiman, 1028-61. Oxford: Oxford University Press, 2001.

———. *Acts in Its Ancient Literary Context: A Classicist Looks at the Acts of the Apostles*. LNTS 298. London: T&T Clark, 2005.

Anderson, Kevin L. *"But God Raised Him from the Dead": The Theology of Jesus' Resurrection in Luke-Acts*. Paternoster Biblical Monographs. Milton Keynes:

Paternoster, 2006.

Barclay, John M. G. *Jews in the Mediterranean Diaspora: From Alexander to Trajan (323 BCE-117 CE)*. Edinburgh: T&T Clark, 1996.

Bauckham, Richard J. "James and the Gentiles (Acts 15.13-21)." In *History, Literature, and Society in the Book of Acts*, edited by Ben Witherington III, 154-84. Cambridge: Cambridge University Press, 1996.

———. "James and the Jerusalem Church." In *The Book of Acts in Its Palestinian Setting*, edited by R. J. Bauckham, 415-80. Vol. 4 of *The Book of Acts in Its First-Century Setting*, edited by Bruce W. Winter. Exeter: Paternoster, 1995.

———. "James and the Jerusalem Community." In *Jewish Believers in Jesus: The Early Centuries*, edited by O. Skarsaune and R. Hvalvik, 55-95. Peabody, MA: Hendrickson, 2007.

———. "James, Peter, and the Gentiles." In *The Missions of James, Peter, and Paul: Tensions in Early Christianity*, edited by B. D. Chilton and C. A. Evans, 91-142. NovTSup 115. Leiden: Brill, 2005.

Billings, Drew W. *Acts of the Apostles and the Rhetoric of Roman Imperialism*. Cambridge: Cambridge University Press, 2017.

Bock, Darrell L. *Proclamation from Prophecy and Pattern: Lucan Old Testament Christology*. JSNTSup 12. Sheffield: JSOT Press, 1987.

———. *A Theology of Luke and Acts: God's Promised Program, Realized for All Nations*. Grand Rapids: Zondervan, 2012.

Cunningham, Scott. *"Through Many Tribulations": The Theology of Persecution in Luke-Acts*. JSNTSup 142. Sheffield: Sheffield Academic, 1997.

Dibelius, Martin. *Studies in the Acts of the Apostles*. Edited by H. Greeven. New York: Scribner, 1956.

Dunn, James D. G. *Baptism in the Holy Spirit: A Re-examination of the New Testament Teaching on the Gift of the Spirit in Relation to Pentecostalism Today*. London: SCM, 1970.

Green, Joel B. *Conversion in Luke-Acts: Divine Action, Human Cognition, and the People of God*. Grand Rapids: Baker Academic, 2015.

Heil, John Paul. *Luke-Acts: Foundations for Christian Worship*. Eugene, OR: Cascade, 2018.

Hemer, Colin J. *The Book of Acts in the Setting of Hellenistic History*. Edited by C. H. Gempf. WUNT 49. Reprinted, Tübingen: Mohr Siebeck, 2001.

Hengel, Martin. *Acts and the History of Earliest Christianity*. London: SCM, 1979.

Jervell, Jacob. *The Theology of the Acts of the Apostles*. NTT. Cambridge: Cambridge University Press, 1996.

Jipp, Joshua W. "Hospitable Barbarians: Luke's Ethnic Reasoning in Acts 28:1-10." *JTS* 68 (2017): 23-45.

Kee, Howard C. *Good News to the Ends of the Earth: The Theology of Acts*. Philadelphia: Trinity Press International, 1990.

Keener, Craig. *The IVP Bible Background Commentary: New Testament*. Downers Grove, IL: InterVarsity, 1993.

Kim, Seyoon. *Christ and Caesar: The Gospel and the Roman Empire in the Writings of Paul and Luke*. Grand Rapids: Eerdmans, 2008.

———. *The Origin of Paul's Gospel*. Eugene, OR: Wipf & Stock, 1981.

Land, Darin H. *The Diffusion of Ecclesiastical Authority: Sociological Dimensions of Leadership in the Book of Acts. Princeton Theological Monograph*. Eugene, OR: Pickwick, 2008.

Lentz, John Clayton. *Luke's Portrait of Paul*. SNTSMS 77. Cambridge: Cambridge University Press, 1993.

Levinskaya, Irina A. *The Book of Acts in Its Diaspora Setting*. Vol. 5 of *The Book of Acts in Its First-Century Setting*, edited by Bruce W. Winter. Grand Rapids: Eerdmans, 1996.

Levinsohn, Stephen H. *Textual Connections in Acts*. SBLMS 31. Atlanta: Scholars Press, 1987.

Lierman, John. *The New Testament Moses: Christian Perceptions of Moses and Israel in the Setting of Jewish Religion*. WUNT 173. Tübingen: Mohr Siebeck, 2004.

Litwak, Kenneth D. *Echoes of Scripture in Luke-Acts: Telling the History of God's*

People Intertextually. London: T&T Clark, 2005.

Lohfink, Gerhard. *The Conversion of St. Paul: Narrative and History in Acts*. Chicago: Franciscan Herald Press, 1976.

Macnamara, Luke. *My Chosen Instrument: The Characterisation of Paul in Acts 7:58-15:41*. Rome: Gregorian and Biblical Press, 2016.

Maddox, Robert. *The Purpose of Luke-Acts*. Edinburgh: T&T Clark, 1982.

Marguerat, Daniel. *The First Christian Historian: Writing the "Acts of the Apostles."* SNTSMS 121. Cambridge: Cambridge University Press, 2002.

Marshall, I. Howard. *The Acts of the Apostles*. New Testament Guides. Sheffield: Sheffield Academic, 1992.

Marshall, I. Howard, and David Peterson, eds. *Witness to the Gospel: The Theology of Acts*. Grand Rapids: Eerdmans, 1998.

Matson, David L. *Household Conversion Narratives in Acts: Pattern and Interpretation*. JSNTSup 123. Sheffield: Sheffield Academic, 1996.

Matthews, Christopher R. Philip, *Apostle and Evangelist: Configurations of a Tradition*. NovTSup 105. Leiden: Brill, 2002.

Menzies, Robert P. *The Development of Early Christian Pneumatology with Special Reference to Luke-Acts*. JSNTSup 54. Sheffield: JSOT Press, 1991.

Miller, John B. F. *Convinced That God Had Called Us: Dreams, Visions, and the Perception of God's Will in Luke-Acts*. Biblical Interpretation 85. Leiden: Brill, 2007.

Mitchell, Stephen. *Anatolia: Land, Men, and Gods in Asia Minor*. Oxford: Oxford University Press, 1995.

Miura, Yuzuru. *David in Luke-Acts: His Portrayal in the Light of Early Judaism*. WUNT 232. Tübingen: Mohr Siebeck, 2007.

Murphy-O'Connor, Jerome. Paul: A Critical Life. Oxford: Oxford University Press, 1996.

———. *St. Paul's Corinth: Texts and Archaeology*. Wilmington: Glazier, 1983.

———. *St. Paul's Ephesus: Texts and Archaeology*. Collegeville, MN: Liturgical Press, 2008.

Neagoe, Alexandru. *The Trial of the Gospel: An Apologetic Reading of Luke's Trial*

Narratives. SNTSMS 116. Cambridge: Cambridge University Press, 2002.

Oschwald, Jeffrey. "The Word of the Lord Grew-and Multiplied-and Showed Its Strength: The Word of God in the Book of Acts." *Concordia Journal* 44 (2018): 41-60.

Padilla, Osvaldo. *The Speeches of Outsiders in Acts: Poetics, Theology and Historiography*. SNTSMS 144. Cambridge: Cambridge University Press, 2008.

Pao, David W. *Acts and the Isaianic New Exodus*. WUNT 130. Tübingen: Mohr Siebeck, 2000.

Penner, Todd C. I*n Praise of Christian Origins: Stephen and the Hellenists in Lukan Apologetic Historiography*. Emory Studies in Early Christianity 10. New York: T&T Clark, 2004.

Penney, John M. *The Missionary Emphasis of Lukan Pneumatology*. JPTSup 12. Sheffield: Sheffield Academic, 1997.

Pereira, Francis. *Ephesus: Climax of Universalism in Luke-Acts. A Redaction-Critical Study of Paul's Ephesian Ministry (Acts 18:23-20:1)*. Jesuit Theological Forum Studies 1. Anand, India: Gujarat Sahitya Prakash, 1983.

Pillai, C. A. Joachim. *Early Missionary Preaching: A Study of Luke's Report in Acts 13*. Hicksville, NY: Exposition Press, 1979.

Ramsay, William M. *St. Paul the Traveler and Roman Citizen*. Rev. ed. Edited by M. Wilson. Grand Rapids: Kregel, 2001.

Rapske, Brian M. *The Book of Acts and Paul in Roman Custody*. Vol. 3 of *The Book of Acts in Its First-Century Setting*, edited by Bruce W. Winter. Exeter: Paternoster, 1994.

Ravens, David A. S. *Luke and the Restoration of Israel*. JSNTSup 119. Sheffield: Sheffield Academic, 1995.

Riesner, Rainer. *Paul's Early Period: Chronology, Mission Strategy, Theology*. Translated by D. Stott. Grand Rapids: Eerdmans, 1998.

Rothschild, Clare K. *Paul in Athens: The Popular Religious Context of Acts 17*. WUNT 341. Tübingen: Mohr Siebeck, 2014.

Rowe, C. Kavin. *World Upside Down: Reading Acts in the Graeco-Roman Age*.

Oxford: Oxford University Press, 2009.

Schnabel, Eckhard J. *Early Christian Mission*. 2 vols. Downers Grove, IL: InterVarsity, 2004.

———. *Paul the Missionary: Realities, Strategies, and Methods*. Downers Grove, IL: InterVarsity, 2008.

Seccombe, David P. *Possessions and the Poor in Luke-Acts*. SNTSU B6. Linz: Fuchs, 1982.

Shauf, Scott. *Theology as History, History as Theology: Paul in Ephesus in Acts 19*. BZNW 133. Berlin: de Gruyter, 2005.

Shelton, James B. *Mighty in Word and Deed: The Role of the Holy Spirit in Luke-Acts*. Peabody, MA: Hendrickson, 1991.

Shepherd, William H. *The Narrative Function of the Holy Spirit as a Character in Luke-Acts*. SBLDS 147. Atlanta: Scholars Press, 1994.

Sherwin-White, and Adrian Nicolas. *Roman Society and Roman Law in the New Testament*. Winona Lake, IN: Eisenbrauns, 2000.

Skinner, Matthew L. *Locating Paul: Places of Custody as Narrative Settings in Acts 21-28*. AcBib 13. Atlanta: Society of Biblical Literature, 2003.

Sleeman, Matthew. *Geography and the Ascension Narrative in Acts*. Cambridge: Cambridge University Press, 2009.

Soards, Marion L. *The Speeches in Acts: Their Content, Context, and Concerns*. Louisville: Westminster John Knox, 1994.

Spencer, F. Scott. *Journeying through Acts: A Literary-Cultural Reading*. Peabody, MA: Hendrickson, 2004.

———. *The Portrait of Philip in Acts: A Study of Roles and Relations*. JSNTSup 67. Sheffield: JSOT Press, 1992.

Squires, John T. *The Plan of God in Luke-Acts*. SNTSMS 76. Cambridge: Cambridge University Press, 1993.

Stenschke, Christoph W. *Luke's Portrait of Gentiles prior to Their Coming to Faith*. WUNT 108. Tübingen: Mohr Siebeck, 1999.

Steyn, Gert J. *Septuagint Quotations in the Context of the Petrine and Pauline Speeches of the Acta Apostolorum*. CBET 12. Kampen: Kok, 1995.

Tajra, Harry W. *The Trial of St. Paul: A Juridical Exegesis of the Second Half of the Acts of the Apostles*. WUNT 35. Tübingen: Mohr Siebeck, 1989.

Talbert, Charles H. *Reading Acts: A Literary and Theological Commentary on the Acts of the Apostles*. Rev. ed. RNTS. Macon, GA: Smyth, 2005.

Tannehill, Robert C. *The Narrative Unity of Luke-Acts: A Literary Interpretation*. Vol. 2 of *The Acts of the Apostles*. Philadelphia: Fortress, 1994.

Thompson, Alan. *The Acts of the Risen Lord: Luke's Account of God's Unfolding Plan*. NSBT 27. Downers Grove, IL: InterVarsity, 2011.

Turner, Max M. B. *"And So We Came to Rome": The Political Perspective of St. Luke*. SNTSMS 49. Cambridge: Cambridge University Press, 1983.

———. *Power from on High: The Spirit in Israel's Restoration and Witness in Luke-Acts*. JPTSup 9. Sheffield: Sheffield Academic, 1996.

Uytanlet, Samson. *Luke-Acts and Jewish Historiography: A Study of the Theology, Literature, and Ideology of Luke-Acts*. WUNT 2/366. Tübingen: Mohr Siebeck, 2014.

Walton, Steve. *Leadership and Lifestyle: The Portrait of Paul in the Miletus Speech and 1 Thessalonians*. SNTSMS 108. Cambridge: Cambridge University Press, 2000.

Watson, Alan. *The Trial of Stephen: The First Christian Martyr*. Athens: University of Georgia Press, 1996.

Weatherly, Jon A. *Jewish Responsibility for the Death of Jesus in Luke-Acts*. JSNTSup 106. Sheffield: JSOT Press, 1994.

Weaver, John B. *Plots of Epiphany: Prison-Escape in Acts of the Apostles*. BZNW 131. Berlin: de Gruyter, 2004.

Wenk, Matthias. *Community-Forming Power: The Socio-Ethical Role of the Spirit in Luke-Acts*. Sheffield: Sheffield Academic, 2000.

Williams, Margaret H. "Palestinian Jewish Personal Names in Acts." In *The Book of Acts in Its Palestinian Setting*, edited by R. J. Bauckham, 79–113. Vol. 4 of *The Book of Acts in Its First-Century Setting*, edited by Bruce W. Winter. Grand Rapids: Eerdmans, 1995.

Wilson, Benjamin R. "Jew-Gentile Relations and the Geographic Movement of

Acts 10:1-11:18." *CBQ* 80 (2018): 81-96.

Wilson, Stephen G. *The Gentiles and the Gentile Mission in Luke-Acts*. SNTSMS 23. Cambridge: Cambridge University Press, 1973.

———. *Luke and the Law*. SNTSMS 50. Cambridge: Cambridge University Press, 1983.

Winter, Bruce W. "The Importance of the Captatio Benevolentiae in the Speeches of Tertullus and Paul in Acts 24:1-21." *JTS* 42 (1991): 505-31.

———. "In Public and in Private: Early Christian Interactions with Religious Pluralism." In *One God, One Lord in a World of Religious Pluralism*, edited by A. D. Clarke and B. W. Winter, 112-34. Cambridge: Tyndale, 1991.

———. "Official Proceedings and the Forensic Speeches in Acts 24-26." In *The Book of Acts in Its Ancient Literary Setting*, edited by Bruce W. Winter and A. D. Clarke, 305-6. Vol. 1 of *The Book of Acts in Its First-Century Setting*, edited by B. W. Winter. Exeter: Paternoster, 1993.

2. 로마서

서론

교회 역사에서 로마서의 영향력은 주목할 만하다. 은혜에 대한 어거스틴(Augustine)의 이해는 다른 자료들도 있지만, 특히 로마서에서 비롯된다. 마틴 루터(Martin Luther)가 낙원의 문으로 들어간 것은 바울이 말한 하나님의 의가 무엇을 의미하는지 깨달았을 때였다. 유럽을 휩쓸고 서구 세계를 뒤흔든 종교개혁은 확실히 로마서의 메시지에 의해 형성되었다. 또한, 20세기 초반에 칼 바르트(Karl Barth)의 로마서 주석은 그 자신이 지적한 대로, 신학계 전체에 울려 퍼졌고 서구 세계 전체를 휩쓸고 있었던 자유주의 신학에 이의를 제기하였다.

그 누구도 로마서에 대한 바울의 저작권을 심각하게 의심하지 않는다. 우리는 바울이 고린도에 있을 때 편지를 썼다는 것을 알고 있고(행 20:2-3), 아마도 저작 연대를 AD 55년이나 56년으로 추정할 수 있을 것이다. 과거 몇몇 학자들은 로마서가 바울 신학의 완성을 보여주는 일종의 논문이라고 주장하였다. 확실히, 로마서는 다른 어떤 편지보다도 바울의 신학에 대한 더 완전한 해설이고, 그의 신학을 이해하기 위한 바울의 가장 중요한 편지임이 분명하다. 그런데도, 그의 신학에서 몇몇 중요한 주제들은 이 편지에서 아직 발전되지 않은 상태로 남아있다. 예를 들어, 에베소서는 우리가 로마서나 바울의 다른 편지에서 발견하는 것보다, 교회의 역할에 대한 완전한 해설을 나타낸다. 마찬가지로, 고린도전서 12-14장은 우리가 로마서 12:4-8에서 배우는 영적인 은사들에 대한 것보다 훨씬 더 많이 말한다. 종말론은 바울의 신학에 스며들어 있고, 로마서에 중요한 역할을 한다. 그러나 우리는 데살로니가전서 4:13-5:11과 데살로니가후서 2:1-12에서 발견하는 예수의 재림에 대한 확장된 의견을 로마서에서 발견하지 못한다. 그럼에도, 기독론은 로마서에서 간과되지 않는다. 우리는 이 편지의 서두에서 중요한 기독론적 고백을 보게 된다(1:3-4). 그러나 사실상 빌립보서 2:6-11이나 골로새서 1:15-20에서 발견된 기독론의 깊이보다는 부족하다는 것을 모든 사람이 동의할 것이다. 바울 신학의 다른 영역들도 탐구될 수 있지만, 로마서가 바울이 가진 모든 사상을 전체적으로 보여준다는 것이 아니라는 점은 분명하다.

우리는 왜 바울이 로마서 안에 여러 주제를 포함하고 있는지 그 이유에 대하여 질문해야 한다. 이 편지의 모든 부분을 우리가 이해하도록 하는 설명이 있는가? 주의 깊은 독자들을 놀라게 하는 것은 바울이 유대인들과 이방인들에 관련된 문제들에 초점을 맞추는 것이다. 바울은 먼저 유대인에 대하여 그리고 헬라인에 대하여 말한다(롬 1:16; 2:9-10). 이방인들의 죄가 드러나지만(1:19-32), 유대인들의 죄 또한 드러난다(2:1-29). 믿음으로 말미암은 의에 관해서, 중심적인 확언 중 하나는 유대인들과 이방인들이 같은 방식으로 의롭게 된다는 것이다(3:29-30; 4:9-16). 바울은 유대인들과 이방인들이 아브라함의 자녀들이라는 것을 강조한다(4:17-25). 게다가, 이 편지는 종종 유대인과 이방인의 관계를 위한 실제적인 문제로 나타났던 모세율법 문제를 다룬다. 유대인들은 율법이 죄를 억제한다고 생각하였지만, 바울은 그 반대를 주장한다. 즉 율법은 죄를 약화하지 않고 오히려 죄를 악화시킨다는 것이다(5:20; 6:14-15; 7:1-25). 사람들을 바꾸는 것은 예수 그리스도 안에 있는 하나님의 은혜와 성령의 능력이다(6:1-23; 7:6; 8:1-39). 바울의 다른 편지 어디에도,

이스라엘에 대한 하나님의 약속들에 대하여 광범위하게 반영되어 있지 않지만, 9-11장 안에서 바울은 이스라엘의 운명이 이방인들의 문제와 어떻게 관련되는지를 설명한다. 그런 다음, 14:1-15:13에서 정결하고 부정한 음식 문제는 전면에 등장하는데, 약한 자는 음식에 관한 정결법이 여전히 중요하다고 믿었던 유대인들이었고, 강한 자는 어떤 음식이든 먹을 수 있다고 믿었던 주로 이방인들이었다.

이 편지에 나타난 유대인-이방인의 관계 문제는 우리가 로마서의 목적을 이해하도록 한다. 로마 교회 안에 있는 유대인들과 이방인들은 분열 문제에 시달렸을 가능성이 있다(14:1-15:13 참조). 게다가, 사도행전 21:20-25에서 입증하는 것처럼, 바울은 유대인들과 유대인 기독교인들 사이에서 아주 특별한(polarizing) 인물이었다. 바울은 로마의 기독교인들이 서바나(Spain) 선교의 출발점이 되기를 원했다. 그러나 만약 이들이 율법의 역할을 놓고 분열된다면 전초 기지의 역할을 할 수 없었을 것이다. 특히, 이 율법 문제가 로마 교인들이 바울에 대하여 생각했을 때 우려할 수 있는 문제였다면 더욱더 그러했을 것이다. 이러한 이유로 로마서에서 바울은 율법에 대한 견해뿐만 아니라 하나님의 계획안에 있는 이스라엘과 이방인의 위치에 대한 견해에 대하여 충분히 설명한다. 바울의 목적은 로마 교인들이 바울 자신이 선포한 복음을 받아들이고, 바울 자신이 서바나에 동일한 복음을 전할 때 그 교인들이 후원하는 것이었다. 이제 나는 이 편지의 대략적인 개요를 다음과 같이 제공하려고 한다.

개요	
하나님의 구원하는 의에 대한 소개	1:1-17
하나님의 구원하는 의에 대한 필요	1:18-3:20
믿음으로 설명되고 경험되는 하나님의 구원하는 의	3:21-4:25
하나님의 구원하는 의의 결과로서 소망	5:1-8:39

이스라엘과 관련하여 하나님의 구원하는 의	9:1-11:36
하나님의 구원하는 의에 힘입어 사는 삶	12:1-15:13
바울의 선교 안에서 하나님의 구원하는 의	15:14-16:27

로마서의 시작과 끝(1:1-7; 16:25-27)

로마서를 시작하는 일곱 구절은 로마서의 시작 부분을 구성하고, 이 부분은 바울의 편지 중 가장 길다고 할 수 있다. 이 시작 부분은 바울이 로마 기독교인들을 한 번도 만난 적이 없으므로 길어진다. 또한, 이 부분에서 바울은 로마 교인들의 호의를 얻기 위해, 자신이 누구인지, 그리고 자신이 선포한 복음이 무엇인지를 소개한다. 이 편지의 시작 부분에 나타난 주제들(1:1-7)은 편지의 끝부분과 일치하므로, 여기에서 시작 부분과 끝부분이 논의될 것이다. 몇몇 학자들은 이 끝부분이 로마인들에게 보낸 편지에 애초에 포함되지 않았다고 주장하기도 한다. 즉, 이 논의는 복잡하고, 여기에서 판단할 수 없지만, 끝부분은 원래의 구절들일 가능성이 크다. 편지의 시작과 끝은 편지의 나머지 부분을 덮고 있는 샌드위치처럼 기능하는데, 편지의 나머지 내용은 샌드위치 안에 있는 것과 같다. 이 편지의 맨 처음 구절에서부터 우리는 로마서가 구약성경을 성취하는 복음에 중점을 두고 있다는 것을 알게 된다(1:2). "복음"('유앙겔리온'[*euangelion*])이라는 단어는 좋은 소식을 의미하며, 특히 이사야 40:9와 52:7에까지 거슬러 올라간다. 복음은 하나님이 다스리고 통치하고 있음을 선포하며, 이사야서에 나타난 이 통치는 이스라엘이 포로에서 돌아오는 것으로 분명하게 되고, 포로에서 돌아온다는 것은 이스라엘의 죄가 용서받고 아브라함에게 주어진 약속들이 성취될 것임을 의미한다. 이스라엘은 죄 때문에 포로의 상태가 되었고, 주님의 종에 의해 죄가 제거될 것이기 때문에 포로의 상태로부터 돌아올 것이다(40:2; 42:24;

43:24-27; 44:22; 53:12; 57:17; 58:1; 59:2 참조).

복음은 바울 신학에서 중심이며(롬 1:1-5; 16:25), 이것은 단순히 말뿐만이 아니다. 왜냐하면 복음의 선포 안에서 하나님의 창조적이고 전능한 능력이 역사하기 때문이다(1:16). 이 복음과 구약성경의 관계는 편지의 끝부분에서 재확인된다. 즉, 복음은 계시된 "신비"이며 성취된 예언이다(16:25-26). 만약 구약성경이 앞으로 일어날 것을 완전히 감춘다면, 구약성경에 대한 이해는 지적으로 똑똑한 엘리트나 하나님으로부터 직접적으로 계시를 받았다고 주장하는 사람들로 제한될 것이다. 반대로, 옛 언약과 새 언약 사이에 지나치게 단순하고 명백하게 분명한 연속성을 상정해서는 안 된다. 왜냐하면 복음은 계시된 신비이기 때문이다. 어거스틴의 말을 바꾸어 말하면, 구약성경에서 감추어진 것이 이제 신약성경에서 드러나게 된다.

우리는 또한 이 복음이 하나님의 아들로서 예수 그리스도에 초점을 맞추고 있다는 사실을 너무나 잘 알고 있다(1:3-4; 16:25 참조). 따라서, 만약 구약성경이 바르게 해석된다면, 이 구약성경은 예수 그리스도를 가리키고 있음을 확인하게 된다. 우리는 1:3-4에서 하나님의 아들로서 예수에 대한 고백적인 진술을 발견한다. 첫째, 예수는 메시아가 다윗의 계통에서 올 것이라는 구약성경의 약속을 성취하는 다윗의 자손이다(삼하 7:12-16; 시 72:17; 사 11:1-5, 10; 렘 23:5-6; 33:14-17; 겔 34:23-24; 37:24-25). 온 세상에 오게 될 복이 반드시 이루어질 것이라는 아브라함의 약속들은 다윗의 자손으로서 예수 안에서 성취된다.

둘째, 예수는 또한 부활할 때 성령에 의해 능력으로 하나님의 아들로 "세워졌다"(롬 1:4, 개역개정에는 "선포되셨으니"로 번역됨-옮긴이). 몇몇 영어 번역본들은 '호리스텐토스'(*horisthentos*)를 "세워지다"(appoint) 대신에 "선포되다"(declare)로 번역한다(NASB, ESV, NRSV). 물론 이 두 단어는 의미상 거의 차이가 없지만, 그런데도 이 단어는 "선포되다"보다 "세워지다"라는 의미가 이 문장에 적합한 것 같다. 바울은 예수가 죽은 자로부터 일어나서 하나님의 오른편에서 메시아 왕으로 임명되고(install) 하나님의 아들로 세워졌다고 가르친다. 물론 마치 예수가 부활하기 전 하나님의 아들이 아니었던 것처럼, 바울이 양자론적(adoptionist) 기독론을 여기에서 주장하는 것이 아니다. 만약 우리가 3-4절을 전체적으로 이해한다면, 항상 하나님의 아들이며, 하나님의 아들로서 선재한(preexisted) 분이 부활의 때에 능력 안에서 하나님의 아들로 세움을 받았다는 것을 우리는 알게 된다. 다시 말해서, 바울은 구속 역사적인 요점을 이곳에서 말하고 있다. 구속 역사의 새로운 국면은 예수의 부활과 함께 밝았고, 예수 그리스도는 주님이라는 것을 보여주며, 이 예수는 이제 하나님의 아들로서 그리고 다윗 계통의 왕으로서 하나님 오른편에서 다스린다.

바울은 또한 예수 그리스도의 사도로서 자신의 사역에 주목하게 된다. 하나님께서 바울 자신을 "사도로" "불렀고," 그는 다메섹 도상에서 "복음을 위하여 택정함을 입었다"(1:1; 1:5 참조). 선교사이자 사도로서 바울의 목표는 이방인들이 "믿어 순종하게" 하는 것이었다(1:5; 16:26). 회심이 의미하는 것은 예수를 주님으로 고백하는 것이며(10:9), 구원받은 자들은 복음에 순종하는 것이다(10:6). 바울은 "신자들의 회심"을 "이방인을 순종하게 하는 것"으로 말한다(15:18). 예수 그리스도에게 복종한다는 것을 의미하는, 이 순종은 믿음에서 비롯되고 믿음에서 나온다. 회심한 사람은 주님이자 구원자인 예수에게 복종하게 된다.

감사와 주제(1:8-17)

바울은 보통 편지의 서두 이후에 감사 단락을 두는데, 로마서도 다르지 않다(1:8-15). 감사 단락 안에 나타나는 몇 가지의 주제들이 눈에 띈다. 첫째, 바울은 로마 기독교인들이 믿음의 영향을 주고 있다는 것에 대하여 하나님에게 감사한다. 둘째, 바울은 믿음 안에서 로마 기독교인들을 격려하기 위하여 얼마 동안 방문하기를 원했다. 그리스도의 사도로서 그는 이방인들에게 복음을 선포해야 할 특별한 의무를 느꼈는데, 복음 선포에 대한 바울의 열망은 단순히 의무로 제한될 수 없었다. 왜냐하면 그 역시 유대인들이나 이방인들, 타국인들이나 본토인들, 지혜로운 자들이나 어리석은 자들 모두에게 복음을 전하려고 하는 자신의 열망을 나타내기 때문이다. 만약 신자들이 의무로만 복음을 전한다면, 이들의 노력은 결국 약해질 것이지만, 바울에게 복음을 전하는 것은 큰 기쁨이었다.

사람들 대부분은 편지의 주제가 1:16-17에서 발견된다는 것에 동의한다. 고대 세계는 명예와 수치 문화였다. 그래서 어떤 사람은 수치를 느꼈을 수 있다. 왜냐하면 복음이 이방인들에게는 미련한 것으로, 유대인들에게는 약한 것으로 여겨졌기 때문이다(고전 1:18-25). 그러나 바울은 부끄러워하지 않는다. 왜냐하면 복음은 마지막 날에 부어질 하나님의 진노로부터 믿는 자들(유대인들과 헬라인들)을 구출하고 구원을 가져오는 하나님의 능력이기 때문이다.

로마서에서 가장 유명한 진술 중 하나는 복음 안에는 하나님의 의가 나타난다는 것이다. 루터는 이 구절에 대해 크게 고심하였고, 처음에는 이 구절이 하나님이 죄인들을 심판하는 의를 가리킨다고 생각했다. 루터는 하나님의 의가 여기에서 심판하는 의가 아니라, 하나님의 구원하는 의를 의미한다는 것을 깨닫게 되었다. 우리는 구약성경에서 하나님의 의는 종종 구원하는 의를 나타낸다는 것을 보게 된다(시 22:31; 31:1; 35:24, 28; 40:10; 69:27-29; 88:12; 119:123; 사 42:6, 21; 45:8, 13; 51:5-8; 미 6:5; 7:9). 예를 들어, 우리는 "여호와께서 그의 구원을 알게 하시며 그의 공의를 뭇 나라의 목전에서 명백히 나타내셨도다"(시 98:2)라고 읽는다. "공의"와 "구원" 사이의 평행(parallel) 관계가 분명하고, 이 시편 기자는 하나님의 구원하는 의에 대하여 말하고 있음을 보여준다.

오늘날 학자들은 이 구의 의미에 대하여 계속 논쟁한다. 과연 이 구는

(1) 하나님의 속성이나 (2) 하나님의 선물, 또는 (3) 언약의 신실함이나 (4) 변화시키는 능력으로서 하나님의 의를 의미하는가? 물론, 이 논쟁은 전문적인 영역에 속하고, 우리는 여기에서 세부적인 것들 모두를 다룰 수 없지만, 몇 가지는 언급해야 한다. 의는 언약의 신실함으로 정의되어서는 안 된다는 것이다. 즉, 의는 하나님의 언약 약속들을 성취하지만, 언약의 신실함으로 정의되어서는 안 된다. 또한, 바울이 하나님의 구원하는 의에 대하여 말할 때(롬 3:21-22; 9:30-31; 10:3-6; 고전 1:30; 고후 3:9; 5:21; 갈 2:21; 3:6, 21; 5:5; 빌 3:9) 하나님의 의가 변화시키는 능력이라는 개념 역시 가능할 것 같지 않다. 만약 우리가 빌립보서 3:2-9와 로마서 10:1-4의 문맥을 비교한다면, 우리는 논의되는 주제 문제가 본질적으로 같다는 것을 알게 되며, 빌립보서에서는 의의 선물이 분명한 것 같다. 게다가, 이 동사('디카이오'[*dikaioō*])는 분명히 선언적이며, 의의 선물, 즉 심판자이신 하나님 앞에서 의롭다는 선언을 언급한다(롬 8:33). 관련된 명사 '디카이쉬네'(*dikaiosynē*) 역시 다른 의미를 가리킬 가능성은 희박한데, 명사와 동사는 종종 거의 같은 의미를 갖기 때문이다(예를 들어, 롬 3:21-22, 24; 갈 2:16, 21).

그러므로 하나님의 의는 하나님의 속성이자 하나님의 선물이다. 이것은 "나타나게 된"(is revealed, 롬 1:17), 그리고 "나타난"(made known, 3:21) 속성이다. 동시에 하나님의 의는 믿음으로 받은 선물이다. 하나님의 의가 선물이자 속성이라고 말하는 것은 모순이 아니다. 또는 독자들은 이 두 가지 개념 모두를 갖고 있다고 주장해도 큰 무리는 없다. 왜냐하면 하나님은 신자들에게 믿음으로 말미암아 자신의 의를 주시기 때문이다. "믿음으로 믿음에"라는 표현은 하나님과 올바른 관계는 처음부터 마지막까지 오직 믿음으로만 얻어진다는 것을 지적한다.

믿음으로 말미암는 의는 하박국 2:4의 인용에서 확증된다. 바울의 읽기는 하박국의 원래 문맥과 일치하는데, 이 문맥에서 주님은 유다가 율법을 준수하지 않았기 때문에 벌하겠다고 말씀하였다(1:4). 그러나 바벨론의 의해 임하게 될 심판 가운데, 주님은 또한 최종적인 구원을 약속하였다(합 3장). 하나님은 이스라엘을 위한 미래의 새 출애굽을 약속하였고(합 3장), 3장에서 출애굽에 대한 많은 암시는 새 출애굽 곧 하나님의 백성을 위한 새로운 구원을 지적한다. 하박국의 반응은 이스라엘을 위한 본보기(example)로 기능한다. 비록 무화과나무에 꽃이 피지 않고 포도나무에 열매가 없다고 할지라도, 하박국은 계속해서 주님을 신뢰할 것이다(3:17-18). 그는 임박한 심판 중에서도 하나님께서 미래에 이루실 구원에 대한 약속을 계속해서 신뢰하고 기뻐할 것이며, 바울의 독자들도 십자가에 달리고 부활한 그리스도를 믿으면서, 신뢰하고 기뻐한다.

이방인들과 유대인들의 죄(1:18-3:20)

이방인들의 죄(1:18-32)

하나님의 구원하는 의는 믿음으로 얻어지고, 로마서 1:18-3:20은 왜 이방인들과 유대인들이 하나님의 구원하는 의가 필요한지에 대하여 설명한다. 이들은 하나님의 구원하는 의가 필요한데, 그의 심판하는 의와 하늘로부터 나타난 그의 진노 때문이다(1:18). 학자들 대부분은 바울이 1:19-31에서 이방인의 죄에 대하여, 2:1-29에서 유대인들의 죄에 대하여 집중한다는 것에 동의하고, 다음의 주장들이 이러한 해석을 뒷받침한다고 생각한다. 첫째, 1:19-32에 나타난 바울의 진술들은 놀라운 방식으로 이방인의 우상숭배에 대한 유대인의 전형적인 견해와 일치한다(Wis. 11-15장을 보라). 둘째, 심판의 기준으로서 율법 대신에 창조에 대한 호소는 이방인들에게 초점을 맞추고 있다는 것을 제안한다. 셋째, 이 구절들에 묘사된 노골적인 우상숭배는 이방인들에게는 흔한 일이었지만, 바울 당대의 유대인에게는 아주 드물었다. 넷째, 동성애 행위는 그리스-로마 세계에서 상당히 일반적이었지만, 유대인들에 의해 일관되게 거부되었다.

이방인들의 근본적인 죄는 이들에게 계시된 하나님에 대한 진리를 억눌렀다는 것이다. 자연계를 통하여, 창조 질서를 통하여, 하나님은 자기 능력과 신성을 계시하였다. 이 주장은 이들이 창조된 세계를 생각할 때, 특히 지적으로 재능이 있는 사람들만 하나님의 존재를 깨닫는다는 것이 아니다. 대신에, 바울은 모든 사람이 창조된 세계를 볼 때, 하나님의 능력과 그의 신성(Godness)을 직감적으로 인식한다고 주장한다(1:18-20). 사람들은 한 분 참 하나님이 모든 영광과 찬양, 그리고 감사를 받기에 합당하다는 것을 깨닫지만, 이들은 하나님의 주권으로부터 등을 돌리고, 하나님의 영광을 썩어질 형상과 우상으로 바꿈과 동시에(1:23) 창조주보다 더 피조물을 경배하면서(1:25), 실체와 다른 대안을 발견하려고 한다.

바울은 로마서 1:23에서 시편 106:20과 예레미야 2:11을 언급하는데, 이 구절들 모두 이스라엘의 우상숭배를 묘사한다. 시편 106편은 하나님의 신실한 사랑과 구원하는 행동을 이스라엘의 배반과 비교하고, 하나님의 신실함이 승리할 것임을 분명히 한다. 시편 106:20은 이스라엘의 신실하지 못한 모습의 극악한 예를 나타낸다. 왜냐하면 언약이 시내산에서 맺어지고 이스라엘이 신실한 언약의 동반자가 되기로 동의한 이후 곧바로, 이들은 하나님의 영광을 풀을 먹는 소와 바꾸었기 때문이다(출 32장). 비슷하게 예레미야는 이스라엘이 주님을 버렸다는 것을 슬퍼하고, "나의 백성은 그의 영광을 무익한 것과 바꾸었도다"(렘 2:11)라고 외쳤다. 비록 역사적인 정황에서 이 구절들이 유대인들에게 적용되었다고 할지라도, 바울은 여기에서 이방인들을 염두하고 있는 것 같다. 아마도 바울은 1:23을 통하여, 우리가 유대인들이 이방인들과 같은 문제를 가지고 있다는 것을 발견하는 로마서 2장을 예상하도록 한다. 우상숭배는 단순히 이방인의 문제나 유대인의 문제가 아니다. 이것은 인간의 문제이다.

우리는 하나님이 이방인들을 악에 내버려 두었다는 것을 세 번 발견하게 되는데(1:24, 26, 28), 이들이 그의 주되심을 거절했기 때문이다. 이들은 죄에 넘겨졌는데, "하나님의 진리를 거짓 것으로 바꾸었고" "피조물을 조물주보다 더 경배하고 섬겼기" 때문이다(1:25). 이들은 버림받았는데, "마음에 하나님 두기를 싫어했기" 때문이다(1:28). 인간의 많은 다른 죄들이 여기에 언급되지만(1:26-31), 모든 죄는 하나님이 우리 삶의 주님이 되는 것을 거절하는 근본적인 죄로부터 비롯된다. 우리는 아마도 아담과 하와 이야기를 떠올릴 것이다(창 3:1-6). 왜냐하면 이들의 죄는 하나님에게서 독립하고자 하는, 즉 영광스러운 하나님에게 의존하는 것 대신에 하나님 자리에 자신을 위치시키고자 하는 욕구였기 때문이다.

바울이 여기에서 왜 동성애 행위를 언급하는가(롬 1:26-27)? 이것은 우리가 상상할 수 있는 최악의 죄이기 때문이 아니다. 오히려, 동성애 죄는 하나님을 거절하는 것을 반영한다. 인간에게 자연스러운 것은 하나님이 인간에게 의도한 바를 행하는 것을 의미하는데, 즉 인간이 창조주를 경배하는 것이다. 죄 때문에 인간은 자연스러운 것(창조주를 경배하는 것)에서 자연스럽지 못한 것(피조물을 경배하는 것)으로 돌아섰다. 같은 맥락에서 이들은 자연스러운 성적인 관계(이성과의 성관계)를 동성애 관계로 바꾸었다. 1:28-31에 열거된 다른 죄들은 모든 죄가 인간을 창조한 하나님의 의도를 위반한다는 의미에서, 모든 죄들이 부자연스럽다는 것을 보여준다. 죄의 독성(virulence)은 비록 죄가 심판과 죽음을 받아야 한다는 것을 사람들이 깨닫는다고 할지라도, 이들이 다른 사람들에게 죄를 짓도록 부추긴다는 점에서 1:32에 분명하게 나타난다. 여전히, 이들은 죄를 짓는 다른 사람들에게 박수를 보내는데, 아마도 다른 사람들이 자신들과 똑같이 죄를 짓는 것에 대하여 기분이 좋고 일종의 안도감을 느끼기 때문일 것이다.

유대인들의 죄와 행위에 따른 심판(2:1–29)

로마서 2장의 초점은 유대인들의 죄인데, 이것은 모든 사람이 죄인이라는 결론 안에서 분명하다(3:9-20, 23). 바울은 2:17까지 유대인들을 구체적으로 언급하지 않지만, 2:1-16에서 언급된 주요한 대상이 유대인이라고 생각할 수 있는 타당한 이유들이 있다. 예를 들어, 1:19-32에 묘사된 죄의 행동은 전형적으로 유대인들에 의해 비판을 받는 내용일 것이다. 더 중요한 것은 2:3-4는 하나님과 맺은 언약 관계에 의해 보호받는다고 믿었던 유대인들을 반영한다. 이들은 하나님과 함께 언약 안에 있었기 때문에, 이들은 그의 진노를 맛보지 않을 것으로 생각했다. 또한, 2:12에서 율법에 대한 언급은 거의 확실히, 율법을 소유했기 때문에 이방인들보다 하나님 앞에서 이점을 갖는다고 믿었던 유대인들을 가리킨다. 먼저는 유대인을, 그다음 헬라인에 대한 강조(2:9-10)는 마찬가지로 주요한 초점이 유대인의 불순종에 있다는 것을 시사한다. 로마서 2장을 읽을 때, 우리는 또한 청중과 대상(target) 사이의 차이를 기억해야 한다. 편지의 청중은 로마에 있는 기독교인들이지만, 2장에 나타난 대상은 믿지 않은 유대인들이다. 그러므로 우리는 바울이 그리스도를 믿은 유대인 신자들을 비판하지 않는다는 것을 알게 된다. 여기에서 우리는 아마도 바울이 그리스도의 복음을 선포할 때, 그가 유대인들에게 설교했을 전형적인 회당 설교를 발견할 수 있을 것이다.

로마서 2장은 상대방을 꾸짖는 담론의 방식인 디아트리베(diatribe)의 예이다. 수사학적인 질문들과 상대방과의 대화는 디아트리베 스타일의 특징들이다. 1:19-32에서 이방인들에 대한 혐의를 읽는 유대인들은 아주 진심으로 아멘을 외쳤을 것이다! 그러나 바울은 사무엘하 12장에서 나단이 다윗을 위해 덫을 놓았던 것처럼, 또는 아모스 1-2장에서 이방 나라들을 대항하여 맹렬히 비난함으로써 시작하지만, 유다와 이스라엘의 죄를 지적하는 것처럼, 유대인들을 놀라게 한다. 바울의 복음을 통하여 주님은 이스라엘이 죄를 회개하도록 요청하고 있다. 왜냐하면 회개하지 않은 사람들은 종말론적인 심판의 날에 하나님의 진노에 직면할 것이기 때문이다(롬 2:4-5).

바울은 하나님의 심판이 절대적으로 공정하고 공평하다는 것을 강조한다. 즉 하나님은 각 사람을 그들의 행위에 따라 심판한다는 것이다(2:6-11). 심판이 행위에 따라 이루어진다고 말하는 바울은 잠언 24:12과 시편 62:12를 언급한다. 하나님이 행위에 따라 심판한다는 개념은 구약성경의 일반적인 주제이다(욥 34:11; 시 28:4; 렘 17:10; 25:14; 32:19; 51:24; 겔 33:20). 로마서 2:7-10은 6절에 있는 핵심 진술을 더 자세히 설명하며, 마지막 심판과 영원한 생명이 달려 있음을 분명하게 한다. 유대인들이 실제로 율법을 준수하지 않는다면, 그들의 언약 특권에 의지할 수 없다는 것이다. 7절과 10절에서 바울은 또한 선행을 하고 영생을 받는 사람들에 대하여 말한다. 몇몇 해석자들은 바울이 가설적으로(hypothetically) 말한다고 주장한다. 즉, 만약 어떤 사람이 선행을 하게 된다면, 영생을 상으로 받는다는 것이다. 그러나 어느 누구도 율법을 매우 완벽하게 지킬 수 없으므로 선을 행하는 사람들의 범주는 비어 있는 셈이다. 이러한 결론은 특히 2장의 주제를 전체적으로 보고, 3:9-20에서 모든 사람이 죄인이라는 결론을 고려한다면, 확실히 가능하다. 그러나 바울이 여기에서 가설적으로 말한다는 표시가 없으므로 우리는 선행이 영생을 위해 필수적이라는 것을 어느 정도 인정해야 한다(선행으로 구원을 받는다는 의미가 아니라, 신자의 삶에서 자연스럽게 표출되는 행동을 의미함-옮긴이). 나는 이것이 이 부분에서 바울의 전체 주제와 어떻게 일치하는지 간략하게 설명할 것이다.

로마서 2:12-16은 상당히 논쟁의 여지가 있다. 그러나 이 단락의 요점은 명백한데, 율법 없이 죄를 짓는 이방인들은 이들의 죄 때문에 망하고, 율법을 가지고 죄를 짓는 유대인들 역시 심판을 받을 것이라는 점이다(2:12). 하나님의 공평은 다시 빛을 발하는데, 유대인들이 단순히 유대인들이고 언약의 구성원들이라고 해서 구원을 받지 않는다는 것이다. 율법을 듣는 것만으로 의롭게 되지 않는다. 즉, 의롭게 하는 것은 율법을 행하는 것이다(2:13). 2:14-15의 해석은 신자들을 염두하고 있는지 불신자들을 염두하고 있는지, 논쟁의 여지가 있다. 그런데도 타당한 주장들이 양쪽 편에서 제시될 수 있다. 만약 불신자들이라고 한다면, 바울은 이방인들이 외적으로 율법을 소유하고 있지 않다고 할지라도, 이들이 자연법과 양심으로 옳은 것을 알고 있다는 것을 말하는 것이다. 그러나 바울은 여기에서 율법을 가지고 있지 않은, 믿고 있는 이방인들을 생각했을 가능성이 크다. 초점은 어떤 사람이 본능적으로 율법을 행할 수 있는지가 아니라, 이방인 정체성에 있다. 기독교인들을 가리킨다고 이해하는 결정적인 주장은 15절인데, 율법의 행위는 그들의 마음에 새겨져 있고, 예레미야 31:33에 따르면, 이것은 새 언약의 결과이다. 이방인과 관련해서 주변의 여러 비난을 감지했기 때문에, 바울은 모든 이방인이 최종적인 심판에서 의롭게 된다고 주장하지 않는다고 우리는 인식할 수 있다. 즉, 이 이방인들이 새 언약의 구원하는 역사를 경험했기 때문에 구원의 백성이라고 생각하는 사람들은 정당화될 것이다(겔 36:26-27 참조). 그러나 이들이 이방인이기 때문에 무조건 구원을 받을 수 없다고 주장하는 사람들은 정죄를 받을 것이다.

로마서 2:17-24에서는 믿지 않은 유대인들의 특권과 모순이 노출된다. 유대인의 특권은 실제로 있었다. 율법을 의지하는 것이 잘못이 아니고, 엄밀하게 율법이 영혼을 소생하게 한다는 구약성경에 일치한다(시 19:7-11; 119편). 하나님을 자랑하는 것은 분명히 좋은 일이며, 유대인들이 하나님의 뜻과 길을 알았다는 것은 분명히 사실이다. 왜냐하면 이들은 율법 안에서 가르침을 받았기 때문이다. 인도자와 빛으로서 이스라엘의 역할은 하나님이 아브라함과 유대인들을 모든 사람의 복이 되도록 세웠기 때문에(창 12:1-3; 또한, 출 19:5-6; 사 42:6 참조) 구약성경의 개념과 일치한다(사 42:6-7; 49:6 참조). 유대인들이 가진 문제는 위선이다(롬 2:21-24). 이들은 자신들이 소중히 여기고 가르쳤던 율법을 위반했다. 바울은 모든 유대인이 도둑질하고 간음을 하고, 신전 물건들을 약탈했다고 말하는 것이 아니다. 그러한 혐의들은 터무니없는 것으로 여겼을 수 있다. 대신, 그는 자신의 요점을 설명하기 위해 다채로운 예들(좋은 설교자처럼!)을 사용한다. 즉, 그 유대인들은 율법 자체를 지키지 않았다는 것이다. 언급된 명령들은 신명기에서 유래하는 것이며(출 20:15, 14, 4-5;

신 5:19, 18, 89; 또한, 렘 7:9-11 참조), 도둑질과 간음, 그리고 우상숭배를 금지한다.

바울은 로마서 2:24 안에서 이사야 52:5(LXX)를 인용한다. 몇몇 학자들은 바울이 에스겔 36:20을 인용한다고 생각한다. 왜냐하면 에스겔 36장에서 하나님의 이름이 이스라엘의 죄 때문에 비방을 당하고, 반면에 이사야 본문에서는 신성 모독이 이방 나라들에 의한 압제 때문에 일어나고 이 문맥 안에서 주님이 이스라엘을 위로하고 격려하기 때문이다. 따라서 몇몇 학자들은 바울이 구약성경 본문을 오용한다고 비난하지만, 우리가 이사야 본문을 이사야서 신학의 큰 그림에 위치시킬 때, 그가 이사야 52:5를 사용한다는 것을 주장할 수 있다. 이사야 40-66장에서 사람들은 자신들의 죄 때문에 포로 생활 가운데 있다(40:2; 42:24-25; 43:22-28; 50:1). 그러므로 이방인들은 이스라엘이 포로 생활 중에 있었기 때문에(여호와의 능력을 의심하면서), 이스라엘의 하나님을 비방하였다.

로마서 2장은 언약의 표징이었던(창 17:9-14) 할례에 대한 언급으로 끝난다(2:25-29). 몇몇 유대인들은 비록 불순종한다고 해도, 할례가 하나님의 진노로부터 보호해 준다고 믿었다. 왜냐하면 할례가 언약의 표징이었기 때문이다. 바울은 이러한 이해를 거절하고, 율법을 지키지 않은 사람들은 하나님 보시기에 무할례자라고 주장한다. 다시 말해, 만약 유대인들이 불순종하면, 이들은 언약의 구성원들이 아님을 스스로 드러내는 것이었다. 반면에, 율법을 준수하는 이방인들은 비록 할례를 받지 않았다고 해도, 언약 구성원들로서 할례를 받은 사람으로 여기게 될 것이다.

로마서 2:28-29는 바울이 가설적 상황에서(hypothetical) 이방인들의 순종을 말하지 않고, 실제 상황에서 이들의 순종을 나타낸다는 것을 분명히 한다. 28절에 "무릇"(for)이라는 표현은 28-29절을 26-27절에 연결해야 함을 나타낸다. 이 주장은 다음과 같은데, 이방인들이 비록 할례를 받지 않았다고 해도, 율법을 지킨다는 것이다. 왜냐하면 이들은 영적인 유대인들이며, 성령의 역사로 말미암아 참으로 할례를 받았기 때문이다. 언약의 표징들과 언약의 특권을 신뢰하는 민족적 유대인들은 스스로 속기 쉬운데, 진정한 유대인이 된다는 것과 진정한 할례는 단순히 외관상의 문제들이 아니기 때문이다. 오히려, 율법을 지키는 이방인들이 인종적으로, 외적으로 유대인이 아니라고 할지라도, 진정한 유대인들이다. 바로 여기에서 복음의 비밀이 드러나는데, 이방인들은 유대인들과 함께 하나님 백성의 동등한 지체들이라는 것이다. 즉, 이방인들은 회복된 이스라엘의 일부에 해당한다.

바울은 하나님의 명령을 지키는 자들인 이방인들이 어떻게 하나님의 백성에 속해 있다고 말할 수 있는가? 혹시 이것은 어느 사람이라도 율법의 행위로 의롭게 되지 않는다고 주장하는 주제와 모순되지 않는가? 여기에서 이방인들의 순종은 실제적이며, 29절은 이 지점에서 결정적이다. 마음의 할례는 신명기 30:6의 약속을 성취하는데, 신명기의 문맥에서 이 마음의 할례는 포로 생활 이후에 일어날 것임을 드러낸다. 따라서 모세는 종말론적으로 마음의 할례를 고대했다. 이 요구는 주님께서 자신의 성령으로 마음에 자신의 율법을 기록한다는 새 언약 안에서 충족된다(렘 31:33; 겔 36:26-27). 그러므로 이방인의 순종은 하나님과의 관계의 기초가 아니라(왜냐하면 그 기초는 그리스도의 죽음과 부활이기 때문이다), 성령 안에서 새 생명의 결과이다. 어느 누구도 하나님 앞에서 율법을 순종함으로 의롭게 되지 않는다. 바울은 이방인의 순종이 의롭게 되는 근거라고 주장하지 않는다. 왜냐하면 비록 이방인들의 순종에 대해서 말한다고 할지라도, 그리고 비록 이들의 삶이 변화되었다고 할지라도, 이들의 순종은 여전히 불완전하기 때문이다.

이제 마지막 질문에 답해야 한다. 왜 바울은 로마서 2장에서 이방인의 순종에 대하여 논증하는가? 이방인의 순종, 즉 언약 구성원이 되도록 하는 이 순종 부분이 모든 사람은 죄인이고 의롭게 되어야 한다고 주장하는 논증의 중간에 삽입되어 있으므로, 헷갈리는 것처럼 보인다. 이에 대한 대답은 유대인들이 회개하고 그리스도를 믿도록 동기를 부여하기 위하여, 이방인들이 하나님의 백성으로 포함된다는 것을 바울은 강조하고 있다는 것이다.

그는 여기에서 로마서 10:19와 11:11, 14에 나오는 질투의 주제를 살짝 드러내고 있는데, 이 구절들(10:19; 11:11, 14) 안에서 그는 이방인들이 하나님의 백성으로 포함되는 것이 이스라엘로 하여금 그리스도에게 돌아오도록 할 것이라고 가르친다.

모든 사람들은 죄인이다(3:1-20)

로마서 3:1-8은 해석하기 어려운 본문 중 하나이다. 왜냐하면 바울이 몇 가지 주제를 이 구절들 안에서 다루지만, 이것들을 자세하게 설명하지 않기 때문이며, 이후에도 다루어지지 않은 주제들이 있을 것이다. 바울은 3장을 시작하면서 독자들을 놀라게 한다. 그는 이방인 신자들이 진정으로 할례를 받았으며 진정으로 유대인이라는 사실을 확고히 함으로써 2장을 마치고 인종적으로 유대인들이 육체적으로 할례를 받았다고 해도, 그 유익이 무엇인지 질문함으로써 3장을 시작한다. 우리는 바울이 "전혀 없다"라고 반응할 것으로 기대할 수 있는데, 오히려 그는 "범사에 많다"(3:2)라고 말한다. 유대인들은 하나님의 구원하는 약속들을 소유하는 이점을 가지고 있다. 하나님은 유대인들이 신실하지 않다고 할지라도, 자신의 구원하는 약속들에 대하여 계속 신실할 것이다.

하나님의 불변성은 심판에서도 나타난다. 4절에서 바울은 시편 51:4를 인용하는데, 이 구절은 하나님을 "말씀에 의롭다 함을 얻으시고 판단 받으실 때에 이기려 하는 분"으로서 진술한다(롬 3:4). 시편 51편은 다윗이 밧세바와 간음하고 우리아를 죽인 이후 자신의 죄를 고백하는 내용을 담고 있다. 4절에서 그는 자신을 심판하시는 하나님의 공의를 고백한다. 바울도 같은 점을 지적하는데, 비록 하나님이 이스라엘을 구원하기로 약속하였다고 할지라도, 백성들이 죄를 지을 때 그가 이들을 벌하시는 것도 공의롭다는 것이다. 만약 하나님이 자신의 백성이 죄를 지었을 때, 심판하기를 거절한다면, 그는 어느 누구도 심판할 수 없고 세상을 심판할 수 없을 것이다. 여기에는 어떠한 정의가 있지 않을 것이다. 바울은 공의가 없는 하나님을 도저히 상상할 수 없는데, 그의 유대인 대적자들에게도 마찬가지였을 것이다! 이 대적자들은 모든 사람이 구원받을 것이라고 주장하는 오늘날의 사람들과 같지 않았다. 악을 행해야만 하나님의 은혜를 극대화한다고 바울 자신이 가르친다는 비난이 있었는데, 그는 이에 대하여 논박한다. 왜냐하면 그러한 견해는 완전히 바울 자신의 견해를 왜곡하기 때문인데, 그는 이 문제를 6장에서 다시 다룬다.

로마서 3:9-20에는 1:18-3:8의 결론이 주어지는데, 모든 사람은 죄인이고 하나님의 구원하는 의가 필요하다는 것이다. 우리는 계속해서 바울의 명확한 주장을 계속해서 마주하게 된다. 9절에서 그는 유대인들이 더 나은 무언가를 갖는지 질문하는데, 우리는 이들이 하나님의 구원하는 약속들을 받은 자들이기 때문에 "그렇다"라는 긍정적인 대답을 할 것이라고 3:1-4에서 기대했을 수 있다. 그러나 그는 그러한 결론을 단호하게 거절한다. 대신에 유대인들과 이방인들 모두 죄의 세력 아래 있다는 것을 진술한다. 10-18절은 구약성경의 다양한 본문들을 인용함으로써, 모든 사람이 죄의 지배 아래 있다는 것을 확인한다. 10-12절에서 바울은 시편 14:1-3을 인용하는데, 아마도 그는 전도서 7:20도 인용하는 것 같다. 로마서 3:13은 시편 5:9와 140:3에서 온 인용들을 포함하며, 로마서 3:14는 시편 10:7을 변형한 것 같다. 로마서 3:15-17은 이사야 59:7-8을 요약하여 변형한다. 마지막으로 18절은 시편 36:1을 인용한다.

구약성경에서 온 인용 구절들의 구조는 분명하다. 로마서 3:10-12는 죄의 보편성을 묘사하는데, 세상에는 의로운 사람이 없다는 것이다. 어느 사람도 하나님을 찾지 않고, 모든 사람은 부패하였으며, 선하고 옳은 것을 행하지 않는다는 것이다. 13-14절은 말과 관련된 죄에 초점을 맞춘다. 인간의 중심에 있는 부패는 독설 안에서 드러난다. 15-17절은 말에서 행동으로 한 걸음 더 나아가는데, 살인과 불행, 그리고 파멸은 인류 역사에서 너무나 흔한 이야기이다. 18절은 10-17절에 묘사된 죄의 근본 원인과 근거로서 기능하지만, 그러나 또한 죄의 뿌리가 하나님을 올바로 생각하지 못하게 하고 하나님을 경외하는 것을 거부하는 것임을 독자들에게 상기시키는 10-12절과 인클루지오(inclusio)를 형성한다. 구약 본문들의 원래 문맥은 의인들과 악인을 구별하였는데, 이 본문은 이제 스스로 의롭다고 믿었던 유대인들과 이방인들에게 적용된다. 의인과 악인 사이의 구별을 제거함으로써, 바울은 언약 안에 있으면 보호받는다는 유대인의 개념을 뒤집는다. 유대인들의 죄는 이들을 이방인과 같은 위치에 놓는데, 하나님 앞에서 죄인이라는 것이다.

19-20절은 지금까지의 논증을 결론짓고 요약한다. 율법은 율법의 영역 안에 있는 사람들, 즉 유대인들에게 말한다. 만약 언약 백성이 율법을 지키지 않았고 지킬 수 없었다면, 어느 누구도 그것을 준수할 수 없다는 것이다. 전 세계는 하나님 앞에서 침묵하며, 모든 사람이 그분 앞에서 죄를 짓는다. 어느 사람도 "율법의 행위로" 의롭게 되지 않는다. 왜냐하면 율법은 인간의 죄들을 드러내기 때문이다.

1970년대 후반 이후 영향력을 끼쳐온 바울에 관한 새 관점(new perspective on Paul)에 의하면, 율법의 행위들은 유대인들과 이방인들을 구분하는 할례와 음식법, 그리고 안식일과 같은 경계표지들이라고 주장한다. 이 새 관점은 유대인과 이방인 문제가 바울의 사상 안에 중요한 역할을 한다는 것을 옳게 이해하도록 한다. 그러나 바울이 의롭게 되는 것이 율법의 행위들에 의해서가 아니라고 말할 때, 그는 그러한 경계표지들이 아니라, 율법 전체에 집중한다. 로마서 2-3장에서 바울은 유대인들이 이방인들을 배제하려는 것에 대하여 비난하지 않는다. 대신에, 그는 이 유대인들이 죄를 지으면서도 회개하지 않고(2:1-5), 율법을 준수하지 않고(2:17-24), 생각으로, 말로, 행동으로 죄를 짓는 것(3:9-18)에 대하여 비난한다. 의롭게 되는 것은 율법의 행위들을 통하여 얻을 수 없다. 왜냐하면 모든 사람은 예외 없이, 율법이 명령하는 모든 것을 행하지 않기 때문이다.

믿음으로 말미암는 하나님의 구원하는 의(3:21-4:25)

그러나 지금!(3:21-26)

"그러나 지금"이라는 표현은 구속 역사 안에서 극적인 변화를 나타낸다. "율법 외에" 즉 시내산 언약과 율법의 행위는 별도로 하고, 새 시대는 예수 그리스도의 오심으로 시작되었다. 이제 하나님의 구원하는 의가 나타났다. 비록 이 구원하는 의가 율법의 언약과는 별개이지만, 이것은 구약성경이 예언했던 것과 일치한다는 점에서 구약성경을 성취한다. 로마서 3:22는 하나님의 구원하는 의가 예수 그리스도를 믿는 자들에게 주어진다는 것을 보여준다. 바울은 특히 선물의 보편성을 강조하는데, 이 선물은 믿는 모든 자를 위한 것이며, 하나님께서는 유대인들과 이방인들 사이에 어떠한 차이도 만들지 않는다.

몇몇 해석자들은 3:22에 나타난 "예수 그리스도를 믿음"이라는 표현 대신에 "예수 그리스도의 신실함"으로 해석되어야 한다고 주장한다. 이러한 읽기는 확실히 가능하지만, 다음의 이유들 때문에 가장 적합한 번역이 아니다. 몇몇 학자들은 같은 한 구절에서 "예수 그리스도를 믿음"과 믿는 것에 대하여 말하는 것이 불필요한 것으로 생각하지만, 이러한 현상은 단순히 중복을 넘어 강조로 이해해야 한다! 바울은 믿는다는 개념을 두 번 반복한다. 왜냐하면 의가 이루어내는 것 대신 믿음으로, 행하는 것 대신에 의존함으로, 시도하는 것 대신에 의지함으로 얻어진다는 것을 알아야 하기 때문이다. 바울은 종종 인간의 성취와 순종을 강조하는 제2성전 유대교와 대조를 이룬다. 게다가, 3:22에 있는 두 표현은 정확하게 동의어가 아니다. 첫 번째에서 강조는 믿음의 대상으로서 "예수 그리스도를 믿음"에 있다. 두 번째 경우에서 초점은 첫 번째 표현에 빠져 있는 사상인, "모든 믿는 자"에 있다.

의롭게 되는 것(하나님과 바른 관계, 3:24)은 값 없이 이루어지는데, 이것은 하나님의 은혜의 결과이다. 이것은 인간에게는 무료이지만, 디트리히 본회

퍼(Dietrich Bonhoeffer)가 말했던 것처럼, 이것은 하나님의 아들의 죽음에서 왔기 때문에, 값비싼 은혜이다. 하나님이 의롭게 하는 역사는 하나님의 백성을 위한 속량('아폴리트로시스'[*apolytrōsis*])을 구성한다. 속량이라는 언어는 출애굽 언어이며, 이스라엘이 애굽에서 구출되었다는 것을 일깨워준다(예를 들어, 신 7:8; 9:26; 15:15; 24:18). 애굽에서 첫 번째 출애굽은 두 번째 출애굽, 즉 바벨론 포로의 상태로부터 얻은 자유의 패턴이자 약속이 되었다(사 41:14; 43:1, 14; 44:22-24; 51:11; 52:3; 62:12; 63:9). 이 첫 번째와 두 번째 출애굽은 그리스도에 의해 성취된 위대한 구원을 가리킨다.

우리 앞에 있는 3:21-26은 너무 중요하다. 왜냐하면 이 단락은 그리스도의 죽음을 나타내는 의와 구속, 그리고 "화목제물"과 같은 중요한 단어들을 가지고 있기 때문이다. "화목제물"('힐라스테리온'[*hilastērion*], 롬 3:25)로 번역되는 단어의 의미는 많은 논쟁을 불러일으킨다. 바울은 여기에서 실제로 "속죄소"(mercy seat)나 "속죄를 위한 장소"를 염두에 두고 있는 것 같다. 몇몇 학자들은 이 단어가 "속죄"(expiation)로 번역되어야 함을 주장하고(RSV), 다른 학자들은 "화목"(propitiation)을 옹호하기도 한다(NASB, ESV). "속죄"라는 단어는 죄가 그리스도의 죽음에 의해 지워진다는 것을 의미한다. 속죄의 의미를 지지하는 학자들은 화목이라는 개념에서, 혹시 나쁜 성질을 달래야 하는 그리스인(Greek)들의 이방 신들처럼 피에 목마르고 복수심에 불타는 독단적인 하나님의 모습을 드러내는 것은 아닌지, 이로 인해 이교 사상을 받아들이는 것은 아닌지 걱정한다. 실제로 기독교 안에서 화목이라는 개념은 하나님의 진노가 그리스도의 죽음에 의해 만족된다는 의미를 포함하기 때문이다. 이러한 염려는 유익한데, 우리가 성경적 증거에 부합하지 않는 하나님의 진노에 대한 불쾌한 개념들을 피하도록 도움을 주기 때문이다. 비록 이 단어가 속죄소를 가리킨다고 할지라도, 우리는 여전히 전체 문맥을 고려했을 때, 화목에 대한 의미를 포함하고 있음을 인정해야 한다. 1:18이 보여주는 것처럼, 하나님은 자신의 진노를 죄인들 위에 쏟아부음으로써, 이들을 심판한다. 그의 의로운 심판은 그의 진노로 묘사되지만(2:5; 3:5-6), 이러한 진노는 그리스 신들의 분노가 아니라 인간의 죄에 반대하는, 거룩하고 의로우며 공정한 반응이다. 하나님의 진노는 원시적이거나, 독단적이거나, 변덕스러운 것이 아니라, 인간의 죄에 대해 거룩하고 의로운 반응이다.

예수가 화난 하나님을 설득하여 그의 화를 가라앉혔다고 말하는 것은 여기에서 진술되는 것을 크게 왜곡하는 것이다. 왜냐하면 하나님은 자신의 위대한 사랑 때문에(5:6-10 참조), 자신의 진노를 내려놓기 위해 예수를 세웠다. 실제로 우리는 속죄와 화해를 서로 대립하는 것처럼 배치해서는 안 된다. 왜냐하면 두 개념 모두 존재하기 때문이다. 하나님은 죄를 사하시고 용서하였으며, 그는 자신의 진노를 예수의 희생을 근거로 가라앉히고 만족시키셨다. 여기에서 발견되는 속죄 신학의 배경은 구약성경의 많은 요소를 가지고 있다. 레위기 17:11과 이사야 53장에서와 같이, 레위기 16장에 나타난 큰 속죄일은 거의 확실히 드러난다. 이 모든 본문은 속죄가 희생을 통하여, 피 흘림을 통하여 온다는 것을 보여주며, 이 본문들은 대속의 희생으로서 주님의 종의 속건제물을 표현하는 이사야 53장 안에서 절정에 달한다(53:10).

'힐라스테리온'(*hilastērion*, 화목제물)이라는 단어는 "속죄소"로 번역되는 것이 맞다. 왜냐하면 마치 레위기 16장에서 언약궤의 덮개가 속죄가 이루어진 장소인 것처럼, 예수 역시 속죄소이기 때문이다. 새 시대에서 하나님께서는 이제 예수 그리스도 안에서 그리고 예수 그리스도를 통하여 자신의 백성 안에 거하신다. 예수가 결정적이고 최종적인 희생이었기 때문에, 구약성경의 희생들은 더 이상 필요하지 않다. 왜냐하면 이 희생들은 예수의 희생 안에서 성취되었기 때문이다. 이러한 희생들은 예수 그리스도 안에서 성취된 용서를 예표했다.

이제 우리는 "의"라는 단어가 로마서 3:25-26에서 무엇을 의미하는지 질문해야 한다. 몇몇 학자들은 이 "의"는 3:21-22에서처럼 "구원하는 의"를 의미한다고 주장한다. 그러나 이 문맥은 "심판하는 의" 즉 하나님의 거룩함과 공의에 따른 심판을 의미한다는 것을 지지한다. 하나님은 자신의 진노를 달래고 죄를 없이 하기 위하여, 예수를 속죄 제물과 속죄소로 세우셨다(25절). 이 구절들을 해석하는 열쇠는 "간과하다"('파레시스'[*paresis*])로 번역되는 단어이다. 이 단어는 결코 "용서"를 의미하지 않고, 죄를 간과하는 하나님을 의미한다. 예수가 죽기 이전에 하나님이 죄를 간과하는 행위는 하나님 자신의 공의에 의문을 제기했지만, 예수의 죽음은 하나님 자신의 의를 입증한다. 왜냐하면 죄는 그리스도 안에서 응징되었기 때문이다. 바울은 하나님이 과거에 죄를 벌하였다는 것을 부인하지 않는데, 그의 요점은 죄가 마땅히 받아야 하는 완전한 처벌을 받지 못했다는 것에 있다. 하나님은 자신의 호의 안에서 사람들이 회개하고 이들 자신의 죄로부터 돌아서는 기회를 제공하였다. 그러므로, 그리스도의 십자가 안에서 그리스도의 구원하는 의와 심판하는 의는 만나고, 그의 사랑과 공의는 모이고, 그의 긍휼과 거룩함이 함께 온다.

아브라함과 그의 자녀들(3:27–4:25)

로마서 3장을 마치면서, 바울은 세 가지 날카로운 요점을 만든다. 첫째, 인간은 의롭게 되는 것이 율법의 행위가 아니라 오직 믿음으로만 말미암기 때문에 하나님과 바른 관계에 대하여 자랑할 수 없다. 둘째, 유대인의 쉐마(Shema)에서 찬양되는 것처럼(신 6:4), 하나님의 유일성(oneness)은 의롭게 되는 것에 대한 중요한 의미가 있다. 하나님은 오직 한 분이기 때문에, 구원의 방법이 유대인들과 이방인들에게 똑같이 적용되며, 이 방법은 율법의 행위가 아닌 믿음으로 되는 것이다. 바울은 아마도 하나님의 유일성을 확증하는 스가랴 14:9를 언급할 수 있다. 왜냐하면 스가랴는 주님이 "천하의 왕이 될" 때를 예상하며, 복음이 유대인들과 이방인들에게 갈 때 스가랴의 종말론적인 약속은 성취되고 있기 때문이다. 셋째, 의롭게 되는 것이 율법의 행위에 의해서가 아니라고 말하는 것은 율법은 신자들의 삶에서 어떤 역할을 갖지 않는다는 결론으로 이끌지 않는다. 율법은 여전히 도덕적인 규범으로 기능하며, '왜 이렇게 기능하는지'에 대해서는 나중에 설명될 것이다.

로마서 4장에서 바울은 아브라함의 삶에 호소함으로써, 믿음으로 말미암아 의롭게 되는 것에 대하여 근거 있게 설명한다. 아브라함은 유대 민족의 아버지로서 근간을 이루는 역할을 하며, 제2성전 시대에서 유대인들은 아브라함의 순종에 초점을 맞추었다(1 Macc. 2:52; Sir. 44:19-21; 또한, Jub. 16.28; 24.10-11; 2 Bar. 57.1-2 참조). 그러나 아브라함에 관한 바울의 관점은 근본적으로 다른 것으로 나타난다(롬 4:1-5). 만약 아브라함이 실제로 행하므로 의롭게 되었다면, 만약 그가 정말로 하나님이 요구하는 것을 행했다면, 그는 하나님 앞에서 자랑할 수 있었을 것이다. 바울은 의롭게 되는 것을 누군가를 위해 일하는 것에 비유하는데, 만약 누군가가 요구된 일을 행하면, 이 사람들은 보수를 받을 자격이 있다는 것이다. 그러나 아브라함은 하나님이 요구한 일들을 행하지 않았다! 어쩌면 유대인의 귀에 충격적으로 들렸을 수도 있는데, 아브라함은 애초에 신앙이 없었다. 아브라함의 이교도 배경은 여호수아 24:2에서 입증되는데, 이 구절에서 우리는 아브라함과 그의 조상들이 "다른 신들을 섬겼다"라고 듣는다. 그러므로 아브라함은 순종함이 아니라 신뢰함으로, 무언가를 이루었기 때문이 아니라 믿음으로 하나님 앞에서 바르게 섰다. 하나님은 자신을 믿는 사람, 비록 이 사람이 경건하지 않다고 할지라도, 이 사람을 의롭게 하신다. 바울에게 중요한 구절은 창세기 15:6인데, 이 구절에서 "아브라함이 하나님을 믿으매 그것이 그에게 의로 여겨진 바 되었다"(롬 4:3)라고 우리는 듣는다. 창세기 15장에서 아브라함은 하나님께서 후사를 주지 않은 것에 대하여 슬퍼하였고, 이제 후사는 자기 종 엘리에셀이 될 것이라고 결론을 내렸다. 주님은 아브라함에게 밖에 나가서 무수한 별이 있는 밤하늘을 바라보도록 말했고, 그의 자손은 셀 수 없는 별과 같이 많을 것이라고 그에게 약속하였다. 아브라함은 이 놀라운 약속을 믿었고, 하나님 앞에서 의롭다고 여겨졌다.

다윗은 두 번째 증인으로서, 행위가 아니라 믿음으로 의롭게 되는 것에 대하여 설명하는 로마서 4:6-8에서 소개된다. 시편 32:1-2는 이 상황을 지지하기 위하여 인용된다. 다윗은 자신의 행위에 기초로 해서 하나님 앞에서 바르게 서지 않았다. 왜냐하면 그는 밧세바와 간음하였고 우리아를 죽임으로써 심각한 죄를 지었기 때문이다. 그러나 다윗은 비록 범법자임에도 불구하고 용서의 복을 받았다. 믿음으로 의롭게 되는 것은 신약성경에만 국한되지 않는데, 이것은 구약성경, 즉 창 15:6과 시편 32:1-2에서도 가르쳐진다. 아브라함과 다윗 모두, 행위가 아니라 믿음으로 의롭게 되었다는 것이다.

로마서 4:9-12에서 바울은 의롭게 되는 것이 유대인의 경계 안에 있는 사람들에게만 속하는지, 또한 아브라함이 의롭게 된 것이 그의 할례 때문인지에 대하여 질문한다. 비록 의로 여겨지는 그 믿음이 할례자에게만 국한되는지 바울이 질문한다고 할지라도, 창세기 15:6은 믿음으로 의롭게 된다는 사실을 보여주는 논의에서 중요한 역할을 계속해서 한다. 여기에서 바울은 창세기에 나타난 사건의 순서에 호소한다. 왜냐하면 창세기 15장(아브라함의 믿음이 의로 여겨짐)은 창세기 17장(아브라함이 할례를 받음)보다 앞서기 때문이다. 아브라함의 믿음은 할례 이전에 의로 여겨졌고, 할례는 의로 여겨지는 것에 필수적인 요소가 아니었는데, 이런 의미에서 이 할례는 믿음으로 말미암는 의의 표시였다. 그러므로 아브라함은 유대인 신자들과 이방인 신자들의 아버지이다.

로마서 4:13-16에서 바울은 아브라함과 그의 자손에게 약속된 기업, 즉 아브라함이 "세상의 상속자가 될" 것이라는 약속(4:13)을 고려한다. 아브라함이 세상의 상속자가 될 것이라는 개념은 놀라운 것인데, 하나님이 아브라함에게 자손을 가지며(창 12:2; 13:16; 15:5; 17:4-6, 16-20; 18:18; 22:17), 가나안 땅을 기업으로 받고(12:7; 13:14-17; 15:7, 18-21; 17:8), 모든 민족은 그를 통하여 복을 받을 것이라고(12:3; 18:18; 22:18) 약속하였기 때문이다. 만약 우리가 전 세계적인 복과 땅을 함께 취함으로써 이 약속의 세 요소를 합친다면, 이 축복이 온 세상으로 확장되고, 아브라함에게 주어진 약속이 확장되는 것처럼, 이 축복은 정확하게 구약성경에서 일어난 것이 된다. 그러므로 우리가 다윗에게 이를 때, 온 땅은 왕의 통치 아래 있을 것이며(시 2:8), 메시아 왕은 "바다에서부터 바다까지와 강에서부터 땅 끝까지" 다스릴 것임을 확인하게 된다(72:8). "지면"은 이스라엘의 결실로 채울 것이며(사 27:6), 그 통치는 전 세계적일 것이다(사 54:2-3).

아브라함이 세상을 유업으로 받은 것은 그의 순종으로 된 것이 아니라, 그의 믿음으로 말미암아 주어졌다. 만약 그 유업이 율법으로 얻었다면, 믿음은 하나님과 우리의 관계 안에서 결정적인 역할을 하지 못하는 것이고, 초점은 더 이상 하나님이 주겠다고 약속한 것에 있지 않고, 얻고자 하는 인간의 노력에 있게 된다. 확실히, 율법은 새 창조의 약속을 얻는 길이 될 수 없는데, 율법은 복이 아니라, 오직 진노를 가져오기 때문이다. 율법은 인간이 무엇을 하도록 부름을 받았는지 구체적으로 설명한다. 인간은 죄를 범하기 때문에, 하나님의 진노는 인간의 죄의 결과이다. 믿음으로 약속을 받는 것은 하나님의 은혜와 일치하는데, 유업이 인간의 성취를 통하여 얻어지는 것이 아니라 하나님의 긍휼을 믿는 자들에게 베풀어지기 때문이다.

로마서 4장에서 중심 주제 중 하나는 아브라함이 믿는 유대인들과 믿는 이방인들의 아버지라는 것이다. 4:17-25는 아브라함의 믿음의 본질을 설명하는데, 오직 믿음만이 구원한다는 것이다. 그러나 구원하는 믿음의 본질은 무엇인가? 아브라함은 죽음이 있는 곳에 생명을 줄 수 있는 하나님을 믿었는데, 창조주 하나님은 존재하지 않았던 것을 존재하게 할 수 있었다. 아브라함의 믿음은 믿음 그 자체에 있는 것이 아니라, 그가 많은 민족의 조상이 될 것이라는 약속 안에(창 15:5) 있었다. 믿음은 단순히 소원 성취에 대한 순진한 마음과 무관하지 않은데, 아브라함은 자기 자신과 사라가 그 약속이 성취되기에는 너무 늙었다는 것을 인정했고 이들은 그 약속을 성취할 능력을 갖추지 못했다.

우리는 구약성경의 내러티브를 읽을 때, 아브라함이 흔들리고 주저한 것처럼 보이기 때문에, 그가 "불신앙으로 흔들리지" 않았다는 것을 읽고 놀라게 된다. 바울은 아브라함이 흔들리지 않았다는 것을 말할 때, 이 아브라함이 결코 의심을 안 했다는 것을 의미하지 않는다. 그의 목적은 아브라함의 믿음이 모든 장애물이 있음에도 견뎠다는 것을 강조하는 것이다. 이 아브라함은 "약속하신 그것을 또한 능히 이루실 줄을 확신하였다"(롬 4:21). 믿음은 "하나님께 영광을" 돌린다(4:20). 왜냐하면 하나님이 신실하고 신뢰할 수 있는 분임을 인정하면서, 그분이 자신의 약속을 성취할 것을 신뢰하기 때문이다(창 15:6). 아브라함의 믿음은 모든 사람을 위한 전형적인 예(paradigm)이다(롬 4:23-25). 왜냐하면 신자들 역시 죽은 자에게 생명을 주는 하나님을, 죽은 자로부터 예수를 일으키신 하나님을 믿기 때문이다. 예수가 죽은 자로부터 일어났을 때, 이 예수는 하나님에 의해 의롭다 하심을 받았다고 선언되었다(딤전 3:16). 마찬가지로, 믿는 자들이 예수의 죽음을 통하여 자신들의 죄에 대하여 용서함을 받고(사 53:12), 그의 부활로 말미암아 하나님 앞에서 의롭다 함을 받게 된다. 그의 부활은 믿는 자들의 칭의를 확증하고 확고히 한다.

의롭게 된 자들을 위한 흔들리지 않은 소망(5:1-8:39)

로마서의 1-4장에서 우리는 하나님이 예수 그리스도의 죽음과 부활을 통하여 구원의 약속들을 성취하였다는 것을 보게 된다. 예수를 믿는 자는 하나님 앞에서 의롭게 된다. 몇몇 학자들은 1-5장을 하나의 흐름으로 이해해야 한다고 생각하지만, 1-4장과 5-8장을 구분하는 것이 더 설득적이다. 이에 대한 근본적인 이유는 주제와 관련되는데, 5-8장에서 바울은 의롭게 된 자들의 소망을 강조한다.

칭의의 복(5:1–11)

1-4장에서 믿음으로 말미암은 의가 특징적인데, 인간은 (모든 죄 때문에) 순종으로 하나님 앞에서 의롭게 설 수 없고, 오직 예수 그리스도를 믿는 믿음으로 설 수 있다는 것을 보여준다. 바울은 칭의를 통해 얻게 되는 것을 다루려고 하는데, 하나님과의 화평으로 시작한다. 마치 옛 언약에서 성전을 통하여 하나님에게 나아갔던 것처럼, 신자들 역시 하나님에게 나아갈 수 있게 되었다. 믿음으로 하나님에게 나아갈 수 있는 사람들은 하나님 앞에서 은혜 안에 서게 된다. 또한 신자들의 소망은 안전한 상태이다. 왜냐하면 이들은 하나님께서 마지막 날에 믿는 자들에게 베풀 영광을 의미하는 "하나님의 영광"을 온전히 신뢰하기 때문이다(5:2).

놀랍게도, 신자들은 또한 삶의 압력을 경험할 때 소망으로 가득하며, 이들은 이러한 압력을 오히려 기뻐한다(5:3-4). 우리는 베드로전서 1:6-7과 야고보서 1:2-4에서 비슷한 가르침을 발견하게 된다. 이러한 기쁨은 삶의 고투가 즐겁기 때문이 아니라, 고난이 신자들의 삶에서 긍정적인 결과들을 이루기 때문이다. 결과적으로, 환난이 소망을 가져온다. 소망이 생기는 이유는 신자들이 하나님의 은혜로 변화되는 자신들을 보기 때문이다. 이 소망은 마지막 날에 부끄러움을 가져오지 않을 것이다. 왜냐하면 지금도 하나님의 사랑은 성령을 통하여 신자들의 마음에 부어지기 때문이다(욜 2:28-29).

로마서 5:6-11은 하나님의 사랑이 인간을 위하여 생명을 버리신 그리스도의 십자가에 깊이 결부되어 있다는 점에서, 하나님의 사랑에 대한 객관적인 증거를 제공한다. 그리스도는 도덕적으로 연약하고 무력한 자들을 위하여, 경건하지 않은 자들과 죄인들, 그리고 원수들을 위하여 죽으셨다. 그리스도의 사랑은 인간의 헌신과 대조된다. 왜냐하면 인간은 의로운 사람이나 은인을 위하여 죽을 수도 있기 때문이다. 고대 세계에서 알케스티스(Alcestis)가 자신의 남편 아드메토스(Admetus)를 위해 죽었다는 이야기가 유명했고, 그 당시 여러 사람도 친구들이나 가족 구성원들을 위해 죽었다. 그러나 그리스도의 사랑은 자신을 미워했던 사람들을 위해 죽었기 때문에 근본적으로 다르게 나타난다.

그리스도의 죽음은 보증과 확신, 그리고 소망을 위한 기초이다(5:9-10). 예수가 자기 피를 통하여 신자들을 의롭게 하면서 가장 위대한 일을 행했기 때문에, 이 신자들은 마지막 날에 진노로부터 구원을 확신할 수 있다. 이와 비슷한 논증이 화해에 관하여서도 만들어진다. 신자들은 이제 하나님의 아들을 통하여 하나님과 화목하게 되기 때문에, 이들은 그 아들의 부활 생명으로 마지막 날에 구원을 확증할 것이다. 신자들이 누리는 칭의와 화목은 미래에 대한 확고한 소망을 준다. 신자들이 그리스도 안에 있는 하나님의 놀라운 사랑을 생각할 때, 이들은 그리스도를 통하여 하나님 안에서 기쁨으로 가득하며, 즐거워하게 된다(5:11).

아담과 그리스도(5:12-21)

바울 안에서 가장 강력하고 논쟁적인 본문 중 하나는 아담과 그리스도에 대한 논의이다. 바울이 아담을 역사적인 인물로 믿었다는 것에는 의심의 여지가 없으며, 이것은 기독교 신학에 아주 중요하다. 죄는 인간에게 내재 되어 있었던 것이 아닌데, 아담과 하와가 창조되었을 때 선했기 때문이다. 만약 인류가 시작될 때 많은 사람이 있었다고 가정한다면, 죄가 세상에 어떻게 들어오게 되었을까? 아담이 타락했던 것처럼, 이들 모두가 타락했다고 말하기 어려운 것처럼 보일 것이다. 어쩌면, 우리는 인간이 애초에 죄인으로 창조되었다는 골치 아픈 개념에까지 이를 수 있을 것이다. 만약 그렇다면, 죄는 하나님의 잘못에서 기인한 것이고, 하나님의 선은 의심될 수 있을 것이다.

아담은 세상에 죄와 사망, 그리고 정죄를 가져왔다. 세상 안에 모든 황폐함, 모든 비참함, 모든 고통과 두려움은 아담의 죄에 그 뿌리를 두고 있다. 죄와 사망은 인간을 위협하고 정복하는 강력한 두 세력으로서 나타난다. 역사를 읽어본 사람은 세상 안에 문제가 엄청나게 많다는 것을 알게 된다. 왜 이 세상은 이럴까? 왜 그렇게 많은 황폐함, 미움, 잔인함, 그리고 절망이 있는가? 그 근본 원인은 삶에서 하나님이 주인 되심을 거절한 아담의 죄이다. 일단 우리가 아담의 죄를 보게 된다면, 우리는 쉽게 소망을 잃게 될 것이다. 5:12-21에서 바울의 논증은 그리스도가 아담의 죄의 권세를 극복했다는 것이다. 죄와 사망이 이전에 지배했던 곳에 은혜와 생명이 통치한다. 그리스도는 아담의 죄를 단순히 파기하지 않았다. 신자들이 그리스도를 통하여 현재의 이 악한 시대에서도 영생을 누리고 있는데, 이 영생은 아담이 결코 누려본 적이 없는 영생을 누린다는 점에서 오히려 그 죄를 능가하였다. 아담과 그리스도에 대한 논의는 소망을 준다. 왜냐하면 우리는 아무리 강력한 악도 그리스도 안에 있는 하나님의 은혜의 능력을 막을 수 없다는 것을 알기 때문이다. 사망이 지배했던 그곳에서 생명이 번성한다!

이 단락 안에서 몇 가지 세부 사항이 고려될 것이다. 로마서 5:12-14에서 바울은 죄와 사망이 한 사람, 즉 아담을 통하여 세상에 들어왔다는 것을 선언한다. 아담의 죄는 오직 그에게만 영향을 준 것이 아니었고, 그 이후 모든 인간에게 영향을 미쳤다. 우리는 창세기 5장에 나오는 족보 안에 나타난 죽음에 대하여 생각하는데, 이 5장에서 우리는 반복해서 "그는 죽었더라"라는 표현을 발견한다. 어거스틴(Augustine)은 로마서 5:12가 모든 사람이 아담 안에서 죄를 지었음을 가르친다고 믿었는데, 그는 이 구절에 나타난 '에프 호'(*eph hō*)를 "누구 안에서"("in whom," 그는 라틴어를 그대로 읽음)라고 이해했기 때문인데, 이 구는 "왜냐하면"으로 번역되어야 하며, 이러한 번역이 이 헬라어 구에 대한 가장 가능성 있는 의미일 것이다. 바울은 5:12에서 모든 사람이 죽는다는 것을 언급하는데, 이들 각자 죄를 지었기 때문이다. 그럼에도, 각자가 죄를 지어서 죽는다는 이 개념은 펠라기안(Pelagian)의 결론으로 이끌지 않는다(모든 사람은 세상에 중립적이고 선을 선택할 수 있는 능력을 소유하고 태어났다는 개념). 12절의 앞부분에서 바울은 이미 아담이 죄와 사망을 세상에 가져왔다는 것을 분명히 밝혔으며, 그는 이 사실을 15-19절에서 강조할 것이다.

이 논증 안에서 13-14절의 역할은 논란이 있고, 다양한 견해들을 자세하게 설명할 지면이 부족하므로, 나는 가장 설득력이 있다고 여기는 견해를 설명할 것이다. 바울은 독자들이 아담의 죄의 독특성, 즉 이 죄의 예표론적 독특성을 보길 원한다. 바울은 아담과 그리스도를 예표론적 대조로 설정한다. 모세율법이 주어지기 이전, 세상 안에는 죄의 존재가 충분히 인정된다. 가인이 아벨을 죽이고, 홍수를 일으킬 정도로 인간이 부패하고, 바벨탑에서 나타난 교만을 생각할 때, 어느 누가 죄의 존재를 의심할 수 있겠는가? 그러나 율법 이전의 죄는 구체적으로 계시된 명령을 위반한 것이 아니었기 때문에, 죄를 죄로 여기지 않았다. 그렇다고, 사망이 이미 왕으로 통치하고 있었기 때문에, 사람들이 자신의 죄에 책임이 없었다고 말하는 것은 아니다. 우리는 이미 사람들이 죄 때문에 죽는다는 것을 알고 있다(5:12; 6:23). 바울은 이미 율법을 가지지 않는 자들이 멸망한다는 것을 말했다. 즉 이들은 무엇이 옳은지 알고 있음에도 죄를 범하기 때문에 최후의 심판을 받게 될 것이다(2:12; 또한, 1:32 참조). 그러나 이들의 죄는 아담의 죄와 같지 않았다. 왜냐하면 아담은 자신에게 알려진 명령을 위반했기 때문이다. 그러므로 아담의 범죄에는 특별한 엄중함과 반역이 있다.

아담의 죄의 영향은 5:15-19에서 5회 등장하고, 아담과 그리스도의 영향력은 대조된다. 아담의 죄 때문에, 심판과 사망, 그리고 정죄가 세상에 들어왔다. 아담은 인간을 위한 언약의 대표자이며 언약의 머리이다. 서구에서 일반적으로 나타나는 개인주의 문화를 고려할 때, 인류와 아담의 연대가 불공평한 것처럼 보일 수 있다. 그러나 인류는 유기적인 단일체이다. 우리의 첫 조상이 행한 것은 우리 모두에게 영향을 미친다. 우리는 유기적으로 서로 관련된, 가족과 같은 인류(human family)이다.

그리스도는 또한 언약의 머리이므로, 그와 연합된 자들은 다섯 개의 진술로 전달되는, 그의 승리의 결과를 공유한다. 바울은 특히 그리스도 안에서 부어진 아낌없는 은혜를 강조한다. 예수의 언약적 지위(headship)는 주목할 만하다. 왜냐하면 아담 안에서 죽고 죄인으로 정죄 받은 사람들은 이제 그리스도 안에서 살게 되었고, 의롭게 되기 때문이다. 이 모든 복은 신자들의 언약의 머리이신, 예수 그리스도에 연합된 자들에게 속한다. 아담이 세상으로 들여온 더러운 것이 예수 그리스도를 통하여 깨끗하게 되었으며, 예수는 이 더러운 것을 깨끗하게 하였을(우리의 죄를 용서함) 뿐만 아니라, 우리는 예수 그리스도 안에서 생명을 얻게 되었다.

몇몇 해석자들은 바울이 아담 안에 있는 "모든 사람"과 그리스도 안에 있는 "모든 사람"에 대하여 말하고, 이 구절들 안에서 "많은 사람"이라는 표현이 명백하게 모든 사람을 의미하기 때문에(고전 15:21-22 참조) 보편 구원(universalism)을 승인한다고 생각한다. 그러나 보편 구원은 세 가지 이유 때문에 설득력이 없다. 첫째, 바울 안에는 최후의 심판을 말하는 많은 본문들이 있고, 바울이 너무 자주 최후의 심판에 대하여 말하기 때문에 아무도 심판을 받지 않을 것이라고 믿기는 어렵다(롬 2:12; 고전 1:18; 살전 1:10; 5:9; 살후 1:5-9). 둘째, 우리는 로마서 5:17에서 어떤 사람은 "생명 안에서 왕 노릇 하기 위하여" "의의 선물"을 받아야 하므로, 예외 없이 모든 사람이 예수 그리스도에게 속하지 않는다. 셋째, 고린도전서 15:21-22는 또한 교훈적이다. 언뜻 보기에, 마치 "모든 사람"이 아담 안에 있는 것처럼, 마찬가지로 "모든 사람"이 그리스도 안에 있는 것처럼 보인다. 그러나 23절은 부활한 사람들이 "그리스도에게 속한 자"들임을 명확하게 한다. 그러므로 그리스도 안에 있는 "모든 사람"은 예외 없이 모든 사람이 아니라, 그를 믿는 자들, 즉 그에게 속한 자들로 제한된다.

아담과 그리스도 아래 안에서, 바울은 역사의 넓은 범위를 묘사하지만, 그러나 율법을 생략하고 있다. 많은 유대인은 율법이 생명의 수단이라고 믿었다. 그러나 바울은 이에 반대했다(롬 5:20-21). 율법은 해결책이 아니었고, 문제의 일부였다. 즉, 율법은 죄를 억제하지 않고 죄를 더 부추기고 악화시켰다. 율법은 범법을 제한하지 않고, 오히려 증가시켰다. 그러나 그리스도의 은혜는 충분하므로, 이 은혜는 율법을 통하여 증가한 죄를 정복한다. 옛 시대 안에서 죄는 사망을 통하여 다스렸지만, 이제 은혜는 주 예수 그리스도 안에서 통치한다.

물러나게 된 죄의 세력(6:1-23)

만약 은혜가 죄를 이길 정도로 너무 강력하다면, 은혜의 힘이 빛을 발하도록 사람들이 더욱더 죄를 지어야 한다고 바울은 가르치고 있었는가? 이러한 관점은 죄를 짓는 것에 대하여 변명거리를 찾고자 하는 사람들에게서 나왔을 수 있다. 바울의 복음에 대한 그러한 오해는 역사 안에서 흔하게 나타났지만, 로마서가 기록되었던 역사적인 정황에서는 다른 무엇인가가 일어나고 있었을 것이다. 바울의 복음에 대한 유대인 반대자들은 그의 복음을 거절했는데, 이들은 바울의 가르침이 사람들로 하여금 죄를 더 짓도록 조장한다고 주장했다(3:7-8을 보라). 이들은 아마도 "사람들이 더 많은 죄를 부추기는 어떤 신학도 하나님으로부터 온 것이 아닙니다. 바울은 우리가 죄를 지으면 지을수록 하나님께서 더욱더 자신의 은혜를 부어 준다고 가르칩니다. 하나님이 은혜를 더욱더 부어 줄수록, 하나님은 더욱더 영광을 얻게 됩니다. 그러므로 바울은 사람들이 훨씬 더 죄를 짓도록 부추기는 것과 다름없습니다."라고 말했을 것이다.

로마서 6장에서 바울은 자신의 복음의 이러한 읽기가 완전히 잘못된 것이라고 주장한다. 이 6장은 두 부분, 6:1-14와 6:15-23으로 나누어질 수 있다. 6:1-14의 초점은 신자들이 죄에 대하여 죽은 것이고, 6:15-23의 초점은 이들이 더 이상 죄의 종이 아니라는 것이다. 이 두 부분은 서로 겹치는데, 바울이 여기에서 가르치는 것이 동일한 것을 말하는 다른 두 방법을 나타내기 때문이다. 죄는 신자들의 삶에서 정복되기 때문에, 이들이 하나님께서 은혜로 그들을 변화시켰고 변화시키고 있다는 것을 보게 될 때, 이들은 소망으로 충만하게 된다.

우리는 바울의 유대인 반대자들에 의해 제기된 질문으로 돌아오게 되는데, 이들의 질문은 "바울의 은혜의 신학이 신자들의 삶에서 죄를 더욱 짓도록 하는가?"이다. 바울은 명확하게 "아니오"라고 대답한다. 이에 대한 이유는 신자들은 "죄에 대하여 죽었다"는 것이다(6:2). 죽음의 은유는 죄가 신자들에게 불가능하다고 제안한다. 왜냐하면 죽은 사람들은 죄를 지을 수 없기 때문이다. 그러나 우리는 이 본문이 죽음의 은유를 해석하도록 해야 한다. 바울의 주장을 더 살펴보면, 그가 죄에 대한 죽음에 대하여 언급한다고 해서, 죄가 신자들에게 불가능하다는 것을 의도하지 않는다.

신자들은 언제, 어떻게 죄에 대하여 죽었는가? 이에 대한 대답은 세례를 받을 때이다. 세례를 받을 때, 신자들은 예수의 죽음에 잠기게 되었다. 기독교 역사의 2천 년 이후, 우리는 세례의 의미를 잘못 이해하기 쉽다. 바울은 세례의 행위 그 자체가 사람을 거듭나게 하여 세례를 받은 사람들은 죄에 대하여 죽는다는 것을 의미하는 사효적(ex opere operato, 성사 거행 그 자체로) 효력을 가르치는 것이 아니다. 바울에게 세례는 회심할 때 일어난 여러 사건 중 일부였다. 사람들이 기독교인이 될 때, 이들은 회개하고, 믿고, 세례를 받고, 그리스도를 주님으로 고백하고, 성령을 받는다. 여기에서 세례는 단순히 회심을 설명하는 또 다른 방법일 뿐이다. 그러나 세례 그 자체가 어떤 신비한 무언가를 가져온다는 것이 아니다. 바울은 "누가 죄에 대하여 죽었는가?"라는 질문에 대하여 답한다. 그의 대답은 그리스도와 함께 죽고 부활한 자들이 죄에 대하여 죽었다는 것이다. 대부분의 사람이 동의하는 세례는 고대 교회에서 침수(immersion)에 의해 이루어졌다는 것인데, 이 침수는 그리스도와 함께 죽는 것(사람이 물 아래 잠긴 것)과 그리스도와 함께 일어나는 것(사람이 물에서 나오는 것)이 무엇을 의미하는지 잘 상징한다. 죄의 세력은 신자들의 삶에서 끊어졌는데, 이들이 그리스도의 죽음과 부활안에서 그와 함께 연합되었기 때문이다. 그 결과, 이들은 하나님을 기쁘게 하는 새로운 삶을 살

수 있게 되었다. 예수 그리스도 안에서 하나님의 은혜는 용서만 주는 것이 아니라, 예수 그리스도에게 속하는 사람들을 변화시킨다.

죄에 대하여 죽는다는 표현이 의미하는 것은 6:6-10에서 더 설명된다. "옛 사람," 즉 "옛 아담," 즉 거듭나지 않는 사람이 그리스도와 함께 십자가에 못 박혔다는 것이다. 이것은 신자들이 그리스도의 죽음 안에서 그와 함께 연합되었다는 것을 말하는 또 다른 방법이다. 이 결과, 신자들은 죄의 노예 상태(slavery)에서 해방된다. 노예 상태라는 언어는 여기에서 도움이 되는데, 회심 이전에 신자들은 죄에 예속되어 있었다. 죄에 대하여 죽은 것은 죄가 신자들에게 불가능하다는 것을 의미하지 않는다. 그러나 죄의 지배가 그리스도와의 연합을 통하여 깨졌다는 것이다. 신자들은 더 이상 죄의 지배와 폭정 아래 있지 않다. 예수 그리스도가 죄와 사망을 짊어졌고, 십자가와 부활을 통하여 이 둘을 이기셨다. 사망의 통치는 이제 깨어진 것이다. 왜냐하면 그리스도가 부활하였고, 죄와 사망에 대한 그리스도의 승리는 믿음으로 그리스도와 연합된 자들에게 속하기 때문이다.

그리스도 안에 있는 새 생명의 윤리적인 의미는 6:11-14에서 고려된다. 신자들은 죄에 대하여 죽고 그리스도 안에서 하나님에게 살아있다는 것을 깨달아야 한다. 이들이 그리스도 안에서 새 생명을 누리기 때문에, 죄는 이들의 몸을 다스리거나 지배하지 못한다. 우리는 여기에서 죄와 사망이 인간을 노예로 만들고 정복하는 세력으로 이해된다는 것으로 보게 된다. 예수 그리스도는 자신의 십자가와 부활을 통하여 죄와 사망의 세력들을 정복했다. 신자들은 모든 죄에서 자유롭지 못하지만, 이들은 죄의 지배와 통치로부터 자유롭게 살도록 부름을 받았다. 죄에 대한 욕망은 남아있지만, 이들은 그 욕망이 승리하도록 내버려 두어서는 안 된다. 신자들이 그리스도 안에서 살고 있어서, 이들은 그들 자신을 하나님에게 드리고 자신들의 몸을 의의 무기로 사용해야 한다. 이 6장의 첫 번째 부분(1-14절)은 죄가 신자들을 "주장하지 못할"(6:14) 것이라는 약속으로 끝맺는다. 죄의 통치와 폭정, 그리고 지배는 깨어졌다. 신자들이 구속 역사의 새 시대 안에 살기 때문에, 죄는 이들을 지배하지 못하며, 이들은 "법 아래"가 아니라 "은혜 아래" 있는 것이다.

이제 6:15에서 6:1의 질문은 다른 관점에서 질문된다. 기독교인들이 더 이상 율법 아래 있지 않고 은혜 아래 있으므로, 그들은 죄에 굴복해야 하는가(6:15)? 바울은 다시 단호하게 이러한 생각을 거절하고, 16-23절에서 이 문제를 어떻게 이해해야 하는지 설명한다. 신자들은 하나님의 통치 아니면, 죄의 통치 아래에 있게 된다. 만약 이들이 그들 자신을 죄에 내어놓는다면, 그 결과는 육체적인 사망과 하나님과 최종적인 분리인 영적인 사망일 것이다. 어느 누구도 죄에 자기 자신을 굴복하면서, 최종적으로 생명을 얻을 수 없게 된다.

16절에서 예증은 마치 신자들이 죄와 하나님 사이에서, 또한 사망과 생명 사이에서 중립적으로 서 있는 것처럼, 잘못된 인상을 줄 수 있다. 바울은 17절에서 감사 표현을 삽입하여, 그리스도 안에서 시작된 새로운 실체를 조명한다. 신자들은 더 이상 이전에 죄에 종노릇 하였던 때의 모습이 아니다. 그러나 이제 이들은 죄의 지배에서 벗어났다. 왜냐하면 이들이 그리스도와 함께 죽었고 다시 살아났기 때문이다. 신자들의 새로운 순종은 "마음에서" 나온 것이다. 바울은 마치 신자들이 하나님이 명령한 것을 행할 의향이나 소망을 갖지 않은 것처럼, 신자들에게 억지로 순종하도록 요청하는 것이 아니다. 이들은 마음의 변화를 이미 가진 상태이다. 우리는 거의 확실히 여기에서 예레미야 31:33에서 약속된 새 언약에 대한 암시를 발견하는데, 이 구절에서 주님은 "그들의 마음에" 자신의 법을 기록할 것이라고 말한다.

우리는 로마서 6:17에서 특이한 표현을 발견하는데, 이 구절에서 바울은 "교훈의 본"을 신자들에게 "전하여 준" 것에 대하여 말한다(이 표현은 헬라어 원문에서 '파레도떼테'인데, "넘겨지다"로 번역됨-옮긴이). "전하여 주다"(헬라어 원문상, "넘겨지다"-옮긴이)라는 동사는 전통적인 가르침을 전승하는 것을 의미하지 않고, 노예가 한 주인에게서 다른 주인에게 넘겨지는 것처럼, 다른 세력에게 넘겨진다는 것을 나타낸다(17절은 "너희에게 넘겨진 가르침의 본"으로 번역됨-옮긴이). 이 동사는 여기에서 수동태로 나타나는데, 이것은 하나님이 로마 신자들이 이제 마음으로 순종하고 있는 "교훈의 본"으로 이전에 이미 넘겨주었다는 것을 지적한다. 다시 말해서, 신자들은 이제 기쁜 마음으로 새 주인의 지배 아래 있다. 하나님의 은혜로 이들은 의에 종속되고 죄로부터 해방된다.

신자들의 과거와 현재의 삶이 고려된다. 신자로서 이들은 죄에 종속되었던 과거를 뉘우치고 후회한다. 그러한 삶의 결과는 더러움과 수치였고, 마지막 결과는 사망 자체였다. 그러나 이제 이들은 죄의 통치와 지배로부터 해방된다. 그 결과는 성화와 궁극적으로 영원한 생명이다. 그러나 영생은 얻어지는 것이 아니라 하나님의 선물이지만, 죄에 자신을 내어주는 사람들은 영원한 사망을 겪을 것이다. 로마서 6장은 하나님의 은혜가 그리스도의 죽음과 부활안에서 그와 연합한 사람들을 변화시킨다는 것을 나타낸다. 이들은 죄가 더 이상 이들의 주인이 아니라는 점에서, 죄와 새로운 관계를 갖는다. 은혜의 능력으로 죄의 통치는 이들의 삶에서 물러나게 되었다.

율법의 역할(7:1–25)

우리가 앞서 살펴본 것처럼, 유대인들은 율법이 사람을 변화시키는 수단이라고 믿었다. 그러나 바울은 율법이 범죄를 더하게 하는 것이라고 주장하므로(롬 5:20), 율법 아래 있는 자들(6:14-15)은 또한 죄 아래 있는 것이다. 따라서 율법은 인간의 딜레마에 대한 해결책이 아니고, 문제의 일부이다. 그러므로 7장의 주제는 율법이고, 바울은 더 자세하게 죄와 율법 사이의 연관 관계를 설명한다.

7:1-6에서 바울은 결혼과 이혼에 관한 율법을 예로 들면서, 율법에 대한 자신의 견해를 설명한다. 이 실제적인 예는 독자들에게 사람들이 살아 있는 동안에만 율법이 적용한다는 것을 가르치기 위하여 만들어진다. 바울이 이 실례를 적용할 때, 그는 신자들이 그리스도와 함께 죽음으로써 이제 율법에

대하여 죽었다는 것을 주장한다. 이제 그들은 그리스도의 죽음과 부활안에서 그와 연합되므로, 이들은 삶 속에서 열매를 맺을 수 있게 되었다. 믿기 이전, 이들이 "육신에 있을 때에는" 거듭나지 않았고, 율법은 죄를 억제하지 못했다. 오히려, 율법은 사망으로 이끄는 "죄의 정욕"을 일으켰다. 그러나 신자들은 이제 그리스도와 함께 죽었고 성령의 새로움 안에서 섬기기 때문에, 율법에서 해방되었다.

로마서 7:7-25는 바울이 저술한 대부분의 논쟁적인 구절 중 몇몇을 포함한다. 우리는 7-12절로 시작할 것이다. 학자들은 여기에서 "나"의 정체에 대하여 논쟁하고, 나는 이 표현은 바울 자신을 언급한다고 제안한다. 어떤 견해를 가지고 있든지, "나"라는 표현은 하나님의 법을 지킬 선천적인 능력을 갖추고 있지 않다. "나"의 정체에 관하여 세 가지 주요한 견해들이 제안되어왔는데, (1) "나"는 에덴동산에서 하나님의 명령에 대한 아담의 경험을 나타내거나, (2) 이 "나"는 시내산에서 율법을 수여받은 이스라엘의 경험을 가리키거나, (3) "나"는 사도 바울의 경험을 나타내는, 자서전적(autobiographical)이라는 것이다.

먼저 아담에 대하여 생각해보자. 아담에 대한 언급으로 생각할 수 있는 가장 강력한 증거는 9절에 있다. "전에 율법을 깨닫지 못했을 때는 내가 살았더니"라는 주장은 엄격히 말하자면, 아담에게만 해당한다. 왜냐하면 아담을 제외하고 온 인류가 영적으로 죽었고 태어나면서 하나님 앞에서 정죄를 받기 때문이다(5:12-19). 같은 맥락에서, "내게 대하여 도리어 사망에 이르게 하는 것이"(7:10)라는 표현과 "죄가…나를 죽였는지라"(7:11)라는 표현은 아담이 동산에서 겪은 경험과 잘 맞아떨어진다. 만약 이 언급이 아담을 가리키는 것이라면, "율법이 없으면 죄가 죽은 것임이라"(8절)라는 표현을 문자적으로 취할 수 있게 된다. 죄는 하나님이 선악을 알게 하는 나무의 열매를 먹지 않도록 명령하기 전에 인간에게 존재하지 않았다. 죄의 가능성은 하나님이 이 명령을 주었을 때 생겼다. 게다가, 탐심에 대한 언급은 지혜롭게 되고자 하는 하와의 욕망과도 일치한다(창 3:6). 동시에, 속임에 대한 언급은(롬 7:11) 하와가 뱀에 의해 속았다는 주장과도 일치한다(창 3:13). "나"라는 표현이 아담을 가리킨다는 주장은 상당히 매력적이다. 그러나 이러한 읽기의 문제는 바울이 동산에서 아담에게 주어진 명령이 아니라, 십계명에서 열 번째 계명을 언급한다는 것이다(롬 7:7). 게다가, 바울은 5:13-14에서 구체적으로 아담을 율법 시대와 구분한다.

다른 학자들은 이 "나"라는 표현이 시내산에서 이스라엘이 율법을 받았고, 율법을 범했으며, 그에 따른 사망을 가리킨다고 생각한다. 율법이 구원 역사 안에 들어옴은 범죄를 더하게 하기 위함이었다(5:20). 시내산 이후 이스라엘의 죄는 범죄로 묘사될 수 있는데, 하나님의 구체적인 명령들이 위반되었기 때문이다. 이스라엘이 율법을 받은 이후 심판을 받았기 때문에, 이스라엘 역사에 대한 이러한 읽기는 이스라엘의 경험 이야기와 일치한다. "나"라는 표현이 이스라엘을 의미한다고 주장하는 것 또한 상당히 매력적이고 이 본문의 많은 특징을 설명한다. 그러나 이 해석 역시 설득적이지 않은 몇 가지 결함들을 가지고 있다. 근본적인 문제는 "내가 살았으니"라는 표현과 "내가 사망에 이르게 하다"라는 표현에 대한 해석이다(7:9-10). 만약 죽음이 종말론적인 죽음을 의미한다면, 우리는 생명을 종말론적인 생명을 의미하는 것으로 해석해야 한다. 그러나 이스라엘이 시내산에서 종말론적인 삶을 어떻게 가졌는지 이해하는 것은 어렵다. 이스라엘은 육체적으로 애굽에서 건져지었지만, 그 이후의 이야기는 오직 남은 자만 중생했다는(regenerate) 것을 보여준다.

그러므로 "나"라는 표현을 해석하는 가장 자연스러운 방법은 바울 자신을 가리키는 것으로 이해하고, 생명과 사망은 하나님 앞에서 생명과 사망을 언급하기 위해 사용되지 않고, 경험적으로 해석되어야 한다고 결론을 내리는 것이 가장 만족할 만하다. 14-25절에, 특히 24절에 나타난 강렬한 경험적인 초점 때문에 이러한 읽기가 더욱 가능성이 크다. 바울이 7-11절에서 언급하는 것은 개인적이고 고백적인데, 율법에 대한 자기 경험을 반영하고 있다. 바울은 하나님 앞에서 자신의 진정한 상태를 인식하기 이전에, 자신에 대한 느낌을 반영한다. 여기에서 바울은 아마도 앞으로 이루어질 성숙, 아마도 율법의 요구가 자신의 마음을 꿰뚫는 바르 미츠바(bar mitzvah, 계명에 따라 사는 자녀를 뜻함-옮긴이)를 생각하는 것 같다. 죄는 바울에게 잠재적(latent)이거나 숨겨져 있다는 의미에서 "죽은" 것이었다.

이러한 읽기에 가장 강력한 반대는 바울이 회심 이전에 율법과 고군분투하며 씨름하지 않았다고 말한다는 것이다. 사실, 그는 순종에 있어서 자신의 동족들을 능가한다고 주장했고(갈 1:13-14), 율법 준수로부터 오는 의에 관하여 "흠이 없는" 자라고 말했다(빌 3:6). 바울이 율법에 관련하여 흠이 없다고 말하면서 로마서 7:7-11에서 묘사된 그러한 갈등을 가질 수 있었을까? 이에 대한 대답은 갈라디아서 1:13-14나 빌립보서 3:6은 바울이 죄가 없다고 주장하는 것이 아니라는 것이다. 이 본문들의 초점은 율법의 요구들에 대한 외적인 순응과 외적인 순종에 있다. 그러나 로마서 7장에서 바울은 마음의 내적인 욕구와 탐심에 대한 금지에 초점을 맞춘다. 요약하자면, 바울은 그 자신을 언급한다. 그러나 바울의 경험은 또한 아담과 이스라엘의 경험을 반영한다. 이렇게까지 확장되면, 어떤 의미에서 "나"라는 표현이 누구를 의미하는지를 결정하는 중요성은 좀 더 확대될 수 있다. 바울은 자기 경험을 묘사하는 것이 분명하며, "나"는 율법 아래 있는 모든 사람의 운명을 보여주는 전형(paradigmatic)으로도 이해할 수 있다.

율법 자체는 선하고 거룩하다. 하나님의 명령에는 어떤 잘못된 것이 있지 않다(7:12). 그러므로 율법은 죄가 아니지만, 하나님의 성품을 묘사한다는 점에서 아름답다. 그런데도, 율법은 죄의 궤도에 진입한다. 죄는 죄의 영향력 아래 율법을 끌어들이는 거대한 태양과 같다. 그러므로 율법은 죄에 대한 욕구를 억제하지 않고, 실제로 죄에 대한 분위기를 조장한다. 죄는 더 많은 힘으로 불타오르며, 율법을 출발점으로 사용한다.

로마서 7:13-25는 바울의 서신들 안에서 그리고 성경 전체 안에서 가장 논쟁적인 부분 중 하나이다. 몇몇 학자들은 성숙하지 않은 기독교인들, 즉 성령 안에서 행하지 않은 기독교인들이 여기에 묘사된다고 생각한다. 이들에 의하면, 이 본문의 요점은 신자들이 육체에 대하여 "아니오"를 말하도록, 성령에 대하여 "예"를 말하도록 가르친다는 것이다. 이러한 읽기는 설득력이 없는데, 이 단락의 목적이 기독교인들이 어떻게 승리에서 패배로 나아가야 하는지 그 방식을 묘사하지 않기 때문이다. 대신에, 바울은 율법이 왜 인간을 변화시킬 수 없는지에 대하여 설명하면서, 인간의 고유한 능력에 초점을 맞춘다.

가장 그럴듯한 것은 바울이 7:14-25의 묘사는 기독교인이 되기 이전(pre-Christian)의 경험을 가리킨다는 개념이다. 많은 주장이 이 읽기를 지지한다. 예를 들어, 이 본문의 구조는 이러한 관점을 조명하고 있으며, 우리는 이것을 아래 표에서 보게 된다.

육신에 있을 때 율법 아래에서의 삶, 7:5	자세하게 설명된, 육체에 있을 때 율법 아래에서의 삶, 7:7-25
성경 안에서의 삶, 7:6	자세하게 설명된, 성령 안에서의 삶, 8:1-17

같은 맥락에서, 성령은 7:14-25에서 전혀 언급되지 않는다. 그러나 7:14-25에 묘사된 사람은 성령을 가지고 있지 않다는 결론을 낼 수 있으며, 8장에서는 성령이라는 표현이 19회 언급되고 있음을 볼 수 있다. 또 다른 구조적인 논증은 7:13에 있는 질문의 역할과 관련이 있다. 바울은 죽이는 것이 율법이 아니라 죄라고 대답하면서, 율법이 사망을 초래하는지 묻는다. 그러므로 7:14-25는 어떻게 사람이 죽는지 설명하지만, 사망은 신자의 것이 아니라, 불신자들의 부분인 것처럼 보인다. 25b절은 때때로 기독교 경험을 지지하는 것으로 제시된다. 그러나 신자가 되기 이전의 상황으로 이해하는 읽

기는 이 구절이 본문의 주요 핵심 주장을 요약한다는 점에서 이 구절 안에 있는 긴장을 설명하게 되는데, 즉 율법 아래 있는 자들은 순종할 수 없다는 것이다.

7:14-25에서 바울의 진술은 기독교인이 되기 이전의 경험임을 지지하기 위하여, 여러 주장이 사용된다. 예를 들어, 이 단락에 묘사된 패배의 깊이는 기독교인들이 죄에 대하여 죽고 더 이상 죄에 대하여 종이 아니라고 주장하는 로마서 6장과 모순된다. 6장에 따르면, 죄의 폭정이 멈추어지고 부서졌으므로 신자들은 이제 죄의 통치에서 해방되었고, 8:2에서 바울은 "그리스도 예수 안에 있는 생명의 성령의 법이 죄와 사망의 법에서 너를 해방하였음이라"라고 진술한다. 바울은 신자들이 죄로부터 해방되었다고 말한 이후에 이들이 "육신에 속하여 죄 아래에 팔렸다"(7:14)라고 정말로 말할 수 있었을까? 비슷한 맥락에서, 7:23에서 "나"는 "내 지체 속에 있는 죄의 법으로 사로잡혔다"라고 말하는데, 이 그림은 죄의 완전하고 절대적인 노예의 모습이다. 정말 이 모습을 신자들에 대한 묘사로 받아들일 수 있을까?

왜 그렇게 많은 해석자가 회심하지 않은 사람들에 대한 묘사라고 생각하는지, 우리는 쉽게 이해할 수 있다. 다른 관점에서, 우리는 7:14-25는 바울이 기독교인이 된 상태에서 한 경험이라고 주장하는 몇몇 훌륭한 견해들을 발견하게 된다. 현재 시제로의 전환(26회!)은 신자로서 바울의 경험에 대한 언급으로 가장 자연스럽게 해석된다. 현재 시제는 필수적으로 현재의 시간을 나타내는 것은 아니지만, 아무래도 7:7-11에 나타난 과거 시제에서 7:14-25의 현재 시제로의 전환은 의도적인 것처럼 보인다. 이 본문(7:14-25)은 승리와 기쁨이 아니라, 긴장과 모호함으로 끝난다는 것이 인상적인데(7:25b), 신자들은 여전히 일상생활에서 그러한 경험과 싸우고 있다는 것을 시사한다. 이중성이 이 본문 안에 나타난 두 개의 "나" 사이에 존재하는데, 이것은 육신이라는 표현이 사람 전체를 묘사하지 않는다는 것을 의미한다. 하나님의 법 안에 있는 깊은 기쁨과 즐거움으로 절정에 이르는데, 하나님의 법을 지키려는 강렬한 욕망을 고려했을 때, 바울이 거듭나지 않은 사람을 묘사하지 않는다는 것을 보여준다(7:22). 그리스도를 믿는 믿음을 거절하는 경건한 유대인들은 하나님의 법이 아니라, 자신들의 의를 세우는 것을 진정으로 기뻐했다.

7:14-25에서 바울이 죄에 대한 완전한 종속과 속박을 언급하고 있는데, 이러한 언급을 보고 어떻게 바울이 기독교인이 된 상태에서 한 경험이라고 말할 수 있을까? 이에 대한 대답으로서 우리는 바울의 신학에 나타난 "이미 그러나 아직 아니"라는 특징이라고 말할 수 있다. 만약 우리가 로마서 6장과 8장을 주의 깊게 읽는다면, 우리는 죄에 대한 승리는 전체적이 아니라는 것을 알게 된다. 죄의 지배는 무너졌지만, 죄는 계속해서 신자들의 삶 안에서 영향력을 행사하는데, 바로 이러한 상황 때문에 이 신자들이 소망 안에서 사는 이유이다. 신자의 삶에서 죄의 역할에 대한 바울의 설명은 단순하지 않고 복잡하다. 우리가 죄의 세력으로부터 해방되었다는 의미가 있으며, 죄는 특히 탐심과 관련하여, 우리의 삶을 계속해서 지배하고 있다는 의미 역시 있다. 이러한 설명은 신자들이 "이 사망의 몸에서" 자유롭게 될 미래의 날을 고대하는 7:24의 의미와 일치한다. 우리는 8:10-13에서도 똑같은 긴장을 보게 되는데, 신자들이 구속의 날까지 죄의 몸을 대항하여 싸워야 하기 때문이다. 신자들이 썩어질 몸으로 사는 동안, 죄와 죄에 대한 정욕은 남아있을 것이며(6:12 참조), 죄의 몸으로부터 자유함은 마지막 날에 일어날 것이다(7:24; 8:11, 13, 23).

이처럼, 양측의 주장은 상당히 강력하다. 해석자들이 양쪽의 주장으로 가는 이유를 충분히 이해할 수 있다. 기독교인들은 여전히 육적인 것이 무엇인지 경험한다. 왜냐하면 이들은 올바른 것을 행할 수 없다는 것을 예민하게 인식하기 때문이다. 로마서의 이 부분에서 바울은 율법이 선하지만, 율법이 죄의 세력을 이기는 것은 불가능하다고 주장한다. 신자들이 죽을 몸에 있는 한, 이들은 계속해서 육적인 것(fleshiness)을 경험한다. 이러한 것은 "이미 그러나 아직 아니"의 영역 안에 사는 사람들을 위한, 또한 그리스도 안에서 새롭게 되었지만 죽을 몸으로 사는 상태의 긴장과 부조화를 직면하는 사람들을 위한 이야기이다. 신자들은 자신들 안에 있는 비참함을 계속해서 느끼고(7:24), 미래의 구원을 위해 울부짖는다. 몇몇 학자들은 7:5에 대한 자세한 설명으로 7:7-25를, 7:6에 대한 자세한 설명으로 8:1-17을 구조적으로 연결하여 생각하지만, 7:14에 실제로 "율법은 신령하다"라는 표현을 고려해보면, 정작 7:7-25와 8:1-17이 그렇게 간단하게 연결되지 않는다.

바울은 율법이 인간을 변화시킬 수 있는 능력이 있는지 그 여부를 고려하고, 그러한 능력이 있지 않다고 결론 내린다. 이런 의미에서, 7:14-25의 설명을 바울이 기독교인이 된 상황에서 경험한 내용으로 읽은 것은 실수일 수 있다. 왜냐하면 8장이 보여주는 것처럼, 신자들은 성령의 능력으로 하나님의 법을 지킬 수 있기 때문이다. 그러나 신자들이 아직 구속의 완성을 경험하지 않았기 때문에, 이들은 자신들 안에 하나님의 법을 지킬 수 없는 능력에 대하여 주의 깊게 인식한다. 신자들이 자신들의 능력을 숙고할 때, 이들은 하나님이 요구하는 것을 행할 수 있는 자원들을 갖고 있지 않음이 분명하다. 하나님의 요구들을 직면하면서, 우리는 여전히 비참함과 타고난 무능력을 의식할 수 있다.

성령의 능력 안에서의 삶(8:1-17)

율법은 인간을 변화시킬 수 없다. 사람들이 필요로 한 것은 그리스도 안에 있는 새 생명이고 하나님을 기쁘게 하는 방식으로 살 수 있게 하는 성령의 능력이다. 신자들은 그리스도 안에 있으므로, 이들은 더 이상 죄와 율법으로부터 오는 정죄에 직면하지 않는다. 이제 신자들은 성령에 의해 이전에 자신들을 지배했던 죄와 사망의 원리에서 자유롭게 된다. 그러나 이 자유는 십자가 위에서 예수 그리스도의 사역에 뿌리를 두고 있다. 인간들은 새 생명을 살 수 있는 능력이 있지 않다. 왜냐하면 아담의 자녀들로서 이들은 육에 속하고 생명이 없기 때문이다. 죄와 사망에 대하여 승리하기 위해서는 사망이 필요하므로, 하나님의 아들이신 예수는 "육신의 모양으로" 왔다(8:3). 확실히, 바울은 예수가 죄를 범하였다는 것에 대하여 믿지 않았다(고후 5:21). 그는 예수가 지상의 삶의 모든 어려움을 경험하는 인간의 몸으로 왔다고 말한다. 사망과 죄는 대속을 통해서만 정복된다. 하나님은 십자가에서 예수의 육체에서 죄를 정죄하였고, 예수는 희생 제물로 죽게 되었다. 죄의 권세는 십자가 위에서 당한 예수의 죽음 때문에 부서졌는데, 그의 죽음은 신자들을 자유롭게 하였고 성령의 인도함을 받게 하였다(롬 8:2). 예수의 죽음의 목적은 4절에서 또한 표현된다. 죄의 정죄로부터 자유롭게 된 사람들은 이제 성령에 의해 "율법의 요구"를 지킬 수 있게 된다. "요구"라는 단수는 아마도 성령의 사역의 열매인 사랑에 대한 명령을 의미하는 것 같다(13:8-10). 신자들은 완전하지 않지만, 이들은 새롭고, 이들의 삶은 실질적이고 중요하며 관찰할 수 있는 방식으로 그리스도와 성령의 사역을 나타내게 된다.

8:5-11에서 육신을 따르는 자들과 성령을 따르는 자들 사이의 중요한 차이는 나타난다. 육신은 여기에서 인간의 몸이 아니라, 아담 안에 여전히 있는 자들과 그리스도 안에서 새 생명을 가지지 않는 자들, 그리고 거듭나지 않은 자들을 나타낸다. 우리가 육신의 사람들과 성령의 사람들을 비교할 때, 생각하고 사는 방식이 완전히 다르다. 육신으로 사는 것은 사망으로 이어지고, 성령 안에서 사는 사람들은 생명과 평안을 영원히 발견할 것이다. 육신은 하나님을 적대시하고, 하나님께서 주신 율법을 지키는 것을 거절하는 것이 특징이다. 그러나 문제는 훨씬 더 깊은데, 아담 안에 있는 자들은 하나님의 법을 지킬 수 없다는 것이다. 이들은 죄에 대하여 종으로 산다. 기독교인이 된다는 것은 성령을 가지는 것을 의미한다. 신자들은 여전히 육신과 고군분투하지만, 이들은 더 이상 육신에 국한되지 않는다. 성령은 신자들 안에 내주하므로, 비록 신자들의 몸이 죽을 몸이라고 할지라도, 이들은 생명을 가지고 있으며, 부활의 날까지 죄와 계속해서 싸운다는 것을 입증한다.

로마서 8:12-13은 앞 단락에서 여러 시사점을 얻게 된다. 신자들이 성령 안에 있고, 그리스도 안에서 새로워졌기 때문에, 이들은 옛 아담의 종살이와 육신의 지배와 폭정에서 해방된다. 이러한 약속은 고군분투와 싸움이 없다는 것을 의미하지 않는다. 죄가 통치하고 다스리도록 하는 사람들과 자신을 육신에 내어준 사람들은 죽게 될 것임을 의미하는데, 이들은 최종적인 심판을 경험할 것이다. 신자들은 성령의 능력으로 "몸의 행실"을 죽이도록 하는 요구를 받는다(8:13). 이들은 육신을 정복하기 위하여 성령에 의지해야 한다. 그렇게 하는 사람들은 영원한 생명을 경험할 것이다. 하나님의 자녀들은 "하나님의 영으로 인도함을 받고"(8:14), 성령에 의해 다스림을 받고, 이들이 순종함으로 하나님의 자녀라는 것을 보여주게 된다. 노예 상태와 두려움은 불순종과 연관되어 있지만, 신자들은 "양자의 영"을 받았으므로, 이들은 "아빠 아버지"라고 부르짖는다(8:15). 순종은 양자가 된 아들과 딸임을 표시하며, 성령은 또한 하나님에게 속한 사람들의 마음과 영에 이들이 하나님의 자녀들이라는 사실을 각인시켜준다. 하나님과의 관계에 대한 확신은 마음에 넘치게 되고, 이 확신은 성령에 의해 생성된다. 하나님의 자녀들인 사람들은 흔들리지 않은 소망을 갖는데, 이 소망은 로마서 5-8장에서 다루는 단락들의 주제이기도 하다. 이들은 하나님의 자녀로서 유업이 보장된다. 그러나 유업으로 가는 길은 고난으로 시작하지만 바로 다음에는 영광이 나타난다.

꺾이지 않는 소망(8:18-39)

소망의 주제는 8:18-39에서 절정에 달한다. 바울은 창조된 세계를 타락의 상태로 간주하지만(8:18-25), 그러나 또한 하나님의 자녀들과 창조된 세계를 위한 영광스러운 미래를 설명한다. 현재, 신자들은 고난을 받지만, 이 고난들은 앞으로 나타날 영광에 비교할 때 아주 작은 것들이다. 바울은 창조를 언급할 때, 하나님이 창조한 물질적인 우주를 가리키기 위해 의인화된

(personification) 언어를 사용한다. 말하자면, 창조된 세계는 하나님의 자녀들이 마지막 날에 모든 영광 가운데 나타나게 되는 것을 기다리고 있다. 창조된 세계는 또한 아담과 하와가 세상에 들여온 죄 때문에, 허무하게 보일 수 있다. 이들의 죄 때문에, 땅이 저주받았고 가시덤불과 엉겅퀴가 땅에서 나오게 되었다(창 3:17-18). 창조된 세계는 아름답지만, 이 세계를 황폐하게 하는 허리케인, 해일, 홍수, 대 폭풍우(tornado), 불, 지진들 또한 있다. 그러나 창조된 세계는 또한 변화될 것이라는 약속이 있다. 이사야가 현 세상의 탄식이 사라질 세상, 즉 새 창조를 약속했다는 것을 주목해야 한다(사 65:17; 66:22). 창조된 세계는 하나님의 자녀들이 약속된 자유를 얻게 될 때 그 저주에서 해방될 것이다. 새로운 세상은 오고 있으며, 이 세상은 좌절과 황폐(blight), 사망과 썩음, 그리고 슬픔과 탄식이 없는 세상이다.

신자들은 또한 다가오고 있는 이 세상을 기다릴 때 탄식하게 되지만, 신자들 자신들의 삶 안에서 성령의 존재는 더 좋은 무엇인가가 일어나려 하고 있다는 것을 입증한다. 내주하는 성령이 탄식하는 것을 억누르지 않지만, 신자들이 자신들의 몸이 속량될 미래의 날을 갈망할 때 실제로 그 탄식을 증가시킨다. 이러한 상황에서 우리는 탄식이 죽을 몸에 집중된다는 것을 알게 된다. 왜냐하면 이 몸은 신자들에게 임박한 죽음을 상기시키기 때문이다. 물론 몸은 악하지 않지만, 우리의 삶 안에서 죄의 계속되는 존재를 입증한다는 것도 사실이다. 신자들은 하나님께서 주신 약속의 소망 안에서 살지만, 아직 소망이 앞으로 도래할 것을 이해하지 못할 때도 있다. 그럼에도, 이들은 하나님의 말씀을 신뢰하고 약속된 것이 성취되기를 기다린다.

신자들은 또한 소망이 있는데, 성령이 기도 안에서 도우시기 때문이다(롬 8:26-27). 소망은 현재의 현실을 외면하지 않고, 우리가 연약함으로 둘러싸여 있다는 것을 인정한다. 연약함은 무엇을 기도해야 할지 모르는 것에서 분명해진다. 바울은 신자들이 기도하는 방법을 모른다고 말하는 것이 아니라, 이들이 항상 무엇을 위해 기도해야 할지를 모른다는 것이다. 연약함은 우리의 기도의 내용에서 나타난다. 이러한 연약함 가운데 있는 우리를 돕기 위해, 성령께서 함께하신다. 우리의 탄식과 연약함 가운데에서도, 성령은 "탄식"으로 간구한다. 몇몇 해석자들이 이 탄식은 방언을 말하는 것이라고 하지만, 이 해석은 일축될 수 있다. 왜냐하면 우리는 고린도전서 12:30에서 오직 몇몇 신자들만 방언의 은사를 가지고 있다는 것을 알기 때문이다. 그러나 성령의 탄식은 예외 없이 모든 신자를 위한 것이다. 하나님에게 속한 사람이라면 어느 누구나 성령에 의해 창조된 소망 밖에 서 있지 않게 된다. 신자들은 소망을 가진다. 왜냐하면 이들은 성령이 기도로 자신들을 위하여 탄식하고 있다는 것을 믿음으로 알기 때문이다. 성령의 기도는 신자들에게 확신과 소망으로 채우는데, 모든 것을 아시고 모든 것을 살피는 하나님이 성령의 간구를 알고 있기 때문이다. 다시 말해, 성령의 기도는 항상 긍정적으로 응답이 되는데, 성령이 변함없이 하나님의 뜻에 따라서 기도하기 때문이다.

신자들의 소망에 대한 여러 이유는 로마서 8:28-30에 나타나는데, 이 구절들은 영국 청교도 윌리엄 퍼킨스(William Perkins)가 황금 사슬(Golden Chain, 1592)이라고 불렀던 유명한 단락이다. 우리는 먼저 하나님이 신자들을 위해 선을 위한 모든 것을 행한다는 것을 알고 있다. 모든 것이 합력하여 선을 이룬다는 주장은 즉각적인 위안이나 행복으로 해석되어서는 안 된다. 선은 하나님의 아들로서 예수를 닮는 것으로 정의되며, 선은 도덕적인 변화와 완전함을 의미하고, 역사의 마지막인 종말에 완전히 실현될 것이다. 하나님께서 아담을 부르셨을 때 의도한 그 상태는 이제 예수 그리스도 안에서 그리고 예수 그리스도를 통하여 성취된다. 하나님께서 많은 사람에게 자신의 성품을 본받도록 하셨는데, 이 의도가 예수 그리스도 안에서 성취되며, 또한 그리스도에게 속한 사람들 안에서 성취된다. 하나님은 자신을 사랑하는 사람들의 선을 위하여 모든 것을 행한다. 하나님을 사랑하는 것은 진정한 신자임을 나타내는 하나의 표시이다. 그러나 여기에서 강조점은 우리가 하나님을 사랑하는 것에 있지 않다. "그의 뜻대로 부르심을 입은 자들"이라는 추가

된 설명은 하나님을 향한 우리의 사랑이 그의 은혜로 신자들을 부르시고 그의 영원한 목적 안에서 우리를 향한 하나님의 사랑에 그 뿌리를 두고 있다는 것을 명확하게 한다.

하나님께서 신자들을 부르신 목적은 이제 미리 아셨고, 미리 정하셨고, 부르셨고, 의롭다 하시고, 영화롭게 하셨다는 황금 사슬로 설명된다. "미리 아셨다"라는 표현은 언뜻 보기에, 하나님이 단순히 믿게 될 사람을 미리 알았음을 암시하는 것처럼 보이지만, 이 표현은 더 깊은 의미를 갖는다. 이 용어의 배경은 구약성경에 있는데, 하나님이 안다는 것은 그의 언약적 사랑을 의미하고, 그는 자신의 사랑을 자신이 선택한 자들에게 둔다는 것이다(창 18:19; 출 33:17; 시 18:43; 잠 9:10; 렘 1:5; 호 13:5; 암 3:2). 로마서 11:2에서 우리는 "하나님이 그 미리 아신 자기 백성을 버리지 아니하셨으니"라는 진술을 발견하는데, 이 진술은 "하나님이 그 자신이 선택한 백성을 거절하지 않으셨다"라고 의역될 수 있다.

"미리 정하다"라는 표현은 "미리 안다"라는 단어와 밀접하게 관련이 있으며, 하나님이 자신에게 속한 사람들을 미리 정하거나 계획했다는 것을 가리킨다. 미리 아는 것과 미리 정한다는 것은 역사가 시작되기 이전에 일어났으며, 그런 다음 역사 안에서 부르심이 발생하게 된다. 부르심은 복음을 통하여 사람들에게 오는데, 복음이 이들에게 선포될 때이다(살후 2:14). 몇몇 학자들은 "부르심"이라는 용어가 초대를 의미한다고 잘못 생각한다. 마치 누군가의 초대를 거절할 수 있는 것처럼 말이다. 그러나 바울이 이 용어를 사용할 때, 부르심은 부름을 받은 사람 안에서 믿음을 발생시킨다는 점에서 효과적(effectual)이다. 우리는 로마서 8:30에서 이것을 보게 되는데, 이 구절에서 부름을 받은 모든 사람은 의롭게 된다. 물론 복음을 듣는 모든 사람이 의롭게 된다는 것은 확실히 사실이 아니다! 의롭다 함은 믿음으로 말미암는 것이기 때문에(5:1), 그리고 부름을 받은 사람이 의롭게 되기 때문에, 이 부르심은 믿음을 만드는 것이다.

의롭게 함은 이 황금 사슬 안에서 부르심 다음에 일어난다. 하나님에 의해서 부름을 받은 모든 사람은 그 안에서 의롭게 되는데, 심판자로서 하나님은 이들이 자신과 올바른 관계 안에 있음을 선언한다는 것을 의미한다. 그런 다음, 의롭게 된 사람들은 영화롭게 될 것이다. 영화는 미래를 기다리는데, 즉 하나님에게 속한 사람들은 원래 하나님께서 의도한 대로 모든 것이 이루어질, 하나님 사역의 완성을 기다린다. 우리는 왜 신자들이 그렇게 소망으로 가득한지 알게 되는데, 하나님이 영원 전부터 계획한 이들의 과거와 미래까지 이들의 운명을 사랑으로 계획하였기 때문이다.

소망의 주제는 8:31-39에서 결론에 도달한다. 1:16-8:30에서 선포된 복음에 비추어, 바울은 누가 신자들을 반대할 수 있는지 묻는다. 물론 이에 대한 대답은 아무도 없다는 것이다. 결국, 하나님은 그리스도 예수 안에 있는 신자들의 편에 서 있다는 것이다. 하나님은 신자들을 위하여, 이들의 구원을 위하여 자기 아들을 은혜롭게 내어주시면서, 상상할 수 있는 가장 큰 선물을 주셨다. 하나님이 자신이 사랑하는 아들을 우리를 위하여, 우리의 구원을 위하여 주시면서 자신의 사랑의 깊이를 증명하였기 때문에, 하나님께서 우리가 진정으로 필요한 그 밖의 모든 것을 줄 것이라고 우리는 확신할 수 있다. 하나님이 자기 아들을 아끼지 않는다는 말은 이삭을 아끼지 않는 아브라함의 의지를 암시한다(창 22:16). 그러나 하나님의 아들은 기꺼이 그리고 기쁘게 우리를 위하여, 우리의 구원을 위하여 고난을 받았고, 예수와 달리 이삭은 죽음에서 구해졌기 때문에, 중요한 차이들이 있다.

로마서 8:33-34에서 정죄의 문제가 대두된다. 바울은 하나님이 자기 백성으로 선택한 사람들을 누가 고발할 수 있는지 생각한다. 오직 하나님만 자신 앞에 누가 바르게 서 있는 사람인지 선언하게 된다. 왜냐하면 그는 심판자이기 때문이다. 택함을 받은 자들을 반대하는 어떤 고소도 무효가 된다. 왜냐하면 이들에 대한 형벌은 이미 지불되었기 때문이다. 즉, 예수가 죽으셨고 다시 일어나셨는데, 그의 부활은 그들을 위한 죽음이 받아들여졌다는 것과 그가 하나님의 오른편에서 왕으로 다스린다는 것, 그리고 그가 신자들을 위해서 자신의 속죄 희생을 근거로 중보하고 있다는 것을 나타낸다(4:25 참조). 신자들은 "동이 서에서 먼 것 같이"(시 103:12) 이들의 죄가 제거되고, 이들의 죄는 깊은 바다에 던져졌다는 것(미 7:19)을 확신할 수 있다. 로마서 8:33-34는 이사야 50:8-9를 암시하는데, 이 구절들 안에서 주님의 종이 "나와 다툴 자가 누구냐" "나를 정죄할 자 누구냐?"라고 묻는다. 결국 어느 누구도 주님의 종인 예수에 대항하며 고소하지 않을 것이다. 왜냐하면 하나님은 그를 돕고 변호하시고, 마찬가지로 예수에게 속한 사람들에게도 할 것이기 때문이다.

이 8장은 하나님의 이기는 사랑에 관한 묵상으로 끝난다. 바울은 그 어떤 것도 신자들을 하나님의 사랑에서, 그리고 그리스도의 사랑에서 분리할 수 없다고 외친다. 이러한 사랑은 현실 세계와 분리되지 않고, 신자들이 세상의 압박으로, 음식과 의복의 부족으로, 핍박과 사망으로 고생하는 세상 가운데에서 분명하게 나타나게 된다. 바울은 신자들이 도살할 양 같다고 단언하는, 시편 44:22를 인용한다. 이 시편은 이스라엘 백성이 주님에게 신실했다고 할지라도 적들의 손에서 패배를 경험했다는 점에서, 가장 흥미롭다! 시편 기자는 하나님이 왜 그들을 위하여 개입하지 않았는지 묻는다. 왜냐하면 이들은 하나님을 버리지 않았기 때문이다. 이 시편은 하나님이 궁극적으로 응답할 것이라고 제안하는데, 로마서에서 이 구절이 인용된 경우를 보더라도 우리는 똑같은 상황을 예측할 수 있다. 하나님의 택함을 받은 자들은 고통스러운 방식으로 고난을 받을 수 있지만, 이러한 고난은 이들이 신실하지 않았음을 나타내지 않고, 하나님이 이들을 버렸다는 것을 제안하지 않는다. 하나님은 자기 백성이 이 현재의 악한 시대에서 고난을 허용하였지만, 이 고난 중에서도 그는 자신의 사랑을 넘치게 부어 줄 것을 약속하며, 하나님의 사랑의 능력이 고난 중에 있는 자기 백성을 견디게 하고 강하게 하고, 궁극적으로 그들을 최종적인 구원으로 인도할 것임을 분명히 한다.

이스라엘에 대한 하나님의 신실함(9:1-11:36)

과거에 몇몇 학자들은 로마서 전체적인 그림을 고려했을 때 9-11장을 논점에서 빗나간 부분이나 그다지 중요하지 않은 부분으로 이해했다. 그러나 오늘날 거의 모든 사람은 이 장들이 편지에서 중요한 역할을 하고 있으며, 이전 장들과 논리적인 흐름에도 적합하다고 인식한다. 우리는 유대인들에게 약속된 마지막 때의 복들이 진정으로 하나님의 자녀이자 약속의 상속자들이고 하나님의 택한 백성들이며, 그가 보기에 의롭고 영광스러운 존재들인, 이방인 신자들에게 속한다는 것을 알고 있다(롬 8:18-39). 이 상황을 생각해보면, 구약성경에서 이스라엘 민족에게 주어진 약속들에 대하여 중요한 질문이 제기된다. 이 약속들이 과연 교회로 옮겨진 것인가? 그리고 만약 이스라엘에 대한 하나님의 약속들이 성취되지 않았다면, 하나님의 신실함의 측면에서 어떻게 교회에 주어진 약속들이 성취될 것이라고 우리는 확신할 수 있는가? 그러므로 로마서 9-11장에서 제기된 주요한 질문은 이스라엘에 주어진 약속들에 대한 하나님의 신실함에 관련된다고 할 수 있다.

하나님의 주권적인 약속(9:1-29)

바울은 복음에 대한 이스라엘의 반응에 대하여 강렬한 슬픔을 공유함으로써 시작한다(9:1-5). 그는 기꺼이 그리스도에게서 끊어지고 자기 백성을 위하여 최후의 심판을 받으려고 하였다. 여기에서 우리는 이스라엘의 죄를 속하기 위하여 하나님에게 자신을 죽이도록 간구한 모세를 생각할 수 있다(출 32:32). 주님은 모세의 요청을 거절하였고, 바울은 비록 이스라엘을 향한 바울 자신의 사랑을 보여준다고 할지라도, 그의 바람이 이루어질 수 없다는 것을 알았다. 우리는 바울의 슬픔을 일으킨 이 문제가 대다수의 이스라엘 민족이 구원받지 못한다는 사실임을 알 수 있다. 이스라엘의 특권들을 고려한다면, 이스라엘이 그리스도를 믿지 않는다는 것은 상당히 걱정할만하고 놀랄 말한 일이다. 로마서 9:4에서, 이스라엘의 특권들은 6가지 항목으로 나열되는데, 3가지로 된 두 그룹으로 가장 잘 나뉜다.

A[1] 양자 됨	A[2] 율법을 수여
B[1] 영광	B[2] 성전 예배
C[1] 언약들	C[2] 약속들

이스라엘 백성은 율법이 자신들에게 주어졌을 때, 시내산에서 하나님의 백성으로 입양되었다. 이후에, 하나님의 영광은 성전에서 그들 가운데 거했다. 가장 중요하게도, 하나님의 언약 약속들은 미래의 구원을 담보하면서 이스라엘에게 주어졌다. 그러나 이제 이러한 특권들은 유대인들 대신에 이방인들에게 속하는 것처럼 보이는데, 이 이방인들은 하나님의 양자가 된 백성들이다. 이들은 하나님의 영광과 영화의 약속을 누리고, 하나님의 언약의 약속들을 누린다.

이스라엘 백성들의 특권들은 계속되었는데, 이들의 과거의 상황을 살펴보면 더 분명해진다. 아브라함과 이삭, 그리고 야곱은 이 이스라엘 백성의 조상들이다. 최고의 특권은 그리스도, 즉 구약성경에서 약속된 메시아이자 영원히 다스릴 다윗의 자손이 이스라엘에서 온다는 것이다(시 72편, 89편, 132편). 예수는 메시아일 뿐만 아니라, 하나님 자신이다. 그러므로 이스라엘에게 주어진 특권들은 놀라운 절정에 이른다. 몇몇 학자들은 그리스도가 로마서 9:5에서 "하나님"과 동일시되는 것을 의심한다. 왜냐하면 바울은 좀처럼 예수와 관련하여 "하나님"이라는 용어를 사용하지 않기 때문이다. 그러나 그리스도를 하나님과 동일시하는 것은 그 문법을 이해하는 가장 자연스러운 방법이며, 예수가 신이라는 것은 바울서신의 다른 곳에서도 가르쳐진다(특히, 빌 2:6; 골 1:15-20; 딛 2:13). 이스라엘의 모든 특권을 고려한다면, 대부분의 이스라엘이 메시아를 믿지 않았다는 것은 비극이며 놀라운 일이다. 동시에 이러한 상황은 또한 하나님이 자신의 약속들에 대하여 과연 신실한지, 질문을 발생시킨다.

로마서 9-11장의 전체 핵심 주장은 9:6에 진술되는데, 하나님의 말씀이 폐하여진 것이 아니며, 하나님은 자신의 약속들에 대하여 신실할 것이다. 9-11장의 나머지 부분은 어떻게 하나님의 신실함이 드러나게 되는지 설명한다. 우리는 9:6-9에서, 아브라함의 생물학적 모든 자손이 하나님의 자녀가 될 것이라고 하나님이 약속하지 않았음을 알게 된다. 이스라엘 민족의 일원이 되는 것 자체가 진정한 이스라엘에 속한다는 것을 보증하지 않았다. 로마서 9:7에서 창세기 21:12의 인용이 확고히 하는 것처럼, 아브라함의 자녀가 된다는 것은 약속을 받은 사람들에게 국한되며, 이 약속은 이스마엘이 아니라 이삭에게 주어졌다.

창세기 21장에서 사라는 이스마엘이 이삭을 조롱할 때, 이스마엘이 상속자가 아니기 때문에 집에서 나가야 한다고 아브라함에게 말하면서, 고민하게 되었다. 아브라함은 이스마엘이 떠나는 것에 대하여 근심하고 슬퍼했다. 그러나 주님은 21:12에서 사라의 요구를 확증한다. 왜냐하면 약속은 이스마엘이 아니라, "이삭을 통하여" 이어지기 때문이다. 바울은 또한 창세기 18:10을 인용하는데, 이 구절은 사라가 오랜 세월 동안 좌절과 실패를 겪은 이후, 아들을 갖게 될 것이라고 확언한다(롬 9:9). 그러므로 이삭은 약속의 자녀이며, 이 아이는 육신이 아니라 하나님의 강력한 말씀으로 왔으며, 바로 이렇게 존재한 이 아이는 기적 그 자체였다. 바울은 하나님이 이스라엘에게 준 약속을 성취할 것이라고 확신하였다. 왜냐하면 하나님은 아브라함과 사라에게 준 약속을 지켰기 때문이다. 이삭이 기적의 아이로서 태어난 것과 마찬가지로 이스라엘 민족에게 준 약속은 하나님의 기적의 말씀으로 성취될 것이다.

9:6-9의 논증은 9:10-13에서 반복되고, 강조되며, 명확하게 된다. 아마도 몇몇 유대인들은 이스마엘이 약속의 자손이 아니라는 것이 분명하다고

말했을 것이다. 그래서 하나님의 자녀가 육신이 아니라 약속에서 온다는 원리는 이삭과 리브가에 대한 언급으로 재확인된다. 이들의 경우에, 자녀들(에서와 야곱)은 같은 아버지와 같은 어머니에게서 나왔다. 참으로, 이들은 어머니 배 속에서 쌍둥이로 동시에 있었다. 약속의 자손이라고 했을 때 이 약속은 그 당시 사회적 기대를 뒤집었는데, 이 약속이 장자 에서가 아니라, 작은 아들 야곱에게 주어졌기 때문이다(창 25:23). 고대 근동에서, 장자 상속권은 관습이었지만, 하나님은 약속은 자신의 말씀에 달려 있고, 창조주로서 하나님 자신의 주권적인 자유에 일치한다는 것을 증명하기 위해 그 당시 문화적인 패턴을 뒤집었다.

이 약속의 내용은 말라기 1:2에서 재확인되는데, 이스라엘을 향한 주님의 사랑과 에서에 대한 그의 거절을 비교한다. 주님은 야곱에게 자신의 구원하는 사랑을 주셨지만, 에서에게 구원하는 약속을 주지 않고 그를 미워하고 거절하였다. 많은 학자들은 이 약속이 여러 나라(에돔과 이스라엘처럼)의 역사적인 운명에 관련되기 때문에, 여기에서 말해지는 것은 개인적인 선택과 구원에 적용될 수 없다고 주장한다. 이 학자들은 말라기 1:2-5의 주제가 에돔과 이스라엘과 같은 나라들의 역사적인 운명이라는 것을 지적한다. 이러한 주장은 결함이 있는데, 역사적인 운명과 구원은 서로 분리할 수 없음에도 분리하려고 시도하기 때문이다. 비록 말라기가 역사적인 운명만을 언급한다고 생각된다고 할지라도, 로마서 9장에서 문제는 구원에 해당한다. 왜냐하면 바울이 기꺼이 저주받으려고 하는 것(9:1-5)은 단순히 역사적인 상황을 떠나서, 이스라엘이 그리스도로부터 분리되는 것에서 비롯되었기 때문이다. 바울은 9장을 소개하는 주제에서 벗어나지 않고, 어떻게 하나님이 이스라엘을 구원하기 위해 그 약속에 대하여 신실한지에 대하여 설명한다.

또 다른 논쟁은 약속된 구원이 개인과 관련되는지 아니면 집단에 관련되는지에 관한 것이다. 확실히, 바울은 여기에서 유대인들과 이방인들을 집단으로서 생각한다. 그러나 개인들 또한 포함된다. 집단은 항상 개인들로 구성되며, 개인을 포함하지 않고 집단을 가질 수 없다. 이스라엘에서 남는 자를 선택한다는 것은 더 큰 집단의 선택에서 일부 개인의 선택으로의 이동을 암시한다. 우리는 또한 로마서 9-11장을 하나로 함께 해석해야 한다. 9장을 개인이 아니라 집단으로 제한하면서, 10장에서 어떤 사람이 '믿는지' 또는 '믿지 않는지'의 선택이 개인적인 결정이라고 말하는 것은 주석적으로, 논리적으로 결함이 있다.

왜 하나님은 에서 대신에 야곱을 선택했는가? 야곱이 특별히 의롭고 경건할 것을 내다보았기 때문인가? 거의 그렇지 않다. 야곱이 하나님의 백성이 된 것은 야곱이 뛰어난 선택을 해서가 아니라, 하나님의 직접적인 선택과 그의 자유로운 목적에 근거한다. 하나님의 구원하는 약속은 오직 하나님 자신에게 달려 있다. 그러므로 그는 야곱이 미래에 어떻게 행동할지 고려하지 않았다. 참으로, 야곱의 행동은 전혀 하나님의 시야에 있지 않았다. 왜냐하면 그는 그들이 태어나기 이전 또는 그들이 "선이나 악을 행하기"(9:11) 이전에, 에서 대신에 야곱을 선택했기 때문이다. 야곱은 자신이 행한 행동 때문이 아니라, 하나님의 은혜롭고 효과적인 부르심 때문에 포함되었다. 9:10-13에서 바울은 이스라엘에 대한 하나님의 약속이 오직 하나님의 은혜에 달려있기 때문에, 성취될 것이라고 주장한다.

그러나 바울의 주장은 다른 질문들을 발생시키는데, 이에 대하여 그는 9:14-23에서 대답하게 된다. 만약 하나님이 인간의 행위와 전적으로 상관없이 누군가를 선택한다면, 과연 그는 불의한가? 바울은 하나님의 의심할 수 없는 공의를 확증하고, 어떻게 그가 공정한지 출애굽기 33:19의 인용과 함께 9:15에서 설명한다. 우리는 바울이 이 딜레마를 해결하기 위하여 인간의 자유 의지에 호소할 것이라고 기대할 수도 있다. 그러나 33:19는 하나님이 선택한 사람에게 자비를 베푸신다고 확증한다. 이것이 어떻게 하나님이 불의하지 않다고 주장하는 것과 일치하는가? 우리는 이 인용된 본문을 그 역사적인 정황 안에서 살펴보아야 한다. 출애굽기 32-34장은 금송아지 사건을 기록한다. 이스라엘은 이 사건 이전에 주님과 언약을 맺었다(출 24장). 그러나 금송아지를 만들고 우상숭배를 함으로써, 어처구니없게 언약을 어겼다. 모세는 언약의 판을 깨뜨렸고, 이스라엘과의 언약은 파기되었다. 모세는 주님에게 이스라엘 백성을 용서하시고 이들과 함께 거하므로 그 언약이 새롭게 되도록 요구하면서 이스라엘을 위해 중재하였다(바울이 롬 10:1에서 이스라엘을 위해 하는 것처럼). 궁극적으로 주님은 모세의 간청에 응답하였지만, 우리는 출애굽기 33:19에서 자비가 모든 사람에게 주어지지 않았다는 것을 보게 된다. 주님은 자신이 원하는 사람에게 자비를 베푸신다. 그는 만유의 주님으로서 주권적인 자유 안에서 행하신다.

그렇다면 로마서에서 하나님의 공의라는 질문에 대한 대답은 무엇인가? 이에 대한 대답은 구원이 죄인들, 즉 긍휼이 필요한 사람들에게 주어진다는 것이다. 하나님의 긍휼은 그의 자유로운 특권이다. 주권적인 하나님은 이 긍휼을 원하는 사람에게 주신다. 어느 사람도 그의 긍휼을 받을 자격이 없으며, 에서를 죄 안에 내버려 두었다고 해서 그가 불의하다고 말할 수 없다. 그러므로 로마서 9:16이 말하는 것처럼, 약속은 인간의 노력이나 인간의 자유의지에 의존하지 않는다. 구원을 받는 사람들은 전적으로 하나님의 긍휼에 달려 있다.

바로의 예는 하나님의 공의의 또 다른 예로서 제시된다(9:17). 모든 사람은 바로가 즉각적이고 완전한 형벌을 받아야 할 정도로 악하다고 인정하였다. 그러나 주님은 그를 즉시 파멸하지 않았다. 바울은 출애굽기 9:16을 인용하는데, 이 구절은 재앙 내러티브에서 가장 중요한 구절이다(출 7-10장). 바울은 바로와 재앙들에 관련하여 하나님의 목적을 독자들에게 알려준다. 주님은 가장 악한 정권과 통치자들 안에서 자신의 목적을 이루어내신다. 심지어 바로의 경우에서도, 주님은 바로를 자신의 계획을 성취하기 위하여 세운다. 그렇게 함으로써, 그의 구원하는 능력은 이스라엘에 알려졌고, 그의 심판하는 의는 애굽에게 부어졌다.

로마서 9:18은 하나님이 어떤 사람을 긍휼히 여기시고 다른 사람들을 완악하게 하신다는 결론을 내린다. 어떤 사람은 그의 긍휼을 받을 자격이 없다. 그의 자유 안에서, 그는 어떤 사람들에게 긍휼을 보여주시고, 다른 사람들을 죄 안에서 완악하게 하시기로 선택하신다. 여기에서 배경은 출애굽기 4-10장에서 바로의 마음을 완악하게 한 것과 관련된다. 바로는 자신의 마음을 완악하게 하고, 하나님 역시 바로의 마음을 완악하게 한다. 구약성경의 본문을 주의 깊게 분석하면, 하나님께서 바로를 완악하게 한 것은 바로가 스스로 마음을 완악하게 한 것에 선행하며 강화한다는 것을 드러낸다. 하나님의 완악함이 인간의 완악함에 대한 반응이라고 결론을 내리는 것은 본문에 자기 해석을 집어넣는 것이다. 그러나 하나님은 이미 죄인이었던 바로를 완악하게 한다. 이런 의미에서, 바로는 이미 자기 삶을 지배한 죄에 더욱 넘겨진 셈이다.

하나님의 자유와 주권에 대한 문제가 이 토론을 지배했는데, 그는 긍휼을 베풀기도 하고 완악하게 하기도 하고, 구원을 베풀기도 하고 거절하기도 한다는 것이다. 하나님의 뜻이 모든 것들 뒤에 서 있다는 것을 알 때 우리가 충분히 제기할 수 있는 질문을 바울이 "그러면 하나님이 어찌하여 허물하시느냐 누가 그 뜻을 대적하느냐?"(9:19)라고 대신 묻는다. 우리는 바울이 자유 의지에 호소할 것이라고 예상할 수 있지만, 이 예상 대신 그는 놀라운 방식으로 대답하는데, 이 질문은 오히려 하나님의 자유와 주권에 대한 반역과 거절에서 비롯된다는 것을 시사한다. 유한하고 연약한 인간들은 세상을 어떻게 운영하는지에 대하여 하나님에게 말할 수 없다는 것이다. 이들은 진흙이며 그는 어떤 사람들에게는 종말론적인 명예를, 다른 사람들에게는 종말론적인 불명예를 줄 수 있는 자유를 가진, 토기장이이다. 바울은 인간이 실제로, 정말로 선택할 수 있다는 사실을 부정하려는 것은 아니다. 또한, 자유 의지가 무엇보다 중요하며 결정적이라고 말하기 위하여, 예레미야 18장으로부터 토기장이와 진흙의 예증에 호소하는 것은 이치에 맞지 않는다. 왜냐하면 이러한 주장은 로마서 9장에 나타난 사상의 흐름을 위반하고 부정하기 때문이다. 대신에, 우리가 "양립주의"(compatibilism; 양립주의는 자유 의지와 결정론이 양립 가능하다는 이론-옮긴이)라고 부르는 것에 대한 예를 가지고 있다. 하나님은 모든 것들에 관하여 주권을 가지는데, 심지어 주사위가 땅에 닿는 곳조차도 말이다(잠 16:33). 또한, 인간의 선택은 중요하고 신뢰할 수 있다(행 2:23; 4:27-28 참조).

로마서 9:22-23에서 바울은 왜 하나님이 종말론적인 파멸을 위해 준비된 사람들을 벌하지 않고 참는지에 대하여 설명한다. 우리가 하나님의 인내를 생각할 때, 로마서 2:4를 상기시키는데, 이 구절에서 그는 사람들이 회개하도록 인자하심을 베푼다. 악한 자에 대한 하나님의 인내는 그의 진노가 정당하고 합당하다는 것을 증명한다. 동시에 영원히 영광을 누릴 사람들에게 주어진 긍휼은 인간들이 진정으로 진노를 받을 수밖에 없다는 것을 깨달을 때, 훨씬 더 빛을 발하게 된다. 심판이 하나님의 인자하심 때문에 피해질 수 있다는 것을 사람이 의식할 때, 긍휼이 비로소 긍휼로 보이고 느껴지게 된다.

로마서 9:24-29에서 우리는 하나님의 놀랍고, 예상할 수 없었던 주권적 은혜를 보게 된다. 하나님의 자유는 전체적으로 명확한데, 이스마엘이 아니라 이삭을 선택하고, 에서가 아니라 야곱을 선택하는 것을 보여주기 때문이다. 다시 한번 우리는 하나님의 예기치 않은 은혜를 보게 된다. 왜냐하면 진노를 받을 수밖에 없는 이방인들은 긍휼을 입었고, 반면에 대부분의 이스라엘은 믿지 않았기 때문이다. 바울은 호세아 2:23과 1:10을 인용함으로써, 이방인들이 하나님의 백성이 된다는 것을 지지한다. 이 본문들을 이방인들에게 적용하는 것은 이상하게 보일 수 있다. 왜냐하면 역사적인 정황에서 이 구절들은 명백하게 이스라엘을 의미하기 때문이다. 우리는 여기에서 하나의 원리나 예시 이상의 것을 갖는다. 교회는 새로워지고 참 이스라엘이며, 하나님의 약속들이 성취되는 영역이다. 그리스도를 믿는 이방인들은 회복된 이스라엘의 일부인데, 예수가 참 이스라엘이며 그리스도에게 속한 사람들은 참 이스라엘이기 때문이다(갈 3:16, 26-29; 또한, 롬 2:25-29 참조). 구약성경에서 이스라엘의 회복은 이방인의 부르심을 포함한다(예를 들어, 사 2:1-4; 11:1-12; 14:1; 19:19-25; 25:1-8; 49:6-8, 22-23; 56:3-8; 60:3-16; 슥 2:11; 8:22-23; 9:7-8; 14:16-21).

로마서 9:27에서 바울은 이사야 10:22-23을 호세아 1:10과 하나로 합친다. 많은 이방인이 구원받고 있었지만, 대부분의 이스라엘은 믿지 않았다. 비록 남은 자의 존재가 미래의 구원을 가리켰다고 할지라도, 오직 이스라엘의 남은 자만이 남겨졌다. 그러나 남은 자의 구원도 은혜의 기적이다(롬 9:29에서 인용된 사 1:9를 보라). 왜냐하면 만약 하나님이 이스라엘 안에서 행하지 않으셨다면, 어느 누구도 믿지 않았을 것이다. 마치 이스라엘이 주님을 반역했을 때 주님이 이사야 시대에 남은 자를 보존했던 것처럼, 마찬가지로, 그는 바울의 시대에도 유대인 신자들이라는 남은 자를 보존하셨다.

이스라엘의 믿지 않음(9:30–11:10)

그러므로 지금까지 바울은 하나님이 신실하시며, 그는 자신의 주권적인 자유를 가지고 이스라엘에 대한 약속들을 성취할 것이라고 강조했다. 9:30-11:10에서 바울은 하나님의 주권에 관한 강조를 조금도 부인하지 않으면서, 이스라엘이 믿지 않는 것에 대하여 설명한다. 성경 저자들은 하나님의 주권과 인간의 선택이 양립할 수 없다고 생각하지 않았다. 오히려, 이들은 이 두 실체를 믿었다. 바울은 이방인의 믿음과 이스라엘의 불신앙에 대해 말함으로써, 이 단락을 시작한다(롬 9:30-33). 비록 이방인들이 하나님과 올바른 관계를 추구하지 않았다고 할지라도, 이들은 믿음으로 그와 함께 바른 관계를 맺었다. 동시에, 이스라엘 백성은 의를 위하여 율법을 추구했다고 할지라도, 이 백성은 율법을 통하여 하나님과 바른 관계를 얻지 못했다. 왜냐하면 이들이 믿음을 통해서가 아니라 행함으로 율법을 추구했기 때문이다. 이스라엘은 주님이 세운 돌에 부딪혀 넘어졌다. 바울은 이 요점을 입증하기 위하여 로마서 9:33에서 이사야 28:16을 인용한다. 역사적 정황 안에서, 이사야는 사마리아가 죄로 인하여 심판을 받을 것이라고 예언한다. 거짓 선지자들은 심판에 대한 이사야의 메시지를 비웃었지만, 이들은 심판을 피하지 못했다. 이들은 재앙을 당하지 않도록 하는 언약을 맺었다고 생각했다. 그러나 이른바 이들의 언약은 소용이 없었다. 그러나 주님은 시온에 "기촛돌"을 두었다(사 28:16). 믿는 자는 심판을 이길 것이다. 바울은 부활한 그리스도가 기촛돌이 된 것으로 이해한다. 그를 믿는 자들은 구원받을 것이지만, 믿지 않는 자들은 죽음에 처할 것이다.

위에 언급된 논증은 로마서 10:1-13에서도 계속된다. 유대인들의 구원을 향한 바울의 간절한 소망은 9-11장 전체에서 언급되는 이슈임이 계속해서 드러난다. 믿지 않은 유대인들이 하나님을 향한 열심이 부족하다는 것이 아니라, 문제는 이들의 열심이 믿음으로 하나님의 의에 복종하지 않고, 자기의(self-righteousness)가 되었다는 것인데, 이들은 자신들의 의를 세우려고 했다. 이들은 그리스도가 모든 믿는 자를 위한 율법의 마침이자, 목적이라는 것을 인식하지 못했다. 모세 언약의 시대이자 율법의 시대가 끝난 것이다. 율법은 예수 그리스도를 가리켰고, 그리스도 안에서 성취되었다.

바울은 로마서 10:5에서 레위기 18:5와 로마서 10:6-8에서 신명기 30:12-14를 인용하면서, 10:5-8에서 율법의 의와 믿음으로 말미암는 의를 대조한다. 이 구절들 안에서 구약성경의 사용은 논쟁의 여지가 있고 평가하기 어려운 문제이다. 몇몇 해석자들은 레위기 18:5와 신명기 30:12-14 사이의 대조가 아니라, 연속성이 있다고 주장한다. 로마서 10:5(레 18:5 인용)와 로마서 10:6-8(신 30:12-14 인용) 사이에 연속성이 있다고 주장하는 것은 두 본문이 언약 안에서 행하는 순종을 묘사하기 때문에 아주 가능하다. 게다가, 바울이 구약의 한 본문을 구약의 다른 본문과 반대해서 인용한다고 생각하는 것은 이상해 보인다. 이러한 인상적인 주장에도 불구하고, 이 두 본문 사이에 대조가 있다고 보는 것은 훨씬 더 가능성이 크다. 첫째, 로마서 10:5와

10:6-8 사이의 대조는 9:30-10:13에 스며들어 있는, 행함과 믿음 사이의 대조에 의해 뒷받침된다. 바울은 의를 얻는 방법이 성취하거나 행하는 것이 아니라 믿음임을 강조하고, 9:30-10:13의 어디에도 믿음에서 기인하는 율법의 행함이 있지 않다. 사실, 바울이 신명기 30:12-14를 인용할 때, 행함에 대한 모든 언급은 제거되고, 대신에 믿음이 들어간다.

둘째, 바울은 율법에서 난 의에 대하여 결코 말하지 않는다(롬 10:5; 또한, 빌 3:9 참조). 그러나 반복적으로 바울은 의가 하나님으로부터 온다는 것과 하나님의 선물이라는 것을 가르친다. 의는 율법으로부터 올 수 없다. 왜냐하면 율법은 사람들이 죄를 짓도록 부추기기 때문이다(롬 5:20; 7:5, 7-13). 10:5를 율법 준수의 긍정적인 묘사로 이해하는 사람들은 바울이 10:5에서 말하는 것과 그가 율법 준수에 대하여 긍정적으로 말하는 다른 본문들(롬 8:4; 13:8-10; 갈 5:14)의 주목할 만한 차이들을 이해하지 못한다.

셋째, 바울이 로마서 10:5에서 행위 의(works righteousness)에 대하여 부정적으로 쓰고 있다는 생각을 뒷받침하는 것은 갈라디아서 3:12에 나온 레위기 18:5의 인용이다. 바울이 로마서 10:5와 갈라디아서 3:12에서 다른 방법으로 레위기 18:5를 사용하는 것은 불가능하다. 왜냐하면 두 본문은 동일한 주제, 즉 의가 율법에 의해 가능한지 그 여부에 대하여 다루기 때문이다.

그럼에도, 질문은 여전히 남아있는데, "왜 바울은 레위기 18:5를 신명기 30:12-14와 대립적인 차원에서 대조하는가?"이다. 몇몇 학자들은 바울이 레위기 18:5를 문맥적으로 인용하지 않는다고 말하는데, 그가 율법에 관하여 율법주의적(legalistic) 태도를 묘사하기 위하여 18:5의 단어를 사용한다는 것이다. 그러나 유대인 대적자들에 반대하는 바울의 주장은 만약 바울 자신이 18:5를 문맥을 고려하여 인용하지 않았다면, 성공하지 못했을 것처럼 보인다. 모세율법에 나타난 다른 명령들처럼, 이 명령은 은혜로 여호와와 언약 안에 있는 사람들에게 주어졌고, 범법이 일어날 때 용서를 받기 위하여 희생 제사들이 바쳐질 수 있었다. 다른 학자들은 바울이 레위기 18:5에 대한 반대자들의 해석을 언급한다고 제안한다. 즉, 이 학자들에 의하면, 구약성경 안에 나타난 다른 구절들을 인용함으로써, 그는 대적자들의 읽기가 잘못이라는 것을 보여준다는 것이다. 이 해결책이 갖는 문제는 바울이 다른 곳에서는 이러한 절차를 따르지 않는다는 것이다. 그는 자신의 주장을 뒷받침하기 위하여 구약성경을 인용한다. 다시 말해, 대적자들이 구약성경을 사용하는 방법으로, 바울이 구절들을 인용한다는 것은 분명하지 않다(갈 3:12 참조).

그러므로 우리는 레위기 18:5를 역사적인 정황 안에서 그리고 그리스도 안에서 이루어진 성취에 비추어 읽을 필요가 있다. 18:5의 문맥 안에서 생명은 영원한 생명을 의미하지 않는다. 그러나 약속의 땅 안에서의 삶, 그리고 이 땅에서 하나님의 언약 안에서 축복의 삶을 의미한다. 이러한 문맥을 바울은 예표론적으로 논증함으로써, 이 본문을 영원한 생명에 적용한다. 이 땅에서의 생명은 새 언약 아래의 영생을 의미하기 위하여 확대된다. 바울은 율법을 범한 사람들이 영원한 생명을 얻지 못할 것이므로, 율법으로 의를 얻고자 하는 어떠한 시도도 잘못된 것이라고 가르친다(갈 3:12). 동시에, 새 언약의 도래는 율법의 역할을 변화시킨다. 모세율법은 그리스도의 오심으로 더 이상 유효하지 않게 되었다(롬 6:14-15; 7:4-6; 고후 3:4-18; 갈 2:21; 3:15-4:7). 그러므로 율법 아래 자신들을 두려고 하는 사람들은 완벽하게 율법을 지켜야만 한다(롬 1:18-3:20; 갈 3:10; 5:3). 왜냐하면 구약의 희생 제사들은 그리스도가 왔기 때문에 더 이상 죄를 용서하는 능력을 갖추지 않기 때문이다. 오직 그리스도의 십자가만이 용서를 제공한다.

바울은 믿음으로 말미암는 의가 율법으로 말미암는 의와 대조되어야 함을 증명하기 위하여 신명기 30:12-14에 호소한다. 다시 말하지만, 바울이 이 구약성경 구절을 인용하는 것은 논란의 여지가 있고 설명하기 쉽지 않다. 몇몇 학자들은 바울의 구약성경 인용이 제멋대로라고 생각한다. 그러나 그의 인용이 신명기의 문맥에 뿌리를 두고 있다고 생각할 이유들이 있다. 바울의 구약 사용에 대하여 놀라운 것은 그가 율법보다 예수 그리스도에 초점을 두고 있다는 것이다. 왜냐하면 율법은 분명히 신명기에서 보이므로, 바울이 그리스도의 오심에 비추어 그 본문을 읽고 있기 때문이다. 바울은 그리스도가 로마서 10:4에서 율법의 목적과 마침이라고 주장함으로써, 이 구약 인용을 위해 독자들을 준비시킨다. 신명기 29-30장의 내러티브는 또한 바울의 해석을 지지한다. 신명기 27-30장은 언약의 축복들과 저주들을 기록하는데, 모세의 말을 보면 이 저주들은 이스라엘의 역사 안에서 실재가 될 것임이 분명해진다. 그러나 이스라엘 백성들은 주님이 자신들의 마음에 할례를 베풀고 토라를 준수하는데 방해하는 완악함을 제거한 이후, 포로기 이후 주님에게 돌아올 것이라는 약속을 받는다(30:6). 바울은 하나님이 자신의 백성들의 마음에 할례를 베풂으로 이들이 율법을 지킬 수 있다는 점에서 그리스도의 오심으로 성취된 이 예언을 보게 된다(롬 2:26-29; 빌 3:3; 골 2:11-12 참조). 모세의 시대에서 이스라엘이 율법 준수의 명령을 지키지 않은 것에 대한 변명을 갖지 않도록, 이 명령이 분명하게 계시되었다. 이렇게 율법 준수의 명령은 가까이 있었지만(신 30:11-14), 모세 자신은 율법이 이스라엘에 의해 지켜지지 않을 것이며 앞으로 다가올 시대에서만 성취될 것이라고 말한다(신 29:3-4; 30:6).

믿음으로 말미암는 의는 로마서 10:6에서 말한다. 바울은 신명기 9:4를 인용하는데, 이 구절에서 이스라엘 백성은 자신들의 의 때문에 그 땅을 상속받을 것으로 생각하는 것에 대하여 경고를 받는다(신 9:4-5). 바울은 믿음으로 말미암는 의가 자기 자신의 의를 자랑하지 못하도록 한다고 주장한다. 인간에게 불가능한 것과 그리스도 안에서 이루시는 하나님의 역사를 대조하면서, 바울은 로마서 10:6-8에 나오는 신명기 30:12-14를 해석한다. 하나님은 메시아를 하늘에서부터 땅으로 성육신을 통하여 보내셨다. 인간은 그리스도를 땅으로 데려오고 그를 죽은 자로부터 일어나게 할 수 있는 능력을 갖추지 않는다(시 107:26 참조). 바울은 예수 그리스도에 대한 메시지가 아주 가까이에 있다고 말하면서, 아마도 하나님께서 율법을 마음에 기록하신다는 새 언약을 염두에 두는 것 같다(렘 31:31-34).

신자가 된다는 것은 예수를 부활한 주님으로 고백하는 것이다. 이러한 고백은 그의 신성을 가리킨다(롬 10:9). 11절에서 바울은 다시 이사야 28:16을 인용하는데, 이 구절은 우리가 로마서 9장에 대한 논의의 끝에서 살펴본 것이다(9:33에서). 유대인들에 대한 하나님의 신실함에 관한 논의 중에, 바울은 독자들에게 하나님이 유대인들과 이방인들 간에 어떠한 차이를 만들지 않는다는 것을 상기시키는데, 그를 부르는 모든 자는 구원을 받을 것이기 때문이다(10:12-13). 그는 여기에서 요엘 2:32를 인용하는데, 이 문맥은 성령이 모든 육체에 임할 것에 대하여 요엘이 예언하기 때문에 중요하다(욜 2:28-32; 또한, 행 2:17-21 참조). 이스라엘에게 주어진 약속들은 이방인들을 배제하지 않고 하나님의 약속들의 범위 안에 포함했다. 보편적인 축복이 처음부터 아브라함에게 약속되었다는 것을 고려할 때, 우리는 이방인 포함에 대하여 놀라지 않게 된다(창 12:1-3).

주님을 부르고 믿는 사람은 구원받게 된다. 로마서 10:14-21에서 바울은 이스라엘이 메시지를 들었으므로 믿어야 한다고 설명한다. 14-15절에서 주님을 부르는데 필요한 일련의 사건들이 나타나지만, 바울은 구원을 위해 주님을 부르는, 마지막 단계에서 시작한다. 그렇게 함으로써, 그는 13절에서 주님을 부르는 것을 강조하게 된다. 주님을 부르는 사람은 구원받을 것이지만, 어느 누구도 믿지도 않은 누군가를 부르지 않을 것이다. 믿음은 듣지 않고서 불가능하다. 왜냐하면 어느 누구도 절대로 듣지 않고서 믿을 수 없기 때문이다. 사람들이 그리스도에 대하여 메시지를 듣는 수단은 설교자나 전하는 사람이다. 설교자들은 자신들이 보냄을 받지 않는다면, 설교하지 않는다. 바울은 로마서 10:15에서 이사야 52:7을 인용하는데, 바로 이 요점을 뒷받침하기 위해서이다. 복음을 선포하는 자들의 발이 아름답다는 것이다. 왜냐하면 이들은 복음이 가까이에 있다는 이사야의 약속 성취를 선포하기 위하여 오기 때문이다.

우리는 로마서 10:16에서, 듣는 것이 필수적이지만 믿는 것에 충분한 조건이 아니라는 것을 알게 된다. 왜냐하면 특히 이스라엘 안에서 많은 사람이 비록 들었지만 회개하고 믿도록 요청하는 메시지에 순종하지 않았기 때문이다. 이사야서의 위대한 종의 노래는 이 요점을 만들기 위하여 인용된다(사 53:1). 이사야는 몇몇 사람들이 문맥 안에서 종의 죽음과 부활에 대한 메시지를 들을 것이지만, 믿지 않을 것이라고 예언했다. 이스라엘 안에 많은 사람이 믿지 않는다는 사실에도 불구하고, 믿음은 메시지를 들음에서 오고, 이 들려진 메시지는 구체적으로 그리스도의 복음이라는 것이다.

바울이 확립하길 원하는 요점은 이스라엘이 이사야서에 예언된 것처럼 죄 용서와 포로 생활에서 돌아오는 것에 대한 메시지를 들었다는 것이다. 그리고 성취의 날이 도래했다. 주목할 만하게, 바울은 이 요점을 뒷받침하기 위해 시편 19:4를 인용하고, 이 인용은 놀라움을 안겨준다. 왜냐하면 시편 19:1-6이 하나님이 창조된 세계를 통하여, 자연 세계를 통하여, 자신을 계시하기 때문이며, 또한, 로마서 문맥에서 논의의 주제가 복음이기 때문이다. 여기에서 바울은 시편 19:4를 사용하는데, 이 구절의 원래 문맥은 세상 끝에 복음 메시지를 전파하는 것을 묘사하기 위하여 자연 계시를 언급하는 것과 관련된다. 그러나 시편 19편을 전체로서 우리가 이해할 때, 일반 계시(1-6절)와 특별 계시(7-14절)가 포함된다는 것이 주목되어야 한다. 바울은 복음의 진행이 이제 온 땅에 퍼져 복음의 선포가 이제 일반 계시의 포괄적인 범위에 비교할 수 있을 정도라고 믿는다. 그리스도에 의해 시작된 새 시대의 주목할 만한 특징 중 하나는 구원하는 메시지가 더 이상 이스라엘에게 제한되지 않고 전 세계를 포함한다는 것이다.

10:19에서 바울은 다른 질문을 하는데, 이 질문은 이방인들이 구원받고 이스라엘이 예수의 구원하는 사역을 거절한다는 것을 보여주는 구약성경을 이 이스라엘 백성들이 알았어야 한다는 의미로 해석되어야 한다. 바울은 또한 예언이 이스라엘의 불신앙과 이방인의 믿음 안에서 성취되고 있다는 것

을 보여주기 위하여 이사야 65:1-2를 인용한다. 해석자들의 대부분은 이사야서의 원래 문맥에서 65:1과 65:2를 듣는 대상이 이스라엘이지만, 바울이 65:1을 이방인들에게 적용하고 65:2를 이스라엘에게 적용함으로써, 그 예언을 나누었다고 생각한다. 만약 그렇다면, 비록 이사야 65:1이 원래는 유대인들에 관련된다고 할지라도, 바울은 이 구절의 내용 안에서 이방인들에게 적용된 하나의 원리를 발견하였을 것이다. 또한 1절이 이사야서의 원래 문맥에서 이방인들을 의미했을 가능성도 있다. 만약 그렇다면, 바울이 65:1의 원래 의미를 정확하게 해석한다고 할 수 있다. 또한, 이 구절은 역사적인 정황 안에서 유대인들과 관련되지만, 바울은 이 본문을 열방이 마지막 날에 시온에 올 것이라는 이사야서에 나타난 약속에 비추어 읽는 것으로 이해될 수 있다(사 2:2-5; 14:2; 45:14; 49:22; 55:5; 66:20).

로마서 10:21에 나타난 이사야 65:2의 인용은 신실하지 않은 이스라엘이라는 주제를 강조한다. 이사야가 예언한 것이 이루어졌는데, 하나님이 이스라엘 백성을 계속해서 돌아오도록 초대하였지만, 이들은 계속해서 완고하였다. 여기에서 우리는 바울이 하나님의 주권에 대하여 신뢰하고 있지만, 그렇다고 인간의 책임과 선택, 그리고 인간의 자유를 최소화하지 않는다는 것을 보게 된다. 로마서 9:30-10:21은 이스라엘이 믿어야 하는데 그렇게 하지 않는 것에 대한 책임이 있음을 강조한다. 로마서 10:21에서 하나님의 벌린 손은 이스라엘 백성이 믿음 안에서 반응할 것이라는 그의 진정한 갈망을 드러내며(딤전 2:4 참조), 이스라엘의 역사는 끝나지 않았음을 지적한다.

대부분의 이스라엘 사람들이 복음을 거절하는 것을 보면서, 독자들은 하나님이 혹시 이스라엘을 버린 것은 아닌지 질문을 할 수 있다. 이에 대한 대답은 하나님께서 확실히 버리지 않았다는 것이다. 왜냐하면 남은 자가 여전히 존재하고, 바울은 자기 자신을 그러한 예로 제시하고 있기 때문이다(롬 11:1). 하나님은 이스라엘을 거절하지 않으셨으며, 이스라엘 백성은 하나님의 언약 백성임이 분명하다. 열왕기상 19장에서 엘리야에 대한 기록은 하나님이 남는 자를 선택했다는 것을 증명하기 위하여 인용된다(롬 11:2-4). 엘리야는 이스라엘에 대한 모든 희망을 포기했다. 왜냐하면 선지자들은 아합과 이세벨에 의해 죽임을 당하였고, 여호와의 제단은 파괴되었기 때문이다. 엘리야는 주님이 남긴 선지자가 오직 자신이라고 결론을 내렸고, 이세벨과 아합 역시 그를 죽이려고 하였다. 그러나 주님은 엘리야의 생각을 바로잡고 그의 관점이 잘못되었음을 보여주었다. 왜냐하면 주님은 이스라엘 안에 바알 숭배에 타협하지 않은 7,000명을 남겨두셨기 때문이다. 남아있던 7,000명은 우연이 아니라, 하나님의 은혜로운 역사의 결과였다.

선택이라는 원리는 바울 시대에도 계속해서 적용되었다(롬 11:5-6). 우리가 복음서와 사도행전 안에서 유대인 중 믿음을 가진 유대인들을 보는 것처럼, 하나님의 은혜로 이스라엘 안에 선택받은 남은 자가 있었다. 구약성경에서 남은 자의 존재는 하나님이 자기 백성을 버리지 않았다는 것과 그가 미래에 이 백성을 위해 더 무엇인가를 더 할 것임을 나타낸다. 남은 자가 살아있다는 것은 미래에 하나님의 약속들이 완전히 실현될 것임을 가리킨다. 선택은 하나님의 은혜이며, 은혜는 당연히 행위를 배제한다. 여기에서 우리는 바울에게서 발견되는 선택의 신학이 복음의 핵심에 있는 은혜의 복음을 묘사하는 또 다른 방법임을 보게 된다.

11:7-10에서 바울은 이스라엘과 관련된 사항을 요약한다. 이스라엘은 하나님과 올바른 관계를 맺지 못했다. 하지만, 하나님의 약속들은 선택받은 자들에 의해 성취되는데, 이 선택받은 자들은 이스라엘 안에 남은 자와 많은 이방인을 포함한다. 11:8-10에 나타난 성경 인용들은 유대인 대부분이 하나님에 의해 완고하게 되었다는 것을 입증하는데, 그렇다고 해서 이스라엘이 영원히 거절되었다는 것을 의미하지 않는다. 바울은 율법(신 29:4)과 선지서(사 29:10), 그리고 성문서(시 69:22)에서 여러 구절을 인용한다. 실제로, 로마서 11:8은 신명기 29:3(LXX)과 이사야 29:10이 결합된 인용이다. 바울은 이사야 29:10의 "혼미한 심령"이라는 표현을 넣음으로써, 하나님의 활동에

대한 강조를 강화한다. 바울은 신명기 29:3-4의 문맥을 기반으로, 하나님에 의해 이스라엘 백성들이 완악하게 되어, 그 결과로 이들이 듣지 못하고 보지 못했다고 덧붙인다.

인용된 두 구절의 구약성경 문맥은 주목되어야 한다. 신명기 29-30장에서 모세는 이스라엘의 역사를 자세히 설명하고, 이스라엘 백성들이 죄 때문에 포로 생활을 하게 될 것임과 하나님이 이들의 마음에 할례를 베풀 때 구원을 받을 것이라고 예언한다(30:6). 바울은 "오늘까지"라는 표현을 신명기 29:4에서 가져오는데, 이 구절은 이스라엘이 계속해서 완고하게 된다는 것을 보여준다. 그러나 신명기 30장은 새 날, 즉 구원의 날이 올 것임을 보여준다. 이사야 29장은 선지자들에 대한 심판 예언을 포함한다(29:9-16; 또한, 6:9-10 참조). 바울은 이사야 29:14를 바울 당시 유대인들의 영적인 눈이 흐려진 상태에 적용한다(고전 1:19 참조). 그러나 이사야 29:17-24는 또한 수치가 야곱으로부터 제거되고 총명이 이들에게 주어질 그 날을 이스라엘 안에서 고대하고 있음을 보여준다. 그러므로 바울은 신명기와 이사야서 안에 묘사된 것처럼, 이스라엘이 심판 아래 있는 것으로 이해한다. 물론, 두 예언의 문맥은 이스라엘이 심판 아래 있다는 것이 마지막 말이 아니라는 것을 지적하지만 말이다.

로마서 11:9-10에 나타난 구약 인용은 시편 69:22-23에서 온다. 시편 69편은 예수 그리스도의 삶과 사역, 그리고 죽음에 관련하여 신약성경 안에서 자주 언급된다(마 27:34, 48; 막 3:21; 15:23, 36; 눅 13:35; 23:36; 요 2:17; 15:25; 19:29; 행 1:20; 롬 15:3; 히 11:26; 또한, 빌 4:3; 계 3:5; 16:1 참조). 다윗이 자신이 고난을 겪고 거절당한 것에 대하여 자세히 설명할 때, 그는 하나님께서 자기 적들을 저주할 것이라는 기도를 포함한다(시 69:22-28). 다윗의 원수들에 대하여 선언된 저주는 예수를 주님으로 인정하지 않고 교회를 압제하였던, 바울 당대의 믿지 않은 유대인들에게 적용된다. 사도행전에서 우리는 시편 69편이 예표론적으로 사용되었다는 것을 주목했고, 우리는 여기에서 그러한 예표론

(typology)과 확대(escalation)의 또 다른 예를 보게 된다. 유대인들이 신뢰했던 것이 실제로 그들 자신의 멸망과 심판의 수단이 되었다. 비록 하나님이 완고하게 하였다고 할지라도, 유대인들은 여전히 그들 자신의 죄에 대하여 책임이 있다. 이 두 진리는 양립할 수 있다.

이스라엘의 미래의 소망(11:11–36)

이스라엘의 불신앙을 강조하는 긴 논의(롬 9:30-11:10)는 이스라엘이 회복할 수 없이 넘어질 정도로 실족하였다는 결론을 이끈다(11:11). 그러나 사실 그렇지 않았다(11:11-16). 하나님은 이스라엘의 범법과 거절이 이방인에게 구원과 하나님과의 화목의 풍성함을 가져올 것을 계획하였다. 이스라엘 백성은 자신들에게 한 약속들 안에 이방인들이 포함되는 것을 보자마자, 이 이방인들을 시기하고 이들에게 주어진 축복을 바라게 될 것이다. 바울은 남은 자보다 더 많은 사람이 구원될 때를, 이스라엘의 "충만함"이 있을 때를(11:12), 이스라엘이 더 엄청날 정도로 받아들여질 때를 기대한다. 이러한 상황이 발생할 때가 "죽은 자 가운데서 살아나게" 될 때인데(11:15), 가장 자연스럽게 최종적인 부활을 의미한다. 이스라엘의 구원이 충만하게 일어난 이후 일반적인 부활이 있게 될 것이다.

16절에서 두 개의 예가 등장하고 한 가지 요점을 형성하는데, 하나님께서 족장들을 선택했다는 것은 이스라엘 백성이 전체로서 하나님에게 바쳐졌다는 것을 의미한다. 처음 익은 곡식 열매 개념은 거룩함의 개념을 전달하기 위해 도입되며, 바로 다음에 바울은 하나님의 백성을 감람나무로 묘사하기 위해 뿌리와 가지의 예를 가져온다. 이 두 예는 같은 요점을 형성하는데, 족장들을 선택했다는 것은 이스라엘을 전체로서 거룩하게 한다는 것이다. 이스라엘 민족은 조상들에게 주어진 약속 때문에, 버림을 받지 않고 하나님의 선택한 백성으로 여전히 남게 된다(28-29절).

1:17-24에서 하나님의 백성은 구약성경에 등장하는 감람나무 비유로 묘

사된다(렘 11:16-19; 호 14:6-7). 유대인 가지들은 불신앙 때문에 꺾였고, 이제 이방인 가지들이 접붙여져서, 유대인 신자들과 이방인 신자들이 하나로 구성된 하나님의 백성이 있다. 바울의 걱정거리는 로마에 있는 이방인들이 하나님의 백성 안에 자신들이 포함된 것에 대하여 자랑하고 교만하게 되는 것이었다. 자랑하는 것 대신에 오히려 이방인들은 믿지 않았던 유대인들의 곤경을 생각할 때 두려워해야 한다. 이러한 두려움은 자만심에 대한 해독제의 역할을 할 것이다. 왜냐하면 이방인 신자들도 계속해서 믿지 않는다면 감람나무로부터 제거될 것이기 때문이다. 하나님의 인자하심은 회개하고 믿는 사람들을 향하여 하나님의 은혜 안에서 증명되지만, 돌아서는 사람들은 그의 가혹한 심판을 경험하게 될 것이다.

이방인들이 감람나무에 접붙임을 받았기 때문에, 이들은 자신들을 높이고자 하는 유혹을 받았다. 그러나 이들 또한 하나님이 원 가지들, 즉 유대인들을 감람나무에 다시 접붙일 수 있고 또 그렇게 하실 것이라고 깨달을 필요가 있었다(롬 11:23-24). 11:25-27에서 바울이 신비라는 단어를 언급하는데, 이것이 의미하는 것은 열띤 토론의 주제이다. 바울 안에서 "신비"는 묵시적인 차원을 갖지만(롬 16:25; 고전 2:1, 7; 4:1; 13:2; 14:2; 15:51; 엡 1:9; 3:3-4, 9; 5:32; 6:19; 골 1:26-27; 2:2; 4:3; 살후 2:7; 딤전 3:9, 16), 그렇다고 인간의 이해를 초월하는 수수께끼를 의미하지 않는다. 대신에, 이 표현은 인간에게서 숨겨졌지만 이제 드러나게 된 하나님의 계획의 비밀스러운 요소를 가리킨다. 바울에게, 이 신비는 그리스도의 복음 안에서 계시된다(롬 16:25; 고전 2:1, 7; 15:51; 엡 1:9; 3:3-4, 9; 5:32; 6:19; 골 1:26-27; 2:2; 4:3; 딤전 3:9, 16). 여기에서 바울은 이방인들이 교만하지 않게 하려고, 이 비밀을 드러낸다.

로마서 11:25-27에 나타난 비밀은 적어도 세 부분을 갖는다. (1) 이스라엘의 일부가 제한된 기간 우둔하게 된다. (2) 이방인들의 구원은 이스라엘의 구원보다 먼저 일어날 것이다. (3) 모든 이스라엘은 결국 구원을 받게 될 것이다. 몇몇 학자들은 이스라엘이 그리스도를 믿지 않고 구원을 받을 것임을 바울이 말하는 것이라고 이해한다. 그러나 이러한 읽기는 11:25-27을 문맥 안에서 이해하지 못하는 것이다. 결국, 바울은 고뇌로 가득하게 되는데, 이스라엘이 "그리스도에게서" 끊어지기 때문이고(9:3), 이스라엘은 그를 믿지 않은 것에 대하여 비난을 받기 때문이다(9:31-10:21). 바울이 자기 자신을 구원받은 남은 자의 예로 소개할 때(11:1-6), 그는 그리스도를 믿기 때문에, 남은 자의 자격이 있는 것이다. 그래서 이스라엘의 불신앙이 11:23에서 주목될 때, 이것은 예수를 믿지 않은 것을 분명히 의미한다.

11:26에 나타난 "온 이스라엘"의 의미는 논쟁의 여지가 있다. 몇몇 학자들은 이스라엘이 여기에서 교회를 의미하며, 메시아인 예수를 믿는 유대인과 이방인 모두를 포함한다고 주장한다. 이것은 신자들이 참 유대인이자 참 할례파이고(2:28-29; 빌 3:3), 아브라함의 자녀들이며(롬 4:1-17; 갈 3:6-9, 26-29), "하나님의 이스라엘"(갈 6:16)이라는 바울의 주장에 일치한다. 그 학자들은 이방인들 역시 로마서 9:24-26에 인용된 호세아서의 구절이 설명하는 것처럼, 이스라엘 안에 포함되며, 감람나무의 구성원들(11:17-24)이라고 주장한다. 사실, 이러한 읽기는 여러 면에서 매력적으로 보일 수 있다. 그러나 로마서 9-11장의 문맥에 잘 부합하지 않는다. 9-11장에 생기를 불어넣는 주요한 질문이자 바울이 기꺼이 저주받으려 했던 이유는 이스라엘 민족이 그리스도로부터 끊어지는 것이었다. 게다가, 11장의 초반에 있는 구절들은 이방인들과 이스라엘 민족 간의 구별을 유지한다. "이스라엘"이라는 단어는 11:25에서 민족으로서 이스라엘을 가리키다가, 갑자기 26절에서 바울이 교회에 대한 언급으로 바꾸는 것 같지 않다. 참으로, 유대인들과 이방인들 간의 대조는 28절에서 계속되는데, 이것은 이스라엘의 의미가 26절에서 바뀌지 않는다는 것을 제안한다. 왜냐하면 이스라엘은 복음에 관련하여 적이지만 하나님의 선택의 은혜 때문에 사랑받기 때문이다.

여러 학자들은 바울이 역사 전체에 걸쳐 나타난, 선택되어 믿고 있는 유대인의 남은 자들을 언급한다고 주장한다. 이 해석은 9-11장에 설명된, 유대인 중 남은 자들에 대한 바울의 가르침에 부합한다(9:6-13, 27-29; 11:1-10 참조). 이 견해에 따르게 된다면, 11장에서 이스라엘을 위한 미래의 구원에 대한 논의는 9-10장에 나타난 남은 자에 관한 강조를 고려했을 때, 자연스러운 흐름이 아닌 것처럼 보인다. 바울은 이스라엘의 구원에 대하여 미래가 아니라 "이제" 즉 지금의 관점으로 바라보고 있다(11:31). 모든 이방인이 들어오기까지('아크리 후'[achri hou], 11:25) 우둔하게 된다는 것은 모든 이방인이 믿은 이후에야 무슨 일이 일어나는 것을 의미하지 않는다(고전 11:26에 나타난 "~까지"의 의미 참조). 이스라엘의 우둔함은 시간의 끝까지 지속될 것임을 의미한다. 로마서 11:26은 이스라엘이 구원을 얻게 될 방식(시간이 아니라)을 묘사한다. 바울은 역사 전체에 걸쳐 모든 선택된 이스라엘 사람들을 언급한다.

남은 자 견해의 강점에도 불구하고, 바울이 예수 그리스도의 재림 때나 그의 재림이 임박했을 때 발생하게 될 이스라엘 민족의 구원에 대하여 말한다고 주장하는 것은 더 설득력이 있다. 유대인 남은 자로 구원을 제한하는 것의 한 가지 어려움은 로마서 11장의 끝부분에 계시된 신비가 상당히 용두사미로(anticlimactic) 끝나는 것처럼 보이기 때문이다. 앞서 나는 남은 자의 구원은 미래에 있을 큰 구원 사역을 가리킨다고 주목했는데, 남은 자는 미래에 대한 약속으로 기능한다는 것이다. 남은 자의 구원은 해결책이 아니라 9-11장의 논의를 당연하게 만드는 문제이다!

미래에 있을 이스라엘 민족의 구원은 또한 11:25-27에 나타난 사상의 흐름에 일치한다. "이방인의 충만한 수"는 구원을 받을 이방인들의 충만한 수를 의미한다. 이방인이 하나님의 백성으로 포함되는 것은 아마도 이방인들이 시온으로 오는 순례를 묘사하는 본문들에서 비롯되는 것 같다(사 2:2-4; 66:18-20; 미 4:1-5; Tob. 13:11-13; Pss. Sol. 17.30-31; T. Benj. 9.2). 이와 달리, 이스라엘은 이방인들이 믿고 있는 동안 그리고 이들이 믿을 때"까지" 우둔하게 된다. "까지"라는 표현은 대부분의 이스라엘이 우둔하게 되는 것이 이방인의 충만한 수가 구원을 받은 이후 해제될 것임을 암시한다. 특히 하나님이 자신의 언약 백성에게 신실하다는 것을 나타내고 있는 바울은 대부분의 이스라엘이 역사의 나머지 기간 우둔하게 될 것임을 말하는 것 같지 않다.

"그리하여"(롬 11:26)라는 표현은 이스라엘이 구원받을 방식을 나타내지만, 이들이 구원받게 될 방식은 시간적인 요소 또한 포함한다. 그러므로 이 신비의 내용은 단순히 이스라엘이 앞으로 구원받게 될 상황만을 포함하는 것이 아니다(구약성경에서 상당히 분명함). 새롭고 독특한 점은 이방인의 충만한 수가 하나님의 백성 안에 포함된 이후에만, 모든 이스라엘이 구원받을 것이라는 계시이다. 11:26-27에 나타난 구약성경 인용들 역시 미래의 구원을 가리키는데, 우리는 이사야 59:20과 27:9의 내용이 융합된 것으로 이해하며, 아마도 예레미야 31:33에 대한 암시 또한 있는 것 같다. 이 모든 본문은 이스라엘의 구원이 죄 때문에 고난의 기간 이후에 온다는 것을 보여준다. 바울은 구원자가 "시온으로"(to Zion) 오는 것이 아니고 또한 "시온을 위하여"(for the sake of Zion) 오는 것이 아니라, "시온에서"(from Zion) 올 것이라고 말할 때, 그는 칠십 인역(LXX)과 마소라 본문(MT)의 읽기에서 출발하는 것으로 보인다. 아마도 이 변형은 시편 14:7(13:7 LXX)에 대한 암시에서 오는 것 같다. 이 본문들의 병합은 이 본문들이 바울을 위해 상호 해석적인 기능을 하고 있음을 나타낸다. 바울은 "시온"이라는 표현으로 주님이 오시는 하늘의 예루살렘을 가리킨다. 미래 시제는 아마도 그리스도의 재림을 의미할 것이다(살전 1:10 참조). 여기에서 유대인들의 회심은 예수가 바울에게 나타났을 때 일어난 회심과 유사하다. 만약 이것이 옳다면, 바울은 이스라엘이 구원받을 것임을 가르치는데, 구원자가 올 것이며 야곱에게서 경건하지 않은 것을 돌이킬 것이라는 가르침이다.

이스라엘의 회심은 하나님의 사역이며, 이것은 구약 인용의 마지막 두 행과 일치한다. 하나님은 새 언약에 따라 자신의 법을 사람들의 마음 안에 둠으로써, 이들의 완악함을 이기신다(렘 31:31-34). 그는 자기 백성의 죄를 제거하시고 자신을 아는 마음을 준다. 그러므로 구약성경 전체에 걸쳐, 이스라엘에게 보증된 구원의 약속들은 마지막 세대에서 성취될 것이다. 우리는 또한 이 언약이 종을 통해서만 실현될 것임을 이사야서에서 알게 된다(사 42:6; 49:6, 8; 52:13-53:12). 이 언약은 이스라엘의 구원이 하나님 자신의 사역임을 우리에게 상기시킨다.

"온 이스라엘"은 이스라엘 민족을 가리키며, 예수가 재림하는 때이든지 이 재림의 때와 가까운 어느 시점에 있게 될 이스라엘의 미래 구원을 나타낸다. "온"은 유대인 각 사람으로(every single) 구성된 모든 사람이 아니라, 대다수의 이스라엘 사람들을 의미한다. 이렇게 있게 될 미래의 구원은 천년기(millennium)에 이스라엘이 팔레스타인 지역에서 통치하는 것을 반드시 수반하지 않는다. 로마서 11장은 이러한 약속들의 성취에 대한 어떤 것도 말하지 않고, 교회를 유대인들과 이방인들로 함께 구성된 연합된 몸으로 이해한다. 이 교회 자체는 참되고 회복된 이스라엘이 되는 것으로 이해되어야 한다. 믿는 유대인들은 예수 그리스도의 교회의 구성원들이 된다. 바울은 역사에 걸쳐서 모든 이스라엘 민족이 구원받을 것이라고 주장하는 것이 아니다. 이것은 로마서 9-11장의 주장과 모순되는데, 이 장들은 오직 남은 자가 구원을 받는다는 것을 지적한다. 시간적인 간격 이후 이스라엘 백성에게 다시 긍휼이 임한다는 것은 이 백성이 민족적인 유산으로 인하여 받을 만한 가치가 있기 때문이 아니라, 하나님의 구원의 은총이 진정한 긍휼임을 이스라엘에게 상기시키는 것이다. 하나님이 현 시대에서 이방인들에게 자비로운 것과 마찬가지로, 그가 주신 약속들에 따라 미래에 다시 이스라엘에게 은혜를 베풀겠다고 약속한다(11:28-29).

하나님은 자유롭게 주권적으로 은혜를 베푸신다. 그는 이 은혜를 받는 사람들이 그 구원하는 은혜를 보고 놀라게 될 정도로 구원의 역사를 설계하였다. 유대인들이 하나님의 은총의 특별한 대상이 되는 것으로 기대하고 있을 때, 이방인들이 구원으로 택함을 받았다. 이방인들이 이스라엘 민족보다 우월하다고 믿도록 유혹을 받을 그때 유대인들은 다시 접붙임을 받을 것이다(11:30-32). 이스라엘이 구원 역사를 종결하게 될 긍휼을 "이제" 받을 수 있도록 모든 것이 준비된 것처럼 보이지만, 오직 하나님만 그 성취의 시간을 아신다. 하나님께서 역사를 계획하셨을 때, 유대인들과 이방인들 모두 죄 아래 갇혀 있었음이 분명하다. 그는 유대인들과 이방인들 모두에게 긍휼을 베풀 수 있는 방식으로 역사를 계획하셨다.

하나님의 계획을 생각하면서, 바울은 오직 하나님의 계시 이외에, 우리가 그의 지혜와 지식의 풍성함과 그의 판단과 길에 접근할 수 없다는 사실 때문에, 갑자기 찬양한다(11:33-36). 구약성경의 두 본문이 이 송영에서 인용된다. 첫째, 그는 이사야 40:13을 인용하는데, 이 구절에서 이사야는 만약 누가 주님의 마음을 알고 있는지 누가 그의 모사가 되었는지 묻는다. 이에 대한 답은 분명하다. 유한한 인간은 하나님의 마음을 분별하거나 그에게 어떻게 세상을 운영해야 하는지 조언을 줄 충분한 지혜를 가지고 있지 않다. 이 인용의 구약 문맥 또한 중요한데, 이사야 40장에는 바벨론으로부터 두 번째 출애굽이 약속된다. 그러나 이스라엘은 의심과 두려움으로 가득하다. 왜냐하면 이스라엘은 너무 약하고 바벨론은 너무 강하기 때문이다. 이 상황에서 여호와는 자신의 구원하는 계획을 성취할 것이라고 이스라엘 백성에게 확신시킨다. 왜냐하면 모든 나라들은 그 앞에서 마치 한 방울 물과 같고 저울의 작은 티끌처럼, 아무것도 아니기 때문이다.

로마서 9-11장에 대한 주제적 연결은 인식되어야 한다. 바벨론으로부터 구원이 불가능하고 그들이 실제로 포기했을 때 주님이 이스라엘을 구원하겠다고 약속했던 것처럼, 마찬가지로 그는 이사야서에 나타난 언약 약속들을 예기치 않은 방식으로 성취할 수 있도록 역사를 계획하였다. 그는 할례받지 않은 이방인들에게 구원을 확장하였고, 역사의 끝에서 믿지 않은 유대인들에게 이 구원을 다시 전개할 것이다. 이스라엘을 다시 포함하는 것이 믿을 수 없는 것처럼 보이는가? 이것은 이스라엘을 바벨론의 지배에서 구출하겠다는 약속보다 더 놀라운 것이 아니다. 하나님은 약한 자를 위해 구원을 실행하여, 자기 능력의 영광이 모든 사람에게 새겨지도록 한다. 바벨론에 사로잡혀 있는 이스라엘 백성은 주님이 자신들을 그 곤궁에서 구하겠다고 생각하고 계획하였음을 깨닫지 못하였다. 비슷하게, 인간은 하나님의 계획의 지혜를 예상할 수 없는데, 그 계획안에서 그는 가장 불가능한 방식으로 유대인들과 이방인들의 구원을 가져오기 위해 역사를 미리 준비했다.

바울은 또한 어느 누구도 인간 역사가 가야 하는 경로를 이해하고 하나님에게 지시할 지혜나 지식을 가지고 있지 않다고 가르친다. 우리는 하나님의 지혜와 계획에 접근할 수 없고 여전히 그 깊이를 측량할 수 없다고 할지라도, 바울은 이 지혜가 우리에게 계시되었다고 계속해서 말한다.

두 번째 본문은 욥기 41:3에서 온다. 이 수사학적인 질문의 의미는 어렵지 않은데, 어느 사람도 먼저 하나님에게 무언가를 주지 않았으므로 갚으심을 받을 자격이 없다는 것이다. 이에 대한 구약성경 문맥이 고려되어야 한다. 욥이 고난 중에 했던 불평했던 것 중 하나는 하나님이 불의하다는 것이었다. 이것 때문에 욥은 하나님의 지혜를 의심하게 되었다. 욥기 38-41장에서 하나님은 자신을 욥에게 계시하면서, 하나님의 공의와 세상이 진행되는 작동 방식에 의문을 제기하는 그를 책망한다. 욥은 세상과 세상 안에 있는 모든 것을 다스릴 수 없을 정도로 너무 제한적이고 유한하다. 하나님은 자신이 만든 세상을 다스릴 능력을 갖추고 있음을 욥에게 상기시킨다. 욥은 자신이 교만하였고, 자신의 지식은 너무 제한적이며, 어느 사람도 하나님의 계획을 중단할 수 없다는 것을 인정함으로써(42:3), 하나님의 말씀에 반응한다(42:3). 욥이 고난을 받는 동안 하나님의 지혜와 능력을 의심했던 것처럼, 기독교인들 역시 세계 역사에 대한 하나님의 구원하는 계획과 관련하여 그의 지혜에 의문을 제기할 수도 있다. 하나님의 위대하심에 대한 욥의 시야는 제한적이었다. 하나님은 지혜와 공의 안에서 욥에 대한 계획을 성취하였고, 몇몇 유대인들과 이방인들을 구원하려는 그의 계획 역시 지혜롭고 의롭다. 그는 어느 사람의 지혜와 힘, 그리고 선의에 빚진 분이 아니다. 그는 자신의 계획에 따라 목적들을 성취한다. 모든 것들이 하나님으로부터 나오고 모든 것들이 하나님을 통하여 이루어지기 때문에, 모든 것들은 하나님에게 속하고, 그는 영원히 모든 영광을 받기에 합당하다. 하나님은 모든 것들의 원천이며 수단이고 목적이다.

매일의 삶 속에서 하나님의 구원하는 의(12:1–13:14)

하나님이 요구하는 것(12:1–2)

로마서 1:16-11:36에서 설명된, 하나님의 구원하는 의와 구원하는 긍휼에 비추어, 바울은 사람들이 자신들을 하나님에게 완전히 바치도록 요구한다. 그리스도 안에 있는 하나님의 은혜는 모든 권면의 기초이므로, 직설법(그리스도 안에 있는 하나님의 은혜)이 명령법(권면들)을 뒷받침하게 된다. 12:3-15:13은 주님에게 전적으로 속한다는 것이 '일상에서 무엇을 의미하는지' 보여준다는 의미에서, 우리는 12:1-2가 12:1-15:13에 있는 모든 권면을 요약한다고 말할 수 있다. 신자들은 자신들의 "몸," 즉 전 인격을 하나님에게 "드려야" 한다. 이들의 몸은 "산 제물"로서 드려져야 한다. 왜냐하면 그리스도와 연합된 사람들로서 이들은 이제 부활 생명을 누리기 때문이다. 대조적으로 믿지 않은 자들은 자신들의 몸을 성적인 죄에 바친다(1:24, 26-27). 이들은 또한 하나님에게 감사와 찬양을 드리지 않고 창조주보다 오히려 피조물을 경배한다(1:21, 25). 진정한 예배는 하나님의 통치가 백성들의 삶 안에서 회복되는 것을 의미한다. 신자들은 이 현재의 악한 세대에 본받아서는 안 되며, "오직 마음을 새롭게 함으로 변화를 받아야" 한다. 믿지 않은 자들의 사상은 헛되지만(1:21-22), 신자들의 마음은 새로운 방향으로 향하게 되고(reoriented) 재조정된다(recalibrated). 결과적으로 이들은 하나님의 선과 그를 기쁘게 하는 뜻을 수행할 수 있게 된다.

한 몸 안에서의 삶(12:3–8)

하나님에게 자신을 드리는 사람들은 예수 그리스도의 교회, 즉 한 몸 안에서 서로 자신들을 주게 된다. 화합 안에서 서로가 살아갈 때 가장 큰 장애물은 자기 자신에 대하여 현실에 맞지 않게 환상을 품고 있는 자만심이다. 대신에, 신자들은 현명하고 현실적으로 자신들에 대하여 생각해야 한다. 이들은 삶 속에서 헛된 소원과 환상에 굴복하지 않기 위해, 자신이 가진 믿음의 분량을 생각하고 인정해야 한다. 바울은 교회를 묘사하기 위해 몸에 대한 은유를 사용하는데, 이 은유는 몸 안에 다른 많은 부분이 있고 이 몸이 하나이기 때문에 적합하다. 지체들의 다양성은 교회의 다양한 구성원들이 다른 기능을 하고 있음을 지적한다. 이들 모두는 똑같은 것들에 뛰어나지 않다. 교회는 그리스도의 몸인데, 다양하고 동시에 하나로 이루어져 있다.

하나님은 은혜로 그 몸 안에 은사들을 주신다. 비록 바울이 몸의 지체들과 은사들 간에 일대일 대응을 구성하지 않는다고 할지라도, 다양한 은사들은 몸의 다양한 지체들을 나타낸다. 여기에 많은 은사가 열거된다. 예언의 은사는 하나님께서 자기 뜻과 길을 자기 백성들에게 전달하는 자연스러운 계시들을 받으므로 발휘된다. 이러한 은사를 가지고 있는 사람들은 자신들의 믿음을 넘어서서 하나님의 말씀을 말하려고 해서는 안 된다. 왜냐하면 이들은 하나님 자신이 아니라, 자신들의 상상으로 말하기 시작할 것이기 때문이다. 바울은 또한 신자들이 자신들의 은사들에 집중해야 하고, 가지고 있지 않은 것을 하려고 해서는 안 된다고 강조한다. 섬기는 일의 은사를 가지는 사람들은 섬기는 것에, 가르치는 은사를 가지는 사람들은 가르치는 것에, 위로하는 은사를 가지고 있는 사람들은 위로하는 일에 초점을 두어야 한다. 확실히, 사람들은 자신들이 소유하지 않은 은사들을 연습해야 하지만, 자신의 은사들에 집중해야 한다. 바울은 또한 은사들이 어떻게 행사되어야 하는지에 대한 여러 교훈을 준다. 베푸는 사람들은 관대해야 한다. 이끄는 사람들은 부지런하고 게으름에 굴복해서는 안 된다. 왜냐하면 지도자들로서 이들이 게으르면, 다른 사람들을 책임질 수 없기 때문이다. 마지막으로 긍휼을 베푸는 사람들은 계속해서 기뻐해야 하고 화를 피해야 하고, 그들이 베푸는 긍휼이 마지못해서 하는 영에 의해 더럽혀지지 않도록 그들 자신을 지켜야 한다.

한 몸 안에서 사랑(12:9-21)

바울은 하나님에게 자신을 드린다는 것이 무엇을 의미하는지에 대하여 더 구체화한다. 우리는 광범위한 권면들을 가지는데, 이것 모두를 여기에서 논의할 수 없다. 사랑은 이 목록의 선두에 있고, 사랑이 바울 윤리의 핵심이기 때문에 놀라운 일이 아니다. 우리가 사랑의 특성들의 목록을 조사하면 몇 가지가 두드러진다. 사랑은 진실해야 하며 아첨이나 착함과 혼동되어서는 안 된다. 동시에, 사랑은 도덕적 규범에 의해 움직이며 악을 미워한다. 초대 교회에서 서로를 향한 가족애가 두드러지는데, 이것은 신자들이 새로 확장된 가족을 형성한다는 것을 의미한다. 신자들은 재정적으로, 물질적으로 고통을 받는 사람들을 도우며, 재정과 물질이 부족한 사람들에게 환대를 제공한다. 진정한 사랑은 다른 사람들을 진정으로 돌보면서 표현되어야 하며, 사람들은 다른 사람들의 기쁨을 기뻐하고 고통 가운데 있는 사람들과 함께 슬퍼한다.

원수를 사랑하라는 예수의 가르침의 영향도 또한 나타난다(마 5:43-48). 신자들은 박해하고 학대하는 사람들을 축복해야 한다. 악을 악으로 갚는 것 대신에, 신자들은 존귀하고 그리스도를 닮는 일을 행해야 한다. 이 어려운 명령은 오직 신자들이 하나님에게 자신들을 계속해서 드릴 때, 순종할 수 있는 것이다. 동시에, 신자들은 하나님의 공의 안에 머물러야 한다. 하나님께서는 누군가를 미워하는 것에 대하여 회개하지 않은 사람들에게 자신의 진노를 쏟을 것이다. 비록 바울은 신자들이 믿지 않은 사람들 위에 "숯불을 그 머리에 쌓는" 것에 대하여 말한다고 할지라도(롬 12:20), 하나님은 마지막 심판에서 이 믿지 않은 사람들 위에 실제로 그러한 숯을 부으시는 분이기 때문에, 이렇게 말하는 것이다.

학자들 대부분은 숯불에 대한 언급(잠 25:22)을 원수들이 기독교인들의 사랑을 보게 될 때 미워하는 행동에 대하여 경험하게 될 후회와 수치를 언급하는 것으로 해석한다. 이 읽기에 따르면, 신자들의 놀라운 사랑은 불신자들이 회개하고 구원으로 이르게 할 수 있다. 다른 학자들은 숯불이 수치와 후회를 의미하지 않고, 악에 대하여 선을 갚을 때 일어나는 마음의 변화를 상징하는 것이라고 말한다. 여러 학자들은 회개와 후회의 이집트 의식(Egyptian rite)에서 이 마음의 변화에 대한 예를 발견하기도 한다.

위의 제안들이 가진 문제는 이 제안들은 "숯불"의 가장 자연스러운 의미에서 벗어난다는 것이다. 특히 바울이 아마도 그 이집트 의식에 대하여 결코 들어본 적이 없었을 것이라는 점을 우리가 고려할 때, 의미가 명확하지 않고 모호한 그 의식을 찾을 필요가 없다. 실제로 구약성경이 이 은유의 의미를 명료하게 제공한다. 구약성경에서 숯불은 일관적으로 하나님의 심판을 의미한다는 것이다(삼하 22:9, 13; 시 18:8, 12; 욥 41:20-21 [41:12-13 LXX]; 시 140:10; 잠 6:27-29; 겔 24:11. 또한, Sir. 8:10; 11:32; 2 Esd. 16:53 참조). 그래서 학자들 대부분은 오늘날 이 이집트 의식과 관련된 해석을 거절한다. 왜냐하면 불신자들이 다른 사람들에게 선을 행하는 것이 심리적으로 불가능하게 보이며, 하나님이 마지막 날에 이들 위에 숯불을 던질 것이기 때문이다! 그러나 문제는 바울이 이미 로마서 12:19에서 말한 것보다 더 크지 않다는 것인데, 이 구절에서 신자들은 복수를 삼가고 불신자들을 하나님의 진노에 맡긴다는 것, 이 두 가지를 보여준다. 이 두 경우에서 신자들은 자신들의 손으로 직접 공의를 실현하는 모습에 무게를 두지 않는다. 왜냐하면 그들은 하나님이 결국 모든 잘못된 것을 바로잡을 것이기 때문이다. 신자들은 원수를 사랑해야 하고 이들의 회개를 위해 기도해야 한다. 동시에, 이들은 하나님이 의롭다는 것을 알고 있는데, 회개하지 않은 사람들은 하나님의 진노를 경험할 것이다.

정부 당국에 복종(13:1-7)

정부 당국에 대한 바울의 교훈은 신약성경에 등장하는 다른 본문들의 권면과 일치한다(딛 3:1; 벧전 2:13-17). 바울은 지도자들이 하나님에 의해 임명되기 때문에 복종하도록 요구한다. 바울은 심지어 이방인 통치자들(당시 네로는 황제의 직무를 수행하고 있었음)을 하나님의 종들로 인정하고, 이들이 악을 벌하고 선에 대하여 상을 준다고 강조한다. 신자들은 처벌을 피하고 양심을 위해 통치자들에게 순종해야 한다. 다시 말해서, 이렇게 순종하는 것은 옳은 것이다. 특히 바울은 독자들에게 세금을 내도록 요구한다. 몇몇 학자들은 바울이 이 권면들을 네로가 끔찍한 일들을 행하기 이전에 썼다고 제안했다. 그러나 바울은 통치하는 권력에 대하여 그렇게 잘 속아 넘어가는 사람이 아니었다. 구약성경은 하나님이 통치자들을 임명하신다고 일관적으로 가르친다(삼하 12:8; 잠 8:15-16; 사 45:1; 렘 27:5-6; 단 2:21, 37; 4:17, 25, 32; 5:21). 또한 많은 통치자가 악했음이 다니엘서에 분명하게 나타난다. 바울은 예수가 로마인 아래에서 부당하게 십자가에 달렸다는 것과 바울 자신이 로마의 정부 당국으로부터 부당한 대우를 겪었다는 것을 잊지 않았을 것이다.

독자들은 또한 바울이 정부에 복종하는 것을 권면하고 있는데, 혹시 어떤 예외들이 있는지 궁금하게 생각한다. 그는 악한 것을 행하는 정부들을 언급하지 않는다. 이것은 신자들이 정부가 자행하는 악에 가담하는 것을 묵인해야 한다는 의미인가? 불행하게도, 이 단락은 잘못 이해되어서, 몇몇 학자들은 이 단락을 정부에 의해 불의를 지지하기 위해 사용했고, 다른 학자들은 바울이 불의를 지지하는 것에 대하여 항의하기도 한다. 그러나 우리는 바울이 여기에서 정부에 관한 논문을 쓰고 있지 않다는 것을 인식해야 한다. 우리는 아주 간략한 몇 줄의 조언만 가지고 있고, 바울의 조언은 평소의 일상적인 상황과 관련된다. 일반적으로 신자들은 정부에 순종해야 하고, 비록 그 정권이 악하다고 할지라도 세금을 내야 한다. 정부는 무정부 상태를 억제하고, 사회 안에서 질서를 유지한다. 예외가 있는지 파악하려면, 성경 전체를 살펴보고 찾아야 한다. 물론 예외도 존재할 수 있다. 신자들은 만약 당국자가 복음 선포를 하지 못하게 하거나(행 5:29) 악을 행하도록 한다면(출 1:15-21) 복종해서는 안 된다. 바울의 목적은 이례적인 것이 아니라 일반적인 것을 고려하는 것이었고, 우리는 본문을 읽을 때 확실히 나타난 것보다 더 많은 것을 얻으려는 것을 삼가야 한다.

종말의 관점에서 살기(13:8-14)

자신을 전적으로 하나님에게 드린다는 것은 정부와 바르게 관계를 하고 있다는 것을 의미하며, 이것은 서로 사랑하는 것으로 나타난다. 비록 바울이 하나님을 사랑하라는 명령을 여기에서 생략한다는 것이 자주 주목된다고 할지라도, 그는 사랑이 율법을 이룬다고 주장한다. 무엇인가 왜 빠져 있는지 설명하는 것은 사변적인 시도이지만, 아마도 바울은 하나님에 대한 사랑이 다른 사람을 사랑하는 행동에 나타난다는 것을 강조하려고 했을 것이다. 모세율법의 임시적인 역할에 관한 바울의 강조를 고려한다면, 율법의 성취가 십계명의 계명들을 지키는 것으로 묘사된다는 것이 약간 놀랍다. 자세히 살펴보면, 간음하지 말라, 살인하지 말라, 도둑질하지 말라, 탐내지 말라는 계명들이 언급된다(출 20:13-17; 신 5:17-21). 바울이 율법을 성취하는 것에 대하여 권고하는 것처럼 나타나는데, 우리는 이것을 어떻게 이해해야 하는가? 가장 가능성이 높은 해결책은 그가 모세율법의 도덕규범들이 그리스도의 법의 일부임을 믿었다고 말하는 것이다(갈 5:14; 6:2; 고전 9:21). 실제로 그렇다. 모세 언약과 이 언약의 규정들은 새 언약이 왔기 때문에 지나간 것이다(롬 7:4-6; 갈 3:15-4:7; 고후 3:4-18; 렘 31:31-34). 분명히, 할례(롬 4:9-12; 고전 7:19; 갈 5:2-6)와 안식일(롬 14:5; 골 2:16), 그리고 정결 법들(롬 14:14, 20; 갈 2:11-14)은 지나간 것들이다. 그러나 구약성경에 나타난 율법 중 일부는 하나님의 성품을 나타내기 때문에 초월적(transcendent)이라고 할 수 있다.

바울이 사랑과 여러 계명의 관계가 적이 아니라 친구라고 암시하는 것은 교훈적이다. 여러 특정한 계명은 구체적인 상황에서 사랑이 어떻게 보이는지 묘사한다. 사랑은 분명히 율법을 지키는 것 이상이지만, 적어도 그 이하는 아니다. 율법에 있는 도덕적 규범들을 어기는 사람들은 진정으로 하나님을 사랑하는 사람이 아니다. 여기에서 초점은 율법에 있는 것이 아니라 사랑에 있다. 왜냐하면 이웃에게 선을 행하는 것(레 19:18)은 수많은 상황에서 사랑과 관련되기 때문이다. 우리는 마치 바울이 사랑을 명령들에 오직 제한되는 것처럼 말하기 때문에, 그를 잘못 생각할 수 있다. 그러나 그는 사랑과 계명의 밀접한 관계를 잘 드러내고 있는데, 여러 구체적인 명령들은 사랑이 단순히 감정으로 전락하는 과도한 감상성(sentimentality)을 피하도록 하기 때문이다. 또한, 사람들이 도덕적인 삶을 사는 것에 대한 어떠한 관심을 보여주지 않기 때문이다.

바울의 윤리는 종말론에 의해 움직이고, 이것은 로마서 13:11-14에 아주 분명하다. 신자들은 12:1-13:10에 나타난 모든 권면을 성취해야 한다. 왜냐하면 마지막 때, 즉 구원의 때가 가까이 왔기 때문이다. 마지막 날이 가까이 왔고, 신자들은 종말의 관점에서 살아야 한다. 이들은 하나님 나라의 종들이며, 어두움의 무기들을 버리고 빛의 무기를 사용해야 한다. 만약 신자들이 술 취함과 요란한 파티, 그리고 성적인 부도덕이나 다툼, 또는 시기에 굴복하면, 사랑 안에서 사는 것이 아니게 된다. 신자들이 이미 "그리스도로 옷 입었다"고 할지라도, 이들은 날마다 그리스도로 옷 입어야 한다. 그래서 그들이 육신의 정욕에 굴복하지 않아야 한다.

연약한 자와 강한 자(14:1-15:13)

화합하여 살기(14:1-12)

14:1-15:13에서 우리는 로마에 약한 자들과 강한 자들 사이에 불화가

존재했으며, 그 논쟁은 음식을 중심으로 일어났음을 알게 된다. 학자들은 약한 자들과 강한 자들의 차이가 무엇이었는지, 그 본질에 대해 논쟁하지만, 약한 자들은 주로 유대인 신자들이었고 반면에 강한 자들은 주로 이방인들이라고 말하는 것이 타당한 것처럼 보인다. 이에 대한 증거들이 이러한 결론을 지적한다. 첫째, 바울이 전체 논의를 요약할 때, 그는 유대인들과 이방인들을 권면한다(롬 15:7-13). 둘째, "속된"('코이노스'[*koinos*], 14:14)과 "깨끗한"('카타로스'[*katharos*], 14:20)이라는 표현은 음식이 더럽히게 되었는지에 대한 유대인들의 염려를 지적한다('코이노스'[*koinos*]/'코이노오'[*koinoō*]: 1 Macc. 1:47, 62; 4 Macc. 7:6; Josephus, *Ant.* 11.8.7 §346; 막 7:2, 5; 행 10:14-15, 28; 11:8-9; LXX: 창 7:2-3, 8; 8:20; 레 11장; 신 14:7-8, 10, 19; 겔 4:13; 호 9:3; '카타로스'[*katharos*]/'카타리조'[*katharizō*]: 마 23:25-26; 막 7:19; 눅 11:39, 41). 셋째, 날을 준수하는 것에 대한 언급(롬 14:5-6)은 유대인 배경에 딱 들어맞는다(갈 4:10; 골 2:16 참조). 넷째, 이러한 관습들에 대하여 바울이 너그럽게 허용하는 것은 아마 이 관습들이 유대적인 것들임을 제안한다. 바울이 이교도의 관습에서 인정받는 관습들에 그렇게 공감을 드러낸다고 생각하는 것은 상상하기 어렵다.

비록 훈계 역시 강한 자들과 관련하여 약한 자들에게 주어진다고 할지라도, 강조점은 약한 자들을 받아들이는 강한 자들에게 있다. 특히, 강한 자들은 약한 자들을 받아들이고 이들과 논쟁하고 싸우는 것을 삼가야 했다. 강한 자들의 유혹은 약한 자가 가진 제약이 우습다고 생각하면서, 이 약한 자들을 조롱하는 것이었다. 반대로, 약한 자들은 음식에 관하여 강한 자들의 자유로운 입장 때문에, 과연 이 강한 자들이 진정한 기독교인인지 의문을 제기하면서, 강한 자들을 판단하는 경향이 있었다. 약한 자들은 사람이 구원받기 위해서는 구약성경에서 말하는 음식 법이나 구약성경의 절기를 준수해야 한다고 실제로 말하지 않는다. 왜냐하면 만약 그 약한 자들이 그렇게 했다면, 이들은 거짓 복음을 선포하는 죄를 범했을 것이기 때문이다. 이 약한 자들은 아마도 사람이 구약의 규정들을 고수함으로써 더 낫거나 더 성숙한 기독교인이 되는 것이라고 말하거나 생각했을 것이다. 바울은 강한 자들이 심판의 날에 설 것이라고 약한 자들을 확신시키는데, 주님이 끝까지 이 약한 자들의 믿음을 보전할 것이기 때문이다. 바울은 사람들이 어떠한 음식들을 먹고 특정한 날을 준수하는 것에 대하여 각자의 양심에 맡긴다. 약한 자들과 강한 자들 모두는 하나님이 심판자임을 기억해야 한다. 이들 모두는 그 앞에서 살고 죽으며, 결국 그에게 해명할 의무가 있는 것이다(사 45:23).

약한 자들을 세우기(14:13–23)

로마서 14:13-23은 특히 강한 자들을 대상으로 한다. 바울은 어떤 음식도 속되지 않다고(14:14) 확언하기 때문에, 그가 강한 자들의 편을 드는 것은 분명한데, 아마도 여기에서 그는 모든 음식이 깨끗하다(막 7:19)는 예수 전통에 의지하는 것 같다. 비록 모든 음식이 깨끗하다고 할지라도, 바울은 음식을 거리끼므로 먹는 사람에게 이 음식은 부정하다고 인식한다(롬 14:20). 강한 자들은 조심해야 하는데, 이들이 약한 자들의 믿음의 길에 어떤 방해나 장애물을 놓게 되어, 이 약한 자들이 넘어지도록 해서는 안 되기 때문이다. 약한 자들이 넘어졌을 때 발생하는 모습 중 하나는 만약 강한 자들이 약한 자들 자신들을 압박하고 있다고 느낀다면, 이들이 회당으로 돌아갈 수도 있는 것이다. 사랑은 다른 사람들의 구원을 위해 죽으신 그리스도를 닮는 것이므로, 강한 자들은 약한 자들을 위하여 희생해야 하고 이 약한 자들이 부담을 느끼는 음식 먹는 것을 피해야 한다. 강한 자들은 기독교인이 성숙하기 위해서는 시간이 걸린다는 것을 인식해야 하며, 강한 자들 자신들처럼 똑같이 살도록 약한 자들에게 강요해서는 안 된다.

"실족하다"(stumbling)나 "넘어지다"(falling)라는 단어들(마 13:20-21; 18:6-7; 눅 17:1; 롬 9:32-33; 11:9; 16:17; 고전 1:23; 갈 5:11; 벧전 2:8; 요일 2:10)과 "멸망하다"(destroying)라는 단어(롬 2:12; 고전 1:18-19; 10:9-10; 15:18; 고후 2:15; 4:3; 살후 2장)는 영원한 멸망과 마지막 심판을 가리키기 위해 성경 안에서 자주 사용

되며, 여기에서 논의되는 문제는 사소하지 않다. 만약 약한 자들이 자신들의 양심에 반대된 삶을 살기 시작하고 강한 자들이 하는 것을 닮으려고 한다면, 비록 약한 자들이 이렇게 사는 것을 잘못이라고 확신한다고 할지라도, 이 약한 자들은 더 이상 자신의 양심과 신념에 따라 살지 않을 것이기 때문에, 기독교인들로서 자신들의 발판을 잃게 될 것이다. 만약 누군가가 믿음을 떠나 행동하면, 그 결과는 죄인데, 신자들은 모든 상황 안에서 믿음에 일치되는 삶을 살아야 하기 때문이다. 모든 사람은 하나님 나라가 먹는 것과 마시는 것이 아니고 성령 안에서 의와 평강과 희락이라는 것을 알아야 하는데, 이는 모든 사람이 자신이 속한 공동체 안에서 의와 평강, 그리고 희락을 풍성하게 하는 방법으로 성령에 따라 살아야 함을 의미한다.

서로를 받아들이기(15:1–13)

강한 자들은 힘이 없는 자들의 약함을 돕고 뒷받침하고 이 약한 자들의 연약함을 함께 짊어져야 한다(갈 6:2 참조). 레위기 19:18의 반향(echo)에 기초하여, 강한 자들은 이웃을 기쁘게 해야 하며, 이웃을 격려하고 세워야 한다. 로마서 15:3 안에서 그리스도는 이웃을 기쁘게 하고 세우는 것이 무엇을 의미하는지에 대한 예로서 인증된다. 바울은 예수의 죽음을 해석하고 설명하기 위해 신약성경 안에서 널리 사용되는 시편 69편을 인용한다(마 27:34, 48; 막 15:23, 36; 눅 23:36; 요 2:17; 15:25; 19:29; 행 1:20; 롬 11:9). 예수의 죽음은 하나님의 영광을 위하여 자신의 기쁨을 버린 자의 최고의 예이다. 이 시편은 의로운 자이지만 고난을 겪는 다윗이 어떻게 친구들에 의해 버림을 받게 되고 적들에 의해 공격을 당하는지 자세히 설명한다. 마찬가지로, 그리스도는 하나님의 영광과 존귀를 위하여 살았기 때문에 하나님을 대적하는 치욕을 스스로 짊어졌다.

로마서 15:4에서 바울은 구약성경의 교훈적인 목적을 설명하고, 15:9–12에는 구약의 인용들이 나타난다. 구약성경의 권위는 여기에서 아주 분명하고(딤후 3:16을 보라), 바울이 선포한 복음의 새로움은 구약성경을 무효로 하지 않는다는 것을 입증한다. 신자들은 또한 영적인 삶 안에서 양육되고 강화되고 소망이 주어진다는 점에서, 구약성경으로부터 위안을 받는다. 소망은 또한 우리가 이미 로마서 5:3-5에서 본 것처럼, 인내로부터 온다. 여기에서 소망은 유대인들과 이방인들의 연합과 연결되는데, 이는 하나님 백성의 종말론적인 연합을 예상하도록 한다(15:5-6).

7-13절은 14:1-15:6의 결론이자, 편지의 주요한 많은 주제를 요약하는데, 이런 의미에서 이 구절들은 편지의 절정으로 볼 수 있다. 바울은 신자들에게 서로를 받아들이도록 요구함으로써 시작한다. 바울은 공동체가 믿음 안에서 "기쁨과 평강"이 넘치기를 원한다(15:13). "기쁨"과 "평강"이라는 용어들은 14:17까지 거슬러 올라가는데, 이 구절에서 바울은 하나님 나라를 "희락"과 "평강"의 나라로 특징지었다. 신자들은 함께 예배할 때 하나님에게 영광을 돌리기 위해 서로 받아들여야 한다. 이 같은 방법으로, 유대인들과 이방인들에게 주어진 약속들, 즉 아브라함에게 먼저 하신 약속들은 성취될 것이다.

15:9-12에서 바울은 하나님의 긍휼이 유대인들과 이방인들에게 부어졌다는 개념을 뒷받침하기 위하여, 율법과 선지자, 그리고 시편을 인용한다. 이방인들이 하나님을 영화롭게 하는 것은 찬양 안에서 하나님의 이름이 높여지는 예배에서 일어난다. 바울의 첫 번째 구약성경 인용(15:9)은 시편 18:49인데, 이 구절은 다윗이 이방인 중에서 찬송할 것이라는 고백과 관련된다. 이 시편 안에서 이방인들은 구원받은 자들이 아니라, 정복당한 자들인 것처럼 보이기 때문에, 바울이 과연 이 구절을 옳게 인용하고 있는지 의아해할 수 있다. 우리는 구약성경의 문맥 안에서도 다윗의 승리가 예수의 더 큰 승리를 예상했다는 것을 상기해야 한다. 그러므로 바울은 적들에 대한 다윗의 지도적 권위를 이해했을 것이다. 또한 바울은 이 적들이 다윗을 섬기는 모습을 보면서, 이러한 모습이 메시아 예수 안에서 더 심오한 방식으

로 성취된 것으로 파악했을 것이다.

로마서 15:10에서 이방인들은 하나님의 백성 이스라엘과 함께 기뻐하도록 부름을 받는다. 신명기 32:43의 칠십 인역(LXX)은 마소라 본문(MT)과 본질적으로 다르지만, 바울이 인용한 부분은 마소라 본문의 합리적인 번역이라고 할 수 있다. 이 구약성경 구절 안에서 바울은 여호와에게 돌아오는 것은 이스라엘에만 국한되지 않을 것임을 알아차린다. 이방인들은 성취되는 구원 안에서 이스라엘과 함께 기뻐할 것이다. 그러므로 유대인들과 이방인들이 함께 하는 예배는 바울의 선교 안에서 성취되는 것이다.

세 번째 인용(롬 15:11)은 시편 117:1(LXX)에서 오는데, 이 구절에서 시편 기자는 주님의 "인자하심"과 "진실하심"으로 인하여 그를 "찬송하도록" 모든 나라들에게 요구한다. 이 시편 구절에서 "모든 나라들"이 "주" 다음에 오지만, 이 구절과 대조적으로 바울은 신약성경 헬라어 본문에서 "모든 나라들"을 강조를 위해 앞으로 이동시킨다. 로마서 15:8-9와의 관련성은 놀랍다. 왜냐하면 이 구절들 안에서 하나님의 언약의 신실함과 긍휼하심은 이 동일한 두 용어, 즉 "모든 나라들"과 "주"와 함께 전달되기 때문이다. 진정한 연합은 유대인 신자들과 이방인 신자들이 함께 하나님에게 기쁜 찬양을 할 때 일어난다.

바울은 이사야 11:10을 인용함으로써 구약성경 인용들을 마무리하는데, 이 구절은 이새의 싹이 나와 열방을 다스릴 것이며, 이 "열방"은 그에게 소망을 둘 것이라고 약속한다. 바울은 이 예언이 예수 그리스도 안에서 성취되었음을 분명하게 믿었다. 이사야는 변화된 세상에 대한 약속들이 성취될 것이며(11:1-9), 이스라엘은 두 번째 출애굽을 경험할 날을 상상한다(11:11-16). 이새의 싹으로서 예수는 이사야서 안에 약속된 구원을 시작하였고, 이방인들을 다스리기 시작하였다. 이새의 자손이 이방인들을 다스린다는 것은 이들의 구원과 관련되는데, 이 이방인들이 그 자손 안에서 소망하기 때문이다. 참으로, 이사야는 이스라엘을 위해 성취될 구원에 이방인들이 포함되는 것을 언급한다(예를 들어, 2:1-4; 12:4-5; 17:7-8; 19:18-25; 25:3-9; 42:4, 6, 10-12; 44:5; 45:14, 22; 49:6; 52:15; 55:3-5; 56:3-8; 59:19; 60:3; 65:1; 66:19-21). 바울은 유대인들과 이방인들이 하나님을 믿을 때 이들 모두의 마음에 소망이 가득하기를 기도한다. 화합은 유대인들과 이방인들 이 두 그룹이 이새의 싹, 즉 예수 그리스도 안에서 소망을 함께 품을 때, 존재할 것이다. 소망은 궁극적으로 인간이 만들어낼 수 없다. 그러므로 로마서 15:13에서 바울은 이들 모두가 하나님의 약속들을 믿을 때, "소망의 하나님"이 소망과 평강, 그리고 기쁨을 주시기를 기도하는 것이다.

선교와 사역(15:14-16:27)

선교(15:14-33)

이 부분의 근본적인 관심사는 선교이다. 바울은 로마 교회가 자신이 선포한 복음을 중심으로 함께 모여서 서바나(Spain)에 대한 선교에 동참하기를 원한다. 바울은 예루살렘부터 일루리곤까지 구체적으로 지역을 언급하면서 동쪽에서의 사역을 마쳤다고 느꼈다. 동쪽에 그렇게 많은 회심하지 않은 사람들과 복음에 대하여 듣지 못한 사람들이 있었음에도, 어떻게 그는 자신의 사역이 끝마쳐졌다고 생각할 수 있었는가? 바울의 전략은 마치 골로새 지역에 에바브라와 같은 사람들을 보냈던 것처럼, 주요 도시들 안에 교회들을 설립하고 더 작은 도시들에 대표자들을 파송하는 것이었다. 그의 간절한 바람은 미전도 지역에 복음을 선포하는 것이었으므로, 그는 서바나로 꼭 가야 함을 느꼈다. 그렇게 함으로써, 바울은 이 복음이 결코 들어보지 못한 사람들에게 전해질 때(롬 15:21), 이사야 52:15의 예언이 성취되는 것으로 이해했다. 바울이 서바나에 도착했는지 그 여부를 아는 것은 어렵다. 클레멘트(Clement)는 바울이 서쪽의 가장 먼 곳으로 여행했다고 말하는데(1 Clem. 5.7),

이 진술은 바울이 서바나에 도착했음을 지적할 수 있다.

바울은 또한 로마 교인들에게 예루살렘에 있는 가난한 성도들을 위한 헌금의 중요성에 대하여 상기시킨다(고전 16:1-4; 고후 8-9). 여기에서 다시, 우리는 유대인 기독교인들과 이방인 기독교인들의 결속을 보게 된다. 바울은 이방인들이 예루살렘에 있는 가난한 신자들을 후원해야 한다고 믿었다. 왜냐하면 이방인 신자들은 이들에게 영적인 빚을 지고 있었고, 구원은 유대인들에게서 왔기 때문이다(롬 1:16; 2:9-10).

상호 사랑(16:1–27)

16장은 인사말과 하나님에게 드리는 찬양으로 끝난다. 우리는 이미 송영(롬 1:1-7를 보라)을 논의했고, 여기에서 우리는 인사말의 역할을 고려할 것이다. 그러나 우리는 또한 바울이 거짓 교사들의 영향으로 복음에서 떠나지 않게 하려고, 마지막 경고(16:17-20)를 독자들에게 준다는 것에 주목할 수 있다. 독자들로서 우리는 그러한 광범위한 인사의 역할에 대하여 의아하게 생각한다. 몇몇 학자들은 비록 바울이 이 16장을 로마 교회를 위해 기록할 수 없었을 것이지만, 여기에 그가 개인적으로 알고 있는 사람들에 대한 언급은 로마 제국의 여러 지역으로의 여행이 우리가 생각했던 것보다 더 일반적이었음을 주장하기도 한다. 게다가, 바울이 인사를 건네는 모든 사람을 알 필요는 없었을 것이다. 왜냐하면 이 사람들의 명성이 이미 바울에게 알려졌기 때문에, 그는 그들에게 인사말을 건넬 수도 있었을 것이다.

인사말의 중요한 목적은 초기 기독교 공동체의 표시였던 사랑을 표현하는 것이다(요 13:34-35). 그러므로 인사말은 그리스도 안에 있는 사랑의 진정한 표현으로 평가되어야 한다. 그러나 이 인사말을 받는 사람들은 또한 로마에 있는 바울이 선포한 복음의 많은 지지자임을 나타낸다. 로마 교회에서 잘 알려지고 존경받는 구성원들에게 인사말을 건넴으로써, 바울은 또한 간접적으로 자신의 복음을 제시하는데, 이름이 언급된 사람들이 바울 자신의 가르침과 일치하기 때문이다.

인사를 받는 여성들의 수 역시 눈에 띄는데, 가령, 브리스가, 마리아, 유니아, 드루배나, 드루보사, 버시, 루포의 어머니, 율리아인데, 이 여성들이 중요한 방법으로 사역 안에 관련되었다는 것을 보여준다. "수고하다"('코피아오'[*kopiaō*])라는 동사는 네 명의 여성, 즉 마리아(롬 16:6), 드루배나, 드루보사, 버시(12절)와, 바울의 사역(고전 15:10; 갈 4:11; 빌 2:16; 골 1:29; 딤전 4:10)과 다른 사람들(고전 16:16; 살전 5:12; 딤전 5:17)을 위해 사용된다. 여기에서 이 동사는 아마도 선교적인 사역을 나타내는 것 같다. 브리스가는 몇몇 본문에서 나타나는데(행 18:26; 롬 16:3; 딤후 4:19), 이 여인은 남편 아굴라보다 더 유명하였을 가능성이 크고, 이 둘(브리스가와 아굴라)은 실제로 초기 기독교 운동에 관련되었다.

여성에 대한 가장 논쟁적인 언급은 안드로니고와 유니아에게 주어진 인사말 안에서 발견된다(롬 16:7). 유니아는 확실히 여성이었고, 이 여인은 또한 남편과 함께 상당히 중요한 사역을 했다. 여기에 사용된 단어들의 의미에 관하여 약간의 논쟁이 있다. 그러나 유니아는 또한 아마도 "사도들에게 존중히 여겨지고" 있었던 것 같다. "사도"라는 단어는 반드시 전문적인 용어는 아니다(고후 8:23; 빌 2:25). 안드로니고와 유니아는 순회하는 복음 전도자들이었거나 선교사들이었을 가능성이 있다. 가부장적인 세계에서 유니아는 아마도 특히 여성들 중에서 일했던 것 같다.

인사말은 또한 로마에 있는 기독교 공동체가 많은 교회로 구성되었다는 것을 보여준다. 학자들 대부분은 교회들이 집 안에 있었다고 주장한다. 그러나 최근의 연구는 교회들이 오직 집에서만 모였는지에 대하여 의문을 제기했다. 적어도 다섯 개의 다른 교회들이 로마에 있었고, 바울은 이들 교회에 있는 구성원들에게 인사하는 것처럼 보이는데, 브리스가와 아굴라의 집(롬 16:5)과 아리스도불로에게 속한 사람들(10절), 그리고 나깃수에 속한 사람들(11절)이며, 14절과 15절에 나타난 이름들은 아마도 두 개의 교회의 구성원들인 것 같다. 궁극적으로 우리는 얼마나 많은 교회가 로마에 존재했는지 모른다. 그러나 다양한 교회 안에서 다른 관습들이 관찰된다면, 다양한 교회들의 존재 역시 로마에 있는 강한 자들과 약한 자들 사이의 긴장을 설명할 수 있을 것이다.

로마에 있는 교회들은 서로 거룩한 입맞춤으로 인사하도록 권면을 받는다. 거룩한 입맞춤은 분명히 초기 기독교 공동체에서 일반적인 인사였다(고전 16:20; 고후 13:12; 살전 5:26; 벧전 5:14 참조). 흥미롭게도, 그리스-로마 세계 안에 이러한 관습이 있었다는 증거는 없다. 그러므로 이 관습은 초대 교회의 관습에서 비롯되었다. 신자들은 새로운 가족으로서 서로에게 따뜻한 사랑을 증명했다.

로마서: 주석들

Barrett, Charles K. *Commentary on the Epistle to the Romans*. HNTC. New York: Harper & Row; Peabody, MA: Hendrickson, 1957.

Bird, Michael F. *Romans*. SOGBC 6. Grand Rapids: Zondervan, 2016.

Black, Matthew. *Romans*. NCB. Grand Rapids: Eerdmans, 1973.

Bray, Gerald, ed. *Romans*. ACCS 6 (NT). Downers Grove, IL: InterVarsity, 1998.

Byrne, Brendan. *Romans*. SP. Collegeville, MN: Liturgical Press, 1996.

Cranfield, Charles E. B. *A Critical and Exegetical Commentary on the Epistle to the Romans: Introduction and Commentary on Romans I-VIII*. ICC. Edinburgh: T&T Clark, 1975.

———. *An Exegetical Commentary on the Epistle to the Romans: Commentary on Romans IX-XVI and Essays*. ICC. Edinburgh: T&T Clark, 1979.

Dodd, Charles H. *The Epistle of Paul to the Romans*. MNTC. London: Hodder & Stoughton, 1932.

Dunn, James D. G. *Romans 1-8*. WBC. Dallas: Word, 1988.

———. *Romans 9-16*. WBC. Dallas: Word, 1988.

Fitzmyer, Joseph A. *Romans: A New Translation with Introduction and Commentary*. AB 33. New York: Doubleday, 1993.

Godet, Frédéric L. *Commentary on the Epistle to the Romans*. Translated by A. Cusin. Translation revised by T. W. Chambers. Classic Commentary Library. Grand Rapids: Zondervan, 1956.

Hodge, Charles. *A Commentary on Romans*. Geneva Series of Commentaries. London: Banner of Truth Trust, 1972.

Hultgren, Arland J. *Paul's Letter to the Romans: A Commentary*. Grand Rapids: Eerdmans, 2011.

Jewett, Robert. *Romans: A Commentary*. Hermeneia. Minneapolis: Fortress, 2007.

Käsemann, Ernst. *Commentary on Romans*. Translated and edited by G. W. Bromiley. Grand Rapids: Eerdmans, 1980.

Keck, Leander. E. Romans. ANTC. Nashville: Abingdon, 2005.

Keener, Craig. S. *Romans: A New Covenant Commentary*. NCCS. Eugene, OR: Cascade, 2009.

Kruse, Colin. G. *Paul's Letter to the Romans*. PNTC. Grand Rapids: Eerdmans, 2012.

Leenhardt, Franz J. *The Epistle to the Romans: A Commentary*. Translated by H. Knight. London: Lutterworth, 1961.

Longenecker, Richard N. *The Epistle to the Romans*. NIGTC. Grand Rapids: Eerdmans, 2016.

Matera, Frank J. *Romans*. PCNT. Grand Rapids: Baker Academic, 2010.

Melanchthon, Phillip. *Commentary on Romans*. Translated by F. Kramer. St. Louis: Concordia, 1992.

Moo, Douglas J. *The Epistle to the Romans*. 2nd ed. NICNT. Grand Rapids: Eerdmans, 2018.

Morris, Leon. *The Epistle to the Romans*. Grand Rapids: Eerdmans, 1988.

Mounce, Robert H. *Romans*. NAC 27. Nashville: Broadman & Holman, 1995.

Murray, John. *The Epistle to the Romans: The English Text with Introduction, Exposition, and Notes*. Vol. 1, Chapters 1-8. NICNT. Grand Rapids: Eerdmans, 1959.

———. *The Epistle to the Romans: The English Text with Introduction, Exposition, and Notes*. Vol. 2, Chapters 9-16. NICNT. Grand Rapids: Eerdmans, 1965.

Nygren, Anders. *Commentary on Romans*. Translated by C. C. Rasmussen. Philadelphia: Fortress, 1949.

O'Neill, J. C. *Paul's Letter to the Romans*. Harmondsworth: Penguin, 1975.

Peterson, David G. *Commentary on Romans*. BTCP. Nashville: B&H, 2017.

Porter, Stanley. E. *The Letter to the Romans: A Linguistic and Literary Commentary*. New Testament Monographs 37. Sheffield: Sheffield Phoenix, 2015.

Schlatter, A. *Romans: The Righteousness of God*. Translated by S. S. Schatzmann. Peabody, MA: Hendrickson, 1995.

Schreiner, T. R. *Romans*. 2nd ed. BECNT. Grand Rapids: Baker Academic, 2018.

Stuhlmacher, P. *Letter to the Romans: A Commentary*. Translated by S. J.

Hafemann. Louisville: Westminster John Knox, 1994.

Thielman, Frank. *Romans*. ZECNT. Grand Rapids: Zondervan, 2018.

Witherington, Ben, III, and D. Hyatt. *Paul's Letter to the Romans: A Socio-Rhetorical Commentary*. Grand Rapids: Eerdmans, 2004.

Wright, N. T. "The Letter to the Romans: Introduction, Commentary and Reflections." In *The New Interpreter's Bible*, edited by Leander E. Keck et al., 10:393-770. Nashville: Abingdon, 2002.

Ziesler, J. A. *Paul's Letter to the Romans*. TPINTC. Philadelphia: Trinity Press International, 1989.

로마서: 연구논문(article)과 소논문(essay), 그리고 단행본들

Agersnap, Søren. *Baptism and the New Life: A Study of Romans 6:1-14*. Aarhus: Aarhus University Press, 1999.

Baldenas, R. Christ, *The End of the Law: Romans 10,4 in Pauline Perspective*. JSNTSup 10. Sheffield: JSOT Press, 1985.

Barclay, John M. G. *Paul and the Gift*. Grand Rapids: Eerdmans, 2015.

Barclay, John M. G., and Simon Gathercole, eds. *Divine and Human Agency in Paul and His Cultural Environment*. Library of Biblical Studies. London: T&T Clark, 2007.

Bassler, Jouette. *Divine Impartiality: Paul and a Theological Axiom*. SBLDS 59. Chico, CA: Scholars Press, 1982.

Baugh, S. M. "The Meaning of Foreknowledge." In *Still Sovereign: Contemporary Perspectives on Election, Foreknowledge, and Grace*, edited by T. R. Schreiner and B. A. Ware, 183-200. Grand Rapids: Baker Books, 2000.

Beale, G. K. "An Exegetical and Theological Consideration of the Hardening of Pharaoh's Heart in Exodus 4-14 and Romans 9." *TJ* 5 (1984): 129-54.

Bell, R. H. *No One Seeks for God: An Exegetical and Theological Study of Romans 1.18-3:20*. WUNT 106. Tübingen: Mohr Siebeck, 1998.

———. *Provoked to Jealousy: The Origin and Purpose of the Jealousy Motif in Romans 9-11*. WUNT 63. Tübingen: Mohr Siebeck, 1994.

Berkley, T. W. *From a Broken Covenant to Circumcision of the Heart: Pauline Intertextual Exegesis in Romans 2:11-29*. SBLDS 175. Atlanta: Society of Biblical Literature, 2000.

Berry, D. L. *Glory in Romans and the Unified Purpose of God in Redemptive History*. Eugene, OR: Pickwick, 2015.

Bird, Michael F. *The Saving Righteousness of God: Studies on Paul, Justification, and the New Perspective*. Eugene, OR: Wipf & Stock, 2007.

Bird, Michael F., and P. M. Sprinkle, eds. *The Faith of Jesus Christ: Exegetical, Biblical, and Theological Studies*. Peabody, MA: Hendrickson, 2009.

Blackwell, Ben C., John K. Goodrich, and Jason Maston, eds. *Reading Romans in Context: Paul and Second Temple Judaism*. Grand Rapids: Zondervan, 2015.

Blocher, Henri. *Original Sin: Illuminating the Riddle*. NSBT. Downers Grove, IL: Inter-Varsity, 1997.

Bornkamm, G. "The Letter to the Romans as Paul's Last Will and Testament." In *The Romans Debate*, edited by K. P. Donfried, rev. ed., 16-28. Peabody, MA: Hendrickson, 1991.

Brauch, M. T. "Perspectives on 'God's Righteousness' in Recent German Discussion." In *Paul and Palestinian Judaism: A Comparison of Patterns of Religion*, edited by E. P. Sanders, 523-42. Philadelphia: Fortress, 1977.

Bruno, Chris. *"God Is One": The Function of "Eis ho Theos" as a Ground for Gentile Inclusion in Paul's Letters*. LNTS 497. London: Bloomsbury T&T Clark, 2013.

Burk, Denny. "The Righteousness of God (Dikaiosun Theou) and Verbal Genitives: A Grammatical Clarification." *JSNT* 34 (2012): 346-60.

Burke, T. J. *Adoption into God's Family: Exploring a Pauline Metaphor*. NSBT. Downers Grove, IL: InterVarsity, 2006.

Byrne, Brendan. *"Sons of God"–"Seed of Abraham": A Study of the Idea of the Sonship of God of All Christians in Paul against the Jewish Background*. AnBib

83. Rome: Pontifical Biblical Institute, 1979.

Campbell, Constantine R. *Paul and Union with Christ: An Exegetical and Theological Study*. Grand Rapids: Zondervan, 2012.

Campbell, W. S. *Paul's Gospel in an Intercultural Context: Jew and Gentile in the Letter to the Romans*. Studies in the Intercultural History of Christianity 69. New York: Peter Lang, 1992.

Carraway, George. *Christ Is God over All: Romans 9:5 in the Context of Romans 9-11*. LNTS 489. London: Bloomsbury T&T Clark, 2013.

Carson, D. A., P. T. O'Brien, and M. A. Seifrid, eds. *Justification and Variegated Nomism*. Vol. 1, The Complexities of Second Temple Judaism. WUNT 2/140. Tübingen: Mohr Siebeck, 2001.

———. *Justification and Variegated Nomism*. Vol. 2, *The Paradoxes of Paul*. WUNT 2/181. Tübingen: Mohr Siebeck, 2004.

Cranfield, Charles E. B. On *Romans and Other New Testament Essays*. Edinburgh: T&T Clark, 1998.

Crisler, Channing L. *Reading Romans as Lament: Paul's Use of Old Testament Lament in His Most Famous Letter*. Eugene, OR: Pickwick, 2016.

Das, Andrew A. *Paul, the Law, and the Covenant*. Peabody, MA: Hendrickson, 2001.

———. *Solving the Romans Debate*. Minneapolis: Fortress, 2007.

Davies, G. N. *Faith and Obedience in Romans: A Study in Romans*. JSNTSup 39. Sheffield: JSOT Press, 1990.

Deidun, T. J. *New Covenant Morality in Paul*. AnBib 89. Rome: Pontifical Biblical Institute, 1981.

de Roo, J. C. R. *"Works of the Law" at Qumran and in Paul*. NTM 13. Sheffield: Sheffield Phoenix, 2007.

De Young, J. B. "The Meaning of 'Nature' in Romans 1 and Its Implications for Biblical Proscriptions of Homosexual Behavior." *JETS* 31 (1988): 429-41.

Dickson, J. P. *Mission-Commitment in Ancient Judaism and in the Pauline Communities: The Shape, Extent, and Background of Early Christian Mission*.

WUNT 159. Tübingen: Mohr Siebeck, 2003.

Donfried, Karl. *The Romans Debate*. Rev. ed. Peabody, MA: Hendrickson, 1991.

Dunn, James D. G. *The New Perspective on Paul: Collected Essays*. WUNT 185. Tübingen: Mohr Siebeck, 2005.

Elliot, Neil. *The Arrogance of Nations: Reading Romans in the Shadow of Empire*. Minneapolis: Fortress, 2008.

———. *The Rhetoric of Romans: Argumentative Constraint and Strategy and Paul's Dialogue with Judaism*. JSNTSup 45. Sheffield: JSOT Press, 1990.

Engberg-Pedersen, T. *Paul and the Stoics*. Edinburgh: T&T Clark, 2000.

Eskola, T. *Theodicy and Predestination in Pauline Soteriology*. WUNT 100. Tübingen: Mohr Siebeck, 1998.

Esler, P. F. *Conflict and Identity in Romans: The Social Setting of Paul's Letter*. Minneapolis: Fortress, 2003.

Fee, Gordon D. *God's Empowering Presence: The Holy Spirit in the Letters of Paul*. Peabody, MA: Hendrickson, 1994.

———. *Pauline Christology: An Exegetical-Theological Study*. Peabody, MA: Hendrickson, 2007.

Gaffin, Richard B., Jr. *"By Faith, Not by Sight": Paul and the Order of Salvation*. Waynesboro, GA: Paternoster, 2006.

Gagnon, R. A. J. *The Bible and Homosexual Practice: Texts and Hermeneutics*. Nashville: Abingdon, 2001.

Garlington, D. B. *Faith, Obedience, and Perseverance: Aspects of Paul's Letter to the Romans*. WUNT 79. Tübingen: Mohr Siebeck, 1994.

Gathercole, Simon. Where Is Boasting? Early Jewish Soteriology and Paul's Response in Romans 1–5. Grand Rapids: Eerdmans, 2003.

Grindheim, Sigurd. *The Crux of Election: Paul's Critique of the Jewish Confidence in the Election of Israel*. WUNT 202. Tübingen: Mohr Siebeck, 2005.

Gundry-Volf, J. M. *Paul and Perseverance: Staying In and Falling Away*. Louisville: Westminster John Knox, 1990.

Haring, James W. "Romans 5:12 Once Again: Is It a Grammatical Comparison?" *JBL* 137 (2018): 733–41.

Hays, Richard B. "Relations Natural and Unnatural: A Response to John Boswell's Exegesis of Romans 1." *Journal of Religious Ethics* 14 (1986): 184-215.

Hengel, Martin. *The Son of God: The Origin of Christology and the History of Jewish Hellenistic Religion*. Translated by J. Bowden. Philadelphia: Fortress, 1976.

Hill, David. *Greek Words and Hebrew Meanings: Studies in the Semantics of Soteriological Terms*. SNTSMS 5. Cambridge: Cambridge University Press, 1967.

Hvalvik, R. "A 'Sonderweg' for Israel: A Critical Examination of a Current Interpretation of Romans 11:25-27." *JSNT* 38 (1990): 87-107.

Irons, Charles Lee. *The Righteousness of God: A Lexical Examination of the Covenant-Faithfulness Interpretation*. WUNT 386. Tübingen: Mohr Siebeck, 2015.

Jacob, Haley Goranson. *Conformed to the Image of His Son: Reconsidering Paul's Theology of Glory in Romans*. Downers Grove, IL: InterVarsity, 2018.

Jarvis, L. A. *The Purpose of Romans: A Comparative Letter Structure Investigation*. JSNTSup 55. Sheffield: JSOT Press, 1991.

Jipp, Joshua W. *Christ Is King: Paul's Royal Ideology*. Minneapolis: Fortress, 2015.

Johnson, Elizabeth E. *The Function of Apocalyptic and Wisdom Traditions in Romans 9-11*. SBLDS 109. Atlanta: Scholars Press, 1989.

Johnson, Luke T. *Reading Romans: A Literary and Theological Commentary*. New York: Crossroad, 1997.

Johnson, S. L., Jr. "Romans 5:12-An Exercise in Exegesis and Theology." In *New Dimensions in New Testament Study*, edited by R. N. Longenecker and M. C. Tenney, 298-316. Grand Rapids: Zondervan, 1974.

Kaye, B. N. *The Argument of Romans: With Special Reference to Chapter 6*. Austin: Schola Press, 1979.

Kim, Seyoon. *Christ and Caesar: The Gospel and the Roman Empire in the Writings of Paul and Luke*. Grand Rapids: Eerdmans, 2008.

———. *Paul and the New Perspective: Second Thoughts on the Origin of Paul's Gospel*. Grand Rapids: Eerdmans, 2002.

King, Justin. *Speech-in-Character, Diatribe, and Romans 3:1-9: Who's Speaking When and Why It Matters*. BIS 163. Leiden: Brill, 2018.

Kirk, J. R. D. *Unlocking Romans: Resurrection and the Justification of God*. Grand Rapids: Eerdmans, 2008.

Kujanpää, Katja. *The Rhetorical Function of Scriptural Quotations in Romans: Paul's Argument by Quotations*. NovTSup 172. Leiden: Brill, 2019.

Kümmel, W. G. *Römer 7 und das Bild des Menschen in Neuen Testament: Zwei Studien*. Munich: Chr. Kaiser, 1974.

Laato, Timo. *Paul and Judaism: An Anthropological Approach*. Translated by T. McElwain. Atlanta: Scholars Press, 1995.

Lambrecht, Jan. *The Wretched "I" and Its Liberation: Paul in Romans 7 and 8*. LTPM 14. Louvain: Peeters, 1992.

Lampe, Peter. *From Paul to Valentinus: Christians at Rome in the First Two Centuries*. Translated by Michael Steinhauser. Edited by Marshall D. Johnson. Minneapolis: Fortress, 2003.

Linebaugh, Jonathan A. *God, Grace, and Righteousness in Wisdom of Solomon and Paul's Letter to the Romans: Texts in Conversation*. NovTSup 152. Leiden: Brill, 2013.

Longenecker, Bruce W. *Eschatology and the Covenant: A Comparison of 4 Ezra and Romans 1-11*. JSNTSup 57. Sheffield: JSOT Press, 1991.

Longenecker, Richard N. *Introducing Romans: Critical Issues in Paul's Most Famous Letter*. Grand Rapids: Eerdmans, 2011.

Luther, Martin. *Lectures on Romans: Glosses and Scholia*. Edited by C. Oswald. LW 25. Philadelphia: Muhlenberg, 1972.

Madueme, Hans, and M. Reeves, eds. *Adam, the Fall, and Original Sin: Theological, Biblical, and Scientific Perspectives*. Grand Rapids: Baker Academic, 2014.

Marshall, I. Howard. "Romans 16:27: An Apt Conclusion."In *Romans and the People of God: Essays in Honor of Gordon D. Fee on the Occasion of His 65th*

Birthday, edited by S. Soderlund and N. T. Wright, 170–84. Grand Rapids: Eerdmans, 1999.

Martin, B. L. *Christ and the Law in Paul*. NovTSup 62. Leiden: Brill, 1989.

Matthew, S. *Women in the Greetings of Romans 16.1-16: A Study of Mutuality and Women's Ministry in the Letter to the Romans*. LNTS 471. London: Bloomsbury T&T Clark, 2013.

McFadden, Kevin W. "Does *ΠΙΣΤΙΣ* Mean 'Faith(fulness)' in Paul?" *TynBul* 66 (2015): 251–70.

———. *Judgment according to Works in Romans: The Meaning and Function of Divine Judgment in Paul's Most Important Letter*. Emerging Scholars. Minneapolis: Fortress, 2013.

McKnight, Scot, and Joseph Modica, eds. *Jesus Is Lord, Caesar Is Not: Evaluating Empire in New Testament Studies*. Downers Grove, IL: InterVarsity, 2012.

Merkle, Benjamin L. "Romans 11 and the Future of Ethnic Israel." *JETS* 43 (2000): 709–21.

Meyer, Jason C. *The End of the Law: Mosaic Covenant in Pauline Theology*. NACSBT 6. Nashville: Broadman & Holman, 2009.

Miller, J. C. *The Obedience of Faith, the Eschatological People of God, and the Purpose of Romans*. SBLDS 177. Atlanta: Society of Biblical Literature, 2000.

Minear, Paul S. *The Obedience of Faith: The Purposes of Paul in the Epistle to the Romans*. Studies in Biblical Theology, 2nd ser., 19. Naperville, IL: Allenson, 1971.

Moo, Douglas J. "'Law,' 'Works of the Law,' and Legalism in Paul." *WTJ* 45 (1983): 73–100.

Munck, Johannes. *Christ and Israel: An Interpretation of Romans 9-11*. Translated by I. Nixon. Philadelphia: Fortress, 1967.

Nanos, Mark D. *The Mystery of Romans: The Jewish Context of Paul's Letter*. Minneapolis: Fortress, 1996.

Naselli, Andrew D. *From Typology to Doxology: Paul's Use of Isaiah and Job in Romans 11:34-55*. Eugene, OR: Pickwick, 2012.

Novenson, Matthew V. *Among the Messiahs: Christ Language in Paul and Messiah Language in Ancient Judaism*. Oxford: Oxford University Press, 2012.

Oakes, Peter. *Reading Romans in Pompeii: Paul's Letter at Ground Level*. Minneapolis. Fortress, 2009.

O'Brien, Peter T. "Romans 8:26, 27: A Revolutionary Approach to Prayer?" *RTR* 46 (1987): 65-73.

Ortlund, Dane C. "Justified by Faith, Judged according to Works: Another Look at a Pauline Paradox." *JETS* 52 (2009): 323-39.

———. "What Does It Mean to Fall Short of the Glory of God? Romans 3:23 in Biblical-Theological Perspective." *WTJ* 80 (2018): 121-40.

Packer, J. I. "The 'Wretched Man' Revisited: Another Look at Romans 7:14-25." In *Romans and the People of God: Essays in Honor of Gordon D. Fee on the Occasion of His 65th Birthday*, edited by S. Soderlund and N. T. Wright, 70-81. Grand Rapids: Eerdmans, 1999.

Pao, David W. *Thanksgiving: An Investigation of a Pauline Theme*. NSBT. Downers Grove, IL: InterVarsity, 2002.

Patte, D., and C. Grenhold, eds. *Modern Interpretations of Romans: Tracking Their Hermeneutical/Theological Trajectory*. Romans through History and Culture Series. New York: T&T Clark, 2013.

Piper, John. *The Justification of God: An Exegetical and Theological Study of Romans 9:1-23*. 2nd ed. Grand Rapids: Baker, 1993.

Quarles, Charles L. "From Faith to Faith: A Fresh Examination of the Prepositional Series in Romans 1:17." *NovT* 45 (2003): 1-21.

———. "The Soteriology of R. Akiba and E. P. Sanders' Paul and Palestinian Judaism." *NTS* 42 (1996): 1-21.

Rainbow, Paul A. *Way of Salvation: The Role of Christian Obedience in Justification*. Waynesboro, GA: Paternoster, 2005.

Räisänen, Heikki. *Paul and the Law*. WUNT 29. Tübingen: Mohr Siebeck, 1983.

Rapa, R. K. *The Meaning of "Works of the Law" in Galatians and Romans*. Biblical

Literature 31. New York: Peter Lang, 2001.

Reasoner, Mark. *The Strong and the Weak: Romans 14.1-15.13 in Context*. SNTSMS 103. Cambridge: Cambridge University Press, 1999.

Reumann, J. H. Paul, J. A. Fitzmyer, and J. D. Quinn. *Righteousness in the New Testament: Justification in the United States Lutheran-Roman Catholic Dialogue*. Philadelphia: Fortress, 1982.

Rhyne, C. T. *Faith Establishes the Law*. SBLDS 55. Chico, CA: Scholars Press, 1981.

Ribbens, Benjamin J. "Forensic-Retributive Justification in Romans 3:21-26: Paul's Doctrine of Justification in Dialogue with Hebrews." *CBQ* 47 (2012): 486-99.

Ridderbos, H. *Paul: An Outline of His Theology*. Translated by J. R. de Witt. Grand Rapids: Eerdmans, 1975.

Riesner, Rainer. *Paul's Early Period: Chronology, Mission Strategy, Theology*. Translated by D. Stott. Grand Rapids: Eerdmans, 1998.

Robinson, J. A. T. *Wrestling with Romans*. Philadelphia: Westminster, 1979.

Rodriguez, R. *If You Call Yourself a Jew: Reappraising Paul's Letter to the Romans*. Eugene, OR: Cascade, 2014.

Roetzel, Calvin J. *Judgement in the Community: A Study of the Relationship between Eschatology and Ecclesiology in Paul*. Leiden: Brill, 1972.

Rosner, Brian. *Paul and the Law: Keeping the Commandments of God*. NSBT. Downers Grove, IL: InterVarsity, 2013.

Sanders, E. P. *Paul and Palestinian Judaism: A Comparison of Patterns of Religion*. Philadelphia: Fortress, 1977.

———. *Paul, the Law, and the Jewish People*. Philadelphia: Fortress, 1983.

Schliesser, B. *Abraham's Faith in Romans 4: Paul's Concept of Faith in Light of the History of Reception of Genesis 15:6*. WUNT 224. Tübingen: Mohr Siebeck, 2007.

Schnabel, Eckhard J. *Law and Wisdom from Ben Sira to Paul: A Tradition Historical Enquiry into the Relation of Law, Wisdom, and Ethics*. WUNT 16. Tübingen: Mohr Siebeck, 1985.

Schnelle, Udo. *Apostle Paul: His Life and Theology*. Translated by M. E. Boring. Grand Rapids: Baker Academic, 2005.

Schoeps, Hans Joachim. *Paul: The Theology of the Apostle in Light of the Jewish Religious History*. Translated by H. Knight. Philadelphia: Westminster, 1961.

Schreiner, Thomas R. "Did Paul Believe in Justification by Works? Another Look at Romans 2." *BBR* 3 (1993): 131-58.

———. "Does Romans 9 Teach Individual Election unto Salvation?" In *Still Sovereign*, edited by T. R. Schreiner and B. K. Ware, 89-106. Grand Rapids: Baker Books, 2000.

———. *Faith Alone: The Doctrine of Justification; What the Reformers Taught ... and Why It Still Matters*. FSS. Grand Rapids: Zondervan, 2015.

———. *The Law and Its Fulfillment: A Pauline Theology of Law*. Grand Rapids: Baker, 1993.

———. "'Works of Law' in Paul." *NovT* 33 (1991): 217-44.

Scott, J. M. *Adoption as Sons of God: An Exegetical Investigation into the Background of Ὑιοθεσία in the Pauline Corpus*. WUNT 48. Tübingen: Mohr Siebeck, 1992.

———. *Paul and the Nations: The Old Testament and Jewish Background of Paul's Mission to the Nations with Special Reference to the Destination of Galatians*. WUNT 84. Tübingen: Mohr Siebeck, 1995.

Seifrid, Mark A. *Christ, Our Righteousness: Paul's Theology of Justification*. NSBT 9. Downers Grove, IL: InterVarsity, 2000.

———. *Justification by Faith: The Origin and Development of a Central Pauline Theme*. NovTSup 68. Leiden: Brill, 1992.

———. "Paul's Turn to Christ in Romans." *Concordia Journal* 44 (2018): 15-24.

———. "Paul's Use of Righteousness Language against Its Hellenistic Background." In *Justification and Variegated Nomism*, edited by D. A. Carson, P. T. O'Brien, and M. A. Seifrid, vol. 2, *The Paradoxes of Paul*, 39-74. WUNT 2/181. Tübingen: Mohr Siebeck, 2004.

———. "Righteousness Language in the Hebrew Scriptures and Early Judaism."

In *Justification and Variegated Nomism*, edited by D. A. Carson, P. T. O'Brien, and M. A. Seifrid, vol. 1, *The Complexities of Second Temple Judaism*, 415-22. WUNT 2/140. Tübingen: Mohr Siebeck, 2001.

Shum, S.-L. *Paul's Use of Isaiah in Romans: A Comparative Study of Paul's Letter to the Romans and the Sibylline and Qumran Sectarian Texts*. WUNT 156. Tübingen: Mohr Siebeck, 2002.

Snodgrass, Klyne R. "Justification by Grace-to the Doers: An Analysis of the Place of Romans 2 in the Theology of Paul." *NTS* 32 (1986): 72-93.

———. "Spheres of Influence: A Possible Solution to the Problem of Paul and the Law." *JSNT* 32 (1988): 93-113.

Soards, M. L. *Scripture and Homosexuality: Biblical Authority and the Church Today*. Louisville: Westminster John Knox, 1995.

Southall, David. J. *Rediscovering Righteousness in Romans: Personified "Dikaiosynē" within Metaphoric and Narratorial Settings*. WUNT 240. Tübingen: Mohr Siebeck, 2008.

Sprinkle, Preston M. *Law and Life: The Interpretation of Leviticus 18:5 in Early Judaism and in Paul*. WUNT 241. Tübingen: Mohr Siebeck, 2008.

———. *Paul and Judaism Revisited: A Study of Divine and Human Agency in Salvation*. Downers Grove, IL: InterVarsity, 2013.

Stanley, C. D. *Paul and the Language of Scripture: Citation Technique in the Pauline Epistles and Contemporary Literature*. SNTSMS 69. Cambridge: Cambridge University Press, 1992.

Stendahl, Krister. *Paul among Jews and Gentiles and Other Essays*. Philadelphia: Fortress, 1976.

Still, Todd D., ed. *God and Israel: Providence and Purpose in Romans 9-11*. Waco: Baylor University Press, 2017.

Stowers, Stanley K. A *Rereading of Romans: Justice, Jews, and Gentiles*. New Haven: Yale University Press, 1994.

Thielman, Frank. *From Plight to Solution: A Jewish Framework for Understanding Paul's View of the Law in Galatians and Romans*. NovTSup 61. Leiden: Brill,

1989.

———. *Paul and the Law: A Contextual Approach*. Downers Grove, IL: InterVarsity, 1994.

Thiselton, Anthony C. *Discovering Romans: Content, Interpretation, Reception*. Grand Rapids: Eerdmans, 2016.

Thompson, M. B. *Clothed with Christ: The Example and Teaching of Jesus in Romans 12.1-15.3*. JSNTSup 59. Sheffield: JSOT Press, 1991.

Timmins, Will N. *Romans 7 and Christian Identity: A Study of the "I" in Its Literary Context*. Cambridge: Cambridge University Press, 2017.

———. "Why Paul Wrote Romans: Putting the Pieces Together." *Themelios* 43 (2018): 387-404.

Tomson, P. J. *Paul and the Jewish Law: Halakha in the Letters of the Apostle to the Gentiles*. CRINT 1. Minneapolis: Fortress, 1990.

Toney, C. N. *Paul's Inclusive Ethic: Resolving Community Conflicts and Promoting Mission in Romans 14-15*. WUNT 252. Tübingen: Mohr Siebeck, 2008.

Vickers, Brian. *Jesus' Blood and Righteousness: Paul's Theology of Imputation*. Wheaton: Crossway, 2006.

Wagner, G. *Pauline Baptism and the Pagan Mysteries: The Problem of the Pauline Doctrine of Baptism in Romans VI.1-11, in the Light of Its Religio-Historical "Parallels."* Translated by J. P. Smith. Edinburgh: Oliver & Boyd, 1967.

Wagner, J. R. *Heralds of the Good News: Isaiah and Paul in Concert in the Letter to the Romans*. NovTSup 101. Leiden: Brill, 2002.

Watson, Francis. *Paul and the Hermeneutics of Faith*. New York: T&T Clark, 2004.

———. *Paul, Judaism, and the Gentiles: Beyond the New Perspective*. Rev. ed. Grand Rapids: Eerdmans, 2007.

———. *Paul, Judaism, and the Gentiles: A Sociological Approach*. SNTSMS 56. Cambridge: Cambridge University Press, 1986.

Wedderburn, A. J. M. *The Reasons for Romans*. Edited by J. Riches. SNTW. Edinburgh: T&T Clark, 1988.

Weima, Jeffrey A. D. *Neglected Endings: The Significance of the Pauline Letter Closings*. JSNTSup 101. Sheffield: JSOT Press, 1994.

Westerholm, Stephen. *Israel's Law and the Church's Faith: Paul and His Recent Interpreters*. Grand Rapids: Eerdmans, 1988.

———. *Perspectives Old and New on Paul: The "Lutheran" Paul and His Critics*. Grand Rapids: Eerdmans, 2004.

Wilk, F., and J. R. Wagner, eds. *Between Gospel and Election: Explorations in the Interpretation of Romans 9-11*. WUNT 257. Tübingen: Mohr Siebeck, 2010.

Williams, Jarvis J. *Christ Died for Our Sins: Representation and Substitution in Romans and Their Jewish Martyrological Background*. Eugene, OR: Pickwick, 2015.

———. *Maccabean Martyr Traditions in Paul's Theology of Atonement: Did Martyr Theology Shape Paul's Conception of Jesus's Death?* Eugene, OR: Wipf & Stock, 2010.

Williams, Sam K. *Jesus' Death as Saving Event: The Background and Origin of a Concept*. HDR 2. Missoula, MT: Scholars Press, 1975.

Wilson, W. T. *Love without Pretense: Romans 12.9-21 and Hellenistic-Jewish Wisdom Literature*. WUNT 46. Tübingen: Mohr Siebeck, 1991.

Wright, N. T. *Justification: God's Plan and Paul's Vision*. Downers Grove, IL: InterVarsity, 2009.

———. "The Meaning of περὶ Ἁμαρτίας in Romans 8.3." In *Studia Biblica 1978: Sixth International Congress on Biblical Studies, Oxford, 3-7 April 1978*, vol. 3, *Papers on Paul and Other New Testament Authors*, edited by E. A. Livingstone, 453-59. JSNTSup 3. Sheffield: JSOT Press, 1980.

Yinger, Kent L. *Paul, Judaism, and Judgment according to Deeds*. SNTSMS 105. Cambridge: Cambridge University Press, 1999.

Ziesler, J. A. *The Meaning of Righteousness in Paul: A Linguistic and Theological Enquiry*. SNTSMS 20. Cambridge: Cambridge University Press, 1972.

Zoccali, C. "'So All Israel Will Be Saved': Competing Interpretations of Romans 11.26 in Pauline Scholarship." *JSNT* 30 (2008): 289-318.

3. 고린도전서

서론

아크로고린도(Acrocorinth)의 기슭에 있었던 고린도 도시는 두 항구 가까이에 전략적으로 위치하고 있었다. 이 도시는 BC 146년에 로마에 의해 파괴되었고 BC 44년에 로마의 도시로 재건되었다. 이 도시는 상업으로 분주했고, 그리스-로마 세계의 다른 도시들처럼 신들과 신전들로 가득했다. 마술과 신비 종교들, 그리고 상인들이 이 도시에 있었고, 로마 황제에게 드리는 황제 숭배 의식(imperial cult) 역시 중요한 역할을 하였다. 여느 항구 도시처럼, 탐욕과 부패, 그리고 성적인 부도덕이 있었다. 분명하게, 이 도시는 오늘날 도시들보다 훨씬 더 작았지만, 그러나 샌프란시스코(San Francisco)와 뉴욕(New York)과 같은 도시들과 비교하는 것이 적절할 정도로 그 당시에 큰 도시였다.

유대인들 역시 이 도시 안에 있었고, 바울은 2차 전도 여행을 하던 AD 50년에 고린도를 방문했을 때, 자신의 선교 사역을 회당에서 시작했다(행 18:1-17). 바울은 상당한 성공을 거두었고, 많은 사람이 신자가 되었다. 그의 개종자들은 상류층과 하류층에서 왔으며 부한 자들과 가난한 자들도 있었다(고전 1:26 참조). 학자들은 고린도 교회의 회중이 주로 하류층이었는지 아니면 상류층이었는지 논쟁을 해왔다. 학자들 대부분은 이 회중의 분포도가 사회적으로 다양했지만, 주로 하층 계급에 속한 사람들로 구성되었다는 것에 동의한다. 하지만, 상류층에서 온 일부 교인들의 존재는 지혜에 대한 열망에 의해 증명되는데, 이 열망은 여기에서 논의된 것처럼, 그리스 수사학을 소중히 여기는 것과 관련이 있다(고전 2:1-5 참조). 같은 맥락에서, 고발을 할 수 있었고(6:1-8), 주의 만찬의 자리에서 호화롭게 먹었으며 같은 식탁에서 가난한 자들의 배고픔을 무시했던(11:17-34) 사람들은 부유한 사람들이었다. 아마도 고린도 회중은 근친상간을 범하고 있는 사람이 부유했기 때문에 눈감아주었을 수 있다(5:1-13).

고린도전서는 아마도 AD 54년 봄에 기록되었을 것이다. 이 교회에 대한 보고는 글로에(Chloe)의 사람들로부터, 또한 스데바나(Stephanas)와 브드나도(Fortunatus), 그리고 아가이고(Achaicus)로부터 바울에게 전해졌다(고전 1:11; 16:15-17). 고린도 교인들 역시 바울에게 아마도 여러 질문이 담긴 편지를 보냈고, 바울은 고린도전서에서 이들의 질문들에 대하여 대답하고 있음을 우리는 보게 된다.

우리는 편지의 대부분을 바울이 받은 보고들과 그가 받은 질문들로 다음과 같이 나눌 수 있다.

~ 대한 보고들	
분열들	1:10-4:21
근친상간	5:1-13
법정 소송	6:1-11
성적 부도덕	6:12-20
여자들의 머리를 가리는 것	11:2-16
주의 만찬에서 행동	11:17-34
부활	15:1-58

질문들/~에 대하여(Now About)	
결혼	1:10-4:21
처녀와 과부들	5:1-13
우상에게 바친 음식	6:1-11
영적인 은사들	6:12-20
아볼로	15:1-58

학자들은 또한 고린도전서가 갈등과 타협의 이슈들로 나누어질 수 있다고 제안하기도 한다. 다른 말로 하자면, 이 편지에 나타난 이슈들은 일치와 순결이라는 것이다.

갈등 상황	
분열들	1:10-4:21
법정 소송	6:1-11
주의 만찬	11:17-34
영적인 은사들	12:1-14:40
아볼로	16:12-14
스데바나와 그의 동역자들	16:15-18

타협 상황	
근친상간	5:1-13
성적인 죄	6:12-20
결혼	7:1-24
처녀와 과부들	7:25-40
우상에게 바친 음식	8:1-11:1
여자들의 머리를 가리는 것	11:2-16
부활	15:1-58

위의 표들에 있는 주제를 보고 완성할 수 있는 간략한 개요가 다음과 같이 나온다.

개요	
서두	1:10-4:21
교회 안에서 분열들	6:1-11
교회 안에서 문제들	11:17-34
교회 안에서 질문들	12:1-14:40
끝맺음말	16:15-18

바울은 자신의 복음, 즉 예수는 십자가에 못 박히고 부활한 주님이라는 진리의 관점에서 이 다양한 이슈들을 다룬다. 고린도 교인들은 교회에 영향을 미치는 문제들을 해결하기 위해 하나님의 은혜가 필요하므로, 이 편지에서 바울은 이 교인들에게 그리스도 안에 있는 하나님의 은혜를 상기시킨다.

학자들은 고린도 교인들에게 영향을 미친 문제들에 대한 다양한 배경들을 가정해 왔다. 두 가지 인기 있는 제안들은 영지주의(Gnosticism) 사상과 지나치게 실현된 종말론(overrealized eschatology) 사상인데, 이 둘은 고린도 교회 안에서 무엇이 일어나고 있었는지 알려주는 잘못된 가르침들이라는 것이다. 영지주의적 가설은 요즈음 거의 받아들이지 않으며 오늘날 이러한 견해를 갖는 사람은 거의 없다. 지나치게 실현된 종말론이 더 가능성이 있지만, 그러나 이 편지 안에 많은 이슈는 명확하게 이 종말론에 관련되지 않는데, 이 이슈들은 그리스 수사학에 집착하는 문제(고전 1:10-2:16)를 시작으로 근친상간을 묵인하는 문제(5:1-13)뿐만 아니라, 법정 소송(6:1-8), 성적인 죄(6:12-20), 우상에게 바친 음식(8:1-11:1), 주의 만찬에서 사랑의 부족(11:1-34) 등등이다. 고린도 교인들은 이교주의(paganism)와 이들이 살았던 그 사회의 관습들과 신념들에 의해 영향을 받았다고 주장하는 것이 오히려 더 설득력 있다. 이런 의미에서, 이들은 그리스의 수사학에 매료되었고, 성적인 죄에 포로가 되었으며, 부와 지위를 움켜잡으려고 하였으며, 우상에게 바친 음식에 관하여 타협하려고 했고, 육체의 부활을 거절하였다. 바울은 이 교인들에게 복음을 상기시킴으로써, 이들이 무엇을 잘못했는지 깨닫게 하고 회복시키려고 한다.

서두 부분(1:1–9)

인사말에서 놀랄 만한 것(1:1-3)은 바울은 고린도 교인들을 "거룩하게 된" 사람들이며 "성도"로서 인정한다는 것이다. 이렇게 인정한다는 것은 고린도 교회가 분열로 시달렸고, 성적인 죄로 타협하고, 이들의 교만이 극도에 이르렀다는 것을 고려할 때, 우리를 놀라게 한다. 하지만, 그리스도 안에서 이들은 거룩하고 완전하다. 왜냐하면 이들의 의는 자신들 안에 있지 않기 때문이다. 동시에, "거룩하게 된 성도"라는 표현을 통하여, 고린도전서 6:1-11의 내용에서 바울이 강조하려는 점을 미리 보여준다고(foreshadowing) 우리는 생각할 수 있다. 6:1-11에서 바울은 고린도 신자들을 씻겨졌고 거룩하게 되었고 의롭게 된 존재들로 인정하는데, 만약 이들이 그리스도 안에 있는 지위에 따라 살지 않는다면 하나님 나라를 유업으로 받지 못할 것이라고 경고한다. 이 서두 부분에서 다른 흥미로운 특징은 "주 되신 예수 그리스도의 이름을 부르는 모든 자들"(1:2)이라는 언급이다. 이러한 표현은 바울의 다른 편지들의 인사말에 발견되지 않는다. 그래서 우리는 왜 여기에 이 진술이 포함되어야 하는지 물어야 한다. 만약 우리가 이 편지 전체를 살펴보면, 고린도 교인들이 교만으로 가득 차 있어서, 바울은 이 교인들만이 세상 속에 유일한 기독교인들이 아니라는 사실과 그리스-로마 세계 곳곳에 많은 신자가 있다는 것을 상기시키고 있음이 분명하다. 그러므로 고린도에 있는 신자들은 자기 자신들을 과대평가해서는 안 된다.

고린도에 있는 문제들을 고려했을 때 바울이 감사 단락(1:4-9)을 이 편지에 포함하고 있다는 것을 보고, 우리는 놀라게 될 수도 있다. 어쨌든, 그는 갈라디아서에서 감사 단락을 생략하는데, 아마도 갈라디아 교회에서 일어나고 있었던 것들에 대하여 그가 감사하지 않았기 때문일 것이다. 고린도 교회의 모든 부도덕함에도 불구하고, 또한 죄와 이기심의 모든 표현에도 불구하고, 바울은 고린도 회중 안에서 일어나는 은혜의 역사에 대하여 감사한다. 여기에서 강조점은 하나님의 은혜에 있다는 것을 우리는 꼭 이해해야 한다("하나님의 은혜"는 너희에게 주어졌다[1:4]). 수동태의 동사들 또한 하나님의 사역을 가리키는데, "너희가 그 안에서 풍족하게 되었다"(1:5)라는 진술과 "그리스도의 증거가 너희 중에 견고하게 되었다"(1:6)라는 진술에서 잘 나타난다. 비록 고린도 교인들이 영적인 은사들에 대하여 오해하고 있으며 심지어 남용하고 있다고 할지라도, 바울은 이들이 행사하는 은사들에 대하여 감사하였다(1:5, 7). 하나님의 은혜는 고린도 교인들의 결점에도 불구하고 역사하고 있었는데, 이러한 모습은 우리의 삶에 대해서도 생각나게 한다. 바울은 또한 고린도 교인들에게 속한 은혜가 완성되고 완전하게 될 것이라고 이 교인들을 확신시킨다. 이들은 "끝까지" 견고하게 되며 강해질 것인데(1:8), 이들이 도덕적이었기 때문이 아니라, 하나님은 이들이 예수 그리스도와 누리는 교제를 유지하기 위하여 계속해서 "미쁘시기" 때문이다(1:9).

분열(1:10-4:21)

고린도 교회 안에 있었던 근본적인 문제 중 하나는 1:10-4:21에서 만나게 된다. 즉, 이 교회는 여러 사역자를 중심으로 나뉘었는데, 어떤 사람들은 바울을, 어떤 사람들은 아볼로를, 어떤 사람들은 베드로를 따랐다. "그리스도에게 속한"(1:12)이라는 표현은 상당히 해석하기 어려운데, 그리스도를 따른다고 주장하는 분파 역시 있었다고 이해할 수도 있다. 그러나 그리스도에게 속한다는 것은 좋은 일이므로, 그리스도와 관련된 분파가 있었다고 이해하는 것보다도, 이 표현을 바울의 반응으로 해석하는 것이 더 좋을 것 같다. 바울은 자신을 이 표현 바로 앞에 거론된 사역자들과 연결하지 않고, 오직 그리스도와 일치시킨다. 이 분열이 바울과 아볼로, 그리고 베드로의 신학적인 차이들에 의해 일어난 것이 아님을 반드시 알아야 한다. 이 분열에 대한 잘못은 전적으로 고린도 교인들에게 있었다. 사실, 바울과 베드로, 그리고 아볼로는 신학적으로 동의했다. 바울은 아볼로가 고린도 교인들을 방문하도록 격려했는데(16:12), 만약 아볼로의 신학이 잘못되었다고 생각했다면, 그는 그렇게 하지 않았을 것이다! 비슷하게, 15:11에서 바울은 아주 분명한 용어로, 자신과 베드로가 같은 복음을 선포했음을 확증한다. 우리는 분열의 이유가 내용(substance)이 아니라 형식(style)과 관련된다는 것을 곧바로 알게 될 것이다. 바울은 자신을 따르는 사람들을 다루기 시작하면서, 이들에게 그렇게 따르고 있는 행동의 어리석음을 보여준다. 바울은 이들을 위하여 십자가에 못 박히지 않았고, 이들은 바울의 이름으로 세례를 받지 않았다. 바울의 근본적인 목적은 세례를 주는 것이 아니라, 복음을 선포하는 것이었는데, 이것은 세례가 복음에 비추어 해석되어야 하고 그 반대로 해석하면 안 된다는 것을 시사한다.

무엇 때문에 이 분열들이 일어났을까? 우리는 1:17에서 이에 대한 암시를 발견하며, 이 구절 뒤에서 논의되는 내용을 통하여 확인할 수 있다(1:18-2:16). 고린도 교인들은 바울과 아볼로, 그리고 베드로의 수사적인(rhetoric) 능력에 근거하여 분파를 만들게 되었던 것 같다. 수사학은 그리스-로마 세계에서 일반적인 특징이었는데, 공적인 연설이 다양한 이유로 자주 이루어졌기 때문이다. 수사학에 관련된 교과서들은 퀸틸리안(Quintilian)과 키케로(Cicero)와 같은 사람들에 의해 저술되었고, 이 책들 안에는 효과적인 연설들의 구조와 요소들이 설명되었다. 연설자들은 자신들의 수사학의 효과로 평가될 것이고, 분명히 고린도 교인들은 바울과 아볼로, 그리고 베드로를 평가할 때, 자신들이 속한 문화를 모방하고 있었다. 사역을 평가하는 기준은 연설자들의 총명과 독창성, 그리고 창의성이 되었을 것인데, 이것은 전달 매체가 메시지보다 더 중요하게 되었다는 것을 의미한다. 말의 내용보다도 오히려 듣는 사람들을 즐겁게 해주는 것(entertainment)이 담론의 가치를 결정하는 기준으로 작용했다.

지혜에 관한 논의(1:18-2:16)는 여러 사역자의 수사학적인 능력에 대한 집착에서 나온다. 다양한 사역자들의 "지혜"는 이들이 말하는 능력으로 판단되었다. 바울의 관심은 고린도 교인들이 본의 아니게 세속적인 패러다임의 포로가 되었다는 것이다. 그가 전한 메시지는 세상에는 미련한 것이었다(1:18-25). 왜냐하면 이 메시지는 예수 그리스도의 십자가를 중심으로 구성되었기 때문이다. 매료시킬 정도로 아름다운 연설은 이 연설을 만드는 사람에게 찬양을 가져오지만, 그러나 십자가의 메시지는 구원을 가져오는 하나님의 능력이며(롬 1:16 참조), 이 메시지는 종말론적인 심판을 향하는 사람들에 의해 거절되었다.

바울은 하나님께서 지혜 있는 자들의 지혜를 멸하셨음을 증명하기 위하여 고린도전서 1:19에서 이사야 29:14를 인용한다. 이사야 29장에서 선지자는 예루살렘이 포위를 당하였지만, 멸망을 피할 것이라고 예언한다. 소위 선지자들과 지혜 있다고 여겨진 사람들은 주님께서 행하고 있었던 일을 분별하지 못했다. 이들의 마음이 주님에게서 멀어졌기 때문에(마 15:8-9; 막 7:6-7에 인용된 사 29:13), 주님은 이들이 자신의 계획들을 이해하는 것을 막으셨다. 바울은 이사야의 예언을 자신의 시대에 적용한다. 이사야의 시대에 하셨던 것처럼, 하나님은 이들의 지혜를 좌절시키기로 작정하였다. 왜냐하면 지식을 주장하는 사람들의 마음이 하나님을 향하여 차갑기 때문이다. 이러한 방식으로 행함으로써, 하나님은 이들이 자신들의 지혜를 자랑할 수 있는 근거를 갖지 않음을 확증한다. 실제로 이들은 자신들의 지혜가 하나님에 관한 진리를 알게 되는 길로 인식했었다.

바울은 독자들에게 지혜 있는 자들과 율법을 가르치는 사람들, 그리고 광장에서 문제들을 토론하고 판결하는 능력으로 유명한 사람들을 생각하도록 요청한다. "이 세대"(고전 1:20)의 기준들로 보면, 이들은 칭송되고 찬양을 받았다. "이 세상"과 "오는 세상"의 대조는 예수의 가르침(예를 들어, 마 12:32; 13:39, 40, 49; 24:3; 28:20; 막 10:30; 눅 18:30; 20:35)과 바울의 서신들(롬 12:2; 고전 2:6, 7, 8; 10:11; 고후4:4; 갈 1:4; 엡 2:2; 딤전 6:17; 딛 2:12)에서 중요한 역할을 했다. 하나님은 사람이 귀중히 여기는 것을 멸하는데, 그가 사람의 지혜를 멸한다는 것은 하나님 자신의 지혜를 반영한다. 만약 그렇지 않다면, 하나님에게 도달하는 길과 구원으로 가는 길이 지식을 가진 사람들과 철학자들에 의해 해결될 것이기 때문이다. 하나님은 십자가의 "미련한" 메시지를 믿는 사람들을 구원하기를 기뻐하신다. 왜냐하면 그렇게 함으로써, 구원 안에 있는 모든 영광은 하나님 자신에게 돌아가기 때문이다.

사람들은 자신들을 높이는 기준을 추구하므로, 유대인들은 압도적인 힘과 능력을 보여주는 표적들과 기사들을 구하고 헬라인들은 인간의 마음을 통하여 세상의 총명과 지식을 입증하는 지혜와 철학에 사로잡혔다(고전 1:22). 대조적으로 바울의 메시지는 십자가에 못 박히신 그리스도에게만 초점이 맞추어진다. 이러한 메시지는 유대인들에게는 거리끼는 것이었는데, 십자가는 약함과 저주를 상징했기 때문이었다(신 21:23). 헬라인들이 보기에, 세상의 구원이 십자가에서 죽은 사람을 통하여 올 것이라는 개념은 터무니가 없었다. 물론 이것이 바울의 요점이다. 즉, 십자가에서 하나님의 지혜와 능력이 나타났고 속박을 풀어주었다는 것이다(롬 1:24). 세상은 십자가 위에서 버림받은 사람을 통하여 구원받았기 때문에(고전 1:23-24), "미련한" 메시지는 그 어떤 철학보다도 더 지혜롭고, 하나님의 약하심은 모든 사람의 힘보다 강하다.

바울은 여기에서 흥미로운 요점을 만드는데, 십자가의 메시지는 모든 사람에게 전파되고 선포되지만(1:23), 그러나 오직 "부르심을 받은" 자들만 이 메시지를 파악하고 이해한다는 것이다(1:24). "부름을 받는다"라는 단어의 사용은 우리가 로마서에서 발견한 것과 일치한다. 이 메시지는 모든 사람에게 선포되지만, 그러나 하나님에 의해 부름을 받은 자들만이 "십자가에 달린 그리스도"가 구원의 유일한 소망이라는 것을 받아들이고 이해하게 된다. 유대인 배경을 가진 사람들과 이방인 배경을 가진 사람들 모두, 부름을 받게 되면, 이 메시지를 이해하게 되는데 어떻게 이 메시지를 이해할 수 있는가? 이들이 그리스 수사학의 성질을 평가하기에 능숙하기 때문이 아니다. 이들은 하나님의 은혜가 자신들에게 주어졌기 때문에, 이 메시지를 이해하게 된다.

바울을 괴롭게 한 것은 고린도 교인들이 바울과 아볼로의 수사적(rhetorical) 능력에 의해 매료됨으로써, 세속주의에 빠지고 있었다는 사실이다. 이들은 십자가의 메시지를 잊어버렸고, 복음을 따르는 것 대신에 세상의 기준들과 잣대를 닮아가고 있었다. 바울은 연설자들이 연설할 때 가능한 한 지루해야 한다는 것을 제안하지 않는다. 확실히, 아볼로는 재능 있는 연설자였고, 그의 능력은 복음을 선포할 때 분명히 나타났다(행 18:24-28). 바울의 요점은 사람이 인간의 웅변에 의지해서는 안 된다는 것이고, 이 웅변 능력이 사람의 메시지의 효과를 평가하는 기준이 되어서는 안 된다는 것이다. 여기에서 초점은 연설의 방식 대신에 십자가의 메시지에 있어야 한다.

그리스 수사학에 대하여 고린도 교인들이 무척 좋아했다는 것은 세속적인 영향을 드러낸 것이었다. 그래서 바울은 '이들이 누구인지'(고전 1:26-31)에 대하여 상기시킨다. 그는 1:24에서 "부르심"이라는 단어를 선택해서, 이 구절들 안에서 이 의미를 확장한다. "부르심"(1:26)이라는 단어는 "하나님께서 택하셨다"(1:27-28)라는 삼중(threefold)의 반복적인 표현과 함께 이해하기 쉽게 설명되며, 이들의 삶의 변화는 전적으로 하나님에게 그 원인이 있음을 지적한다. 그리스-로마 세계는 명예와 수치 문화였고, 가진 자들과 가지지 못한 자들의 사회적인 대조가 두드러졌다. 바울은 고린도 교인들에게 이들 중 대부분은 사회에서 지적인 계층이 아니었고, 이들은 정치적이고 문화적인 능력을 누리지 못했으며, 이들은 사회적인 엘리트가 아니었음을 상기시킨다. 하나님은 미련하다고 여겨졌던 사람들이나 사회에서 거의 영향력이 없거나 전혀 없는 사람들을 선택했다. 즉, 그는 교양이 있는 엘리트 대신에 세상에서 아무것도 아닌 사람들을 선택하셨다. 지금 사회적으로 존귀한 사람들은 심판의 날에 종말론적인 수치를 경험할 것이고, 이들의 사회적인 신분은 영원히 무가치하게 될 것이다. 왜 하나님은 이러한 방식으로 세상을 구성하시는가? 왜 그는 주로 사회의 낮은 계층에 있는 사람들을 구원하기 위하여 부르시는가? 인간의 모든 자랑을 배제하기 위함이다.

다시 말해, 하나님의 일하심은 "그리스도 예수 안에" 있는 사람들을 설명한다(1:30). 고린도 교인들은 그리스 수사학에서 잘 구현된다고 생각했던 인간의 지혜를 향하여 이끌렸지만, 그러나 이들은 그리스도 예수가 자신들의 지혜임을 보아야만 했다. 그런 다음, 바울은 그리스도가 이 교인들의 "의로움과 거룩함과 구원함"이라고 말하면서(1:30), 이 지혜를 구원의 관점에서 정의한다. 의로움은 하나님 앞에서 바르게 서 있는 것, 즉 그 앞에서 무죄를 선고받는 것으로 정의되어야 한다. 여기에서 거룩함은 거룩함의 진보를 의미하지 않지만, 위치적인(positional) 의미나 최종적인(definitive) 의미를 시사한다. 신자들은 그리스도 안에서, 하나님 앞에서 거룩하고(1:2 참조), 이들은 그 앞에서 완전하다. 이들은 구속되었고, 죄의 책임과 폭정에서 해방되었다. 진정한 지혜는 하나님의 은혜로 변화된 사람들 안에, 십자가에 의해 죄로부터 자유롭게 된 사람들 안에 있다.

바울은 모든 자랑이 "주 안에" 있어야 한다고 말함으로써 적절하게 끝맺는다(1:31). 사람 안에서 자랑하는 것은 금지되며(1:29), 주 안에서 자랑하는 것은 그리스도에게 속한다는 것이 무엇을 의미하는지 전적으로 나타낸다.

주님은 구원을 행하셨기 때문에 모든 찬양을 받기에 합당하시다. 바울은 여기에서 구약성경을 인용하는데, 비록 기록된 말씀 그대로는 아니라고 할지라도, 예레미야 9:23-24를 분명히 인용한다(또한, 삼상 2:10 참조). 바울의 요점을 설명하는데 있어서, 이 구절들 말고 다른 구절들을 상상하기 어려울 정도인데, 9:23-24에서 "여호와께서 이와 같이 말씀하시되 지혜로운 자는 그의 지혜를 자랑하지 말라 용사는 그의 용맹을 자랑하지 말라 부자는 그의 부함을 자랑하지 말라 자랑하는 자는 이것으로 자랑할지니 곧 명철하여 나를 아는 것과 나 여호와는 사랑과 정의와 공의를 땅에 행하는 자인 줄 깨닫는 것이라 나는 이 일을 기뻐하노라 여호와의 말씀이니라"라고 진술된다. 이 전체 인용은 고린도전서의 주제들과 아주 놀라울 정도로 일치한다. 바울은 이 구절들을 자랑에 대한 말로 제한하지만, 그러나 예레미야는 지혜로운 자와 용사, 그리고 부자에게 자랑하지 않도록 권고한다. 이 세 부류의 사람들은 고린도전서 1:26-28에 나오는 지혜로운 자와 능한 자, 그리고 문벌 좋은 자에 대한 묘사와 완벽하게 일치한다. 바울은 고린도 교인들의 비천한 신분을 꺼내는데, 모든 찬양이 하나님에게 있음을 상기시키기 위함이다. 즉, 이들은 자신들을 섬겼던 사역자들의 소위 수사학적 능력을 의미하는 지혜에 사로잡혔기 때문에, 이것을 분명히 잊고 있었다.

바울이 1:18-31에서 십자가의 메시지와 하나님의 능력을 강조했기 때문에, 그는 2:1-5에서 복음을 선포하는 자신의 접근을 설명할 준비가 되어 있었고, 자신은 찬란하고 독창적인 수사학을 과시하기 위해 온 것이 아님을 강조한다. 이렇게 함으로써, 십자가의 메시지는 과시하기 위한 수사학적인 것들을 전적으로 배제한 채, 외관적으로 약하게 보일 수 있었다. 즉, 바울의 목적은 예수 그리스도를 십자가에 달린 분으로서 전하는 것이었다. 바울의 약함과 두려움, 그리고 떨림은 인간의 자연스러운 긴장 때문에 생긴 것으로 이해해서는 안 된다. 오히려, 바울은 십자가보다 자기 자신을 신뢰하게 될 것을 두려워했다. 왜냐하면 만약 고린도 교인들이 성령의 능력이 있는 십자가의 메시지를 의지하는 것 대신에 지혜와 수사학을 신뢰한다면, 바울의 일은 헛되었기 때문이다.

인간의 지혜를 거절하는 것은 마치 바울이 전한 복음이 지혜가 결여된 것처럼, 오해를 불러일으킬 수 있으므로, 바울은 2:6-16에서 진정한 지혜는 십자가의 메시지 안에 나타난다고 설명한다. 바울은 지혜가 "온전한"(mature) 사람의 것이라고 말할 때, 그는 수준 이하의 사람들과 대조적으로 엘리트 신자들 부류를 의도하지 않는다. 온전한 자들은 구원받은 자들이며(1:18), 신자들이고(1:21), 부름을 받은 자들이며(1:24), 영적인 자들이다(2:13). 다시 말해, 온전한 자들은 모든 신자를 가리킨다. 바울이 전한 지혜는 "이 세상"이나 "이 세상의 통치자들"(2:6)에게 속하지 않는다. 고린도 교인들은 세속적 지혜에 눈이 멀었지만, 그러나 세상은 진정한 지혜를 깨닫거나 이해하지 못한다. 참으로, 정치 지도자들을 의미하는(아마도 이 정치 지도자들 배후에는 악한 세력이 있을 수도 있지만) "이 세상의 통치자들"은 실체를 너무 몰라서 영광의 주님이신 예수 그리스도를 십자가에 못 박았다. 이 통치자들은 "없어질" 존재들이라는 것은 놀라운 일이 아니다(2:6). 왜냐하면 이들이 만약 만유의 주님이셨던 분을 죽였다면, 이들은 분명히 역사의 잘못된 편에 서 있었기 때문이다. 바울의 요점은 고린도 신자들이 선호하는 사역자들을 중심으로 나뉜 분열에서 사람의 인정을 갈망함으로써, 예수를 십자가에 못 박았던 사람들과 결과적으로 같은 상황에 있었다는 것이다. 하나님의 지혜는 "비밀한 것"(mystery)이며 신자들을 위해 "미리 정한" 것이므로(2:7), 예외 없이 모든 사람에게 드러나지 않는다. 이 비밀한 것은 십자가를 중심으로 하며, 비록 구약성경에 예언되어 있었음에도, 구약성경 시대에는 분명히 나타나거나 이해되지 않았다.

고린도 교인들은 "모든 것은 눈으로 보지 못하고 귀로 듣지 못하고 사람의 마음으로 생각하지도 못하였다"(2:9)라는 것을 알았다. 바울이 인용하는 구약 본문이 무엇인지 알기 어렵지만, 그러나 그는 아마도 이사야 64:4("주

외에는 자기를 앙망하는 자를 위하여 이런 일을 행한 신을 옛부터 들은 자도 없고 귀로 들은 자도 없고 눈으로 본 자도 없었나이다")를 염두에 두었을 것 같다. 이 인용은 첫 출애굽에서 하나님께서 하셨던 것처럼, 이사야가 하나님께서 자기 백성을 구원하기 위하여 이스라엘 안에서 구원하는 역사를 다시 시작해달라고 요청하는 기도에 속한다. 바울이 보기에, 이 기도는 예수 그리스도의 삶과 죽음, 그리고 부활안에서 성취되었다. 구약성경에서 구원과 축복의 위대한 약속들은 지금 성취되었다. 어느 사람도 보지 못하고 또한 듣지도 못한 것이 현실이 되었다.

바울이 고린도전서 2:10-16에서 강조하는 것은 하나님의 지혜와 하나님의 구원이 성령을 통하여 신자들에게 나타난다는 것이다. 이들은 그러한 지혜를 발견하지 못했다. 즉 하나님이 이들이 그 지혜를 알도록 하셨다. 오직 사람의 마음이 자기 생각을 아는 것처럼, 오직 하나님의 영만이 하나님의 일들을 안다. 만약 우리가 다른 사람의 생각을 알고자 한다면, 이 사람은 자신이 생각하고 있는 것을 우리에게 말해야 한다. 마찬가지로, 하나님의 생각을 알 수 있는 유일한 방법은 그가 자기 뜻과 길을 성령을 통하여 드러내야만 한다. 그러므로 신자들이 지혜가 무엇인지 알 수 있는 것은 성령이 우리에게 그러한 진리를 알려주시기 때문이다. 반대로, 성령이 없는 사람, 즉 불신자들은 성령에 의해 계시된 것들을 어리석은 것으로 여긴다. 이 불신자들은 하나님과 예수 그리스도에 대한 진리들을 환영하거나 받아들이지 않는다. 왜냐하면 이러한 진리들은 현실에 대한 자신들의 인식과 일치하지 않기 때문이다. 이 모든 것은 참된 지혜가 은혜의 기적이라고 말하는 또 다른 방법인데, 이 기적은 성령께서 영적인 현실들에 대하여 눈을 뜨게 하는 것을 의미한다.

바울은 신자들이 과학이나 역사, 또는 수학에 대한 모든 진리를 이해한다고 말하는 것이 아니며, 또는 어느 누구도 어떤 것에 대하여 신자를 결코 비난할 수 없다고 말하는 것이 아니다. 그의 요점은 신자들이 하나님과 예수 그리스도에 대한 진리를 평가할 수 있다는 것이다. 즉, 이 신자들은 참 생명이 십자가에 달리시고 부활하신 예수 그리스도 안에 있다는 것을 안다는 것이다. 바울은 신자들이 그리스도의 마음을 갖는 반면, 불신자들이 주님의 마음을 알지 못한다는 개념을 뒷받침하기 위하여 이사야 40:13에 호소한다. 이 구절의 문맥은 아주 굉장하다. 왜냐하면 이사야 40장에서 주님은 이스라엘을 바벨론 포로 생활에서 돌려보내겠다고 약속하기 때문이다. 이 당시 이스라엘은 이 약속을 거의 믿을 수 없었다. 왜냐하면 이스라엘 사람들은 초강대국 바벨론에 비하면, 자신들을 새 발의 피 정도로 여겼기 때문이다. 그러나 이사야서의 요점은 하나님은 어느 누구도 기대하지 않은 것을 할 수 있고, 또한 할 것이라는 점이다. 하나님은 역사의 주님이며 통치자이다. 주님의 생각은 인간이 접근할 수 없는 영역이다. 신자들이 그리스도의 마음을 갖기 때문에, 이들은 모든 현실을 평가할 수 있다. 그렇다고 이렇게 평가할 수 있다는 것이 자랑으로 이어져서는 안 된다. 왜냐하면 모든 지식이 성령에 의해 계시되기 때문이다.

마치 고린도 교회의 분열들과 관련된 논의가 고린도전서 1:18-2:16 안에 남겨져 있는 것처럼, 지혜에 관한 논의는 바울이 3-4장에서 사역자들을 중심으로 교인들이 분열된 상황으로 더 직접적으로 돌아갈 수 있는 기반을 제공한다. 바울이 2:6-16에서 가르쳤던 것을 고려한다면, 고린도 교인들은 성령의 사람들로서 자신들을 자화자찬하고 싶은 유혹을 받았을 수 있다. 그러나 3:1-4에서 바울은 이들이 성령의 사람들이라고 칭할 수 없다고 말하면서, 그는 그들의 얼굴에 찬물을 끼얹는다. 이들은 단단한 음식이 아니라 우유가 있어야 하는, 또한 영적인 거인들이 아니라 영적인 난쟁이들이었다. 미성숙함의 증거는 여러 사역자를 중심으로 일어나는 다툼과 분쟁이었는데, 교인의 일부는 바울을 따르고 다른 사람들은 아볼로를 따를 정도였다. 고린도 교인들은 분명히 바울이나 아볼로를 선택한 것이 자신들의 지혜의 분별력을 반영한 것으로 생각했다. 그러나 바울이 보기에, 이러한 모습은 그들이 성숙하지 않다는 표시였다.

이 구절들은 기독교의 해석에 중요한 역할을 했고, 종종 기독교인들의 수준이나 계층들이 있다는 개념을 옹호하기 위해 사용되었다. 이러한 도식에 따르면, 일부 기독교인들은 영적이고 일부는 육적이라는 것이다. 이러한 읽기는 바울의 목적과 의도에서 벗어나는 것이다. 그는 고린도 교인들이 육에 속하는 것처럼 묘사함으로써, 이들에게 충격을 주기 위하여 편지를 썼다. 그러나 우리는 육에 속한 사람들이 불신자들이며 성령을 갖지 않은 사람들(고전 2:14; 또한, 롬 8:9 참조)이라는 것을 2:6-16에서 알게 된다. 우리는 이 본문의 수사학적인 힘과 암시를 이해해야 한다. 고린도 교인들은 마치 자신들이 기독교인들이 아닌 것처럼 살고 있었다. 즉, 이들은 영적인 무인도에 있었고, 이들은 계속해서 그 공간을 차지할 수 없었다. 이들은 육에 속한 사람들이거나 성령에 속한 사람들일 수 있었으며, 바울은 이들이 현재 있는 그 자리에 머물 수 없다는 것을 알기를 원한다.

사역자들의 수사학적인 기술을 평가함으로써 어떤 사역자가 최고인지 다투는 대신에, 교인들은 바울과 아볼로가 하나님의 종들이었으며, 하나님께서 이들 각자에게 다른 역할을 할당하셨다는 것을 인식해야 한다(3:5-9). 예를 들어, 바울은 교회를 세웠다는 것인데, 그는 이 개념을 표현하기 위하여 밭을 일구는 이미지를 사용한다. 아볼로는 이미 싹이 난 곡식에 물을 줌으로써 교회를 강하게 하였다. 바울과 아볼로는 똑같은 기능을 가졌는데, 주님에 의해 이들에게 할당된 것은 고린도 교인들을 강화하도록 부름을 받았다는 것을 의미한다. 그러나 여기에서 초점은 바울과 아볼로가 아니라, 하나님에게 있다. 왜냐하면 모든 성장은 그분에게서 오기 때문이다.

바울은 고린도 교인들을 밭으로 묘사하는 것에서 전환하여, 이 교인들을 건물로 묘사하는데(3:10-17), 그는 아마도 고린도 교인들을 성령이 거주하는 장소인 하나님의 성전으로 생각하기 때문에 그렇게 했을 것이다(3:16). 이미지가 바뀌면서, 바울은 심는 것에 관한 이야기에서 기초를 놓는 것으로 전환한다. 심는 것과 기초를 놓는 것은 하나님의 종말론적인 성전으로서 교회를 세우는 것에 대한 두 가지 다른 방법이다. 바울은 기초를 놓는 것에 대한 특권을 가졌고, 교회의 기초는 십자가에 달리시고 부활한 예수 그리스도이다. 중요한 것은 '사람이 어떻게 그 기초 위에 건축하는지'이다. 이전 단락에서 바울은 아볼로가 이미 심어진 것에 물을 주었다는 것을 언급했다. 그러나 바울은 기초 위에 잘 건축해야 할 필요성에 대한 권면을 주기 때문에 여기에서 아볼로를 제외하지만, 그렇다고 그는 아볼로의 사역이 결함이 있었다는 어떤 인상을 주길 원하지 않는다. 돌들에 대한 언급은 우리가 성전에 대하여 다시 상기하도록 한다(출 28:17-20; 왕상 5:17; 6:20-21; 대상 29:2; 사 54:11-12; 겔 28:13; 계 21:18-21 참조). 이 예의 요점은 분명하다. 어떤 사람은 성전의 기초 위에서 나무, 풀, 짚과 같은 무가치한 재료를 가지고 건축하거나 또는 금, 은, 값비싼 돌들과 같은 귀중한 재료를 가지고 건축할 수 있다. 심판의 날인 주님의 날에, 불이 나무나 풀, 또는 짚은 태울 것이지만, 그러나 금이나 은, 또는 값비싼 돌들은 살아남을 것이다(말 3:1-3; 4:1 참조).

여기에서 세 가지 다른 종류의 사역들이 고려된다. 첫째, 어떤 사람들은 금과 은, 그리고 값비싼 돌들을 가지고 기초 위에 건축한다. 이들의 가르침은 십자가에 달리시고 부활하신 그리스도의 복음과 일치하므로, 이들의 사역에 대하여 상을 받는다. 즉, 이들의 사역은 중요하고 오래 지속되는 열매를 갖는다. 둘째, 어떤 사람들은 구원받은 사역자들이겠지만, 이들의 사역이 나무와 풀, 그리고 짚으로 지어진다는 것을 바울은 생각한다. 이들은 복음의 터 위에 진리를 가지고 충분히 세우지 않았으므로, 이들의 사역은 영속적인 가치를 갖지 않는다. 셋째, 하나님의 성전을 파괴하는 사람들의 사역이 고려된다. 하나님의 성전은 예수 그리스도가 거주하는 교회이며(고후 6:16; 엡 2:19-22; 벧전 2:5), 마치 주님께서 옛 언약 아래 장막과 성전에 거주하였던 것과 같다(출 25:8; 29:45; 레 26:11-12; 시 114:2). 하나님의 성전을 파괴하는 사역자와 지역 교회를 더럽히고 훼손하는 사역자는 하나님께서 멸하실 것이다. 구약성경에서 우리는 하나님의 성전이 더럽혀진 경우들을 보게 된다(시 79:1; 사 64:11; 겔 23:29). 특정한 교회를 파괴하는 것은 마태복음 16:18과 모순되지 않는다. 왜냐하면 "음부의 권세가" 예수 그리스도의 교회 전체를 이기지 못할 것이기 때문이다. 그러나 이것은 특정한 지역 교회들이 지도자들을 잃을 수 없다는 것을 의미하지 않는다. 하나님의 성전의 기초를 헐고 무너뜨리는 사역자는 하나님께서 멸하실 것이다. 이 개념은 하나님에게 바쳐진 것을 만지는 사람들이 멸망된다는 구약의 헤렘(herem)의 관습과 비슷하다(출 22:19; 레 27:28; 신 7:26; 수 6:17; 7:11, 25). 바울은 지도자들이 역사의 맨 마지막에 평가되고 심판을 받을 것임을 고린도 교인들에게 상기시킨다. 이 지도자들의 사역의 질은 간과되지 않으며, 이들은 자신들이 행한 사역에 대하여 하나님 앞에서 책임이 있으며, 이에 따라 심판을 받을 것이다.

고린도전서 3:18-23에서 바울은 고린도 교인들의 근본적인 문제, 즉 회중을 파괴하고 있었던 분열의 문제로 돌아온다. 고린도 교인들은 정도에서 벗어났다. 왜냐하면 이들은 이 시대의 지혜에 속한 명성과 지위를 원하였기 때문이다. 그러나 이렇게 하면서, 이들은 어리석은 자들이 되었는데, 지혜로운 사람들은 이 세상의 지혜가 십자가의 메시지와 모순된다는 것을 이해하기 때문이다.

욥기 5:13과 시편 94:11에서 온 두 인용은 바울이 하나님께서 세상의 지혜를 어리석은 것으로 여기신다는 것을 단순히 말하지 않는다는 것을 보여준다. 사실은 그 이상의 의미가 있는데, 하나님께서 세상의 지혜를 어리석게 만든다는 것이다. 비록 욥기 5:13이 욥에 대하여 잘못된 의견을 말한 엘리바스의 입술에서 나온 것이지만, 그의 말은 여기에서 하나님에 대한 진리를 나타낸다. 엄밀하게, 엘리바스가 말한 모든 것이 틀린 것은 아니다. 악인의 지혜와 총명은 하나님의 주권적인 목적에 따라, 그릇된 길로 가는 수단이 된다. 이 악인들이 그렇게도 많은 자부심을 가진, 위대한 지성은 진리에서 벗어난다. 이 인용의 요점은 주님의 계획에 따라, 악인의 총명이 파멸로 가도록 한다는 것이다. 두 번째 인용은 시편 94:11에서 오는데, 바울은 "사람의"라는 표현 대신에 "지혜 있는"이라는 단어를 삽입하고, 고린도 교인들이 직면하고 있는 상황에 더 가까이 이 구절을 합친다. "주께서 지혜 있는 자들의 생각을 헛것으로 아신다"라는 표현은 주님이 이들의 생각이 헛되다는 것을 단순히 인식한다는 것을 의미하지 않는다. 히브리어에서 "알다"라는 단어는 하나님이 일어날 것을 정하거나 선택하고 또는 결정한다는 것을 의미한다. 예를 들어, 주님이 "땅의 모든 족속 가운데 너희만을 알았다"(암 3:2)라는 진술은 이들이 주님에 의해 "선택된" 유일한 백성이라는 의미이다. 마찬가지로, 주님은 의인들의 길을 아신다(시 1:6). 하나님이 아신다는 것은 적극적이며, 의인들을 위해 좋은 결과를 가져온다. 그러나 고린도전서 3:20에서 주님은 "지혜 있는 자들의 생각"이 이기지 못할 것이라고 규정하신다.

인간 지도자들을 자랑하는 것, 특히 이들의 수사학적인 능력을 자랑하는 것은 심히 어리석은 일이다. 이렇게 자랑함으로써, 고린도 교인들은 어떤 이익을 얻지 못했으며 자신들을 속이고 있었다. 사실, 이미 모든 것들은 그들 자신을 위한 것이었다! 다시 말해, 바울과 아볼로, 그리고 베드로 모두는 교인들 자신들의 유익을 위한 것이었기 때문에, 이들은 어느 누구 한 사람만을 지지하고 편을 드는 추종자들이 될 필요는 없었다. 이 교인들이 모두를 가졌을 때, 또한, 각 사람의 사역이 교인들 자신들의 유익을 위해 있을 때, 한 사람에게 집착하는 것이 얼마나 근시안적인가? 또한 주목할 만하게, "모든 것이 너희의 것"이라는 진술은 과장이 아니다. 왜냐하면 이 진술은 우리가 로마서 8:35-39를 생각하게 하는 표현인데, 이 로마서 구절들에 나타난 약속은 "세계나 생명이나 사망이나 지금 것이나 장래 것"이라는 표현이 나타난 고린도전서 3:22에서 설명된다. 확실히, 이것은 바울이 썼던 것 중 가장 급진적인 것에 해당한다. 즉, 온 세상이 고린도 교인들을 위한 것이며, 죽음마저도 현재와 미래는 말할 것도 없이 이 교인들을 위한 것이라고 말하는 것은 아주 놀라울 뿐이다. 바울은 죽음이 마지막 원수(15:26)라는 사실을 부인하지 않는다(15:26). 따라서 여기에서 말하는 내용이 잘못 해석되어서는 안 된다. 바울은 죽음과 현재와 미래에서 직면하는 모든 것이 즐겁고 기쁘다고 거의 말하고 있지 않다(롬 8:35-39의 평행은 여기에서 도움이 됨). 그의 요점은 신자들이 더욱 그리스도를 닮기 위하여, 하나님이 인간 삶의 모든 것을 사용하는데 심지어 죽음까지도 사용한다는 것이다. 삶의 원수들은 하나님을 섬기게 되어 있으며, 그의 목적들을 봉사하도록 만들어졌다. 그런 점에서, 신자들은 이 원수들 때문에 고통스럽다고 할지라도, 이 원수들과 친구가 되는 셈이다. 모든 것은 신자들의 것이다. 왜냐하면 그리스도 안에서 이들은 모든 것들을 소유하고 있기 때문이다.

고린도 교인들은 사역자들을 어떻게 평가해야 하는지 훈계를 받는다(고전 4:1-5). 사역자들은 "그리스도의 일꾼이요" 하나님의 비밀들을 "맡은 자"이다(4:1). 이 비밀들은 십자가에 못 박히시고 부활하신 그리스도를 중심으로 한다(2:7 참조). 이 사역자들은 주인이 아니라, 섬기는 자들이며 돕는 자들이다. 이들은 하나님 앞에서 섬긴다. 그러므로 이들의 책임은 자신들의 소명에 신실해야 한다. 하나님이 최후의 심판자이기 때문에, 바울에 대한 고린도 교인들의 평가와 판단은 바울이 보기에 중요하지 않다. 바울은 모든 평가와 비판을 거부하고 있지 않다. 결국, 그는 갈라디아서 2:11-14에서 베드로의 행동을 평가하고 고린도전서 5장에서는 근친상간을 범한 남자를 판단한다. 바울이 자기 자신을 평가하지 않는다고 말한다고 해서, 그가 자기 평가(self-evaluation)를 비난하는 것이 아니다(고후 13:5 참조). 그의 요점은 고린도 교인들이나 바울이 하나님 앞에서 바울 자신이 얼마나 신실했는지 결정하기 위해 필요한 지식을 가지고 있지 않다는 것이다. 다시 말해서, 고린도 교인들은 바울이 더 나은 기독교인인지 아볼로가 더 나은 기독교인인지 아니면 베드로가 더 나은 기독교인인지 파악할 수 없었다! 인간은 누군가가 얼마나 신실하게 사역을 하는지를 결정하는 충분한 지식이 부족하다. 바울은 자신이 얼마나 신실했는지 판단할 수 없었고, 자신의 주관적인 생각과 감정이 자신의 신실함을 최종적으로 결정하는 기관이 아니었다. 왜냐하면 죄가 없다고 선언하는 것은 주님의 판단이기 때문이다. 그러므로 고린도 교인들은 주님이 재림하기 전에, 바울과 아볼로와 같은 사람들에 대한 최종 심판을 선언하는 것을 중단해야 한다. 왜냐하면 오직 주님만이 은밀하고 감춰진 것들을 볼 수 있고, 오직 주님만이 인간의 마음 깊은 곳에 놓인 동기를 진정으로 평가할 수 있기 때문이다. 각 사람의 상급과 각 사역자의 상급은 마지막 날에 주님으로부터 올 것이다.

바울은 고린도 교인들에게, 자신과 아볼로에 관한 논의는 고린도 교인들을 위한 것이라고 알린다(고전 4:6). 그와 아볼로 사이에 어떠한 분열이 있지 않았기 때문에, 이들은 이러한 논의를 들을 필요가 없었다! 바울은 자신이 했던 것을 썼는데, 고린도 교인들이 그 기록된 것에 집중하도록 하기 위함이었다. 바울이 고린도전서 4:6에서 염두에 두고 있는 성경이 무엇인지 오랫동안 논쟁이 되어왔다. 가장 좋은 해결책은 바울이 이 편지에서 이미 인용된 구약성경 본문들을 염두에 두고 있었다는 것이다(고전 1:19에 인용된 사 29:14; 고전 1:31에 인용된 렘 9:23-24; 고전 2:9에 인용된 사 64:4; 고전 3:19에 인용된 욥 5:13; 고전 3:20에 인용된 시 94:11). 어쨌든, 고린도 교인들은 자신들에 대한 과장된 견해를 가지고 기록된 것 이상으로 나아갔다. 바울이나 아볼로 중 누가 우월한가에 대한 논쟁은 실제로 자만과 자기 자랑에서 비롯된 것이다. 이러한 자기 자랑은 십자가에서 자신을 내어준 예수의 사랑과 전적으로 모순된다.

바울은 고린도전서 4:7에서 편지 수신자들의 자만심에 상처를 내기 위하여 수사학적인 질문들을 한다. 분명히, 이들은 자신들이 다른 사람들보다 우월하다고 생각하고, 이들은 자신들이 가졌던 모든 것이 선물이라는 사실을 분명히 잊고 있었다. 모든 것들이 이들에게 주어졌던 것이기 때문에 이들이 자랑할 수 있는 것은 전혀 없었다. 바울은 자신들이 우월하다고 주장하는 것에 대하여 냉소적으로 반응하는데, 몇몇 학자들은 이 우월성을 과도하게 실현된 종말론의 증거로 이해하지만, 그러나 고린도 교인들의 세속성과 이교 사상을 반영할 가능성이 크다. 예를 들어, 스토아 학파 에픽테토스(Epictetus)는 "그가 나를 보고 있을 때, 그는 나의 신하이자 종이고, 내가 그의 왕이자 주인이라고 느끼지 않겠는가?"(*Diatr.* 3.22.49)라고 말한다. 고린도 교인들은 자신들이 풍족하고, 부유하며, 군림하고 있다고 생각한다는 점에서 중심에서 벗어났다.

이 현재의 악한 시대에서 기독교인들은 역사의 잘못된 편에 서 있는 것처럼 보인다는 것이 사실이다. 이들의 주님처럼, 이들은 고통을 받고 경멸을 받는다. 예를 들어, 사도들은 사형 선고를 받고 집행을 기다리고 있었다. 이 사도들은 "구경거리"(spectacle)였는데, 바울은 아마도 로마의 승리 행렬의 그림을 염두에 두고 있는 것 같다(고후 2:14; 골 2:15 참조). 승리한 장군들은 승리의 축하 행사에서 패배한 포로들을 거리에 행진하게 했고, 행렬의 끝에서 황제의 적들은 처형되었다. 놀랍고 냉소적인 대조 안에서 우리는 복음이 위, 아래로 뒤집힌 현실을 보게 된다. 즉, 고린도 교인들은 매우 지혜가 있었지만, 그러나 사도들은 어리석었다. 고린도 교인들은 매우 강했지만, 그러나 사도들은 약했다. 사도들은 수치를 당했지만, 그러나 고린도 교인들은 영광을 받았다. 그러나 여기에 문제가 있는데, 영광을 지금 받는 사람들은 마지막 날에 경멸받게 될 것이다. 고린도 교인들은 세상의 편을 취하고 있었지만, 그러나 바울과 다른 사도들은 십자가에 못 박힌 그리스도 뒤에 줄을 섰었다. 왜냐하면 그리스도와 함께 고난을 받는 사람들이 참으로 왕으로서 다스릴 것이기 때문이다. 바울은 그리스도의 사신이 되는 것이 무엇을 의미하는지 계속 기록한다. 그는 굶주림과 목마름, 추위와 학대를 당했었다(고후 11:23-25 참조).

바울은 사역의 현장에서 경험한 고생과 수고를 강조하는데, 그가 종종 상류층에 속한 사람들에게 적합하지 않은 육체적 노동으로 자신의 사역을 뒷받침했기 때문이다(행 18:2; 살전 2:9; 살후 3:8 참조). 키케로(Cicero)는 "신사에게 어울리지 않고 천박한 것은 모든 고용된 노동자들의 생계 수단인데, 우리는 이들에게 예술적 기술에 대하여 돈을 지불하는 것이 아니라 단순히 육체적 노동에 대하여 돈을 지불하는 것이다. 왜냐하면 이들이 받는 바로 그 급료는 노예 상태에 대한 약속이기 때문이다"(Cicero, *Off.* 1.42). 바울이 육체적 노동을 했다는 것은 그가 그리스도의 삶을 따르는 결과였음을 말하는 것이다. 즉, 다른 사람들이 그를 비난했을 때, 그는 이들을 축복했고, 박해를 견뎠고, 비방에 대하여 은혜롭게 반응했다. 그는 사람들이 버리는 쓰레기와 같은 존재로 여겨졌다. 이 모든 것의 요점은 고린도 교인들이 세상과 연합했으며, 바울은 이들에게 그리스도의 제자가 어떠한 모습이어야 하는지를 상기시켜준다.

고린도전서 4:8-13에 나오는 바울의 말은 풍자적이고 강하며, 우리는 심지어 약간 부끄럽게 느낄 수도 있겠지만, 그러나 4:14-21에서 바울은 고린도 교인들을 부끄럽게 하기 위하여 쓰지 않았다고 설명한다. 우리는 고대 세계에서 수치의 강력한 역할을 상기해야 한다. 하지만, 바울은 이 교인들을 부끄럽게 하려고 쓴 것이 아니라, 이들을 향한 자신의 사랑 때문에 쓰고 있다. 왜냐하면 그는 이들이 예수 그리스도를 믿도록 한 영적인 아버지였기 때문이다. 그는 고린도 교인들에게 세상 사람들처럼 살려고 애쓰지 말고, 십자가의 길 안에서 바울 자신을 닮도록 요청한다. 바울이 고린도 교인들에게 자신을 닮도록 한다는 것은 놀랍다. 그는 편지의 서두에서 자신을 닮도록 그들에게 지시할 수 없었을 것이다. 즉, 이들의 파벌을 고려했을 때, 이들은 확실히 그러한 훈계를 오해했을 것이다. 그러나 지금의 단계에서, 마치 바울이 자기 자신을 베드로와 아볼로보다 높이고 있는 것처럼, 이들이 바울이 하는 말의 의미를 잘못 해석하지 않을 것이다.

디모데는 바울의 대사가 되었다. 왜냐하면 그는 "그리스도의 예수 안에서" 바울의 행사를 가르치고 본보기로 삼았기 때문이다(4:17). 하지만, 교만의 뿌리 깊은 문제는 교회 안에서 보기 흉한 가지들을 자라게 하였고, 바울이 왔을 때, 그는 이 문제를 다룰 것이다. 그러나 그는 세속적인 방법들이 아니라 하나님의 능력, 즉 하나님 나라의 능력으로, 이 문제를 다룰 것이다. 바울이 자신의 편지들 안에서 종말론적인 나라나 하나님 나라를 종종 언급하지 않는다는 것은 자주 언급되었다(롬 14:17; 고전 6:9, 10; 15:24, 50; 갈 5:21; 엡 5:5; 골 1:13; 4:11; 살전 2:12; 살후 1:5; 딤후 4:1, 18 참조). 그러나 하나님 나라는 학자들 대부분이 인정한 것보다 바울의 신학에서 더욱 중요한데, 여기에서 우리는 이 주장에 대한 중요한 지지를 보게 된다. 하나님 나라는 능력이 있는 곳이며, 이 능력(아마도, 단 2장을 암시)은 바울이 고린도전서 1:18-25에서 주장하는 것처럼, 십자가를 중심으로 한다. 그러므로 하나님 나라와 십자가는 하나님의 능력이 나타나는 곳이다. 만약 고린도 교인들이 회개하지 않는다면, 바울은 징계의 회초리를 가지고 올 것이지만, 그러나 만약 이 교인들이 자신들을 낮춘다면, 그는 사랑과 온유함으로 올 것이다.

근친상간!(5:1–13)

고린도 교인들은 근친상간을 저지른 누군가를 회중에 머물도록 허용했다는 점에서, 이 교인들은 말도 안 되는 성적인 죄를 용인한 것이었다. 아마도 이 죄를 저지른 남자는 자기 계모와 그러한 일을 한 것처럼 보인다. 즉, 바울은 이 남자가 자신의 어머니와 성적인 관계를 맺고 있다고 말하지 않고, "그 아버지의 아내"라고 말한다. 이러한 행동에 대한 금지는 레위기 18:8에서 발견되는데, 이 구절에서 "너는 네 아버지의 아내의 하체를 범하지 말라"고 진술된다(신 22:30; 27:20 참조). 바울은 이교도들조차 그러한 행동이 경멸스러운 것으로 생각했기 때문에 분개하였지만, 그러나 고린도 교인들은 이러한 죄를 오히려 용인하고 있었다. 키케로(Cicero)는 근친상간의 예를 기록하는데, "오! 이 여자가 범한 죄는 나의 삶 속에서 단 한번도 들어본 적이 없다! 그녀의 사악한 열정은 억제되지 않고 길들여 지지 않았다! 만약 하늘의 징벌이 아니었다면, 또는 사람들 중에 치욕으로 드러나지 않았다면, 그녀는 움츠러들지 않았을 것이다"(*Clu*. 6.14-15). 몇몇 학자들은 고린도 교인들이 근친상간을 용인하는 것을 자랑스러워했을 것이라고 생각하지만, 그러나 이교들조차도 근친상간은 터무니없는 것이라고 생각했기 때문에, 그럴 가능성은 없다. 요점은 비록 근친상간과 같은 죄가 회중 안에 존재했다고 할지라도, 고린도 교인들이 교만했다는 것이다. 교만과 근친상간 사이의 부조화는 바울의 요점이다.

이 회중은 그 죄에 대한 슬픔과 애도를 경험해야 했다. 이러한 슬픔은 행동으로 이어져야 했다. 즉, 이 교인들은 교회에서 그 사람을 제거해야 했다. 사도로서 바울은 고린도 교회가 행동하도록 촉구한다. 예수의 말씀에 따라, 교회는 예수의 이름으로 모였을 때(마 18:15-20을 보라), 그 범죄자를 사탄에게 넘겨주어 그의 육신이 멸하더라도 그의 영혼이 구원을 얻도록 명령을 받는다. 교회에 속하지 않는 사람들은 사탄의 영역인 세상에 속하게 된다. 왜냐하면 사탄은 "이 세상의 신"이기 때문이다(고후 4:4; 엡 2:2). 몇몇 학자들은 고린도전서 11:29-32에 나타난 것처럼, 육신의 멸망이 육체적인 죽음을 의미한다고 생각한다. 하지만, 여기에서 이 육신은 사람 안에 있는 죄의 원리를 가리키는 것 같다. 왜냐하면 육체적 죽음이 어떻게 이 사람을 구원할 수 있었는지 이해하기 어렵기 때문이다. 바울이 교회에게 그와 함께 먹지 않도록 요청하기 때문에(5:11), 이 범죄자의 계속된 삶을 암시하며, 그런 점에서 이 범죄자의 죽음이 상상되지 않는다. 이 범죄자의 구원은 보증되지 않지만, 그러나 단지 소망하는 것이며, 이러한 구원은 그의 회개에 의해 증명될 것이다.

5:6-8에서 바울은 구약성경을 근거로 유월절과 무교절에 대한 예를 제시한다. 그는 유월절과 무교절 기간동안 모든 누룩이 집에서 제거되어야 하고 누룩을 넣은 것은 어떤 것도 먹어서는 안 된다는 개념을 받아들였다(출 12:14-20; 13:6-7). 여기에서 누룩은 악하고 부패시키는 것을 의미한다(갈 5:9; 또한, 마 16:6 참조). 바울의 주요 관심사는 근친상간을 저지른 그 남자에 있지

않다. 물론 바울은 이 남자에 대하여 걱정하였다. 하지만, 중요한 문제는 이러한 죄를 용인하였던 회중이었다. 반죽 덩어리 전체에 퍼지는 소량의 누룩에 대한 격언이 이 문제를 드러낸다. 왜냐하면 만약 고린도 교인들이 죄가 통제되지 않은 공동체 안에 존재하도록 허용한다면, 죄가 번성할 수 있도록 문을 여는 것과 같기 때문이다(고전 5:6). 일단 노골적인 죄가 용인되면, 죄의 수문이 열리고 교회는 세상과 뚜렷한 구별이 있다는 증거를 잃게 될 것이다.

묵은 누룩을 제거하라는 훈계는 유월절과 무교절 동안(출 12:19; 13:7) 각 집에서 모든 누룩을 제거하라는 구약의 명령을 적용하는 것이다. 바울이 보기에, 이 악한 사람이 회중에서 제거되어야 한다는 것을 의미한다. 근친상간을 저지른 이 사람을 제거함으로써, 고린도 교인들은 자신들이 부름을 받은 순수한 누룩 없는 공동체가 될 것이다. 바울 신학의 직설법과 명령법 사이의 긴장이 여기에서 겉으로 드러난다. 즉, 여기에서 이 긴장은 겉으로 보기에 이 교인들은 새롭고 순수한 덩어리가 되기 위하여 죄를 저지른 그 사람을 제거해야 하지만, 그러나 이 교인들은 그리스도 안에서 이미 "누룩 없는 자"(고전 5:7)라는 것이다. 직설법(이들은 그리스도 안에서 누룩 없는 자들이다)은 명령법(그 묵은 누룩을 제거하라!)을 위한 근거이며 기초이다. 이들은 묵은 누룩을 제거하여 새 덩어리가 되도록 지시를 받지 않는다. 이들은 이미 그리스도 안에서 순수한 덩어리이다.

신자들이 누룩이 없는 이유나 근거는 "유월절 양 곧 그리스도께서 희생" 되셨기 때문이다(5:7). 이스라엘이 애굽에서 해방되었을 때, 이스라엘 백성들의 집에 묻은 피는 주님이 이 백성들을 넘어가게 하고, 이들의 장자에게 주어질 수 있는 죽음을 면하게 하는 보증이 되었다(출 12:13, 22-23, 27). 마찬가지로, 그리스도의 피는 신자들을 하나님의 심판에서 해방하고 죄에서 깨끗하게 하여, 이들이 하나님 앞에서 정결한 덩어리가 되도록 한다. 누룩을 제거하라는 부르심은 그리스도의 구속 사역에 근거를 두고 있으므로, 은혜가 요구보다 앞선다. 그러나 고린도 교인들이 진정으로 순결하고 주님 앞에서 새 덩어리가 되어야 하는 요구에 주의를 기울여야 한다. 그리스도의 은혜는 단지 빈방에서 울려 퍼지기만 하는 것이 아니라, 신자들을 실제로 변화시킨다.

기독교인의 삶을 사는 것이 의미하는 바는 마치 구약성경에서 이스라엘이 유월절(출 12:14)과 무교절(23:14-15)을 기념하도록 부름을 받은 것처럼, 이 절기를 기념하는 것이다. 이러한 기념에 대한 근거는 그리스도께서 유월절 양으로 희생되었기 때문이다. 즉, 그의 죽음은 신자들을 하나님의 진노와 죄의 지배로부터 해방한다. 신자들은 누룩이 공동체를 감염시키는 것을 허용하지 않음으로써, 그 절기를 지키는 것이 된다. 악의와 사악 대신에 진실과 성실이 신자들의 삶의 표시로 나타나야 한다.

바울이 이 논의를 마치기 전(고전 5:12-13), 그는 자신이 썼던 이전 편지에 나타난 오해를 언급한다. 문제의 편지는 역사 속으로 사라졌고, 우리가 이 편지에 대하여 알고 있는 것은 여기에 나타나는 언급이 전부이다. 분명하게, 바울은 이전에 고린도 교인들에게 성적으로 부도덕한 사람들과 노골적인 죄 가운데 사는 사람들과 교제하지 말라고 지시하는 편지를 썼다. 고린도 교인들은 이것을 아마도 의도적으로 신자들이 불신자들과 교제할 수 없다는 의미로 해석했던 것 같다. 물론, 이러한 충고는 완전히 비현실적이었고, 따라서 고린도 교인들은 이 충고를 전적으로 무시함으로써 반응하였다. 여기에서 바울은 생길 수 있는 오해를 바로잡는다. 그는 신자들이 부도덕한 사람들과 교제해서는 안 된다고 말했을 때, 그는 자신들을 주의 형제, 자매들이라고 주장하면서도 버젓이 뻔뻔스러운 죄 가운데 있는 사람들을 가리켰고, 이러한 사람들과 교제해서는 안 된다는 것을 의미했다. 바울은 자신이 염두에 두고 있는 몇 가지 예를 제시하는데, 이 예들은 음행하거나 탐욕을 부리거나 우상 숭배를 하거나 모욕하거나 술 취하거나 속여 빼앗는 것들이다. 그는 또한 탐욕에 대해 언급하지만, 그러나 확실히 이러한 탐욕은 구체적이고 식별 가능한 방법으로 나타나는 것들이다. 이 죄의 목록들은 신명기로부터 유래하는데, 성적인 부도덕(22:21-22, 30)과 우상 숭배자들(13:1-5;

17:2-7), 중상 모략자들(19:16-19)과 술 취하는 자들(21:18-21), 그리고 사기꾼들(24:7)이다.

만약 형제나 자매가 그러한 죄를 짓고 회개하지 않는다면, 신자들은 그러한 사람들과 먹어서는 안 된다. 여기에서 먹는다고 했을 때, 바울은 주의 만찬을 염두에 두고 있는가? 아니면 일반 식사를 생각하는가? 아마도, 둘 다일 것이다. 뻔뻔스러운 죄 가운데 있는 자와 함께 갖는 교제와 동역 관계, 그리고 우정은 단절되어야 하며, 교회는 이러한 단절이 일어났다는 것을 표시해야 한다. 즉, 먹기를 거부하는 것은 상황의 변화를 표시하는 특정한 방법이다.

아래에서 좀 더 설명하자면, 고린도전서 5:12-13은 다음과 같이 표로 나타낼 수 있다.

A^1	신자들은 밖에 있는 사람들을 판단해서는 안 된다.	B^1	신자들은 교회 안에 있는 사람들을 판단해야 한다.
A^2	하나님은 밖에 있는 사람들을 마지막 날에 심판할 것이다.	B^2	신자들은 악한 사람을 교회에서 내쫓아야 한다.

표면적인 것만을 이해하는 성경 독자들은 때때로 성경이 오직 사람들에게 판단하지 않도록 지시한다고 말하지만(마 7:1-5; 롬 2:1 참조), 그러나 이 설명은 미묘한 차이가 있다. 교만과 트집만 잡으려고 하는 판단은 금지되지만, 그러나 사랑을 기초로 하는 판단이 있다(6:1). 신자들은 불신자들을 판단해서는 안 된다. 이것은 신자들이 결코 불신자들의 생활 방식을 평가하지 않는다는 것을 의미하지 않는다. 즉 신자들이 불신자들에 대해 어떤 행동도 취하지 않는다는 것을 의미한다. 왜냐하면 신자들은 하나님이 마지막 날에 불신자들을 심판할 것임을 알기 때문이다. 또한, 신자들은 교회 안에 있는 사람들을 판단하는 책임을 가지고 있다. 신자들은 기독교 형제들과 자매들을 판단하고 평가하도록 요청을 받으며, 이렇게 하는 것은 거룩하고 사랑하

는 공동체가 된다는 의미가 있다. 노골적인 죄에 관한 판단은 심각한 방식으로 죄를 짓는 사람들이 교회로부터 내쫓기는 것을 의미한다.

여기에서 구약성경의 사용은 흥미롭다. 마지막 행은 구약성경에서 분명한 암시(allusion)인데, 우리는 반복적으로 "너희 중에서 악을 제할지니라"라고 읽는다(신 17:7; 19:19; 21:21; 22:21, 22, 24; 24:7; 또한, 13:6, 10 참조). 구약성경의 구절들은 우상 숭배를 범하는 사람들(17:7)과 완고하고 패역한 자녀(21:21), 그리고 성적인 죄에 관여한 사람들(22:21, 22, 24)과 사람을 납치한 사람들(24:7)을 죽이도록 한 명령이 있는 구절들이다. 바울은 구약성경에서 극악한 죄를 지은 자들을 위해 사형을 요구하는, 하나님의 권위 있는 말씀을 바라보고 있다. 그러나 구약 본문은 문자적으로 예수 그리스도의 교회에 적용되지 않는다. 구약 본문은 여전히 하나님의 말씀이지만, 범죄자에 대한 형벌은 죽이는 것 대신에 파문(excommunication)이다. 구약성경에서 하나님의 백성들은 신정정치(theocracy)를 가진, 일종의 교회 국가였으며, 극악한 죄에 대한 형벌은 죽음이었다. 교회는 시민 단체가 아니다. 그러므로 이 공동체 안에 나타난 죄는 사형이 아니다. 그러나 죄를 짓고 회개하지 않는 사람들은 교회에서 쫓겨나야 한다. 이렇게 교회에서 나가게 됨으로써, 이 사람은 자신의 죄를 회개하고 구원받은 자의 삶에 대한 소망과 간절한 바람을 가질 수 있게 된다.

소송([Lawsuits] 6:1–11)

바울은 고린도 교인들이 서로 논쟁을 벌이고 재판을 받기 위해 세상 법정에 갔다는 사실에 분개하게 되었다(헬라어로 1절의 첫 번째 위치에 "감히"가 옴). 그리스-로마 법정은 편파적인 판결과 부패로 알려졌다. 고린도에서 일어난 소송은 살인, 강간, 절도와 같은 형사 사건들이 아니라, 우리가 민사 사건이라고 부르는 소송으로 이어지는 작은 문제들과 관련되었다. 아마도 부유한 사람들은 법원에 갈 수 있는 재산을 가졌기 때문에, 가난한 사람들과 사회적으로 약자들을 법정으로 끌어들였던 것 같다. 우리는 페트로니우스(Petronius)의 구절에서 가난한 자들을 이용하는 부자들에 대한 우려를 보게 되는데, "돈만이 지배하고, 가난한 소송인이 결코 성공할 수 없는 법들이 무슨 소용이 있는가? 견유학파의 지갑을 가져감으로써 시대를 조롱하는 바로 그 사람들은 때때로 값을 치르고 진실을 배반하는 것으로 알려졌다. 그래서 소송은 공개적인 경매나 다름없고, 사건을 듣기 위해 앉아 있는 배심원은 자신의 투표용지를 팔아서 무엇인가를 구입하여 그 대가를 승인하는 것과 같다"(*Satyricon* 14)라고 진술된다.

바울을 화가 나게 한 것은 고린도 공동체 안에 갈등이 있다는 것이 아니다. 왜냐하면 여러 어려움과 상호 불일치는 한 공동체 안에서 충분히 예상될 수 있기 때문이다. 바울의 불만은 고린도 교인들이 자신들의 논쟁을 판결하기 위하여 불신자들과 불의한 사람들에게 달려갔다는 것이다. 이 교인들이 직면한 갈등들은 궁극적으로 사소한 것들이었으며, 이들은 이것들을 해결할 수 있어야 했다. 바울은 더 작은 예에서 더 큰 예로(from the lesser to the greater) 논증한다. 성도들로서(사실, 이들은 현재처럼 행동하지 않아야 한다), 이들은 세상을 심판할 것이고 따라서 이들은 자신들의 분쟁을 중재할 수 있어야 했다. 신자들이 세상을 심판할 것이라는 개념은 다니엘 7:22에까지 거슬러 올라간다(마 19:28; 계 20:4 참조). 세상을 심판하는 것은 세상을 다스리고 통치한다는 사상을 담고 있으며, 사법적인(judicial) 결정들에 제한되어서는 안 된다. 인간이 하나님을 위해 세상을 다스려야 한다는 개념은 태초부터 하나님의 의도였다(창 1:26-28; 2:15). 아담과 하와는 세상에서 하나님의 대리 통치자(vice-regent)들이었기 때문에, 그의 영광을 위하여 세상을 다스려야 했다.

앞으로 있게 될 신자들의 책임을 고려할 때, 바울은 이들이 "경히 여김을 받는" 사람들을 교회 내에 있는 소송을 판단하도록 임명하고 있다는 것을 한탄한다(고전 6:4). 바울의 말에 있는 수사학적인 힘을 인식하는 것은 아주 중요하다. 왜냐하면 그는 이 말들을 불신자들에게 쓰지 않기 때문이며, 잠시도 그가 불신자들을 경멸하거나 멸시하는 것을 묵인하지 않을 것이기 때문이다. 그는 고린도 교인들이 서로를 고소하지 않도록 충격을 주기 위해 약간은 과장하여(hyperbolically) 글을 쓰고 있다(과장법은 설득하기 위한 수사학에 해당-옮긴이).

바울의 말의 수사학적인 힘은 5절에서 빛을 발한다. 왜냐하면, 4:14와 매우 대조적으로 그는 자신이 그들을 부끄럽게 하려고 편지를 쓰고 있다고 말하기 때문이다. 명예와 수치의 사회에서 그러한 말은 바울이 다음에 하는 말처럼 깊은 상처를 입힐 것이다. 우리는 고린도 교인들이 진리와 오류를 분별하는 능력을 갖춘 자신들의 지혜에 우쭐해 있다는 것을 알고 있다. 하지만, 바울은 그 회중 전체에서 지혜로운 사람이 한 명이라도 있는지 묻는다! 분명히 없다. 왜냐하면 이들은 자신들 사이에서 일어난 소송을 해결할 수 없었고, 도움을 위해 불신자들에게 가고 있었기 때문이다.

고린도 교인들은 승리를 얻기 위하여, 그리고 자신들의 권리를 주장하기 위하여 서로 소송을 제기하고 있었다. 그러나 승리 대신에, 이 교인들이 법적 분쟁을 하고 있었다는 바로 그 사실은 자신들에 대한 "허물"에 해당하였다(6:7). 바울에 따르면, 이들은 이미 소송에서 패소한 것 같다. 바울은 이들에게 예수의 길을 따르며 부당한 고난을 겪고 심지어 속임을 당하도록 요청한다. 여기에 나타난 바울의 훈계는 마태복음 5:39에 있는 예수의 말씀과 일치하는데, 예수는 제자들에게 다른 쪽 뺨을 돌리라고 지시한다(또한, 롬 12:17; 살전 5:15 참조). 그러나 다른 쪽 뺨을 돌리는 것 대신에, 소송에 관여하고 있는 신자들은 다른 신자들을 치고 있었는데, 말하자면 이들의 뺨을 치고 있었다. 이 신자들은 부당한 고난을 겪고 있지 않았지만, 그러나 부당하게 행동하고 있었다. 즉, 이들은 속지 않았지만, 그러나 자신들을 속이고 있었다. 이들은 형제들과 자매들을 다루는 방식 안에서 불신자들처럼, 그리고 불의한 자들처럼 행동하고 있었다(고전 6:1).

다른 신자들과 싸우는 법적인 분쟁들은 사소한 문제가 아니었다(6:9-11). 바울은 고린도 교인들에게 "불의한 자는 하나님의 나라를 유업으로 받지 못할 것"임을 상기시킨다(6:9; 또한, 갈 5:21; 엡 5:5 참조). NIV 영어 번역본은 고린도전서 6:8과 9절 사이의 연결을 잘 만든다. 즉, 고린도 교인들은 "불의를 행하고"('아디케이트'[*adikeite*], 6:8) 있고, "불의한 자('아디코이'[*adikoi*])는 하나님의 나라를 유업으로 받지 못할 것이다." 그러므로 바울이 가능한 한, 가장 강력한 용어로 고린도 교인들에게 경고한다는 것은 의심의 여지가 없다. 만일 이 교인들이 계속해서 불의하게 산다면, 이들은 하나님 나라에 들어가지 못할 것이다(여기에서 저자는 행위 구원을 말하는 것이 아니라, 성령이 내주한 신자가 자연스럽게 표출해야 하는 행동을 의도한다-옮긴이). 바울은 이 교인들이 자신이 말한 것을 거절할 수 있음을 예상하고, 그는 이들이 미혹을 받지 않도록 주의를 준다.

우리는 6:9-10에서 악의 목록을 발견하는데, 이것들은 바울의 서신에서 아주 일반적으로 나타난다(롬 1:29-31; 고전 5:10-11; 고후 12:20; 갈 5:19-21; 엡 4:31; 5:3-5; 골 3:5, 8; 딤전 1:9-10; 6:4-5; 딤후 3:2-4; 딛 3:3). 악의 목록들은 다양한 목적으로 사용되지만, 그러나 이것들은 어떤 사람이 불신자라는 것과 어떤 사람이 종말론적인 멸망으로 향하고 있음을 일관되게 가리킨다. 여기에서 성적인 죄와 탐욕, 그리고 도둑질에 관련된 죄들이 지배적인데, 이 악의 목록은 고린도 상황에 대해 말하기 위하여 만들어졌다는 것을 보여준다. "음행하는"('포르노이'[*pornoi*]) 사람은 다양한 방식으로 성적으로 부도덕한 사람들을 나타낸다. 즉, "음행"은 성적인 부도덕에 대한 일반적인 용어이다. 물론 우상 숭배는 구약성경에서 중요한 관심사이며, 바울의 서신에서 심각한 죄에 해당한다(롬 1:18-25 참조; 또한, 고전 5:10, 11; 10:7, 14; 갈 5:20; 엡 5:5; 골 3:5를 보라; 또한, 출 20:3-6을 보라). "간음하는 자"는 결혼 서약에 충실하지 않은 자들을 가리킨다(출 20:14; 레 20:10; 롬 2:22; 7:3; 13:9 참조). 흥미롭게도, 이 모든 문제는 고린도전서에서 바울의 염려이며, 여기에 나타난 목록은 우연이 아니다(5:1-13;

6:12-20; 10:14-22 참조).

이다음에 등장하는 두 단어는 "남성들과 성관계를 가지는 남성들"로 번역된다. 첫 번째 단어, '말라코이'(*malakoi*)는 "수동적인 동성애 파트너"를 의미하는 반면, '아르세노코이타이'([*arsenokoitai*] 딤전 1:10 참조)는 레위기 18:22("너는 여자와 동침함 같이 남자와 동침하지 말라")에서 오는데, 이러한 진술은 20:13에도 등장한다("누구든지 여인과 동침하듯 남자와 동침하면 둘 다 가증한 일을 행함인즉 반드시 죽일지니 자기의 피가 자기에게로 돌아가리라"). 몇몇 학자들은 바울이 남자가 어린 소년과 성관계를 갖는 것을 의미하는 '소아성애'(pederasty)를 비난한다고 생각하지만, 이것은 설득력이 없다. 만약 그렇다면, 바울은 거의 확실히, 이러한 소아성애를 뜻하는 '파이데라스테스'(*paiderastēs*)를 사용했을 것이기 때문이다. 수동적 파트너도 능동적인 파트너도 모두 정죄를 받고 있으며, 바울은 성적 학대나 '남색'의 경우를 논의하고 있지 않다는 것을 보여준다.

악의 목록은 고린도전서 5:10에서도 계속된다. "도적"은 몰래 훔치는 사람들을 의미하며, "속여 빼앗는 자들"은 다른 사람들로부터 강제로 훔치는 사람들을 가리킨다. 이 두 표현 사이에서, "탐욕"이라는 용어는 누군가가 다른 사람을 상대로 소송을 제기하도록 부추기는 동기를 나타낸다. "술 취하는 자"와 모욕하는 자 역시 언급되는데, 사람들이 돌이키지 않은 뻔뻔스럽고 엄청난 죄들은 하나님 나라에서 이 사람들을 배제한다는 것을 보여준다. 이 목록은 5:10-11에서 바울이 교회 권징에 대하여 말한 것과 일치하는데, 이 구절들 안에서 그는 교회로부터 추방되는 명백한 죄를 지적한다. 만약 고린도 교인들이 계속해서 자신들을 죄에 내어준다면, 이들은 하나님 나라를 유업으로 받지 못할 정도로 신자의 정체성을 망각하고 있음을 증명하는 것이다.

고린도 교인들이 '어떻게 살고 있었는지'와 이들이 그리스도 안에서 어떠한 존재인지, 이들의 정체성과 실제 삶의 불일치가 설명된다. 이들의 과

거의 삶은 그러한 죄들로 특징지어졌고, 이 죄들은 이들이 회심하기 이전의 삶을 특징지었다. 그러나 그러한 삶은 더 이상 나타나서는 안 된다. 왜냐하면 고린도 교인들은 "씻음과 거룩함과 의롭다 하심"을 받았기 때문이다. 이 세 가지의 실체는 그리스도의 이름과 성령으로 말미암아 신자들에게 속하는 것이다. 그리스도의 죽음과 십자가(1:18), 그리고 유월절 양(5:7)은 신자들을 죄의 지배에서 구원하였다. 성령은 그리스도의 사역이 신자들에게 적용되는 수단이다. "씻음"과 "거룩함"과 "의롭다 하심," 이렇게 세 단어는 모두 회심의 때를 나타낸다. 바울은 신자들의 삶에서 세 개의 구별된 시기를 생각하고 있지 않다. 씻음은 세례를 의미하며(그러나 세례에 의한 중생[baptismal regeneration]이 아님), 이 세례는 회심의 때에 일어나는 사건이다. 즉, 회심한 사람들 역시 회개하고 믿으며 예수를 주님으로 고백한다. 씻음은 회개하고 예수 그리스도를 믿을 때, 바로 회심의 때에 일어난다. 그러므로 세례는 죄로부터 깨끗하게 한다는 것을 상징한다.

"거룩함"('하기아조'[*hagiazō*])이라는 단어는 기독교인의 삶에서 거룩함이 점진적으로 성장한다는 의미로 읽는 것이 일반적이다. 만약 그렇다면, 바울은 여기에서 성화를 칭의보다 앞에 두면서, 잘못된 순서를 따르는 것처럼 보인다! 우리는 문맥에서 "성화"라는 용어를 읽어야 한다. 왜냐하면 여기에서 바울은 회심할 때 그리스도를 믿는 신자들에게 주어진 거룩함의 결정적인 지위를 언급하기 때문이다. 이 용어는 종종 바울서신 안에서 신자의 거룩함이 가변적이지 않고 최종적임을 나타내고 신자의 거룩한 위치를 드러낸다(고전 1:2; 엡 5:26; 또한, 히 10:10, 29; 13:12를 참조하라). 이러한 해석은 또한 신자들에게 "성도"라는 단어를 부여하는 것과 일치한다(롬 1:7; 고전 1:2; 고후 1:1; 엡 1:1; 빌 1:1; 골 1:2; 살후 1:10; 몬 5). 신자들은 그리스도의 속죄 사역과 이들을 구별하는 성령의 사역으로 말미암아 하나님 앞에서 거룩하게 된다.

신자들은 또한 의롭다. 바울서신 안에서 "의롭다"라는 단어는 신자들이 십자가에서 예수 그리스도의 구속하는 사역으로 말미암아 하나님 앞에서 의롭다고 선언된다는 점에서, 법정적(forensic) 의미를 갖는다(예를 들어, 롬 2:13; 3:4, 20, 24, 26, 28; 4:2, 5; 5:1; 8:33; 고전 4:4; 갈 2:16, 17; 3:8, 11, 24; 5:4; 딤전 3:16; 딛 3:7; 또한, 출 23:7; 신 25:1 참조; 칠십 인역(LXX): 왕상 8:32; 대하 6:23). 바울이 사용하는 이 세 용어(씻음, 거룩함, 의롭다 하심)는 신자들의 새로운 신분을 다른 방식으로 전달한다. 즉, 이들은 자신들의 죄에서 씻김을 받고 깨끗하게 되었으며, 하나님 앞에서 거룩하며 진정한 성전의 일부이며, 그분 앞에서 의롭다고 선언된다. 바울의 목적은 다른 신자들과 싸우면서 법적인 행동을 취하는 것이 그리스도 안에서 이루어진 새로운 신분과 어떻게 양립할 수 있는지 강조하는 것이다. 고린도 교인들은 이제 다르다. 즉, 이들은 새롭고, 깨끗하고, 거룩하고, 하나님 앞에서 의롭다. 그러므로 이들의 삶에서 자기 권리를 이기적으로 쟁취하고 형제들과 자매들을 속이는 일을 해서는 안 된다. 이러한 행동은 십자가와 모순된다.

성적인 부도덕(6:12-20)

성적 부도덕은 오늘날과 마찬가지로, 그리스-로마 세계에서도 상당히 일반적인 현상이었다. 우리는 키케로(Cicero)의 말에서 이러한 태도를 보게 된다. 그는 "그러나 만약 어떤 사람이 '젊은이들은 창녀들과 정사를 금지해야 한다'라고 생각한다면, 그 사람은 틀림없이 매우 엄격하지만(나는 이것을 부정할 수 없다), 그러나 그의 견해는 이 시대의 자유뿐만 아니라, 우리 조상들의 관습과 용인과도 반대되는 것이다. 이것이 관행이 아닌 적이 있었는가? 언제 이러한 모습이 비난받은 적이 있었는가? 언제 금지되었는가? 사실, 지금까지 허용되었는데, 이러한 관행을 허용하지 않은 적이 있었는가?"(*Cael.* 20.48)라고 진술한다. 그러나 바울은 성적인 부도덕은 그리스도 안에 있는 새 생명에 일치하지 않고 그리스도의 십자가로 얻게 된 새 생명에 부합하지 않는다고 주장한다.

이 구절들을 해석할 때, 과연 바울이 고린도 교인들의 말을 인용하는 것인지, 또는 바울이 어디에서 인용하여 가져오는지 결정하는 과정에서 혼란스럽게 된다. 학자들 대부분은 고린도전서 6:12에서 두 번 인용된, "모든 것이 내게 가하나"라는 진술은 고린도 사람들의 슬로건을 반영한다고 생각한다. 이 구호는 아마도 자신의 몸을 가지고 성적으로 원하는 것은 무엇이든지 행하는 것을 변명하기 위하여 사용되었던 것 같다(10:23 참조). 아마도 이 슬로건은 스토아 학파에서 온 것 같고, 신자들은 이 슬로건을 선택했을 것이다. 바울은 이 슬로건을 전적으로 거절하지 않지만, 그러나 이 슬로건이 오도하고 파괴적인 방식으로 적용될 수 있기 때문에(또한, 10:23에서처럼), 이 슬로건을 약간 수정한다. 비록 "모든 것이 가하다고" 할지라도, 모든 것이 "유익하지" 않다는 것이다. 가하다고 생각되는 몇몇 문제들은 유익이 없을 수도 있다는 것이다. 동시에, 가하다고 생각되는 것에 "얽매이게" 될 위험 역시 있다. 사람들은 어떤 행동 자체가 반드시 잘못이라고 말할 수 없지만, 무엇인가에 종속된 자신들을 발견할 수도 있다. 바울이 다른 곳에서 가르치는 것처럼(갈 5:13), 자유는 남용될 수도 있으며 반드시 사랑을 위하여 사용되어야 한다.

해석자들 대부분은 바울이 고린도전서 6:13에서 다시 고린도 교회를 인용한 것으로 믿고 있지만, 그러나 자세한 내용은 논쟁 중이다. 만약 우리가 CSB 영어 번역본을 따라서 이 본문을 읽는다면, 고린도 교인들은 하나님께서 우리에게 음식에 대한 식욕을 주셨기 때문에, 우리가 원할 때 그 식욕을 만족시켜야 한다고 주장하고 있다. 바울은 하나님께서 음식과 위장을 모두 중단할 것이라고 대답한다. 현재의 시대를 특징짓는 식욕은 영원히 지속되지 않을 것이다. 즉, 새로운 세상이 오고 있다. 새 창조 안에서, 신자들의 몸은 예수가 죽은 자로부터 일어난 것처럼 일어나게 될 것이다. 우리는 15장에서 이것이 고린도 교인들의 문제였다는 것을 알게 된다. 왜냐하면 적어도 이들 중 몇몇은 몸의 부활을 거절했기 때문이다. 그리스도의 부활과 신자들의 부활 간의 관계는 신자들과 그리스도 간의 연합 안에서 그 뿌리를 두고 있다. 신자들은 믿음으로 예수 그리스도와 연합되며, 따라서 예수의 생명이 신자들의 생명이 되며, 이들은 그리스도의 지체들이 된다. 그러므로 이 신자들이 그리스도에게 속한 몸을 취하여 창녀와 합하는 것은 완전히 중심에서 벗어나 양립할 수 없는 것이다.

창녀와의 연합을 식사하는 것과 똑같이 여길 수 있을 정도로, 중요하지 않은 문제라고 말할 수 있는 사람은 없을 것이다. 그리스-로마 세계에서 많은 사람은 창녀들을 방문하는 것을 지극히 정상적인 것으로 여겼다. 아테나에우스(Athenaeus)는 "우리는 쾌락을 위해 연인을, 일상적인 내연 관계를 위해 내연녀를 갖지만, 그러나 합법적으로 자녀들을 낳고 우리의 가정 재산을 지키는데 신뢰할 수 있는 보호자를 갖기 위해 아내를 두게 된다"(*Deipn.* 13.573B). 그러나 바울은 완전히 다른 관점을 가지고 있다. 어떤 사람이 창녀와 성관계를 가질 때, 이 사람은 심오한 정신 물리적(psychophysical) 방식으로 그 여인과 결합하게 된다. 바울은 창세기 2:24를 인용하는데, 이 구절에서 남자와 여자의 성적 결합은 이 둘이 한 육체가 되었다는 것을 의미한다. 성적 관계는 육체적인 행위로 제한될 수 없다. 즉, 전인을 포함하는 성적인 결합에는 심오함과 깊이가 있다. 어쨌든, 주님과의 연합이 훨씬 더 깊은 관계이기 때문에 그리스도와 연합된 누군가가 창녀와 성적인 결합을 이루는 것은 완전히 부적절하다.

고린도전서 6:18-20의 중심 주장은 "음행을 피하라!"라고 명시된다(6:18). 요셉과 보디발의 아내의 이야기는 성적인 죄에서 도망한다는 것이 무엇을 의미하는지를 묘사한다(창 39:6-18). 성적인 죄는 분명하게 해롭다. 우리는 술 취함이나 마약 중독, 또는 자살과 같은 자신의 몸에 대하여 짓는 다른 죄들을 생각할 수 있지만, 이 모든 경우에는 다른 물질이나 도구가 사용되어야 한다. 성적인 죄의 경우에, 이 죄는 자신의 몸 안에, 그리고 자신의 몸으로 짓게 된다.

앞서 우리는 고린도 교회가 성령의 전이라는 사실을 보았다(고전 3:16). 주목할 만하게, 각 개인 신자들과 이들의 육신에 대하여서도 똑같이 말해진다. 우리는 주님의 임재가 어떻게 성막/성전 안에 있는 지성소에 국한된 것인지를 생각할 때, 이러한 가르침은 참으로 놀라운 것이다. 성령이 신자들 안에 내주하기 때문에, 이들은 하나님에게 전적으로 속한다. 이들의 삶과 몸은 더 이상 이들 자신의 것이 아니다. 이들은 "값으로 산 것이 되었다"(6:20). 이들은 속량함을 받은 자들이며, 구속함을 받은 자들이고, 그리스도의 피로 산 자들이다. 이들은 그리스-로마 세계에서 상당히 일반적이었던, 노예 상태에서 돈으로 지불되어 해방된 종들과 같다. 좀 더 들여다보면, 무엇인가를 위해 "지불되었다"는 언어는 하나님의 자비로 이스라엘이 이집트에서 벗어나 구원을 받았다는 것을 반영한다. 고린도 교인들은 예수 그리스도의 십자가를 통하여 해방되었기 때문에, 이들은 성적인 죄를 피해야 한다. 긍정적으로 말하자면, 이들의 몸은 이제 하나님의 영광을 위하여 사용되어야 한다. 이들은 모든 상황에서 자신들의 몸을 하나님에게 찬양과 명예를 돌리기 위해 사용해야 한다.

결혼 문제(7:1-24)

바울은 고린도 교인들이 보낸 편지에 등장하는 문제로 돌아가는데, "~에 대하여"('페리 데'[*peri de*])라는 표현으로 소개되는 문제들은 바울이 논의하기를 원하는 주제를 가리킬 수 있다. 그러나 앞에서 언급했듯이, 이 문제들은 고린도 교인들이 바울에게 보낸 편지를 반영하는 것 같다. 이 교인들은 바울에게 다양한 문제들을 질문했다. 이들의 첫 번째 질문은 결혼과 성에 관련된다(7:1-24).

1절의 해석은 어렵고 논쟁 가운데에 있다. NIV 영어 번역본과 CSB 영어 번역본은 두 가지 다른 해석을 반영한다. NIV 번역본은 "남자가 여자와 성적인 관계를 갖지 않은 것이 좋다"라고 번역한다. 이 해석에 따르면, 고린도 교인 중 몇몇은 금욕주의를 지지하고 결혼 생활에서 성관계를 자제하기를 원했다. 또한, CSB 번역본은 "남자가 성관계를 위해 여성을 사용하지 않는 것은 좋지 않다"라고 번역한다. 이 두 해석 중 하나를 결정하기는 쉽지 않다. CSB 번역본의 해석을 지지하는 사람들에 의하면, 그리스-로마 세계에 나타난 비슷한 모습들이 고린도 교인들에게서 나타난다는 것인데, 이 교인들은 "남자가 여자를 성적으로 이용하지 않는 것이 좋다"라고 말했다는 것이다. 만약 누군가가 CSB의 이해를 지지한다면, 그때 고린도 교회의 문제는 금욕주의가 아니며, 이러한 읽기는 성적 부도덕이 만연한 6:12-20과 일치하게 된다. 이 해석에 따르면, 7장의 나머지 부분에서 바울은 고린도 교인들이 하는 것보다 더욱 독신과 금욕을 더 지지하는 것처럼 보일 것이다.

CSB의 번역이 타당할 수 있지만, 그러나 NIV의 번역이 다음과 같은 이유들 때문에 선호되어야 한다. 첫째, "여자를 가까이 하다"라는 관용구는 성적인 관계를 의미하지만, 그러나 반드시 다른 사람을 성적 만족을 위해 이용하는 것을 가리키는 것은 분명하지 않다. 특히, 그리스-로마 문학에 나타난 예들은 전적으로 명확하지 않다. 둘째, 우리가 7장의 나머지에서 보게 될 것처럼, 금욕주의에 관한 관심은 바울이 아니라 고린도 교인들에게서 나오는 것처럼 보인다. 가장 중요하게도, 믿지 않은 배우자와 이혼하는 것에 대하여 고린도 교인들이 보낸 질문과 불신자들이 "거룩하게 되었다"는 바울의 주장은 아마도 더러움에 대한 두려움 때문에 불신자와 성관계를 갖지 않으려는 고린도 교인들의 금욕적인 바람(desire)과 반대되는 것 같다(15절). 셋째, 바울은 여성들이 오락적인 성행위를 위해 사용되어서는 안 된다는 개념에 확실히 동의할 것이지만, 그러나 그가 고린도 교인들이 보낸 편지를 인용할 때, 그는 인용된 자료에 동의하지 않는다. 우리는 1절에서 말하는 것이 바울의 견해를 반영할 것이기 때문에, 그가 도대체 왜 1절에서 그 말을 인용하는지 의아해하게 된다. 넷째, 고린도의 상황은 삶의 복잡성을 반영한다. 즉, 일부 고린도 교인들은 성적인 죄를 지었고(고전 6:12-20), 금욕주의가 성적인 죄를 짓게 할 수 있다는 것을 우리가 보게 될 것이지만, 여하튼, 또 다른 교인들은 금욕주의를 지지했다.

우리는 NIV 번역본을 따르며, 일부 고린도 교인들이 여자를 가까이 아니한 것을 결혼에 적용하고, 결혼 생활에서 성관계를 삼가고 있었는데 아마도 그렇게 삼가는 것이 하나님을 더욱 기쁘게 하는 것으로 생각했기 때문이라고 결론지을 수 있다. 이 교인들의 태도와 다르게 바울은 결혼 생활에서 규칙적인 성적인 관계를 권한다. 왜냐하면 성적인 관계를 삼가는 것은 성적으로 부도덕의 문을 열 수 있기 때문이다. 이 본문에서 남편과 아내의 상호 관계는 아주 인상적이다. 남편과 아내 모두 서로에 대한 부부의 성적인 의무가 있으며, 이들은 서로에게 성적으로 열려 있어야 한다는 것이다. 참으로, 남편이나 아내는 다른 사람의 몸을 주관하지 못하지만, 그러나 이들은 서로에게 속한다. 남편이나 아내는 성적인 관계가 없는 삶을 살기로 결심했다고 선언할 수 없다. 왜냐하면 이제 이들의 몸은 서로에게 속하기 때문이다. 이들은 서로 동의하지 않는 한, 성적인 관계를 박탈해서는 안 되며, 만약 서로 동의하더라도, 금기의 기간은 짧은 기간으로 제한해야 한다. 그렇지 않다면, 유혹이 일어나 사탄은 이들을 성적인 죄로 끌어들일 수 있다(6:12-20 참조!). 몇몇 학자들은 결혼에 대한 바울의 견해가 여기에서 약간 냉소적으로 보인다고 생각하지만, 그러나 우리는 그가 특정한 상황에 반응한다는 것을 기억해야 한다. 즉, 이것은 결혼에 대한 그의 유일한 관점이 아니라는 것이다(엡 5:22-33 참조).

고린도전서 7:6의 의미는 교회 역사에서 논쟁거리가 되어 왔다. 어거스틴(Augustine)은 이 허락을 결혼과 성관계에 대하여 인정하는 것으로 이해했지만, 그러나 이것은 이 구절을 상당히 잘못 이해한 것이다. 이러한 인정은 결혼하는 것과 성관계를 갖는 것을 허락하는 것이 아니다. 즉, 이 인정은 결혼한 부부가 기도를 목적으로 제한된 시간 동안 성관계를 삼갈 수 있다는 것이다. 다시 말해, 바울은 남편들과 아내들에게 성관계를 금하라고 가르치지 않는다. 그러나 만약 이 부부가 그렇게 하기를 원한다면, 바울은 이들이 제한된 기간에만 그것을 허용한다는 것이다. 어거스틴처럼 읽는 것은 이 구절을 정확하게 거꾸로 되돌리는 것이다! 이제 바울은 자신이 모든 사람이 독신이 되길 바란다고 말하지만(7:7), 그러나 우리는 바울이 결혼과 성적인 관계의 유익을 강력하게 강조한 이후에 이 진술을 한 것임을 인식해야 한다. 바울은 자신이 전적으로 고린도 교인들과 의견이 다르지 않다는 것을 보여주길 원한다. 우리는 바울이 방언보다 예언의 우위를 인정한 이후(14:5) 방언에 대한 긍정적인 진술을 할 때도, 이와 유사한 모습을 보게 될 것이다. 바울은 독신 생활이 좋은 은사라는 것을 인정하고 동의하지만, 그러나 즉각적으로 사람들이 다른 은사들을 가지고 있다는 것을 인식한다. 즉 몇몇 사람들은 결혼의 은사를 가지고 있으며, 몇몇 사람들은 독신의 은사를 가지고 있다는 것이다. 창세기 2장의 창조 이야기를 잘 알고 있었던 바울은 대부분이 결혼하도록 부름을 받는다는 사실을 인정했을 것이다.

바울은 고린도전서 7:8-9에 나오는 논의를 결혼하지 않은 사람들과 과부들에게 적용한다. 그는 독신으로 남아 있는 것이 좋은 일이라고 생각하는 고린도 교인들의 의견에 동의한다(7:1을 보라). 하지만, 이 규칙은 절대적인 것은 아니다. 만약 이들이 성적인 욕구가 강하다면, 성적인 정욕이 불같이 타는 것보다 결혼하는 것이 더 바람직할 것이다. 분명하게, 강한 성적인 욕망을 가진 몇몇 사람들이 여전히 결혼 상대자를 발견할 수 없을 때, 이 경우 이들은 자기 절제를 해야 한다. 바울은 어떤 사람이 성적인 욕망이 강하지만, 결혼을 자제해야 한다는 외적인 제약을 느끼는 상황을 이야기한다. 이러한 욕망을 가진 사람들은 죄책감에 시달려서는 안 되며, 가능한 한 이들은 결혼하도록 부름을 받았다는 사실을 인정해야 한다. 우리는 디모데전서

5:11-14에서 비슷한 부분을 발견하는데, 이 구절들 안에서 젊은 과부들은 결혼하여 자녀를 낳도록 권면을 받는다.

고린도전서 7:10-11에서 이 논의는 이혼으로 바뀌게 된다. 바울은 자신이 명령을 내리는 것이 아니라, 이 명령은 주님에게서 나온다고 말할 때, 그는 이혼과 재혼에 관하여 역사적인 예수의 말씀을 염두에 두고 있다(마 5:31-32; 19:3-12; 막 10:2-12; 눅 16:18). 만약 예수의 가르침을 요약한다면, 이혼은 선택 사항이 아니다. 아내들은 남편을 떠나서는 안 되며, 남편들은 아내를 떠나서는 안 된다. 덧붙여서, 몇몇 번역본들(예를 들어, NIV, ESV, CSB, NRSV) 안에 "별거"라고 번역된 단어는 이혼 전에 별거 기간이 있는 서구 문화의 관점에서 읽어서는 안 된다. 여기에서 "별거하다"(separate)와 "떠나다"(leave)라는 단어들은 동의어이다. 즉, 그리스-로마 세계에서 결혼의 상태는 배우자들이 결혼 상대자들을 떠날 때 끝나게 된다. 그러므로 바울은 "별거하다"(고전 7:10)와 "떠나다"(15절; 개역개정은 "갈리다"로 번역됨-옮긴이)를 구분하지 않는다. 왜냐하면 이 두 단어 모두 이혼을 의미하기 때문이다. 이혼한 사람은 재혼해서는 안 되며, 배우자와 화해해야 한다. 여기에서 바울이 말하는 것에 예외가 있는가? 실제로 바울은 이 질문에 대하여 대답하지 않는다. 우리는 다른 본문들을 어떻게 읽고 이해할 것인지에 달려 있을 것이라고 대답할 수 있다. 주목할 만하게, 예수는 성적인 부정의 경우를 제외하고 이혼은 잘못된 것이라고 선언한다(마 5:32; 19:9). 바울은 버림을 받는 경우 이혼을 허용한다(고전 7:12-16).

7:12-16에서 새로운 상황이 그려지는데, 신자들이 불신자들과 결혼하는 모습이다. 아마도 한 배우자가 신자가 되었지만, 그러나 배우자는 신앙을 거절하였고, 따라서 한 사람은 믿고, 다른 사람은 믿지 않은 결혼이 발생했을 것이다. 바울은 주님의 명령이 아니라 자신의 의견을 준다고 말할 때, 그는 자기 말이 권위적이지 않다는 것을 제안하는 것이 아니다. 예수 그리스도의 사도로서 바울은 자신의 가르침이 권위가 있다고 생각한다. 그의 요점은 역

사적인 예수가 불신자와 결혼한 신자의 문제를 절대로 다루지 않았으며, 따라서 그는 그리스도의 사도로서 이 특별한 상황에 대해 말하고 있다는 것이다. 바울은 믿는 남편과 믿는 아내에게, 믿지 않은 배우자와 이혼하지 말라고 지시하고 있다. 바울의 권면들에 나타난 상호 관계는 아주 놀랍다. 바울의 조언은 특히 아내와 관련하여 두드러진다. 고대 세계에서 아내는 남편의 종교를 따르는 것이 일반적이었다. 플루타르크(Plutarch)는 "아내는 자기 친구를 만들어서는 안 되지만, 남편에 전적으로 맞추어 그(남편)의 친구들을 사귀어야 한다. 우선되고 가장 중요한 이 친구들은 바로 신들이다. 그러므로 남편이 믿는 신들만을 아내가 숭배하고 알아야 하고, 모든 기이한 의식들과 외래적인 미신들에 대하여 문을 굳게 닫아야 한다"(*Conj. praec.* 19)라고 말했다. 분명히, 바울은 플루타르크의 견해에 반대한다. 왜냐하면 아내의 헌신은 남편이 아니라 그리스도에게 드려져야 하기 때문이다.

왜 이런 문제, 즉 한 배우자는 믿는 자, 다른 배우자는 믿지 않는 자의 결혼 문제가 나왔을까? 고린도전서 7:14-15에서 하나의 암시가 나타난다. 신자들은 아마도 믿지 않은 자와의 성적인 관계는 불결하다고 생각했던 것 같다. 아마도 이 신자들은 심지어 구약성경의 전례들에 호소하였을 것이다. 왜냐하면 에스라가 "그 지방 사람들과 이방 여인을 끊어 버리도록" 유대인 신자들을 소환하였기 때문이다(스 10:11; 또한, 느 13:3 참조). 유대 전통에 따르면, 요셉은 아세넷(Aseneth)이 우상 숭배자일 때 입맞춤조차 하지 않았다(Jos. Asen. 8.5-7). 구약성경에서 불결한 것은 보통 정결한 것을 더럽게 한다(학 2:11-13). 우리는 불신자와의 성적인 관계는 비록 결혼한 상태라고 할지라도, 더럽다고 생각한 신자들을 상상할 수 있다. 그래서 아마도 이혼이 정당하게 여겨졌을 수 있다. 그러나 바울은 놀라운 방식으로 대답한다. 믿지 않은 배우자는 믿는 배우자와의 혼인을 통하여 거룩하게 된다는 것이다. 흥미로운 유사점은 예수가 나병환자를 만져서 깨끗하게 고친 장면이다(마 8:1-4). 나병환자를 만지는 것은 레위기 13-14장을 따르면 예수를 부정하게 만들어야 한다. 그러나 예수의 경우, 그의 깨끗함이 부정한 사람을 정결하게 했다. 비슷한 무엇인가가 신자와 불신자의 결혼에서도 일어난다. 이것은 믿지 않은 배우자가 구원받는다는 것을 의미하지 않는다. 왜냐하면 고린도전서 7:16은 믿지 않은 배우자의 구원은 보증되지 않는다는 것을 명확하게 하기 때문이다. 바울이 믿지 않은 배우자가 거룩하게 된다고 말함으로써 의미하는 것이 무엇인지 아는 것은 더 어렵다. 아마도, 믿지 않은 배우자는 신자와의 연합을 통하여 구원의 가능성이 커진다는 점에서 거룩하다고 말해졌을 수 있다(벧전 3:1-5 참조). 우리는 또한 믿지 않은 배우자가 거룩하게 되는 방식으로, 믿지 않은 자와 믿는 자의 결혼에서 태어난 자녀들이 거룩하다는 것을 알게 된다.

그러나 믿지 않는 배우자들은 결혼 생활을 그만두고 믿는 배우자와 이혼하기로 선택할 수 있다. 그러한 경우에, 신자는 더 이상 결혼에 매여 있지 않고 단절된 결혼에 대하여 초조하게 생각하지 말고 평안함을 가지고 살아야 한다. 그러한 경우 재혼이 허용되는가? 주석자들은 바울이 이 문제를 직접적으로 말하지 않기 때문에 허용된다는 것에 대하여 동의하지 않는다. 나는 재혼은 다음과 같은 이유들 때문에 허용된다고 제안한다. 첫째, 유대 전통과 그리스-로마 전통에 따르면, 이혼은 재혼할 수 있는 자유를 암시한다. 만약 바울이 이 전통을 반대했다면, 그는 이것을 상당히 분명하게 해야 했을 것이다. 둘째, 마태복음 5:32와 19:9에 대하여 가장 가능성 있는 읽기는 예수가 성적인 부정의 경우에 재혼을 허용했다는 것이다. 셋째, 비록 일부 고린도 교인들은 금욕주의에 관심을 가졌다고 할지라도, 우리는 이들 모두가 금욕주의자들이었다고 말할 수 없다. 어쨌든, 바울은 그리스도의 지혜로운 종으로서 인간의 본성을 알았고, 일부 교인들이 재혼하기를 바란다고 인식했을 것이다. 넷째, 고린도전서 7:15에 사용된 '구애되다"('둘로오'[*douloō*])라는 단어와 7:39의 "매여"('데오'[*deō*])라는 단어는 동일한 의미를 가지므로, 거의 동의어라고 할 수 있다. 그러므로 바울은 결혼한 여자들은 남편들이 살아 있는 동안 매여('데데타이'[*dedetai*]) 있지만(롬 7:2; 고전 7:39), 이 남편들이 죽을 때 이 여자들은 "자유롭게" 된다(롬 7:3; 고전 7:39, '엘루떼라'[*eleuthera*]). 그래서 여기에서도 어떤 사람은 믿지 않은 배우자가 이혼하기로 결정할 때까지 결혼 생활에 매여 있게 된다.

고린도전서 7:16에서 바울은 믿지 않은 배우자의 구원에 대하여 말한다. 여기에서 제기된 주요 질문은 바울이 낙관적으로 말하고 있는지 또는 비관적으로 말하고 있는지이다. 이 둘에 대하여, 각각 사례가 만들어질 수 있지만, 그러나 낙관적인 견해가 더 가능성이 클 것 같다. 물론 바울은 믿지 않는 배우자들의 회심을 보증하지 않는다. 하지만, 이 단락의 근본적인 목적은 신자들이 불신자들과 결혼 생활을 유지하도록 격려하는 것이므로, 낙관적인 이해가 이 목적에 잘 부합된다고 할 수 있다. 신자가 불신자와 결혼 생활을 계속해야 하는, 한 가지 이유는 이 결혼이 이 불신자 배우자를 구원하는 수단이 될 수 있기 때문이다.

네가 있어야 하는 곳에 머물러라(7:17-24)

결혼과 처녀에 관한 고린도전서 7장의 가장 중요한 원리는 여기에서 발견되는데, 신자들은 자신들이 있어야 하는 그 상황에 머물러야 한다는 것이다. 이 단락에서 세 번이나, 신자들이 이 상황을 바꾸어서는 안 된다는 훈계가 명시된다(17절, 20절, 24절). 구조적으로 이 단어들은 단락을 시작하고 끝맺으며, 이 단락의 중간에도 자리 잡고 있다. 그러므로 이 주요한 핵심 주장을 놓칠 수 없을 정도이다. 고린도 교인들은 자신들의 상황과 환경을 바꾸게 된다면, 하나님을 더욱 기쁘게 할 것으로 생각해서는 안 된다. 이 명령은 고린도 교인들에게만 국한되지 않고, "모든 교회에서"(7:17) 바울이 가르쳤던 것임을 나타낸다. 신자들은 자신들이 부름을 받은 그 상황에 머무르기 때문에, 이들은 자신들의 삶의 상황을 정하신 하나님의 주권을 믿을 수 있다.

사람이 상황을 바꾸는 것에 대한 첫 번째 예는 할례와 관련된다. 구원으로 부르심을 받았을 때, 몇몇 사람들은 할례를 받은 상태였지만, 그러나 다른 사람들은 할례를 받지 않은 상태였다. 할례를 받은 사람은 할례의 흔적을 제거해서는 안 된다. 고대 세계에서는 할례를 되돌릴 수 있었고, 그리스-로마 세계에서 나체로 행하는 운동선수는 자신이 유대인이라는 사실 때문에 받는 문화적인 비난을 제거하길 원했고, 그래서 포피를 다시 끌어당겨 그가 이전에 할례를 받았다는 사실을 분명하지 않게 할 수 있었다. 한 저자는 몇몇 유대인들이 조상의 관습에서 벗어나기 위하여 "체육관을 건축하고, … 할례의 흔적을 제거하고 거룩한 언약을 저버렸다는 것(1 Macc. 1:14-15; 또한 Josephus, *Ant.* 12.241 참조)에 대하여 주목한다. 아마도 어떤 사람들은 할례가 구원을 위해 어떠한 도움이 되지 않는다는 것을 바울에게서 배웠을 것이기 때문에, 이 사람들이 하나님을 더욱더 기쁘게 할 것이라고 결론을 내리면서, 할례의 표시를 제거하려는 동기가 생겼을 것이다(롬 4:9-12; 갈 2:3-5; 5:2-4; 6:12-13; 빌 3:2-3; 골 2:12).

바울은 할례 자체에 대하여 반대하지 않았다. 그는 문화적인 이유로 디모데에게 할례를 행하기도 했다(행 16:3). 왜냐하면 사도행전 15장의 사도 공의회 이후, 할례는 구원을 위해 필요하지 않다는 것이 분명했기 때문이다. 또한, 할례를 받지 않은 사람은 비록 이 할례가 구약성경에서 언약의 표시였다고 할지라도, 할례가 하나님을 더욱 기쁘게 하는 것으로 생각해서는 안 된다(창 17:9-14). 바울은 할례와 율법을 준수하는 것이 구원을 위해 필요한 것이 아님을 분명히 했다.

할례에 관한 바울의 가장 중요한 입장은 고린도전서 7:19에 나온다. 갈라디아서에서는 바울이 할례를 반대했다고 생각할 수 있지만, 그러나 실제로 누군가가 할례를 받았는지 또는 할례를 안 받았는지는 그에게 중요하지 않았다. 그는 누군가가 할례는 구원을 위해 필수적이라고 말하는 경우, 할례를 반대했다. 그러나 바울은 또한 무할례가 하나님을 더욱 기쁘게 한다는 생각에도 반대했다. 할례나 무할례는 중요하지 않았다. 즉, 중요한 것은 하나님의 명령을 지키는 것이다. 이것은 구약성경 안에서 양육된 유대인으로 성장했던 바울에게서 온 놀라운 진술이라는 사실이 자주 주목되어졌다. 왜냐하면 할례는 하나님의 계명 중 하나이기 때문이다(창 17:9-14; 레 12:3). 분명히, 바울은 지금 하나님의 명령들에 대한 재구성된 이해를 기초로 진술한다. 신자들은 이제 그리스도의 법을 준수한다(고전 9:21; 갈 6:2). 왜냐하면 이들은 더 이상 모세 언약 아래 있지 않기 때문이다. 여기에서 바울의 선언은 갈라디아서 5:6과 6:15와 일치하는데, 이 각각의 구절에서 바울은 할례와 무할례는 중요하지 않지만, 그러나 중요한 것은 사랑을 통하여 표현되는 믿음이며, 정말로 중요한 것은 새로운 피조물이라고 말한다. 하나님의 명령들을 지키는 사람들은 그리스도의 법을 지킨다. 왜냐하면 그리스도 안에서 이들은 새로운 피조물이기 때문이다. 다시 말하자면, 이들은 하나님의 명령들을 자신들의 믿음의 표현으로 지킨다는 것이다.

사람의 상황을 바꾸는 것에 대한 두 번째 예는 노예 상태이다. 여기에서 우리는 각자의 상황을 바꾸지 않는 것에 대한 바울의 규칙이 융통성이 있다는 것을 보게 된다. 노예 제도는 그리스-로마 세계에서 매우 일반적이었다. 고린도에 있는 사람들의 3분의 1이 아마도 노예였을 것이다. 사람들은 노예로 태어나거나 빚을 갚기 위해 자기 자신들을 노예로 팔거나, 또는 노예로 팔리거나, 전쟁에서 포로가 되어 노예가 될 수 있었다. 특히 광산에서 일한 많은 노예는 끔찍한 삶을 살았다. 다른 노예들은 의사, 교사, 관리자, 음악가, 장인, 이발사, 요리사, 상점 주인으로 일했으며, 심지어 다른 노예들도 소유할 수 있었다. 몇몇 경우에는 종들이 자신들의 주인들보다 교육을 더 잘 받았다. 미국 역사에서 노예 제도에 친숙한 사람들은 우리의 역사적 경험을 신약 시대에 강요하는 것을 주의해야 한다. 왜냐하면 그리스-로마 세계에서 노예 제도는 인종에 기반을 두지 않았고, 미국 노예 소유주들은 노예들의 교육을 권장하지 않았기 때문이다. 하지만, 그리스-로마 세계에서 노예들은 주인의 통제 아래 있었고, 독립적인 생활을 갖지 못했다. 고대 노예 제도는 잔인했고, 자주 억압적이었다. 그러나 모든 주인이 잔인했던 것은 아니다. 노예들은 주인의 도움으로 그리스-로마 세계에서 자신들의 자유를 살 수도 있었는데, 이것은 해방(manumission)이라고 불렸다.

바울은 구원으로 부르심을 받은 사람들이 노예로 섬길 때 권면한다. 노예들에게 직접 말을 건넴으로써, 그는 이들의 인격과 존엄을 중히 여긴다. 이들은 자신들이 노예라는 사실에 대해 염려해서는 안 된다. 즉, 마치 종이라는 현실이 기독교인들로서 덜 유익하고 덜 효과적인 것처럼, 자신들의 삶에 대하여 걱정해서는 안 된다. 바울에 따르면, 삶 안에서 사람이 갖는 지위는 큰 관심사가 아니다. 그러나 바울이 고린도전서 7:21에서 말한 것은 중요한 논쟁거리이다. 바울은 종들에게 종으로 남아 있도록 가르치는가? 아니면 이들의 자유를 얻도록 가르치는가? NIV 번역본은 바울이 종들에게 자유를 얻도록 권면하는 것으로 해석하는데, 이 번역본은 "만약 당신이 자유를 얻을 수 있다면, 그렇게 하라"라고 번역한다. NRSV 번역본은 비록 자유가 가능하다고 할지라도, 종들이 종으로 남아야 한다는 번역을 하는데, 이 번역본은 "비록 네가 자유를 얻을 수 있다고 할지라도, 지금보다 더 너의 현재 상황을 활용하라"라고 번역한다. 몇몇 학자들은 종들이 자유를 포기하고 종으로 계속 살아야 한다는 개념을 지지한다. 왜냐하면 이 단락의 주제는 사람이 삶의 상황에서 머물러야 한다는 것이고, 따라서 가장 단순한 견해는 바울은 종들에게 종으로 남아 있도록 말한다는 것이다.

그러나 바울은 다음과 같은 이유들로 종들에게 자유를 얻도록 조언했을 가능성이 훨씬 더 크다. 첫째, 바울이 이 일반적인 규칙에 예외를 제공하지 않는 한, 추가적인 단어들은 불필요했을 것이다. 그러나 예외적이기 때문에, 적합한 말을 덧붙인다. 둘째, 각 사람이 처한 위치에 머문다는 규칙은 융통성이 있는데, 바울이 반복적으로 고린도 교인들에게 결혼하는 것이 죄가 아니라고 확증하기 때문이다. 실제로, 7장 전체에서 그 융통성이 분명히 나타난다. 바울이 명확하게 말하는 원리는 모든 상황에서 융통성이 없는 규칙으로 의도된 것이 아니다. 셋째, "사람들의 종이 되지 말라"(7:23)는 훈계는 종으로 남아 있는 것이 이상적이지 않다는 생각을 지지한다. 넷째, 자유를 얻도록 조언했을 것이라는 읽기가 구약성경에 일치하는데, 구약에서는 동료 히브리인을 노예로 삼는 것은 눈살을 찌푸리게 하는 것이었다(예를 들어, 출 21:2-11; 느 5:5).

바울은 중요한 요점으로 돌아간다. 종은 주 안에 있는 자유인이며, 자유인은 그리스도의 종이다. 사람의 사회적인 위치와 지위는 중요한 문제가 되어서는 안 된다. 각 사람은 삶 안에서 위치에 상관없이 하나님 앞에서 자신의 삶을 살아야 한다. 고린도전서 6:20에서처럼, 독자들은 "값으로 산 것"이라고 불린다(7:23). 이들의 삶의 근본적인 현실은 이들이 예수 그리스도에게 속한다는 것이며, 이들은 그리스도의 피로 구원받고 죄에서 벗어났다는 것이다.

독신과 처녀들(7:25-40)

바울은 7:25-40에서 처녀들과 약혼하는 문제를 다룬다. 7:17-24의 원리는 이 논의와 계속해서 연결된다. 사람은 지위의 변화가 하나님에게 중요하다고 생각해서는 안 된다. 각 사람은 심은 곳에서 꽃을 피워야 한다. 바울은 자신이 "주께 받은 계명"(7:25)을 가지고 있지 않다고 말할 때, 그는 자신의 조언이 권위적이지 않다고 말하는 것이 아니다. 그러나 다시 한번, 그는 자신의 조언이 역사적인 예수의 말씀과 구별한다는 것을 드러낸다. 하지만, 예수 그리스도의 사도로서 그의 훈계는 권위적이다(7:40; 14:37). 바울은 "임박한 환난"(7:26) 때문에 독신 생활을 선호한다. 그 임박한 환난이 무엇인지 파악하기가 쉽지 않다. 많은 주석가는 당시 고린도에 영향을 미친 기근이라고 생각하며, 이러한 이해가 확실히 가능할 수 있다. 그러나 바울은 종말론을 염두에 두고 있었을 가능성이 더 크다(7:29-31). 누가복음 21:23 역시 마지막 때의 고난을 언급하고 있으며, 마지막 때의 고통과 화도 다른 구절들에서 언급되기도 한다(예를 들어, 렘 30:7; 단 8:19; 12:1; 눅 21:23). 바울은 기독교인들이 성취의 시대에 살고 있으며, 종말이 예수 그리스도 안에서 시작했다고 믿었다.

고린도전서 7:17-24의 원리에 따라, 약혼한 사람은 이 약혼을 파기하려 해서는 안 된다. 여자와 결혼을 약속하지 않은 사람은 결혼을 모색해서는 안 된다. 우리는 바울이 금욕주의 경향이 있는 사람들에게 특히 반응한다는 것을 다시 인식해야 한다. 그러나 그는 오해받기를 원치 않았다. 그래서 그는 결혼하는 사람들이 죄를 짓지 않았다고 단언한다. 바울은 자신이 금욕주의자들에게 반응하기 때문에 긍정적이(결혼하는 것은 좋다) 아니라 부정적으로("죄 짓는 것이 아니요," 28절) 말한다. 그는 사람들이 결혼과 결혼 생활의 어려움, 그리고 유혹에 대하여 현실적인 평가를 하기를 원한다.

특히 바울을 이끄는 것은 종말론이다(7:29-31). 새 시대가 예수 그리스도 안에 도래했고, 모든 역사는 종말이 가까웠다는 관점에서 평가되어야 한다. 구속 역사에서 다음에 일어나게 될, 위대한 행동은 그리스도의 재림이다. 그리스도의 오심은 모든 삶을 상대화한다. 결혼과 인간관계에 대한 바울의 발언은 마치 자신이 세상을 긍정하는 것 대신에 세상을 부정하는 사람인 것처럼 극단적으로 오해될 수 있다. 그가 남편들이 마치 아내가 없는 것처럼 살아야 한다고 말할 때, 그는 에베소서 5:25-33에서 진술한 아내를 사랑하고 그녀를 위해 희생해야 함을 거의 부정하지 않는다. 그의 목적은 독자들에게 결혼이 영원히 지속되지 않는다는 것을 상기시키는 것이다. 즉, 결혼은 일시적이므로 사람은 자신의 모든 희망과 열정을 결혼에만 빠지게 해서는 안 된다. 기쁨과 슬픔의 경우에도 마찬가지이다. 바울은 사람이 장례식에서 울지 말고, 복을 받은 사람들과 기뻐하지 않도록 권면하지 않는다. 참으로, 그는 "즐거워하는 자들과 함께 즐거워하고 우는 자들과 함께 울라"(롬 12:15)고 신자들에게 명령한다. 기쁨과 슬픔은 종말론의 상황 속에서 이해되어야 한다.

다시 말해서, 이 세상에서 기쁨이 있는 만큼 아름답고, 슬픔이 있는 만큼 고통스럽지만, 이것들 모두는 일시적이다. 기쁨이나 슬픔은 우리의 삶을 결국 특징 짓는 것이 아니다. 왜냐하면 이것들은 지나가고 있는 이 현 세계 질서의 부분이기 때문이다. 물건들을 사고 얻는 것은 악하지 않지만, 그러나 우리가 소유하는 모든 것은 지속되지 않은 한 줄기의 공기, 한 움큼의 연기와 같다. 우리가 알고 있는 세상은 "지나가고"(고전 7:31) 새 세상이 오고 있다. 즉, 신자들은 자신들의 시각을 새 창조에 고정해야 한다.

독신으로 남아야 하는 실질적인 이유들은 7:32-35에서 주어진다. 결혼하지 않은 사람들은 주님을 기쁘게 하는 일에만 전념할 수 있지만, 그러나 결혼한 사람들은 어떻게 자신의 배우자들을 기쁘게 해야 하는지에 대하여 생각해야 한다. 이 지침들은 신자들의 유익과 주님에 대한 섬김을 위해 주어지기 때문에, 어떤 이질적인 제한들이 이 신자들에게 주어지지 않는다. 처녀들에 관한 조언은 7:36-38에서 이어지며, NASB 번역본은 이 구절들이 한 남자와 이 남자의 처녀 딸을 언급한다고 다음과 같이 번역한다. (1) "그의 처녀"(개역개정에는 "자기의 약혼녀"라고 번역됨-옮긴이)라는 표현에서 "그"는 아버지를 가리키며, "처녀"는 그 아버지에게 속한 "처녀 딸"을 의미한다. (2) "그들로 결혼하게 하라"('가메이토산'[*gameitōsan*])라는 복수 동사는 (미래의) 사위와 딸이 결혼하도록 허락하는 아버지를 가리킬 수 있다. (3) "그 약혼녀를 그대로 두기로 하다"('테레인 텐 헤아우투 파르테논'[*tērein tēn heautou parthenon*], 7:37)라는 표현은 딸을 가족으로 유지하기로 결심한 아버지를 가리킬 수 있다. (4) 분사 '가미존'([*gamizōn*], 7:38)은 결혼하여 딸을 주는 아버지를 나타낼 수 있다.

그러나 다음과 같은 이유들을 근거로, 약혼한 남자와 여자, 이 둘의 관계를 가리킬 가능성이 더 큰 것 같다. 첫째, 이 단락(25-35절)의 이전 구절들 안에서 바울은 결혼에 관한 결정에 직면한 남자들에게 말한다. 이전 구절들의 주제가 변경된 것이 분명하지 않다. 둘째, 결혼하는 처녀가 죄를 짓지 않았다는 언급은 한 처녀와 그녀의 약혼자가 관련되어 있다고 생각하는 것이 더 합리적이다. 다시 말해, 그녀가 결혼을 결정하는 목소리를 가지며, 그녀의 아버지는 그녀의 운명을 결정하지 않는다는 것이다. 셋째, "그의 처녀"(개역개정에는 "자기의 약혼녀"로 번역-옮긴이)라는 말은 한 남자와 이 남자가 약혼한 처녀를 가리킬 수 있는데, 이렇게 이해하는 것이 아주 자연스럽다. 넷째, "그 약혼녀를 그대로 두기로 하다"라는 말은 그녀가 남자의 소유 안에 영원히 남아 있다는 것을 의미하지 않는다. 이 표현은 그 여자가 영원히 처녀로 남아 있으며 결혼하지 않을 것임을 의미한다. 다섯째, 동사 '가미조'(*gamizō*)는 항상 "결혼"을 의미하지 않지만, 그러나 "결혼하다"라는 의미가 있을 수 있다(NIV, BDAG, BDF §101). 여섯째, "그들로 결혼하게 하라"('가메이토산'[*gameitōsan*])라는 말은 약혼남과 약혼녀에 대한 바울의 말을 반영할 수 있다.

바울은 마지막 몇 마디로 7장을 마무리한다(7:39-40). 아내는 남편이 살아 있는 동안, 결혼 생활에 매여 있지만, 그러나 만약 남편이 죽는다면, 재혼 상대가 신자인 한, 재혼은 허용된다(롬 7:1-3 참조). 그러나 권위를 가진 사도로서 바울은 독신 생활이 더 낫다고 생각한다.

우상들에게 바쳐진 음식(8:1-11:1)

상황(8:1-13)

8:1-11:1에서 우상들에게 바쳐진 음식 문제가 소개되는데, 바울은 아마도 고린도 교인들의 질문들에 대답하는 것 같다. "우상의 제물"('에이돌로뛰톤'[*eidōlothytōn*], 4 Macc. 5:2; Sib. Or. 2.96; 행 15:29; 21:25; 고전 8:4, 7, 10; 10:19; 계 2:14, 20)에 해당하는 단어는 성전에서 바치는 음식에 대한 유대인의 견해를 반영하는데, 왜냐하면 이 용어는 결코 이교도의 문헌에서 사용되지 않기 때문이

다. 실제로, 이교도들은 "신에게 바쳐진 음식"('히에로뛰토스'[*hierothytos*])이라는 단어를 사용했다. 이런 의미에서, 여기에 사용된 용어는 유대교에서 일반적으로 알려진, 음식에 대한 부정적인 관점을 담고 있다(또한, 출 23:13, 24, 32-33; 34:12-16; 신 7:1-6, 23-26; 12:2-3; m. Demai 6:10; m. Avod. Zar. 5:3-7; 행 10:28; 11:3을 보라).

고린도와 같은 도시에서는 많은 신전과 많은 신들이 있었다. 이 당시, 우상에게 음식이 바쳐진 신전에 참석하는 것이 일반적이었다. 음식은 희생을 통하여 우상에게 바쳐졌는데, 이 음식 중 일부는 성전 안에서 축하하는 사람들을 위해 남겨졌고, 나머지 모든 음식은 시장에서 팔렸다. 옥시린쿠스(Oxyrhynchus) 파피루스에 발견된 성전으로의 초대는 "아폴로니우스(Apollonius)는 주인이신 세라피스(Serapis)의 식탁에서 식사하도록 당신에게 요청한다. 이것은 토에리스(Thoeris)의 신전에서 세라피스의 형제들의 성년을 기념하기 위해서이다"라고 쓰여 있다(P.Oxy. 1484).

교제는 그리스-로마 세계에서 인기가 있었고, 같은 직업을 가진 사람들은 식사와 제사를 위하여 함께 모였다. 몇몇 축제들은 신에게 경의를 표하기 위하여 주어졌지만, 그러나 사람들은 또한 생일, 장례식, 출산, 등등과 같은 사적인 행사를 위하여 성전에 참석할 수 있었다. 고대 세계에서 사회와 종교는 서로 명확하게 분리되지 않았다. 엄밀하게 사회에서 종교를 분리한다는 서구의 개념은 그리스-로마 세계에는 존재하지 않았다. 불신자들은 이러한 환경에서 먹기를 거절하는 기독교인들을 반사회적인 사람으로 느꼈을 것이며, 또한 이들은 기독교인들이 좋은 시민들이 아니라고 생각했을 것이며, 그 결과 이 기독교인들은 사회적으로 버림받은 사람으로 취급될 수 있었다. 기독교인들은 우상의 제물을 먹는 것이 허용될 것인지 진지하게 논쟁했다. 여기에서 바울은 이러한 음식을 성전에서 먹는 것을 금지했으며, 만약 신자들이 그 음식이 우상에게 바쳐졌다는 사실을 알게 된다면, 이 신자들은 이것을 먹지 말아야 한다고 주장했다. 그러나 신자들은 음식이 우상들에게 바쳐졌는지 조사하고 알아낼 필요가 없었다. 만약 이 신자들이 음식이 어디에서 왔는지 모른다면, 이들은 그것을 자유롭게 먹어도 된다. 바울의 규칙은 그 당시 유대교에서 따랐던 규칙들보다 훨씬 더 느슨했다. 왜냐하면 유대인들은 자주 이방 음식이 우상에게 바쳐졌는지 그 여부에 대하여 확신하지 못한다고 할지라도, 혹시 오염이 된 것은 아닌지 두려워서 먹지 않았기 때문이다.

로마서 14:1-15:13에 대한 논의에서 등장하는 문제가 고린도전서 8-10장 여기에서 논의된 것과 다르다는 점을 우리는 주목하게 된다. 바울은 특히 "아는 자들"이라고 부를 수 있는 그룹을 언급하는데, 그는 결코 고린도전서에서 강한 자로 부르지 않는다. 바울은 8:1-3에서 지식의 위험성에 대하여 경고한다. 그는 이 편지에서 자신이 가장 좋아하는 단어 중 하나를 집어 드는데, 사랑 없는 지식은 "교만하다"는 것이다(4:6, 18, 19; 5:2; 13:4). 그러므로 우리는 아는 자들이 자신의 지식을 무기로 삼아, 교화의 수단이 아니라 자만의 수단으로 사용하고 있다는 것을 알게 된다. 바울은 마치 사람들이 삶과 진리에 대하여 전혀 어떤 것도 모르는 것처럼, 8:2에서 철학적 상대주의를 분명히 제안하지 않는다! 그는 정말로 지식을 가지고 있는 사람들은 그 지식을 겸손과 사랑으로 단장한다고 말하고 있다. 결국 이 문제는 신자들이 무엇을 알고 있는지가 아니라, 이들이 '하나님을 사랑하고 있는지 아닌지'에 대한 문제와 관련된다. 왜냐하면 이것은 인생의 근본적인 문제이기 때문이다(8:3). 다시 말해, 중요한 것은 신자들이 아는 것이 아니라, 하나님께서 아는 사람이다. 그리고 하나님이 아는 사람들(렘 1:5; 암 3:2; 롬 8:29; 갈 4:9 참조)과 하나님이 선택한 사람들은 바로 그 하나님을 사랑하는 사람들이다. 우리의 선행을 기초로 해서 하나님의 지식에 이르지 못했다는 것을 우리가 깨달을 때, 지식을 자랑할 근거가 없다.

바울은 고린도전서 8:4-6에서 주님은 한 분(신 6:4)이라는 구약의 위대한 진술인 쉐마(Shema)를 보여준다. 이 진리를 아는 사람들은 우상들은 아무것도 아니며, 이것들은 공상이며 망상이라는 것을 깨닫는다. 바울은 우상들을 실재하지 않는 것으로 조롱하는 구약의 많은 본문을 인용하는데, 이 우상들은 완전히 무능하고 무력하기 때문이다(예를 들어, 사 41:28; 44:5-28; 렘 14:22; 16:19; 합 2:18; 시 115:4-8). 물론 이교도 세계에는 많은 신들이 있었지만, 그러나 신자들은 오직 한 분, 참 하나님 즉, 만물의 창조주 아버지만을 인정한다. 우상들의 무의미함은 분명하다. 왜냐하면 이것들은 아무것도 창조하지 않았고 창조할 수 없기 때문이다. 동시에, 자주 지적된 것처럼, 바울은 일신론(monotheism)을 타협하지 않으면서 동시에 쉐마를 수정한다. 하나님의 존재는 우리가 생각하는 것보다 더 복잡하다. 왜냐하면 하나님의 단일성(oneness)는 예수 그리스도를 주님으로 포함하기 때문이다. 예수 그리스도는 창조의 대리인이며, 따라서 그는 창조주이기도 하다(요 1:3; 골 1:16; 히 1:2).

한 분 하나님이 계신다는 것과 예수 그리스도가 하나님의 정체성을 서로 나눈다는 진리에 대한 완전한 의미는 약한 자들에게 완전히 드러나지 않았다(고전 8:7). 확실히, 이 약한 자들은 하나님이 창조주이며 예수 그리스도가 주님이라는 것을 인정했다(12:3). 그렇지 않으면, 어느 누구도 신자가 될 수 없기 때문이다. 그러나 이 약한 자들은 자신들의 고백과 그들 자신이 가졌던 우상들에 대한 경험을 어떻게 접목해야 하는지 이해하지 못했다. 이들은 여전히 우상들이 실재한다고 느꼈고 믿었다. 또한, 아는 자들은 교만해서는 안 된다(8:8). 음식을 먹는 것은 하나님 앞에서 어떠한 이점이 있지 않다. 즉, 약한 자들이 우상에게 바쳐진 것으로 생각하여서 시장에 있는 음식을 멀리하고 먹지 않았다고 해서 어떤 불이익이 있지 않다.

많은 해석자에 따르면, 바울은 우상들에게 바쳐진 음식을 먹는 것을 "권리"(8:9, 개역개정에서는 "자유"라고 번역됨-옮긴이)라고 말하지만, 그러나 이러한 읽기는 많은 이유 때문에 설득력이 없다. 실제로, 바울은 9절에서 "권리"라는 단어를 반어적으로 사용하고, 소위 아는 자들의 권리를 염두에 두고 있는 것처럼 보인다. 우리는 로마서 14-15장과 고린도전서 8-10장의 상황이 서로 다르다는 것을 기억해야 한다. 로마서는 신자들이 레위기 11장과 신명기 14장에서 금지된 부정한 음식을 먹을 수 있는지 그 여부를 다루지만, 고린도전서 11장은 신자들이 우상들에게 바쳐진 음식을 먹을 수 있는지 그 여부를 다룬다. 따라서, 로마서에서 부정한 음식을 먹는 것에 대한 허용은 고린도전서로 옮겨질 수 없다. 또한 신약성경(행 15:20, 29; 21:25; 계 2:14, 20을 보라)과 초기 교회 역사에서 우상들에게 바쳐진 음식을 먹는 것에 대하여, 보편적인 정죄가 있다. 예를 들어, Didache 6.3은 "우상들에게 바쳐진 고기를 엄격히 멀리하라. 왜냐하면 그것은 죽은 신들을 숭배하는 것과 관련이 있기 때문이다"라고 진술된다.[1]

바울은 우상들에게 바쳐진 음식을 먹는 것에 대한 자신의 반대를 즉각적으로 진술하지 않는다. 왜냐하면 고린도 교인들은 그가 설교하였던 회당과 다른 장소에서 정기적으로 가르쳤던 이 문제에 관한 바울의 입장을 알고 있었기 때문이다. 아는 자들은 바울의 지시에 어긋나는 방식으로 자신들의 "자유"를 표현하고 있음을 깨달았다. 아마도 이들은 먹지 않으면 사회적인 차별을 겪기 때문에 우상에게 바쳐진 음식을 먹었을 것이다. 그래서 이들은 친구들과 동업자들이 우상의 신전에서 식사를 위해 자신들을 초대했다는 이유로, 자신들의 먹을 권리를 정당화했을 것이다. 바울은 아는 사람들이 하고 있었던 것을 즉시 정죄하지 않는다는 점에서 목회적으로 이 문제에 접근하고 있다. 그는 고린도전서 10장에서 이 문제에 대한 자신의 판단을 내리기 이전에 신학적, 목회적 맥락을 설정한다.

8:9에서 먹는 "권리"는 우상의 신전에서 먹는 것에 대한 언급으로 즉시 이어지지만, 그러나 우리는 10:19-22에서 그렇게 신전에서 먹는 것은 금지되어 있음을 알고 있다. 따라서 우리는 모순인 것처럼 보이는, "권리"가 왜 사용되는지 생각할 만한 충분한 주석학적 이유들을 가지고 있다. 재정적으

---

1 Translation from Michael W. Holmes, ed. and trans., *The Apostolic Fathers: Greek Texts and English Translations*, 3rd ed. (Grand Rapids: Baker Academic, 2007), 355.

로 보수를 받을 바울의 권리는 우상에게 바쳐진 음식을 먹을 수 있는 이른바 아는 사람들의 권리와 모든 면에서 일치하지 않는다. 만약 이 두 권리가 동등하지 않다면, 바울은 왜 이 둘이 비슷하다고 설정하는가? 그는 아는 사람들이 이른바 자신들의 권리를 고려하기 이전에, 이들이 다른 사람들에 대하여 생각하기를 원하기 때문에 그렇게 설정하는 것이다. 바울은 이들이 타인 중심적이며 다른 신자들을 향하여 목회적인 태도를 보이기를 원한다. 이 아는 사람들은 그리스도(8:11)와 바울(9:15-22)처럼 되어서, 다른 사람들을 위하여 희생적으로 살아야 한다. 따라서 이 아는 사람들은 다른 사람들을 사랑하고 다른 사람들을 위하여 소위 권리들을 포기하는 방식으로 살도록 소환된다.

여기에서 약한 자들을 위한 문제가 가장 중요하다. 왜냐하면 바울은 약한 자들을 강한 자들의 지식으로 "멸망"된다고 언급하기 때문이다(8:11)! 분명히, 이 강한 자들의 "지식"은 파괴적인 방법으로 사용된다. 바울이 사용하는 "멸망된"이라는 단어는 최종 심판, 최후의 멸망을 의미한다(롬 2:12; 고전 1:18, 19; 10:9, 10; 15:18; 고후 2:15; 4:3; 살후 2:10). 바울은 여기에서 아주 진지하다. 왜냐하면 우상들의 신전들에서 먹는 것은 우상 숭배에 해당하고, 우상 숭배를 하는 사람은 아무도 "하나님의 나라를 유업으로 받지 못할" 것이기 때문이다(고전 6:9; 갈 5:20-21; 엡 5:5).

바울은 "그리스도께서 대신하여 죽으신" 사람들이 어떻게 영원히 멸망한다고 생각할 수 있을까(롬 14:15 참조)? 몇몇 학자들은 그리스도에게 진정으로 속한 사람들도 배교할 수 있다고 주장하지만, 그러나 성경 전체에 대한 이해를 통하여, 이 문제에 접근해야 한다. 바울은 고린도전서 1:8-9에서 구원으로 부름을 받은 사람들은 끝까지 보존될 것이라고 가르친다(롬 8:28-29; 빌 1:6; 엡 1:13-14 참조). 우리는 여기에서 목회적인 경고를 가진다고 인식해야 한다. 즉, 바울은 아는 사람들이 형제들과 자매들을 파멸로 이끄는 방식으로 행하려고 하는지 묻는다. 바울서신의 다른 구절들이나 신약성경에서, 우리는 어떤 사람이 실제로 배교한다면, 이들은 처음부터 진정한 신자가 아니었음을 보여준다고 알고 있다(고전 11:19; 딤후 2:18-19; 요일 2:19). 아는 자들은 그리스도를 닮고, 연약한 형제들과 자매들을 위하여 살아야 한다. 실제로 만약 이 아는 자들이 약한 자들을 대항하여 죄를 짓는다면, 이들은 그리스도를 대항하여 죄를 짓는 것과 같다. 따라서, 이 아는 자들은 형제들이나 자매들이 멸망에 빠지지 않도록 도움이 되어야 하며, 영원히 고기나 다른 음식을 삼가야 한다.

본보기로서 바울(9:1–27)

바울은 자신의 삶을, 권리를 양보하면서 다른 사람들을 위하여 살고 또한 다른 사람이 구원되도록 사는 것이 어떤 것인지에 대한 본보기로 사용한다. 구체적인 예는 바울이 사도적 사역에 대한 대가로서 받을 권리를 복음을 위해 포기했다는 것이다. 고린도전서 9:1-14에서 바울은 재정적 지원을 받을 권리를 가졌다고 주장한다. 그는 자신의 자유를 언급함으로 시작하는데, 이 자유는 우상에게 바쳐진 음식을 자유롭게 먹을 수 있다고 생각하는 그 아는 사람들과의 연결을 만든다. 바울은 분명히 사도이며, 자신의 사도권은 주 예수가 다메섹 도상에서 그 자신에게 나타나셔서 자신을 사도로 임명하였기 때문에 확립된다(행 9:1-19; 고전 15:8). 게다가, 바울이 고린도 교회를 세웠기 때문에 자신의 사도로서 자격은 입증된다. 만약 고린도 교인들이 바울의 사도권을 부인했다면, 이들은 자신들의 회심을 부인하는 것과 같았을 것이다! 그런 의미에서, 바울의 사도권은 고린도 교인들에 의해 확인되었고, 증명되었다.

바울은 자신의 사도권과 관련해서 구체적으로 진술하지 않는다. 왜냐하면 그의 사도권은 의심을 받고 있었으며 공격받고 있었기 때문이다. 고린도전서 9:3-14에서 그는 자신이 재정적 지원을 받을 자격이 있음을 나타내는 여러 이유를 제시한다. 바울이 자신이 "먹고 마실 권리"(9:4)를 가지고 있다고 말할 때, 그는 필요한 음식으로 자신의 사역을 지원받을 권리를 가지고 있음을 의미한다. 바울은 주의 형제들과 베드로가 그 자신들의 아내와 함께 여행할 때 재정적으로 지원받았으므로(9:5), 바울 자신과 바나바 역시 육체적인 일을 하지 않고 부양받을 권리를 가지고 있다고 언급한다(9:6).

7절에서 바울이 재정적인 지원을 받을 자격이 있다는 것을 나타내기 위하여 일상생활의 예들을 제시한다. 군인들은 자신들의 노동에 대한 대가를 받고, 포도원을 가꾸는 사람들은 "그 열매를 먹고," 목자들은 양 떼의 젖을 먹는다는 것이다. 여기에서 우리는 바울이 랍비로서 어떻게 주장했는지를 보게 되는데, 그는 9:8-10에서 자신의 주장을 입증하기 위하여 구약의 율법을 사용한다. 그가 사용한 증거는 다소 놀랄 만한데, 그가 신명기 25:4에 호소하기 때문이다. 이 구절에서 곡식을 밟아 떠는 소가 일하면서 먹도록 해야 한다고 진술된다. 몇몇 학자들은 바울이 그 본문은 소가 아니라 인간을 위한 것이라고 말했기 때문에 구약성경을 비유적으로(allegorically) 사용한다고 생각한다. 다른 설명이 주어질 수 있겠지만, 그러나 바울이 여기에서 본문의 문자적인 의미를 부정하려는 의도는 거의 없다(잠 12:10 참조). 바울은 작은 예에서 큰 예를 제시하며 논지를 이끌면서, 랍비의 전형적인 논증 방식을 사용한다. 만약 소가 일을 하다가 곡식을 밟을 때 먹어야 한다면, 복음을 전하는 사람들은 얼마나 더해야 하겠는가! 바울의 예는 쟁기질하고 타작하는 사람들이 곡식을 먹기 위해 그렇게 한다는 개념과 일치한다. "신령한 것들"을 심는 자들은 "육적인 것을 거두어야" 한다(고전 9:11). 바울은 자신이 돈을 받을 권리를 이용하고 싶지 않다고 말할 때, 어떤 일이 일어날지 예상하였다. 하지만, 그는 보수를 받을 권리를 뒷받침하는 두 가지 예들을 더 제시한다. 성전에서 일하는 사람들은 성전 헌금을 서로 나눈다. 예를 들어, 이스라엘이 가져온 제물의 일부는 아론과 그의 자손들이 먹었다(민 18:8, 18; 또한, 신 18:1-4 참조). 또 다른 결정적인 예는 예수 자신에게서 온다. 왜냐하면 예수는 복음을 선포한 사람들이 그 선포한 복음 때문에 지원을 받아야 한다고 가르쳤기 때문이다(마 10:8-10; 눅 10:7).

바울은 자신이 재정적으로 후원을 받아야 하는 여러 장황한 이유를 제시했지만, 그러나 고린도전서 9:15-18에서 그는 그러한 재정을 받지 않을 것이라고 가장 강력한 용어로 주장하면서 상황을 바꾼다. 사실, 그는 돈을 받는 것보다 오히려 죽는 것이 낫다고 강하게 주장한다! 바울은 복음을 전하는 일을 자랑할 수 없었다. 왜냐하면 그가 복음을 전하는 문제는 선택할 수 있는 문제가 아니었다. 확실히, 여기에서 그의 언어는 과장된 표현이 있지만, 그러나 바울의 요점은 그가 다메섹 도상에서 초자연적으로 부름을 받았다는 것이며(행 9:1-19; 갈 1:15-16), 복음을 선포하도록 사용되었다는 것이다. 복음을 전해야 한다는 강한 마음이 너무 커서 그는 거부할 수 없었다. 우리는 예레미야가 더 이상 예언하기를 원하지 않은 지점에 이르기까지 고난을 겪었지만, 그러나 하나님의 말씀이 그의 마음에 타오르는 불과 같아서 그가 말할 수밖에 없었다는 사실을 생각하게 된다(렘 20:9). 바울의 전도 소명은 이와 같았다. 바울의 "상"(고전 9:17)과 바울의 "자랑"(9:15-16)은 마음껏 부담 없이 복음을 선포하는 것이었다. 이와 같이, 그는 복음 안에서 자신의 모든 권리를 행사하지 않고, 고린도 교인들에게 본보기가 되었다.

바울은 9:19-23에서 보수를 받지 않은 것에 대한 자신의 근거를 더 설명한다. 여기에서 우리는 그가 보수를 받지 않았던 것이 선교적인 동기에서 비롯되었다는 것을 알게 된다. 즉, 그는 다른 사람들의 구원을 위하여 행동했다. 바울의 사랑은 다른 사람들을 그리스도에게 인도하기 위해 자신을 종의 위치에까지 갈 정도였다(갈 5:14 참조). 바울은 자신이 살았던 원칙에 대한 몇 가지 예를 제시한다. 예를 들어, 그가 유대인들과 함께 있었을 때, 그는 유대인처럼 살았다. 유대인이었던 바울이 유대인처럼 되는 것에 대하여 말하는 것이 얼마나 놀라운 일인가! 그러나 우리가 알고 있는 것처럼, 그의 정체성이 바뀌었다. 즉, 민족적으로 그는 유대인이었지만, 이제 그는 기독교인이었다. 하지만, 그가 유대인들과 함께 있을 때, 그는 유대인들처럼 살았다.

그는 비록 자신이 신자로서 율법 아래 있지 않았다고 할지라도(고전 9:20; 또한, 롬 6:14-15; 갈 3:23; 4:4-5, 21; 5:18 참조), 그 자신을 "율법 아래" 두었다. 그는 복음 전파 목적으로 디모데에게 기꺼이 할례를 베풀었고(행 16:1-5), 나실인(Nazirite) 서원을 하였고(18:18), 성전에서 비용을 지불하였다(21:20-25). 바울은 자신이 살았던 방식을 조정하였는데, 비록 모세 언약과 율법이 지나갔음에도 불구하고, 그는 율법 아래 있는 사람들이 예수 그리스도를 믿게 하려고, 이들과 동일시할 수 있었다.

바울은 또한 율법 없는 사람들과 함께 있었을 때 유연하게 살았다(고전 9:21). 이런 경우, 바울 자신은 율법을 지키지 않았다. 그는 이방인들에게 자신의 유대인 전통과 관습을 상기시키지 않았고, 이들의 문화적 환경에 적응하여 이들을 그리스도에게 인도했다. 하지만, 바울은 자신이 전적으로 율법이 없는 것은 아니라고 경고한다. 그는 그리스도의 법에 복종하였다(갈 6:2 참조). 그는 모세 율법에 굴복하지 않았다. 왜냐하면 모세 언약과 율법은 지나갔고 그리스도 안에서 성취되었기 때문이다. 그러나 바울은 도덕적 제약으로부터 자유롭지는 않았다. 즉, "그리스도의 법"은 서로 사랑하도록 하는 부르심 안에 요약되어 있는데(갈 5:14), 바울은 이 "법"을 버리지 않았다. 이런 의미에서, 모세 율법에서 자유롭게 되었다는 것은 그가 율법 폐기론자(antinomian)로서 살았다는 것을 의미하지 않았다.

바울은 고린도 교인들에게 이슈였던, 약한 자들과 함께 있었을 때, 그는 약한 자들을 얻기 위해 약하게 되었다. 그는 "내가 여러 사람에게 여러 모습이 된 것은 아무쪼록 몇 사람이라도 구원하고자 함이니"라고 진술한다(고전 9:22). 이러한 진술은 그리스도의 법을 암시하는 표현이다. 바울은 복음 전도의 목적을 위한 삶을 생각하면서, 도덕적 또는 교리적 원칙을 타협하지 않으면서도 다른 사람들을 그리스도에게 인도하기 위해 생활 방식을 조정하였다. 하지만, 바울의 행동들은 단순히 수단이 되지 않았다. 즉, 그의 행동들은 단순히 다른 사람들을 위한 것만이 아니었다. 그 행동들은 그 자신에게도 유익이 되었다. 왜냐하면 그가 복음에 합당하게 행동하지 않았다면, 그는 복음의 유익을 서로 나누지 못했을 것이고, 이것은 그가 자신을 구원하지 못했음을 의미했을 것이기 때문이다.

23절은 9:24-27로의 전환의 기능을 하며, 이 구절들은 독자들이 10:1-12로 이동하도록 한다. 24-27절은 신자가 종말론적인 상을 얻기 위하여 끝까지 경주해야 한다는 것을 강조한다. 여기에서도 바울은 고린도 교인들에게 본보기로서 기능한다. 왜냐하면 이들은 우상 숭배를 할 수 없었고, 우상들에게 바쳐진 음식을 먹을 수 없었으며, 여전히 영원한 생명을 확신할 수 있었기 때문이다. 바울은 고린도 바로 밖에서 2년에 한 번 치러졌던, 이스미안(Isthmian) 게임(바다의 신 포세이돈을 기념하기 위하여 이스미아에서 2년에 1회 열린 운동 경기 대회로서, 올림픽 게임 다음으로 유명했음-옮긴이)을 거의 확실히 염두에 두고 있었다. 여기에서 바울은 많은 경주자가 있지만, 오직 한 사람만이 상을 받는 경주의 이미지를 가지고 고린도 교인들이 이기기 위하여 달리도록 권면한다. 그의 요점은 오직 한 명의 신자만이 상을 받게 될 것임을 의도하지 않는다. 그러나 이 비유는 독자들에게 믿음 안에서 인내하는 것의 중요성을 강조한다. 이 당시 운동선수들은 종종 솔잎으로 만든, 곧 시들게 될 왕관을 위해 경쟁하였다. 신자들은 결코 시들지 않는 왕관을 위해 경쟁하며, 이 왕관은 영생 이상의 그 어떤 상급이 아니라, 영원한 생명 그 자체를 의미한다. 그러므로 신자들은 그 목표에 도달하기 위해 달려야 한다. 즉, 이들은 허공을 치지 않는 권투 선수처럼 싸워야 한다. 바울은 자신이 다른 사람들에게 복음을 전한 이후에 "버림을 받지 않도록"(disqualified) 자제력을 발휘해야 했다. "버림을 받는다"('아도키모스'[*adokimos*])라는 단어는 항상 영생으로부터 자격 상실을 의미한다(롬 1:28; 고후 13:5, 6, 7; 딤후 3:8; 딛 1:16; 히 6:8). 그렇다고, 바울은 믿음에서 떨어지지 않을까 염려하거나 걱정하지 않았다. 그는 하나님께서 바울 자신을 지키신다는 약속을 알고 있었다(롬 8:28-39; 고전 1:8-9; 빌 1:6; 살전 5:23-24). 중요한 것은 견인(perseverance)은 하나님의 선물이지만, 이것은 인간의 행위를 통하여(저자는 인간의 행위 이면에 내주한 성령의 능력과 인도를 전제하고 있음-옮긴이), 그리고 사랑으로 표현되는 믿음을 통하여 작동하게 된다(갈 5:6).

위험을 피하기 위하여 달려라!(10:1-22)

바울은 고린도전서 9:23-27에서 사상의 흐름을 계속해서 이어가며, 심판을 받았던 사람들에 대하여 구약성경의 예들을 추가함으로써, 청중들, 특히 아는 자들에게 경고한다. 우리는 10:11에서 구약성경은 신자들을 위하여 기록되었다는 것을 알게 된다. "말세"는 예수 그리스도 안에서 시작되었지만, 그렇다고 구약성경의 이야기들과 설명들이 무의미하다는 것이 아니다. 대신에, 이것들은 신자들에게 중요한 교훈적인 역할을 한다. 이것들은 본질적으로 예표론적(typological)이다. 예표론(typology)은 구약과 신약 사이에 있는 사건들과 제도들, 그리고 사람들 사이에 상응(correspondence)이 있을 때 존재한다. 예표론의 다른 특징은 확대 상승(escalation)이며, 이것은 성취가 모형(type)보다 더 크다는 것을 의미한다. 그리스도의 희생은 동물의 희생보다 훨씬 우월하다는 점에서, 예표론의 특징을 설명하는 주요한 예이다. 예표론은 인간의 견지에서 회고적(retrospective)일 수 있다. 즉, 우리는 무엇인가가 성취된 이후 오직 예표론적 연결을 볼 수 있다. 그러나 하나님의 관점에서 예표론은 미래지향적(prospective)이다. 즉, 예표론적 연결들은 역사가 시작하기 이전에 계획되었다. 이 모형들은 단순히 제멋대로의 연결들이 아니다. 오히려, 우리가 신약성경에서 발견하는 것을 미리 나타내기(foreshadow) 위하여 의도하신 사건들과 제도들, 그리고 사람들을 나타낸다.

고린도 교인들은 이스라엘과 교회의 경험 사이의 연속성에 대해 가르침을 받는다. 그는 대부분의 고린도 교인들이 이방인들이었다고 할지라도(5:1 참조), 예수 그리스도를 믿는 신자들은 회복된 이스라엘의 일부라고 지적하면서, 이스라엘을 "우리 조상들"이라고 지칭한다(10:1). 이제 이스라엘의 이야기와 이스라엘의 역사는 이 교인들의 역사인 셈이다. 바울은 낮에는 이스라엘을 인도하고 밤에는 빛을 준 구름 기둥을 언급한다(출 13:21). "구름 아래"의 경험은 이스라엘이 하나님에 의해 보호받았다는 것을 시사하며(시 105:39), 이스라엘이 "바다 가운데로 지날" 때 일어난 이스라엘의 구원을 나타낸다(출 14:21 참조).

바울은 '기독교의 세례와 주의 만찬'과 구약의 광야 세대의 경험 사이의 유사성을 비교한다. 세례 언어는 이스라엘이 젖지 않고 좌우에 물이 있었으며, 마른 땅을 걸었기 때문에 이상하게 들릴 수 있다. 바울은 이 상황을 예표론적으로 논증한다. 이스라엘은 출애굽이라는 위대한 구속 사건을 통하여 모세와 연합되었으며 하나님의 백성으로 세워졌다는 의미가 있다. 몇몇 학자들은 고린도 교인들이 세례와 주의 만찬에 대하여 주술적이고(magical) 성례전적(sacramental) 견해를 가졌다고 생각하기도 한다(고전 10:3-4). 즉, 고린도 교인들은 성례가 자신들을 심판의 가능성으로부터 보호해 준다고 생각했다는 것이다. 그러나 우리는 다른 본문에서 주술적으로 이해할만한 증거를 찾아볼 수 없다. 그래서 하나님에 은혜로 구원을 받고 그의 긍휼을 누리는 사람들은 자신들이 행하는 것과 상관없이, 심판받지 않을 것이라는 개념에 바울이 반응하고 있다고 생각하는 것이 더 낫다.

만약 이스라엘 백성이 일종의 세례를 맛보았다면, 이들 역시 예언적으로 주의 만찬을 미리 가리키는 경험들을 가졌을 것이다. 이 경험들은 광야에서 이스라엘을 40년 동안 지탱했던 만나에 대한 것이다(출 16:4, 35; 느 9:20; 시 78:24-25). 바울은 또한 신자들과 이스라엘을 연결하면서, 그 음식이 "신령"하였다고 말한다(고전 10:3). 우리는 10:4에서 같은 것을 보게 되는데, 즉, 이스라엘 역시 "다 같은 신령한 음료를 마셨다"는 것이다. 주의 만찬에서 떡을 먹는 것과 잔을 마시는 것 사이의 유사성이 완성된다. 이스라엘은 주의 만찬에서 떡을 먹고 포도주를 마시는 신자들의 경험을 미리 가졌던 것이다.

이제 바울은 이 편지에서 가장 놀랍고도 가장 어려운 것 중 하나를 말한다. 이스라엘은 "그들을 따르는 신령한 반석으로부터 마셨다"(10:4). 따르는 반석에 대한 개념을 문자적으로 받아들인다면, 광야에서 이스라엘을 따라다녔던 우물에 대한 랍비 전통에서 유래한 것일 수 있다(LAB 10.7; 11.15; t. Sukkah 3.11-12; Sifre Num. 11.21; Tg. Onq. on Num. 21:16-20; Num. Rab. 1.5 on 21:17). 이 암시(allusion)는 민수기 21:17("우물물아 솟아나라 너희는 그것을 노래하라")에도 존재할 수 있다. 그러나 "따랐다"라는 단어가 문자 그대로의 의미가 없을 가능성이 있다. 모세는 반석에서 사람들에게 물을 제공했고(출 17:6; 민 20:7-11; 시 78:15-16), 바울은 10:4의 본문과 "하나님은 이스라엘의 '반석'이다"라는 고백 사이의 연결을 보았다(신 32:4, 15, 18, 30, 31). 광야에서 이스라엘 백성들에게 주어진 물은 반석에서 왔는데, 이는 유일하신 참 하나님 한 분을 의미하며(신 32:31), 바울은 이 반석을 그리스도와 동일시한다. 여기에 등장하는 고 기독론(high Christology)은 이미 고린도전서 8:6에서 예견되었다.

비록 이스라엘이 그렇게 많은 축복을 받았다고 할지라도, 이들은 심판을 경험했다. 즉, 이들은 "광야에서 멸망을 받았다"(10:5). 다른 신약 저자들도 이 같은 사건을 언급하고, 이스라엘의 실패를 신자들에게 상기시키면서 훈계한다(히 3:17; 유 5절). 이스라엘이 믿지 않고 그 땅에 들어가지 못한 기록은 민수기 14장에서 발견된다. 이스라엘의 역사는 정신이 번쩍 들게 하는데, 고린도 교인들에게 깨어 있어야 함을 상기시킨다. 즉, 이 교인들은 자신들이 하나님의 심판에서 면제되었다고 생각해서는 안 된다는 것이다.

고린도전서 10:6-10에서 우리는 광야에서 이스라엘이 지은 죄의 다섯 가지의 예를 발견한다. 바울은 고린도 교인들에게 이스라엘의 역사의 중요성을 강조하기 위하여 이 논의를 구성한다. 따라서, 광야 세대의 이야기들은 고린도 교인들을 위한 본보기들('티포이'[*typoi*])로서 기능한다. 이스라엘의 역사는 단지 고고학적 관심이 아니라, 특히 우상에게 바쳐진 음식 문제와 관련하여 바울 당대의 교회에 적용된다. 첫 번째 예(10:6)는 악한 욕망에 초점을 둔다. 바울은 민수기 11:4(시 106:14 참조)를 언급하는데, 이 구절에서 이스라엘 중 몇몇 사람이 "악을 즐겨했다." 이 사람들은 고기를 간절히 바랐고, 고린도 교인들 역시 음식을 바랐다. 그러므로 이 연결은 우상들에게 바쳐진 음식으로 이어진다. 이들이 간절히 바란다는 것은 사소한 문제가 아니었다. 왜냐하면 이스라엘은 가혹하게 심판을 받았고, 고린도 교인들 역시 만약 자신들이 우상들에게 바쳐진 음식을 먹는다면 그렇게 될 것이기 때문이다.

고린도전서 10:7에서 신자들은 우상 숭배자가 되지 않도록 권면을 받는다. 바울은 성경에서 가장 뻔뻔스러운 우상 숭배의 예를 회상한다. 이스라엘은 언약 조항들에 동의하면서 주님과 언약을 맺었다(출 24:3-8). 모세가 시내산에 올라갔을 때, 이스라엘은 재빨리 언약의 조항들에게서 돌이켜 금송아지를 만들었다(32:8; 또한, 20:4 참조). 바울은 이스라엘이 먹고 마시는 동안 우상 숭배를 저질렀던 구절을 선택한다! 고린도 교인들에 대한 경고는 분명한데, 이들 역시 만약 우상의 신전에서 먹고 마신다면, 우상 숭배의 죄를 짓는다는 것이다.

이스라엘의 광야 여정에서 등장하는 또 다른 경고는 민수기 25장에서 온다(고전 10:8). 고린도 교인들은 "음행"에 빠짐으로써 이스라엘이 했던 행동을 따르는 것에 대하여 경고를 받는다. 민수기 25장의 기록은 아주 흥미로운 방식으로 고린도의 상황에 적용된다. 이스라엘의 남자들은 모압 여자들과 성적인 관계를 가졌다(민 25:1). 아주 놀라운 상황이 나타나는데, "그 여자들이 자기 신들에게 제사할 때에 이스라엘 백성을 청하매 백성이 먹고 그들의 신들에게 절하였다"(25:2)는 것이다. 이들의 성적인 죄는 우상 숭배, 특히 다른 신들에게 바쳐진 제물들을 먹는 것과 밀접하게 관련된다. 이후 주님의 심판으로 24,000명이 죽게 되었다. 바울은 23,000이라는 숫자를 사용한다. 왜 바울이 다른 숫자를 사용하는지, 이에 대하여 다양한 이유들이 주어진다. 우리는 성경 저자들이 일반화(generalization)에 만족했으며, 우리가 계산하는 것처럼, 항상 정확하지 않다는 것을 기억해야 한다.

고린도전서 10:9에서 바울은 많은 사람이 뱀에 물려 죽었다는 이야기를 끌어오면서(민 21:5-9), 이스라엘이 했던 것처럼, 그리스도를 시험하는 위험에 대하여 경고한다. 심판을 위해 사용된 단어, "멸망하다"('아폴린토'[*apōllynto*])라는 표현은 민수기 21장에서 육체적인 죽음과 관련이 있지만, 그러나 바울은 자주 이 단어를 종말론적인 멸망을 나타내기 위하여 사용한다(롬 2:12; 14:15; 고전 1:18, 19; 8:11; 15:18; 고후 2:15; 4:3; 살후 2:10). 이스라엘은 육체적으로 형벌을 받았는데, 바울은 여기에서 최후의 종말론적인 심판에 대하여 고린도 교인들에게 경고한다. 구속 역사에서 이스라엘의 심판은 단순히 일시적인 것이 아니라 영원한, 더 크고, 더 심각한 심판을 가리키고 예상한다. 바울은 이스라엘의 시험과 고린도 교인들이 직면한 위험 사이에 긴밀한 관계를 만들고, 이 교인들이 그리스도를 시험했다고 말한다. 고린도 교인들이 만약 신전에서 우상에게 바쳐진 음식을 먹는다면, 그리스도를 시험하는 것이며, 이 결과 이들은 심판을 받게 될 것이다.

마지막 예는 이스라엘이 했던 것처럼, 고린도 교인들에게 투덜거리고 불평하지 않도록 요구한다(고전 10:10; 또한, 빌 2:14 참조). 이스라엘은 음식 부족(출 16:1-3, 7, 8)과 물 부족(15:24; 17:7), 광야 여행의 어려움에 대하여(민 11:1), 아론의 리더십에 대하여(16:11), 고라와 다단, 그리고 아비람과 이들의 가족의 죽음에 대하여(16:41), 특히 주님이 이스라엘 백성들을 약속의 땅으로 인도하시겠다는 약속에 대하여(14:2, 27, 29, 36; 신 1:27; 시 106:24) 불평하였다. 투덜거리는 것은 사소한 죄가 아니다. 왜냐하면 구약성경에서 투덜거렸던 사람들은 "멸망"하였기 때문이다(고전 10:10). 다시, 바울은 심판을 지칭하기 위하여 "멸망하다"('아폴론토'[*apōlonto*])라는 단어를 사용하는데, 이것은 이스라엘이 했던 것처럼, 만약 이들이 죄에 굴복한다면 임하게 될, 신자들의 종말론적인 심판을 가리키기 위함이다.

따라서 고린도 교인들은 우상들에게 바쳐진 음식을 먹음으로써 주님을 대항하여 뻔뻔하게 죄를 지을 수도 있지만, 그럼에도 심판을 피할 수 있다고 생각하는 오만에 대하여 경고를 받아야 한다(10:12). 바울은 넘어질까 두려워 무기력해진 사람들에게 말하는 것이 아니라, 자신들이 무슨 일을 해도 안전하다고 생각하는 사람들에게 말하는 것이다. 그는 이 교인들이 우상 숭배에 빠진다고 해도 심판으로부터 안전하게 된다는 것을 장담할 수 없다고 이들에게 경고한다.

비록 바울이 12절에서 고린도 교인들에게 경고하지만, 그는 13절에서 이들을 또한 위로한다. 이들이 직면하고 있었던 시험은 비정상적이거나 특별한 것이 아니라, 모든 사람이 경험할 수 있는 것들이다(약 1:13-14 참조). 주님은 시험 중에서도 자기 백성을 버리지 않는다. 여기에서 초점은 일반적인 시험이 아니라, 고린도전서 10:1-10(이스라엘의 실패)과 10:14-22에서 증명하는 것처럼, 믿음을 버리도록 하는 시험에 있다. 하나님의 신실하심은 하나님께서 신자들에게 시험을 견딜 수 있는 능력을 주시는 것과 같다. 우리가 1:9에서 보는 것처럼, 그의 신실하심은 배교로부터 자기 백성을 지키며 항상 이들을 끝까지 붙드시겠다는 약속과 연결되어 있다.

바울은 이제 8장에서 시작한 전체 담론의 중요한 요점("우상 숭배하는 일을 피하라," 10:14)에 이르고 있다. 고린도 교인들은 우상들에게 바쳐진 음식을 먹게 된다면, 우상 숭배에 빠지게 될 것이다. 바울은 주의 만찬과 이스라엘의 제물들에 대한 예들을 사용하면서(10:15-18), 바울 자신이 말하는 것을 이 교인들이 이해할 것이라고 확신한다. 신자들이 잔을 마시고 떡을 먹을 때, 이들은 자신들을 위한 그리스도의 죽음의 축복들과 유익들을 기념한다. 마찬가지로, 희생 제물들에 참여한 이스라엘 사람들도 희생된 제물로부터 유익을 얻는다. 이스라엘 백성들이 음식을 제사할 때, 제사장들이나(레 7:6) 그 제물을 바치는 사람(7:15)이 종종 그 희생 제물 일부를 남겨두고 먹었다. 이 음식을 먹은 사람들은 하나님과 교제를 나누고 성전에서 드려진 제물로부터 유익을 얻었다. 아마도 바울 역시 모든 백성에 의해 드려진 십일조를 먹는 것을 염두에 두고 있는 것 같다(신 14:23-26).

전체 논증은 우상 숭배를 피하는 것에 대한 훈계를 가리키고 있으며(고전

10:14), 이제 바울은 자신의 경고를 뒷받침하는 주된 논증을 제시한다(10:19-22). 주의 만찬과 이스라엘의 희생 제물의 예들은 우상들이 결국 실재한다고 바울이 생각하는 것처럼, 고린도 교인들에게 비쳐질 수 있다. 바울은 이러한 결론을 완전히 거부하지만, 그러나 그는 자신이 보류해 온 논증, 즉 우상들에게 바쳐진 음식을 먹어서는 안 된다는 바로 그 논증을 끄집어낸다. 우상들은 존재하지 않는다. 그러나 귀신(demon)들은 존재한다. 신명기 32장에서 우리는 광야 세대가 여호와의 질투를 일으키고 우상들로 그를 노엽게 한 것을 보게 된다(32:20-21). 비록 거짓 신들은 무력하지만, 이것들은 "귀신들"('다이모니오이스'[*daimoniois*], 32:17 LXX)로 취급된다. 우상들은 망상들이며 존재하지 않지만, 그러나 귀신들은 존재하고 인간에게 해를 가할 수 있다(레 17:7; 시 106:37; Bar. 4:7 참조). 만약 신자들이 우상들의 신전에서 먹는다면, 이들은 귀신들에게 바쳐진 것에 참여하고 자신들을 마귀의 세력에 노출하게 되는 것인데, 이것은 바울이 보기에 우상 숭배와 다름없는 것들이었다(고전 10:14; 또한, 사 65:11 LXX 참조). 신자들은 귀신들과 교제를 가질 수 없으며, 상처가 없는 상태로 벗어날 수 없다. 바울은 만약 어떤 사람이 올바른 동기로 먹거나, 올바른 지식을 가지고 있다면, 우상에게 바쳐진 음식을 먹는 것은 괜찮을 것이라 암시하지 않는다. 만약 우상에게 바쳐진 음식으로 알려진다면, 그 음식을 먹는 것은 객관적으로 잘못된 것이다. 먹음으로써, 이들은 마귀의 세력에 연합하고 마귀의 영향 아래 놓이게 된다.

어떠한 타협이 있을 수 없다. 신자들은 주님과 귀신들에게 유익을 얻을 수 없다. 이 신자들은 주의 만찬에서 먹고 동시에 우상들의 신전에서 먹을 수 없다. 우상들의 신전에서 먹는 것은 뻔뻔스러운 우상 숭배이며 주님의 질투를 일으키는 것이다. 즉, 구약성경이 증명하는 것처럼, 어느 사람도 주님과 다투는 사람은 살아남을 수 없다. 주님의 질투는 일반적으로 구약성경에서 우상 숭배와 연결된다(출 34:14; 신 4:24; 6:14-15; 29:18-20; 32:16, 21; 수 24:19-20; 왕상 14:22-23; 시 78:58; 겔 8:3-6). 하나님의 질투는 필연적으로 다른 신들을 예배한 사람들 위에 자신의 진노를 쏟아붓는 형벌로 이어진다. 그러므로 바울은 신자들이 하나님보다 더 강하다고 생각하는지 물음으로써, 결론을 맺는다. 왜냐하면 구약성경에 친숙한 사람들은 주님의 질투가 진노와 심판에서 발생한다는 것을 인식하기 때문이다.

시장에서 팔린 음식을 먹는 것에 대한 조언(10:23–11:1)

성전에서 우상에게 바쳐진 음식을 먹는 것은 항상 잘못된 일이다. 그렇다면, 신자들은 시장에서 팔린 음식에 대하여 무엇을 해야 하는가? 신자들은 그 음식이 우상들에게 바쳐졌는지 그 여부에 관하여 묻고, 그것을 먹는 것을 거절해야 하는가? 바울은 고린도전서 6:12에서 그 논의를 다시 꺼내 들고, 모든 것이 내게 가하나 다 유익한 것이 아니라는 것과 허용된 모든 것이 반드시 다른 사람을 세워주는 것이 아님을 지적한다. 여기에서 중요한 규칙은 신자들이 다른 사람들을 세워주고 강화해야 한다는 것이다. 신자들은 시장에서 팔린 음식이 우상들에게 바쳐졌는지 그 여부를 알 필요가 없다. 이들은 하나님이 창조주이기 때문에 안심하고 먹을 수 있다. 즉, 땅과 이 땅 안에 있는 모든 것은 음식을 포함하여, 하나님에게 속한다는 것이다(시 24:1). 그러므로 신자들은 불신자들이 자신들을 초대할 때 질문하지 않고 자신들에게 제공된 음식을 먹을 수 있다. 하지만, 만약 누군가 그들에게 음식이 우상들에게 바쳐졌다고 알린다면, 이들은 자신들에게 알렸던 그 사람의 양심을 위하여 그 음식을 먹어서는 안 된다. 바울이 먹을 자유에 대하여 말할 때(고전 10:29), 신자들이 음식이 우상들에게 바쳐졌는지 그 여부를 결정할 필요가 없다고 강조하면서, 그는 27절에서 말했던 것으로 돌아온다. 만약 이 신자들이 그 음식이 우상들에게 바쳐졌다는 것을 발견하면, 이들은 그 음식을 먹어서는 안 된다고 할지라도, 이들이 감사함으로 먹는 한, 자유롭게 먹을 수 있다. 어쨌든 사람들은 "먹거나 마실 때" 모든 상황에서 "다 하나님의 영광을 위하여" 해야 한다(10:31). 하나님의 영광을 위하여 산다는 것은 신자들이 무엇을 가지고 다른 사람의 구원과 교화(edification)로 이끌 것인지 고려해야 하고, 따라서 이들이 다른 사람이 넘어지게 하는 어떤 일을 하지 않는다는 것을 의미한다.

여성들의 장식(11:2-16)

바울서신에서 가장 논쟁적이고 어려운 단락 중 하나는 여기에서 발견된다. 바울은 고린도 교인들을 칭찬하면서 시작하는데, 비록 분명히 이들이 여성들의 단장에 대하여 그가 이전에 말한 모든 것을 행하고 있지 않았다고 할지라도, 이들 대부분은 자신의 지시를 따랐기 때문이다.

이 논의에 대한 신학적인 근거는 11:3에서 발견된다. 우리는 (1) 그리스도가 남자의 머리이며, (2) 남자는 여자의 머리이고, (3) 하나님은 그리스도의 머리라는 진술을 보게 된다. 그러나 바울이 말하는 "머리"는 무엇을 의미하는가? (1) 권위(authority)를 의미하는가? (2) 근원(source)을 의미하는가? 아니면 (3) 탁월함(preeminence)을 의미하는가? 나는 "권위"라는 의미가 가장 설득력이 있다고 주장한다. "머리"라는 표현이 "근원"을 의미하는 몇몇 예들이 있을 수 있다(예를 들어, 엡 4:15; 골 2:19). 그러나 대부분의 예에서 "권위"라는 단어가 문맥에 더 잘 들어맞는다(예를 들어, 엡 1:22; 5:23; 골 1:18; 2:10). 여기에서 가장 중요한 증거는 바울이 남편과 아내의 관계를 논의하는 에베소서 5:23에 나타난 유사성이다. 아내들은 남편들에게 복종하도록 요구받는데, 남편이 머리이기 때문이다(엡 5:22-23). 여기에서 "머리"라는 단어는 분명히 권위를 나타내는데, 문맥적으로 권위의 개념이 아내들이 복종해야 하는 요구에 부합하기 때문이다. 물론 남편들이 아내들의 육체적인 근원이 아니다. 바울이 고린도전서 11:11-12에서 가르치는 것처럼, 모든 남자는 여자에게서 나기 때문이다. 바울은 11-12절에서 자신의 가르침을 오해하지 않도록 주의한다. 엄밀하게, 남자들과 여자들은 상호 의존적이다. 그러므로 남자들은 여자들보다 우월하지 않다. 주님 안에서 평등이 있다. 또한 남편들은 아내들의 영적인 근원이 아닌데, 영광(honor)은 예수 그리스도에게 가기 때문이다. 바울은 남편이 사회적으로 뛰어나다는 것을 의미한다고 몇몇 학자들은 생각한다. 그러나 그러한 읽기는 이 본문의 신학적 기여를 배제한다. 사회적인 것과 신학적인 것은 그렇게 깔끔하게 분리될 수 없다. 그리스도의 머리가 되신, 하나님은 단순히 사회적인 실체가 아니다!

여자들이 적합한 단장 없이 예언한다면 자신들의 머리를 욕되게 하는 것이다(11:4-6). 많은 학자는 이 본문이 일반적으로 남자와 여자가 아니라, 남편과 아내에게만 제한된다고 주장한다. 왜냐하면 1세기 사회 세계에서는 아내들이 남편들을 위하여 자신들을 가렸기 때문이다. 하지만, 결혼한 사람들에게 덮개를 쓰는 것을 요구하는 반면에, 독신 여자들이나 과부들이 머리에 쓰지 않고 회중에서 기도하거나 예언하는 것을 상상하는 것은 이상하게 보인다(11:5). "천사들로 말미암아"(11:10) 머리를 가리는 것에 대한 말은 단순히 아내들이 아니라 일반적인 여자들임을 더 설득력 있게 암시한다.

바울의 생각은 또한 결혼보다 더 광범위하게 접근하고 있음을 시사한다. 왜냐하면 그는 하와가 아담에서 나왔다는 창조 기록에 대하여 숙고하기 때문이다. 바울은 아마도 11절에서 결혼을 암시하는 것 같다. 그러나 그는 논의하면서 결혼에 대한 주제 밖으로 이동한다(11:12). 본성에 관한 호소와 이에 따른 논증(11:13-15)은 또한 바울이 결혼에만 국한하지 않는다는 개념을 뒷받침한다. 만약 본성이 여자들이 긴 머리를 하도록 가르친다면, 그런 상황은 결혼한 여자들에게만 국한되지 않는다. 바울의 가르침은 자연스럽게 결혼에 적용되는데, 그러나 이 본문에서 그의 주요 관심은 결혼이 아니라, 회중 안에서 여자들의 단장에 대한 것이다. 그래서 그는 단순히 남편들과 아내들만이 아니라, 일반적으로 남자들과 여자들에 대하여 생각하는 것이다.

3절에 나타난 성부 아버지와 성자 아들의 관계를 우리는 어떻게 이해해야 하는가? 이 권위가 기능적인가(functional)? 아니면 존재론적인가(ontological)? 11:3에서 그리스도에 대한 언급은 내재적(immanent) 삼위일체(삼위일체의 위격들 사이에 있는 내적 관계) 대신에 경륜적(economic) 삼위일체(세상에서 행해지는 삼위일체의 사역)에 강조점이 있다는 것을 시사한다. 만일 이 구절이 '그리스도에 대한 하나님의 관계'와 '여자들에 대한 남자들의 관계' 사이를 비교하는 것이라면, 남자들과 여자들의 관계에 대하여 우리가 어떻게 명확하게 서술해야 하는가? 성자(성자의 기능적 순종)에 대한 성부의 지위는 남자들과 여자들의 관계를 근거로 한다. 성경과 신앙고백의 증거는 성자는 아버지와 같은 본성이며 그와 동등하다는 것이다. 우리는 삼위일체와 남녀 관계 사이의 유사점을 갖지만, 그러나 정확한 유사점은 아니다. 우리는 성부와 성육신한 성자(삼위일체의 제2위격)의 관계의 독특성을 고려했을 때, 이 관계를 인간관계에 비교하여 완벽하게 설명할 수 없다는 것 때문에 불연속성이 있다는 것을 알게 되는데, 이것은 놀라운 것이 아니다. 하지만, 일종의 유사한 부분은 유추될 수 있다. 예수는 하나님이며 사람이시다. 하나님의 영원한 아들로서 그는 성부에게 속한 모든 속성을 공유한다. 그러나 영원한 아들로서 그는 자발적이고 기쁘게 성부에게 복종한다. 마찬가지로, 교회 안에서 여자들의 역할이 다르다고 해서 여자들의 존엄성과 가치, 그리고 중요성이 의심되는 것이 아니다. 마치 그리스도의 기능적 복종이 성부와의 본질적인 연합(unity)과 모순되지 않는 것처럼 말이다.

바울은 자신이 쓴 것을 가리개(veil)의 문화적 문제에 적용한다. 만약 한 남자가 회중 안에서 곧 예배 모임 동안 기도하거나 예언을 하고, 그가 머리를 가리개로 가린다면, 그는 자신의 머리 곧 그리스도를 욕되게 하는 것이다. 이 본문에서 중심 관심사는 여자들의 행동이다. 아마도 몇몇 여자들이 자신들이 그리스도 안에서 남자들과 여자들이 평등하므로, 사회적, 문화적 한계에서 해방되었다고 느꼈을 수 있다(갈 3:28). 여기에서 언급된 문제는 교회의 공적 모임에 관련된다. 왜냐하면 그는 교회가 모였을 때 일어나게 될 활동들인 기도하거나 예언하는 여자들을 언급하기 때문이다. 몇몇 학자들은 14:33b-36과 대조되는 것을 보고, 11:2-16에는 개인 가정에서 열린 모임이 관련되며, 14:33b-36에는 공식적인 교회 집회가 관련된다고 생각한다. 하지만, 우리는 이 두 종류의 집회를 구분하기가 쉽지 않은데, 교회는 일반적으로 가정에서 모임을 했기 때문이다. 그러므로 11:2-16의 모임을 우리가 14:33b-36에서 발견한 것과 구별할 만한 근거가 없다. 바울은 교회가 모일 때 여자들이 기도하고 예언할 것이라고 가정한다(행 21:9 참조). 그러나 여자들이 머리를 가리지 않고 기도하거나 예언한다면, 그 자신들의 머리에 수치를 주게 된다. 만약 여자들이 가리개를 쓰지 않으려고 한다면, 마치 머리를 민 것과 다름이 없을 정도로 수치와 불명예가 있을 것이다.

학자들은 실제로 가리개가 있었는지 그 여부에 대하여 논쟁한다. 많은 사람은 여성이 머리 가리개를 쓰지 않았다고 주장한다. 대신, 여기에서 다루어지는 문제는 여자들의 머리 스타일이라는 것이다. 논쟁이 상당히 복잡하지만, 그럼에도 학자들 대부분은 긴 머리보다 오히려 머리를 덮는 것이 주요한 문제라는 것에 동의한다. 바울은 여기에서 로마의 관습을 설명하고, 가리개는 우리가 조각상과 묘비, 그리고 동전 주화에서 발견할 수 있는 것과 일치한다. "가리다"라는 단어는 고린도전서 11:6-7에 사용된 동사들과 가장 자연스럽게 일치한다. 15절은 긴 머리를 지지하는 것처럼 보이지만, 그러나 요점은 아마도 여자들의 긴 머리는 적절한 가리개가 된다는 것이다. 1세기에 공공장소에서 이러한 가리개를 하지 않는 여자는 성적인 의미를 암시하였는데, 그 여자는 성적인 관계를 수용할 용의가 있다는 것을 시사하는 것이었다. 예를 들어, 아풀레이우스(Apuleius)의 작품에서, 루키우스(Lucius)는 여자들의 머리카락에 대하여, "나의 가장 큰 관심은 항상 사람의 머리와 머리카락에 관한 것이다. 공공장소에서 그것을 집중적으로 조사하고 나중에 집에서 그것을 즐기기 위해서이다"(*Metam*. 2:8)라고 진술한다. 여기에서 문맥은 성적인 의미를 함축하고 있다는 것이다(*Metam*. 2:8-9). 고린도전서에서 이 문제는 명예와 수치의 문제이다. 즉, 만약 여자들이 각각 가리개를 쓰지 않았다면, 이것은 바울의 시대에 여자들이 남성의 리더십에 어떻게 관련되고 있는지에 대한 신호를 보냈다는 것이다.

문화적인 것과 신학적인 것이 충돌한다는 것은 11:7-10에서 분명하다. 남자들은 하나님의 형상으로 지음을 받았고 그분에게 영광을 돌리기 때문에, 가리개를 사용해서는 안 된다(창 1:26-27 참조). 여자는 남자의 영광인데, 즉 여자는 남자에게 영광을 주기 위하여 창조되었다. 바울은 여자들이 하나님의 형상이며 영광이라는 것을 부정하지 않지만, 그러나 남자들에게 영광과 존귀를 가져오는 여자들의 독특한 역할에 집중한다. 여자는 창조의 질서 때문에 남자의 영광이다. 즉, 여자는 남자에게서 왔다는 것이다(창 2:21-23; 또한, 딤전 2:13 참조). 남자는 여자보다 존재론적으로 우월하지 않다. 또한, 남자는 존엄성과 가치를 더 가지고 있지 않다. 그러나 다른 역할과 기능이 여자에게 명시되어 있으며, 이 차이들은 창조 질서에 그 뿌리를 두고 있다(고전 11:3). 이것은 남자가 "여자를 위하여 지음을 받지 않고 남자를 위하여 지음을 받은" 것이라는 사상과 일치한다(11:9). 1세기 문화에서 가리개를 쓰는 것은 남자들과 여자들의 이러한 관계를 나타냈다.

몇몇 해석자들은 여자들이 예언하는 권위를 가지고 있다는 것을 10절이 의미한다고 생각한다. 그러나 이러한 해석은 가능하지 않을 것 같다. 바울은 여자의 자유가 아니라, 여자가 해야 하는 것을 강조한다. 11-12절에서 나타나는 자질은 만약 여자들이 남성의 권위에 복종해야 한다고 누군가가 지나치게 요구하는 것에 대하여 바울이 반응하는 것이라면, 가장 잘 들어맞는다. 10절의 "엑수시아"(*exousia*)를 "권세 아래에 있는 표"(NRSV, ESV, NASB, NET, CSB)로 읽는 것은 자연스럽다. 머리 위에 쓰는 것이 왜 어떤 것의 표나 상징으로 기능할 수 있었는지, 누군가는 이해할 수 있다(계 12:3; 19:12 참조). 디오도로스 시켈로스(Diodorus Siculus, 1.47.5, BC 60-30년)는 "머리 위에 세 왕국"('에콘톤 트레이스 바실레이아스 에피 테스 케팔레스'[*echontōn treis basileias epi tēs kephalēs*])

이 있는 석상을 말하는데, 문맥상 이 석상은 세 개의 왕관이 있음을 의미하고, 이 왕관은 통치하는 왕국들의 상징이다. 따라서 머리에 있는 것은 다른 것의 상징일 수 있다. 고린도전서 11:10에서 바울은 가리개를 착용한 새로운 이유를 주는데, "천사들로 말미암기" 때문이라는 것이다. 우리는 여기에서 바울이 무엇을 의미하는지 잘 모르지만, 그러나 그는 아마도 예배를 돕고 창조의 질서가 유지되는 것을 보기를 바라는 선한 천사들을 염두에 두고 있었을 것이다.

가리개에 관한 주장은 문화적이고 신학적이다. 바울은 자신의 주장을 만들기 위해 11:14-15에서 본성에 호소한다. 창조와 문화는 여기에서 연합하는 것처럼 보인다. 남자들과 여자들의 머리카락은 일반적으로 말하자면, 상당히 다르며, 남자가 긴 머리카락을 하는 것은 그 자신을 불명예스럽게('아티미아'[*atimia*]) 한다. 긴 머리카락이 무엇을 의미하는지 정의되지는 않는다. 그러나 바울은 아마도 남자가 여자처럼 보일 정도로 머리카락이 긴 남자를 염두에 두고 있는 것 같다. 위-포킬리데스(Pseudo-Phocylides, 200-212)는 "만약 아이가 소년이면, 머리카락이 자라지 않도록 하라. 그 소년의 면류관을 땋거나 머리 정수리에 매듭을 짓지 마라. 긴 머리카락은 소년들에게 어울리지 않고, 음탕한 여자에게 어울린다"라고 진술한다. 본성은 남자들과 여자들의 구별에 대하여 가르치는 교사 역할을 한다. 여기에서 이러한 구별들은 문화에 반영되며, 이 당시 긴 머리카락을 가진 남자는 혐오감을 불러일으키고, 이 남자 자신에게 수치를 가져다준다. 그러므로 남자들과 여자들은 자기 자신들을 명예롭게 단장해야 한다.

바울이 고린도전서에서 여러 번 언급했기 때문에(4:17; 7:17; 14:33), 교회들의 보편적인 관습은 그 자신에게 중요했다. 교회들의 전통에서 벗어난 자유는 바울이 칭찬하지 않고 심각한 이탈로 간주된다. 교회들이 행하는 "관습"은 확실히 여자들이 머리에 쓰는 가리개이다. 몇몇 학자는 11:2-16의 결론에서 바울이나 교회들이 머리에 가리개를 쓰는 관습을 따르지 않음을 가르친다고 주장한다. 그러나 이러한 읽기는 이 단락의 나머지 부분의 가르침과 모순되기 때문에, 분명히 잘못된 것이며 실제로는 상당히 이상한 이해라고 할 수 있다.

주의 만찬(11:17–34)

바울이 몇몇 전통들을 지킨 것에 대하여 고린도 교인들을 칭찬하게 된다고 해도, 그는 주의 만찬과 관련해서는 칭찬하지 않을 것이다(11:17-34). 주의 만찬을 축하하며 식사를 마치는 중에, 분열이 믿기지 않을 정도의 모습으로 나타나고 있었는데, 가진 자들과 가지지 못한 자들 사이에 갈등이 있었다. 몇몇 학자들은 가난한 신자들이 도착하기 이전에 부자들이 식사했다고 생각하지만, 실상은 다르다. 본문을 자세히 들여다보면(11:21을 보라), 모든 사람이 동시에 식사했음을 나타낸다. 이들은 서로를 기다리도록 요청받지 않지만, 그러나 "서로를 환영해야" 했다(11:33, 개역개정은 헬라어 '에크데코마이'를 "기다리다"로 번역하지만, 저자는 "환영하다"로 번역-옮긴이). 부유한 신자들은 아마도 트리클리니움(triclinium[집의 식당])에서 먹고 있었고, 가난한 신자들은 아트리움(atrium[집의 안뜰])으로 가서 먹었던 것 같다. 부유한 자들은 맛있는 음식을 마음껏 먹고 마셨으며, 가난한 사람들은 먹을 것이 충분하지 않았다. 바울은 이러한 일이 일어났다는 것에 대하여 분개했다. 이들이 식사를 무엇이라고 부르고 싶었는지 간에, 이것은 확실히 주님을 위한 만찬이 아니었다(11:20). 부유한 사람들의 행동은 가난한 자들을 욕되게 했고 성도들의 모임을 멸시하였다(11:21).

교회 안에서 분열은 또한 누가 교회에서 "인정함을 받았는지"('도키모이'[*dokimoi*])를 드러내었다(11:19). "인정함을 받았다"(approved)라는 표현은 진정한 신자들이었던 사람들을 나타내며(고후 13:7), "버림을 받은 자들"(unapproved)은 불신자들을 가리킨다(롬 1:28; 고전 9:27; 고후 13:5, 6, 7; 딤후 3:8; 딛 1:16; 또한, 히 6:8 참조). 바울은 사회적 지위나 사회의 엘리트를 생각하고 있지 않았다. 그러나 하나님이 인정하는 사람들에 대하여 생각하고 있었다.

바울은 고린도전서 11:23-26에서 주의 만찬의 전통을 이야기한다. 그는 전례적(liturgical) 목적을 위해 주의 만찬을 언급하는 것이 아니라, 교회의 모임이 성만찬의 목적과 의미에 모순된다는 것을 보여주기 위함이다. 예수는 자신을 내어준 사랑을 기념하는 것을 의도하기 위하여 떡을 떼셨지만, 그러나 교회의 부유한 신자들은 그 만찬을 탐식하는 목적으로 사용하고 있었다. 분명하게, 이 성만찬은 예수를 기념하는 행사가 아니었다! 마찬가지로, 잔은 예수의 피 흘림을 상징했고, 이 피 흘림은 희생 제물로서 예수의 죽음과 죄인들에 대한 그의 큰 사랑을 증명하는 것이다. 한 가지 흥미롭게도, 교회는 "이것은 내 몸이다"라고 말하는 예수의 의미에 대하여 오랫동안 논쟁해왔다. 우리는 "이 잔은 새 언약이다"라는 말에서 그 표현("이것은 내 몸이다")이 상징적이라는 중요한 단서를 갖게 된다(11:25). 확실히, 그 잔 자체가 새 언약은 아니지만, 그러나 그것을 상징한다. 그러므로 여기에는 화체(transubstantiation)의 개념이 없다. 그 만찬은 또한 종말론적이며, 예수가 돌아올 때까지 예수의 죽음을 선포하는 것이지만, 아쉽게도 고린도 교인들은 그의 죽음이 아니라 자신의 이기심을 선포하고 있었다.

고린도 교인들은 합당하지 않게 먹고 마심으로써, 성만찬에서 동료 신자들을 학대하고 있었다. 즉, 이들은 노골적이고 뻔뻔스러운 죄를 지었다. 바울은 그 성만찬에서 자기 성찰을 요구하는데, 신자들은 자신들이 십자가를 따라 살고 있는지 그 여부를 분별할 것이다. 이들은 "주의 몸"(11:29)을 분별해야 한다. 이 "몸"은 아마도 십자가의 중요성과 교회의 연합을 의미할 것이다. 교인들의 일부는 아팠고, 일부는 그 만찬에서 저지른 죄악된 행동 때문에 죽기까지 했다. 바울은 분명히 주님이 교인 중 일부의 생명을 죄 때문에 취했다고 가르친다. 그러나 우리는 가차 없는 긍휼(severe mercy)을 보게 된다. 왜냐하면 그렇게 하심으로써, 주님은 그들을 영원한 사망, 즉 영원히 지속하는 정죄로부터 구원하시기 때문이다.

영적인 은사들(12:1–14:40)

일치와 다양성(12:1–31a)

바울은 아주 긴 분량 안에서 영적인 은사들을 언급하는데(12:1-14:40), 우리는 여기에서 가진 자들과 가지지 못한 자들의 다른 형태를 발견한다. 분명히, 방언의 은사를 가진 사람들은 자신들의 은사가 우월하다고 믿었으며, 이 사람들은 특별히 성령으로 충만하였다는 것을 스스로 나타냈다. 바울은 은사에 대하여 이들이 생각하는 방법을 재조정하면서, 은사들의 화려한 현상 대신에 다른 사람에 대한 사랑이 우선시되도록 한다.

바울은 12:1-3에서 상황 설명을 하면서, 본격적인 논의를 준비한다. 다시 한번, 바울은 "이방인"이라는 단어를 신자들의 이전의 삶을 언급하기 위하여 사용하고(5:1 참조), 고린도에 있는 기독교인들은 회복된 이스라엘의 일부임을 제안한다. 그는 이교도의 모습과 주 예수에 대한 복종을 비교한다. "이교도들"은 우상에 의해 "유혹받고" "끌려가게 된다." 이 의미는 의식이 혼탁한 상태를 나타내지 않는다. 즉 요점은 불신자들이 마귀의 권세 아래 살았다는 것이다. 반대로, 신자가 된다는 것은 예수를 주님으로서 고백하는 것이다. 이 진정한 고백은 성령의 사역을 나타낸다. "예수를 저주할 자"라는 대조적인 말들이 (몇몇 학자들의 주장에도 불구하고) 그 회중 안에서 실제로 사용되었는지는 의심스럽다. 만약 누군가가 그 회중에서 그러한 말을 하고 있었다면, 바울은 그러한 신성모독에 대하여, 더 할 말이 많았을 것이다.

12:4-7에서 우리는 다양한 은사들과 사역들, 그리고 활동들이 "같은 성령"과 "같은 주님," 그리고 "같은 하나님"으로부터 온다는 것을 알게 된다.

우리는 여기에서 주목할 만한 삼위일체의 언급을 보게 된다. 영적인 은사들은 자기 자신을 나타내는 것이 아니라, "성령을 나타내는" 것이다(12:7)! 이 은사들은 하나님의 역사이지, 인간의 생산물이 아니다. 사람들이 다른 사람을 놀라도록 이 은사들을 받는 것이 아니라, "공익"을 위하여, 그리고 다른 사람들의 교화(edification)를 위하여 이 은사들이 주어진다.

바울은 12장에서 많은 은사를 나열하는데, 여기에서 은사들에 대한 표를 가지고 간략한 정의를 제공하는 것이 도움이 될 것이다.

바울서신에 나타난 영적 은사들			
로마서 12:6-8	고린도전서 12:7-10	고린도전서 12:28	에베소서 4:11
우리에게 주신 은혜대로 받은 은사가 각각 다르니	각 사람에게 성령을 나타내심은 유익하게 하려 하심이라	하나님이 교회 중에 몇을 세우셨으니	그가 ~ 삼으셨으니
		사도	사도
예언	예언	선지자	선지자
			복음 전하는 자
	영들을 분별함		
가르침	지혜의 말씀과 지식의 말씀	교사	목사와 교사
위로			
	능력 행함	능력 행함	
	병 고침	병 고침	
섬김		돕는 것	
다스림		다스리는 것	
	각종 방언 말함	각종 방언 말함	
	방언들 통역함		
구제			
	믿음		
긍휼			

다양한 은사들에 대한 정의는 고린도전서 12장에 제시된 순서대로 주어질 것이며, 바울은 특히 이 은사들이 성령으로부터 온다는 것을 반복해서 강조한다. 즉, 선물은 하나님의 주권으로 주어진다는 것이다(12:11).

"지혜의 말씀"과 "지식의 말씀"이 의미하는 것은 어렵다. 현대의 몇몇 은사주의자는 "지식의 말씀"을 다른 사람의 상황과 생각, 또는 죄를 분별하는 능력을 의미한다고 이해하지만, 그러나 이러한 정의는 명확한 증거로 뒷받침되지 않는다. 비록 무엇을 의미하는지 확신하기는 어렵지만, 지혜와 지식 모두 아마도 가르침의 은사를 의미하는 것 같다. 가르치는 은사는 고린도전서 12:8-10에서 언급되지 않지만, 그러나 이 중요한 은사는 영적인 은사들에 대한 다른 목록들에는 언급된다(롬 12:6-8; 고전 12:28-30; 엡 4:11). 그러므로 바울은 아마도 여기에서도 가르침의 은사를 의미하는 것 같다. 바울서신에 나타난 지혜(고전 1:18-2:16 참조)는 선포되고 가르쳐지는 십자가에 대한 메시지에 중점을 둔다. "지혜/지식"의 말씀과 바울이 전파한 메시지 사이의 유사점은 주목할 만하다. 즉, 그는 "하나님의 말씀"(롬 9:6; 고전 14:36; 고후 2:17; 4:2; 엡 6:17; 빌 1:14; 골 1:25; 살전 2:13; 딤전 4:5; 딤후 2:9; 딛 2:5), "믿음의 말씀"(롬 10:8), "진리의 말씀"(엡 1:13; 골 1:5; 딤후 2:15), "생명의 말씀"(빌 2:16), "주의 말씀"(살전 1:8), "그리스도의 말씀"(골 3:16)을 언급한다. 지식은 또한 가르치는 것, 즉 선포된 복음과 밀접하게 관련된다(롬 15:14; 빌 1:9; 골 1:9-10; 2:2-3; 딤후 2:4, 25; 3:7; 딛 1:1). 이 모든 것은 지혜와 지식이 가르침을 의미한다고 제안한다. 바울은 이 단어들을 서로 뚜렷하게 구별하지 않는다. 즉, 이 단어들은 의미가 겹치고 같은 실재의 다른 측면이라고 할 수 있을 것이다.

믿음의 은사는 구원하는 믿음과 동일시할 수 없다. 왜냐하면 모든 신자는 그 구원하는 믿음을 소유하기 때문이다. 믿음의 은사는 오직 몇몇 기독교인들에게만 주어진다. 믿음의 은사는 특별한 믿음, 즉 "산을 옮길 만한"(고전 13:2) 믿음을 가리킨다. 병 고침의 은사는 병과 질병, 그리고 앞을 보지 못하거나 다리가 불편하거나, 또는 듣지 못하는 질환이 있는 사람들을 고치는 것을 말한다.

아마도 능력을 행하는 은사는 치유와 구별될 수 있다. 만약 그렇다면, 능력은 귀신을 쫓아내는 것과 같은 일들을 가리킬 것이다. 또는 아마도 병 고침과 능력의 은사들을 날카롭게 구별하려는 의도가 없었을 수 있다. 영들을 분별하는 것은 참인 것과 거짓인 것을 분별할 수 있는 은사를 나타낸다.

예언의 의미는 상당히 논쟁을 일으킨다. 이것은 은사주의의(charismatic) 해석이라든가, 아니면 단순히 설교하는 것으로 이해되기도 한다. 그러나 이것들 모두 결함이 있다. 예언의 은사는 일반적으로 더 우발적이고 즉각적으로 일어난다(아가보[행 11:28; 21:10]; 가야바[요 11:51-52] 참조). 예언하는 사람들은 즉각적으로 하나님으로부터 온 계시를 전달한다. 즉흥성(spontaneity)은 고린도전서 14:29-32에 분명히 나타나는데, 계시가 회중에 앉아 있는 선지자에게 임할 때, 말하는 사람은 이 앉아 있는 사람에게 양보해야 한다(또한, 행 11:27-28; 13:2 참조).

몇몇 학자들은 신약에 나타난 예언은 구약에 나타난 예언과 달리 오류가 있기 때문에, 오류가 섞일 수 있다고 제안하지만, 그러나 이 제안은 설득력이 없다. 이 해석에 따르면, 예언을 판단한다는 것은 예언자들이 실수할 수 있음을 보여준다는 것이다. 이렇게 추론하는 방식에서 나타나는 문제는 누가 진정한 선지자인지 그 여부를 결정하는 유일한 방법은 예언들을 평가하는 것뿐이라는 점이다. 만약 이 예언들이 틀렸다면, 이것들을 예언한 사람은 참 선지자가 아니었다는 것이다(신 18:21-22; 삼상 3:19-20을 보라). 몇몇 학자는 이에 대한 예로서 아가보가 사도행전 21:11에서 실수한 것이라고 주장하는데, 실제로 그는 실수한 것이 아니었다. 왜냐하면 바울이 28:17에서 자신의 체포에 관하여 이야기할 때, 그는 아가보가 로마인들에게 넘겨지는 바울을 묘사하기 위하여 사용했던 바로 그 단어('파라디도미'[*paradidōmi*])에 호소하기 때문이다. 구약의 선지자들처럼 아가보는 우리가 구약성경에서 발견하는 예언적 상징을 모방하면서(예를 들어, 사 20:1-6; 렘 13:1-11; 겔 4:1-5:17), 자신의 손과 발을 묶는데, 이렇게 아가보는 예언적 상징을 사용하였다. 또한 아가보의 말은 예언적 형식("성령이 말씀하시되"[행 21:11])을 반영한다. 그러므로 우리는 신약 예언이 구약의 예언처럼 무오하다(infallible)고 생각할 충분한 이유가 있다.

방언 은사의 본질에 대해서도 논쟁이 있다. 학자 대부분은 학자는 고린도전서 12-14장에 나타난 은사가 우리가 사도행전에서 발견하는 것과 다르다고 생각한다. 많은 학자는 "정신이 혼미한 상태에서 하는 말"(ecstatic utterances)을 염두에 두고 있음을 생각한다. 그러나 이 은사는 사도행전에서처럼 외국어일 가능성이 더 크다. 고린도전서 13:1에서 "천사의 말"에 대한 언급은 아마도 바울 입장에서 수사학적인 미사여구일 것이다. 왜냐하면 13:2가 또한 "모든 비밀과 모든 지식"을 아는 것에 대하여 말할 때도 수사학적이기 때문이다. 사도행전에서 사람들은 방언의 의미를 이해하지만, 그러나 고린도전서 14:2에서 방언은 하나님께 향하기 때문에, 몇몇 학자는 14:2가 정신이 없는 상태에서 하는 말로 이해할 수 있음을 증거한다고 생각한다. 게다가, 어느 누구도 고린도전서에서는 이해하지 못하지만, 그러나 사도행전에서는 이해하는 것으로 나타난다. 하지만, 아마도 외국어일 가능성이 있다. 첫째, 헬레니즘 문학에서 "방언"('글로싸'[*glōssa*])이라는 단어는 무아지경에서 하는 말을 의미한다는 증거가 없다. 즉, 이 용어는 언어를 나타낸다. 둘째, 우리는 고린도전서 14:2가 사도행전 2장의 상황과 어떻게 다른지 고려해야 한다. 바울은 만약 사람들이 그 언어를 알지 못한다면, 그리고 만약 통역하는 사람이 없다면, 방언을 이해할 수 없다고 말한다. 이러한 상황을 염두하고 추론하자면, 방언을 말하는 자가 하나님께 한다는 것은 전달되고 있는 것을 하나님만이 이해한다는 것이다. 다시 말해, 방언의 성격이 다른 것이 아니라, 두 문맥이 다르다는 것이다. 즉, 사도행전에서는 참석한 사람들이 말하는 언어를 알았지만, 그러나 고린도전서에서는 아무도 그 언어를 몰랐거나 통역이 없었던 것이다.

고린도전서 12:12-31a에서 몸의 일치와 다양성이 강조된다. 교회는 그리스도의 몸이고, 모든 지체는 회심할 때 한 성령으로 세례를 받았다. 모든 구성원의 은사는 중요하고 차이를 가진다. 비록 구성원들이 자신들을 "발"이나 "귀"라고 낮추더라도, 그렇다고 열등한 구성원은 없다. 또한 이 몸의 어떤 구성원도 완전하지 않다. 즉, 만약 몸이 전체적으로 눈이나 귀로 구성된다면 얼마나 괴상하게 보이겠는지 상상해보라. 하나님은 몸 안에서 각각 지체의 위치와 역할을 주권적으로 계획하셨다. 그러므로 우월성과 교만이 설 자리가 없다. 어떤 지체도 다른 지체에게, "나는 네가 아무짝에도 쓸모가 없다고 생각해!"라고 말할 수 없다. 몸의 다양성은 하나님의 지혜를 나타내고, 그 의도는 지체들이 서로를 돌보고 사랑하므로, 이들이 고난 중에 있는 자들과 함께 고난을 받고 기뻐하는 자들과 함께 기뻐하게 된다는 것이다. 다른 말로 하면, 모든 사람이 똑같은 은사를 가지는 것은 결코 하나님의 의도가 아니라는 것이다. 처음부터 하나님은 몸 안에서 발생하는 다양한 요구를 충족시킬 수 있도록 다른 은사들을 계획하셨다. 바울은 더 큰 은사들을 구하라고 말하지만, 그렇다고 해서, 몇몇 사람들이 다른 사람들보다 더 위대하다는 것을 의미하지 않는다. 요점은 몇몇 은사들이 그 몸을 더 직접적으로 향상시킨다는 것이다.

사랑의 길(12:31b-13:13)

13장은 주제에서 벗어나는 여담이 아니라, 가장 중요한 것을 드러내는데, 이것은 은사들이 아니라 사랑이라는 것이다. 1-3절에서 우리는 사랑이 없는 은사들은 가치가 없다는 것을 보게 된다. 비록 누군가가 사람이나 천사의 말을 한다고 할지라도, 사랑이 없으면 그러한 놀라운 은사들은 울리는 꽹과리와 같다. 이와 비슷하게, 누군가는 예언의 비범한 은사를 가지고 있어서, "모든 신비"와 "모든 지식"을 알 수 있을 것이다. 아니면, 아마도 이들의 믿음은 산이 움직일 수 있을 정도로 너무 놀라울 수 있다. 그러나 이 은사들은 사랑이 없이 행사되면, 이 은사들을 가진 그 사람은 "아무것도 아니다!" 사랑 없이 남을 위하여 죽을 수도 있고 남을 위해 자신이 가진 모든 것을 바치는 것도 가능하다. 이러한 경우에 그 행동에 대한 동기는 자신에게 영광을 가져오는 것이 된다. 만약 사람이 행동할 때 다른 사람에 대한 사랑이 이 행동의 동기가 되지 않는다면, 그러한 희생은 조금도 소용이 없다.

바울은 4-7절에서 행동하는 사랑을 설명한다. 이 구절과 관련된 영어 번역에서 사랑에 대한 묘사들이 모두 동사라는 것은 분명하지 않지만, 어쨌든 사랑은 행동한다! 사랑은 구체적인 방법으로 나타나게 된다. 나는 여기에서 모든 단어를 정의하려고 하지 않지만, 그러나 우리는 바울이 편지의 나머지 부분과 연결되는 주제들을 어떻게 선택하는지 주목할 것이다. 바울의 윤리에서 사랑의 중심성은 분명하다. 사람이 어떤 음식을 먹을 수 있는지에 관한 한, 사랑은 동료 신자들의 유익을 고려해야 하며(롬 14:15; 고전 8:1-3), 이것은 바울이 "모든 일을 사랑으로 행하라"(고전 16:14)라고 말하는 이유를 설명하는데, 도움을 준다. 바울은 특히 고린도 교인들에게 자신들의 분열에 자리잡은 시기심에 대하여 경고한다(고전 3:3; 또한, 갈 5:20을 보라).

사랑은 자랑하지 않는다. 여기에서 "자랑하는"('페르페류에타이'[*perpereuetai*])이라는 단어는 사람들이 자기 자신들을 칭찬하는 자랑을 가리킨다. 아마도 바울은 여기에서 지식에 대하여 자랑하는 사람들이나 영적인 은사들에 대하여 자랑하는 자들을 생각했을 것이다(8:1-3). 사랑은 "교만하지" 않는다. 이 표현은 고린도 교인들의 교만을 묘사하기 위해 사용되는데, 바울이 좋아하는 단어이다. 그는 이 편지에서 이곳 외에 다른 곳에서도 이 동사('퓌시오'[*physioō*])를 5회 사용한다(4:6, 18, 19; 5:2; 8:1). 이 단어는 자기 자신들로 가득한 사람들을 나타내기 위해 사용되기도 하는데, 종종 "우쭐함"이라는 뉘앙스를 담고 있다(KJV, NET, NKJV).

사랑은 "무례하지" 않고 적절한 방식으로 행동한다(고전 7:36). "무례한" 이라는 단어는 자주 성적인 문제에서 적절한 행동을 표현하기 위해 사용된다(예를 들어, 레 18:6-8; 겔 23:29; 롬 1:27; 고전 12:23; 또한, Sir. 29:21 참조). 이 단어는 고린도전서에서 근친상간(5:1-13)과 창녀와의 죄(6:12-20)의 경우에 연결된다. 바울은 계속해서 사랑은 "자기 유익을 구하지" 아니한다고 말하는데, 이것은 고린도전서 10:24("누구든지 자기의 유익을 구하지 말고 남의 유익을 구하라")와 일치한다.

사랑은 덕과 선한 것 안에서 기쁨을 발견한다. 즉, 사랑은 악한 것을 기뻐하지 않는다. 사랑은 근친상간(5:1-13)이나 이기적인 법적 소송(6:1-11), 또는 창녀와의 성관계(6:12-20)를 용납하지 않는다. 의인들은 바울을 통하여 전해지든 아볼로를 통하여 전해지든, 복음의 진보를 기뻐하며, 이 의인들은 어떤 사역자가 더 유력한가를 놓고 싸우는 파당을 만들지 않는다.

바울은 수사학적인 미사여구로 끝맺는다. 즉, 사랑은 참으며 믿으며 바라며 견딘다는 것이다. 우리는 고린도전서 9:12에서 바울이 복음을 위해 모든 것을 짊어진 사람의 본보기로서 자기 자신을 사용한다는 것을 알게 된다. 사랑은 모든 것을 단순히 믿고 바라는 것과 같이, 잘 속아 넘어가는 것이 아니다. 동시에 사랑은 냉소적이고 절망적이지 않다. 왜냐하면 "죽은 자를 살리시는" 하나님을 믿기 때문이다(롬 4:17). 사랑은 죄를 사하시고 "허물과 죄로 죽었던"(엡 2:1-7 참조) 자들에게 새로운 시작을 줄 수 있는 하나님을 바라보기 때문에 믿고 소망한다. 믿음과 소망은 진공 속에 존재하지 않는다. 즉, 이것들은 약속의 하나님에게, 견고한 뿌리를 내리고 있다.

사랑은 어떤 영적인 은사보다도 낫다. 왜냐하면 사랑은 영원히 지속하고 모든 영적인 은사들은 없어질 것이기 때문이다(고전 13:8-13). 고린도 교인들은 영적인 은사들을 귀히 여기고, 기독교인의 삶의 최고 가치로 여겼지만, 그러나 이 은사들은 실제로 "우리가 부분적으로 알고 부분적으로 예언한다"(13:9)라는 진리를 증언한다. "온전한 것이 올 때"(13:10), 영적인 은사들은 사라질 것이다. "온전한 것"이 무엇을 의미하는지에 대하여 논쟁이 있다. 몇몇 학자들은 온전한 것이 정경이 완성된 이후에만 실현되는, 신약성경의 완성이나 심지어 영적인 성숙을 의미한다고 말한다. 그러나 이 두 이해 모두 결함이 있다. 12절에서 명백히 밝히고 있는 것처럼, 온전한 것은 예수가 "얼굴과 얼굴을 대하여" 보게 되는 재림을 의미한다. 여기에서 우리는 사람들에게 나타나는 하나님의 신현(theophany)을 가리키는 언어를 가진다(창 32:30; 삿 6:22; 신 34:10). 게다가, 신약 정경의 완성 이후 신자들이 "온전히 안다"(고전 13:12)는 것은 거의 사실이 아니다. 구원과 성화를 위해 알아야 하는 모든 것이 드러났음에도 불구하고, 지식의 부족은 신자들을 여전히 괴롭힌다. 고린도 교인들은 은사들에 열광했지만, 바울은 이 은사들을 미성숙한 시기인 유아기에 비유한다. 바울은 은사들을 조금도 비판하지 않았지만, 그러나 고린도 교인들에게 최종 완성의 시기는 그리스도의 오심을 기다리고 있다는 것을 상기시키고 있다.

마지막 구절은 사랑의 영속성과 탁월함을 재진술한다. 믿음과 소망에 대하여 진술되는 것을 이해하는 것은 더 어렵다. 많은 학자는 우리가 "보는 것으로 행할" 것이기 때문에(고후 5:7), 믿음과 소망 역시 재림의 때에는 멈춘다고 생각한다. 소망은 더 이상 필요하지 않을 것이다. 왜냐하면 우리는 소망했던 것을 볼 것이기 때문이다(롬 8:24-25). 이것이 바로 바울이 말하고 있는 것일 수 있다. 그러나 나는 믿음과 소망이 미래에도 어떤 식으로든 계속된다는 개념을 긍정적으로 생각하고 있다. 결국, 바울은 믿음과 소망, 그리고 사랑을 없어지게 되는 영적인 은사들과 대조하고 있다. 그러므로 우리가 지금 그리스도를 본다고 할지라도 하나님에 대한 신뢰가 영원히 계속된다는 의미가 있을 수 있다. 소망 역시 실현되지만, 그러나 소망은 하나님의 백성에게도 영원히 계속해서 활력을 불어넣는다. 믿음과 소망은 남아 있지만, 그러나 이것들은 새로운 상태로 경험되고 또 다른 방식으로 경험되는 것이다. 그런데도, 사랑은 최고라고 말할 수 있다. 왜냐하면 인생의 모든 목적은 하나님을 알고 영원히 누리면서, 하나님을 사랑하는 것이기 때문이다.

방언과 예언: 덕을 세움(14:1-40)

영적인 은사들에 관한 세 장 중 마지막 장인 고린도전서 14장에서, 바울은 고린도 교인들에게 영향을 미치는 문제의 핵심에 도달한다. 우리는 고린도전서에서 이러한 접근 방식을 자주 보았다. 바울은 먼저 신학적인 부분을 언급한 다음, 이 신학을 당면한 상황에 적용하여 결론을 내린다. 고린도 교인들은 방언을 영적인 힘과 뛰어난 능력의 표시로 여겼기 때문에 방언을 소중히 여겼던 것이 분명하다. 그러나 바울은 방언보다 예언을 선호한다(14:1-5). 듣는 사람들이 방언의 의미를 모른다면 방언을 말하는 사람들을 이해할 수 없을 것이지만, 예언하는 사람들은 듣는 자들을 강하게 하며 격려하며 위로한다. 다른 언어로 말하는 자들은 자신들을 세우지만, 그러나 예언하는 사람들은 교회의 덕을 세우게 된다. 그러므로, 기능적인 차원에서 예언은 방언보다 뛰어나고, 방언의 경우 다른 사람들에게 설명하고 도울 수 있는 통역관이 있다면, 방언은 예언과 대등하게 될 것이다.

6-19절은 예언이 방언보다 낫다는 이유에 대한 긴 설명을 제공한다. 근본적인 요점은 다른 언어로 말하는 것은 이 언어의 의미를 이해하지 못할 때 교화에 영향을 주지 않는다는 것이다. 많은 예들이 이 요점을 설명하기 위하여 추가된다. 만약 멜로디가 엉망으로 만들어지면, 어느 사람도 악기의 멜로디를 인식하지 못할 것이다. 같은 맥락에서, 전쟁 나팔을 울리는 사람이 제대로 된 소리를 내지 않으면, 군대는 전쟁을 준비하지 않을 것이다. 결국, 만약 누군가가 외국어를 말하고, 우리가 이 언어를 알아듣지 못한다면, 아무 소용이 없는 것이다. 그러므로 방언으로 기도하거나 노래하는 사람들은 다른 사람들이 이해하고 도움을 받을 수 있도록 통역의 은사를 구해야 한다. 바울은 방언의 은사도 놀라운 은사라고 생각한다. 즉, 그 자신 역시 모든 고린도 교인들보다도 더 방언으로 말하지만, 그러나 그는 듣는 사람들이 이해할

수 없는 수천 마디의 말보다 이해할 수 있는 몇 마디의 말을 하기를 원한다.

20-25절은 이 편지에서 가장 어려운 단락 중 하나이다. 우리는 지면 관계상 중요한 해결책만을 제시할 것이다. 바울은 독자들에게 생각이 성숙하도록 권면하고, 이해력에 있어서 유치한 상태를 피하도록 촉구한다. 그는 이사야 28:11-12를 인용하는데, 이 구절들은 역사적인 정황에서 앗수르인들이 이스라엘에 대한 심판을 위해 사마리아로 오고 있는 것을 언급한다. 소위 사마리아에 있는 선지자들은 임박한 심판에 대한 이사야의 위협을 조롱하면서, 이사야의 말을 어린아이의 알아들을 수 없는 혀 짧은 말에 비유했다! 그러나 이사야는 앗수르인들이 도시를 파괴하고 있을 때 이들의 말이 이스라엘 백성에게는 바로 그런 어린아이의 말과 같을 것인데, 이 백성이 이들의 말을 이해하지 못하기 때문이라고 대답했다.

바울은 이 20-25절을 방언과 예언에 적용한다. 방언은 불신자들을 위한 표징이지만, 그러나 예언은 신자들을 돕기 위한 것이다. 불신자들을 위한 표징으로 방언에 대하여 바울이 의미하는 것은 외부인이나 불신자가 교회에 들어가고 모든 사람이 방언으로 말하는 시나리오를 그가 그릴 때 분명해진다. 외부인은 신자들이 정신을 잃었다고 생각하면서 혐오감을 가지고 외면할 것이다. 다시 말해, 방언은 판단의 수단이 되는 셈이다. 왜냐하면 방언을 듣는 자가 혐오감을 가지고 외면하면서, 복음을 거절하기 때문이다. 바울의 요점은 신자들은 이러한 결과를 바라지 말아야 한다는 것이다! 그러므로 이 신자들은 회중 안에서 통역되지 않은 방언으로 말해서는 안 된다. 한편, 예언은 원하는 것을 정확하게 한다. 불신자들이나 외부인들이 들어올 때, 이들은 듣고 이해하고 마음의 찔림을 받고 회중 안에 있는 하나님의 임재를 보게 된다(사 45:14; 슥 8:23). 바울이 예언은 신자들을 위한 것이고 불신자들을 돕는다는 예를 들 때, 약간 혼란스러울 수 있다! 그러나 이 장면은 충분히 이해할 수 있는데, 여기에서 바울의 요점은 예언이 사람들에게 믿음을 가져다주지만, 방언은 그들을 떠나도록 한다는 것이다.

이 장의 마지막 부분(고전 14:26-40)에서 회중 안에 있는 질서에 관하여 몇 가지 규칙이 주어진다. 함께 모이는 규칙은 교회의 덕을 함양하고 세우는 일을 추구하는 것이다. 다양한 사람들이 교회에 도움이 될 수 있지만, 어느 사람도 그 모임을 지배해서는 안 된다. 만약 거기에서 방언을 말한다면, 그렇게 하는 인원은 두, 세 사람으로 제한되어야 하고, 오직 한 사람이 한꺼번에 말해야 한다. 만약 통역하는 자가 없다면, 방언으로 말하는 것이 허용되어서는 안 된다. 예언자들에 대한 규칙들도 비슷하다. 분명하게, 바울은 교회 모임이 너무 길어질 수 있다는 것을 깨달았다! 오직 두, 세 사람의 예언자들이 말해야 하고, 회중은 이들이 거짓 예언자들인지 그 여부를 분별하기 위하여 말한 내용을 평가하고 판단해야 한다. 만약 계시가 앉아 있는 사람에게 주어진다면, 말하고 있었던 첫 번째 사람은 앉아야 하고, 계시를 받은 사람에게 말할 자리를 내어 더 많은 사람이 참여할 수 있도록 하고, 모든 사람이 서로를 격려하고 세워지도록 해야 한다. 영적인 은사는 조절될 수 있고, 조절되어야만 한다. 즉 말하고 있는 사람이 계속해서 말할 수 없다.

교회의 질서는 또한 교회가 모일 때 여자들의 행동에도 적용된다(14:33b-36). 이 구절들의 의미는 격렬한 논쟁의 주제이며, 우리는 지면 관계상 다른 모든 제안을 여기에서 판단할 수 없다. 몇몇 학자는 이 구절이 진짜가 아니라고 말하고, 이 구절들이 이후에 삽입된 것으로 이해하지만, 그러나 이러한 견해는 거의 확실히 틀렸다. 이 구절들은 전체 사본의 전통에 존재한다. 몇몇 사본에서는 이 구절들이 14:40 이후에 위치하지만, 여전히 본문 안에 존재한다는 것은 분명하다. 바울의 관심사는 일부 아내들이 복종하지 않아, 율법에 어긋나는 행동을 하고 있다는 것이다. 여기에서 율법은 바울의 다른 서신에 나타나는 것처럼, 모세 율법을 의미한다. 그는 아마도 창세기 2-3장을 염두에 두고 있는데, 이 장들은 남성 리더십에 대한 분명한 지시들이 있다(예를 들어, 남자가 먼저 창조되었고, 여자는 돕는 자로 창조되었다). 아마도 여기에서 구체적으로 금지된 것은 여자들이 예언을 판단하고 있었다는 것이지만, 그러나 나는 아내들이 교회의 남성 리더십과 아마도 자신들의 남편의 리더십에 도전하는 방식으로 질문들을 하고 있다고 말하는 것이 더 설득력이 있다고 생각한다. 바울은 이 아내들이 집에 있는 남편들에게 물어보도록 하고 성경적 규범과 사회적 규범을 위반하는 수치와 불명예를 피하도록 가르친다. 결국, 하나님의 말씀은 고린도 교인들에게서 나온 것이 아니고, 이들은 모든 교회의 관습을 따라야 한다.

이러한 문제들과 관련하여 바울의 조언은 단순히 개인적인 의견이 아니다(고전 14:37-38). 그리스도의 사도로서 그의 말은 어떤 예언자의 말들보다 우선한다. 그의 명령을 무시하는 사람들은 하나님에 의해 무시될 것이다. 바울은 예언이 선호되어야 하고, 방언 말하는 것이 멸시되어서는 안 되며, 모든 것이 질서 안에서 행해져야 한다는 것을 언급함으로써 14장을 요약한다.

부활(15:1-58)

이 편지에서 언급된 마지막 주요 문제는 부활에 관한 것이다. 고린도 교인 중 몇몇은 죽은 자로부터 육체적인 부활을 부인했다. 이들은 지나치게 실현된 종말론 때문에 그러한 입장을 취했던 것이 아니다. 대신에, 이들은 영혼의 불멸을 소중히 여기지만, 육체를 멸시하는 헬라의 일반적인 사고방식의 영향을 받았던 것 같다. 많은 헬라인에게, 몸의 부활은 아주 기이한 일이었을 것이다. 여기에서 바울은 육체적 부활에 대한 믿음은 타협할 수 없는 것이라고 설명한다. 즉, 이 믿음은 정통(orthodoxy)과 기독교 신앙에 아주 중요하다.

15:1-11에서 바울은 부활을 믿는 훌륭한 이유들이 있으며, 이러한 것이 교회의 공통된 고백임을 보여줌으로써 시작한다. 이러한 믿음은 바울에게 전해졌고 그가 선포한 복음의 구성 요소였다. 모든 사도와 부활한 그리스

도를 보았던 모든 사람은 바로 이 복음을 선포했다(15:11). 만약 이들이 죽을 때까지 믿음을 굳게 붙들지 않는다면, 어느 사람도 이 복음으로 구원을 받지 못하게 된다. 복음은 그리스도의 죽음과 부활에 중점을 둔다. 그리스도의 죽음은 그의 장사(burial)에 의해, 그리고 그리스도의 부활은 부활한 주님의 나타나심으로 입증되었다. 게다가, 이 복음은 성경에 의해 증명되었다. 그리스도의 죽음에 대해, 바울은 확실히 이사야 53장과 아마도 시편 22편을 염두에 두었지만, 그러나 다른 많은 성경이 포함되었다. 부활은 시편 16편, 시편 22편, 다니엘 12:1-2, 그리고 호세아 6:1-3, 그리고 다른 본문들에 의해서도 증명된다.

부활이 논쟁거리였기 때문에, 바울은 예수가 죽은 자로부터 일어났다는 주장을 입증하는, 그의 나타나심에 초점을 맞춘다. 그는 베드로에게 나타나셨고 후에 열두 사도(열두 사도를 말하는 관습적인 표현일 수도 있고 맛디아를 포함할 수도 있음)와 오백여 형제들과 자매들에게 한 번에 나타나셨다. 바울은 예수를 보았던 많은 사람이 여전히 살아 있다고 말한다. 분명하게, 그의 요점은 많은 사람이 부활한 주님을 보았기 때문에, 예수가 죽은 자로부터 육체적으로 일어났다는 확신을 가질 수 있고, 500명 이상의 사람들이 동시에 환각(hallucination)에 시달렸다는 것은 매우 의심스럽다.

예수는 또한 자기 형제 야고보에게 나타나셨고, 그의 마지막 부활의 모습은 사도 바울에게 보였다. 바울은 말하자면, 파격적으로 부름을 받은 사도였다. 그는 그 자신을 사도 중 가장 작은 자라고 생각했는데, 그가 교회를 핍박했기 때문이다. 하지만, 그는 하나님의 은혜에 의해 변화되었고, 그가 이룬 놀라운 사역은 그 안에서 역사하신 하나님의 은혜로 말미암았다.

고린도전서 15:12-19에서 바울은 그리스도의 부활과 신자들의 부활 사이에 불가분의 관계가 있음을 4회 확인한다. 고린도 교인들은 자신들이 그리스도의 부활을 믿는다고 말하면서 자신들의 육체적 부활에 대하여 믿지 않는다고 말할 수 없다. 바울에 의하면, 만약 이들이 육체의 부활을 부인한다면, 이들은 그리스도의 부활도 부인하게 되는 것이다. 그리스도의 부활을 부인하는 논리적 결과는 파급되어 나타나게 될 것이다. 예를 들어, 바울의 설교는 헛된 것이 되며, 따라서 그는 부활이 사실이 아니라면, 거짓된 무엇인가를 설교해온 거짓 증인이 될 것이다. 또한, 믿음은 경건한 소원들과 일치할 수 없다는 것을 보여주면서, 고린도 교인들의 믿음 역시 헛된 것이 될 것이다. 믿음은 진리에 기초해야 한다. 만약 이들의 믿음이 종교적인 환상이고 그리스도가 부활하지 않았다면, 이들은 자신들의 죄를 용서받지 못한 것이 된다. 마찬가지로, 부활이 없다면, 그리스도 안에서 "잠자는"(15:18) 자들은 용서받지 못하고 영원히 파멸되어 최후의 심판을 받게 될 것이다. 참으로, 현재의 생명만을 위하여 그리스도에게 소망을 둔 사람들은 불쌍히 여김을 받아야 한다. 기독교인이 되는 것이 정말 사실이 아니라고 한다면, 바울은 이것 자체가 고귀하고 훌륭하다고 생각하지 않는다. 바울은 잘못된 것을 믿는다는 것이 약간의 위로가 될 수 있지만, 이것을 가련하다고 생각한다.

그리스도는 분명히 죽은 자 가운데에서 일어나셨지만, 그리스도의 부활에 대한 시간적 간격과 시간적 의미를 설명할 필요가 있다(15:20-28). 그리스도는 추수의 나머지가 수확될 것이라는 보증, 즉 "첫 열매"이다. 아담 안에서 사망이 왔지만, 그러나 그리스도 안에서 부활이 왔다. 부활은 그리스도에게 속한 자들에게만 한정되고 예수가 돌아올 때 신자들에게 실체가 될 것이다. 그리스도가 올 때, 역사 역시 끝나게 될 것이다. 즉, 하나님 나라는 아버지에게 바쳐질 것이다. 이 본문을 읽는 가장 자연스러운 방법은 종말과 그리스도의 오심이 동시에 있다는 것이다. 25절에서 바울은 시편 110:1을 언급하는데, 모든 적이 그리스도의 발아래 엎드려질 때까지 그가 다스릴 것이며, 죽음은 마지막이자 최종적인 적이라는 것을 확언한다. 바울은 또한 모든 것이 그리스도의 발아래 있을 것이라고 말하면서, 창조의 시편(시 8:6)을 언급한다. 그러나 성부 하나님은 그리스도에게 복종하지 않을 것이지만, 하나님이자 사람으로서, 그리고 마지막 아담으로서 부활하시고 다스리는 분으로서 성자는 그 자신을 성부에게 복종시킬 것이다.

부활을 지지하는 더 많은 실제적인 주장들은 고린도전서 15:29-34에서 주어진다. 첫째, 부활이 없다면, 죽은 자를 위한 세례는 버려져야 한다. 바울은 죽은 자를 위한 세례로 무엇을 의미하려고 했는지 아는 것은 거의 불가능하다. 사실 이 표현은 놀랄 만한 것이 아닌데, 주제가 죽은 자를 위한 세례가 아니라, 부활이기 때문이다! 많은 추측이 제기되지만, 그러나 가장 가능성 있는 시나리오는 몇몇 신자들은 회심 이후 곧바로 죽었고, 다른 신자들이 이들을 위하여 세례를 받았다는 것이다. 둘째, 부활이 없다면, 지금 받는 고난에 아무 의미가 없다는 것이다. 즉, 부활이 없다면, 고난을 받는 것 대신에, 신자들은 죽음이 닥치기 전에 경건하지 않은 자들의 본을 따르고, 먹고 마시고 기뻐해야 했을 것이다(사 22:13 참조). 고린도 교인들이 이 문제에 관하여 올바로 이해하지 못한 것은 부끄러운 일이며, 이들이 잘못된 사람들과 교제하고 있었다는 것을 보여준다. 이 교인들은 깨어 있도록 권면을 받는데, 부활에 관한 이들의 입장이 하나님에 대한 무지를 드러낼 뿐이기 때문이다.

15장의 나머지에서 바울은 죽은 자의 부활이 어리석은 것이라는, 교회 내의 개념을 나타낸다(고전 15:35-38). 몇몇 고린도 교인들에 의해 제기된 반대들은 몸의 부활에 대한 헬라적 개념과 부합한다. 바울은 부활을 거절하는 자들을 어리석은 자로 책망하며, 육체의 부활에 대한 개념을 조롱하는 자들에 반대하여 논쟁을 벌인다. 자연 세계는 하나님의 변화시키는 능력에 대한 증거로서 소개된다. 놀라운 식물이 생명이 없어 보이는 씨앗으로부터 솟아난다. 현재의 시대에서 육체의 다양성은 하나님이 부활의 몸을 만들 수 있다는 것을 증명한다. 즉, 하나님의 창조 능력은 인간, 짐승, 물고기, 새의 육체에서 분명하다. 같은 방식으로, 그는 해와 달과 같은 하늘에 속한 형체와 인간과 동물과 같은 땅에 속한 형체를 만들었다. 심지어 별들도 서로 각각의 아름다움과 광채가 다르다. 이러한 아름다움과 다양성을 가진 세상을 창조하신 하나님은 확실히 죽은 자를 일으킬 수 있다.

확실히, 현재의 몸과 미래의 몸 사이에는 불연속성이 있다. 몸은 썩을 것에서 썩지 아니할 것으로, 욕된 것에서 영광스러운 것으로, 약한 것에서 강한 것으로, 육의 몸에서 신령한 몸으로 바뀔 것이다. "신령한 몸"은 앞으로 주어질 몸이 육체적이지 않다는 것을 의미하지 않는다. 즉, 미래의 몸은 성령에 의해 생기를 얻고 능력을 받는다는 것을 의미한다. 첫 번째 아담은 자연적인 생명을 주지만, 두 번째 그리스도는 성령으로부터 초자연적인 생명을 준다는 점에서, 아담에서 그리스도로 예표론적인(typological) 진행이 있다.

현재의 몸을 가진 신자들, 즉 썩어질 몸을 가진 신자들은 하나님 나라를 유업으로 받을 수 없다. 그리스도가 돌아올 때 살아 있는 사람들은 즉시 변형될 것이며, 이미 죽은 신자들은 일어나게 될 것이고, 모든 신자는 썩지 않는 몸을 갖게 될 것이다. 그날이 오면, 이사야 25:8과 호세아 13:14의 약속들이 완전히 실현될 것이다. 이사야 25장은 하나님께서 악한 도시를 심판하시고 여호와의 산에서 자신의 백성을 위한 마지막 잔치를 베푸실 날을 예언하고 있다. 주님은 자신의 백성을 구원하실 것이며, 이들은 기쁨으로 가득할 것이다. 주님은 "사망을 영원히 멸하실 것이며" 눈물을 씻기실 것이다(사 25:8).

호세아 13:14의 말씀은 동시에 성취될 것이다. 여기에서 바울이 구약성경을 인용하는 문제는 이해하기 어렵다. 호세아는 이스라엘의 우상 숭배와 교만 때문에 심판이 임할 것이라고 약속한다. 이 심판의 말씀 가운데 위로의 말씀이 주어지는데, "내가 그들을 스올의 권세에서 속량하며 사망에서 구속하리니 사망아 네 재앙이 어디 있느냐 스올아 네 멸망이 어디 있느냐 뉘우침이 내 눈 앞에서 숨으리라"라고 진술된다. 그러나 이 약속은 다음 구절(13:14-15)에서 철회되는 것처럼 보인다. 아마도 호세아의 전체 메시지에 비추어서, 우리는 비록 주님께서 결국 이스라엘을 회복할 때가 있다고 할지라도, 심판이 확실히 올 것이라고 말할 수 있다(14:7-9). 바울은 호세아의 구속 약속이 예수 그리스도 안에서 성취되었다는 것을 본다. 사망의 승리와 쏘는 것이 제거되었으므로, 바울은 사망의 패배를 열광적으로 찬양한다. 그러나 이 승리는 여전히 완전히 경험되지 않는다. 신자들은 여전히 약속된 것의 실현을 기다린다. 죄와 사망에 대한 승리는 예수 그리스도 안에서 성취된다. 그러므로 신자들은 기쁘게 자신들의 일을 계속해야 한다.

예루살렘에 있는 가난한 성도들을 위한 헌금(16:1-4)

가난한 성도들을 위한 헌금은 바울에게 중요하였다. 그는 여기에서, 고린도후서 8-9장에서, 그리고 로마서 15:25-28에서 이 헌금 문제를 언급한다. 헌금은 기근으로 고통받는 예루살렘의 가난한 신자들을 돕기 위한 것이었다. 고린도 교인들은 훈련된 방식("매주 첫날에")과 후하게("각 사람이 수입에 따라") 헌금해야 한다. 바울은 이 연보를 전달할 사람들을 고린도 교인들이 인정한 사람들로 정해서 예루살렘으로 보내려고 한다.

맺음말(16:5-24)

바울은 고린도 교인들을 방문할 계획을 전달한다. 왜냐하면 그는 대면 접촉과 사역이 가장 효과적이라는 것을 확신하기 때문이다. 바울은 이 교인들에게 디모데를 정중하게 영접하도록 요구하는데, 디모데가 소심해서가 아니라 바울의 대리인이었기 때문이다. 또한 이들이 그를 혹시라도 서운하게 하지 않을까, 바울이 염려하기 때문에 이렇게 요구한다. 반면에 아볼로는 고린도 교회를 방문할 때라고 느끼지 않았던 것 같다. 비록 바울은 다르게 생각했을 수 있지만, 그는 고린도를 방문하는 결정을 아볼로에게 남겨둔다. 깨어 있도록, 강건하도록, 그리고 사랑하도록 바울은 마지막 권면들을 한다.

바울은 자신을 방문하기 위해 도착한 스데바나와 친구들을 칭찬하며, 고린도 교인들에게 그 도착한 자들에게 복종하고 이들을 인정하도록 촉구한다. 이들은 고린도 교인들에게 바울의 메시지를 전달할 것이고 따라서 이들에 대한 고린도 교인들의 반응은 바울과 복음에 대한 반응을 나타낼 것이다. 이 편지는 인사말과 거룩한 입맞춤으로 서로 인사하도록 하는 권면으로 끝난다. 바울은 주 예수를 사랑하지 않은 사람을 저주하고 주님께서 다시 오시기를 기도한다. 이 편지는 은혜 축도와 바울의 사랑에 대한 표현으로 끝난다.

고린도전서: 주석들

Ambrosiaster. *Commentaries on Romans and 1-2 Corinthians*. Translated and edited by Gerald L. Bray. ACT. Downers Grove, IL: InterVarsity, 1999.

Barclay, William. *The Letters to the Corinthians*. Rev. ed. DSBS. Philadelphia: Westminster, 1975.

Barnett, Paul. *1 Corinthians*. Ross-shire, UK: Christian Focus, 2000.

Barrett, Charles K. *The First Epistle to the Corinthians*. HNTC. New York: Harper & Row, 1968.

Blomberg, Craig L. *1 Corinthians*. NIVAC. Grand Rapids: Zondervan, 1994.

Brookins, Timothy A., and Bruce W. Longenecker. *1 Corinthians 1-9: A Handbook on the Greek Text*. Waco: Baylor University Press, 2016.

———. *1 Corinthians 10-16: A Handbook on the Greek Text*. Waco: Baylor University Press, 2016.

Bruce, F. F. *1 and 2 Corinthians*. London: Marshall, Morgan & Scott, 1971.

Calvin, J. *Commentary on the Epistles of Paul the Apostle to the Corinthians*. Translated by J. Pringle. Calvin Translation Society. Grand Rapids: Baker, 1981.

Ciampa, Roy E., and Brian S. Rosner. "1 Corinthians." In *Commentary on the New Tes- tament Use of the Old Testament*, edited by G. K. Beale and D. A. Carson, 695-752. Grand Rapids: Baker Academic, 2007.

———. *The First Letter to the Corinthians*. PNTC. Grand Rapids: Eerdmans, 2010.

Collins, Raymond F. First Corinthians. SP. Collegeville, MN: Liturgical Press, 1999.

Conzelmann, Hans. *1 Corinthians*. Hermeneia. Philadelphia: Fortress, 1975.

Edwards, T. C. *A Commentary on the First Epistle to the Corinthians*. Minneapolis: Klock & Klock, 1979.

Fee, Gordon D. *The First Epistle to the Corinthians*. 2nd ed. NICNT. Grand Rapids: Eerdmans, 2014.

Fisk, Bruce. *First Corinthians*. Interpretation Bible Studies. Louisville: Westminster John Knox, 2000.

Fitzmyer, Joseph A. *First Corinthians*. Rev. ed. AB. New Haven: Yale University

Press, 2008.

Gardner, Paul D. *1 Corinthians*. ZECNT. Grand Rapids: Zondervan, 2018.

Garland, David E. *1 Corinthians*. BECNT. Grand Rapids: Baker Academic, 2003.

Godet, Frédéric L. *Commentary on St. Paul's First Epistle to the Corinthians*. 2 vols. Edinburgh: T&T Clark, 1886-87.

Grosheide, Frederick W. *Commentary on the First Epistle to the Corinthians*. NICNT. Grand Rapids: Eerdmans, 1953.

Harrisville, Roy H. *First Corinthians*. ACNT. Minneapolis: Augsburg, 1987.

Hays, Richard B. *First Corinthians*. IBC. Louisville: John Knox, 1997.

Héring, Jean. *The First Epistle of St. Paul to the Corinthians*. London: Epworth, 1962.

Hodge, Charles. *Exposition of the First Epistle to the Corinthians*. Grand Rapids: Eerdmans, 1976.

Horsley, Richard A. *1 Corinthians*. Nashville: Abingdon, 1998.

Johnson, Alan F. *1 Corinthians*. IVPNTC. Downers Grove, IL: InterVarsity, 2010.

Keener, Craig S. *1-2 Corinthians*. NCBC. Cambridge: Cambridge University Press, 2005.

Kistemaker, Simon. *Exposition of the First Epistle to the Corinthians*. Grand Rapids: Baker, 1993.

Lockwood, Gregory. *1 Corinthians*. Concordia Popular Commentary. St. Louis: Concordia, 2000.

Lull, David. 1 Corinthians. St. Louis: Chalice, 2007.

Mare, W. H. "1 Corinthians." In *Romans through Galatians, vol. 10 of The Expositor's Bible Commentary*, edited by F. E. Gaebelein, 173-297. Grand Rapids: Zondervan, 1976.

Merklein, Helmut, and Marlis Gielen. *Erste Brief an die Korinther Kapitel 1-4*. Gütersloh: Gutersloher Verlagshaus, 2005.

Meyer, H. A. W. *Critical and Exegetical Handbook to the Epistles to the Corinthians*. Winona Lake, IN: Alpha, 1979.

Moffatt, James. *The First Epistle of Paul to the Corinthians*. London: Hodder & Stoughton, 1938.

Montague, George T. *First Corinthians*. CCSS. Grand Rapids: Baker Academic, 2011.

Morris, Leon. *The First Epistle of Paul to the Corinthians*. TNTC. London: Tyndale, 1958.

Murphy-O'Connor, Jerome. *1 Corinthians*. New York: Doubleday, 1998.

Oropeza, B. J. *1 Corinthians*. Eugene, OR: Cascade, 2017.

Orr, W. F., and J. A. Walther. *1 Corinthians: A New Translation*. Garden City, NY: Doubleday, 1976.

Oster, Richard. *1 Corinthians*. Joplin, MO: College Press, 1995.

Powers, B. Ward. *First Corinthians: An Exegetical and Explanatory Commentary*. Eugene, OR: Wipf & Stock, 2008.

Prior, David. *The Message of 1 Corinthians: Life in the Local Church*. Leicester, UK: Inter-Varsity, 1985.

Robertson, A. T., and A. Plummer. *A Critical and Exegetical Commentary on the First Epistle of St. Paul to the Corinthians*. ICC. Edinburgh: T&T Clark, 1911.

Ruef, J. S. *Paul's First Letter to Corinth*. Baltimore: Penguin, 1971.

Sampley, Paul. "1 Corinthians." In *The New Interpreter's Bible*, edited by Leander E. Keck et al., 10:771-1003. Nashville: Abingdon, 2001.

Schreiner, Thomas R. *1 Corinthians*. TNTC. Nottingham: Inter-Varsity, 2018.

Talbert, Charles H. *Reading Corinthians: A Literary and Theological Commentary*. Rev. ed. RNTS. Macon, GA: Smyth & Helwys, 2003.

Taylor, Mark Edward. *1 Corinthians*. NAC. Nashville: B&H, 2014.

Theodoret of Cyrus. *Commentary on the Letters of St. Paul*. Vol. 1. Translated by Robert Charles Hill. Brookline, MA: Holy Cross Orthodox Press, 2001.

Thiselton, Anthony C. *1 Corinthians: A Shorter Exegetical and Pastoral Commentary*. Grand Rapids: Eerdmans, 2006.

———. *The First Epistle to the Corinthians*. NIGTC. Grand Rapids: Eerdmans, 2000.

Witherington, Ben, III. *Conflict and Community in Corinth: A Socio-Rhetorical Commentary*. Grand Rapids: Eerdmans, 1995.

Wright, N. T. *Paul for Everyone: 1 Corinthians*. Louisville: Westminster John

Knox, 2004.

고린도전서: 연구논문(article)과 소논문(essay), 그리고 단행본들

Aune, David E. *Prophecy in Early Christianity and the Ancient Mediterranean World*. Grand Rapids: Eerdmans, 1983.

Bartchy, Scott S. *"Mallon Chr sai": First-Century Slavery and the Interpretation of 1 Corinthians 7:21*. Missoula, MT: Society of Biblical Literature, 1973.

Bauckham, Richard J. *Jesus and the God of Israel: God Crucified and Other Studies on the New Testament's Christology of Divine Identity*. Grand Rapids: Eerdmans, 2009.

Baur, F. C. *Paul the Apostle of Jesus Christ: His Life and Work, His Epistles and Teachings*. 2 vols. Peabody, MA: Hendrickson, 2003.

Beale, G. K. *The Temple and the Church's Mission: A Biblical Theology of the Dwelling Place of God*. Downers Grove, IL: InterVarsity, 2004.

Bedale, S. "The Meaning of Kephal in the Pauline Epistles." *JTS* 5 (1954): 211-15.

Blattenberger, David E. *Rethinking 1 Corinthians 11:2-16 through Archaeological and Moral-Rhetorical Analysis*. Lewiston, NY: Mellen, 1997.

Blomberg, Craig. "Degrees of Reward in the Kingdom of Heaven?" *JETS* 35 (1992): 159-72.

Bockmuehl, Markus N. A. *Revelation and Mystery in Ancient Judaism and Pauline Christianity*. Tübingen: Mohr Siebeck, 1990.

Boswell, John. *Christianity, Social Tolerance, and Homosexuality: Gay People in Western Europe from the Beginning of the Christian Era to the Fourteenth Century*. Chicago: University of Chicago Press, 1980.

Bradley, K. R. *Slavery and Society at Rome*. Cambridge: Cambridge University Press, 1994.

———. *Slaves and Masters in the Roman Empire: A Study in Social Control*.

Oxford: Oxford University Press, 1987.

Brookins, Timothy. *Corinthian Wisdom, Stoic Philosophy, and the Ancient Economy*. SNTSMS 159. Cambridge: Cambridge University Press, 2014.

Bullmore, Michael A. *Theology of Rhetorical Style: An Examination of 1 Corinthians 2:1-5 in Light of First Century Graeco-Roman Rhetorical Culture*. San Francisco: International Scholars, 1995.

Byers, Andrew. "The One Body of the Shema in 1 Corinthians: An Ecclesiology of Christological Monotheism." *NTS* 62 (2016): 517-32.

Byron, John. *Slavery Metaphors in Early Judaism and Pauline Christianity: A Traditio-Historical and Exegetical Examination*. Tübingen: Mohr Siebeck, 2003.

Callan, Terrance. "Prophecy and Ecstasy in Greco-Roman Religion and in 1 Corinthians." *NovT* 27 (1985): 125-40.

Carson, D. A. *The Cross and Christian Ministry: An Exposition of Passages from 1 Corinthians*. Grand Rapids: Baker, 1993.

———. "Pauline Inconsistency: Reflections on 1 Corinthians 9.19-23 and Galatians 2.11-14." *The Churchman* 100 (1986): 6-45.

———. *Showing the Spirit: A Theological Exposition of 1 Corinthians 12-14*. Grand Rapids: Baker, 1987.

Cervin, Richard S. "Does *Kephalē* Mean 'Source' or 'Authority' in Greek Literature? A Rebuttal." *TJ* 10 (1989): 85-112.

Chester, Stephen J. *Conversion at Corinth: Perspectives on Conversion in Paul's Theology and the Corinthian Church*. Edinburgh: T&T Clark, 2003.

Cheung, Alex T. *Idol Food in Corinth: Jewish Background and Pauline Legacy*. Sheffield: Sheffield Academic, 1999.

Chow, John K. *Patronage and Power: A Study of Social Networks in Corinth*. Sheffield: JSOT Press, 1992.

Clarke, Andrew D. *Secular and Christian Leadership in Corinth: A Socio-Historical and Exegetical Study of 1 Corinthians 1-6*. Leiden: Brill, 1993.

Collins, A. Y. "The Function of 'Excommunication' in Paul." *HTR* 73 (1980): 251-

63.

Davidson, Richard M. *Typology in Scripture: A Study of Hermeneutical Typos Structures*. Berrien Springs, MI: Andrews University Press, 1981.

de Boer, Martinus C. *The Defeat of Death: Apocalyptic Eschatology in 1 Corinthians 15 and Romans 5*. Sheffield: JSOT Press, 1988.

Deming, Will. *Paul on Marriage and Celibacy: The Hellenistic Background of 1 Corinthians 7*. Cambridge: Cambridge University Press, 1995.

DeSilva, David A. *Honor, Patronage, Kinship and Purity: Unlocking New Testament Culture*. Downers Grove, IL: InterVarsity, 2000.

Dunn, James D. G. *Baptism in the Holy Spirit: A Re-examination of the Testament Teaching on the Gift of the Spirit in Relation to Pentecostalism Today*. Philadelphia: Westminster, 1970.

———. *1 Corinthians*. New Testament Guides. Sheffield: Sheffield Academic, 1995.

Dutch, Robert S. *The Educated Elite in 1 Corinthians: Education and Community Conflict in Graeco-Roman Context*. London: T&T Clark, 2005.

Ellis, E. Earle. *Prophecy and Hermeneutic in Early Christianity: New Testament Essays*. Grand Rapids: Eerdmans, 1978.

Enns, Peter E. "The 'Moveable Well' in 1 Corinthians 10:4: An Extra-Biblical Tradition in an Apostolic Text." *BBR* 6 (1996): 23-38.

Fee, Gordon D. "Eid-lothyta Once Again: An Interpretation of 1 Corinthians 8-10." *Bib* 61 (1980): 172-97.

———. *God's Empowering Presence: The Holy Spirit in the Letters of Paul*. Peabody, MA: Hendrickson, 1994.

Finney, Mark. "Honour, Head-Coverings and Headship: 1 Corinthians 11:2-16 in Its Social Context." *JSNT* 33 (2010): 31-58.

Fisk, Bruce N. "Eating Meat Offered to Idols: Corinthian Behavior and Pauline Response in 1 Corinthians 8-10 (A Response to Gordon Fee)." *TJ* 10 (1989): 49-70.

———. "Porneuein as Body Violation: The Unique Nature of Sexual Sin in 1

Corinthians 6.18." *NTS* 42 (1996): 540-58.

Fitzmyer, Joseph A. "Another Look at Kephal￧ in 1 Corinthians 11:3." *NTS* 35 (1989): 503-11.

———. "A Feature of Qumran Angelology and the Angels of I Cor. xi.10." *NTS* 4 (1958): 48-58.

Forbes, Christopher. *Prophecy and Inspired Speech in Early Christianity and Its Hellenistic Environment*. WUNT 2/75. Tübingen: Mohr Siebeck, 1995.

Fotopoulos, John. *Food Offered to Idols in Roman Corinth: A Social-Rhetorical Reconsideration of 1 Corinthians 8:1-11:1*. WUNT 2/151. Tübingen: Mohr Siebeck, 2003.

Furnish, Victor P. *The Theology of the First Letter to the Corinthians*. Cambridge: Cambridge University Press, 1999.

Gardner, Paul D. *The Gifts of God and the Authentication of a Christian: An Exegetical Study of 1 Corinthians 8-11:1*. Lanham, MD: University Press of America, 1984.

Gill, David W. J. "Erastus the Aedile." *TynBul* 40 (1989): 293-301.

———. "The Importance of Roman Portraiture for Head-Coverings. 1 Corinthians 11:2- 16." *TynBul* 41 (1990): 245-60.

———. "The Meat-Market at Corinth (1 Corinthians 10:25)." *TynBul* 43 (1992): 389-93.

Gillespie, Thomas W. *First Theologians: A Study in Early Christian Prophecy*. Grand Rapids: Eerdmans, 1994.

Gladd, Benjamin L. *Revealing the Mysterion: The Use of Mystery in Daniel and Second Temple Judaism with Its Bearing on First Corinthians*. BZNW 160. Berlin: de Gruyter, 2008.

Glancy, Jennifer A. *Slavery in Early Christianity*. Minneapolis: Fortress, 2006.

Gooch, Peter D. "'Conscience' in 1 Corinthians 8 and 10." *NTS* 33 (1987): 244-54.

———. *Dangerous Food: 1 Corinthians 8-10 in Its Context*. Waterloo, ON: Wilfrid

Laurier University Press, 1993.

Grudem, Wayne A. "Does *Kephalē* ('Head') Mean 'Source' or 'Authority Over' in Greek Literature? A Survey of 2,336 Examples." *TJ* 6 (1985): 38-59.

———. "1 Corinthians 14:20-25: Prophecy and Tongues as Signs of God's Attitude." *WTJ* 41 (1979): 381-96.

———. *The Gift of Prophecy in 1 Corinthians*. Washington, DC: University Press of America, 1982.

———. "The Meaning of *Kephalē* ('Head'): A Response to Recent Studies." *TJ* 11 (1990): 3-72.

———. "The Meaning of *Kephalē* ('Head'): An Examination of New Evidence, Real and Alleged." *JETS* 44 (2001): 25-65.

Gundry, Robert H. "'Ecstatic Utterance' (N. E. B.)?" *JTS* 17 (1966): 299-307.

Gundry-Volf, Judy. "Affliction for Procreators in the Eschatological Crisis: Paul's Marital Counsel in 1 Corinthians 7.28 and Contraception in Greco-Roman Antiquity." *JSNT* 39 (2016): 141-68.

———. "Gender and Creation in 1 Corinthians 11:2-16: A Study in Paul's Theological Method." In *Evangelium, Schriftauslegung, Kirche: Festschrift fur Peter Stuhlmacher zum 65 Geburtstag*, edited by J. Adna et al., 151-71. Gottingen: Vandenhoeck & Ruprecht, 1997.

Hill, Charles E. "Paul's Understanding of Christ's Kingdom in 1 Corinthians 15:20-28." *NovT* 30 (1988): 297-320.

Hill, David. *New Testament Prophecy*. London: Marshall, Morgan & Scott, 1979.

Hock, Ronald F. *The Social Context of Paul's Ministry*. Philadelphia: Fortress, 1980.

Hooker, Morna D. "Authority on Her Head: An Examination of 1 Cor. 11:10." *NTS* 10 (1963-64): 410-16.

———. "'Beyond the Things That Are Written': St. Paul's Use of Scripture." *NTS* 27 (April 1981): 295-309.

Horrell, David. *The Social Ethos of the Corinthian Correspondence: Interest and Ideology from 1 Corinthians to 1 Clement*. Edinburgh: T&T Clark, 1996.

Houston, Graham. *Prophecy: A Gift for Today?* Downers Grove, IL: InterVarsity, 1989.

Hurley, James B. *Man and Woman in Biblical Perspective*. Grand Rapids: Zondervan, 1981.

Instone-Brewer, David. *Divorce and Remarriage in the Bible: The Social and Literary Context*. Grand Rapids: Eerdmans, 2002.

——. "1 Corinthians 9:9-11: A Literal Interpretation of 'Do Not Muzzle the Ox.'" *NTS* 38 (1992): 554-65.

——. "1 Corinthians 7 in the Light of the Graeco-Roman Marriage and Divorce Papyri: Part 1." *TynBul* 52 (2001): 101-15.

——. "1 Corinthians 7 in the Light of the Jewish Greek and Aramaic Divorce Papyri: Part 2." *TynBul* 52 (2001): 225-43.

Johanson, Bruce C. "Tongues, a Sign for Unbelievers? A Structural and Exegetical Study of I Corinthians XIV.20-25." *NTS* 25 (1979): 180-203.

Kroeger, Catherine C. "The Classical Concept of Head as 'Source.'" In *Equal to Serve*, edited by G. G. Hull, 267-83. London: Scripture Union, 1987.

Kubo, Sakae. "1 Corinthians VII.16: Optimistic or Pessimistic?" *NTS* 24 (1978): 539-44.

Kuck, David W. *Judgment and Community Conflict: Paul's Use of Apocalyptic Judgment Language in 1 Corinthians 3:5-4:5*. Leiden: Brill, 1992.

Litfin, Duane. St. *Paul's Theology of Proclamation: 1 Corinthians 1-4 and Greco-Roman Rhetoric*. Cambridge: Cambridge University Press, 1994.

Martin, Dale B. *The Corinthian Body*. New Haven: Yale University Press, 1995.

——. *Slavery as Salvation: The Metaphor of Slavery in Pauline Christianity*. New Haven: Yale University Press, 1990.

——. "Tongues of Angels and Other Status Indicators." *JAAR* 59 (1991): 547-89.

Martin, Ralph P. *The Spirit and the Congregation: Studies in 1 Corinthians 12-15*. Grand Rapids: Eerdmans, 1984.

Massey, Preston T. "Veiling among Men in Roman Corinth: 1 Corinthians 11:4 and the Potential Problem of East Meeting West." *JBL* 137 (2018): 501-17.

May, Alistair Scott. *"The Body, for the Lord": Sex and Identity in 1 Corinthians 5-7*. JSNTSup 278. London: T&T Clark, 2004.

McDonough, Sean M. "Competent to Judge: The Old Testament Connection between 1 Corinthians 5 and 6." *JTS* 56 (2005): 99-102.

Meeks, Wayne A. "'And Rose Up to Play': Midrash and Paraenesis in 1 Corinthians 10:22." *JSNT* 16 (1982): 64-78.

Mickelsen, Alvera, and Berkeley Mickelsen. "What Does *Kephalē* Mean in the New Testament?" In Women, *Authority and the Bible*, edited by A. Mickelsen, 97-110. Downers Grove, IL: InterVarsity, 1986.

Mitchell, Alan C. "Rich and Poor in the Courts of Corinth: Litigiousness and Status in 1 Corinthians 6.1-11." *NTS* 39 (1993): 562-86.

Mitchell, Margaret. "Concerning peri de, in 1 Corinthians." *NovT* 31 (1989): 229-56.

———. *Paul and the Rhetoric of Reconciliation: An Exegetical Investigation of the Language and Composition of 1 Corinthians*. Louisville: Westminster John Knox, 1993.

Murphy-O'Conner, Jerome. "1 Corinthians 11:2-16 Once Again." *CBQ* 50 (1981): 265-74.

Naselli, Andrew David. "Is Every Sin outside the Body except Immoral Sex? Weighing Whether 1 Corinthians 6:18b is Paul's Statement or a Corinthian Slogan?" *JBL* 136 (2017): 969-87.

Niccum, Curt. "Voice of the Manuscripts on the Silence of Women: The External Evidence for 1 Cor. 14:34-35." *NTS* 43 (1997): 242-55.

Oropeza, B. J. *Paul and Apostasy: Eschatology, Perseverance and Falling Away in the Corinthian Congregation*. WUNT 11. Tübingen: Mohr Siebeck, 2000.

Oster, Richard E., Jr. "When Men Wore Veils to Worship: The Historical Context of 1 Corinthians 11:4." *NTS* 34 (1988): 481-505.

Perriman, A. C. "The Head of a Woman: The Meaning of *Kephalē* in 1 Cor. 11:3." *JTS* 45 (1994): 602-22.

Phua, Richard Liong-Seng. *Idolatry and Authority: A Study of 1 Corinthians 8:1-11:1 in the Light of the Jewish Diaspora*. LNTS 299. London: T&T Clark, 2005.

Pogoloff, Stephen M. *Logos and Sophia: The Rhetorical Situation of 1 Corinthians*. Atlanta: Scholars Press, 1992.

Poythress, Vern S. "Linguistic and Sociological Analysis of Modern Tongues Speaking: Their Contributions and Limitations." *WTJ* 42 (1980): 367-88.

———. "The Nature of Corinthian Glossolalia: Possible Options." *WTJ* 40 (1977): 130-35.

Richardson, Peter. "Judgment in Sexual Matters in 1 Corinthians 6:1-11." *NovT* 255 (1983): 37-58.

Robertson, O. Palmer. "Tongues: Sign of Covenantal Curse and Blessing." *WTJ* 38 (1975): 43-53.

Rosner, Brian S. Paul, *Scripture, and Ethics: A Study of 1 Corinthians 5-7*. Grand Rapids: Baker, 1999.

Schreiner, Thomas R., and Ardel B. Caneday. *The Race Set before Us: A Biblical Theology of Perseverance and Assurance*. Downers Grove, IL: InterVarsity, 2001.

Smith, David R. *"Hand This Man Over to Satan": Curse, Exclusion and Salvation in 1 Corinthians 5*. New York: T&T Clark, 2008.

Stuhlmacher, Peter. "The Hermeneutical Significance of 1 Cor 2:6-16." In *Tradition and Interpretation in the New Testament: Essays in Honor of E. Earle Ellis for His 60th Birthday*, edited by G. F. Hawthorne and O. Betz, 328-47. Grand Rapids: Eerdmans, 1987.

Sweet, J. P. M. "Sign for Unbelievers: Paul's Attitude to Glossolalia." *NTS* 13 (April 1967): 240-57.

Thielman, Frank. "Coherence of Paul's View of the Law: The Evidence of First Corinthians." *NTS* 38 (1992): 235-53.

Thiselton, Anthony C. "The 'Interpretation' of Tongues? A New Suggestion in the Light of Greek Usage in Philo and Josephus." *JTS* 30 (1979): 15-36.

———. "The Meaning of SARX in 1 Corinthians 5.5: A Fresh Approach in the Light of Logical and Semantic Factors." *SJT* 26 (1973): 204-28.

———. "Realized Eschatology at Corinth." *NTS* 24 (1977-78): 510-26.

Turner, Max. *The Holy Spirit and Spiritual Gifts: Then and Now*. Grand Rapids: Baker, 1996.

Verbruggen, Jan. "Of Muzzles and Oxen: Deut. 25:4 and 1 Cor. 9:9." *JETS* 49 (1996): 699-711.

Vlachos, Chris A. "Law, Sin, and Death: An Edenic Triad? An Examination with Reference to 1 Corinthians 15:56." *JETS* 47, no. 2 (2004): 277-98.

Wagner, J. R. "'Not Beyond the Things Which Are Written': A Call to Boast Only in the Lord (1 Cor. 4:6)." *NTS* 44 (1998): 279-87.

Wasserman, Emma. "Gentile Gods at the Eschaton: A Reconsideration of Paul's 'Principalities and Powers' in 1 Corinthians 15." *JBL* 136 (2017): 727-46.

Weima, Jeffrey A. D. "What Does Aristotle Have to Do with Paul? An Evaluation of Rhetorical Criticism." *CTJ* 32 (1997): 458-68.

Westfall, Cynthia Long. *Paul and Gender: Reclaiming the Apostle's Vision for Men and Women in Christ*. Grand Rapids: Baker Academic, 2016.

Williams, H. H. Drake. *The Wisdom of the Wise: The Presence and Function of Scripture within 1 Corinthians 1:18-3:23*. Leiden: Brill, 2001.

Willis, Wendell L. *Idol Meat in Corinth: The Pauline Argument in 1 Corinthians 8 and 10*. Chico, CA: Scholars Press, 1985.

Wilson, Andrew J. *The Warning-Assurance Relationship in 1 Corinthians*. WUNT 2/452. Tübingen: Mohr Siebeck, 2017.

Wimbush, Vincent L. *Paul, the Worldly Ascetic: Response to the World and Self-Understanding according to 1 Corinthians 7*. Macon, GA: Mercer University

Press, 1987.

Winter, Bruce W. *After Paul Left Corinth: The Influence of Secular Ethics and Social Change*. Grand Rapids: Eerdmans, 2001.

———. *Philo and Paul among the Sophists: Alexandrian and Corinthian Responses to a Julio-Claudian Movement*. Grand Rapids: Eerdmans, 2002.

———. *Roman Wives, Roman Widows: The Appearance of New Women and the Pauline Communities*. Grand Rapids: Eerdmans, 2003.

———. *Seek the Welfare of the City: Christians as Benefactors and Citizens*. Grand Rapids: Eerdmans, 1994.

Wire, Antoinette C. *The Corinthian Women Prophets: A Reconstruction through Paul's Rhetoric*. Minneapolis: Fortress, 1990.

Witherington, Ben, III. "Not So Idle Thoughts about Eid-lothyton." *TynBul* 44 (1993): 237-54.

Wright, David F. "Homosexuality: The Relevance of the Bible." *EvQ* 61 (1989): 291-300.

Yamauchi, Edwin M. *Pre-Christian Gnosticism: A Survey of the Proposed Evidence*. Grand Rapids: Eerdmans, 1973.

4. 고린도후서

서론

바울이 고린도후서를 썼다는 것을 의심하는 사람은 아무도 없지만, 그러나 많은 학자는 이 편지가 분석하기 가장 어려운 편지라는 것에 동의한다. 바울은 이 편지에서 대적자들에게 분명히 반응한다. 그는 다른 어떤 편지에서보다 개인에 관한 이야기를 더 많이 하고, 상당히 예민하며 감정적이다. 우리는 이 편지에서 바울의 사역과 기독교인의 삶의 본질을 이해하는 안목을 갖게 된다.

이 편지에 대한 몇몇 표들은 우리가 편지의 상황을 이해하도록 도움을 준다.

BC 146년	로마와의 전쟁으로 파괴된 고대의 고린도
BC 44년	로마의 식민지로 세워진 고린도
AD 50-51년	바울은 고린도에서 18개월을 보낸다(행 18:11)
AD 51-52년	갈리오는 아가야 총독이었다(행 18:12-17 참조)
AD 54년	바울은 에베소에서 고린도전서를 썼다(고전 16:8)
AD 55년	바울은 마게도냐에서 고린도후서를 썼다(고후 7:5)

고린도 교인들에게 보낸 바울의 편지들	
고린도전서 이전의 편지	"내가 너희에게 쓴 편지"(고전 5:9)
고린도전서	
고린도전서와 고린도후서 사이 기간에 보내어진 편지	"내가...너희에게 썼노니"(고후 2:4). 소수의 견해는 이 편지를 고린도전서로 이해한다
고린도후서	

고린도후서의 개요는 쉽지 않지만, 그러나 책을 나누는 간단한 방법은 다음과 같다.

개요	
과거: 디도는 눈물의(severe) 편지 이후에 돌아왔다	1:1-7:16
현재: 예루살렘에 있는 가난한 자들을 위해 돈을 주도록 하는 바울의 권면	8:1-9:15
미래: 교인 중 소수는 여전히 바울을 반대하였다	10:1-13:13

바로 위의 표와 장 구분은 같지만, 다른 개요로 다음과 같이 나눌 수 있다.

고린도 교인들의 회개에 대한 바울의 기쁨	1:1-7:16
고린도 교인들이 진정으로 회개했다는 것은 이 교인들의 관대한 선물로 증명될 것이다	8:1-9:15
고린도 교인들이 회개했다는 것은 거짓 교사들을 거절함으로써 증명될 것이다	10:1-13:13

몇몇 학자들은 고린도후서가 여러 개의 다른 편지들로 구성되어, 나중에 한 편지로 합쳐졌다고 생각한다. 특히, 많은 학자는 10-13장이 나중에 덧붙여졌다고 주장한다. 왜냐하면 이 편지의 어조(tone)가 극적으로 바뀌기 때문이다. 그러나 우리가 편지의 여러 부분을 접하게 되면, 이 편지가 처음부터 하나의 편지였다는 것과 이 편지는 실제로 의도적으로 구성되었다는 것을

알게 될 것이다.

만약 우리가 이 편지를 전체로서 하나의 편지로 생각한다면, 1-7장에서 바울은 고린도 교인들이 자신이 보낸 눈물의 편지를 받고 회개했다는 좋은 소식을 디도를 통하여 듣고 기뻐함을 우리는 보게 된다. 우리는 8-9장에서 고린도 교인들이 예루살렘에 있는 가난한 성도들을 위한 헌금에 기부함으로써 자신들의 회개를 증명하도록 권면을 받는다는 것을 알게 된다. 이 교인들은 또한 거짓 복음을 옹호하는 반대자들을 배척함으로써, 자신들의 회개를 증명해야 한다.

학자들은 또한 이 편지 안에 묘사된 반대자들을 이해하는데 고생해 왔다. 과연 이 반대자들이 율법을 준수하는 중요성을 강조한 유대주의자들이었을까? 이와 달리, 고린도후서 3장을 제외하고는 율법은 그렇게 많이 나오지 않고, 할례도 문제인 것처럼, 전혀 보이지 않는다. 반대자들에 대한 다른 제안들이 있지만, 반대자들을 일반적으로 설명하는 것이 더 나은 것처럼 보인다. 분명히, 이 반대자들은 바울이 사도라는 사실에 의문을 제기했으며, 이들은 그가 지나치게 고난을 받았다는 것 때문에, 사도의 정당성(legitimacy)을 인정하지 않았던 것 같다. 이들은 아마도 우리가 오늘날 건강과 부를 강조하는 복음이라고 부를 수 있는 번영신학의 개념을 조장했던 것 같다. 즉, 그리스도에게 속한 사람들은 번영하고 고난을 받아서는 안 된다고 이 반대자들은 주장했다. 바울은 이러한 복음을 십자가 메시지의 모순으로서 이해한다. 왜냐하면 먼저 고난이 오고, 그다음 영광(물론 고난 중에도 영광과 능력이 있을지라도)이 오며, 주님은 신자들의 약함을 통하여, 자신의 능력을 나타내기 때문이다.

고난 속에 위로(1:1-11)

인사말은 아주 평범하지만, 그러나 고린도전서에서처럼, 바울은 아가야에 있는 "모든 성도"(고후 1:1)를 언급함으로써, 교인들의 시야의 범위를 넓게 한다. 바울은 고린도 교인들의 교만을 물리치기 위하여, 이들이 세상에서 유일한 신자가 아니라는 것을 다시 상기시켰을 것이다. 이 편지의 끝부분에서 우리는 고린도후서가 "모든 성도"(13:12)로부터 인사를 받은 유일한 편지라는 것을 보게 될 것이다. 이 편지의 시작과 끝에서 바울은 고린도 교인들이 자신들이 중심이고 더 나아가 자신들밖에 없다는 편협한 태도(provincialism)를 억제하고 있다.

감사 단락 대신에, 바울은 에베소서 1:3-4에서처럼, 축복으로 시작한다(고후 1:3-7). 그는 자비와 위로의 근원이 되신 하나님 아버지를 찬양한다. 바울이 "우리"라는 표현을 말할 때, 그는 특히 자신을 사도로 생각하고, 고난 중에서도 자신을 위로하신 하나님을 찬양한다(사 40:1; 51:12 참조). 이러한 위로의 목적은 다른 사람들이 고통을 겪을 때 똑같은 위로를 이 다른 사람들에게 줄 수 있도록 하기 위함이다. 그리스도의 고난이 이들의 삶에 흘러 들어가는 것처럼, 그리스도의 위로 역시 흘러 들어간다. 환난과 고난은 다른 사람들의 위로와 구원을 위한 것이며, 다른 사람들에게 전해지는 이 위로는 고난을 받은 사람들이 인내하면서 고난을 견디도록 격려한다. 그러므로 고난의 경험은 희망을 약화하지 않고 오히려 강화하게 된다. 그리스도를 위하여 고난을 받는 사람들 역시 그리스도의 위로를 누릴 것이다. 이 단락의 내용(고후 1:3-7)은 편지 전체를 고려할 때 가장 흥미롭다. 우리는 대적자들이 바울의 정당성에 의문을 제기했다고 알고 있다. 왜냐하면 그가 고난받았기 때문이다. 그러나 그는 이들과 바로 전투하려고 하지 않고 찬양과 축복으로 시작한다(전투는 곧 충분히 올 것이다). 그는 고린도 교인들이 고난의 유익을 깨닫고 하나님이 이러한 고난을 이들의 삶과 다른 사람들의 삶에서 사용하는 것을 보기 원한다. 반대자들은 고난이 어떤 사람의 정당성을 약화한다고 생각했지만, 그러나 바울은 그 반대라고 말한다! 고난은 소망을 가져온다.

바울은 1:3-7에서 말한 것에 대한 예를 들면서, 1:8-11에서 그는 하나님께서 자신을 위로하고 구원하였던 그 고난에 대하여 나눈다. 우리는 이 구절들 안에서 바울이 어떤 사건을 논의하는지 알고 싶어 할 것이다. 한 가지 흥미로운 추측은 그가 사도행전 19장에 등장한 에베소에서의 폭동을 언급한 것이지만, 그러나 그는 심각한 질병과 투옥, 또는 반대자들로부터 받은 공격을 언급했을 수 있다. 결국 우리는 확신할 수 있는 정보가 충분하지 않다는 것을 고백해야 한다. 그가 경험한 고난은 거의 완전히 무기력하게 하였고, 삶에 절망적이었다. 고난의 목적은 바울이 죽은 자를 일으키시는 하나님을 믿도록, 자신을 과신하는 태도를 꺾기 위함이었다. 고난은 신자들에게 자신들의 소망은 그리스도의 십자가와 부활임을 상기시켜준다. 고난과 죽음의 상황은 신자들의 경험이므로, 구원을 위한 소망이 그리스도 안에 놓이게 될 것이다. 구원은 또한 다른 사람들의 기도를 통하여 이루어지고, 따라서 바울은 이들의 기도를 통하여 하나님으로부터 능력을 받는다. 여기에서 다시, 바울은 반대자들의 비난을 예상하는데, 이들은 영적인 능력이 우리의 삶에서 어떠한 연약함이 있지 않다는 것을 의미한다고 생각하였다. 바울은 이 시작 부분에서, 이러한 입장은 복음의 근본적인 메시지와 모순된다는 것을 보여준다.

바울의 진실성에 대한 변호(1:12-2:11)

바울은 하나님을 축복하는 것에서 방향을 돌려, 자신의 사역을 변호하게 된다. 우리는 그가 왜 자기 자신을 변호하는지 이후에 보게 될 것이다(12:19). 바울은 개인적인 삶에 있어서 자기 자신이 완벽하다고 주장하고 있지 않지만, 그러나 그는 자신의 사역이 "하나님의 거룩함과 진실함"(1:12)으로 행해졌다고 주장하고 있다. 어느 사람도 사역의 현장에서 바울이 자격을 상실할 정도의 도덕적 결함이나 죄가 있다고 지적할 수 없었다. 바울은 자신의 진실함에 대하여 자랑하는데, 이렇게 자랑하는 것은 "주 안에서 자랑해야"(고전 1:31) 한다는 것을 강조하기 때문에, 이상하게 보일 수 있다. 자랑하는 것은 어색하지만, 그리스도를 위한 것이며 복음을 전하려는 의도가 있을 때에는 가능하다. 바울이 고린도 교인들을 기뻐하는 것처럼, 이 교인들은 그를 비난하는 것 대신에, 기뻐해야 한다. 왜냐하면 이들은 그리스도의 날에 서로 큰 자부심과 기쁨을 발견할 것이기 때문이다. 분명하게, 바울에 대한 비판은 그가 두 번이나 이 교인들을 방문하겠다는 의사를 전달한 이후 계획을 변경하여 방문하지 않기로 결정한 것에서 비롯된 것 같다(고후 1:15-17).

그렇다면, 교인들은 이 계획들의 변경 때문에 바울의 정직성과 진실성을 근본적으로 의심하게 되었는가? 그는 오지 않을 계획임에도 불구하고, 혹시 그가 방문한다고 말했던 것인가? 고린도전서 16:5-9에서 바울은 고린도에서 상당한 시간을 보내려고 의도했지만, 그러나 그곳에 방문하는 것은 하나님의 뜻에 달려 있음을 지적하면서 자신의 의도를 제한한다. 바울은 자신의 신실함을 하나님의 신실함과 결부시킨다(고후 1:18). 만일 그가 그리스도와의 일체감(identification)을 부인했다면, 그는 복음 역시 부인했을 것이다. 바울이 부인하지 않았으므로, 그는 이 복음을 변호하기 위하여 자기 자신을 변호해야 하는 위치에 놓이게 된다. 결국, 예수 그리스도는 신자들에게 "예"와 "아니다"라고 말하지 않지만, 하나님의 말씀은 언제나 그리스도 안에서 "예"가 된다. 하나님의 모든 "약속들"은 그리스도 안에서 "예"이다.

뱀에 대한 승리의 약속(창 3:15)과 아브라함 안에서 주어진 축복의 약속들(창 12:1-3), 그리고 다윗에게 약속된 영원한 왕조(삼하 7장)와 종의 죽음에 근거한 새 언약(사 52:13-53:12; 렘 30-33장; 겔 36-37장)으로 시작하는 성경 계시의 전체 구조는 예수 그리스도 안에서, 더 나아가 교회 안에서 성취된다. 신자들은 “아멘”으로 말함으로써 응답한다. 즉 이들은 약속들의 성취를 기뻐하고 이 약속들은 온전히 실현될 것이라고 기도한다. 이 모든 것은 하나님에게 영광을 돌리는데, 이 약속들은 그의 능력으로 성취된다는 것이 분명하기 때문이다.

바울은 사도로서 갖는 자신의 권위에서 물러서지 않는다. 주님이 그리스도를 세우시고 기름을 부으신 것처럼, 마찬가지로 바울을 사역을 위하여 세우시고(법적 용어), 기름을 부으셨다. 바울은 자신이 그리스도 자신과 같은 수준에 있다는 것을 거의 암시하지 않고 있지만, 그러나 그는 자신을 그리스도의 필연적인 결과(corollary)로서 그리고 자신의 사역에서 그리스도를 대표하는 사람으로서 내세우고 있다. 하나님은 바울에게 인치셨고, 그를 신자이자 사도로 인증하셨다. 그에게 부여된 성령은 최종적인 유업의 보증이다. 여행 계획의 변경 문제가 바울의 사도권의 진정성에 대한 완전한 신학적인 변호가 된다는 것이 상당히 놀라운 것이지만, 그러나 사실이 그렇다. 바울은 1:21-22에서 모든 신자를 염두에 두고 말하는 것이 가능하다. 왜냐하면 하나님께서 모든 신자를 세우시고 기름을 부으시고 인치시며, 보증으로 성령을 주시기 때문이다. 물론 나는 이 구절들 안에서 바울의 사역이 특히 관련되고 드러난다고 생각하지만, 그러나 만약 모든 신자가 의도된다고 해도, 그 의미는 크게 바뀌지 않는다.

바울은 원래 계획했던 고린도 방문을 하지 않은 이유를 다시 설명한다(1:23-2:4). 이 문제의 심각성은 분명한데, 바울이 자신의 진실성을 표시하기 위하여 맹세하는 방식으로 설명하기 때문이다. 이것은 맹세하는 것이 절대적으로 금지되어 있지 않다는 것을 보여준다. 바울은 교회를 아끼기를 원했기 때문에 고린도 방문을 자제했다. 그는 오해를 방지하기 위해 한 단어를 즉시 넣는다. 그는 자신의 사도적 권위에도 불구하고, 교인들의 “믿음을 주관하려는” 것이 아니었다(1:24). 그는 이들의 기쁨을 위한 동역자이며, 이 기쁨은 이들이 믿음 안에 계속 머물 때 분명하게 된다. 이것은 바울의 사역의 근본적인 목표가 사람들이 하나님을 신뢰하도록 격려하는 것이었다는 것을 보여준다. 바울의 목표는 고린도 교인들을 자기 자신에게 속박하여, 이 교인들이 예수 그리스도보다 바울 자신을 신뢰하도록 하기 위함이 아니었다. 그는 이 교인들이 자신들을 완전히 그리스도에게 드리게 하도록 편지를 썼고, 그는 이들의 기쁨이나 믿음을 제한하는 어떤 일도 하길 원치 않았다.

어쨌든, 또 다른 고통스러운 방문을 방지하기 위하여, 바울은 고린도로 가지 않았다. 바울은 고린도 교인들에게 회개할 시간과 공간을 주길 원했기 때문에 방문을 자제하는 것이 최선이라고 판단했다. 우리는 바울의 의도가 고린도 교인들을 주관하려는 것이 아니었음을 나타내는 또 다른 표시를 본다. 그는 또한 이 교인들을 징계하기를 원하지 않았다. 그것은 자신에게 슬픔을 가져다줄 것이기 때문이다. 믿음의 성장을 위한 이상적인 정황은 형벌이 아니라, 기쁨이다. 바울이 썼던 엄중한 편지는 눈물과 고뇌로 만들어졌고, 이러한 고통은 바울이 고린도 교인들을 사랑했기 때문에 받게 된 것이었다.

바울은 2:5-11에서 징계(discipline) 사건을 언급한다. 문제의 사람은 고린도전서 5장에서 논의된 근친상간을 범했을 가능성이 있다. 그러나 학자들 대부분은 그 엄중한 편지는 고린도전서가 될 수 없다는 것과 여기에서 이 사람은 어떤 면에서 바울의 권위에 대항했을 것이라고 믿는다. 비록 나는 여기에 언급된 이 사람은 근친상간을 저지른, 똑같은 사람이라는 소수 견해를 약간 선호한다고 할지라도(고전 5장), 이 문제에 관한 확신은 사실 불가능하다. 다행히도, 이 문제를 해결하는 것은 우리의 목적에 중요하지 않다. 이 상황이 어떻든 간에, 죄를 지었던 그 사람은 바울뿐만 아니라 교회 전체를 슬프게 했다(고후 2:5). 교회 전체에 의해 관리되는 그 징계는 적절하고 적합했다. 흥미롭게도, 그 징계는 지도자들만의 결정이 아니었고, 회중 전체가 시행한 것이었다. 분명하게 가해자는 회개했고, 따라서 이 회중은 그를 용서하고 위로해야 했다. 왜냐하면 이 교인들이 지나치게 가혹하고 엄중하게 하는 덫에 빠진다면, 죄를 지은 그 사람이 돌이킬 수 없는 절망에 빠질 수 있기 때문이다. 그러므로 고린도 교인들은 집행되는 징계에 대하여 적절한 방식으로 반응했던 그 가해자에 대한 사랑을 확증하도록 명령을 받았다.

징계에 대한 요구는 고린도 교인들이 바울의 사도적인 권위에 과연 응할지 그 여부를 결정하기 위한 시험이었다. 바울은 고린도 교인들이 이 범죄자를 용서한 것처럼, 자신도 이 사람을 용서했다고 확언한다. 용서하지 않은 것은 과잉 반응을 나타내는 것이며, 만약 가혹함과 완고함이 회중 안에 자리 잡게 된다면, 신자들은 사단이 승리를 거두었다는 것을 증명하게 될 것이다. 죄를 무심코 용인할 수 없지만, 그러나 다른 극단도 피해야 한다. 즉, 교회는 회개하는 모든 사람에게 용서를 베풀어야 한다.

바울의 새 언약 사역의 변호(2:12-5:19)

바울은 복음 전도의 놀랄 만한 기회가 나타난, 드로아에 도착하면서 시작한다. 그럼에도 불구하고 그는 드로아를 급히 떠나는데, 고린도 교인들의 영적인 상태에 대한 염려 때문이었다. 그는 고린도 교인들을 만나도록 디도를 보냈고, 이들이 디도를 통하여 회개에 이르기를 바랐다. 바울은 고린도 교인들의 반응에 대한 불안으로 가득했고, 그는 드로아에서 효과적인 사역을 위한 넓은 문이 열려 있었음에도, 디도를 만나기 위하여 드로아에서 에게해를 건너 달려갔다(2:12-13). 바울은 7:5에서 다시 이 이야기를 시작하는데, 이 구절에서 그는 갈등과 두려움에 휩싸여 디도를 만나기 위하여 마게도냐에 도착한 이야기를 다시 시작한다. 우리는 그곳에서 하나님께서 바울에게 눈물의 편지를 받은 고린도 교인들이 회개했다는 소식을 줌으로써 위로하셨다는 것을 읽게 된다. 따라서 1-7장 모두는 바울이 디도를 보기 위하여 에게해를 건너는 항해와 바울의 편지를 받고 고린도 사람들이 회개했다는 좋은 소식으로 구성된다. 그러므로 우리는 7장에서 바울이 고린도에서 일어난 일에 대하여 듣고 안도와 기쁨으로 끝나는 이유를 이해하게 된다.

몇몇 학자들은 바울이 디도를 만나기 위하여 드로아를 떠나 마게도냐를 갔을 때 일어난 일에 대한 기록들(2:12-13과 7:5-7) 사이에 긴 간격(2:14-7:4)은 고린도후서가 여러 편지를 엮어서 구성되었다는 개념을 지지한다고 생각한다. 실제로 이 간격은 의도적이고, 우리는 아주 복잡한 방식으로 조합된, 별개의 편지들에 대한 사본 증거를 가지고 있지 않다. 바울이 디도와 만난 이야기들 사이에 그의 새 언약 사역에 대한 긴 논의를 의도적으로 넣었다고 결론짓는 것이 훨씬 더 좋을 것 같다. 고린도 교인들은 바울과 화해했지만, 그러나 그는 이 교인들의 지속적인 신실함에 대하여 염려했다는 표시들이 있다. 그러므로 그는 (10-13장에 나오게 될) 자신을 반대하는 대적자들을 대항하여 자신이 행하는 사역의 성격을 이해하기를 원했다. 2:14-5:19에서 바울은 자신이 행하는 새 언약 사역을 설명한다. 즉 5:20-7:4에서 그는 이 편지의 수신자들에게 이 사역에 기초하여, 바울 자신과 하나님과 화목하도록 권고한다. 그러고 나서, 7:5-16에서 그는 이 교인들이 디도의 방문에 대한 응답으로 바울 자신과 화해하기 위하여 결정적인 조치를 취한 것을 기뻐한다.

아마도 부분적으로 디도가 가져온 좋은 소식 때문에, 하나님에게 감사하면서(2:14), 바울은 디도가 방문했을 때 일어났던 일에 대한 전체 설명을 중단하고, 7:5-16까지 전체적인 보고를 미루게 된다. 여기에서 그는 이기도록 인도함을 받은 것과 그가 가는 모든 곳에서 자신을 통하여 그리스도를 아는 지식의 향기가 풍기는 것에 대해 감사를 표한다. 바울이 "이기게 하다"라는 표현으로 무엇을 의미하는지("이기다"라는 표현의 원문은 '뜨리암뷰오'인데, 이 표현은 로마 장군들이 전쟁에서 사로잡은 포로들을 끌고 온다는 의미를 갖는다-옮긴이), 이에 대하여 상당히 논쟁의 여지가 있다. 로마인들이 군사적 전투에서 적들을 물리쳤을 때, 이 로마인들은 승리 행렬을 가졌고, 로마의 거리를 행진하여 그곳에서 이들이 노획한 물품과 그 반대 세력의 몇몇 지도자들을 전시하였다. 그 행렬이 끝나면, 반대자들은 처형되었다. 이 표현은 바로 이러한 상황에서 사용되기 때문에, 많은 해석자는 바울이 고린도후서에서 이러한 의미를 의도하지 않았다고 생각한다. 왜냐하면 이 구절에서 바울을 포로로 결박하여 끌고 와서 행렬의 끝에서 바울을 처형하는 그리스도에 대하여 말하는 것이 이상하게 보이기 때문이다! 엄밀하게 이것은 감사할 일은 아닌 것처럼 보인다!

그러나 바울이 사도로서 자신의 고난을 묘사한다면, 그 이미지는 이해가 된다. 바울의 새 언약 사역은 일반 사람이 기대하는 것과 같지 않으며, 바울의 반대자들은 바로 이런 이유로 그 고난의 개념을 거절했다. 바울은 그리스도의 사도로서 고난을 받도록 부름을 받았다. 즉, 그는 고통과 죽음으로 인도되고 있었다. 그렇다. 그는 궁극적으로 죽은 자 가운데서 일어나게 될 것이지만, 생명은 죽음에서 나온다. 또한, 그가 이 편지의 앞부분에서 말했던 것처럼, 위로는 고통을 통하여 흐른다. 우리는 이미 하나님께서 그를 사망과 고난에서 구원하셨다는 것을 보았다(1:8-11). 향기와 냄새에 대한 언급은 여기에 제안된 해석을 입증한다. 왜냐하면 이 향기와 냄새는 희생제물과 관련해서 나오기 때문이다. 구약성경에서 드려진 희생제물처럼, 바울의 삶과 사역은 하나님을 기쁘게 하고 향기로운 냄새이다(창 8:21; 출 29:18; 레 1:9, 13, 17 참조). 그러나 희생에 대한 은유는 고난과 죽음을 암시한다. 하나님을 아는 지식의 향기로운 냄새는 바울이 복음을 위하여 고생하는 자신의 사역을 통하여 전해진다. 그러므로 바울의 고난은 그리스도의 고난에서 오는 필연적인 결과이다. 구원의 메시지는 바울의 고난을 통하여 다른 사람들에게 전파된다.

종말론적인 심판을 향하고 있는 자들, 즉 구원받는 자들과 멸망하고 있는 자들 모두 바울의 삶에서 향기를 맡으나 이 향기에 대한 반응은 다르다. 불신자들은 죽음의 냄새를 맡고 바울이 선포한 복음 메시지를 거절한다. 신자들은 이 복음 메시지가 생명을 주는 것으로서 받아들인다. 고린도후서 2:16에서 바울은 "누가 이 일을 감당하리요"라고 묻는다. 3:5에서 그는 어느 사람도 합당하지 않다고 우리에게 말할 것이다. 그러나 먼저 그는 자신과 반대자들을 대조한다. 그리고 여기 2:17에서 그는 자신이 대적자들과 대조되는 것이 적합하다고 제안한다. 이 반대자들은 "하나님의 말씀을 혼잡하게" 하는 사람들이다. 이들은 건강과 부를 장려하는 설교자들이며, 자신들의 은행 계좌를 채우기 위하여 설교한다. 이렇게 언급되는 대적자들을 고려했을 때, 우리는 바울이 10-13장에서 이 대적자들을 향하여 아주 흥분한 상태에서 공격하게 될 것임을 어느 정도 직감할 수 있다. 지금 이들이 이 편지에서 처음으로 나타나지만, 바울은 이 편지의 이후에 더 자세히 이들을 다루기 이전에, 자신의 주장을 긍정적으로 펴기를 원한다. 그러나 우리는 바울이 이 편지의 처음부터 자신의 대적자들을 알고 있었다는 표시를 보게 된다. 다시 말해, 그가 1-9장을 쓴 이후, 이 반대자들에 대한 갑작스러운 소식이 자신에게 도달한 것이 아닌 것처럼 보인다. 이 반대자들의 삶의 모습과 달리, 바울은 복음을 위하여 고난을 받았고 진실함과 정직함으로 말한다. 그는 정직한 사람이었기 때문에 복음을 선포하기에 합당했다.

바울은 자신에게 "추천서"를 제공하라는 요구에 반응한다(3:1-6). 그러한 추천서를 아마도 바울의 반대자들이 요구했을 것이다. 아마도 이들은 바울이 최초의 열두 사도 중 한 명이 아니었다는 것과 그는 역사적인 예수와 걷지도, 결코 말한 적이 없다는 것을 지적했을 것이다. 이들은 바울에 대하여 의문을 제기했을 수 있다. 왜냐하면 그가 예루살렘, 특히 예루살렘 사도들로부터 추천서들을 가지고 있지 않았기 때문이다. 그러나 바울은 추천서의 필요성에 능숙하게 대답한다. 바로 고린도 교인들 자신들이 바울 자신의 편지였다(3:2)! 이들은 그가 필요한 유일한 추천서였으며, 그가 제공해야 했던 유일한 편지였고, 모든 사람이 이 편지를 읽을 수 있었다. 물론 바울은 이들의 회심에 대하여 말하고 있다. 고린도 교인들은 이 중요한 사실을 거의 부인할 수 없었다. 왜냐하면 만약 이들이 부인했다면, 이들은 자신들의 구원을 부인하는 것이었기 때문이다. 펜과 먹으로 쓴 추천서들은 바울의 사역의 결과였던 교인들의 변화된 삶과 거의 비교할 수 없었다.

바울은 오해받지 않기 위하여 이 논의에서 좀 더 뒷받침한다. 사실, 고린도 교인들은 그리스도와 성령의 편지였고, 바울은 사역자로 섬겼다(3:3). 우리는 고린도전서 3:5-9에 돌아가는데, 이 구절들 안에서 바울은 자기 자신과 아볼로가 하나님의 사역자들이었음을 강조한다. 우리는 또한 창의력이 풍부한 바울이 어떻게 구약성경으로 흠뻑 젖어 있게 되었는지를 보게 된다. 왜냐하면 그는 추천서에 대하여 생각했을 때, 그는 옛 언약과 새 언약 간의 차이를 생각했기 때문이다. 고린도 서신(즉, 고린도 교인들의 변화된 삶)은 먹으로 쓴 것이 아니고, 돌판에 새겨진 것이 아니라, 사람의 마음에 새긴 것이다. 먹으로 쓴 판들에는 십계명이 새겨져 있었지만(신 10:2-5), 그러나 바울의 사역은 더 넓고 더 심오하였다. 왜냐하면 이제 율법이 사람의 마음에 기록되어 있기 때문이다. 분명하게, 바울은 에스겔 36:26-27과 아마도 예레미야 31:31-34를 염두에 두고 있었다. 에스겔서에서 주님은 "너희 육신에서 굳은 마음을 제거하고 부드러운 마음을 줄" 것이라고 약속하신다. 그러나 변화는 성령 때문에 가능하다. 성령이 주어질 때, 하나님의 백성은 그분의 율례와 규례를 지킬 것이다. 또는, 예레미야가 말한 것처럼, 율법은 "그들의 마음"에 기록될 것이다(31:33).

사역자로서 바울의 확신은 자신이 새 언약 아래에서 사역하고 있었고, 따라서 하나님께서 바울 자신 안에서 그리고 자신을 통하여 초자연적으로 역사하고 있었다는 사실에서 비롯된다. 물론, 궁극적으로 바울은 자신이 아무 것도 아니라는 것을 인식했다(고후3:5). 그의 힘과 만족은 하나님으로부터 온 것이다. 바울은 옛 언약이 아니라, 새 언약의 사역자였다. 옛 언약은 조문으로, 새 언약은 성령으로 특징지어졌다. 바울은 두 언약을 설명하기 위하여, 조문과 성령의 대조를 사용한다(롬 2:29; 7:6). 몇몇 학자들은 바울이 조문과 성령 사이의 대조를 해석학적인 차원에서 구약성경을 해석하기 위한 작동 원리로 이해했다. 이러한 읽기의 인기에도 불구하고, 이러한 이해는 바울의 의도에서 벗어나 있는 것처럼 보인다. 엄밀하게, 조문과 성령 사이의 대조는 해석학적이 아니라, 구속 역사적이다. 바울은 옛 시대와 새 시대를, 옛 언약과 새 언약을, 옛 창조와 새 창조를 대조한다. 율법의 내용에는 아무런 문제가 없다(롬 7:12 참조). 즉, 돌판에 기록된 것은 거룩하고 선하다. 하지만, 율법은 변화시킬 능력이 없는 외적인 조문에 불과하다. 바울은 고린도전서 15:56에서, "죄의 권능은 율법이라"라고 말한다. 율법이 마음을 변화시키지 못하기 때문에, 율법의 조문은 "죽이는" 것이다. 사람들은 명령들을 듣고, 이것들을 지킬 수 있는 것 대신에 죄는 율법을 죄의 영향권 속으로 끌어당겨 죄를 생산한다(롬 7:7-11). 그러나 이와는 대조적으로 성령은 새 생명을 낳고 신자들에게 하나님의 뜻을 행하는 열망과 능력을 주신다.

고린도후서 3:7-18에서 바울은 자신이 행하는 새 언약 사역을 모세의 옛 언약 사역과 대조하고, 자신의 사역이 모세의 사역보다 우월했음을 보여준다. 우리는 그가 새롭고 더 나은 모세였다고 말할 수 있다! 옛 언약을 섬겼던 모세의 사역은 새 언약을 섬겼던 바울의 사역에 대조된다. 우리는 (1) 죽음의 사역과 성령의 사역, (2) 정죄의 사역과 의의 사역, (3) 종료되는 사역과 지속되는 사역, 이렇게 세 가지의 대조를 보게 된다. 옛 언약은 영적인 죽음을 가져왔다. 광야 세대가 보여주는 것처럼(고전 10:1-12; 또한, 히 3:7-4:11 참조), 대부분의 이스라엘은 영적으로 죽었고, 이것은 광야에서 이들의 반역으로 입증되었다. 이스라엘의 역사가 진행됨에 따라, 앗수르(BC 722년)와 바벨론(BC 586년)에 의한 포로 생활은 율법을 지킬 수 없는 이스라엘의 무능력을 입증하였다. 이들은 율법을 어겼기 때문에 추방되었다. 만약 모세의 사역이 죽음의 사역이라면, 우리는 바울이 자신의 사역을 생명의 사역이라고 말하길 기대하지만, 그러나 그 대신에 그는 성령을 언급한다. 왜냐하면 그는 옛 언약 아래에서 일반적으로 존재하지 않았던 방식으로, 새 언약 안에서 신자들이 내주하는 성령을 갖는다는 것을 강조하길 원하기 때문이다.

두 번째 대조는 정죄의 사역과 의의 사역 사이에 나타난다. 옛 언약 아래에서 모세의 사역은 정죄를 가져왔다. 즉 사람들은 자신들의 불순종으로 인하여 죄가 있다고 판결되었다. 그러나 그리스도의 피에 근거한(고전 11:25) 새 언약 사역은 하나님과 올바른 관계를 의미하는 의를 이루게 한다. 여기에서 의는 변화의(transformative) 차원이 아니라, 법정적인(forensic) 차원이다. 즉 우리는 분명히 의의 선언을 가지고 있다. 왜냐하면 의는 정죄와 대조되기 때문이다. 셋째, 옛 언약은 일시적이고 구속 역사 안에서 이전의 것에 해당하지만, 새 언약은 영구적인 실체이고, 이것은 새 언약이 새로운 것이라는 예레미야의 주장과 일맥상통한다(렘 31:31-34). 옛 언약은 여러 면에서 아름답지만, 그러나 이 옛 언약의 영광은 새 언약의 영광보다 못하다. 옛 언약의 영광은 해의 영광에 가려진 달빛과 같다고 종종 설명되어왔다. 아래에서 더 설명하겠지만, 고린도후서 3:7에서 모세의 얼굴의 빛이 "없어질" 것이라는 진술은 모세 언약의 일시적인 성격을 가리킨다. 비록 많은 학자가 이 점에 대하여 의문을 제기한다고 할지라도, "없어질"('카타르게오'[*katargeō*])이라는 단어는 끝나는 것(3:11 참조), 또한 쇠약해지는 것을 가리킨다.

바울과 모세의 사역 사이의 대조와 새 언약과 옛 언약 사이의 대조는 사역 안에서 드러난 바울의 담대함과 소망을 강조한다(3:12). 새 언약은 소망을 가져오는데, 영원히 지속되는 새 언약은 성령의 사역을 일으키고 불신자들이 하나님과 올바른 관계를 갖도록 인도하기 때문이다. 대조적으로 모세는 자신의 얼굴에 비치는 하나님의 영광을 이스라엘 백성이 보지 못하도록 수건으로 얼굴을 가렸다. 이 이야기는 출애굽기 34:29-35에 나온다. 아론과 이스라엘은 모세의 얼굴에 하나님의 영광이 있음을 보았을 때, 그 영광스러운 면전에서 심판받는 것을 두려워하여, 모세를 피하여 달아났다. 출애굽기에서 이 이야기는 해석하기 상당히 어렵고, 학자들은 정확히 무슨 일이 일어나고 있는지, 논쟁을 벌인다. 모세는 이스라엘 백성에게 하나님의 계명을 전달할 때 계속 수건을 벗었고, 이들과 이야기를 나눈 이후 수건을 덮었던 것처럼 보인다. 이 상황에서 일종의 패턴이 뒤따랐는데, 모세는 자신이 주님과 이야기할 때 수건을 벗었다가 자신이 주님의 면전에서 다시 있을 때까지 수건을 썼다는 것이다.

출애굽기에서 무슨 일이 일어나고 있는지 이해하는 것은 어렵지만, 그러나 바울이 이 본문을 어떻게 이해하는지 알아내는 것은 훨씬 더 당혹스러운 것이 사실이다. 바울은 자신의 사역에 나타난 담대함과 개방성을, 이스라엘 사람들이 지나가는 것을 볼 수 없도록 얼굴을 가린 모세의 사역과 대조한다('카타르게오'가 다시 등장함! 고후 3:13). 아마도 우리는 여기에서 두 가지 생각을 하게 될 것이다. 바울은 자신의 사역에서 담대했다. 왜냐하면 그는 자신의 사역이 모세의 일시적인 사역과 달리, 영원히 지속될 것임을 알았기 때문이다. 또한, 이스라엘은 죄로 말미암아 심판을 받지 않고는 하나님의 영광을 지속해서 볼 수 없었지만, 그리스도에게 속한 사람들은 심판받지 않고 하나님의 영광을 볼 수 있다. 이스라엘은 하나님의 영광을 보았지만, 그러나 이들의 마음은 "완고"하였다(3:14-15). 하나님의 영광을 보지 못하도록 막았던 모세의 얼굴에 덮인 수건은 여전히 오늘날 이스라엘 위여 놓여 있으며, 이 수건은 회심하여 그리스도께로 돌아올 때만 제거된다. 16절에서 바울은 모세가 주님 앞에 가서 하나님의 영광을 보기 위하여 수건을 벗는 모습을 보여주는, 출애굽기 34:34의 말씀을 가져온다. 그러므로 많은 학자는 고린도후서 3:16에서 주님께로 향하는 것은 여호와께로 향하는 것을 의미한다고 생각한다. 물론, 이러한 해석은 가능하지만, 그러나 그리스도를 가리킬 가능성이 더 큰데, 바울이 그 수건은 "그리스도 안에서 없어질" 것이라고 말하기 때문이다(3:14). 바울이 여호와를 언급하는 본문들을 취하여 예수 그리스도에게 적용하는 것은 아주 흔한 일이다(예를 들어, 롬 10:13; 14:11; 고전 1:31; 2:16; 10:22, 26; 고후 10:17; 빌 2:10-11; 살전 3:13; 4:6; 살후 1:7-8; 딤후 2:19).

몇몇 학자는 고린도후서 3:16에 나타난 "주"가 바울이 3:17에서 말하는 것 때문에 성령이라고 제안하지만, 그러나 이러한 이해는 의심스럽다. 이 본문은 성부와 성자, 그리고 성령의 사역을 특징으로 하는 삼위일체의 모습을 갖는다. "주는 영이시니"라고 말하는 것은 존재론적인(ontological) 진술이 아니다. 즉, 바울은 성령의 사역을 기능론적으로(functionally) 말하는데, 이것은 3장의 앞부분인 3:3-8에서 논의된 성령의 사역을 다시 논의하는 것이다. 성령의 사역은 그리스도 안에 있는 사람들을 정죄로부터 자유롭게 한다. 그리스도 안에서 의로운 사람들은 또한 죄의 권세에서 자유롭게 되며, 이것 역시 성령의 새 언약 사역이다. 그러므로 신자들은 이스라엘에 허락되지 않았던, 하나님께 나아가는 것을 누린다. 모든 신자는 예수 그리스도 안에서 "주의 영광"을 보게 된다. 신자들이 그의 영광과 아름다움, 그리고 광채를 볼 때, 이들은 예수 그리스도와 "같은 형상으로" 변화된다(롬 8:29). 변화의 과정은 점차적이며 즉각적이지 않다. 즉, 이 변화는 부활의 날에 완전하게 완성될 때까지 "영광에서 영광"에 이르게 된다. 신자들은 그리스도를 보게 볼 때 변화되지만, 그러나 신자들이 그리스도를 진정으로 볼 수 있도록 하고 이들의 삶이 변화하도록 영향을 미치는 것은 성령의 역사이다.

바울은 하나님의 긍휼 때문에 받았던, 자신의 사역의 성격을 계속 설명한다(고후 4:1-6). 그는 3장에서 발견된 새 언약 사역의 실체를 고려할 때, 자신의 사역 안에서 낙심하지 않았다. 그는 복음 선포 안에서 하나님의 능력을 신뢰했으며, "부끄러움의 일"에 의지하지 않았고(4:2) 속임수로 돌아서지도 않았을 뿐만 아니라, 복음의 메시지를 왜곡하지 않았다. 우리는 10-13장에서 더 완전히 다루게 될 반대자들을 미리 생각하게 된다. 이 적대자들과 대조적으로 바울은 진리를 분명하게 말했고, 각 사람의 양심에 호소했다.

바울은 3장에서 "가린다"(veiling)라는 단어를 사용하면서, 아마도 4:3에서 자신의 복음이 충분히 효과적이지 않았다는 비판에 대해 반응한다. 이 복음은 몇몇 사람들에게 가려져 있는데, 이 사람들은 "망하는" 자들이고, 종말론적 파멸을 향하여 나아가는 자들이며, 복음 안에 있는 그리스도의 영광을 보지 못하는 사람들이다. 이 경우에, "이 세상의 신"(4:4)과 사탄(엡 2:2; 요일 5:19 참조)은 불신자들이 복음 안에 묘사된 그리스도의 아름다움과 영화를 보지 못하도록 "혼미하게" 하였다. 이 불신자들은 하나님이 누구인지를 그리스도가 나타낸다는 것을 깨닫지 못한다(골 1:15 참조). 그렇다면, 이 잘못은 바울의 것이 아니다. 즉, 사탄의 영향력이 있다는 것이다. 바울의 소명은 자기 자신의 덕이나 자질들을 선포하는 것이 아니었다. 즉, 그는 예수 그리스도가 만유의 주님이라는 진리를 선포하기 위하여 부름을 받았으며, 바울은 이러한 메시지의 종이었다. 회심 안에서 일어난 것은 창세기 1:3의 아름다운 광경 안에서 전달되는데, 이 구절에서 창조의 첫날에 세상은 주님이 빛이 있도록 말씀하실 때까지 어두움으로 뒤덮였음을 보여준다. 바울은 이 본문을 예수 그리스도 안에서 하나님의 새 창조 사역에 적용한다(고후 4:6). 하나님은 죄인들의 마음을 덮고 있는 어두움 속에서 빛을 비추시며, 이들에게 예수 그리스도 안에 있는 하나님의 영광을 보여준다. "그늘진 땅에 거주하는 자에게" 비춘 빛에 대하여 말하는 유명한 메시아 본문인 이사야 9:2에 대한 언급이 있을 수 있다. 바울은 불신자들 안에 어둠을 쫓아낼 수 없지만, 그러나 하나님은 사람들이 예수가 사랑스럽고 아름답다는 것을 보게 하도록 빛을 켜서 마음에 비출 수 있다.

바울은 자신의 사역에 대한 효율성과 관련하여, 자기 자신에게 그 원인이 있을 수 없음을 보여주려고 노력한다. 즉, 그는 단지 종이었다는 것이다(고후 4:5). 때때로 우리는 바울의 반응을 보면서 그가 이렇게까지 설명해야 할 정도로 고린도 교인들이 정말로 고린도전서에서 배운 것이 있었는지 의아해한다! 복음의 보배는 "질그릇"에서 발견되는데(4:7), 바울은 단지 질그릇이었고, 연약한 도기에 불과했다는 것을 의미한다. 인간의 부서지기 쉬운 연약함은 능력이 인간으로부터 아니라 하나님에게서 나온다는 것을 드러낸다. 바울의 약함은 4:8-9에 나타난 주목할 만한 몇몇 대조와 함께 그려진다. 바울은 생활의 압력을 받았지만, 그는 이 압력들에 의해 "싸이지 않았다." 그는 모든 답을 가지고 있지 않았다. 즉, 때때로 그는 "답답한 일을 당하였지만," 이러한 답답함과 당혹스러움이 결코 그를 절망으로 이끌지 않았다.

그는 "박해를 받았고" 사람들에 의해 버림을 받았지만, 그러나 그러한 고난 중에도 그는 하나님에 의해 "버린 바 되지" 않았다(4:9; 또한, 시 37:24 참조). 하나님의 임재는 바울을 고난 중에도 지탱해주었다. 그는 종종 "거꾸러뜨림을 당하였지만," "망하지 않았다"(고후 4:9).

바울이 "우리가 항상 예수의 죽음을 몸에 짊어진다"라고 진술하며, "우리 살아 있는 자가 항상 예수를 위하여 죽음에 넘겨진다"라고 말할 때(4:10-11), 그는 사도로서 자신의 고난을 다시 언급한다. 그는 십자가의 "신비"(개역개정에는 "은밀"로 번역-옮긴이)를 구현하였다(고전 2:7). 그는 이 세상의 고난과 고통을 딛고 항해하는 고요한 삶을 살지 않았다. 그는 십자가에 못 박힌 예수와 마찬가지로, 고난의 길로 인도되었고 고난 가운데서도 예수의 생명이 드러나게 하였다. 반대자들은 바울의 사역을 거절하였다. 왜냐하면 그는 고난을 겪었기 때문이다. 그러나 바울에게 주어진 고난은 그 자신을 사도로서 자질을 갖추게 하였고, 그가 주님의 길을 따르고 있었다는 것을 확인시켜주었다. 바울이 "사망"으로 규정한, 그가 경험한 고난은 고린도 교인들을 위해 "생명"을 위한 수단이 되었다(고후 4:12). 여기에서 우리는 바울이 고난 중에서 받은 위로는 다른 사람들을 위로하는 수단이 된다는 것을 보여주는 1:3-7의 내용을 다시 보게 된다.

4:13에서 바울은 믿는 사람이 말하는 시편 116:10을 인용한다. 시편 116편은 시편 기자가 고난을 받고 있고 참으로 죽음에 가까운 상황을 다룬다. 주님은 그를 죽음에서 구해주셨고, 시편 기자는 자신의 서원을 성취하고 고난 중에서도 주님의 긍휼과 선하심에 대하여 감사제를 드릴 것이다. 10절의 내용은 아주 놀라운데, 왜냐하면 여기에서 시편 기자는 적들에게 심한 압제를 받고 있다고 선언하면서도 계속해서 주님을 신뢰하고 있기 때문이다. 이 문맥은 바울의 상황에 잘 맞는다. 바울 역시 고난에도 불구하고 주님을 신뢰했다. 그는 최종적인 구원을 확신했지만, 그러나 이 구원은 바울이 사역의 열매로서 고린도 교인들과 함께 서게 될, 부활의 때에 올 것이다(고후 4:14).

바울의 고난은 이 교인들의 "유익"을 위함이었고, 하나님의 구원하는 능력에 대한 감사가 들리기 때문에, 궁극적으로 더 큰 영광이 하나님에게 돌아가게 된다(4:15).

바울은 자신의 사역을 되돌아보면서, 자신은 낙심하지 않았고 낙담하지 않았다고 선언한다(4:16). 만약 우리가 바울의 논지를 따라가면, 그는 죽음에 넘겨졌을 때조차도 자신의 고난에서 힘을 얻었다는 것을 알게 된다. 왜냐하면 그가 겪었던 죽음은 고린도 교인들에게 생명을 가져왔기 때문이다. 그리스도의 죽음과 부활의 패턴은 바울의 사역에서 재현된다. 즉, 죽음에서 생명이 온다. 바울의 대적자들은 그가 고난을 겪는다고 비난했지만, 그러나 이러한 고난은 사역의 현장에서 진정으로 효과적인 수단이었다. "겉사람"은 낡아지나, 그러나 "속사람"은 그리스도의 부활의 능력으로 날마다 새로워진다. 바울은 속사람이 조금씩 날마다 개선된다는 것을 의도하는 것이 아니라, 주님께서 우리를 날마다 새롭게 한다는 것을 의미한다. 현재의 고난들이 우리에게 무거워 보일 수 있지만(실제로 이 고난들은 지금 무겁기 때문이다!), 그러나 이 고난들은 "경하고" 일시적이며 "영광의 중한 것"을 이룰 것이다(4:17). 고난들은 지금 사소하지 않지만, 돌이켜보면, 가벼운 것처럼 보일 것이며 그만한 가치가 있었다는 것이 분명해질 것이다. 신자들로서, 우리의 관심은 일시적인 것이 아니라 영원한 것에 고정되어야 한다. 비록 "보이지 않는다고" 해도 말이다(4:18).

보이지 않는 것을 기다리다가 외적으로 무너지는 대표적인 예는 우리의 육신과 관련된다(5:1-10). 우리가 현재 사는 몸은 임시 거처인 장막에 비유된다. 이 장막이 무너질 때, 신자들은 훨씬 더 안정적인 무엇인가를 가질 것인데, 이것은 단순히 장막이 아니라, 집이다. 이 "장막"은 신자들이 지금 가지는 썩을 몸을 나타내고, 이 집은 장차 올 부활의 몸을 나타낸다. "우리가 가지다"(개역개정에는 "우리에게 있는 줄"로 번역-옮긴이)라는 동사의 현재 시제는 몇몇 학자들이 주장하는 것처럼, 신자들이 죽음 이후에 곧바로 부활하게 될 것임을 의미하지 않는다. 동사의 현재 시제가 등장하는 것을 보고, 부활 미래에 있을 것이라고 주장했던 바울이 자기 생각을 바꾼 것은 아닌지 주장하려고 한다면, 이것(동사의 현재 시제)보다 더 많은 증거가 있어야 한다. 즉, 현재 시제는 미래의 부활이 있을 것이라는 확실성을 의미한다. 이 언급은 부활의 몸의 안정성과 영원한 성격을 나타낸다. 우리의 썩어질 육체의 삶은 탄식과 간절한 사모함으로 특징지어진다. 왜냐하면 우리는 "하늘로부터 오는 우리 처소"(5:2, 4)를 입기 때문이다.

5:3에서 더 좋은 번역은 CSB 번역본보다 NIV 번역본과 ESV 번역본에 반영된다. 신자들이 부활의 몸을 입을 때, 이들은 더 이상 "벗은" 자들이 아니다. 이들은 결국 인간이 태초부터 창조되었던 생명의 충만함을 경험하게 될 것이다. 여기에서 "벗음"(nakedness)은 선행의 부족을 의미하지 않고, 부활의 몸을 떠나서 생활하는 어색함(awkwardness)을 가리킨다. 왜냐하면 인간은 태초부터 영원한 몸 안에서 살게 되어 있었지만, 아담의 죄와 이에 따른 죽음이 그 가능성을 헛되게 하였기 때문이다. 육체 없는 존재와 육체와 떨어진 영혼의 존재는 바울이 보기에, 전체성(wholeness)이 부족한 상태이다. 그리스인들은 몸이 없는 삶을 중요하게 여겼을지 모르지만, 그러나 성경 기자들은 영혼과 몸의 부활을 기대한다. 우리는 여기에서 이사야 25:8에 대한 암시를 알게 되는데, 바울과 이사야 모두 "삼키다"라는 동사를 사용하기 때문이다(사 25:8에서는 "멸하다"라고 번역됨-옮긴이). 실제로 이사야서의 문맥은 부활이다. 죽음이 삼켜질 것이며, 하나님은 모든 눈물을 씻기실 것이다. 여기에서 성령은 최종 유업의 보증으로 기능한다(고후 5:5). 이제 신자들은 새 몸이 자신들의 것이 될 것임을 확신할 수 있다.

육신은 죽어가게 되지만, 신자들은 확신을 유지한다. 왜냐하면 삶이 지속되는 동안 고난이 끝나지 않는다고 할지라도, 이들은 보이지 않는 것을 바라보기 때문이다. 집은 현재 썩을 몸 안에서 발견되지 않지만, 그러나 신자들이 영원히 주님과 함께 있고 새로운 썩지 않을 몸을 가질 때 실현될 것이다. 신자들은 자신들이 새로운 몸을 받을 것이라는 사실을 증명할 수는 없다. 사람들이 죽을 때, 이들은 무덤에 남아 있고 따라서 약속된 새 몸은 경험적으로 증명될 수 없는데, 이것은 신자들이 왜 "보는" 것이 아니라 믿음으로 사는지 설명한다(5:7). 믿음은 미래의 약속들이 보장될 것이라는 확신으로 신자들에게 채워지기 때문에, 이들은 지금 주님과 함께 있기를 갈망한다(5:8). 종말론적인 소망을 고려했을 때, 신자들은 범사에 주님을 기쁘시게 하는 것을 삶의 목표로 삼는다(5:9). 궁극적으로 각 사람은 자신의 삶에 대하여 설명하기 위하여 그리스도 앞에서 서게 될 것이다. 즉 선한 것을 행한 자들은 영원한 생명을 얻을 것이지만, 그러나 악에 자신을 내어준 사람들은 심판을 겪게 될 것이다(5:10). 이러한 진술은 오직 믿음으로 의롭게 된다는 바울의 가르침과 모순되지 않는다. 왜냐하면 우리가 다른 본문에서 본 것처럼, 진정한 믿음은 사랑과 선행으로 표현되기 때문이다(갈 5:6).

주님에 대한 두려움과 최후의 심판에 대한 전망은 바울을 복음 전도자로 몰아넣었고, 그의 열망은 자신이 선포한 복음을 사람들이 받아들이도록 설득하는 것이었다(5:11). 바울의 소망과 열망은 고린도 교인들이 사도로서의 자신의 진정성을 인정하는 것이었는데, 반대자들이 이들의 사랑을 얻으려고 노력했기 때문이다. 바울은 마치 자기 자신을 칭찬하고 있는 것처럼 보이는 민감한 상황에 놓이지만(5:12), 그가 그럴 수밖에 없는 상황이었음을 충분히 인정해야 한다. 왜냐하면 그의 반대자들이 겉모습에 초점을 맞추었기 때문이다. 우리는 사무엘이 사울을 대신할 왕에게 기름을 막 부으려 할 때, 이새의 맏아들이 확실히 왕이 될 것으로 생각하고 겉모습에 의존했다는 사무엘상 16:7을 잘 알고 있다. 그러나 주님은 그 마음을 보시고 더 깊이 살피신다. 고린도 교인들 역시 겉모습을 가지고 판단하는 것을 조심해야 한다. 겉모습만을 가지고 판단하게 된다면, 이 교인들은 그 대적자들이 바울보다 더 좋다는 잘못된 결론에 도달할 수 있었다.

고린도후서 5:13에서 바울이 무엇을 염두에 두고 있는지 알기는 어렵다.

바울이 미쳤다는 진술은 적대자들의 비난을 반영하는 것인가? 바울은 만약 자신이 영적인 무아지경(ecstasy)을 경험한다면, 하나님을 위해서이며, 만약 자신이 진지한 진리를 말한다면, "너희를 위한 것"이라고 주장한다. 5:14-19에서 바울이 선포한 복음의 성격이 대략 나와 있으며, 확실히 이것은 바울의 편지들에 나타난 가장 중요한 구원론적인 본문 중 하나이다. 화해가 여기에서 특히 등장하는데, 분명히 이 주제는 바울의 구원론에서 중요한 역할을 한다(롬 5:1, 10-11; 엡 2:11-22; 골 1:20-21 참조). 칭의는 우리가 하나님과 올바른 관계에 있다는 것을 분명히 하지만, 그러나 화해는 우리가 하나님과 친구들이 되고 그분이 우리를 자녀로서 사랑하고 있음을 확신시켜 준다. 바울의 사역을 이끄는 것은 그리스도의 사랑이며, 그리스도의 사랑은 그의 죽음에서 특히 표현된다.

십자가에 달린 분으로서 예수는 "모든 사람을 위하여 죽었고," 그래서 "모든 사람이 죽은 것이다"(고후 5:14). 해석자 대부분은 이것을 모든 사람이 잠재적으로 죽었다는 것으로 이해하는데, 이러한 읽기는 어느 정도 맞는 주장이기도 하지만, 그러나 "모든 사람이 죽었다"라는 표현을 가상이(hypothetical) 아닌 실제로 이해하는 것이 더 좋을 것 같다. 이 진술에서 "모든 사람"은 예외 없이 모든 사람을 의미하는 것이 아니라, 유대인들이나 이방인들 모두 차별 없이 그리스도에 속한 모든 사람을 가리킨다. 그러므로 죽은 사람들 역시 단순히 육체적인 차원에서 죽었다는 것이 아니라, "살아 있는" 사람들이다. 즉, 이들은 그리스도 안에서 새 생명을 갖는다는 것이다(5:15). 그리스도의 죽음은 이들을 하나님과 소외(alienation)로부터 구하였으며, 이들을 하나님과 친구 관계로 만들었다. 이들의 삶은 더 이상 자신들을 중심으로 이루어지는 것이 아니다. 이제 이들은 자신들을 위하여 생명을 주신 분을 위하여 살게 된다. 그리스도와 함께 죽은 사람들은 근본적으로 새로운 생명으로 산다. 즉, 이들은 변화되고 하나님의 영광을 위하여 산다.

그리스도 안에 있는 하나님의 은혜는 변화시키기(transformative) 때문에,

바울은 '아담 안에 있는 사람들이 누구인지'라는 관점으로 누군가를 평가하지 않았다. 그는 그리스도의 은혜가 비록 이생에서 완벽하게는 아니라고 할지라도, 극적으로 사람들을 변화한다는 것을 인식했다. 예전에 바울은 그리스도의 죽음을 죄인들을 위한 죽음으로 이해하지 않고, 세속적인 관점으로 보았다. 바울은 예수가 하나님에 의해 저주를 받았다고 믿었다. 왜냐하면 예수는 십자가에서 고난을 받았기 때문이다(갈 3:13; 신 21:23). 그러나 그의 삶 안에서 그 무지는 해제되었고, 그는 그리스도를 있는 그대로 보게 되었다. 동시에, 바울은 구약성경에서 새 창조 언어를 선택하면서(사 65:17; 66:22), 그리스도 안에 있는 자들은 새 피조물임을 인식했다(고후 4:6 참조). 이들은 더 이상 근본적으로 옛 질서가 아니라 그리스도 안에 있는 새 피조물로 특징지어진다(갈 6:15 참조. 개역개정에는 "새로 지으심을 받는 것"으로 번역됨-옮긴이). 복음 안에 있는 그리스도의 변화시키는 은혜를 경험한 바울이 새 언약과 새 창조, 그리고 예수 그리스도 안에서 실현된 새 출애굽을 알았을 때, 복음의 사역자로서 소망과 낙관적인 시각을 갖게 되었다.

새 창조는 화해를 특징으로 한다. 몇몇 학자들은 그리스-로마 세계의 외교 안에서 그 배경을 보았는데, 어쩌면 이것이 어떤 역할을 했을 수도 있지만, 그러나 근본적인 배경은 구약성경, 특히 선지자 이사야의 새 창조 문맥에서 나온다. 이스라엘 백성이 포로에서 풀려났을 때, 이들은 여호와와 화해하였다(사 65-66장). 하나님과의 화해와 하나님과 평화, 그리고 하나님과 친교는 예수 그리스도를 통하여 우리의 것이 되며, 화해의 이 사역은 바울에게 특별하게 주어졌다(고후 5:18). 화해의 메시지는 5:19에서 표현되는데, 이 메시지는 또한 5:21에서 더 자세히 설명되어 있다. 십자가를 통한 그리스도의 사역을 통하여, 하나님은 "세상을 자기와" 화목하게 하셨다. 여기에서 "세상"은 예외 없이 모든 사람을 의미하는 전 세계를 의미하지 않는다. 이 언급은 유대인들과 이방인들 모두, 구분이 없는 전 세계를 가리킨다. 화해는 용서를 기초로 하며, "그들의 죄를 그들에게 돌리지 아니하시는"(5:19) 하나님을 기초로 한다. 화해는 오직 죄가 제거될 때 일어날 수 있고, 5:21에서 우리는 이것이 어떻게 일어나는지 더 보게 될 것이다. 바울이 여기에서 강조하는 것은 하나님이 바울 자신에게 화해의 사역을 주었으며, 사람들이 하나님을 향하여 적의(enmity)를 버리도록 권면하는 새 언약의 직분을 주었다는 것이다.

화해에 대한 권면들(5:20-7:4)

고린도 교인들은 디도의 방문으로 회개했고 바울의 편에 섰지만, 그러나 이 교인들의 회개는 최근에 일어났고, 바울은 이 회개의 모습을 굳건히 하길 원했다. 바울과 함께 이들의 연합은 깊어지고, 강화되어야 하며, 그의 새 언약 사역에 대한 이해에 뿌리를 두어야 한다. 여전히 이들이 교회에서 악영향을 주었던 소수의 반대자의 편에 설 수 있는 위험이 있다. 여기에서 바울은 하나님과 화해하는 사람들은 또한 바울과 화해한다는 것을 명확하게 한다. 이 둘은 궁극적으로 서로 분리될 수 없으며, 만약 고린도 교인들이 거짓 교사들과 함께 섰다면, 이 교인들은 하나님과 분리되었을 것이다.

5:20에서 바울은 왕을 대신하여 말하는 그리스도의 사신으로서 자신의 역할을 설명한다. 하나님을 대신하여 그는 모든 사람에게 "하나님과 화목하도록" 권면한다. 우리는 바울이 불신자들에게 설교하고, 고린도 교인들에게 말하고 있지 않다고 생각할 수도 있다. 그의 말들은 불신자들에게 주어진 메시지처럼 들리지만, 그러나 그의 주장이 진행되는 것을 보면, 고린도 교인들에게 말하고 있다는 것이 명백하다. 하나님과 화목하여지라는 훈계는 인간이 죄 때문에 하나님으로부터 소외되었다는 것을 드러낸다. 바울의 서신에서 가장 유명한 구절 중 하나로서, 21절은 이러한 화목을 위한 기초를 해석한다. 십자가 위에서 하나님은 죄 없는 그리스도를 신자들을 위하

여 "죄로 삼으셨다." 하나님은 그리스도를 죄인으로 여기셨다. 즉, 하나님은 인간의 죄를 그리스도 위에 두셨다는 것이다. 그리스도가 인간의 죄를 자신 위에 두었기 때문에, 자신을 믿는 사람들과 자신과 화목한 사람들은 그리스도 자신과 연합될 때, 하나님의 의를 누린다. 우리는 여기에서 "위대한 교환"(Great Exchange)이라고 불리는 것을 가지고 있다. 그리스도는 감당하지 않아도 되는 우리의 죄를 취하였고, 엄청난 사랑으로 그 죄들을 담당하였고 우리에게 하나님의 의를 주었다. 우리는 그리스도가 죄가 없었기 때문에 저주를 받지 않아도 되었지만, 우리를 위하여 저주받았다는 갈라디아서 3:13의 비슷한 진술을 생각하게 된다.

고린도 교인들은 하나님과 이미 화목되었다. 즉, 이들은 바울이 전한 메시지를 받아들였다는 것이다. 하지만, 그리스도의 사신으로서 바울은 이들에게 하나님의 은혜를 헛되이 받지 않도록 간청하면서 호소한다. 이 권면은 바울이 신자들에게 구원을 위하여 끝까지 견디도록 권면하는 다른 본문에서 말한 것과 일치한다(롬 11:22; 고전 15:2; 살전 3:1-5). 만약 고린도 교인들이 바울의 복음을 계속해서 받아들인다면, 이 교인들은 하나님의 은혜를 헛되이 받아들이지 않았다는 것이 분명할 것이다. 고린도후서 6:2에서 바울은 하나님의 은혜의 때, 즉 하나님의 구원의 날을 언급하는 이사야 49:8을 인용한다. 이사야 49장의 문맥 안에서 주의 종은 이스라엘이 주님에게 돌아서고 열방이 하나님에게 인도되는 수단으로 등장한다. 은혜의 때는 포로에서 돌아오는 때이며, 하나님의 백성들은 세계 곳곳에서 시온으로 올 것이다. 포로 생활에서의 귀환이 하나님의 종의 대속하는 죽음을 통하여 성취될 때(사 52:13-53:12), 바울은 이 위대한 약속이 그리스도 안에서 성취된 것으로 이해한다.

바울은 고린도후서 6:3-10에서 자신의 사역에 대하여 변호를 시작하는 것이 이상하게 보일 수도 있지만, 그러나 만약 우리가 그의 논의를 잘 따라왔다면, 이것은 완전히 이해될 것이다. 만약 고린도 교인들이 하나님과 화목하게 되기를 원했다면, 이들은 바울의 사역을 포용하고, 거짓 교사들을 거절해야 한다. 바울은 자신의 사역을 칭찬했으므로, 고린도 교인들은 그와 함께 계속해서 화목하게 되어야 한다는 것을 이해할 것이다. 바울은 11장에서 "바보 연설"(fool's speech)을 기대하는데, 그의 사도적 자격은 그의 인내와 고난, 그리고 궁핍(불면[不眠]과 배고픔)이기 때문이다. 반면에, 그의 반대자들은 그리스도의 진정한 종들이 그러한 경험을 하지 않을 것이라고 믿었다. 바울의 성품은 또한 사역의 정당성을 입증한다. 그의 삶에서 분명한 성품은 자신의 힘이 아니라, 성령의 사역이기 때문이다. 사도로서의 삶은 역설적이었는데, 바울은 종종 비방과 공격을 받았기 때문이다. 세상은 그를 인정하지 않았지만, 하나님은 인정하셨다! 고난 중에서도 그는 "죽은 자" 같으나 그리스도 안에서 살아 있었다. 슬픔 중에서도 그는 기쁨을 발견하였고, 비록 그가 가난하였지만, 많은 사람은 그의 사역을 통하여 부요하게 되었다. 이 세상의 재물 중에서 그는 거의 가진 것이 없었지만, 그는 인생에서 정말로 중요한 것을 가졌다.

6:11-13과 7:2-4에서 바울은 고린도 교인들에게 자신과 화목하도록 촉구한다. 여기에서 우리는 고린도 교인들에 대한 바울의 감성적이고 개인적인 열망과 이들이 진심으로 계속해서 자신과 화목하게 되기를 바라는 진심어린 소망을 발견한다. 앞서 언급했던 것처럼, 고린도 교인들은 바울과 화목했던 것처럼 보이지만, 여전히 바울을 반대했던 소수의 사람이 있었고(10-13장), 그래서 고린도 교인들이 가야 할 방향은 완전히 정해지지 않았던 것으로 보인다.

여기에서 주목할 만한 요소 중 하나는 6:11-13과 7:2-4는 아름답게 조화되지만, 그러나 이 단락들은 불신자들과 멍에를 같이하지 말라는 강한 권면에 의해 중단된다(6:14-7:1). 몇몇 학자들은 이 둘 사이에 있는 6:14-7:1이 별개의 편지를 나타내고 이후에 편집자에 의해 추가되었다고 생각한다. 그리고 몇몇 학자들은 심지어 이 단락은 바울이 정말로 기록하지 않은 것이며, 신뢰가 가지 않는다고 주장하기까지 했다. 그러나 6:14-7:1은 별개의 편지로서 기록되었다는 사본 상의 증거가 없다. 그러나 이 단락은 우리가 가지고 있는 고린도후서의 모든 사본 안에 포함되어 있다. 이전에 언급된 것처럼, 바울은 2:12-14에서 시작하여 7:5-7에서 다시 시작되는 디도를 만난 이야기 안에 2:14-7:4를 위치시키고 있다. 다시 말해서, 우리는 고린도후서 안에서 이러한 샌드위치 기법을 보고 있다. 그러므로 6:11-13과 7:2-4 사이에 6:14-7:1을 위치시키고 있는 것은 의도적이라고 할 수 있다. 6:11-13에서는 고린도 교인들이 바울에게 마음을 열고 그에게 완전한 사랑을 보여주도록 촉구한다. 바울은 7:2-4에서 이 주제를 계속한다. 즉, 고린도 교인들은 바울을 향한 마음을 표현해야 하는데, 이들은 그가 사역의 현장에서 성실하므로 그렇게 해야 한다. 바울은 고린도 교인들을 향한 강렬한 사랑 때문에 이러한 방식으로 이들과 소통한다. 이 교인들은 고난 가운데 있는 그의 자랑과 기쁨, 그리고 격려이다. 그렇다면 이 논의의 중간에 6:14-7:1이 삽입된 이유가 무엇인가? 고린도 교인들은 바울이나 거짓 교사 중 하나에게 마음을 내어주어야 한다. 이 교인들은 둘 다 선택할 수 없다. 이들은 또한 둘 다에 속할 수 없다. 이 문제에 대해서는 어떠한 타협이 허용되지 않는다.

6:14-7:1의 내용에 대하여 몇 마디 더 말해야 한다. "믿지 않는 자와 멍에를 함께 메지 말라"(6:14)라는 훈계는 불신자들과 결혼하는 것을 고려하는 사람들에게 말하는 것이 아니다(그러나 고전 7:39를 보라). 바울은 사탄이라고 규정한 거짓 교사들을 염두에 두고 있다(고후 11:13-15를 보라). 그러므로 그는 자기 자신과 소위 사도라고 불리는 거짓 교사들 사이를 날카롭게 구분하였다. 이 차이들은 "의와 불법," "빛과 어둠," "그리스도와 벨리알"(이것은 사탄의 이름임)의 차이만큼이나 첨예하다. 고린도 교인들은 이 거짓 교사들과 화해해서는 안 된다. 왜냐하면 이 교사들은 불신자들이었기 때문이다.

6:16-18에서 거짓 교사들과 교제를 거부하라는 훈계를 뒷받침하기 위하여, 많은 구약 본문들이 소개된다. 고린도의 교회인 하나님의 성전(고전 3:16;

6:19 참조)은 공상에 존재하는 우상들과 거짓 신들과 함께 거할 수 없다. 바울은 이에 대한 근거로 레위기 26:11-12(또한 겔 37:27 참조)를 인용하는데, 이 구절들 안에서 모세는 성막의 목적과 희생 제사들, 그리고 정결에 관한 규정들을 설명한다. 하나님은 자기 백성들과 거하기 위하여 다양한 지시를 주었다. 언약의 형식은 예수 그리스도 안에서 실체가 되었다. 고린도의 백성들, 즉 기독교 신자들은 하나님의 백성들이었고, 하나님은 이들의 하나님이었다. 새 언약은 주님이 자기 백성 가운데 거하실 것과 주님은 이들의 하나님이 될 것이라는 사실을 반복한다(고후 6:16; 렘 31:33; 32:38; 겔 36:26-27). 이들의 하나님으로서, 주님은 모든 상황에서 이들과 함께 있을 것이며, 모든 어려움에서 이들을 강하게 할 것이다.

바울(고후 6:17)은 자신의 주장을 뒷받침하기 위하여 이사야 52:11(또한, 겔 20:34 참조)을 가져온다. 이사야 52장은 이사야 40-66장 안에 위치하며, 이 장들은 이스라엘 백성이 포로 생활에서 돌아올 것임을 약속한다. 참으로, 이사야 52:13-53:12는 이 돌아오는 사건이 일어날 근거로서, 주님의 종의 대속적인 죽음을 제시한다(고후 5:21 참조!). 이사야 52장에서 이스라엘은 부정한 것으로 나타나지만, 그러나 이 선지자는 좋은 소식을 선포한다(복음! 52:7). 주님은 다스리시고, 시온으로 돌아올 것이며, 모든 사람은 하나님의 위대한 구원을 보게 될 것이다. 그러나 이스라엘은 바벨론을 떠나야 하고, 그곳의 부정한 것을 만지기를 거부해야 한다. 바울에게, 이사야의 좋은 소식은 주님의 종이신 예수 그리스도 안에서 실현되며, 고린도 교회는 거짓 교사들과 연합하기를 거부함으로써, 바울의 명령을 성취해야 할 것이다. 거짓 교사들은 거짓되고 악한 종교를 상징했다. 즉, 이 교사들은 부정한 것을 대표하는 것이고, 고린도 교인들은 이들과 단호하게 결별해야 한다. 만약 이 교인들이 그 교사들에게서 등을 돌린다면, 이들은 하나님에 의해 환영받을 것이다.

하나님과 화목하게 된 고린도 교인들은 성부의 아들들이며 딸들이다. 여기에서 바울은 다윗 언약의 약속을 언급한다(삼하 7:14). 사무엘하 7장에서 영원한 언약이 다윗과 맺어졌는데, 이 언약은 다윗의 왕조가 영원히 지속될 것이라는 약속이었다. 만약 다윗의 자손이 죄를 범하면, 이 자손은 징계받을 것이지만, 그렇다고 주님은 그 언약의 약속을 철회하지 않을 것이다. 즉, 그 왕조는 멸망하지 않을 것이다. 다윗의 왕좌 위에서 다스리는 자손에 대한 언약적 약속은 예수 그리스도 안에서 성취된다. 즉, 그는 다윗의 자손이자 메시아이며, 이스라엘의 왕이라는 것이다. 동시에 예수 그리스도에 속한 사람들은 하나님의 아들들이며 딸들이다. 이들은 언약의 자녀들이다. 우리는 또한 이사야 43:6에 대한 암시를 발견하는데, 이 구절에서 주님은 자기 아들들과 딸들을 포로 생활에서 다시 데려올 것이라고 약속하시는데, 이 구절은 참 하나님이 우상과 분명히 구별되는 문맥 안에 있다(사 44장을 보라). 동시에 바울은 신명기 32:19를 인용하는데, 이 구절은 또한 "딸들"이라는 용어의 사용을 설명한다. 신명기 32장의 문맥 안에서 하나님의 아들들과 딸들인 사람들이 만약 우상숭배에 빠지면 심판을 받는다. 이 언약 "약속들"(고후 7:1)과 하나님께서 자기 백성 가운데에 임재한다는 약속, 그리고 '이 백성은 하나님의 언약의 자녀들이며 그분은 이들의 신실한 하나님이라는 약속들'은 예수 그리스도를 통하여 고린도 교인들 안에서 성취되었다. 하나님의 성전이자, 하나님의 거룩한 처소로서 이 교인들은 불결하고 더러운 것을 제거하고 거룩하게 살아야 한다. 확실히, 독자들에게 시사하는 바가 크지만, 그러나 무엇보다도 이 교인들은 거짓 사도들과 함께해서는 안 되고, 이들은 사도 바울과 그의 메시지에 충실해야 한다.

바울의 기쁨과 확신에 대한 설명(7:5-16)

바울은 고린도 교인들에게 자신과 화목하도록 권했지만, 그러나 화목에 대한 요구는 마치 교인들이 전혀 어떠한 진전이 없다고 그가 생각하는 것처럼 오해될 수 있었다. 1-7장에서 바울은 자신이 디도의 방문으로 이들이 회개했다는 것에 의해 격려를 받았다고 강조한다. 7:5에서, 그는 마게도냐에 있는 디도를 만나기 위해 드로아에서 에게해를 건넜을 때, 2:12-13에서 디도를 만난 이야기를 다시 꺼낸다. 바울은 디도가 고린도 교인들에 대한 소식을 가졌기 때문에 그를 만나기 위해 갔다. 바울이 여행하는 동안, 그는 여러 어려움에 둘러싸여 있었는데, 외적으로는 반대와 갈등이, 내적으로는 두려움도 있었다. 바울은 낙심되었지만, 그러나 디도의 방문은 그를 격려했는데, 특히 디도가 고린도에서 가져온 좋은 소식 때문이었다.

바울은 고린도 교인들이 바울 자신을 사모하고 있고, 자신들의 죄 때문에 바울 자신이 슬퍼하게 되었다는 것을 알게 되었는데, 이것은 진정한 회개의 표시이다. 바울은 자신이 이 교인들에게 보냈던 이전의 편지를 회상하면서, 한편으로는 그 편지가 이들에게 슬픔을 가져다줄 것을 그가 알았기 때문에 그 편지를 보낸 것을 후회했다. 그러나 결국 그 편지는 이들에게 유익이 되었고 이들의 슬픔이 회개로 이어졌기 때문에 기쁨을 가져왔다. 세상적인 슬픔은 깊은 고뇌를 낳지만, 이 슬픔이 사람의 인생을 변화시키지 않을 때 허울뿐이며, 반면에 진정한 회개는 사람의 삶에서 변화로 이어지는 슬픔을 가져온다는 것이 분명하다. 고린도 교인들의 회개 안에서 바울은 이들의 회개가 진정성이 있다고 충분히 입증할 수 있는 죄에 대한 분노와 열심, 그리고 열정을 보았다. 바울은 근친상간을 범한 사람(고전 5:1-13)을 아마도 가리키는 징계를 받은 사람(2:5-11)을 특히 염두에 둔 것처럼 보인다. 고린도 교인들은 바울에 대한 자신들의 헌신을 보여주었고, 이것은 주님에 대한 자신들의 헌신을 보여주는 또 다른 방법이었다. 편지의 맨 처음에서 언급된 것처럼(고후 1:3-7), 바울은 고린도 교인들의 회개 때문에 위로를 받았고 힘을 받았다. 디도에 대한 이 교인들의 순종은 바울에게 기쁨과 확신으로 채웠는데, 이들이 하나님에게 자신들을 드리고 진정으로 하나님과 화목하게 되었다는 것을 보여주었기 때문이다.

예루살렘에 있는 가난한 성도들을 위한 선물(8:1-9:15)

8-9장은 편지 전체에 어떻게 들어맞는가? 만약 고린도 교인들이 이전에 하기로 약속했던, 예루살렘에 있는 가난한 성도들을 위해 풍성하게 헌금한다면, 이 교인들의 회개가 분명할 것이라고 바울은 믿었다. 이 헌금은 새로운 주제가 아니다. 즉, 고린도전서 16:1-4에는 절약하여 모으는 것에 대한 계획이 설명되어 있다. 헌금에 대한 바울의 열정은 또한 로마서 15:24-28에서도 나타난다. 이 헌금은 유대인 신자들과 이방인 신자들 간의 연대를 보여주고, 이방인 신자들은 유대인 신자들과 함께 영적인 축복을 나누었기 때문에, 유대인 신자들에게 특별한 빚을 지고 있는 셈이다.

고린도 교인들이 헌금을 하도록 격려하는 것은 마게도냐 교인들의 모범에 호소하는 것으로 시작한다(고후 8:1-6). 마게도냐 교인들의 관대함은 "하나님께서 주신 은혜"로 특징지어진다(8:1). 바울은 8-9장에서 "은혜"라는 단어를 10회 사용하고, 이 은혜는 그리스도 안에 있는 하나님의 은혜와 다른 사람들의 삶 안에 있는 그 은혜의 효과를 전달한다. 은혜는 은혜를 낳는다. 그리스도 안에서 하나님의 관대한 선물은 우리의 마음을 자유롭게 하고, 그래서 우리는 다른 사람들에게 주기를 원한다. 바울이 너무나 놀랐던 것은 마게도냐 교인들이 가난에 시달렸다고 할지라도, 이들의 능력 이상으로 아낌없이 주었다는 것이다. 마게도냐 교인들은 억지로 주도록 강요받지 않았다. 대신에 이들은 베풀 기회를 간청하였고, 이들의 관대함은 기쁨으로, 자발적으로 표현되었다. 바울은 이들이 그렇게 엄청나게 줄 것이라고 기대하거나 바라지 않았다. 아마도 이들이 가난으로 고통받고 있었기 때문일 것이다. 그래서 이들의 헌금은 그에게 특별한 격려가 되었다. 동시에, 마게도냐 교인들의 예는 고린도 교인들의 본보기로도 역시 기능하였다. 그러므로 바울은 디도에게 격려했던 것처럼, 디도는 고린도 교인들이 처음 약속했던 것을 주도록 간청해야 했다. 바울은 고린도 교인들이 억지로 헌금하라고 강요하지 않왔고, 단지 이들이 시작한 일을 성취할 수 있도록 격려했다.

8:7-15에서 바울은 고린도 교인들이 예루살렘에 있는 그리스도를 믿는 가난한 신자들에게 헌금하도록 완곡하게 격려한다. 바울은 능숙하고 민감하게, 그리고 자주 간접적으로 '연보'(giving) 문제를 다루면서, 자신의 목회적 성향을 다시 나타낸다. 고린도 교인들은 자신들의 믿음과 말, 지식, 근면, 그리고 사랑에 대하여 칭찬을 받는다. 즉, 이 모든 덕목은 공동체 안에 있는 하나님의 은혜의 증거이다. 그러므로 바울은 이 교인들에게 '연보'의 "은혜"에도 탁월하도록 요구한다(8:7). 오늘날 돈이 민감한 문제인 것처럼, 고대 세계에서도 마찬가지였다. 바울은 이들의 도움을 요청할 때 오해를 피해야 했기 때문에, 그는 모든 문제를 신중하게 판단해야 했다. 바울은 고린도 교인들에게 명령하지 않았고, 이들이 이미 약속한 것을 이행하게 하려고 희생적으로 연보한 마게도냐 교인들을 언급함으로써, 이들을 도전하였다.

자신을 내어주는 사랑의 최고의 모범은 주 예수 그리스도이다. 주는 것은 희생적인 사랑의 행동이지만, 그러나 누군가에게 무언가를 준다는 것은 역사에서 가장 위대한 값비싼 사랑의 행위에 그 뿌리를 두고 있고, 이 행위에 그 동기를 찾는다. 재정적인 연보를 "은혜"라고 할 수 있는 것처럼, 그리스도의 사랑도 은혜의 최고의 모범이다. 그리스도는 "부요하였다"(8:9). 이 표현은 만약 우리가 빌립보서 2:6-7을 비교한다면, 아마도 그리스도가 하나님과 동등됨을 취하였다는 것을 의미했을 것이다. 다시 말해서, 우리는 여기에서 예수의 선재성(preexistence)에 대한 분명한 예를 갖는다. 비록 예수가 부요하였다고 할지라도, 그는 "가난하게 되셨다." 즉, 완전한 하나님으로서 그는 인성을 취하였고 "너희[고린도 교인들]를 위하여" 성육신하였다(8:9). 성육신과 십자가에서 받은 그의 고난(빌 2:7-8)을 포함한 "가난" 덕분에, 그는 고린도 교인들을 부요하게 하였다. 그러므로 이들이 헌금을 하는 것은 예수가 자기 자신을 주는 사랑에 대한 반응에 해당한다.

바울은 자신의 권면이 새로운 것이 아님을 다시 고린도 교인들에게 상기시켰다(고후 8:10-11). 즉, 그는 갑자기 이 교인들에게 자금을 모으기 위하여 새로운 요청을 보낸 것이 아니었다. 베풀고자 하는 소원과 계획은 이 교인들 자신들에게서 비롯되었고, 약 1년 정도가 되었다. 바울은 단지 이들이 약속한 선물을 주게 하려고, 이들의 칭찬할 만한 소원을 완성하도록 격려하였다. 바울은 또 다른 오해를 예상했다(8:12-15). 그는 이들이 갖고 있지 않은 돈을 빼앗으려고 하지 않았다. 바울은 이들을 가난하게 하고 다른 사람들을 부요하게 하는 것을 원하지 않았다. 목표는 교회의 연합과 평등인데, 이것은 모든 사람이 같은 수입을 갖는다는 것을 의미하지 않지만, 모든 사람이 예수 그리스도의 교회 안에 있는 어느 사람도 굶주리지 않고 충분히 먹을 수 있다는 것을 의미한다. 만약 몇몇 사람들이 자신들의 생계를 유지하기에 충분하지만 다른 사람들이 부족하다면, 풍족한 복을 받은 사람들은 고통받고 있는 사람들의 필요를 위해 제공해야 한다. 미래에는 상황이 역전될 수 있고, 다른 사람들이 필요한 것보다 더 많은 복을 받게 되어서 고린도 교인들을 도울 수 있는 상황이 될 수도 있다. 바울은 이스라엘이 만나를 모았던 사건에서 한 교훈을 찾아낸다(출 16:18). 몇몇 사람들은 더 많은 만나를 모았고 어떤 사람들은 덜 모았지만, 결국에 모든 사람이 충분히 갖게 되었다. 예수 그리스도의 교회에서도 마찬가지여야 하며, 신자들은 어느 사람도 궁핍으로 고통을 받지 않도록 자신들의 물질을 나누어야 한다.

바울은 디도가 그 선물, 즉 고린도 교인들이 약속한 재정에 대한 같은 관심과 부지런함을 나눈 것에 대하여 감사하고, 이 선물이 어떻게 운영되어야 하는지 설명한다(고후 8:16-24). 디도는 이 선물을 관리하기 위하여 보냄 받은 유일한 사람이 아니었다. 바울의 사역을 위하여 교회 안에서 칭찬받은 "형제"가 있었다. 이 사람을 보내기로 한 결정은 여러 교회가 지지한 것이었다(8:18-19). 분명히, 고린도 교인들은 이 사람의 정체를 알았지만, 그러나 오늘날 독자로서 우리는 그가 누구인지 확신할 수 없다. 바울은 "주의 영광"을 위하여 그 선물을 관리하길 원했다(8:19). 만약 그 선물이 정직한 사람들에 의해 관리된다면, 주님은 영광을 받을 것이었다(8:21). 그렇지 않다면, 그 선물은 바울과 그의 동료들이 자신들의 주머니를 채우는 수단이라고 고린도 사람들이 생각할 수 있었다. 바울은 그 선물을 전달하는 사람들이 주님 보시기에 그리고 인간의 평가에서 "선한 일"을 행해야 한다는 원리를 선언한다(8:21). 이러한 행동은 잠언 3:4에 나타난 격언을 따른다. 바울은 그 선물을 혼자 가지고 다니는 것을 원하지 않았다. 왜냐하면 어떻게 그 선물이 다루어지는지 살펴보는 사람들은 어떠한 부정이 있지 않고 정직하게 그 연보가 전달될 때 만족했을 것이기 때문이다. 그 선물의 올바른 취급은 공적으로 입증되어야 한다. 그러므로 가장 최고의 자격을 갖추고 칭찬받는 정직함을 갖춘 사람들로 구성된 팀이 그 선물을 다루어야 한다. 이러한 문제는 8:22에 언급된 형제가 여러 번 "확인"을 받고, 그가 또한 "부지런한"(개역개정에는 "간절한"으로 번역됨-옮긴이) 것으로 칭찬받는 이유를 설명한다. 다시 한번, 우리는 이 사람이 누구인지 그 이름을 알고 싶어 하지만, 그러나 그의 정체는 우리에게 미스터리로 남아 있다. 분명하게, 만약 충분한 사람들이 그 선물을 관리했다면, 한두 사람이 그 돈을 가지고 도주할 수 없었다. 바울은 여러 교회가 추천한 형제들과 함께, 이 상황을 돕기 위해 자신의 "동료"로서 디도를 보냈다. 그 선물은 정직과 지혜로 관리되고 있었기 때문에, 바울은 고린도 교인들이 여러 교회에 대한 사랑을 증명하고 자신들이 약속한 선물을 줌으로써, 바울 자신이 이 교인들에 대한 확신을 더욱 갖도록 격려함으로써 8장을 맺는다(8:24).

9장에서 바울은 그 선물의 문제에 대하여 다시 언급한다. 몇몇 학자는 8장과 9장에서 각각 고린도 교인들이 헌금해야 하는 필요에 대하여 논의되고 있어서, 각 장(chapter)은 별개의 편지라고 생각한다. 그러나 별개의 편지들이라는 사본학적 증거는 없다. 대신에, 바울은 8장에서 시작한 이 논의를 계속한다고 생각해야 한다. 물론 이 논의에 대한 새로운 차원들이 있지만, 우리가 두 편의 편지들이라고 할 수 있는 설득력 있는 증거가 부족하다. 9:1-5

에서 바울은 약간 뒤로 한 발짝 물러나서, 고린도 교인들이 헌금하기를 원한다는 것을 자신이 잘 알고 있다고 재확인한다. 그는 8장에서 그러한 것을 언급하긴 했지만, 9장에서 자신이 이들의 관대함을 전적으로 확신하고 있음을 분명히 했다. 어떤 의미에서, 바울은 예루살렘에 있는 가난한 사람들에 대한 그 선물에 대하여 이 교인들에게 말할 필요가 없을 정도로 분명했다(9:1). 무엇보다, 바울은 고린도 교인들이 1년 동안 헌금하기로 계획했다는 것을 깨달았고, 그는 마게도냐 교인들에게 이 소망을 언급했는데, 이것은 이들이 헌금할 동기를 더욱 부여한 것이었다(9:2). 그가 마게도냐 교인들에게 고린도 교인들이 헌금할 준비를 1년 전부터 했다고 자랑을 하였는데, 그는 마게도냐 교인들이 고린도에 도착했을 때, 혹시라도 준비되지 않은 고린도 교인들을 발견하기를 원치 않았다. 만약 그렇게 된다면, 바울도 당황했을 것이고, 고린도 교인들 역시 민망하게 되었을 것이다. 이러한 당혹감은 명예와 수치 문화에서 작은 문제가 아니었다. 이 상황은 바울이 그 선물을 모으기 위하여 미리 형제들을 보낸 이유를 설명한다. 그는 고린도 교인들에게 어색한 방식으로 헌금을 강요하려고 하지 않았다. 그는 단순히 고린도 교인들이 약속한 그 선물이 준비되었는지 확인하기를 원하였다.

주는 것에 관한 논의는 9:6-15에서 끝나고, 주는 것의 동기와 주는 것의 기쁨이 전달된다. 농경의 세계에서 오는 이미지가 소개되고, 주는 것은 심는 것과 거두는 것에 비유된다. 사람은 사람이 주는 것에 비례하여 받는다. 거두는 것은 오늘날 건강과 부를 중요시하고 번영을 강조하는 설교자들이 주장하는 것처럼 이생에서 부를 약속하는 것이 아니라, 종말론적으로 거두는 것을 의미한다. 하나님을 기쁘게 하는, 주는 것은 기쁜 마음에서 나오고, 주는 자의 기쁘고 진정한 뜻을 나타낸다. 바울은 누군가가 마지못해 헌금하도록 강요하거나 억지로 하게 할 마음이 없었다. 관대함은 하나님의 은혜에 대한 반응이다. 왜냐하면 그분은 신자들이 선행을 두드러지게 하려고 선물들을 주기 때문이다. 의로운 사람의 삶은 9:9에 묘사된다. 바울이 여기에서 하나님이 하시는 일을 묘사한다고 생각할 수 있지만, 그러나 구약성경의 문맥은 의로운 사람이 의도된다는 것을 분명히 한다. 시편 112편은 "여호와를 경외하고, 그의 명령을 지키는" 자를 칭찬한다. 하나님은 자신의 복들을 이러한 사람들에게 부어 주신다. 참으로, 의인들은 "자비롭고 긍휼이 많으며 의롭기"(시 112:4) 때문에 하나님 자신을 본받는 삶을 살게 된다. 이들은 관대하게 "꾸어 주고" 자신들의 일에서 의롭다(112:5). 이들이 주님을 신뢰하기 때문에, 이들은 미래를 두려워하지 않고, 자신들이 의롭다함을 받을 것을 알고 있다(112:7-8). 우리는 고린도후서 9:9에 인용된 구절에 이르게 되는데, 바로 시편 112:9에서 경건한 사람들은 가난한 사람들에게 후히 베풀고, 그들의 "의가 영구히 있다"라고 진술된다. 여기에서 우리는 관대한 자에 의해 누리는 수확이 종말론적인 상이라는 것을 보게 된다(고후 9:10을 보라). 고린도 교인들은 자신들의 관대함으로 부요하게 될 것이며, 도움을 받은 성도들은 하나님께 감사할 것이다(9:11-12).

고린도 교인들의 순종과 그리스도의 복음에 대한 이 교인들의 복종은 하나님에게 영광을 돌리게 된다(9:13). 이 교인들의 기쁨은 극대화될 것인데, 다른 사람들이 "하나님이 너희에게 주신 지극한 은혜"의 구체적인 증거를 볼 때이다(9:14). 바울에게, 고린도 교인들의 관대한 선물은 이들의 믿음의 진실성과 이들의 회개의 실재성을 증명한다. 참으로, 이들의 관대함은 우리가 이미 본 것처럼(8:9), 모든 것 중 가장 큰 선물, 즉 하나님의 아들의 "말할 수 없는 은사"를 가리킨다고 할 수 있다(9:15).

바울의 방문에 대한 준비: 그 반대자들의 정체를 드러냄(10:1-13:13)

1-7장에서 바울은 안도와 기쁨으로 가득했는데, 고린도 교인들이 디도가 방문했을 때 회개했기 때문이다. 동시에 1-7장에서 바울은 자신이 행한,

새 언약 사역과 관련된 내용을 배치했다. 왜냐하면 이 교인들은 바울과 화해하면서, 거짓 교사들에게 등을 돌리고 있었기 때문이다. 고린도 교인들은 회개했고 올바른 방향으로 가고 있었다. 하지만, 모든 것이 해결된 것은 아니었다. 소수의 거짓 사도들은 여전히 다른 복음을 전파하고 있었다. 만약 고린도 교인들이 계속해서 바울과 하나님과 화해하려고 한다면, 이들은 그러한 거짓 사도들과 그들의 메시지들을 거절해야 한다. 바울은 이 거짓 교사들을 표적으로 삼을 준비가 되어 있었다. 왜냐하면 그는 이제 고린도 교인들에게 자신이 행한 사역의 성격을 설명했기 때문이다. 또한, 그는 이들이 향하고 있는 방향에 대하여 기쁨으로 가득 찼으며 이 교인들이 옳은 일을 할 것이라고 확신한다고 설명했다. 이전 장(chapter)들에서 바울 자신이 행한 새 언약 사역에 대한 설명은 10-13장에서 진행될 논의의 기초를 제공했다.

영적인 전쟁(10:1–6)

10:1에서 바울은 회중에게 엄중하고 간절히 호소하면서 시작한다. 아마도 그의 대적자들은 바울이 고린도 교인들과 함께 있을 때 겁쟁이처럼 행동하고 떨어져 있을 때 가혹한 편지를 쓴다고 비난하였을지라도, 10:1에서 그의 권면은 강압적이지 않고 겸손하고 온유하다. 바울은 거짓 사도들의 사역을 특징짓는 과장된 확신으로 사역하기를 원치 않았다. 물론, 바울 역시 "육신으로" 살았지만, 그러나 그는 "육신에 따라 싸우길" 원하지 않았고(10:3), 성령과 십자가의 "미련한" 메시지를 의지하길 원했다(고전 1:18-25). 거짓 가르침은 십자가의 선포를 통하여, 그리고 십자가에 달리시고 부활하신 주님을 통한 삶을 선포하는 메시지를 통하여 허물어질 것이다. 인간의 힘을 드높이고, 거짓 사도들의 중요한 가르침을 나타내는 육신의 교만은 바울이 전하는 메시지와 직접적으로 정반대이다. 바울은 이러한 개념을 반대했는데, 이 개념들이 "하나님 아는 것"(고후 10:5)을 방해했기 때문이다. 회중 전체가 그의 반대자들을 대항하고 바울의 편에 완전히 서게 되는 순종을 보인다면,

바울은 그 반대자들을 완전히 처리하려고 했다. 회중이 준비만 된다면, 그는 그 대적자들을 징계할 수 있었다.

바울의 정당성(10:7–11)

그 반대자들은 사도로서 바울의 정통성(legitimacy)에 의문을 제기했다. 그래서 그는 고린도 교인들에게 이러한 사실을 고려하도록 질문함으로써 시작했다. 만약 몇몇 사람들이 그리스도에게 속했고 자신들을 진정한 신자들이라고 확신했다면, 바울도 같은 부류 안에 있음을 확신하였을 것이다. 자랑하는 것은 보기 흉한 일이다. 정확하게, 칭찬은 하나님 자신이 아니라 인간 주체에게 주어지기 때문이다. 하지만, 바울은 자신의 권위를 가리키는 것을 부끄러워하지 않았다. 왜냐하면 이 권위는 주님에 의해 주어졌기 때문이다. 흥미롭게도, 바울은 자신의 권위는 무너뜨림을 위해서가 아니라 세우기 위함이라고 말한다(10:8). 우리는 예레미야의 사역에서 발견할 수 있는 모습을 여기에서 발견한다. 즉, 예레미야는 "뽑고 파괴하며 파멸하고 넘어뜨리고 건설하고 심게" 하기 위하여 임명되었다는 것이다(렘 1:10; 또한, 24:6 참조). 예레미야의 사역 안에서 먼저 심판이 오고, 뽑고 파괴하고, 그런 다음 세우고 심는 것이 나온다. 우리는 예레미야가 심판이 온 이후 세우고 심는다는 것을, "위로의 책"이라고 불리는 부분(렘 30-33장)에 속한 예레미야 31:28에서 보게 된다. 놀라운 것은 바울이 무너뜨리지 않고 세우는 사역을 가졌다는 것이다. 그는 예레미야 안에서 발견된, 구원의 약속을 성취하는 새 언약 사역을 가졌다.

바울의 사역이 근본적으로 세우는 것이었기 때문에, 그는 자신의 편지들로 고린도 교인들 안에 두려움을 불러일으키길 원하지 않았다(고후 10:9). 왜냐하면 그의 주요한 사역은 심판이 아니라 구원이었기 때문이다! 그 반대자들은 바울이 소리와 분노, 그리고 천둥과 번개로 가득한 편지들을 썼다고 불평했지만, 그러나 그가 이 반대자들이 있는 회중에게 도착했을 때, 그는 양처럼 온유하고 부드러웠다. 다시 말해, 이 반대자들은 그가 위선자라고 주장했다. 그러나 이들은 극단적으로 바울을 오해했다. 왜냐하면 그는 이들이 회개하게 하려고 위협을 하며 편지를 썼기 때문인데, 그가 그들과 함께 있었을 때, 그는 심판의 칼을 휘두를 필요가 없도록 하기 위함이었다. 하지만 만약 회개가 있지 않다면, 그리고 만약 고린도 교인들이 거짓 교사들을 용인한다면, 그는 도착했을 때 심판하고 징계할 것이다(10:11).

잘못된 비교(10:12-19)

거짓 사도들의 마음은 결함이 있었다. 왜냐하면 이들은 하나님에 초점을 맞추는 것 대신에 인간과 인간의 능력을 높이 평가하고 귀하게 여겼기 때문이다. 이것 때문에, 이들은 다른 사람들의 관점에서 자기 자신들을 평가하고 판단했다. 그러나 이들의 이러한 활동은 처음부터 실패하고, 분별력이 심하게 부족하다는 것을 보여준다. 이들은 하나님이 인간의 힘이 아니라 인간의 연약함을 통해 역사한다는 사실을 깨닫지 못했다(이 편지 전체의 요지!). 이 단락은 아이러니로 가득한데, 왜냐하면 바울이 비교를 피하지만, 그러나 고린도후서의 역설적이고 놀라운 방식 안에서 그는 자기 자신과 반대자들과의 비교에 뛰어들기 때문이다! 바울은 고린도 교인들을 위하여 비교한다. 거짓 사도들과 대조적으로 바울은 하나님께서 자신에게 허락한 범위를 넘어서 자랑하지 않았다. 거짓 사도들은 자신들의 사역에 스스로 상당히 감명받았지만, 바울은 독자들에게 고린도 교회를 세우고 개척한 사람이 바로 자신임을 상기시킨다. 고린도 교인들을 그리스도에게 인도한 사람은 대적들이 아니라 바울 그 자신이었다. 그러므로 대적자들은 침입자들로 분류되어야 한다. 바울의 소망은 고린도 교인들을 통하여 자신의 사역이 더욱 확장되고, 그리스도의 이름이 불리지 않은 여러 다른 지역에도 복음을 선포하는 것이었다.

바울은 이전에 그리스도의 이름이 들리지 않는 곳에서 복음 전도사역을 하고자 하였다. 그러나 거짓 사도들은 복음 전도사역이 이미 행해진 곳(바울의 선교지!)에 나타났고, 이미 개종한 사람들을 자신들의 것으로 주장하려고 하였다. 그렇게 함으로써, 이들은 복음 메시지를 무너뜨리고 있었다. 고린도전서 1:31에서 인용했던 예레미야 9:24를, 바울은 고린도후서 10:17에서 다시 선택한다. 그는 독자들이 자신의 힘과 능력의 근원에 대하여 오해하는 것을 원하지 않았다. 즉, 그것은 전적으로 주님에게서 온 것이지 그 자신에게서 온 것이 아니었다. 문제는 반대자들이 자기 자신들을 추천하고 있었다는 것이고, 사람들이 반대자들 자신들에 대하여 생각하는 것은 전혀 상관이 없었다. 중요한 것은 주님께서 누군가를 칭찬하는지 그 여부이다.

왜 고린도 교인들은 바울을 용납하고 받아들여야 하는가(11:1–6)

바울은 고린도후서 11–12장에서 청중들에게 자신의 어리석음을 용납하도록 간청한다. 그의 어리석음은 자기 추천에서 나타난다. 바울은 고린도 교인들이 왜 자신을 그러한 모습을 용납해야 하는지를 설명한다. 즉, 그는 마음속에 최고로 중요한 것을 품고 있었다. 그는 하나님의 질투와 열정으로 이 교인들의 행복을 위하여 자기 자신을 불태웠다. 교회의 설립자로서, 또한 고린도 교인들을 그리스도에게 인도한 복음 전도자로서, 그는 중매 역할을 하였는데, 이 교인들을 그리스도와 약혼시켰기 때문이다.

바울은 고린도 교인들이 주의 날에 순결한 처녀가 되어 예수 그리스도의 합당한 신부가 되길 바랐다. 그는 이들이 "그리스도를 향하는 진실함과 깨끗함"(11:3)에서 벗어나 중심에서 이탈하지 않기를 소망하면서, 이들의 안전을 염려했다. 하와가 에덴 동산에서 뱀에게 속았다는 이야기(창 3:1–6, 13)는 우리에게 기만의 위험에 대하여 상기시킨다. 왜냐하면 하와는 뱀의 "간계" 때문에 미혹되었기 때문이다. 이제 그 뱀은 거짓 사도들을 통하여 말하고 있으며, 진정한 남편 예수 그리스도에게서 고린도 교인들을 떼어내려고 유인하고 있었다. 그 반대자들은 예수와 복음, 그리고 성령에 대하여 말했지만, 같은 예수와 같은 복음, 그리고 같은 성령이 아니었다. 고린도 교인들은 분별력을 행사해야 했다. 왜냐하면 이 교인들은(적어도 이들 중 몇몇은) 그 대적자들의 메시지를 기쁘게 받아들였기 때문이다.

바울은 "지극히 크다는 사도들"보다 부족하지 않았다(고후 11:5). 학자들은 지극히 크다는 사도들의 정체에 대하여 논쟁한다. 몇몇 학자는 이들이 예루살렘 사도들이었다고 주장한다. 이 해석은 상당히 가능하지만, 지극히 크다는 사도들은 거짓 교사들을 나타낼 가능성이 더 크다. 이 교사들에 대한 첫 번째 언급은 고린도에서 선전된, 정통적이지 않은 견해들에 대한 언급 직후에 나온다. 이 용어는 12:11에 다시 나타나는데, 다시 한번 바울은 거짓 교사들과 논쟁을 벌이는 맥락에서 자신의 정당성을 변호한다. 지극히 크다는 사도들을 교회를 어지럽히는 선동자들에 대한 언급으로 이해하는 또 다른 이유는 이들이 이후에 사도로 가장한 거짓 사도들로 밝혀지기 때문이며(11:13), 이것은 아마도 지극히 크다는 사도들에 대하여 말하는 또 다른 방법일 것이다. 11:6에서부터 지극히 크다는 사도들은 수사학적으로 재능이 있었고, 이들은 바울을 비난했었다(고전 1:10-4:21 참조). 왜냐하면 그는 웅변술(eloquence)이 부족했기 때문이다. 그러나 어떤 외형적인 스타일에 초점을 맞추는 것은 잘못된 것이다. 왜냐하면 문제는 본질이며, 바울의 지식은 복음과 일치하기 때문이다.

재정과 사취(11:7-15)

고린도전서 9장에서 바울이 고린도에서 복음을 전할 때 돈을 받지 않은 습관은 고린도 교인들에게 본보기가 된다. 우리는 고린도전서에서 보수 받기를 거절한 것이 논란을 일으켰다는 증거를 가지고 있지 않다. 사실, 바울은 보수를 받지 않은 것이 분쟁의 문제가 아니었기 때문에, 자신의 권리를 사용하지 않는 예로 사용한다. 그러나 고린도후서에 이르자, 상황은 변하였다. 이제 지원받는 것을 거절하는 것이 논쟁거리가 되었다. 반대자들은 바울이 재정을 받지 않은 것을 트집 잡아 비난했는데, 그가 직접적으로 재정을 얻을 수 없다는 것을 알았기 때문이다. 여기에서 멈추지 않고, 이들은 그가 자기 자신과 동료들을 위하여 재정을 빼돌리는 방법으로 모금을 사용하고 있다고 공격했다(12:16-18). 우리는 8:16-24의 중요성을 기억해야 하는데, 이 구절들 안에서 어느 사람도 돈이 부정직하게 빼돌려지고 있다고 주장할 수 없을 정도로 바울은 모금된 헌금이 어떻게 관리되고 운영되고 있는지 설명한다.

바울이 고린도 교인들에게 자신이 복음을 "값없이"(11:7) 전함으로써 죄를 지은 것인지 물을 때, 약간의 실망감이 묻어난 것처럼 보인다. 그는 고린도 교인들에게 어떠한 부담을 지우지 않으려고, 사역을 위하여 "다른 여러 교회에서 탈취"하였다고 과장하여 호소하기까지 한다(11:8). 바울이 교회를 세울 때 재정적인 도움을 받아들이는 것을 거절하였지만, 그러나 그는 교회가 개척된 이후 지속적인 후원을 위해 돈을 받았던 것처럼 보인다. 이것은 왜 그가 마게도냐 교인들로부터 헌금을 받았는지에 대하여 설명한다. 그러나 고린도의 상황은 그가 기금들 받는 것을 거절했다는 것이다. 이 수사학(rhetoric)은 다소 놀라운데, 바울은 재정을 받지 않는다고 자랑하는 자기 자신을 어느 사람도 막을 수 없다고 주장하기 때문이다. 그러나 일단 누군가가 의심을 받는다면, 그리고 일단 누군가가 공격을 받는다면, 모든 것은 회의적인 관점에서 해석되기 마련이다. 고린도 교인들은 비교할 수 있었고, 바울이 마게도냐 교인들에게서 돈을 받았지만, 고린도 교인들 자신들에게서는 받지 않았다고 말할 수 있었다. 왜? 왜냐하면 "그는 그들을 사랑하지 않았고, 그는 마게도냐 사람들을 더 사랑했기 때문이다!"라고 말할 수 있었기 때문이다. 이러한 비난에 대하여 무엇을 말할 수 있었을까? 바울은 단순히 하나님에게 호소했다. 즉, 바울 자신이 고린도 교인들을 사랑한다는 것을 하나님께서 알고 계신다고 말이다(11:11).

핵심 단락은 11:12-15인데, 지금 바울이 고린도 교인들로부터 헌금을 받지 못하는 이유를 설명하기 때문이다. 그는 반대자들 때문에 교인들로부터 돈을 받지 않았다. 돈 받는 것을 거절함으로써, 지극히 크다는 사도들이 바울과 같은 수준이 아니라는 것이 분명해졌다. 우리는 앞서 거짓 사도들이 하나님의 말씀을 혼잡하게 하는 자들로서 비난받았다는 것을 기억한다 (2:17). 역사를 통틀어 많은 사람이 그랬던 것처럼, 이 거짓 교사들은 재정적인 이익을 위하여 사역에 참여했다. 바울은 자기 자신과 이 반대자들이 함께 일하지 않는다는 것을 전적으로 분명히 하기를 원했다. 참으로, 11:13에서 이 반대자들은 "거짓 사도요 속이는 일꾼이니 자기를 그리스도의 사도로 가장하는 자들"이었기 때문에 엄밀하게 불신자들이었다. 참으로 이들은 사탄과 같은 자들이었다. 왜냐하면 사탄 역시 "광명의 천사"로 나타났기 때문이다(11:14). 바울은 창세기 3장을 염두에 두었을 것이다. 왜냐하면 사탄은 하와에게 나타나서, 만약 그녀가 선악을 알게 하는 나무를 먹는다면 하나님처럼 될 것이라고 약속한, 깨달음의 교사로 묘사되기 때문이다. 마찬가지로, 거짓 사도들은 자기 자신들이 의의 길을 가르친다고 주장했다. 그러나 실제로 이들의 가르침은 악을 조장하였고 따라서 이들은 마지막 날에 하나님에 의해 버림을 받게 될 것이다. 왜냐하면 이들의 행위는 악하기 때문이다 (11:15).

바보 연설(Fool's Speech, 11:16-29)

바울은 복음을 위하여 그리고 고린도 교인들을 위하여 자기 자신에 대해 자랑을 하는 곤란한 처지에 놓였다. 그렇게 하는 데 있어서, 그는 어리석은 자가 되었다고 고백하였다. 왜냐하면 지혜로운 사람은 사람을 높이지 않을 것이기 때문이다. 그런데도, 자랑은 필요하였다. 왜냐하면 거짓 사도들 역시 자랑하였고, 고린도 교인들이 이들에게 끌렸기 때문이다. 바울은 거짓 사도들에 의해 현혹된 고린도 사람들을 깨우치기 위하여 이들의 게임을 해야 했다. 고린도 교인들은 이용당하는 상황이었지만, 오히려 이 교인들은 이러한 상황을 즐기는 것 같았다(11:20). 우리는 이 교인들이 거짓 사도들에게 지나치게 의존하고 있다고 말할 수 있다. 이 교인들은 반대자들에 의해 착취당하고 이용당했으며 심지어 비난받는(11:20에 나타난 표현은 아마도 과장법일 것이다) 방향을 기꺼이 선택하려고 하였다. 우리는 권위적인 사람들이 다른 사람들을 거의 세뇌하고 통제하여 자신들의 이익을 위해 사용할 뿐만 아니라, 착취당하는 사람들이 기쁘게 복종하도록 하는 상황을 보았다. 바울은 자신이 너무 약하여 이러한 방법으로 행동할 수 없다고 풍자적으로 고백한다(11:21). 진정한 지도자들은 자신의 리더십 아래 있는 사람들을 강요하거나 착취하지 않는다.

바울은 고린도 교인들의 사랑을 얻기 위해, 자신이 가진 자질들을 열거한다. 분명히, 반대자들은 히브리인으로서, 이스라엘인으로서, 아브라함의 후손으로서 자신들의 민족적 자격들에 대하여 자랑했을 것이다(11:22). 우리가 이 세 가지 묘사를 어떻게 구별해야 하는지 분명하지 않지만, 그러나 우리는 이러한 진술로부터 반대자들이 유대인이었고 흠잡을 데 없는 족보와 연고를 가지고 있다고 주장했음을 알 수 있다. 서구에 있는 사람들은 이 주장이 무의미하다고 생각할 수 있지만, 역사를 통틀어 대부분 문화의 상황을 비추었을 때, 사회에서 한 사람의 혈통은 한 사람의 역할을 결정하는 데 중요한 역할을 한다. 바울은 모든 면에서 반대자들과 견줄 수 있었다. 왜냐하면 그는 자신이 가진 민족적 배경과 관련하여 이 반대자들이 가지고 있는 같은 자격을 공유했기 때문이다.

대적자들은 "그리스도의 일꾼"(11:23)이라고 주장했다. 바울은 자기 자신이 이러한 제정신이 아닌 비교의 세계 속으로 말려들었다고 주장하였다. 왜냐하면 이러한 세계는 잘못된 모든 메시지를 보내기 때문이다. 그러나 이들이 민족적 자격으로 바울과 견줄 수 있었다고 할지라도, 이들은 그리스도의 종으로서 그와 견줄 수 없었을 것이다. 그러나 우리는 깜짝 놀라게 되는데, 바울이 자신이 행한 표적과 기사, 그리고 기적들이 아니라, 자신이 겪은 고난에 대하여 나열하기 때문이다. 그는 사도로서 자격을 갖추었는데, 그가 승리했기 때문이 아니라 고난을 받았기 때문이라는 것이다. 바울을 추천하는 것은 그의 수고와 투옥, 매 맞음, 그리고 죽음을 넘나드는 많은 경험이다. 유대인들은 그에게 서른아홉 대의 매질을 다섯 번이나 했는데(신 25:3 참조), 이들이 그를 이단적이거나 모세 율법을 위반했다고 판단했기 때문이다. 그는 세 번이나 "태장으로 맞았는데"(행 16:22-23 참조), 이러한 매 맞음은 죽음을 초래할 수 있을 만큼 충분히 잔인한 것이었다. 한번은 대적자들이 바울을 돌로 치고 죽은 자로 내버려 두었지만, 그는 살아남았다(14:19-20). 그는 세 번 "파선하였는데" 고린도후서가 기록된 이후 일어난 사도행전 27장의 사건도 고려한다면, 우리는 적어도 파선의 횟수가 4회 정도라는 것을 알 수 있다. 한번은 바울이 구조되기 이전에 밤낮으로 바다에 있었다.

바울은 "강"과 "강도," 그리고 유대인들과 이교도들에 노출되어 위험이 도사리고 있는 삶을 살았다(고후 11:26). 그는 도시에 있든, 광야에 있든 어느 곳에서나 위험을 직면했고, 그는 종종 "거짓 형제"의 반대에 자주 직면했는데, 이것은 물론 고린도에 있는 반대자들을 포함한다. 바울은 열심히 수고했고, 잠이 부족하여 자주 지쳤고, "주리고 목마르고" 자주 춥고 헐벗었다(11:27). 바울이 당한 어려움은 육체적인 궁핍에 국한되지 않았다. 즉, 그는 또한 심리학적으로 고통을 받았고, 자신이 세운 교회들의 안전에 대하여 끊임없는 압력을 느꼈다(11:28). 그의 사랑은 개종자들에 대한 열정에서 나타났다. 즉, 그는 연약한 자의 연약함을 느꼈고, 그는 몇몇 사람들이 실족할 때 안타까움으로 가득했다(11:29).

약함 안에서 자랑(11:30–12:13)

서신 전체에 걸쳐서 바울이 주장한 요지를 이해한다면, 우리는 그가 자신의 강함 대신에 약함을 자랑하는 것에 놀라지 않는다. 그는 다메섹에서 아레다 왕의 고관으로부터 도피하기 위하여 광주리를 타고 들창문으로 성벽을 내려간 이야기를 한다(11:32-33). 이것이 어떻게 약함의 예인가? 우리는 바울이 지식인이며 로마 시민이었으며, 존경받는 사회의 구성원이었다는 것을 기억해야 한다. 용감한 전사들은 성벽들을 헐고 성읍을 점령했지만, 바울은 범죄자처럼 사회에서 하찮은 사람처럼, 성에서 도망했다.

바울은 고린도 교인들을 위하여 자랑이 계속 필요하다고 생각하면서, 영적인 부분을 설명한다. 물론, 영적으로 말한다고 하면 오해의 소지가 있을 수 있지만, 동시에 누군가는 그의 영적인 여러 경험을 높이 평가하기 때문이었다. 바울은 "주의 환상과 계시"에 대한 이야기를 계속한다(12:1). 이 이야기는 3인칭으로 진행되는데, 우리가 독자로서 바울이 그 자신을 언급하고 있다는 것을 한동안 알지 못하는 방식으로 설명된다. 그는 아마도 이 설명에서 자기 자신을 최대한 객관적으로 자신이 겪은 경험을 묘사하려고 했을 것이다. 그는 이 경험을 나누면서도, 자기 자신을 높이길 원치 않았다. 왜냐하면 그는 독자들이 자신의 영적인 경험들로 감동받는 것을 원치 않았기 때문이다.

셋째 하늘(12:2)은 낙원(paradise)과 같은 곳이며(12:4), 바울은 14년 전에 이곳으로 이끌려 갔다. 바울은 자신이 몸 안에 있었는지 몸 밖에 있었는지 알지 못했다고 두 번 언급한다(12:2-3). 즉, 놀랄 만한 이 엄청난 경험이 자신의 육체적인 몸 안에서 일어났는지 아닌지 모를 정도로, 평범한 인간의 경험을 초월했다. 그가 이끌려 갔을 때, 바울은 사람이 가히 이르지 못할 "표현할 수 없는 말들"을 들었다. 바울이 여기에서 의미하는 바를 확실히 알기는 어렵다. 아마도 이 말들은 전해질 수 없었는데, 인간의 이해 능력을 넘었거나 아마도 그가 낙원에서 보았던 것을 알리는 것이 금지되었기 때문이다. 어쨌든, 바울은 우리가 독자로서 무척이나 알고 싶어 하는 "특별한 계시"(12:7)를 가졌었다. 하지만, 바울은 사람들이 자신을 과대평가할까 두려웠기 때문에 이 놀라운 일을 나누는 것을 꺼렸었다. 아마도 우리가 이것을 원할 때, 우리 역시 고린도 교인들과 같은 오류에 빠지게 될 것이다. 우리는 놀랍고, 특별하고, 자극적인 것에 현혹되고 싶어 하고, 일상적이고 평범한 것을 무시하고 싶어 하기 때문이다.

그러나 바울은 사람들이 정당한 근거 없이 자신을 너무 높게 평가하지 않게 하려고 자신의 연약함에 초점을 맞춘다(12:5). 바울은 고린도 교인들이 삶 속에서 자신에 대하여 실제로 보고 들은 것을 근거로 평가하기를 원했다. 바울에게 주어진 그 놀라운 일들로 인하여 그는 교만하고 자만할 수 있었지만, 그는 "육체에 가시"(12:7) 또한 받았다. 이 동사는 실제로 수동태이다(12:7에서 "주셨다"라는 능동의 표현이 나타나는데, 이 표현은 헬라어 원문상 "주어졌다"라는 수동태 형태이다-옮긴이). 즉, 가시가 그에게 "주어졌다"는 것은 하나님께서 그에게 주셨다는 것을 의미한다. 동시에, 우리는 이 가시가 "사탄의 사자"(12:7)였다고 말한다. 이 두 개념은 모순되지 않고, 실제로 서로 일치한다. 욥기 1-2장에서 사탄이 욥에게 재앙을 내리고 질병으로 그를 쳤지만, 욥에게 일어난 모든 일은 하나님의 뜻을 나타낸다는 것을 우리는 생각하게 된다. 이 경우에도 마찬가지인데, 즉, 사탄의 악의와 매개체는 바울이 경험한 고난 안에서 현실이었다. 하나님은 또한 바울에게 일어난 것을 허락하셨고 다스리셨다. 하나님의 절대 주권은 사탄의 역할을 부정하는 것이 아니다. 또한, 현실은 그냥 일어나는 것이 아니라 하나님의 뜻 가운데 있다는 것이다.

역사를 통틀어 사람들은 육체에 있었던 가시가 무엇인지 분별하려고 노력했지만, 어떠한 합의가 이루어지지 않았다. 몇몇 학자는 바울의 삶을 그렇게 어렵게 만든 그의 대적자들이 그 가시라고 이해했다. 그러나 그 가시는 육체적인 질병이었을 가능성이 아주 크다. 왜냐하면 이 "가시"라는 표현이 "육체"라는 표현에 가장 잘 들어맞는 해석이기 때문이다. 우리는 바울이 갈라디아에서 어떤 종류의 병으로 고생했는지 알고 있다(갈 4:13-14). 그래서 육체의 가시가 말라리아와 간질, 그리고 눈병과 같은 병이 아니었을까, 많은 추측이 난무했다. 이 문제가 무엇이든 간에, 바울의 육체적인 힘은 특히 우리가 고린도후서 11장에서 언급된 채찍질과 매질을 고려할 때 비정상적으로 약했을 것이다. 그는 또한 놀라운 양의 여행을 했고, 따라서 육체적인 문제는 그를 늘 괴롭혔을 것이지만, 그의 사역을 무산시키지 않았다. 하나님의 관점에서, 가시의 목적은 바울이 자신을 "높이지" 않도록 하고 그 가시가 그를 겸손하게 만드는 것이었다.

하지만, 바울은 가시가 제거되기를 세 번 주님께 간구했다(12:8). 이 세 번은 상당한 기간을 상징할 수 있다. 우리에게서 고통과 어려움을 제거해 달라고 주님에게 간구하는 것은 분명히 어려운 일이 아니다. 바울의 경우, 주님은 그가 했던 간구에 대하여 부정적인 응답을 주셨다. 여기에서 주님은 예수 그리스도이며, 바울이 그리스도에게 기도했음을 보여준다. 몇몇 학자는 기도는 오직 성부에게만 드려야 한다고 말하지만, 그러나 신약성경은 그러한 교의학적(dogmatic) 판단을 내리지 않는다. 예수는 바울에게 "내 은혜가 네게 족하도다 이는 내 능력이 약한 데서 온전하여짐이라"라고 말씀하셨다(12:9). 여러 면에서 이 진술은 고린도후서의 메시지를 요약하고, 바울을 비판하는 사람들의 견해와 현저한 대조를 이룬다. 그의 반대자들은 영광, 능력, 승리, 성공, 건강, 그리고 부를 찾았다. 그러나 바울의 새 언약 사역은 하나님이 일하는 방식을 드러낸다. 즉, 하나님은 약함 속에서 능력과 은혜를 수여하신다. 인간의 부족함은 하나님의 충분성과 능력을 드러내므로 하나님은 인간을 대신하여 영광과 찬미를 받는다. 고난은 하나님의 은혜가 나타나는 수단이 된다.

바울은 자신이 삶 속에서 그리스도의 능력을 경험하고 나타낼 수 있도록, 자신의 약함을 기뻐했다. 새 언약의 사역과 삶의 특징이 그러하다. 지극히 크다는 사도들은 이러한 관점을 이해하지 못했고 받아들이지 못했다. 그러므로 이들은 왜곡된 복음을 조장했고 인간을 높였다. 약함에 대한 바울의 이해는 십자가의 메시지와 일치한다. 왜냐하면 하나님은 죽음이 있는 그곳에 생명을 주셨기 때문이다. 약함은 그 자체로 유쾌하지 않지만, 그러나 바울은 그리스도를 위하여 그 약함을 포용했다(12:10). 약함이 죄가 아니라는 것을 인식하는 것이 중요하다. 바울은 "능욕과 궁핍과 박해와 곤고"를 열거하며, 우리는 이미 질병에 대한 언급을 보았다. 즉, 이것 중 어떤 것도 죄가 아니다. 이것들은 우리를 억압하고 억누르는 삶의 어려움들이다. 그러나 바울은 이러한 고난을 받아들였다. 왜냐하면 강함은 약함을 통하여 오고 위로는 고난을 통하여, 기쁨은 슬픔을 통하여, 생명은 죽음을 통하여 오기 때문이다.

바울의 자랑은 고린도 교인들에 의해 강요를 받았지만(12:11), 그러나 그는 하나님보다 인간을 높이는 것이 어리석은 일이라고 생각한다. 만약 고린도 교인들이 바울을 칭찬했다면, 이렇게 자랑하는 일을 피할 수 있었겠지만, 그러나 이 교인들은 지극히 크다는 사도들로 인하여 복음에서 멀어질 위험에 처해 있었고, 이것은 바울이 왜 그토록 어리석은 것처럼 행동해야 했는지 이유를 설명한다. 바울은 자신의 사역이 지극히 크다는 사도들의 사역보다 오히려 복음에 일치하였다는 것을 보여주어야 했다. 그러나 이렇게 함으로써, 그는 자신을 높이는 위험을 무릅썼고, 또한 "내가 아무것도 아니다"라고 덧붙이는 이유이다. 하지만, 그의 사도적 사역에 대한 증거가 있었다. 왜냐하면 그의 사역은 "표적과 기사와 능력"에 의해 인정받았기 때문이다(12:12). 바울은 자신의 약함과 질병을 강조했지만, 자신의 사역에서 능력이 전혀 나타나지 않았다는 것은 아니다. 그런데도, 그의 사역은 근본적으로 영광이 아니라 약함으로 특징지어진다. 표적과 기사조차도 "질그릇"(4:7)에 의해 행해진다. 고린도 교인들은 바울이 다른 교회들로부터 돈을 받았지만 자신들로부터 받지 않았기 때문에 상처를 입은 것 같다(12:13)! 그래서 바울은 "나의 이 공평하지 못한 것을 용서하라!"라고 풍자적으로 말한다. 바울에 대한 고발이 너무 우스꽝스러우므로, 정말로 언급할 만한 어떤 것도 있지 않았다.

임박한 방문: 회개의 요구(12:14-13:10)

바울은 임박한 세 번째 방문을 알리며, 재정적으로 고린도 교인들에게 부담을 주지 않을 것임을 거듭 강조한다. 그는 부모가 갖는 사랑을 고린도 교인들에 대하여 가졌기 때문에, 그렇게 행동했다. 왜냐하면 그는 이 교인들의 것들을 바라지 않았고, 그리스도를 위하여 이들을 사랑했기 때문이다. 대부분의 부모처럼, 바울은 영적 자녀들을 위하여 자기 자신을 기쁘게 희생했다(12:15). 그렇다면 그 이후에, 영적 자녀들로서 고린도 교인들은 바울을 사랑해야 했고, 자신들을 향한 그의 사랑에 반응해야 한다는 자연스러운 논리에 귀결한다.

그러나 바울의 반대자들은 특정 비난들을 만들어서 그를 반대했던 것 같다. 바울은 고린도 교인들에게서 어떤 돈을 취하지 않았고 이들에게 후원을 구함으로써 부담을 주지 않았지만, 그가 실제로는 다른 방법으로 요령 있게 돈을 취하고 있었다는 소문이 있었다(12:16). 바울은 이러한 혐의에 정면으로 맞섰다. 그는 재정적인 부적절한 어떤 제안을 막기 위하여, 그 모금이 신뢰받는 사람들에 의해 관리될 것이라고 이미 표현했다(8:16-24). 여기에서 그는 부패의 증거가 있는지 묻는다. 그가 보낸 사람 중 어느 사람도 교인들에게서 재정적인 이익을 취하지 않았다. 즉, 그들은 모두 흠잡을 것이 없는 성실한 사람들이었다(12:17). 고린도 교인들 스스로 디도와 바울이 보낸 형제가 경건하게 행동했다는 것을 증언할 수 있었다.

바울은 편지를 마치면서, 편지 전체에서 가장 놀라운 진술을 만든다(12:19). 바울은 고린도 교인들에게, 이 편지 전체가 바울 자신의 정직함과 사역을 변호하기 위하여 기록된 것으로 생각하는지 묻는다. "그렇다"라고 말한다고 해도, 우리는 충분히 이해될 수 있을 정도이다! 바울은 이 편지에서 가장 중요한 말로 답변한다. 그는 '고린도 교인들의 덕을 세우기 위하여 자신이 한 일을 기록했다'라고 그리스도 안에서 그리고 하나님 앞에서 말했다. 따라서 바울의 동기는 자기 자신을 변호하는 것이 아니었다는 것이다.

즉, 이 편지에서 바울은 고린도 교인들을 위하여 자신이 행한 사역을 변증했다고 진술한다. 바울은 자신이 교인들을 방문했을 때, 이들이 다툼, 시기, 분냄, 당 짓는 것, 비방, 수군거림, 거만함, 혼란, 그리고 성적인 죄를 특징짓는 중대한 죄 안에 있다는 것을 바울 자신이 알게 될까 염려했다(12:20-21). 만약 그러한 것들이 사실로 판명되면, 바울은 슬픔에 잠겨 회개하지 않은 사람들을 징계해야 할 것이다(1:23-2:4 참조). 대다수는 회개했지만(1-7장), 이 회개의 완전성과 진정성은 회중 안에서 어느 정도 영향력을 여전히 행사하고 있는 거짓 사도들에 대한 반응으로 측정될 것이다.

만약 징계가 집행되어야 한다면, 황급하고 성급한 행동이 일어나서는 안 된다. 한 사람에 대하여 제기된 어떤 혐의도 강력한 증거로 확인되어야 한다. 즉, 구약성경이 말하는 것처럼, "두세 증인의 입으로" 입증되어야 한다(13:1; 또한, 민 35:30; 신 17:6; 19:15 참조). 바울은 몇몇 사람들에 의해 퍼뜨려진 자신의 관대함에 대한 보고가 오해를 받을까 염려하였다. 따라서, 도착하자마자, 그는 필요하다면 징계할 것이고, 따라서 그는 자신이 방문하기 이전 문제들이 해결되게 하려고 미리 그들에게 경고한다(고후 13:2). 고린도 교인 중 몇몇은 바울이 권위를 가지고 오는 것을 보게 됨으로써, 바울 안에 있는 그리스도의 능력에 대한 증거를 분명히 원했던 것 같다! 이 편지에서 언제나 그러는 것처럼, 그는 자신의 메시지와 사역을 예수 그리스도에 직결시킨다. 그리스도는 고린도 교인들에게 대하여 "약하지 않고" 이들 "안에서 강하였다"(13:3). 하지만, 그리스도의 능력이 오해되어서는 안 된다. 왜냐하면 "그리스도께서 약하심으로 십자가에 못 박히셨기" 때문이다(13:4). 우리는 고린도전서의 메시지에 다시 돌아간다(1:18에서처럼). 즉, 세상의 구원은 십자가에 못 박힌 사람을 통하여 오기 때문에, 세상에 대하여 "십자가의 도가 미련한 것"이다. 여기에는 어떤 능력과 영광이 없다! 그러나 약함이 이 이야기의 끝은 아니었다. 왜냐하면 그리스도 역시 "하나님의 능력으로 살아" 계시기 때문이다(고후 13:4). 그는 십자가에 달리시고 부활하였다. 먼저 고난이 오고, 그다음 영광과 능력과 빛남이 온다. 대적자들은 지금 화려함과 영광, 그리고 능력을 원했다. 그러나 이들은 이 순서를 이해하지 못했다. 이 편지의 중심 주제였던 바울의 약함은 그리스도의 약함의 결과이다. 즉, 종은 주인과 같다는 것이다. 바울의 사역과 삶을 특징짓는 약함은 그 자신이 하나님에게 속해 있다는 표시이다. 하지만, 바울의 약함은 그의 사역의 유일한 차원이 아니다. 바울이 그리스도에게 속했기 때문에, 그 역시 그 안에서 강했다. 그가 세 번째 방문을 위해 도착했을 때 필요하다면, 징계안에서 그 힘을 행사할 것이다.

그러므로 바울은 고린도 교인들에게 이들이 "믿음 안에 있는지" 결정하기 위하여 이들 "자신을 시험하고" 조사하도록 도전했다(13:5). 만약 이 교인들이 거짓 사도들의 편에 섰다면(11:13-15), 이들은 확실히 하나님의 백성에 속하지 않는 것이다. 만약 예수 그리스도가 진정으로 이 교인들 안에 내주하신다면, 이 교인들은 틀림없이 신자들이었다(롬 8:9-10 참조). 교인들 사이의 분열은 이들 중에 누가 "옳다 인정함을 받았고"('도키모이'[*dokimoi*]), 진정으로 누가 구원을 받았는지(고전 11:19) 나타낸다. "버림을 당하는"('아도키모이'[*adokimoi*], 고전 9:27) 사람들은 "옳다 인정함을 받지 않는 사람들"이고, 상을 받기에 준비되지 않은 사람들이다(고전 9:24-27 참조).

고린도 교인들은 바울 자신이 "버림받지 않았다"는 것과 "옳다 인정함을 받았다"는 것을 인식하기를('아도키모이'[*adokimoi*], 고후 13:6) 바울은 바란다. 이 편지에서 우리는 바울의 사역이 하나님 앞에서 고린도 교인들의 현재 상태와 연결되어 있음을 보았다. 따라서 여기에서 바울의 소망은 결코 사소한 것이 아니다. 만약 이 교인들이 바울은 하나님에게 속하지 않았다고 생각했다면, 이것은 그들 자신과 하나님의 관계에 심각한 질문을 던지게 되는 것이었다. 사실, 오늘날에도 마찬가지이다. 만약 어떤 사람들이 자신들의 이해가 사도들의 이해보다 더 낫다고 생각한다면, 자신들이 신자라는 주장에 대하여 심각한 문제들을 제기하는 것이다.

바울은 고린도 교인들이 악을 조금도 행하지 않기를 기도한다고 말했을 때(13:7), 이것은 일반적인 격언이 아니다. 문맥상, 이 표현은 교인들 앞에 놓인 문제와 관련이 있다. 그는 이들이 거짓 사도들의 편에 들지 않기를, 즉 바울을 헐뜯고 있는 거짓 교사들 편에 서지 않기를 기도한다. 바울의 근본적인 관심은 자기 자신이 옳은 자라는 것을 고린도 교인들이 믿게 하려는 것이 아니었다. 그는 자신의 승인이 가장 중요한 것처럼('도키모스'[*dokimos*]), 이 교인들에게 비치길 원치 않았다. 만약 고린도 교인들이 모든 문제에서 옳은 것을 행했다면, 비록 이 교인들이 바울을 "버림 받은"('아도키모스'[*adokimos*]) 자로 여겼을지라도, 그는 매우 기뻐했을 것이다. 그러나 불행하게도, 상황은 그렇게 간단하지 않았다. 만약 이 교인들이 바울의 사역을 거절했다면, 그리고 만약 이들이 그를 사도로서 부적합하다고 믿었다면, 이러한 상황은 교인들 자신의 구원에 악영향을 미쳤을 것이다. 그래서 우리는 '왜 바울이 이 편지에서 그렇게 열렬히 자기 자신을 변호해야 했는지'의 문제로 돌아오게 된다.

마지막으로, 바울은 "진리를 거슬러 아무 것도 할 수 없고 오직 진리를 위할 뿐이다"라고 진술한다(13:8). 이 일반적인 격언은 문맥에서 끌어낼 수 있다. 왜냐하면 사람들이 진리를 방해하는 것들을 말하고 행동하는 정황들이 분명히 있기 때문이다. 그러나 바울은 궁극적으로 하나님의 주권의 관점에서 생각하고 있다. 어느 사람도 하나님의 의도들을 방해할 수 없다. 왜냐하면 그의 의도들은 확실히 실현될 것이기 때문이다. 예수가 가르쳤던 것처럼, 교회를 "음부의 권세가 이기지 못할" 것이다(마 16:18). 하지만, 인간은 진리를 지지하고 확장할 특권을 가진다. 바울처럼, 하나님은 인간에게 복음의 진리를 다른 사람들에게 전하는 역할을 주실 수 있다. 고린도후서 13:9에서 바울은 이 편지의 가장 좋아하는 주제이자, 우리가 편지의 시작에서 발견한 주제로 돌아오는데, 그는 편지를 시작하면서 자신의 고난은 고린도 교인들의 위로를 위해 있었다고 알린다(1:3-7). 여기에서 그는 자신이 "약하지만" 교인들이 "강할" 때 기뻐한다. 우리가 보았던 것처럼, 이러한 주제는 새 언약 사역의 마음이고 영혼이며, 11-12장에서 진술된 바울의 "바보 연설"의 요지이다. 가장 중요하게도, 이 주제는 복음의 핵심을 반영한다. 왜냐하면 예수는 십자가에 달리신 분으로서 약하지만, 부활한 주님으로서 자신에게 속한 백성에게 힘을 주신다. 그러므로 바울은 고린도 교인들이 자기 자신이 전한 메시지를 잘 수용하고 "온전하게 되기를" 기도한다.

13:10에서 우리는 다시 이 편지의 주요한 목적을 보게 된다. 그는 떠나 있는 중에 편지를 썼는데, 이는 그가 교인들에게 왔을 때, 혹시라도 복음에서 떠난 교인들을 징계하기 위하여 자신의 권위를 사용할 필요가 없도록 하기 위함이었다. 특히, 복음에서 떠난 모습은 거짓 사도들의 편에 서게 될 때 명확하게 드러나게 되는 것이었다. 바울은 10:8에서 예레미야 1:10(24:6 참조)에 대해 암시를 했었는데, 13:10에서 예레미야의 이 구절을 다시 가져온다. 주께서 "너희를 넘어뜨리려 하지 않고 세우려 하여" 바울 자신에게 권한을 주었다. 징계가 아니라, 구원이 새 언약 사역의 핵심이다. 바울의 사역은 예레미야의 사역과 달랐는데, 예레미야는 주로 심판에 초점을 맞추었다. 새 언약의 사역자는 비록 징계가 필요할 수가 있을지라도, 교회를 세우고, 교화한다.

맺음말(13:11-13)

이 편지의 맺음말은 주목할 만하게 짧다. 그러나 이 맺음말은 이 편지의 중요한 관심사 중 몇몇을 담고 있다. 다섯 가지의 권면들이 고린도후서 13:11에 있다. 고린도 교인들은 기뻐하도록 요구받는다. 또한, "온전하게 되다"('카타르티제스떼'[*katartizesthe*])라는 동사는 13:9의 명사와 같은 어근에서 오는데, 이 13:9에서 바울은 교인들이 "온전하게 될"('카타르티신'[*katartisin*]) 것을 기도한다. 바울은 또한 자신이 이 교인들을 위하여 기도하는 것을 깨닫도록 이들을 권면한다. 이들이 거짓 교사들을 거절하고 바울과 그의 복음을 받아들인다면, 이 교인들은 성숙하고 회복될 것이다. 이들은 그렇게 하는 길에 있었고, 바울은 이들이 마지막 걸음을 밟도록 격려했다. 그다음에 등장하는 세 가지의 명령은 연합에 초점을 맞추고 있다. 즉, 이 명령들은 "위로를 받으며 마음을 같이하며 평안하게" 되는 것이었다. 고린도 교회는 과거에 분열되었고(고린도전서에 나타난 것처럼), 거짓 사도들의 존재가 증명하는 것처럼, 이 분열의 모습은 여전히 존재한다. 바울은 교인들이 복음 안에서 연합하도록 권면한다. 만약 이들이 옳게 행동한다면, "사랑과 평강의 하나님이 너희(이 교인들)와 함께 계실" 것이다. 하나님에 대한 묘사를 살펴보면, 평강의 하나님이라는 속성에 바울이 사랑을 덧붙이는 유일한 본문임을 우리는 알게 된다. 사랑과 평강 모두 하나님으로부터 오고, 바울의 간절한 바람은 이러한 사랑과 평강이 고린도 회중 안에 가득하게 되는 것을 보는 것이다.

이 연합의 주제는 계속되는데, 신자들이 가족 구성원들로서 "거룩하게 입맞춤으로 서로 문안하기" 때문이다(고후 13:12). 이 표현은 바울이 자기 자신과 함께하는 모든 신자가 인사말을 건네는 유일한 경우이다. 또한, 이 표현은 1:1과 고린도전서 1:2에 나타난 다른 신자들에 대한 언급과도 일치한다. 바울은 고린도 교인들이 세상에서 유일한 신자들이 아니라는 것을 다시 상기시킨다. 고린도 교회를 능가하는 전 세계적인 교회가 있었다.

이 편지는 성경에서 가장 아름다운 축도 중 하나로 끝맺는다(고후 13:13). 이 교회는 어떻게 연합될 것인가? 이 교인들은 어떻게 거짓 교사들을 거절하고 바울과 그의 복음을 받아들일 것인가? 이 교인들은 주 예수 그리스도에게서 오는 은혜와 하나님에게서 오는 사랑과 성령과 함께 누리는 교통하심이 필요하다. 다시 말해서, 이들은 바울이 지시한 것을 수행하기 위하여 자신들의 약함 속에서 하나님의 능력이 필요하다. 이 구절에 나타난 순서는 신자들의 경험을 반영한다. 첫째, 이들은 그리스도의 은혜를 받고, 그 결과로 이들은 하나님의 사랑과 성령과의 교제를 누린다. 이 진술에 나타난 삼위일체적 성격 역시 상당히 인상적이다. 고린도 교인들은 스스로 약했지만, 성자와 성부, 그리고 성령은 이들에게 힘을 주실 수 있고, 힘을 주실 것이다.

고린도후서: 주석들

Barnett, Paul. *The Second Epistle to the Corinthians*. NICNT. Grand Rapids: Eerdmans, 2008.

Barrett, Charles K. *The Second Epistle to the Corinthians*. BNTC. London: Black. Re-printed, Peabody, MA: Hendrickson, 1973.

Belleville, Linda L. *2 Corinthians*. IVPNTC. Downers Grove, IL: InterVarsity, 1996.

Best, E. *Second Corinthians*. Interpretation. Atlanta: John Knox, 1987.

Bray, Gerald. *1-2 Corinthians*. ACCS 7 (NT). Downers Grove, IL: InterVarsity, 1999.

Bruce, F. F. *1 and 2 Corinthians*. Greenwood, SC: Attic Press, 1971.

Calvin, John. *The Second Epistle of Paul the Apostle to the Corinthians and the Epistles to Timothy, Titus and Philemon*. Calvin's Commentaries 10. Edinburgh: Oliver & Boyd, 1964.

Danker, F. W. *II Corinthians*. Minneapolis: Augsburg Fortress, 1989.

Furnish, Victor P. *II Corinthians: A New Translation with Introduction and Commentary*. AB. Garden City, NY: Doubleday, 1984.

Garland, David E. *2 Corinthians*. NAC 29. Nashville: Broadman & Holman, 1999.

Guthrie, George H. *2 Corinthians*. BECNT. Grand Rapids: Baker Academic, 2015.

Hafemann, Scott J. *2 Corinthians*. NIV Application Commentary. Grand Rapids: Zondervan, 2000.

Hanson, R. P. C. *The Second Epistle to the Corinthians: Introduction and Commentary*. Torch Bible Commentaries. London: SCM, 1961.

Harris, Murray J. "2 Corinthians." In *Romans-Galatians*, vol. 11 of *The Expositor's Bible Commentary*, rev. ed., edited by Tremper Longman III and David E. Garland, 415-545. Grand Rapids: Zondervan, 2008.

———. *The Second Epistle to the Corinthians: A Commentary on the Greek Text*. NIGTC. Grand Rapids: Eerdmans, 2005.

Hodge, Charles. *Commentary on the Second Epistle to the Corinthians*. Grand

Rapids: Eerdmans, 1994.

Hughes, P. E. *Paul's Second Epistle to the Corinthians: The English Text with Introduction, Exposition and Notes*. NICNT. Grand Rapids: Eerdmans, 1962.

Keener, Craig. S. *1-2 Corinthians*. NCBC. Cambridge: Cambridge University Press, 2005.

Kruse, Colin G. *The Second Epistle of Paul to the Corinthians: An Introduction and Commentary*. TNTC. Leicester, UK: Inter-Varsity, 1987.

Lambrecht, Jan. *Second Corinthians*. SP. Collegeville, MN: Liturgical Press, 1999.

Martin, Ralph P. *2 Corinthians*. WBC. Waco: Word, 1986.

Matera, Frank J. *II Corinthians: A Commentary*. NTL. Louisville: Westminster John Knox, 2003.

McCant, Jerry W. *2 Corinthians*. Readings: A New Biblical Commentary. Sheffield: Sheffield Academic, 1999.

Plummer, A. *A Critical and Exegetical Commentary on the Second Epistle of St. Paul to the Corinthians*. ICC. Edinburgh: T&T Clark, 1915.

Roetzel, Calvin J. *2 Corinthians*. ANTC. Nashville: Abingdon, 2007.

Scott, J. M. *2 Corinthians*. NIBC. Peabody, MA: Hendrickson, 1998.

Stegman, T. J. *Second Corinthians*. CCSS. Grand Rapids: Baker Academic, 2007.

Talbert, C. H. *Reading Corinthians: A Literary and Theological Commentary*. Macon, GA: Smyth & Helwys, 2002.

Thrall, Margaret E. *A Critical and Exegetical Commentary on the Second Epistle to the Corinthians*. Vol. 1, Introduction and Commentary on II Corinthians I-VII. ICC. Edinburgh: T&T Clark, 2000.

———. *A Critical and Exegetical Commentary on the Second Epistle to the Corinthians*. Vol. 2, Commentary on II Corinthians VIII–XIII. ICC. London: T&T Clark, 2000.

Witherington, Ben, III. *Conflict and Community in Corinth: A Socio-Rhetorical Commentary on 1 and 2 Corinthians*. Grand Rapids: Eerdmans, 1995.

고린도후서: 연구논문(article)과 소논문(essay), 그리고 단행본들

Adewuya, J. A. *Holiness and Community in 2 Cor 6:14-7:1: Paul's View of Communal Holiness in the Corinthian Correspondence*. Studies in Biblical Literature 40. New York: Lang, 2003.

Amador, J. D. H. "Revisiting 2 Corinthians: Rhetoric and the Case for Unity." *NTS* 46 (2000): 92-111.

Andrews, S. B. "Too Weak Not to Lead: The Form and Function of 2 Cor 11:23b-33." *NTS* 41 (1995): 263-76.

Baird, W. R., Jr. "Letters of Recommendation: A Study of II Cor. 3:1-3." *JBL* 80 (1961): 166-72.

Baker, W. R. "Did the Glory of Moses' Face Fade? A Reexamination of Katarge in 2 Corinthians 3:7-18." *BBR* 10 (2000): 1-15.

Barrett, Charles K. "Paul's Opponents in II Corinthians." *NTS* 17 (1971): 233-54.

Beale, G. K. "The Old Testament Background of Reconciliation in 2 Corinthians 5-7 and Its Bearing on the Literary Problem of 2 Corinthians 6.14-7.1." *NTS* 35 (1989): 550-81.

Becker, E. M. *Letter Hermeneutics in 2 Corinthians*. Edinburgh: T&T Clark, 2004.

Belleville, Linda L. "A Letter of Apologetic Self-Commendation: 2 Cor. 1:8-7:16." *NovT* 31 (1989): 142-63.

———. *Reflections of Glory: Paul's Polemical Use of the Moses-Doxa Tradition in 2 Corinthians 3.1-18*. JSNTSup 52. Sheffield: JSOT Press, 1991.

Betz, Hans Dieter. "2 Cor 6:14-7:1: An Anti-Pauline Fragment?" *JBL* 92 (1973): 88-108.

Betz, Hans Dieter, and G. W. MacRae. *2 Corinthians 8 and 9: A Commentary on Two Administrative Letters of the Apostle Paul*. Hermeneia. Philadelphia: Fortress, 1985.

Bieringer, R. *The Corinthian Correspondence*. BETL 125. Leuven: Leuven University Press/Peeters, 1996.

Bieringer, R., and Jan Lambrecht. *Studies on 2 Corinthians*. BETL 112. Leuven: Leuven University Press/Peeters, 1994.

Blomberg, Craig. "The Structure of 2 Corinthians 1-7." *CTR* 4 (1989): 3-20.

Boers, Hendrikus. "2 Corinthians 5:14-6:2: A Fragment of Pauline Christology." *CBQ* 64 (2002): 527-47.

Bowens, Lisa M. *An Apostle in Battle: Paul and Spiritual Warfare in 2 Corinthians 12:1-10*. WUNT 2/433. Tübingen: Mohr Siebeck, 2017.

Dahl, Nils. "A Fragment in Its Context: 2 Corinthians 6:14-7:1." In *Studies in Paul: Theology for the Early Christian Mission*, 62-69. Minneapolis: Augsburg, 1972.

Dalton, W. J. "Is the Old Covenant Abrogated (2 Cor. 3.14)?" *ABR* 35 (1987): 88-94.

Danker, F. W. "2 Corinthians." *JBL* 107 (1988): 550-53.

Derrett, J. "2 Cor. 6:14: A Midrash on Dt 22:10." *Bib* 59 (1978): 231-50.

Dewey, A. "A Matter of Honor: A Social-Historical Analysis of 2 Corinthians 10." *HTR* 78 (1985): 209-17.

Duff, P. B. "Glory in the Ministry of Death: Gentile Condemnation and Letters of Recommendation in 2 Cor 3:6-18." *NovT* 46 (2004): 313-37.

———. "Metaphor, Motif, and Meaning: The Rhetorical Strategy behind the Image 'Led in Triumph' in 2 Corinthians 2:14." *CBQ* 53 (1991): 79-92.

Dumbrell, W. J. "The Newness of the New Covenant: The Logic of the Argument in 2 Corinthians 3." *RTR* 61 (2002): 61-84.

———. "Paul's Use of Exodus 34 in 2 Corinthians 3." In *God Who Is Rich in Mercy: Essays Presented to Dr. D. B. Knox*, edited by P. T. O'Brien and D. Peterson, 179-94. Homebush, Australia: Lancer Books, 1986.

Dunn, James D. G. "2 Corinthians 3:17: The Lord Is the Spirit." *JTS* 21 (1970): 309-20.

Fee, Gordon D. "Χάρις in II Corinthians 1:15: Apostolic Parousia and Paul-

Corinth Chronology." *NTS* 24 (1978): 533-38.

Fitzgerald, J. T. *Cracks in an Earthen Vessel: An Examination of the Catalogues of Hardships in the Corinthian Correspondence*. SBLDS 99. Atlanta: Scholars Press, 1988.

Fitzmyer, Joseph A. "Glory Reflected on the Face of Christ (2 Cor 3:7-4:6) and a Palestinian Jewish Motif." *Theological Studies* 42 (1981): 630-44.

——. "Qumran and the Interpolated Paragraph in 2 Cor 6:14-7:1." *CBQ* 23 (1961): 271-80.

Fredrickson, D. E. "Paul's Sentence of Death (2 Corinthians 1:9)." *Word and World* 4 (2000): 99-107.

Garland, David E. "Paul's Apostolic Authority: The Power of Christ Sustaining Weakness (2 Corinthians 10-13)." *RevExp* 86 (1989): 371-89.

Garrett, Duane A. "Veiled Hearts: The Translation and Interpretation of 2 Corinthians 3." *JETS* 53 (2010): 729-72.

Gignilliat, Mark S. *Paul and Isaiah's Servants: Paul's Theological Reading of Isaiah 40-66 in 2 Corinthians 5:14-6:10*. London: T&T Clark, 2007.

Goulder, M. D. "2 Cor. 6:14-7:1 as an Integral Part of 2 Corinthians." *NovT* 36 (1994): 47-57.

Guthrie, George H. "Paul's Triumphal Procession Imagery (2 Cor 2.14-16a): Neglected Points of Background." *NTS* 61 (2015): 79-91.

Hafemann, Scott J. "Adam Christology as the Exegetical and Theological Substructure of 2 Corinthians 4:7-5:21." *JBL* 113 (1994): 346-49.

——. "The Glory and Veil of Moses in 2 Cor. 3:7-14: An Example of Paul's Contextual Exegesis of the OT—A Proposal." *HBT* 14 (1992): 31-49.

——. *Paul, Moses, and the History of Israel: The Letter/Spirit Contrast and the Argument from Scripture in 2 Corinthians 3*. WUNT 81. Tübingen: Mohr Siebeck, 1995.

——. "Paul's Argument from the Old Testament and Christology in 2 Cor.

1-9: The Salvation-History/Restoration Structure of Paul's Apologetic." In *The Corinthian Correspondence*, edited by R. Bieringer, 277-303. BETL 125. Leuven: Leuven University Press/Peeters, 1996.

———. "'Self-Commendation' and Apostolic Legitimacy in 2 Corinthians: A Pauline Dialectic?" *NTS* 36 (1990): 66-88.

———. *Suffering and Ministry in the Spirit: Paul's Defense of His Ministry in II Corinthians 2:14-3:3*. Grand Rapids: Eerdmans, 1990.

———. *Suffering and the Spirit: An Exegetical Study of 2 Cor. 2:14-3:3 within the Context of the Corinthian Correspondence*. WUNT 2/19. Tübingen: Mohr Siebeck, 1986.

Hall, D. R. *The Unity of the Corinthian Correspondence*. London: T&T Clark, 2003.

Hanson, A. T. "The Midrash in 2 Corinthians 3: A Reconsideration." *JSNT* 9 (1980): 2-28.

Harvey, A. E. *Renewal through Suffering: A Study of 2 Corinthians*. SNTW. Edinburgh: T&T Clark, 1996.

Hemer, Colin J. "A Note on 2 Corinthians 1:9." *TynBul* 23 (1972): 103-7.

Hock, Ronald F. *The Social Context of Paul's Ministry*. Philadelphia: Fortress, 1980.

Hood, J. B. "The Temple and the Thorn: 2 Corinthians 12 and Paul's Heavenly Ecclesiology." *BBR* 21 (2011): 357-70.

Hooker, Morna D. "On Becoming the Righteousness of God: Another Look at 2 Cor. 5:21." *NovT* 50 (2008): 358-75.

Hubbard, Moyer V. *New Creation in Paul's Letters and Thoughts*. SNTSMS 119. Cambridge: Cambridge University Press, 2002.

———. "Was Paul Out of His Mind? Re-reading 2 Corinthians 5.13." *JSNT* 70 (1998): 39-64.

Kim, Seyoon. *The Origin of Paul's Gospel*. 2nd ed. WUNT 4. Tübingen: Mohr Siebeck, 1984.

———. "2 Cor. 5:11-21 and the Origin of Paul's Concept of 'Reconciliation.'"

NovT 39 (1997): 360-84.

Lambrecht, Jan. "Dangerous Boasting: Paul's Self-Commendation in 2 Corinthians 10-13." In *The Corinthian Correspondence*, edited by R. Bieringer, 325-46. Leuven: Leuven University Press, 1996.

———. "Structure and Line of Thought in 2 Cor 2: 14-4:6." In *Studies on 2 Corinthians*, edited by R. Bieringer and J. Lambrecht, 257-94. Leuven: Leuven University Press, 1984.

———. "Transformation in 2 Cor 3:18." *Bib* 64 (1983): 243-54.

Lincoln, A. T. "Paul the Visionary: The Setting and Significance of the Rapture to Paradise in II Corinthians 12:1-10." *NTS* 25 (1979): 204-20.

Long, Frederick J. *Ancient Rhetoric and Paul's Apology: The Compositional Unity of 2 Corinthians*. SNTSMS 131. Cambridge: Cambridge University Press, 2004.

Longenecker, Bruce W. *Remember the Poor: Paul, Poverty, and the Greco-Roman World*. Grand Rapids: Eerdmans, 2010.

Marshall, Peter. *Enmity in Corinth: Social Conventions in Paul's Relations with the Corinthians*. WUNT 23. Tübingen: Mohr Siebeck, 1987.

———. "A Metaphor of Social Shame: Thriambeuein in 2 Cor 2:14." *NovT* 25 (1983): 302-17.

Morray-Jones, C. R. A. "Paradise Revisited (2 Cor 12:1-12): The Jewish Mystical Background of Paul's Apostolate." *HTR* 86 (1993): 265-92.

Murphy-O'Connor, Jerome. "The Date of 2 Corinthians 10-13." *ABR* 39 (1991): 31-43.

———. *Keys to Second Corinthians: Revisiting the Major Issues*. Oxford: Oxford University Press, 2010.

———. "Paul and Macedonia: The Connection between 2 Corinthians 2:13 and 2:14." *JSNT* 25 (1985): 99-103.

———. *St. Paul's Corinth: Texts and Archaeology*. Good News Studies 6. Wilmington, DE: Michael Glazier, 1983.

———. *The Theology of the Second Letter to the Corinthians*. Cambridge:

Cambridge University Press, 1991.

Neyrey, J. H. "Paul's Use of Ethos, Pathos, and Logos in 2 Corinthians 10-13." *CBQ* 59 (1997): 375-76.

O'Collins, G. G. "Power Made Perfect in Weakness: 2 Cor 12:9-10." *CBQ* 33 (1971): 528-37.

Park, D. M. "Paul's Σκόλοψ τῇ Σαρκί: Thorn or Stake? (2 Cor. XII 7)." *NovT* 22 (1980): 179-83.

Pate, C. M. *Adam Christology as the Exegetical and Theological Substructure of 2 Corinthians 4:7-5:21*. Lanham, MD: University Press of America, 1991.

Philpot, Josh M. "Exodus 34:29-35 and Moses' Shining Face." *BBR* 23 (2013): 1-11.

Price, R. M. "Punished in Paradise (An Exegetical Theory on 2 Corinthians 12:1-10)." *JSNT* 7 (1980): 33-40.

Riesner, Rainer. *Paul's Early Period: Chronology, Mission Strategy, Ideology*. Grand Rapids: Eerdmans, 1998.

Sampley, J. P. "Paul, His Opponents in 2 Corinthians 10-13, and the Rhetorical Handbooks." In *The Social World of Formative Christianity and Judaism: Essays in Tribute to Howard Clark Kee*, edited by J. Neusner, 162-77. Philadelphia: Fortress, 1988.

Savage, T. B. *Power through Weakness: Paul's Understanding of the Christian Ministry in 2 Corinthians*. SNTSMS 86. Cambridge: Cambridge University Press, 1996.

Schmeller, T. "No Bridge over Troubled Water? The Gap between 2 Corinthians 1-9 and 10-13." *JSNT* 36 (2013): 73-84.

Scott, J. M. "The Triumph of God in 2 Cor 2.14: Additional Evidence of Merkabah Mysticism in Paul." *NTS* 42 (1996): 260-81.

Stegman, T. D. "Ἐπίστευσα, διὸ ἐλάλησα (2 Corinthians 4:13): Paul's Christological Reading of Psalm 115:la LXX." *CBQ* 69 (2007): 725-45.

Stockhausen, Carol K. *Moses' Veil and the Glory of the New Covenant: The Exegetical Substructure of II Cor. 3,1-4,6*. AnBib 116. Rome: Pontifical Biblical Institute, 1989.

Stowers, Stanley K. "Peri Men Gar and the Integrity of 2 Cor. 8 and 9." NovT 32 (1990): 340-48.

Sumney, Jerry. *Identifying Paul's Opponents: The Question of Method in 2 Corinthians*. JSNTSup 40. Sheffield: JSOT Press, 1990.

Thierry, J. J. "Der Dorn im Fleische (2 Kor. 12:7-9)." *NovT* 5 (1962): 301-10.

Thrall, Margaret E. "The Problem of II Cor 6:14-7:1 in Some Recent Discussion." *NTS* 24 (1977): 132-48.

———. "'Putting On' or 'Stripping Off' in 2 Corinthians 5:3." In *New Testament Textual Criticism: Its Significance for Exegesis; Essays in Honor of Bruce M. Metzger*, edited by E. J. Epp and G. D. Fee, 221-37. Oxford: Clarendon, 1981.

———. "2 Corinthians 1:12: ΑΥΙΟΤΗΤΙ or ΑΠΛΟΤΗΤΙ." In *Studies in New Testament Language and Text: Essays in Honour of George D. Kilpatrick on the Occasion of His Sixty-Fifth Birthday*, edited by F. S. Kilpatrick, 366-72. NovTSup 44. Leiden: Brill, 1976.

———. "A Second Thanksgiving Period in II Corinthians." *JSNT* 16 (1982): 101-24.

Unnik, W. C. van. "With Unveiled Face: An Exegesis of 2 Corinthians 3:12-18." *NovT* 6 (1963): 153-69.

Vegge, Ivar. *2 Corinthians: A Letter about Reconciliation*. WUNT 2/239. Tübingen: Mohr Siebeck, 2008.

Walker, D. D. *Paul's Offer of Leniency (2 Cor. 10,1): Populist Ideology and Rhetoric in a Pauline Letter Fragment*. WUNT 2/152. Tübingen: Mohr Siebeck, 2002.

Wallace, J. B. *Snatched into Paradise (2 Cor. 12:1-10): Paul's Heavenly Journey in the Context of Early Christian Experience*. BZNW 179. Berlin: de Gruyter, 2011.

Wanamaker, Charles A. "'By the Power of God': Rhetoric and Ideology in 2 Corinthians 10-13." In *Fabrics of Discourse: Essays in Honor of Vernon K. Robbins*, edited by D. B. Gowler, L. G. Bloomquist, and D. F. Watson, 194-221. Harrisburg, PA: Trinity Press International, 2003.

Watson, Francis. "2 Cor. 10-13 and Paul's Painful Letter to the Corinthians." *JTS* 35, no. 2 (October 1984): 324-46.

Webb, William J. *Returning Home: New Covenant and Second Exodus as the Context for 2 Corinthians 6.14-7.1*. JSNTSup 85. Sheffield: Sheffield Academic, 1993.

Weima, Jeffrey A. D. "Neglected Endings: The Significance of the Pauline Letter Closings." JSNTSup 101. Sheffield: JSOT Press, 1994.

Welborn, L. L. "The Dangerous Double Affirmation: Character and Truth in 2 Cor 1,17." *ZNW* 86 (1995): 34-52.

———. "The Identification of 2 Corinthians 10-13 with the 'Letter of Tears.'" *NovT* 37 (1995): 138-53.

———. "Like Broken Pieces of a Ring: 2 Cor 1.1-2.13; 7.5-16 and Ancient Theories of Literary Unity." *NTS* 42 (1996): 559-83.

———. "Paul's Appeal to the Emotions in 2 Corinthians 1.1-2.13; 7.5-16." *JSNT* 82 (2001): 31-60.

———. "Paul's Caricature of His Chief Rival as a Pompous Parasite in 2 Corinthians 11.20." *JSNT* 32 (2009): 39-56.

Wenham, David. "2 Corinthians 1:17, 18: Echo of a Dominical Logion." *NovT* 28 (1986): 271-79.

Wilson, Jim. "The Old Testament Sacrificial Context of 2 Corinthians 8-9." *BBR* 27 (2017): 361-78.

Young, Frances M., and David Ford. *Meaning and Truth in 2 Corinthians*. Grand Rapids: Eerdmans, 1998.

5. 갈라디아서

서론

우리는 역사적인 사건들을 설명하는 몇 가지 표로 갈라디아서를 시작한다. 저작 연대들은 논쟁의 여지가 있지만, 비교적 이 연대들은 시간상으로 가깝다. 이 저작 연대 중 몇몇은 바울이 회심한 때와 갈라디아서가 저술된 때와 같은 더 논란이 많은 역사적인 판단을 반영한다. 아래에 제시된 연대표는 바울이 북부 갈라디아 교회들 대신에, 사도행전 13-14장에서 복음을 전했던 남부 갈라디아 교회들에 편지를 썼다는 것을 가정한다. 이 문제는 격렬하게 논쟁 되지만, 그러나 다행히도 갈라디아서 해석과 관련하여, 실제로 큰 차이가 없다. 이 편지의 목적지를 결정하는 것은 그 자체로 중요한 문제인, 바울의 연대기와 역사와 밀접한 관련이 있다. 만약 남갈라디아 설이 정확하다면, 한 가지 장점은 사도행전 13-14장에서 교회의 복음화에 대한 기록을 우리가 가지고 있다는 것이다. 만약 바울이 갈라디아 북부에 편지를 썼다면, 우리는 그가 북부에 있는 교회들에 복음을 선포한 기록을 가지고 있지 않게 된다.

갈라디아서 연대표	
31/32	바울의 회심
33/34	예루살렘에 첫 번째 방문(갈 1:18; 행 9:26-29)
44-46	회심한 지 14년 이후(갈 2:1; 행 11:29-30)
47/48	바울이 갈라디아 남부 지역을 복음화하다(행 13-14장)
48	바울이 갈라디아서를 저술하다
48/49	예루살렘 공의회(행 15장)

바울이 예루살렘을 방문	
갈라디아서	사도행전
1:15-17 바울의 회심	9:1-19 바울의 회심
1:18 회심한 지 3년 이후에 예루살렘에 첫 번째 방문	9:26-30 바나바와 함께 예루살렘으로 가게 됨
2:1-10 회심한 지 14년 이후 기둥 사도들을 만남	11:27-30 흉년으로 고통받는 성도들을 돕기 위해 예루살렘에 방문
2:11-14 안디옥에서 논쟁	
바울이 갈라디아서를 저술하다	
	15:1-29 예루살렘 공의회

바울이 이 편지를 쓰게 된 상황은 간략하게 설명되어야 한다. 학자들은 이 편지에 나타난 반대자들과 이 반대자들이 내세운 신학에 대하여 다양한 많은 이론을 제안한다. 여기에서 나는 제안된 거울 읽기가 다수의 견해라고 말하는 것이 옳지만, 그러나 독자들은 다른 재구성을 위해서 여러 주석서를 참고해야 한다.

이 편지의 시작부터, 갈라디아 교인들은 그리스도의 은혜에서 "다른 복음"으로 벗어나고 있다는 것이 분명하다(1:6). 이 교인들이 이렇게 복음을 버리게 된 원인이 무엇인가? 몇몇 사람들이 갈라디아 교인들을 혼란하게 하고 괴롭히고 있었고, 복음을 왜곡하고 있었다(1:7; 5:11; 6:12-13). 이 선동가들은 외부에서 왔을 수 있고, 어쩌면 예루살렘에서 왔을 가능성이 있다. 몇몇 학자는 이 선동가들이 안디옥에 왔던 같은 부류의 사람들이라고 생각한다. 실제로 사도행전 15:1에서 "어떤 사람들이 유대로부터 내려와서 형제들을 가르치되 너희가 모세의 법대로 할례를 받지 아니하면 능히 구원을 받지 못하리라"라고 진술된다. 물론 여기에 언급된 사람들이 갈라디아 교회에서 혼란을 일으킨 사람들과 같은 부류일 수도 있지만, 그러나 확실히 아는 것은 불가능하다. 이들 모두가 같은 신학을 가지고 있었던 것은 분명하다.

갈라디아에 도착한 거짓 교사들의 메시지는 무엇이었는가? 우리는 예루살렘에서 안디옥으로 내려와 이방인들이 할례를 받고 모세율법을 준수하여 구원받아야 한다고 주장한 사람들에 대한 암시를 보았다. 대적자들은 종종 "유대주의자"(Judaizer)들과 동일시되는데, 이들은 사람이 구약성경에 따라 유대인의 생활 방식을 채택해야 한다고 주장했다. 어떤 의미에서 "유대주의자"라는 용어는 사람이 구원받기 위하여 구약성경을 준수해야 한다는 신념을 반영한다. 갈라디아서 6:12-13에서 우리는 이들이 갈라디아 이방인들에게 할례를 받도록 강요하고 있었음을 알 수 있다. 이 대적자들의 정체를 고려한다면, 바울이 왜 5:2-4에서 믿을 수 없을 정도로 그렇게 강력한 용어로 할례를 받아들이지 말라고 하는지 이유를 우리는 이해할 수 있게 된다. 디도에게 할례를 받도록 강요하길 원했던 예루살렘의 거짓 형제들에 관한 이야기가 2:3-5에서 전달되는데, 바울이 이야기하는 이유는 갈라디아에 있는 반대자들이 복음을 받아들인 이방인들에게도 예루살렘의 거짓 형제들과 똑같은 주장을 하면서 할례를 부과하려고 했기 때문일 것이다.

이 유대주의자들은 할례를 요구하면서, 거의 확실히 창세기 17:9-14에 호소하였을 것이다. 이 구절들에 나타난, 모든 세대에 적용되어야 하는 언약은 할례를 요구했다. 이 언약은 아브라함만을 위한 것이 아니라, "너희 후손"(17:10)을 위한 것이었다. "너희 중 남자는 다 할례를 받아라"(창 17:10; 또한 17:12 참조)라는 명령에 어떤 예외도 없었다. 영적인 할례만으로 충분하지 않았다. 왜냐하면 이들은 "너희는 포피를 베어야"(17:11) 하기 때문이다. 이것이 "언약의 표징"이며, "너희 살에 있어 영원한 언약"을 상징하였다(17:13). 할례를 거부하는 자들은 "백성 중에서 끊어지게" 될 것이며, 이들은 하나님의 "언약을 배반"한 것이었다(17:14). 우리는 창세기 17:9-14에서 왜 유대주의자들이 갈라디아인들을 괴롭혔는지 알 수 있다. 이들은 구약성경을 지적하면서, 사람이 하나님의 언약 백성에 속하기 위하여 할례를 받아야 한다고 말했다. 갈라디아의 이방인 신자들이 만약 할례를 거절하기라도 한다면, 하나님의 언약 백성에 속할 수 없게 된다고 유대주의자들은 주장하였다.

구약 율법에 대한 초점은 갈라디아서 2:11-14에서도 분명한데, 이 구절들은 베드로가 처음에 구약 율법에서 금지된 이방인들과 함께 음식을 먹었지만, 그는 야고보에게서 온 사람들이 도착했을 때 이방인들과 먹는 것을 멈추었음을 보여준다. 분명하게도, 갈라디아 교인들도 구약 달력(4:10)에 있는 날과 달과 절기와 해를 준수하기 시작했다. 바로 이 문제가 율법에 대한 순종을 의미한다고 주장할 수 있는 것은 "율법의 행위"(2:16[3회]; 3:2, 5, 10)에 대한 6회의 언급과 이 편지의 다른 구절에 나타난 20회 이상 모세율법에 대한 언급과도 일치한다. 바울은 신자들이 율법 아래 있지 않으며 할례를 받을 필요가 없다고 가르쳤기 때문에, 대적자들은 아마도 바울이 진정한 사도가 아니며, 사람들을 기쁘게 하기 위한 마음으로 율법으로부터 자유를 선언했다고 주장했을 것이다. 이러한 상황으로 인하여 바울은 갈라디아서 1-2장에서 자신의 사도권을 변호한다.

지나치게 단순하지만, 이 편지 전체를 이해하는 데 도움이 되는 갈라디아서의 개요는 다음과 같이 제시될 수 있다.

개요	
바울의 사도권에 대한 변호	1:1-2:21
바울의 복음에 대한 변호	3:1-4:31

복음을 매일의 삶에 적용	5:1-6:18

또 다른 개요도 다음과 같이 제시될 수 있다.

바울이 선포한 복음의 독립성	1:1-24
바울이 선포한 복음의 확증	2:1-14
바울이 선포한 복음에 대한 요약	2:15-21
바울이 선포한 복음에 대한 설명	3:1-4:11
바울이 선포한 복음에 대한 반응	4:12-6:10
바울이 선포한 복음에 대한 최종적인 요약	6:11-18

서두 부분(1:1-10)

이 편지의 인사말은 바울의 다른 서신들과 비교할 때 상당히 길다. 우리는 이 인사말에서 눈에 띄는 부분을 특히 살펴보길 원한다. 바울은 자신의 사도직을 주장하지만, 그러나 그는 자신의 사도직이 "사람들에게서 난 것도 아니요 사람으로 말미암은 것도" 아님을 말하면서(1:1), 즉각적으로 변호한다. 이 구절에서 지나치게 보일 만큼 바울의 반응은 독특한데, 이러한 모습은 자신의 사도직에 대해 이의를 제기한 반대자들에게 반응한다는 것을 제안한다. 흥미롭게도, 1-2장에서 계속되는 논의가 이러한 이해를 뒷받침된다. 우리는 또한 여기에서 바울과 함께 있는 "모든 형제"에 대한 의미를 언급해야 하고(1:2), 왜 이들이 이 인사말에 포함되었는지 그 이유를 물어야 한다. 바울은 아마도 자기 자신과 함께하는 사람들이 자신이 선포한 복음에 동의한다는 것을 증명하기 위해 언급했을 것이다. 바울의 복음은 소수의 견해가 아니었다. 즉, 이것은 전 세계 곳곳의 교회가 지지하는 견해였는데, 갈라디아 교인들이 이 복음의 길에서 벗어나려는 상황이었다.

이 인사말에서 또 다른 주목할 만한 특징은 종말론적인 차원이다. 바울은 일반적으로 인사말에서 그리스도의 부활을 언급하지 않지만, 그러나 그는 이 편지의 첫 구절에서 부활을 언급한다(1:1). 부활은 오는 세대의 도래와 새 창조의 도래를 표시한다(사 25:7-8; 26:19; 겔 37:12-13; 단 12:2-3). 다시 말해서, 구약의 족장들에게 주어진 약속들은 새 시대에서 성취되고 있다. 이러한 성취의 모습과 같은 중요한 진술이 갈라디아서 1:4에 신앙고백의 형태로 등장하는데, 그리스도는 "이 악한 세대에서 우리를 건지시려고 우리 죄를 대속하기 위하여 자기 몸을 주셨다"는 것이다. 이 진술에서 우리는 또 다른 종말론적인 언급을 보게 된다. 우리가 이 두 진술을 함께 합쳐서 이해한다면, 십자가와 부활은 신자들을 옛 시대에서 구출하고 새 시대로 옮겨왔다는 것이다. 우리는 죄가 용서됨으로써 포로 생활이 끝난다는 것을 말할 수 있다. 여기에 중요한 점이 있다. 만약 새 시대가 도래했다면, 할례는 더 이상 필요하지 않다는 것이다. 왜냐하면 할례는 옛 시대와 옛 창조, 그리고 옛 언약에 속하기 때문이다. 새 시대와 새 창조, 그리고 새 언약과 새 출애굽이 도래했으므로, 신자들은 할례와 모세율법의 다른 민족적인 특성(들)에서 벗어나게 되었다. 바울은 이러한 것들을 어떻게 이해해야 하는지 이 편지에서 설명할 것이지만, 그러나 그는 이 인사말에서 전체의 논의를 설정한다고 할 수 있다.

바울서신에서 인사말 이후 일반적으로 감사 단락이 뒤따른다. 그러나 갈라디아서는 그렇지 않다. 왜냐하면 바울은 분명하게 감사하지 않았기 때문이다! 감사 단락 대신에, 우리는 질책 진술을 갖는다. 그는 갈라디아 교인들이 참 복음에서 다른 복음으로 그렇게 빨리 이탈한 것을 보고 놀랐다(1:6). 우리는 이스라엘 역사 안에서 금송아지 사건에 대한 암시를 보게 되는데, 이 사건에서 이스라엘은 주님과 언약을 맺었지만, "그들에게 명령한 길을 속히 떠났다"(출 32:8). 말하자면, 이스라엘이 범죄할 때, 언약 문서에 잉크가 채 마르지 않았다는 것이다. 바울은 갈라디아 교인들이 회심한 직후 곧바로 복음에서 멀어지면서 비슷한 방향으로 나아가고 있는 것을 보게 된다.

바울이 선포한 복음 이외 다른 복음이 있지 않다는 것을 매우 강하게 주장하며, 이 교인들이 받아들이려고 하는 대체 복음은 전혀 복음이 아니라고 진술한다. 어떤 작은 오해라도 피하고자 바울은 비록 자기 자신이나 천사가 다른 복음을 선포한다고 할지라도, 이러한 자들은 저주받을 것이라고 선언한다(갈 1:8; 또한, 롬 9:3; 고전 16:22 참조). "저주"라는 단어는 구약성경의 "멸망"('헤렘'[*herem*])이라는 단어 안에 그 뿌리를 두고 있는데, 이것은 하나님에게 바쳐진 것을 의미한다(예를 들어, 레 27:28-29; 민 18:14; 신 7:26). 바울은 이 용어가 속한, 멸망을 의미하는 구약의 문맥을 가져온다(출 22:20; 민 21:2-3; 수 6:17). 중요하게도, 갈라디아 교인들이 받아들였던 복음 안에는 어떠한 결점이 없었다. 즉, 만약 이 교인들이 다른 복음에 혹하여 주의를 기울인다면, 이들은 저주받을 것이다. 이 저주는 여기에서 최종적인 멸망, 종말론적인 심판을 의미한다. 바울의 눈에는, 그 대적자들에 의해 선포된 메시지는 아주 살짝 중심에서 벗어난 것이 아니었다. 즉, 완전히 다른 복음이었다. 갈라디아서 1:10은 앞뒤 문맥을 적합하게 이어주는데, 일종의 전환 기능을 하는 구절이다. 바울은 자기가 사람들을 기쁘게 하려고 할례와 같은 어려운 계명을 삭제하고 복음을 전했다는 거짓 교사들의 주장을 부인한다.

바울이 선포한 복음의 독립성(1:11-24)

1:11부터 시작하여, 바울은 왜 자신이 그리스도의 종인지, 왜 자신이 사람을 기쁘게 하지 않는지를 설명한다. 그가 선포한 복음, 그리고 그가 설교한 복음은 사람에게서 난 것이 아니었다. 바울은 다른 사람으로부터 복음을 받지 않았고 가르침을 받지 않았다. 이 복음은 어떤 누구의 가르침 없이 바울에게 전해졌는데, 다메섹으로 가는 길에 예수 그리스도가 바울에게 나타났을 때였다(1:12; 또한, 행 9:1-19 참조).

갈라디아서 1:13-14에서 바울은 예수 그리스도의 복음을 선포하려는 열정이 자신에게서 시작된 것이 아니었다고 설명하고, 그는 "하나님의 교회를 심히 박해하여 멸하고" "이전에 유대교에 있을 때 행한 일"(1:13)을 이야기 한다. 여기에서 한 가지 덧붙이자면, 몇몇 학자들은 바울이 다메섹 도상에서 사도로 부름을 받았지만, 회심하지 않았다고 주장하기도 한다. 그러나 이러한 이해는 바울이 여기에서 사용하는 표현과 상충한다. 우리는 다메섹 도상에서 예수 그리스도의 계시가 나타나기 이전의 기간을 바울이 유대교에서 지냈던 이전의 삶으로 묘사한다는 것에 주목할 수 있다. 분명하게도, 그는 유대교에 속해 있을 때 하나님의 회중을 멸하려고 했다. 그러나 이제 그는 더 이상 유대교에 속하지 않았으며, 유대교가 자신의 과거의 삶을 특징지었다고 믿었다.

예수 그리스도를 만나기 이전, 바울은 아마도 열심과 지적인 능력 때문에 그의 동시대 사람들보다도 더욱 빛나고 인정받는, 젊은 랍비였다(1:14). 바울은 조상의 전통들에 대한 열심에 대하여 언급하고 있지만, 그러나 이러한 전통은 구약성경과 동일시되어서는 안 된다. 이 전통들은 유대교의 본문에 대한 후기의 유대교 주석과 적용을 나타낸다. 이 전통들의 대부분은 미쉬나 안에 성문화되었으며(A.D. 200년), 이후에 유대인들은 수백 년 동안 바벨론과 팔레스타인 탈무드와 함께 더욱 이 전통들을 발전시켰다. 바울이 열심을 언급할 때, 그가 염두에 두는 신앙의 영웅들은 거의 확실히, 비느하스와 엘리야, 그리고 맛다디아였을 것이다. 비느하스는 미디안 여자와 성관계를 가진 이스라엘 남자를 죽이는 데 있어서, 자신의 열심 때문에 칭찬을 받는다(민 25:11). 주님을 향한 엘리야의 열심은 바알의 선지자들을 죽임으로써 나타났고(왕상 19:10, 14), 맛다디아는 주님을 위한 열심으로 불타서, 안티오쿠스 왕의 사신과 함께 불법의 희생 제사를 하려는 유대인을 죽였다(1 Macc 2:23-25). 맛다디아와 그를 따르는 사람들은 그들 자신이 비느하스와 엘리야와 같은 열심을 행사하고 있는 것으로 분명히 이해했다(1 Macc 2:24, 26, 27, 50, 54, 58). 열심과 폭력은 함께 일어났기 때문에, 바울은 자신이 이단이라고 여졌던 사람들을 죽이고 박해하는 일에 대하여 죄책감을 느끼지 않았을 것이다. 그 반대로, 그는 율법에 대한 헌신으로 인한 자신의 열심을 자랑스러워했다.

우리는 여기에서 바울의 주요한 요점에 초점을 맞추어야 한다. 만약 그가 사람들을 기쁘게 하길 원했다면, 그는 그리스도의 종이 되지 않았을 것이다. 오히려, 그는 유대교 안에 남아 있었을 것이다. 왜냐하면 그는 유대교 안에서 자신의 비범한 헌신과 열심이 칭송을 받았기 때문이다. 그는 똑똑하고 젊은 랍비 학자였고, 모든 사람은 이 젊은 사람을 지켜보고 있었을 것이다. 왜냐하면 그는 놀라운 미래를 가질 것이기 때문이었다. 그러므로 바울이 그리스도의 종이 된 이유는 사람의 칭찬을 받기 위함이 아니었다. 참으로, 그리스도를 섬긴다는 것을 그는 전혀 생각하지 않았지만, 그러나 놀라운 일이 다메섹 도상에서 일어났다. 그를 어머니의 태로부터 지으신 하나님께서 예수 그리스도를 그에게 나타내기로 작정하셨다(갈 1:15-16). 바울은 그리스도를 선포한다는 것으로 인하여 어떠한 공로 의식을 가질 수 없었다. 왜냐하면 하나님께서 바울이 태어나기 이전에 그의 운명을 정하셨기 때문이다. 그런 다음 하나님은 바울을 다메섹 도상에서 극적이고도 놀라운 방법으로 부르셨다. 바울은 결코 예수를 믿는 신자가 되는 꿈을 꾸거나 생각해본 적이 없었다. 즉, 그는 신자들을 박해하는 일에 어떠한 죄책감이 없었지만, 그러나 그는 갑자기 예수가 메시아이고, 이스라엘의 왕이며 세상의 왕이심을 보았고 깨닫게 되었다.

여기에서 바울이 사용하는 언어는 하나님께서 이사야와 예레미야를 선지자로 부르신 소명과 일치한다. 이사야는 "여호와께서 태에서부터 나를 부르셨고 내 어머니의 복중에서부터 내 이름을 기억하셨다"라고 말했다(사 49:1). 예레미야가 선지자로 부름을 받았을 때, 여호와는 "내가 너를 모태에 짓기 전에 너를 알았고 네가 배에서 나오기 전에 너를 성별하였고 너를 여러 나라의 선지자로 세웠노라"라고 말했다(렘 1:5). 이사야와 예레미야처럼,

바울의 운명은 태어나기 이전, 어머니의 태에 있을 때 정해졌었고, 비록 그는 사도로 부름을 받았다고 할지라도, 이 선지자들처럼, 그는 주님의 선지자로서 부름을 받았다. 그래서 바울이 지금까지 주장한 바는 만약 자신이 사람들을 기쁘게 하려고 했다면, 유대교에 남아 있었을 것이라는 사실이다. 바울이 자기 삶을 선택 했을 때와는 완전히 전혀 다른 방향으로, 예수 그리스도는 그를 출발하게 하였다.

예수 그리스도가 다메섹 도상에서 이방인에게 복음을 선포하도록 바울을 부르셨다. 이처럼, 바울은 주님의 종으로서 기능하였다(사 49:6). 바울은 이방인들에게 복음을 전파해야 하는지 그 여부를 누구와도 "의논하지 않았다"(갈 1:16). 그는 그리스도 자신에 의해 독립적으로 부름을 받았다. 반대자들은 바울이 예루살렘 사도들에게 의존했다고 비난했을지 모르지만, 그러나 바울은 자신이 그리스도에게서 복음을 받았다는 것을 보여준다. 바울의 소명은 독립적이기 때문에, 그는 사도들의 승인을 받기 위하여 예루살렘에 가지 않았다(1:17). 그는 즉시 아라비아로 갔다가 다메섹으로 돌아왔다. 바울은 아라비아에서 무엇을 했는가? 몇몇 학자들은 그가 구약성경을 읽고 묵상하는 데 시간을 보냈을 것이라고 주장한다. 물론 의심할 여지 없이 그는 이 일을 하면서 시간을 보냈을 수 있다. 그러나 동시에, 그는 거의 확실하게 복음도 선포했다. 그가 다메섹으로 돌아왔을 때, 사람들이 그를 죽이려고 하였는데, 이러한 음모는 그가 아라비아와 다메섹에서 복음 전도사역을 했기 때문에 일어났을 것이 분명하다(행 9:23-25).

바울은 3년 동안 예루살렘에 가지 않았지만, 그 후 베드로를 만나려고 그곳에 올라갔다(갈 1:18). 이것은 사도행전 9:26-29에 기록된 것과 같은 방문일 것이다. 이 3년의 간격은 바울이 자신의 복음의 내용에 대하여 베드로에게 의존하지 않았음을 증명한다. 하지만, 바울은 방문했을 당시 머물렀던 2주 동안, 다드(C. H. Dodd)가 말했던 것처럼, 단순히 날씨 이야기만 하지 않았을 것이며 이것보다도 더 많은 것에 대하여 베드로와 분명히 이야기했을 것이다. 의심할 여지 없이, 베드로는 예수의 전통에 대하여 많은 것을 바울에게 알려주었을 것이다. 바울이 보았던 유일한 다른 사도는 주의 형제 야고보였다(갈 1:19). 이 사람은 신약성경에서 야고보서를 기록한 동일 인물이며, 사도행전 15장에서 사도 공의회에서 중요한 역할을 했던 사람이다. 우리가 보게 되겠지만, 그는 갈라디아서 2장에서 중요한 역할을 한다. 또한, 이 구절에서 사도라도 불린 구성원들이 단순히 열두 제자 이상을 포함한다는 것은 분명하다. 왜냐하면 야고보가 사도로서 확인되기 때문이다.

1:11부터 진행된 이 내러티브는 갑자기 바울 자신은 거짓말을 하지 않는다고 선언하는 맹세 형식으로 중단된다(1:20). 이러한 진술은 만약 바울이 반대자들의 공격을 받지 않았다면, 설명할 수 없을 정도로 매우 이상하게 보인다. 대적자들은 바울의 복음이 다른 사람들에게 의존한 것이라고 주장했을 것이며, 이러한 이유로 바울은 예루살렘에 있는 사도들과의 접촉을 주의 깊게 시간 순서대로 기록한다. 바울은 자신이 어떤 사람으로부터 복음을 배우지 않았다는 독립적인 위치를 세워야 했기 때문에, 그는 베드로와 야고보를 만난 이후 "수리아와 길리기아"로 갔다고 독자들에게 알린다. 바울이 갈라디아서를 썼을 때, 수리아와 동부 길리기아는 로마의 한 속주(province)에 속했다(수리아-길리기아). 바울이 수리아와 길리기아 지역으로 이동했다는 것은 사도행전 9:30에 일치하며, 여기에서 바울은 예루살렘에 잠시 있다가 (길리기아에 있는) 다소로 보내어졌다.

어떤 사람으로부터 복음을 배우지 않았다는 독립적인 상황에 대한 바울의 주장은 계속된다. 유대 교회들은 그를 알지 못했다. 유대는 갈라디아서가 기록될 때 로마의 속주였으며 갈릴리와 사마리아를 모두 포함했다. 그러므로 바울이 언급하는 유대는 약간 넓은 지역을 의미한다. 우리가 여기에서 분명히 알 수 있는 것은 단순화된 사실이다. 왜냐하면 몇몇 신자들은 예루살렘에 있을 때부터 그를 개인적으로 알았을 가능성이 있기 때문이다. 요점은 팔레스타인과 예루살렘에 있는 신자들 대부분이 그를 알지 못했지만, 그러나 이들은 이전 박해자가 지금은 믿음을 선포하고 있다는 것을 선언하면서 그의 놀랄 만한 변화에 대하여 보고하고 있다는 것이다(갈 1:23-24).

바울이 선포한 복음의 확증(2:1-10)

바울은 1:11-24에서 예루살렘 사도들로부터 자신의 복음의 독립성을 확립한다. 그는 다메섹 도상에서 예수 그리스도로부터 직접적으로 복음을 받았고, 검증받기 위하여 예루살렘 사도들에게 달려가지 않았다. 하지만, 예루살렘 사도들이 과연 바울의 복음에 대하여 어떻게 생각하는지는 상당히 중요한 문제였다. 유대주의자들은 아마도 바울의 복음이 예루살렘 사도들에게 의존했으며, 바울은 예루살렘 사도들이 가르쳤던 것을 왜곡했다고 주장했다. 그러나 바울은 정반대로 주장했다. 자신의 복음은 예루살렘과 무관했지만, 예루살렘 사도들에 의해 확인되었고 인정을 받았다는 것이다. 이것이 바로 바울이 2:1-10에서 말하는 이야기이다.

바울은 회심한 지 14년 이후, 바나바와 이방인 신자 디도와 함께 예루살렘으로 여행한 사건을 자세히 말한다. 학자들은 이 사건이 사도행전 11:27-30(기근 구제 방문)과 일치하는지 아니면, 사도행전 15장(사도 공의회)과 일치하는지 논쟁한다. 양 진영에서 좋은 주장들이 만들어질 수 있다. 사실, 복잡한 문제이기 때문에 여기에서 자세히 설명할 수 없지만, 그러나 2:1-10은 사도행전 11:27-30의 기근 구제 방문과 일치할 가능성이 더 크다. 만약 이것이 옳다면, 바울은 갈라디아서에서 자신이 했던 예루살렘 방문 사건들을 생략하지 않는다. 즉, 갈라디아서 2:1-10은 베드로와 야고보, 그리고 요한과의 사적인 만남을 이야기하고, 사도행전 15장에 나타난 공의회는 구체적으로 특정할 수 없지만, 갈라디아서 2:10 이후에 일어났을 것이다. 비록 여기에 드러난 사건들(행 11:27-30[갈 2:1-10]과 행 15장)에 나타난 주제는 같지만(할례),

그러나 사건들은 별개임이 분명하다. 논란의 여지가 있는 이 주제가 한 번 이상 논의된 것은 놀라운 것이 아님을 우리는 알아야 한다. 예를 들어, AD 4세기의 기독론적인 논쟁은 300년대에 반복적으로 재검토되었다.

바울은 계시받고 예루살렘으로 올라갔다. 몇몇 학자는 바울이 아가보에 의해 주어진 계시를 언급하는 것인지 궁금해하지만(행 11:27-28), 그가 직접 계시를 받았을 가능성도 똑같이 존재한다. 어쨌든, 주님은 바울에게 예루살렘에 올라가서 그가 이방인들에게 선포한 복음을 사적으로 나누도록 지시하셨다. 이때 그는 디도를 데려갔다. 그다음 구절에서 바울의 편지들에서 가장 놀라운 진술 중 하나가 등장한다. 그는 자신의 복음 전도의 노력이 "헛되었을" 경우를 고려하여 야고보와 베드로, 그리고 요한에게 개인적으로 자신의 복음을 전달했다는 것이다(갈 2:2). 이 진술은 바울이 자신의 복음의 진리에 대하여 개인적인 의심을 하고 있었음을 나타내는 것처럼 보이기 때문에 놀랍고, 동시에 1장에서 자신의 복음의 독립성에 대하여 자신감 있는 선언을 약화하는 것처럼 보이기 때문에도 놀랍다. 우리는 이것을 어떻게 받아들여야 하는가? 바울은 확실히 1장에서 쓴 내용을 철회한 것이 아니다. 그는 실용적인 현실을 인정하면서 실제적인 요점을 제시한다. 바울은 자신의 복음이 진리임을 알았다. 왜냐하면 예수 그리스도가 이 진리를 다메섹 도상에서 그에게 계시하였기 때문이다. 그는 이 진리를 확인하기 위해 다른 사람이 필요하지 않았다. 하지만, 그가 인정할 수밖에 없는 실제적인 현실도 있었다. 만약 예루살렘에 있는 사도들(베드로, 야고보, 요한)이 바울의 복음을 동의하지 않는다면, 바울의 사도적 사역은 돌이킬 수 없을 정도로 손상될 것이 자명하였다. 바울의 반대자들은 분명히 어느 곳에서나 그를 따라다니면서, 예루살렘 사도들이 바울의 복음을 인정하지 않는다고 떠들어댔을 것이다. 바울은 자신의 복음이 진리라는 것을 알았지만, 실제적인 이유로 인하여 그는 예루살렘에 있는 사도들의 동의가 필요했다. 그가 선포한 복음이 논란이 되고 있었기 때문에, 그는 예루살렘에 있는 저명한 지도자들과 자신의 복음을 나누었고, 이 지도자들의 동의는 자신의 계속된 사역을 위하여 중요하다는 것을 알았다.

2:3-5에서 바울은 디도를 놓고 예루살렘에서 일어난 논쟁을 묘사한다. 이 편지에 처음으로 할례에 대한 언급이 이 구절들에 나타나지만, 이 논쟁은 갈라디아에서 일어난 것이 아니라 예루살렘에서 일어난 것임을 우리는 주목해야 한다. 바울은 갈라디아 교인들이 할례에 빠져든 것에 대하여 여기에서 비난하지 않는다. 즉, 그는 갈라디아서 5:2-4까지 기다린다. 그는 나중에 더 날카로운 말을 독자들에게 하기 위해, 이 구절들에서는 예루살렘에서 일어난 것에 대해 언급하고 있다. 예루살렘에 있는 지도자들과의 모임에서, 몇몇 "거짓 형제들"은 교묘하게 이들의 환심을 산 이후, 디도가 그리스도를 믿는 이방인 신자이기 때문에 할례를 받아야 한다고 주장했다. 분명히, 바울은 이것을 사소한 문제에 대한 단순한 의견의 차이로 이해하지 않았다. 왜냐하면 그는 자기 자신에게 동의하지 않은 사람들을 "거짓 형제들"이라고 부르기 때문이다. 그는 "복음의 진리가 항상 너희 가운데 있게 하기"(2:5) 위하여, 할례의 요구에 잠시도 굴복하지 않았다고 지적한다. 분명히, 거짓 형제들은 할례가 구원을 위해 필요하다고 주장했고, 바울은 율법과 할례를 요구하는 것을 거짓 복음으로 이해하고 거절했다. 결국 이들은 논쟁에서 졌다. 내려진 결정은 디도가 "억지로 할례를 받지" 않아야 한다는 것이었다(2:3). 디도는 할례를 받지 않았고, 그렇게 하도록 강요받지 않았다. 오히려, 예루살렘에 있는 지도자들과 바울은 할례를 강요하는 것이 복음의 자유를 침해한다는 것에 동의했다.

바울은 교회의 기둥인 베드로와 야고보, 그리고 요한이 수행한 역할로 그 초점을 옮긴다(2:6-10). 이들은 아마도 하나님의 성전인 교회의 기초이기 때문에 기둥이라고 불린 것 같다(고전 3:16; 고후 6:16 참조). 에베소서 2:20에서 사도들과 선지자들은 교회의 기초이다. 이러한 언어는 예수가 교회의 기초라는 주장과 모순되지 않는다(고전 3:10). 왜냐하면 은유들은 모순되지 않고 다양한 방식으로 사용될 수 있기 때문이다. 바울은 이 구절들 안에서 일종의 줄타기를 하는 것 같다. 그는 지도자들로 인정받는 사람들 즉, 교회의 기둥들을 과도하게 높이는 차원에서는 존경을 표하지 않으면서도, 이들에 대한 존경을 여전히 나타내기 때문이다. 그렇다. 이들은 역사적인 예수와 함께 걸었고 이야기했지만(갈 2:6 참조), 그러나 바울은 이들을 숭배하는 차원에서 두려워하거나 경외감으로 가득 차 있지 않다. 왜냐하면 그는 하나님이 편애하지 않으시고 인간에 의해 감명을 받지 않는다는 것을 깨달았기 때문이다. 사실, 이 인정받은 지도자들은 바울의 복음에 "더하여 준" 것이 없었고(2:6), 그가 1장에서 가르쳤던 것을 확증하는 정도였다. 다시 말해, 그는 예수 그리스도로부터 복음을 독립적으로 받았다는 것이다.

지도자들로 존경받는 기둥들은 바울의 복음에 이바지하지 않았다. 그의 복음은 이 기둥들이 이 복음에 대하여 무엇을 생각했는지와 상관없이 참되었다. 그러나 사실, 야고보와 베드로, 그리고 요한은 바울과 바나바가 전파한 복음을 인정했고 확고히 하였고, 이들에게 "친교의 악수"를 하였다(2:9). 그러므로 바울은 헛되이 달리지 않았다. 왜냐하면 이 기둥들이 바울의 복음을 지지하고 승인했기 때문이다. 그래서 그 유대주의자들은 두 가지 면에서 모두 틀렸다. 첫째, 바울의 복음은 예루살렘 사도들에게 의존하지 않았다. 둘째, 그의 복음은 기둥들에 의해 부인되지 않고 승인되었다.

안디옥에서 만남(2:11–14)

바울은 로마제국에서 세 번째로 큰 도시인 수리아 안디옥에서 일어난 일에 대하여 계속해서 이야기한다. 이 도시에서 많은 이방인이 기독교인이 되었다(행 11:19-26). 이 도시의 인구는 아마도 약 250,000명이었고, 거주자의 약 10%(25,000명)가 유대인이었을 것이다. 확신하기는 어렵지만, 그러나 여기에서 전해지는 사건은 아마도 사도행전 15장에 있는 사도 공의회 이전에 일어났을 것이다. 이 이야기의 주요한 요점은 어떤 사람도 복음의 진리에서 벗어난다면, 심지어 사도들이라고 할지라도 이들보다 복음의 권위가 우선한다는 것이다. 바울이 이 이야기를 하는 것은 베드로를 비난하기 위해서가 아니라, 바울 자신이 선포한 복음이 참되고 권위 있는 것임을 확증하기 위함이다.

기둥 사도들은 예루살렘에서 바울의 복음을 승인하였지만, 베드로가 안디옥에 왔을 때 바울은 그를 질책했다. 왜냐하면 베드로가 외식하는 행위로 하나님 앞에서 죄를 지었기 때문이다. 야고보로부터 사람들이 오기 전, 베드로는 종종 이방인들과 함께 먹고 있었는데, 이것은 그가 구약성경에서 금지한 부정한 음식을 먹고 있었다는 것을 의미한다(레 11:1-44; 신 14:3-21). 주님은 이전에 베드로에게 모든 음식이 깨끗하다는 것을 계시하였고(행 10:1-11:18), 안디옥의 교회 안에 있는 유대인들과 이방인들의 동등함은 식탁에서 표현되었다. 만약 이방인 신자들이 음식 법을 지키지 않는다고 해서 유대인 신자들이 이들과 함께 먹지 않는다면, '이방인 신자들, 당신들은 모세율법을 지키지 않기 때문에 기독교인들이 아닙니다!'라고 유대인 신자들이 말하는 것과 본질적으로 같은 셈이다.

베드로는 야고보의 사람들이 방문하기 전, 이방인들과 먹었다. 아마도 이전에 부정한 것이라고 선언된 음식이 깨끗하다고 지적되었던, 사도행전 10-11장에서 그가 경험한 환상 때문일 것이다. 즉, 그는 구약성경에 따르면 부정한 것으로 여겨졌던 음식을 이방인 신자들과 함께 먹고 있었지만, 그러나 야고보의 사람들이 도착했을 때, 그는 갑자기 물러났고 이방인들과 함께 먹는 것을 멈췄다(갈 2:12). 우리는 야고보로부터 온 사람들이 말했던 것을 알고 싶어 하는데, 그 설명은 실망스러울 정도로 간략하다! 아쉽게도, 이 상황에서 우리는 추측밖에 할 수 없다. 아마도 야고보의 사람들은 '많은 유대인이 안디옥에 있는 기독교 유대인들이 아무렇지 않게 율법을 버리고 있다는 소식을 듣고 분개하고 있다'라고 말했을 것이다. 많은 비평적인 학자들은 베드로가 바울과 일치하지 않았고, 이들의 불일치가 여기에 기록된 극적인 대립으로 이어졌다고 주장하기도 한다. 그러나 이러한 해석은 본문에서, 즉 이 사건에 대하여 실제로 기록된 것에서 아주 벗어난다. 바울은 베드로가 확신이 아니라, 두려움과 위선에서 행동했다고 독자들에게 말한다. 수정론자(revisionist)들은 오직 바울의 이야기만 우리에게 남아 있어서 다른 상황을 고려할 수 없으므로 이 사건은 상당히 정확하지 않을 수 있다고 주장한다. 그러나 수정론자 중 어떤 사람도 그 자리에 참석하지 않았고, 우리에게 주어진 그 사건이 전부일 수도 있다. 심지어 이들의 주장은 성경의 영감과 상당히 동떨어지는데, 왜 우리는 바울에게 일어난 일에 대하여 이들의 말을 받아들여야 하는가? '본문이 침묵할 때 가능할 수 있는 재구성을 제안하는 것'과 '우리가 가지고 있는 역사적인 자료와 모순되는 재구성을 제안하는 것'은 완전히 다른 것이다. 어쨌든, 베드로의 두려움과 위선은 주변에 상당한 영향을 끼쳤고, 이로 인해 남아 있는 유대인들까지 이방인들과 함께 먹는 것에서 물러났다. 심지어 관대하고 사람을 세워주는 바나바에 이르기까지 악영향이 있었다. 할례자들(2:12)은 아마도 야고보로부터 온 사람들과 동일 인물들이 아닐 것이다. 즉, 할례당은 아마도 믿지 않은 유대인들을 나타낸다. 야고보로부터 온 사람들은 베드로에게 그의 행동이 예루살렘에 있는 다른 유대인 기독교인들을 위험에 빠뜨렸으며, 예루살렘의 불신자 유대인들이 유대인 기독교인들을 박해하며 폭력을 저지를 빌미를 제공하는 것이라고 말했을 수 있다. 만약 이렇게 재구성한다면, 우리는 왜 베드로와 다른 유대인들이 이방인들과 함께 먹는 것을 멈출 수밖에 없었는지 이해할 수 있다.

그러나 바울은 베드로의 행동 변화에 대하여 공개적으로 질책했다(갈 2:14). 공개적인 질책은 과연 정당했는가? 바울은 마태복음 18:15-17에서 예수가 지시한 것처럼, 베드로에게 개인적으로 갔어야 했는가? 그러나 공적인 죄는 다르게 다루어져야 한다는 것이 자주 언급되었다. 나는 공적인 결과를 가지는 공적인 죄들은 공적으로 책망해야 한다는 말을 자주 들었다. 놀랍게도, 바울은 만약 베드로가 이방인들과 먹는 것을 계속해서 피한다면, 예루살렘에서 문제를 일으킨 "거짓 형제들"과 같은 부류의 행동을 하는 것이라고 암시한다(갈 2:3-5). 베드로는 "복음의 진리"에서 방황하는 것과 같았다(2:14). 거짓 형제들은 디도에게 할례를 행하도록 강요하길 원했고(2:3), 지금 베드로는 사실상 "이방인을 유대인답게 살도록" 강요하는(같은 동사!) 것과 같다(2:14). 따라서 이 논쟁은 사소한 것이 아니다. 즉, 복음 그 자체가 위태로워진 상황이었다. 바울은 베드로의 위선에 주의를 환기한다. 왜냐하면 그는 기꺼이 이방인처럼 살려고 했었지만, 그러나 지금 그는 이방인들에게 '구원을 위해 음식 법을 준수하면서 유대인이 되도록 요구하고' 있었기 때문이다. 만약 베드로가 이들과 식탁 교제를 갖지 않을 것이라면, 실제로 그는 이들이 기독교인들이 아니라고 말하는 것이다.

학자들은 베드로가 바울의 말을 듣고 과연 돌이켰는지를 추측해왔다. 몇몇 학자는 심지어 베드로와 바울이 이 사건을 기점으로 영원히 헤어졌다고 주장하기까지 한다. 그러나 우리가 가지고 있는 본문의 증거는 다른 방향을 가리킨다. 이후의 편지에서 바울은 자신과 베드로가 같은 복음을 전했다고 말한다(고전 15:5, 11). 게다가 바울의 편지들은 베드로후서 3:15-16에서 성경과 같은 수준에 놓여 있다. 물론, 많은 학자는 베드로후서의 저자가 누구인지 모르기 때문에 신뢰할 수 없다고 주장하지만, 나는 이러한 판단에 반대한다. 혹여라도, 비록 베드로후서가 후대에 베드로의 제자에 의해 기록되었다고 할지라도, 이 구절들은 베드로와 바울 사이에 조화가 있었음을 증명한다. 재미있는 질문은 "왜 바울은 갈라디아서에서 베드로의 반응을 언급하지 않는가?"이다. 아마도 그는 베드로와의 만남 자체에 관심이 없었기 때문일 것이다. 사실, 이 사건은 갈라디아 교인들을 위해서 설명되는 것뿐이다. 바울의 목적은 베드로와의 역사를 말하는 것이 아니다. 즉, 그는 갈라디아 교인들이 자신이 선포한 복음을 고수하게 하려고 기록했다.

하지만, 베드로가 돌이켰다고 생각하는 중요한 이유가 있다. 갈라디아서 2:1-10에서 바울은 기둥 사도들이 자신의 복음을 확증하는 것이 얼마나 중요한 것인지 분명히 했다. 그러나 만약 베드로가 실제로 바울에게 반대했다면, 2:1-10의 주장은 무효가 되고 가치가 없게 되었을 것이다. 만약 베드로가 나중에 바울이 선포한 복음을 인정하지 않고 동의하지 않았다면, 2:1-10에서 베드로가 바울과 동의한 장면은 정말로 중요한 것이 아니게 되었을 것이다. 왜냐하면 그러한 소식은 확실히 갈라디아 교인들에게 도달했을 것이기 때문이다. 다시 말해, 갈라디아서에서 바울의 주장은 만약 베드로가 바울의 책망을 받아들인 경우에만 효과가 있다. 또한, 바울은 베드로의 회개를 언급하지 않는데, 이것을 언급하는 것이 목적이 아니었을 뿐만 아니라, 분명히 베드로는 궁극적으로 그 복음을 부정하지 않았기 때문일 것이다. 분명한 것은 바울의 권위와 그가 전한 복음의 권위는 절대적이라는 것이다. 바울이든 베드로든, 또는 천사라고 할지라도(1:8-9; 2:11-14) 이 복음보다 더 큰 권위를 가진 사람은 없다.

간략하게 진술된 복음(2:15-21)

2:15-21은 바울이 베드로에게 한 말을 나타내고, 학자들은 이 말이 어디에서 끝나는지, 서로 다른 견해를 드러낸다. 이 끝은 아마도 21절까지 확장되는 것으로 이해해야 할 것 같다. 물론, 이 사건이 실제 일어났다는 역사성을 위하여 베드로에게 하는 바울의 말이 어디에서 끝나는지에 대한 문제가 중요하지만, 해석적으로 이 문제는 거의 중요하지 않을 수 있다. 왜냐하면 어쨌든 이 구절들에 나타난 진술은 갈라디아 독자들을 위하여 의도된 것이기 때문이다. 바울의 말은 바울 자신과 베드로가 "죄인"(2:15)이었던 이방인

들과 대조적으로, "본래 유대인"이라는 인식으로 시작한다. 여기에서 바울은 유대인들이 죄인이라는 것을 부정하지 않는다. 그의 요점은 유대인들이 태어날 때부터 하나님과 언약을 맺었으며, 팔일 만에 할례를 받았다는 것이다. 반면에 이방인들은 언약 밖에 있었고, 하나님과 올바른 관계에 있지 않았다.

기독교인들로서 베드로와 바울은 어떤 사람도 율법의 행위로 의롭게 되지 않고 오직 예수 그리스도를 믿음으로 의롭게 된다는 것을 깨달았다. 2:16에서 세 번이나 그리스도를 믿는 믿음은 율법의 행위와 대조된다. 로마서에서 우리는 율법의 행위가 율법 전체를 가리키며, 할례나 음식법, 그리고 안식일과 같은 정체성 표지들에 국한될 수 없다는 것을 주목했다. 또한 바울은 그리스도의 신실함보다 오히려 그리스도를 믿는 믿음에 대하여 말하고 있을 가능성이 크다는 것도 로마서에서 살펴보았다. 갈라디아서 2:16에서 바울은 "예수 그리스도를 믿음"이라는 명사구에서 "그리스도 예수를 믿었다"라는 동사구로 옮긴다. 이 변화는 문체의 다양성을 위한 것이며, 삼중으로 반복한다는 것은 강조를 나타낸다.

하나님 앞에 의롭게 되는 것은 율법을 준수하는 것에서 오지 않고 예수 그리스도를 신뢰하는 것에서 온다. 우리는 또한 이 구절 안에 있는 세 개의 구의 주어를 주목해야 한다. 첫째, 우리는 "사람"은 행위가 아니라 믿음으로 의롭게 된다는 것을 발견하게 되는데, 여기에서 "사람"은 모든 사람을 포함하는 일반적인 방식이다. 둘째, 바울은 "우리"로 주어를 바꾸는데, 이것은 일반적인 방식으로 표현된 모든 사람 안에 유대인들이 제외되지 않는다는 것을 지적한다. 바울은 베드로에게, "당신은 이방인들에게 적용되는 것이 유대인들에게도 적용되는 것을 알고 있습니다!"라고 말하는 셈이다. 마지막으로, 우리는 "율법의 행위로써는 의롭다 함을 얻을 육체가 없다"라는 진술을 보게 된다. 여기에서 우리는 시편 143:2에 대한 암시를 발견하는데, 이 구절에서 다윗은 "주의 눈 앞에는 의로운 인생이 하나도 없다"라고 고백한다. 여기에서 바울의 주장은 인류학적인(anthropological) 동시에 구속사적(redemptive-historical)이다. 즉, 이 주장은 인류학적인데, 모든 사람이 죄인이기 때문에, 어떤 사람도 그리스도를 믿는 믿음이 없이는 의롭게 될 수 없다는 것이다. 또한, 그의 주장은 구속사적인데, 모세율법 즉, 율법의 행위는 더 이상 유효하지 않은데, 그리스도가 오셨기 때문이라는 것이다.

17-18절은 격렬하게 논쟁 되고 매우 어렵지만, 우리는 지면의 한계 때문에, 모든 논의를 살펴볼 수 없다. 그래서 나는 특정한 이해를 변호할 것이다. 의롭게 되기 위하여 그리스도에게 돌아와야 한다는 진술 안에서, 베드로와 바울 모두 하나님 앞에서 죄인으로 밝혀졌다는 것은 분명하다. 이들은 이방인들보다 나을 것이 없었다. 이들은 모세 언약이나 율법을 준수하는 것을 통하여 하나님 앞에서 의롭게 될 수 없고 오직 그리스도를 믿는 믿음을 통하여 의롭게 될 수 있다는 것을 인정하였다. 이방인들이 언약 규정들을 준수하지 않으면 모를까, 베드로가 이들과 교제하기를 거부하는 것은 그의 경험과 신학에 모순된다(행 10-11장). 왜냐하면 베드로 그 자신이 구원과 용서는 모세율법이 아니라, 그리스도 안에만 있다고 고백했기 때문이다. 대적자들은 만약 율법이 더 이상 필요하지 않다면, 그리스도가 실제로 죄를 조장한다고 비난했다. 바울은 실제로 이들의 주장이 정반대로 잘못되었다고 주장한다. 구원의 새 시대가 도래하고 구원이 메시아를 통한 것이기 때문에, 마치 그리스도가 오지 않은 것처럼 구원의 역사의 시계를 거꾸로 돌리는 것은 죄가 된다. 사실상, 베드로는 위선의 행동으로 이방인들에게 음식법을 따르도록 요구함으로써 시계를 거꾸로 돌리려고 하고 있었다.

율법에 대한 신자들의 관계는 더 논의될 수 있다. 바울은 "율법을 말미암아 율법에 대하여 죽었다"(2:19)라고 말한다. 이 진술은 간결하고, 바울이 율법에 대하여 순종하지 않음으로써 율법에 대하여 죽었다는 것을 의미할 수 있다. 그러나 로마서에 비슷하게 진술된 로마서 7:4를 살펴보면, 이해하기에 좀 더 나은 안목을 제공하는데, 바울은 이 구절에서 "너희도 그리스도의 몸으로 말미암아 율법에 대하여 죽임을 당하였다"라고 진술한다. 여기에서 "그리스도의 몸"은 예수의 죽음을 의미하며, 따라서 바울은 그리스도와 함께 십자가에 못 박혔을 때" 율법에 대하여 죽었다는 것이다(갈 2:20; 또한, 4:4-5 참조). 바울에 의하면, 그리스도의 죽음을 통하여 율법에 대하여 죽은 것은 생명으로 가는 유일한 길이다. 그러나 베드로는 이방인들에게 하나님과 올바른 관계를 맺기 위해 율법 준수가 필수적인 것처럼 행동함으로써, 그리스도의 사역을 무효로 만들기 위하여 시도하고 있었다. 그는 마치 그리스도가 오지 않은 것처럼 행동하고 있었던 것이다.

갈라디아서 2:20은 바울이 기록한 가장 유명한 말씀이다. 다시 말하지만, "나"는 대표적인 표현이다. 이제 바울이 그리스도와 함께 못 박혔기 때문에, 아담 안에 있었던 바울을 나타내는 옛 나는 더 이상 살지 않는다. 율법은 도덕적인 개선(reformation)을 장려하지만, 필요한 것은 죽음과 부활이다! 이제 그리스도는 바울 안에 살고 있다. 일반적으로 바울은 내주하는 성령에 대하여 말하지만, 그러나 그는 내주하는 존재와 관련하여 그리스도와 성령을 번갈아 가며 말할 수 있다(롬 8:9-11; 엡 3:16-17 참조). 이제 바울과 모든 기독교인은 예수 그리스도에 의해 세워진 새 언약 안에 살고 있다. 바울은 이것을 매우 개인적인 용어로 표현하는데, 신자들은 예수를 "나를 사랑하사 나를 위하여 자기 자신을 버리신 하나님의 아들"로서 믿음으로 살게 된다는 것이다(갈 2:20; 또한 엡 5:2 참조).

그러나 베드로의 행동은 복음을 훼손하고 있었다. 만약 이방인들이 하나님 앞에서 의롭게 되기 위하여 율법을 준수해야 한다면, 그리고 만약 신자들이 하나님과 올바른 관계를 맺기 위해 율법 준수가 필수적이라고 한다면, 그리스도의 죽음은 불필요한 것이다. 이방인들과 함께 먹지 않은 것은 베드로가 생각했던 것보다 훨씬 더 중대한 문제였다!

너희는 어떻게 성령을 받았는가?(3:1–5)

베드로에게 한 바울의 말은 복음의 핵심이 되었다. 이제 다음 장인 3장에서 바울은 갈라디아 교인들을 위한 복음을 드러낸다. 그는 이 교인들이 겪었던 그 경험, 즉 하나님과의 첫 만남을 생각하도록 요청함으로써 시작한다. 3:1-5는 일종의 충격 요법으로 의도된 일련의 수사학적 질문들로 나타나며, 갈라디아 교인들이 현재 위기에 처해 있다는 것을 깨닫도록 한다.

그는 갈라디아 교인들을 책망하고 이들을 "어리석은" 사람들로 부름으로써 시작한다(3:1). 왜냐하면 마치 이들이 주문에 걸려있는 것과 같았고, 마치 누군가가 이들에게 지팡이를 휘둘러 이들이 복음을 잊게 만든 것과 같았기 때문이다. 마법은 고대 세계에서 엄청난 인기를 끌었고, 일반적으로 원하는 목적을 달성하기 위해 긴 주문이 수반되었다. 비록 바울은 마술에 전혀 관심이 없었을지라도, 그가 보기에, 마치 누군가가 갈라디아 교인들에게 그러한 영향력을 행사하는 것과 같은 현상이 지금 일어나고 있었다. 바울에게, 그러한 영향력은 분명히 사탄에 의한 것처럼 보였을 것이다. 바울은 십자가에 못 박히신 예수 그리스도의 중요성을 공개적으로 밝혔고, 갈라디아 교인들은 예수의 죽음이 왜 그렇게 중요한지를 완전히 잊어버린 것처럼 보인다!

마치 갈라디아 교인들이 기절하거나 혼수상태에 빠져서 이들이 이전에 알았던 모든 것을 잊어버린 것처럼, 바울은 짧은 단락 안에서 두 번이나 이들에게 성령을 받았는지 묻고 있다. 이들이 "성령을 율법의 행위로 받은 것인지 아니면, 이들이 들은 메시지를 믿음"으로 받았는지(3:2, 5) 묻고 있다. 성령을 받는 것은 기독교인의 삶이 시작될 때 일어난다. 그러므로 바울은 갈라디아 교인들에게 수사학적인 질문을 통하여, 율법을 지켰기 때문에 성령을 받지 않았다고 상기시킨다. 이들은 믿음으로 복음의 메시지에 응답하였기 때문에 성령을 받았다. 바울은 다른 성경 구절에서 내주하는 성령이 신자라는 표시임을 분명히 한다(롬 8:9). 갈라디아 교인들은 성령의 임재를 누렸기 때문에 새 생명에 대하여 어떠한 의심을 가져서는 안 된다. 사도행전 10:44-48은 고넬료와 그와 함께 한 사람들이 성령을 받음으로 이들이 진정으로 기독교인들이라는 것을 증명했고, 따라서 베드로는 이들이 세례를 받아야 한다고 동의했다. 성령을 받은 사건은 사도 공의회에서 중요한 역할을 하였는데, 이 회의는 할례가 구원을 위해 필수적인지 아닌지 그 여부를 논의하기 위해 모였던 모임이다. 베드로는 고넬료와 그와 함께 한 사람들이 할례를 받지 않고서도 성령을 받았다는 것을 알기 때문에, 구원을 위해 할례가 필수적이 아님을 주장했다(행 15:7-11).

바울은 갈라디아 교인들이 그렇게 놀라운 방향 전환을 계속할 것인지 궁금해한다. 이들은 성령 안에서 기독교의 삶을 시작했는데, 육신으로 갑작스럽게 전환하는 것은 바울이 이들에게 가르쳤던 모든 것을 무시하는 것이다(갈 3:3). 여기에서 육신은 인간의 능력과 힘을 가리키지만, 그러나 복음은 인간에게 그러한 능력과 힘이 있지 않고, 인간은 하나님의 능력이 있어야 하고 성령을 필요로 한다는 것을 가르친다. 이들은 하나님의 능력과 성령을 경험하고 있었기 때문에, 바울은 이들이 다시 인간의 능력으로 돌아갈 것이라고 믿으려 하지 않는다. 그러나 만약 이들이 계속 복음에 반대 방향으로 간다면, 이들은 배교(背敎)하는 것이나 다름이 없다. 바울은 믿음을 버린 자들에게 최종적인 구원을 보증하지 않는다. 또한, 그는 갈라디아 교인들이 지금까지 경험한 모든 것을 버릴 것인지 그 여부를 궁금해한다.

조상 아브라함(3:6-9)

바울은 경험에서 성경으로, 즉 성령에서 아브라함으로 진행 방향을 전환한다. 사실, 이 분석은 너무 간단하다. 왜냐하면 3:1-5에서 성령의 선물에 대한 호소가 성경적 논증이고 언약적 논증이기 때문이다. 갈라디아 교인들의 삶 속에서 성령의 임재는 언약의 약속들과 새 출애굽 약속들, 그리고 새 창조의 약속들이 성취되었음을 증명한다(사 32:15; 44:3; 겔 36:26-27; 37:14; 욜 2:28-29 참조). 로마서에서처럼, 바울은 구체적으로 유대 민족의 창시자이자 조상인 아브라함을 언급한다. 제2성전 유대교에서 우리가 로마서 4장에서 주목했던 것처럼, 아브라함은 자신의 순종 때문에 어김없이 칭송받는다. 그러나 바울은 놀랍도록 다른 방향으로 나아가고 있다.

로마서 4장에서처럼, 바울은 창세기 15:6에 호소한다. 창세기 15장에서 아브라함은 자신이 상속자를 가지고 있지 않다는 것에 한탄하고, 자신의 상속자는 자기 종 엘리에셀이 될 것이라고 결론지었다. 주님은 아브라함에게 밖으로 나가서 밤하늘의 셀 수 없는 별들을 보도록 명령하였고, 아브라함에게 그의 자손은 별과 같이 많을 것이라고 약속하셨다. 아브라함은 이러한 약속을 우스꽝스러운 것으로 거절할 수도 있었지만, 그러나 그는 주님의 약속을 믿었고, 그의 믿음은 그에게 의로 여겨졌다. 그는 하나님에게 순종했기 때문이 아니라, 무엇보다도 그가 주님을 믿었기 때문에 의로웠다. 아브라함의 가족 구성원들 즉 아브라함의 아들들과 딸들은 아브라함과 같은 믿음을 가진 사람들이다. 아브라함의 아들들과 딸들은 족보와 민족성을 따라 발견되지 않는다. 즉, 그의 자녀들은 그가 했던 것처럼 하나님의 일을 신뢰하는 자들이다.

8절에서 바울은 아브라함의 이야기의 두 구절, 창세기 12:3과 18:18을 병합한다.

> 창세기 12:3, "땅의 모든 족속이 너로 말미암아 복을 얻을 것이라."
> 창세기 18:18, "천하 만민은 그로 말미암아 복을 받게 될 것이다."

여자의 후손이 뱀과 뱀의 후손을 상하게 할 것이라는 창세기 3:15의 약속은 아브라함에게 하신 약속들을 통하여 성취될 것이다. 여기에서 아브라함에게 하신 모든 약속들의 절정이 있다. 모든 곳에서 모든 민족은 아브라함 안에서 아브라함을 통하여 복을 받을 것이다. 놀라운 것은 바울이 보편적인 축복의 약속을 복음, 즉 좋은 소식과 동일시한다는 것이다. 아브라함에게 하신 약속들은 십자가에 달리시고 부활하신 주 예수 그리스도 안에서 성취되었다. 다른 말로 하자면, 창세기 15:6은 창세기 12:3과 18:18을 해석하는 해석학적 렌즈가 된다는 것이다. 만민의 보편적인 축복은 오직 믿음으로 받으며, 율법을 준수하는 것으로 받는 것이 아니다! 그래서 바울은 믿음을 행하는 자들이 믿음을 가진 아브라함의 복을 누린다고 말할 수 있는 것이다(갈 3:9).

저주와 축복(3:10–14)

바울은 위대한 언약의 약속인 아브라함의 복에서부터 복의 반대인 저주로 천천히 나아간다. 저주들은 아담이 에덴동산에서 경험했던 것이고(창 3:17 참조), 저주들은 율법을 준수하지 않는 이스라엘 사람들에게 선언된다(신 27:13-26; 28:15-20, 45, 46). 매우 간결한 형태로, 바울은 3:10-14에 암시된 구약성경을 통하여 자신의 주장을 설명한다. 갈라디아서 3:10-13은 두 부분, 즉 바울의 진술과 이 진술에 대한 성경적 근거로 구성된다. 여기에서 우리는 이 편지에서 가장 중요하면서도 가장 논쟁의 여지가 있는 부분 중 하나를 접하게 된다. 바울은 복음과 율법에 대한 자신의 이해가 설득력이 있음을 구약성경에서 갈라디아 교인들에게 보여주어야 했다.

아브라함의 복(3:8-9)은 아브라함의 믿음을 가지고 있는 자들에게 속한다. 10절에서 바울은 복의 반대인 저주로 향한다. 율법의 행위를 고수하는 모든 사람은 "저주 아래"에 있다(3:10). 바울은 저주가 율법의 행위에 속한 자들에게 주어진다는 주장을 입증하기 위해 신명기 27:26을 인용한다. 우리가 바울의 주장을 더 주의 깊게 살펴보기 이전, 우리는 이 인용의 구약 배경을 주목해야 한다. 신명기 27장에서 저주들은 율법을 지키지 않은 사람들에게 선언된다. 여기에 열거된 많은 죄는 은밀하게 범하는 것들이며 다른 사람들이 알아차리지 않게 행하는 것들인데, 가령, "은밀히" 우상을 세우는 것(27:15), 이웃의 경계표를 옮기는 것(27:17), 맹인에게 길을 잃게 하는 것(27:18), 아버지의 아내와 동침하거나 짐승과 교합하거나, 자기 자매나 장모와 동침하는 것(27:20-23), 이웃을 암살하는 것(27:24), 뇌물을 받는 것(27:25)이다. 26절은 결론을 지으며 요약하는 구절로서 기능하는데, 저주는 율법의 행위를 행하지 않는 모든 사람에게 적용한다는 것을 나타낸다. 이 일반화하는 진술은 27:15-25에서 나열된 특정한 규칙들이 광범위하지 않다는 것을 분명히 한다. 다시 말해, 저주는 비록 여기에 나열되지 않는다고 할지라도, 율법을 위반하는 모든 경우에 적용될 것이다.

신명기 27:26을 인용하는데, 바울은 이미 신명기 27:26에 함축된 것처럼, "모든"이라는 단어를 추가한, 칠십 인역(LXX)에 의존한다. 동시에 바울은 또한 신명기 28장에서 위협적인 언약의 저주를 염두에 두고 있으며, "모든"이라는 단어는 신명기 28:58("네가 만일 … 이 율법의 모든 말씀을 지켜 행하지 아니하고")에서 함축될 수도 있다.

그러므로 갈라디아서 3:10에 나타난 바울의 주장은 다음과 같이 요약될 수 있다.

- 사람은 율법 안에 기록된 모든 것을 지켜야 한다(3:10b)
- 어느 사람도 율법이 명령하는 모든 것을 행하지 않는다(함축적 명제).
- 그러므로 율법의 행위들에 속한 사람들은 저주를 받는다(3:10a).

이 시점에서 몇 가지 의견이 제시되어야 한다. 우리는 율법의 행위가 율법 안에 있는 모든 것을 행하는 것으로 정의된다고 이해한다. 그러므로 우리는 율법의 행위가 율법 전체를 가리킨다는 추가 증거를 보게 된다. 사람들이 저주받는 이유는 이들이 율법을 지키는 데 실패하고 이들이 율법을 완벽하게 지키는 데 실패하기 때문이다. 이들은 율법이 명령하는 모든 것을 행해야 한다.

이 해석에 대하여 두 가지 반론이 제기된다. 첫째, 바울은 바로 위에서 언급된 함축적 명제를 명시적으로 추가하지 않는다. 그러므로 몇몇 학자는 이 명제가 잘못 소개된다고 생각한다. 그러나 바울은 기술적인 삼단논법을 사용하지 않는다. 즉, 그는 종종 무언가를 논증할 때, 단계들을 건너뛰고 있는데, 그런데도 어느 사람도 율법을 완벽하게 지킬 수 없다는 것은 분명했다. 실제로 구약성경이 자주 이것을 말하기 때문이다(왕상 8:46; 전 7:20; 시 143:2; 잠 20:9). 둘째, 몇몇 학자는 3:10에서 만들어지는 논증은 터무니없다고 하는데, 이들은 시내산 언약은 구약의 희생 제사를 통하여 용서를 제공했기 때문이라고 주장한다. 이 학자들의 반대는 바울의 논증 안에 전제된, 구속 역사적 차원을 이해하는 데 실패한다. 물론, 구약의 희생 제사들은 죄에 대해 속죄하는 기능을 가졌다. 그래서 죄를 지은 자들을 위한 규정들이 있었지만, 그러나 바울은 이 희생 제사들은 그리스도가 왔기 때문에 더 이상 소용이 없다고 믿는다. 예수가 죽었기 때문에, 그의 죽음만이 죄를 속할 수 있는 유일한 수단이다(갈 3:13). 율법 아래 있는 자들은 구속 역사 안에서 시계를 되돌려 놓으려는 것과 같다. 즉, 이들은 그리스도의 죽음을 무효로 한다(갈 2:21). 그러나 그리스도의 오심 이후, 만약 사람이 율법, 즉 옛 언약 아래 살면, 이때는 완전한 순종이 요구된다. 왜냐하면 동물 희생 제사는 더 이상 죄를 위해 속죄하지 않기 때문이다.

바울은 구약성경에서 다른 논증을 가져온다. 나는 여기에서 같은 본문이 로마서 1:17에서 논의되었기 때문에 더 간략하게 살펴볼 것이다. 의는 하박국 2:4가 가르치는 것처럼 율법이 아니라 믿음으로 온다. 하박국서에서 우리는 이스라엘이 율법을 지키는 데 실패한 것에 대하여 바벨론에 의해 징벌을 받고(BC 586년에 성취됨) 포로로 보내어지게 된 것을 보게 된다(합 1:4). 2장에서 주님은 바벨론이 결국 형벌을 받을 것이라고 약속한다. 그런 다음 주님이 첫 번째 출애굽에서 이스라엘을 위해 하신 일에 대한 언급으로 가득한 3장에서, 우리는 심판 이후의 새로운 구원, 즉 새 출애굽의 약속들을 발견한다. 주님을 믿는 자들은 주님이 자신들을 심판한 이후에 주님이 구원할 것을 보게 될 것이다. 하박국서는 선지자가 담대하게 주님의 구원을 기다리는 것으로 끝이 난다. 이스라엘의 구원은 주님의 은혜로 죄 많은 백성에게 주어지는 것이기 때문에 확실히 믿음으로 말미암은 것이다.

이 논증은 갈라디아서 3:12에서 계속되는데, 이 구절에서 율법은 믿음을 거스른다고 말하고 레위기 18:5는 이를 뒷받침하기 위해 인용된다. 율법은 행하는 것을 기초로 하지만, 그러나 하나님과 올바른 관계에 있는 사람들은 성취보다 믿음으로, 행함보다 신뢰함으로 하나님 앞에 설 수 있다. 바울이 레위기 18:5를 사용하는데, 이것은 많은 토론을 촉발하였다. 바울은 이 구절을 정확하게 인용하고 있는가? 문맥을 살펴보면, 레위기 18:5에 나타난 삶에 필요한 순종은 이스라엘과 맺은 주님과의 언약의 상황 안에 있으며, 이러한 순종은 하나님의 언약적 은혜에 대한 응답이다. 바울의 인용과 관련하여, 한 가지 가능한 대답은 바울이 구약의 문맥과는 별도로 이 구절을 인용하여 자신의 목적에 맞게 사용한다는 것이다. 또 다른 대답은 바울이 반대자들에 의해 이해된 레위기 18:5에 대한 잘못된 해석을 다루기 위하여 인용한다는 것이다. 이 두 제안이 갖는 문제는 바울이 자신의 신학에 적합하게 구약성경에서 인용하여 긍정적인 사례를 만든다는 것을 간과하는 것이다.

구약의 문맥 안에서 레위기 18:5는 언약 안에서 순종을 의미하며, 그 생명은 이 땅에서의 생명을 가리킨다. 그러나 바울은 삶을 예표론적으로(typologically) 읽는다(제2성전 유대교의 다른 해석자들이 했던 것처럼). 그는 또한 이 구절을 구속 역사적으로 읽고 있으며, 따라서 위의 갈라디아서 3:10에 대한 주석들이 여기에서도 적용된다. 이제 그리스도가 오셨기 때문에, 언약적 보호가 있지 않다. 즉, 구약의 희생 제사들 안에 있었던 속죄가 없다. 그러므로 그들 자신을 율법 아래 두는 사람들은 언약의 저주들을 피하길 원한다면, 율법을 완벽하게 지켜야 한다. 이스라엘이 율법 아래 있었을 때, 이스라엘의 불순종은 너무 컸기 때문에 포로로 끌려갔다. 율법 준수가 아니라, 그리스도를 믿는 믿음이 하나님과 올바른 관계를 맺는 수단이다.

율법을 지키는 것을 거절하는 모든 사람에게 저주는 선언된다. 13절은 어떻게 저주가 제거되는지 설명한다. "우리를 위하여 저주를 받은 바 되사," 그리스도는 자신을 믿는 자들을 해방하시고 속량하셨다. 분명하게, 예수의 죽음은 죄인들이 마땅히 받아야 할 저주를 받았다는 점에서 대속적(substitutionary)이었다. 바울은 이를 뒷받침하기 위하여 신명기 21:23을 소개한다. 역사적 맥락에서 이 구절은 범죄 때문에 죽임을 당하고 나무 위에 매달린 사람들을 가리킨다. 제2성전 유대교 안에서 다른 사람들도 신명기 21:23이 십자가에 못 박힌 사람들에게 적용한다는 것을 믿었다(4QpNah 5-8; 11QTemple 64.6-13). 물론 바울은 십자가에 달린 몇몇 사람들이 하나님에 의해 저주를 받은 것이 아님을 알았다. 알렉산더 얀네우스(Alexander Jannaeus)에 의해 십자가에 못 박힌 800명 모두는 반드시 하나님의 저주를 받은 것이 아니었다(Josephus, Ant. 13.380)! 그러나 바울은 회심하기 이전에, 메시아는 결코 십자가에 못 박히지 않을 것이라고 확신했다. 즉, 그것은 용납할 수 없는 모순, 즉 "유대인에게 거리끼는 것"(고전 1:23)이었다. 바울은 의인이신 예수가 "우리를 위하여" 저주를 받았다는 것을 이해하지 못했지만, 그가 이것을 깨닫자마자, 그는 십자가를 하나님의 사랑과 공의가 만나는 곳으로 이해하게 되었다.

예수가 모든 사람이 받아야 할 저주를 받았기 때문에, "아브라함의 복"(갈 3:8-9)은 창세기의 위대한 약속들에 따라(예를 들어, 창 12:3), 그리스도 예수 안에 있는 이방인들에게 속한다. 이 복은 율법이 아니라, 예수 그리스도를 통하여 온다. 아브라함의 복을 언급하는 또 다른 방법은 이사야 44:3이 증명하는 것처럼, "성령"의 약속에 대하여 말하는 것이다(갈 3:14 참조). 여기에서 "우리"는 아브라함의 복을 누리는 유대인들과 이방인들을 가리키는데, 만약 이들이 성령을 받았다면 현재 복을 누리는 것이다. 갈라디아서 3:1-14에 나타난 논증은 한 바퀴 돌고 제자리로 돌아온다. 이방인들은 율법 순종을 통하여 아브라함의 복을 받은 것이 아니고, 이들은 성령이 내주하시기 때문에 복을 받은 자들에 속한다.

임시(interim) 언약(3:15–25)

바울은 율법이 아니라 그리스도가 구원하며, 의는 행위가 아니라 믿음으로 말미암으며, 십자가는 율법의 저주에서부터 구원한다고 주장했다. 이러한 이해의 배경은 구속 역사에 대한 바울의 관점들과 관련되며, 이 관점들은 3:15-25에서 더 명확하게 보여준다. 학자들은 바울이 15절에서 언약에 대하여 말하는지 아니면 유언에 대하여 말하는지 논쟁하지만, 아마도 언약인 것 같다. 그러나 언약이든 유언이든, 이 예에서 만들어진 요점은 똑같다. 아브라함과 맺은 최초의 언약은 430년 이후에 제정된 율법으로 보완될 수 없다(3:16-18). 시내산 언약과 아브라함 언약은 같은 성질의 것이 아니다. 왜냐하면 아브라함의 언약은 하나님의 약속에 근거하기 때문이다. 그러나 율법은 순종을 통하여 유업을 얻게 된다고 가르친다. 그러므로 율법과 약속은 상호 보완적일 수 없으며, 오히려, '복의 약속'과 '새 창조의 약속,' 그리고 '악이 패하고 선이 다스리는 새 시대의 약속'과 같은 아브라함에게 한 약속들을 받기 위한 두 가지 다른 길을 나타낸다.

이 약속들은 아브라함의 유일한 후손 예수 그리스도를 통하여 성취된다(3:19). 우리는 아브라함에게 주신 약속들은 율법으로 말미암지 않고 그리스도 안에서 이루어졌음을 다시 보게 된다. 그러나 우리는 여기에서 바울의 주장을 어떻게 설명해야 하는가? "자손"('스페르마'[*sperma*])이라는 단어는 이미 집합 명사이고, 바울은 이것을 알고 있다. 그는 이 단어를 몇 절 이후 3:29에서 집합의 의미로 사용한다. 학자들은 많은 해결을 제안하지만, 아쉽게도 우리는 여기에서 이 모든 것을 검토할 지면을 가지고 있지 않다. 바울은 아마 3:19에서 창세기 13:15 또는 17:8을 인용하고 있는 것 같다. 몇몇 학자는 바울의 해석이 부당하고 자의적이라고 말하지만, 이에 대하여 더 나은 설명들이 있다. 창세기 3:15에 나타난 구속의 약속은 우리가 셋과 이삭의 출생에서 볼 수 있는 것처럼(창 21:13 참조), 단 하나의 성취의 개념을 포함한다. 바울은 다른 구절에서 이삭과 이스마엘을 구별하고, 오직 이삭만을 진정한 후손으로 본다(롬 9:6-9). 궁극적으로, 창세기 3:15의 약속은 다윗의 단 한 명의 후손을 통하여 성취된다. 우리는 구약성경에서, 그 씨는 아브라함에서 이삭으로 좁혀지고 다윗의 자손으로 이어진다는 것을 본다. 이러한 관점은 예표론(typology)과 집단적 연대/유대(corporate solidarity)와도 일치한다. 바울은 구약 본문을 예표론적으로 해석하고 예수 그리스도 안에서 이 구약 본문의 완전한 성취를 본다. 예수는 아브라함과 다윗의 대표적인 자손이고, 예수는 창세기 3:15에 나오는 최초의 구속 약속의 성취이다. 아브라함에게 한 약속들은 예수 그리스도 안에서 실체가 되었기 때문에, 구원의 역사 안에서 모세의 율법과 모세 언약으로 후퇴하는 것은 심각한 실수이다.

율법과 약속의 극명한 대조(갈 3:15-18)는 율법의 목적에 관한 질문을 제기한다. 바울의 대답은 간단한데, 그는 율법은 "범법하므로 더하여진 것"(3:19)이라고 진술한다. 몇몇 학자는 율법이 죄를 제한하거나 죄를 규정하기 위해 주어진 것이라고 말하지만, 그러나 갈라디아서 전체와 문맥은 율법은 죄를 더하기 위하여 주어진 것임을 시사한다. 이러한 읽기는 로마서 5:20과 7:7-25에도 들어맞는다. 아이러니하게도, 율법은 가장 예상했던 것과 전혀 다른 효과를 가져왔지만, 어찌 됐든 문제는 율법에 있는 것이 아니라 사람에게 있는 것이다! 모세율법은 결코 영원히 지속되도록 의도되지 않았다. 후손이신 예수가 오셨기 때문에, 율법의 시대는 끝이 났다(갈 3:19). 구속 역사에서 새 시대는 도래했다. 새 시대가 이미 도래했기 때문에, 바울은 비록 유대인들이 하나님 계시의 절정으로 모세율법을 여겼다고 할지라도, 이 율법의 임시적인 성격을 계속해서 강조한다. 그는 율법이 궁극적으로 하나님으로부터 온 것임을 부인하지 않는다. 그러나 율법은 천사들을 통하여 중재되었다(신 33:2; 행 7:53; 히 2:2 참조). 율법은 직접적으로 하나님에 의해 주어지지 않았고 천사들과 모세를 통하여 중재되었기 때문에, 율법은 약속에 종속된 것이며, 아브라함과 맺은 언약에 비추어 해석되어야 한다(갈 3:20).

우리는 바울의 주장들을 주의 깊게 따라가야 한다. 우리는 그가 약속과 율법의 차이점들에 대한 강조를 마쳤기 때문에, 모세율법이 하나님의 약속들에 반대된다고 가르치고 있다고 생각할 수도 있다. 하지만, 그는 율법이 약속들과 모순되지 않는다고 주장한다(3:21). 그러나 율법과 약속은 똑같지 않다. 왜냐하면 율법은 신자들을 위한 생명의 근원이 아니기 때문이다. 율법은 하나님과 올바른 지위를 제공하지 않는다. 율법과 약속은 상호 보완적인데, 율법이 인간의 죄를 드러내고, 그다음 아브라함의 약속이 예수 그리스도를 믿는 자들에게 주어질 것이기 때문이다(3:22). 모세에게 주어진 율법인 시내산 언약은 그리스도가 오실 때까지 "초등교사"로서 기능하였다(3:23-25). 이제 그리스도가 오셨기 때문에 초등교사('파이다고고스'[*paidagōgos*])의 시대는 끝났다. 여기에서 "초등교사"라는 단어는 "가정교사"를 의미하지 않는다. 왜냐하면 고대 세계에서 초등교사는 단순히 교사가 아니었고, 아이들이 미성숙한 기간 돌보는 보육사나 보모에 더 가까웠다. 이 초등교사들은 아이들에게 도덕과 예의범절을 가르치고 일상생활에서 이들을 돌보았다. "초등교사"라는 단어와 함께 가장 먼저 떠오르는 것은 율법의 임시적인 성격이다. 사람들이 어렸을 때만 초등교사를 가졌던 것처럼, 율법 역시 구원의 역사 안에서 제한된 기간만 유효하도록 의도되었다. 율법은 때가 찰 때까지 일종의 보모로서 기능하였다. 신자들은 할례를 받거나 율법을 지킬 필요가 없다.

왜냐하면 모세 언약은 끝났기 때문이다!

그리스도 안에서 아브라함의 자손(3:26-29)

새 시대가 도래했고, 아브라함에게 하신 약속들이 성취되고 있으며, 믿음으로 신자들은 하나님의 아들들과 딸들이 되었다. 왜냐하면 이들은 아브라함의 진정한 자손인 예수 그리스도와 연합되기 때문이다. 주목할 수 있는 것은 율법이 그리스도를 지향해 왔고 그리스도 안에서 끝난다는 것을 바울이 강조하는 방법이다. "그리스도로 옷 입었다"(3:27)라는 것은 사람이 진정으로 하나님에게 속해 있으며, 세례를 받은 모든 사람과 개종한 모든 사람이 그리스도로 옷을 입는다는 것을 의미한다. 이제 아브라함의 약속들이 실현되고 있어서, 사람이 가진 민족적인 배경(유대인이나 헬라인이나, 할례자나 무할례자)이나 사람이 가진 사회적 계층(종이나 자유인), 또는 사람의 성별(남자나 여자)이 그다지 중요하지 않다. 물론 바울은 이러한 것들이 전적으로 아무런 의미가 없다고 말하는 것이 아니다. 성별은 많은 본문이 보여주는 것처럼(예를 들어, 롬 1:26-27; 엡 5:22-23), 바울이 이해하는 하나의 범주이며, 이것은 폐지되지 않는다. 3:28의 목적은 모든 사람이 구원에 동등하게 접근할 수 있다고 말하는 것이다. 바울은 사람들의 민족적 배경을 부정하지 않는다. 유대인들과 이방인들이 있지만, 어떤 사람이 유대인이라고 해서 또는 어떤 사람이 남자라고 해서 구원을 위한 자격을 특별히 가진다는 것이 아니다. 모든 신자는 그리스도 예수 안에서 연합된다. 이들이 만약 "그리스도의 것이면"(갈 3:29), 이들은 아브라함의 자손이며 약속을 받은 자들이다.

영적으로 성인기에 있는 갈라디아 교인들!(4:1–7)

4:1-7에서 바울의 주장은 비록 세부적인 사항은 다르지만, 3:15-25와 상당히 유사하다. 1-2절에서 우리는 하나의 실례(illustration)를 가지며, 이 예는 4:3-5에서 설명되고 4:6-7에서 적용된다. 바울은 독자들에게 미성년인 상속자를 상상하도록 요청한다. 비록 이 상속자는 전체 재산을 상속받을 것이지만, 아이로서 "그는 어렸을 동안에 종과 다름이 없다"(4:1). 사람 대부분이 '상속인이 어렸을 때 종과 같았음'을 강조하지 않기 때문에, 바울이 특정한 요점을 만들기 위해 이 예를 들고 있다는 것을 우리는 알게 된다. 미성년자는 아버지가 정한 시간에 상속받을 것이며, 그동안에 "후견인과 청지기"(4:2)의 보살핌을 받게 된다.

바울은 4:3-5에서 이 예를 설명한다. 여기에서 "우리"는 유대인들과 이방인들을 포함하는데, 유대인들과 이방인들 모두는 자녀로서 입양되었기 때문이다(4:5). 바울은 율법 아래에서의 삶이 종의 시대였다는 것을 강조하는데, 이는 토라 안에서 양육을 받으며 성장한 유대인들에게 상당히 충격적이었을 것이다. 율법 아래 있는 사람들은 율법의 속박에서 구원받고 해방되어야 한다. 바울은 율법 아래 있는 삶을 "세상의 초등학문 아래" 종노릇하는 것과 비교한다(갈 4:9; 골 2:8, 20). "초등학문"('스토이케이아'[*stoicheia*])이라는 단어는 상당한 논쟁의 주제이다. "세상"이라는 단어가 추가될 때, 이 구는 세상을 구성하는 물질적인 요소들, 즉 흙, 공기, 불, 물을 가리킨다(Plato, *Timaeus* 48B; Diogenes Laertius, *Vit. phil.* 7.134-135; 4 Macc. 12:13; Philo, *Decalogue* 31; *Creation* 146; 벧후 3:10, 12). "초등학문"이라는 용어는 또한 과학이나 예술 등과 같은 문제의 근본적인 요소들을 가리키므로, 이 용어는 삶의 기본적이거나 근본적인 원리들이나 규칙들을 나타내는 것으로 이해될 수 있다(Plato, *Leg.* 7.790C; Xenophon, *Mem.* 2.1.1; Pseudo-Plutarch, *Lib. Ed.* 16.2; 히 5:12). 또 다른 가능성은 이 "초등학문"은 천사의 능력, 즉 불신자들을 지배하는 악마의 세력을 의미한다는 것이다(T. Sol. 8.1-2; 18.1-2). 마귀의 권세에 대한 언급을 뒷받침하는 것은 갈라디아서 4:8-9에서 나타난 언어의 인격적인 특징인데, 이 구절에서 이 "초등학문"은 우상에게로 돌아가는 것과 연결된다. 바울서신의 다른 곳에서 우상들은 귀신과 동일시된다(고전 10:19-22). 골로새서에서 거짓 교사들은 천사들에게 이끌림을 받았으므로(1:16; 2:10, 15, 18 참조), 많은 학자는 골로새서에서 영들에 대한 언급으로 이해한다.

확고한 논증 또한 갈라디아서와 골로새서에서 근본적인 원리들이나 기본적인 원리들에 대한 의미를 만들 수도 있다. 율법은 갈라디아서에서 분명히 중심 무대이며, 바울은 골로새서 2:8과 2:21-23에서 특정한 전통들과 규정들을 언급하기도 한다. 그러나 율법이라고 결정하기가 상당히 어렵다. "세상의 초등학문"이라는 구는 세상을 구성하는 요소들, 즉 흙, 공기, 불, 물을 언급하는 오랜 역사를 가지는데, 이 요소들은 은유적으로 현재의 이 세상 질서, 즉 옛 창조를 나타낼 수 있다. 그러나 우리는 또한 세상을 구성하는 요소들이 Wisdom 13:1-5에서 숭배되었음을 보게 된다(또한, 7:17-19 참조). 참으로, 옛 창조의 요소들을 다스리는 한, 이 귀신의 권세들이 어쩌면 이 구의 의미 안에 포함될 수 있을 것 같다(엡 2:2; 6:12 참조).

하나님은 때가 차매 그 아들을 율법 아래 있는 자들을 속량하기 위하여 보내셨다. 모세의 언약에 복종하던 종의 시대는 끝났다. 유업을 받을 때가 이르렀고, 신자들은 미성년자나 아이들이 아니고 이제 성인이 되었다! "아들"이라는 단어는 여기에서 완전한 성숙이나 성인기, 또는 상속을 받은 사람에게 발생하는 모든 특권을 포함한다. "아들"이라는 증거는 신자들이 성령을 가지고 있다는 것이다(갈 4:6)! 다시 한번, 성령을 받는 것의 중요성은 이 논증 안에서 잘 드러나게 된다(3:1-5, 14 참조). 이제 신자들은 "아빠 아버지!"라고 외친다. 이들은 그리스도를 통하여 상속자가 된 장성한 아들들과 딸들이므로, 다시 미성년자로 돌아가 율법 아래에서 종의 삶을 사는 것은 말이 되지 않는다.

그들은 어디에 서 있는가?(4:8-11)

바울은 갈라디아 교인들이 하나님을 알지 못했던 시절, 이들이 회심하기 이전 거짓 신들에게 종노릇 하던 시절, 이들이 세상의 초등학문에 예속되었던 그때를 이야기한다. 여기에서 중요한 단어는 "이제는"(4:9, 헬라어 문장에서는 "그러나"라는 표현이 있음-옮긴이)이라는 표현이다. 갈라디아 교인들은 예전의 사람들이 아니다. 지금 이들은 "하나님을 알고" 있는데, 이 상태는 이들이 구원받고 회심하고 변화되었음을 의미한다. 그러나 바울은 논증하던 중에 잠시 멈추고, 이들은 "하나님이 아신 바" 되었다는 것을 강조한다. 하나님은 항상 구원에 있어서 주도권을 가지고 있는데, 사람들이 하나님을 알고 있는 이유는 하나님이 먼저 이 사람들을 알았기 때문이라는 것이다(창 18:19; 렘 1:5; 롬 8:29; 11:2 참조). 이런 의미에서, 하나님에게 속하기로 선택하는 경우조차도, 교만할 여지가 전혀 없다.

삶은 복잡하고 다면적이다. 즉 우리는 하나님에 의해 알려진 사람들이 고요하고 복잡하지 않은 기독교인의 삶을 살 것으로, 생각할 수도 있다. 그러나 바울은 갈라디아 교인들이 다시 이교(paganism)로 돌아가는 것처럼 보였기 때문에 당황했다! 이들은 기독교 이전의 종의 상태로 돌아가 구원받았을 때 거절했던 "약하고 천박한 초등학문"을 받아들이려고 하였다(갈 4:9). 이것은 특히 "날과 달과 절기와 해"와 같은 특정한 시기를 준수할 때 특히 나타난다(4:10; 또한, 창 1:14 참조). 바울은 안식일, 월삭, 유월절 등과 관련된 구약의 규정들에 대하여 이 교인들이 빠져들고 있다는 것을 나타내기 위하여 이 용어들을 사용한다. 주목할 만한 것은 이들의 그러한 움직임이 이교로의 회귀로 분류된다는 것이다! 확실히, 이것은 바울이 쓴 것 중 가장 충격적일 수 있다. 이것은 구약의 규정들이 이교와 가장 먼 것이라고 확신하였던 유대인들의 심기를 불편하게 할 진술이었다. 갈라디아 교인들에 대한 바울의 강한 염려는 자신의 사도적 수고가 헛되지 않았는지 의아해하면서 표면화

된다. 바울이 보기에, 이들이 이렇게 계속하다가는 아마도 전혀 기독교인들이 아닌 것처럼 분류될 수도 있다!

친한 관계에 근거한 호소(4:12-20)

지금까지의 논증은 매우 신학적이었지만, 그러나 바울은 과거에 갈라디아 교인들과 함께 가졌던 사랑과 친한 관계를 나타내면서, 자신과 이 교인들 사이의 관계에 기초하여 이들에게 호소한다. 바울은 "나와 같이 되라"(4:12)는 간청과 명령으로 시작하면서, 이들이 율법으로부터 자유하고 살아야 한다는 것을 의도한다. 바울은 이들과 함께 있을 때 율법을 준수하지 않음으로 그들과 "같이 되었고," 지금 그는 이들이 같은 일을 행하도록 요청한다. 바울은 자신이 이들에게 복음을 전했을 때를 회상하는데, 복음을 전했을 당시 그는 어떤 신체적인 질병에 시달렸던 같다. 우리는 이 문제가 무엇인지 모르지만, 갈라디아 교인들은 바울을 대적하지 않았고, 오히려 그를 하나님의 천사처럼 영접하였다(4:14).

그 당시 이들은 "복"을 받았는데, 이 복은 아마도 성령이라는 선물을 의미한다(3:15; 사 44:3). 바울과 갈라디아 교인들의 관계는 너무 가까웠기 때문에, 이들은 만약 필요하다면 자신들의 눈이라도 빼주었을 것이다(4:15). 그러나 이제 상황이 바뀐 것처럼 보인다. 바울은 더 이상 친구가 아니라 적으로 보였는데, 여기에 다른 이유가 있지 않았다. 단순히 그가 이들에게 복음의 진리를 말했기 때문이다(4:16). 거짓 교사들은 열심을 가졌고, 선한 일에 대한 열심 또한 뛰어났지만, 그러나 이 유대주의자들은 정작 복음의 진리에 대하여 열심이지 않았고, 오직 갈라디아 교인들이 그들 자신을 추종하고 존경하기를 원했다.

바울은 19절에서 놀랄 만한 이미지를 사용한다. 그는 이 갈라디아 교인들이 정말로 살아있는 상태로 태어났었는지 의아해하는, 출산의 고통을 겪고 있는 어머니처럼, 자신을 비유한다. 사실 고대 세계에서는 많은 아이가 태어날 때 살아남지 못한 채로 죽었는데, 이러한 상황은 그 당시 일반적인 문제였다. 흥미롭게도, 이 구절에는 또 다른 은유가 나타난다. 갈라디아 교인들이 해산하는 것으로 묘사되는데, 바울은 이 교인들 안에 과연 그리스도가 형성될 것인지 초미의 관심을 끈다. 이처럼, 바울은 갈라디아 교인들이 영적 혼수상태에서 깨어나도록 놀라운 은유를 사용한다. 하지만, 바울은 지금 당황한 상태에 있었는데, 무엇을 해야 하는지 무엇을 말해야 하는지 모를 정도였다(4:20).

알레고리로부터 논증(4:21-5:1)

바울은 갈라디아 교인들을 제정신으로 되돌리기 위하여 그가 할 수 있는 모든 것을 하려고 한다. 아마도 그는 이 교인들이 위태로운 것을 볼 수 있게 하려고, 자신의 어조를 바꾸어야 한다고 말함으로써(4:20), 4:12-20을 마쳤다. 바울은 4:21-5:1에서 어조를 바꾼 상태이다. 그는 이 구절들 안에서 알레고리를 활용하여 이들이 이해할 수 있도록 다른 논증으로 호소한다.

이 논증은 "만약 갈라디아 교인들이 모세율법을 그토록 사랑한다면, 이들이 실제로 율법(구약성경을 의미함)이 가르치는 것을 듣는가?"라는 날카로운 질문으로 시작한다. 만약 이들이 듣는다면, 이들은 자신들이 더 이상 율법 아래 있지 않다는 것을 깨닫게 될 것이다! 바울은 아브라함과 그의 두 아들 이야기로 돌아간다. 하나는 여종 하갈에게서, 다른 하나는 자유 있는 여자 사라에게서 태어났다. 이 두 아들의 출생 이야기는 교훈적이다(창 16-21장을 보라). 이스마엘은 "육체"를 통하여 태어났지만, 그러나 이삭은 "약속으로 말미암았다"(갈 4:23). 확실히, 이것은 구약의 내러티브에 대한 충실한 설명이다. 왜냐하면 사라와 아브라함은 여종 하갈을 통하여 아들을 낳는 생각을 했기 때문이다. 반면, 이삭의 출생은 아브라함과 사라가 모두 잉태할 때가 너무 지났기 때문에 기적이나 다름없었다. 주님은 아이를 약속하였고(창 18:10), 이삭의 출생은 전적으로 그의 은혜로 이루어졌다.

이 이야기를 바울은 갈라디아서 4:24-27에서 비유적으로(allegorically) 읽고 적용한다. 비유(allegory)에 대한 언급은 바울이 일반적으로 예표론적으로(typologically) 주장하기 때문에 격렬한 토론을 촉발시켰고, 이 비유적인 읽기는 종종 자의적이며, 설명된 이야기에 대한 타당성이 부족하다. 여기에서 이러한 읽기에 대하여 세부적으로 다룰만한 지면이 부족하다. 나는 바울이 비유적으로 논증한다고 제안하지만, 그러나 그가 성경 본문에 실제로 존재하는 패턴을 이해한다는 점에서 예표론(typology)과 크게 다르지 않다.

우리는 하갈과 사라가 "두 언약"을 나타낸다는 것을 보게 된다(4:24). 여종으로서 하갈은 종의 상태를 상징하는 시내산을 나타낸다. 엄밀하게 말하자면, 하갈은 개인이며 또 다른 별개의 언약을 의미하지 않는다. 즉, 바울은 하갈과 시내산 사이의 상당한 유사점을 끌어내고 있다. 그는 아마도 그리스도를 믿지 않은 유대교를 나타내는 "지금 있는 예루살렘"과 예루살렘에 있는 지도자들이 하갈처럼 노예 상태에 있다는 것을 계속해서 말한다. 바울은 그리스도를 믿지 않은 유대인들이 하갈의 자녀들이라는 것을 말하기 위하여 이 이야기를 하고 있는 것이다!

대조적으로 신자들은 하나님의 도성이자 "위에 있는 예루살렘"인 하늘의 예루살렘의 자녀들이다(4:26). 신약의 다른 본문들에서 하늘의 예루살렘(히 12:22; 계 3:12; 21:2, 10 참조)은 신자들을 기다리고 있는 도시를 나타낸다. 그러나 바울에 따르면, 하늘의 도시는 현재의 이 악한 시대에 도래했다. 하늘 도시의 존재는 새로운 창조를 예증한다(사 65:17; 66:1). 이사야 66:7-11에서 시온은 해산하는 어머니로서 묘사되며, 시온의 아들들의 출생은 하나님의 구원하는 약속들의 성취를 나타낸다. 신자들의 어머니는 교회가 아니라 하늘에 있는 예루살렘이며, 유대인이나 이방인을 막론하고 그리스도 안에 있는 모든 신자는 하늘 도성의 시민들임을 보여준다.

갈라디아서 4:26에서 바울의 주장을 뒷받침하기 위하여 소개되는 이사야 54:1은 갈라디아에 있는 이방인 기독교인들이 위에 있는 예루살렘의 자녀들임을 보여준다. 왜냐하면 이들은 어떠한 자녀도 잉태하지 못했던 불임 여인의 자녀들이기 때문이다. 이사야서 단락과 갈라디아서에서 바울이 말하는 것의 연관성은 사라의 불임이며, 그녀의 불임은 창세기 이야기에서 중요한 역할을 한다. 이사야서의 문맥은 포로에서 돌아오는 것이다. 포로 상태에 있는 이스라엘은 바벨론으로 보내어진 자녀를 가진, 마치 불임 여성과 같은 신세이다. 그러나 주님은 이들이 돌아오며 번영할 것임과 그는 다시 이스라엘 백성을 불쌍히 여겨 "화평의 언약"(사 54:10)을 성취할 것이라고 약속한다. 바울은 예수 그리스도의 복음 안에서 이 "화평의 언약"의 성취되었다고 이해한다. 물론, 하갈의 아들 이스마엘은 아브라함과 사라에게 약속의 성취를 나타내는 것처럼 보였다. 그런데도, 하나님의 약속을 참으로 성취한 사람은 기적적으로 출생한 아이 이삭이었다. 바울에 따르면, 이 약속의 궁극적인 성취는 이스라엘이 포로 생활에서 물리적으로 돌아오는 것이 아니라, 갈라디아 지역과 같은 곳에서 이방인 기독교인들의 개종 안에서 실체로 나타나게 되었다.

율법은 하나님의 자녀들을 낳지 않았다. 왜냐하면 율법 아래 있는 자들은 죄에 의해 종속되었기 때문이다. 율법은 사람을 죽이지만, 복음은 자유롭게 하고 생명을 준다. 그러므로 유대주의자들이라고 불리는 거짓 교사들이 아니라, 갈라디아 기독교인들은 이삭의 진정한 자녀들이다(갈 4:28). 이것은 핍박으로 말미암아 나타난 것이다. 왜냐하면 이스마엘이 이삭을 박해한 것처럼(창 21:8-9), "육체를 따라 난 자가 성령을 따라 난 자를 박해"하였기 때문이다(갈 4:29). 놀랍게도, 바울은 아브라함에게 이스마엘을 내보내도록 화를 내며 말했던 사라의 말을 긍정적으로 인용한다. 왜냐하면 종 하갈의 아들은 "자유 있는 여자의 아들"과 함께 상속받지 못할 것이기 때문이다(4:30). 아브라함은 사라의 말을 듣고 근심했지만, 그러나 주님은 비록 사라의 동기가 틀렸음에도 불구하고 사라의 말을 승인하였다. 그 유업은 이스마엘이 아니라 이삭을 통하여 올 것이다(창 21:12-13). 그렇다면 바울이 갈라디아 교인들에게 유대주의자들을 교회에서 내쫓도록 말하는가? 몇몇 학자는 그렇게 이 부분을 읽었지만, 그러나 거짓 교사들은 외부에서 온 침입자였기 때문에 어떤 경우에도 교회의 구성원들이 아니었다. 아마도 그는 갈라디아 교인들에게 만약 이 교인들이 유대주의자들에게 가담한다면, 이들은 유업을 받지 못할 것이라고 알려주고 있었을 것이다. 즉, 이 교인들은 지상의 예루살렘, 즉 여종과 그녀의 자녀들에게 합류하게 되는 것이며, 하늘의 도성을 누리지 못하게 될 것이다. 당장 실제적인 차원에서 어쩌면, 바울은 편지의 독자들이 교회의 어떤 장소에도 거짓 교사들의 출입을 허용해서는 안 되고, 이 교사들이 갈라디아에 있는 공적 모임에서 가르치거나 들어오도록 허용해서는 안 된다고 말하고 있다.

바울은 갈라디아에 있는 신자들이 하갈이 아니라, 사라의 자녀들이라고 주장하지만, 흥미롭게도 그는 사라에 대하여 전혀 언급하지 않고 그녀의 자유에 대해서만 언급한다(갈 4:22, 23, 30, 31). 그리스도는 자유의 목적을 위해 신자들을 자유롭게 하였으며(5:1), 그래서 바울은 신자들이 자유 있는 여인의 자녀로서 이들 자신이 누구인지 알고 살도록 요구한다. 신자들은 자신들을 종의 상태로 만드는, 유대주의자들의 가르침에 종속시켜서는 안 된다.

갈라디아 교인들에 대한 경고(5:2-6)

바울은 지금까지 언급하지 않고 있다가, 편지에서 처음, 할례 문제를 직접 언급한다. 물론 이전에 그는 예루살렘에서 일어난 할례에 관한 논쟁을 이야기했지만(2:3-5), 그러나 이제 그는 이 문제를 갈라디아 교인들과 구체적으로 다루려고 한다. 분명히, 바울은 특정한 문제를 다루기 이전에 자신의 사도적 자격을 변호하고 율법에 대한 자신의 신학을 제시할 필요가 있었다. 5:2-6은 바울이 자기 자신을 소개하고 심지어 자신의 이름을 밝히는 것처럼 엄숙하게 시작되어, 그의 말에 더욱 무게가 실린다. 그는 갈라디아 교인들에게, 만약 이들이 할례를 받는다면 그리스도가 이룬 구원의 유익이 이들에게 없을 것이라고 경고한다(롬 2:25-29 참조). 갈라디아서 5:3에 있는 "다시"라는 표현은 아마도 3:10을 생각나게 한다. 왜냐하면 여기에서 바울은 할례를 받은 자들이 전체 율법을 지켜야 한다고 말하기 때문이다. 어쩌면, 이들은 율법을 지킴으로써 그러한 도전에 반응할 수도 있었을 것이다! 그러나 완전한 순종이 요구되기 때문에 그러한 노력이 헛될 것임을 바울이 가르치는 3:10의 논증을 고려했을 때, 그러한 일은 일어날 수 없었다. 그러므로 5:4가 여전히 경고임을 이해하는 것은 중요하다. 즉, 바울은 몇몇 사람들이 이미 할례를 받는 단계를 밟았다고 선언하고 있지 않다. 부정과거(aorist) 동사들은 항상 과거 시제가 아니고, 여기에서 이 동사들은 아마도 영원한 행동을 나타낸다. 할례를 받고 율법 준수를 통해 칭의를 얻으려는 사람들은 더 이상 그리스도에게 속하지 않는다. 즉, 이들은 복음의 은혜에서 끊어진다. 이 경고는 매우 놀라울 정도로 심각한 것이며, 이러한 경고는 하나님께서 신자들이 타락하지 않도록 보호하기 위하여 사용하는 수단 중 하나이다.

5-6절은 이 경고에 주의를 기울이며 사는 신자들의 모습을 묘사한다. 이들은 의의 최종적인 완성, 즉 온 세상 앞에서 하나님과 올바르다는 공적 선언을 간절히 바라고 "기다린다." 이러한 기다림은 사람의 힘으로 성취될 수 없지만, 오직 성령의 역사에 따라 지속되며, 이러한 기다림은 믿음으로 이루어진다. 왜냐하면 신자들은 아직 미래의 선언을 경험하지 않았기 때문이다. 신자들이 인정하는 것은 할례와 무할례 모두 중요하지 않다는 것이다(고전 7:19; 갈 6:15). 할례를 받았다고 해서 교만하여질 근거가 없고, 할례를 받지

않는다고 해서 하나님에게 감동을 준다고 생각해서는 안 된다. 중요한 것은 우리가 삶 속에서 하나님을 믿는 신자들로서 표시되어야 한다는 것이다. 이러한 믿음은 신자들의 삶 안에서 중요한 역할을 한다. 왜냐하면 믿음은 사랑 안에서 표현되기 때문이다.

거짓 교사들에 대한 경고(5:7–12)

갈라디아서 5:2–6은 갈라디아 교인들에 대한 개인적인 경고를 구성하는 반면, 5:7–12는 거짓 교사들인 유대주의자들에 의해 가해지는 위험을 지적한다. 갈라디아 교인들은 기독교인의 삶을 살고 있었지만(고전 9:24–27; 빌 3:12–14 참조), 그러나 거짓 교사들은 교인들의 삶에 끼어들어 이들이 하나님의 진리에 순종하는 것을 방해했다. 바울은 갈라디아 교인들을 설득하려는 거짓 교사들의 시도는 하나님으로부터 온 것이 아니며, 이 교사들이 "온 덩이에 퍼지는 적은 누룩"이기 때문에 조심해야 한다고 단호하게 말한다(갈 5:9; 고전 5:6 참조). 만약 거짓 교사들이 회중을 감염시키는 것이 허용된다면, 전체 회중의 순수성을 잃게 될 것이다. 바울은 이러한 상태가 일어나지 않을 것이라고 확신하며, 자신의 설명과 훈계를 듣고 갈라디아 교인들이 할례를 받지 않을 것이라고 믿었다. 분명히, 이 경고들(갈 5:2–4 참조)은 유익한 효과를 가질 것이다! 하지만, 갈라디아 교인들을 "교란하는"(1:7을 보라) 거짓 교사들(5:10에서 "~하는 자"는 단수인데, 이것은 일반적으로 모든 사람을 가리키는 표현임)은 그들 자신이 초래하는 악에 대한 심판에 직면하게 될 것이다.

유대주의자들은 아마도 바울이 유대인들에게 할례를 행했던 경우에 호소함으로써(행 16:3 참조), 바울의 위선에 대하여 비난했던 것 같다. 비록 디모데의 할례가 시간상으로 갈라디아서 기록 이후에 이루어졌음에도 불구하고, 이것은 아마도 바울의 표준 관행을 나타냈을 것이다. 또한 그는 유대인들이 문화적인 이유와 또한 복음 전파의 이유로 할례를 받도록 허용하고 격려했을 것이다. 하지만, 바울은 일관성이 있었다. 즉, 그는 만약 할례가 구원을 위해 필요하다고 생각하고 누군가에게 할례를 베푸는 데 절대로 동의하지 않았으며, 바로 이러한 모습 때문에 유대인들은 자신을 박해하고 있다고 바울은 설명한다. 할례를 선전하였던 반대자들은 바울이 보기에 이교도들보다 나을 것이 없다고 생각하는데, 이전에 그가 바리새인이었다는 것을 고려했을 때, 그가 이렇게 생각하는 것은 상당히 놀라운 일이다. 바울은 더 나아가, 만약 그렇게 할례를 행하려고 한다면, 차라리 남성의 음경 전체를 베어 버리는 것이 더 나을 것이라고 말한다. 다시 말해서, 그는 이교도가 행한 거세와 할례를 일률적으로 취급한다(2:11-12; 신 23:1-2 LXX). 우리는 바울이 빌립보서 3:2에서도 할례를 '상해하는 것'으로 이해한다는 것을 알게 된다. 하나님 앞에서 우리의 행위에 대해 교만하여질 근거가 없다. 즉, 겸손한 믿음으로 우리는 모든 좋은 선물을 받는다는 것이다.

사랑의 자유(5:13-15)

자유는 이 편지의 주요한 주제이며(2:4; 4:22, 23, 26, 30, 31; 5:1), 갈라디아 교인들은 율법을 준수에서 자연스럽게 나타나는 얽매이는 것에 대하여 저항해야 한다(4:1, 3, 7, 22-25, 30, 31; 5:1). 그러나 이들은 자신들의 자유를 인간의 이기적인 의지를 위한 발판이 될 정도로 남용하는 것을 주의해야 한다. 이들은 사랑 안에서 서로 종노릇 해야('둘루에테'[*douleuete*]) 한다(5:13). 자유는 자기표현의 자유가 아니라, 옳은 일을 해야 하는 자유, 봉사하고 다른 사람에게 자신을 내어주는 자유를 의미한다. 바울은 신자들이 성령 안에서 살아야 하는 새로운 삶을 충분히 강조하지 않았기 때문에, 유대주의자들이 오기 이전에 갈라디아에 만연한 도덕적 혼란이 있었고, 유대주의자들이 율법 준수를 주장했을 때 교회 안에서 그렇게 영향력을 발휘했던 이유라고 몇몇 학자는 제안한다. 그러나 이러한 읽기는 5:21을 간과하고 있는데, 이 구절은 바울이 처음부터 갈라디아 교인들이 하나님을 기쁘게 하는 삶을 사는 것에 대하여 강하게 권고했음을 나타낸다. 아마도 바울은 자유에 관한 자신의 가르침에 대한 과잉 반응을 경계하고 싶었을 것이다. 율법에 얽매이지 않는다는 것은 사랑을 행하지 않는다는 것을 의미하지 않는다. 즉, 율법으로부터 자유라고 해서, 어떠한 명령들이나 권면들이 없다는 것을 의미하지 않는다.

우리가 로마서 13:8-10에서 보았던 것처럼, 온 율법은 이웃을 내 몸과 같이 사랑하라는 가르침 안에서 성취된다(갈 5:14). 신자들은 율법 준수를 통하여 구원받을 수 없다. 왜냐하면 구원받기 위해서는 전체 율법을 완벽하게 행해야 하기 때문이다(5:3). 그러나 여기에서 말하는 것은 율법을 행하는 것이 아니라, 율법을 성취하는 것이다. 그리고 이러한 성취는 다음 구절들이 보여주는 것처럼, 성령의 역사이다. 신자들이 이웃의 필요를 채우는 데 초점을 맞출 때, 율법의 목적은 실현된다. 이들은 서로에게 독을 주입하는 독사처럼 되어서는 안 된다. "물다"라는 단어는 종종 구약 안에서 뱀을 나타내기 위하여 사용된다(창 49:17; 민 21:6, 8, 9; 신 8:15; 전 10:8, 11; 렘 8:17; 암 5:19; 9:3). 만약 이 본문들이 여기에 반영되어 있다면(갈 5:15), 바울은 성령 안에서 사는 삶과 귀신의 삶 사이를 첨예하게 구분하는 것이다. 미움은 교회를 파괴할 것인데, 왜냐하면 악한 충동이 사랑의 힘을 소멸하기 때문이다.

성령에 의한 삶(5:16-24)

사랑의 삶, 즉 이웃에게 자신을 내어주는 삶을 살도록 하는 명령은 아담의 아들들과 딸들인 인간에게는 불가능하다. 신자들이 믿을 때 받은 성령(3:1-5)은 새 생명의 삶을 살도록 하는 존재이다. 신자들로서 이들은 매일 성령에 의해 살아야 하며, 이렇게 살면 이들은 육체가 원하는 것을 하지 않을 것이다(5:16). 신자들의 새로운 삶은 갈등에서 벗어나 있지 않다. 즉, 육체와 성령 사이에 격렬한 싸움이 있다는 것이다(5:17). 바울은 신자들이 중간에 끼어 있는 교착 상태의 전투를 상상하지 않는다. 신자들은 "성령의 인도"함을 받아야 하는데(5:18), 이것은 이들이 성령에 의하여 인도와 다스림을 받는다는 것이며 "율법 아래에 있지 않다는" 것을 의미한다. 이 편지에서 우리는 이미 "율법 아래"에 있는 사람들은 죄의 지배 아래 있다는 것을 보았고, 이 진리는 다양한 방법으로 전달된다(3:10, 22, 23, 25; 4:2, 4, 5, 21). 그러므로 성령의 인도하심을 받는 사람들은 죄의 지배와 권세에서 자유롭게 된다.

바울이 "육체의 일(들)"과 "성령의 열매"를 대조한 것처럼(5:19-23), 사람이 육체에 따라 살고 있는지 성령에 따라 살고 있는지 파악하는 것은 어렵지 않다. 육체의 일(들)은 성적인 죄들과 우상숭배와 관련된 죄들, 그리고 사회적인 죄들과 (술 취함과 같은) 무절제의 죄들로 나눌 수 있다. 눈에 띄는 것은 사회적 죄들에 대한 초점으로 8가지 종류의 사회적 죄들이 언급되어 있다는 것이며, 그다음으로 가장 큰 범주는 성적인 죄(세 가지 죄가 나열됨)이다. 바울은 특히 교회의 사회적 구조를 분열시키는 죄에 대하여 염려했다. 갈라디아서는 그리스도 안에 있는 하나님의 은혜를 큰 소리로 선포하지만, 그러나 바울은 또한 끈질기게 자신들을 죄에 내어주는 사람들은 하나님의 나라를 유업으로 받지 못할 것이라고 경고한다(5:21). 은혜의 삶은 방탕한 삶의 발판이 되지 않는다.

비록 우리는 사랑이 성령의 열매 목록의 선두에 있는 것에 놀라지 않는다고 할지라도, 이 목록 안에서 어떤 특정한 구조를 보는 것은 더 어렵다. 확실하게, 이 자질들은 인간의 능력의 산물이 아니라, 성령의 초자연적인 역사의 결과이다. 바울은 율법이 성령의 열매를 거스르는 것이 아니라고 말할 때(5:23) 바울이 의미하는 것은 사실 불확실한 것처럼 보인다. 아마도 그는 어떠한 율법도 성령의 열매를 금지하지 않는다는 것을 의미할 수 있거나,

율법은 이 덕들을 생산할 수 없다는 것을 의미할 수 있다. 인간이 변화되는 데 필요한 것은 죽음과 부활인데, 신자들이 믿음으로 그리스도와 연합될 때(2:20), 이들은 "그 정욕과 탐심을 십자가에 못 박게" 된다(5:24). 이들은 예수 그리스도 안에서 새롭게 된다.

개인적으로, 공동체적으로 성령에 의하여 사는 것(5:25-6:10)

성령 안에서의 삶은 개인의 문제이자 공동체의 문제이며, 바울은 5:25-6:10에서 이 두 현실 사이에서 왔다 갔다 한다. 앞서서 우리는 육체의 일들은 사회적인 죄들에 초점을 맞춘다는 것을 보았다. 여기에서 바울은 성령 안에서의 삶이 어떤 것인지에 대한 몇 가지 예시를 준다. 신자들은 성령 안에서 새 생명을 가지고 있으며, 우리는 이들이 "성령을 따라 행해야 하고"(5:16) "성령의 인도함을 받아야"(5:18) 한다는 것을 이미 보았다. 이제 5:25-6:10에서 이들은 성령과 함께 행하도록 권면을 받는다(5:25). 이들이 성령과 함께 한다는 증거는 다른 사람들과의 관계 안에 있다. 이들의 삶은 교만과 갈등, 그리고 시기로 표시되지 않을 것이다(5:26). 물론, 신자들의 새로운 삶은 완전하지 않으며 몇몇 신자들은 죄에 빠지게 될 수도 있다. 이때, "신령한" 사람들(이들 모두는 신자들이다!)은 죄에 빠진 사람들을 부드럽게 회복시켜야 하며, 그 자신들 스스로 죄에 빠진 사람들보다 뛰어나다고 생각해서는 안 된다. 왜냐하면 그들도 죄에 빠지기 쉬우며 어느 시점에서 같은 도움이 필요하기 때문이다(6:1). 신자들은 "서로의 짐을 질 때" "그리스도의 법을 성취하게 된다"(6:2). 그리스도의 법은 사랑의 법(5:14 참조)이며, 이것은 십자가에서 자신을 내어주신 그리스도의 희생으로 가장 잘 예시된다. 예수는 죽음을 통하여 신자들의 짐들(죄들)을 지셨고(3:13), 서로를 사랑함으로 신자들은 예수 그리스도와 같은 희생적 사랑을 나타낸다.

공동체에서 가장 큰 위험은 누군가가 스스로 정말로 무언가 되는 것으로 생각하는 교만에서 시작된다(6:3). 신자들은 서로를 돌보고 도움을 주어야 하지만, 그러나 동시에 각 사람은 각자의 삶에 대한 책임이 있다. 심판의 날에 우리는 스스로 대답할 것이며, 어느 사람도 삶 속에서 우리가 내린 결정들에 대하여 비난하거나 칭찬하지 않을 것이다(6:4-5). 공동체가 되고 짐을 서로 지고 사랑의 삶을 산다는 것은 교회에서 가르치는 사람들을 재정적으로 지원하는 것에 연결된다(6:6). 여기에서 바울은 더 큰 원리를 제시하는데, 사람들은 자신들이 심은 것을 거둔다는 것이다(6:7). 육체를 위하여 계속 심는 자들은 영원한 "멸망"을 경험할 것이지만, 그러나 "성령을 위하여" 심는 자들은 "영생을 거둘" 것이다(6:8). 성령 안에서의 새로운 삶은 그리스도의 은혜에 기초하고 초자연적이지만, 그러나 도덕적 해이함을 용납하지 않는다. 성령에 의해서 신자들은 계속해서 관대하고 이타적이어야 하며, 불신자들을 도울 기회를 찾아야 하지만, 그러나 특히 동료 신자들을 돌보아야 한다.

맺음말(6:11-18)

지금까지 바울이 거짓 교사들의 위험에 대하여 강력하게 권고하는 것처럼, 갈라디아서의 결론은 이 편지의 많은 중심 주제들을 반복한다. "큰 글자"는 바울의 서투른 손 글씨를 나타내는 것이 아니라, 그가 말하고자 하는 바의 중요성을 나타낸다(6:11). 구원을 위한 할례를 옹호하는 반대자들은 다른 사람들의 비위를 맞추고 "박해를 면하기" 위하여 그렇게 하고 있다(6:12). 이 반대자들은 율법을 지키지 않지만, 그러나 이들은 갈라디아 교인들의 할례 받은 육체에 대하여 자랑하기 위하여 다른 교인들을 더욱 미혹하려고 한다(6:13). 반면에, 바울의 자랑은 오직 십자가 안에서만 있다. 왜냐하면 십자가는 인간의 교만과 업적에 대한 치명타를 표시하기 때문이다(6:14). 이 현재 세계에 대한 바울의 관계는 결정적으로 바뀌었다. 즉, 세상이 그를 대하여 "십자가에 못 박혔고," 그는 세상에 대하여 죽었다는 것이다. 여기에서 세상은 옛 창조, 옛 질서를 나타내는데, 바울은 이 편지의 서두에서 말했던 것으로 돌아오는 것 같다. 새 창조는 그리스도의 부활과 함께 왔고(1:1), 십자가는 신자들을 "이 악한 세대"(1:4)에서 건져냈다.

"새 창조"(개역개정은 "새로 지으심을 받은 것"으로 번역-옮긴이)가 도래했기 때문에(6:15), 할례와 무할례 모두 바울에게 아무런 상관이 없다. 할례와 무할례는 옛 창조, 옛 질서의 일부이다. 옛 창조, 옛 언약이 유효했던 동안에 할례가 요구되었지만, 이제 옛 창조는 지나갔고 새 창조가 "왔다"(고후 5:17). 우리는 고린도전서 7:19와 갈라디아서 5:6에 있는 할례에 대한 두 개의 유사한 진술들에 대하여 생각하는데, 이 진술들은 새 창조가 하나님의 계명을 지키는 것을 가능하게 하고 믿음은 사랑을 통해 나타난다는 것을 보여준다.

바울은 "하나님의 이스라엘"(6:16)에 관한 마지막 언급과 함께 새 창조의 통치를 따르는 모든 사람에게 평강과 긍휼이 있기를 기도한다. 몇몇 학자들은 "하나님의 이스라엘"은 여기에서 오직 유대인 기독교인들을 나타낸다고 믿으며, 다른 학자들은 이방인 기독교인들과 유대인 기독교인들 모두에 대한 언급으로 이해한다. 문법적으로 이 표현을 살펴보면, 학자들 모두의 견해가 가능하다. 그러나 편지 전체에 비추어 읽을 때, 하나님의 이스라엘은 이방인 기독교인들과 유대인 기독교인들 모두를 포함해야 한다. 이 편지의 전체 요점은 그리스도를 믿는 모든 사람은 아브라함의 진정한 자손이라는 것인데, 우리는 신자들의 이러한 정체성의 또 다른 표현이 바로 하나님의 이스라엘이라고 이해할 수 있다. 이 편지의 이 지점에서 만약 바울이 하나님의 이스라엘이 유대인 신자들에게만 국한된다고 말한다면, 혼란을 일으켰을 것이다. 왜냐하면 이러한 주장은 유대주의자들의 신학을 지지하는 것으로 읽힐 수 있기 때문이다. 이 편지의 맺음말에서 바울은 자신이 그동안 해온 말을 말하고 있다. 이방인 신자들과 유대인 신자들은 참 이스라엘에 속하며, 이들은 이삭의 자손이며, 이들은 아브라함의 가족의 일부이다.

바울은 누군가가 몸에 흔적들을 원한다면, 바울 자신은 그것을 가지고 있다고 말함으로써 이 편지를 마친다(6:17). 예수를 따르는 자로서, 예수의 십자가를 지닌 자로서 그는 자기 몸에 박해의 흔적들을 가지고 있으며, 그 자신이 그리스도를 진정으로 따르는 자임을 보여준다. 갈라디아에 있는 신자들이 가장 필요로 한 것은 하나님의 은혜이며, 바울은 이들의 삶 속에서 이 은혜가 임하기를 기도한다(6:18).

갈라디아서: 주석들

Betz, Hans Dieter. Galatians: *A Commentary on Paul's Letter to the Churches in Galatia*. Hermeneia. Philadelphia: Fortress, 1979.

Bligh, John. *Galatians: A Discussion of St. Paul's Epistle*. London: St. Paul Publications, 1969.

Bruce, F. F. *The Epistle to the Galatians: A Commentary on the Greek Text*. NIGTC. Grand Rapids: Eerdmans, 1982.

Burton, Ernest De Witt. *A Critical and Exegetical Commentary on the Epistle to the Galatians*. ICC. New York: Scribner's, 1920.

Das, A. Andrew. *Galatians*. Concordia Commentary: A Theological Exposition of Sacred Scripture. St. Louis: Concordia, 2014.

de Boer, Martinus C. *Galatians: A Commentary*. NTL. Louisville: Westminster John Knox, 2011.

deSilva, David A. *The Letter to the Galatians*. NICNT. Grand Rapids: Eerdmans, 2018.

Duncan, George S. *The Epistle of Paul to the Galatians*. MNTC. New York: Harper, 1934.

Dunn, James D. G. *The Epistle to the Galatians*. BNTC. Peabody, MA: Hendrickson, 1993.

Esler, Philip F. *Galatians*. New York: Routledge, 1998.

Fee, Gordon D. *Galatians*. Pentecostal Commentary Series. Dorset: Deo, 2007.

Fung, Ronald Y. *The Epistle to the Galatians*. NICNT. Grand Rapids: Eerdmans, 1988.

Garlington, Don. *An Exposition of Galatians: A Reading from the New Perspective*. 3rd ed. Eugene, OR: Wipf & Stock, 2007.

George, Timothy. *Galatians*. NAC. Nashville: Broadman & Holman, 1994.

Guthrie, Donald. *Galatians*. NCB. Grand Rapids: Eerdmans, 1973.

Hays, Richard. "Letter to the Galatians: Introduction, Commentary, and Reflections." In *The New Interpreter's Bible*, edited by Leander E. Keck et al., 11:181–348. Nashville: Abingdon, 2000.

Longenecker, Richard N. *Galatians*. WBC. Dallas: Word, 1990.

Lührmann, Dieter. *Galatians*. Translated by O. C. Dean Jr. Continental Commentaries. Minneapolis: Fortress, 1992.

Luther, Martin. *Lectures on Galatians 1535: Chapters 1-4*. Edited by Jaroslav Pelikan. LW 26. St. Louis: Concordia, 1963.

———. *Lectures on Galatians 1535: Chapters 5-6. Lectures on Galatians 1519: Chapters 1-6*. Edited by Jaroslav Pelikan. LW 27. St. Louis: Concordia, 1964.

Martyn, J. Louis. *Galatians: A New Translation with Introduction and Commentary*. AB 33. New York: Doubleday, 1997.

Matera, Frank J. *Galatians*. SP. Collegeville, MN: Liturgical Press, 1992.

McKnight, Scot. *Galatians*. NIVAC. Grand Rapids: Zondervan, 1995.

Moo, Douglas J. *Galatians*. BECNT. Grand Rapids: Baker Academic, 2013.

Morris, Leon. *Galatians: Paul's Charter of Christian Freedom*. Downers Grove, IL: InterVarsity, 1996.

Riches, John. *Galatians through the Centuries*. BBC. Oxford: Blackwell, 2008.

Ridderbos, Herman N. *Epistle of Paul to the Churches of Galatia*. Translated by Henry Zylstra. NICNT. Grand Rapids: Eerdmans, 1953.

Schreiner, Thomas R. *Galatians*. ZECNT. Grand Rapids: Zondervan, 2010.

Silva, Moisés. "Galatians." In *Commentary on the New Testament Use of the Old Testament*, edited by G. K. Beale and D. A. Carson, 785-812. Grand Rapids: Baker Academic, 2007.

Stott, John R. W. *The Message of Galatians*. London: Inter-Varsity, 1968.

Williams, Sam K. *Galatians*. ANTC. Nashville: Abingdon, 1997.

Witherington, Ben, III. *Grace in Galatia: A Commentary on Paul's Letter to the Galatians*. Grand Rapids: Eerdmans, 1998.

갈라디아서: 연구논문(article)과 소논문(essay), 그리고 단행본들

Abegg, Martin G., Jr. "4QMMT, Paul, and 'Works of the Law.'" In *The Bible at*

Qumran: Text, Shape, and Interpretation, edited by Peter W. Flint, 203-16. Grand Rapids: Eerdmans, 2001.

Alexander, T. Desmond. "Further Observations on the Term 'Seed' in Genesis." *TynBul* 42 (1997): 63-67.

Arnold, Clinton E. "'I Am Astonished That You Are So Quickly Turning Away!' (Gal 1.6): Paul and Anatolian Folk Belief." *NTS* 51 (2005): 429-49.

———. "Returning to the Domain of the Powers: Stoicheia as Evil Spirits in Galatians 4:3, 9." *NovT* 38 (1996): 55-76.

Avemarie, Friedrich. "Paul and the Claim of the Law according to the Scripture: Leviticus 18:5, Galatians 3:12, and Romans 10:5." In *The Beginnings of Christianity: A Collection of Articles*, edited by Jack Pastor and Menachem Mor, 125-48. Jerusalem: Yad Ben-Zvi, 2005.

Baasland, Ernst. "Persecution: A Neglected Feature in the Letter to the Galatians." *ST* 38 (1984): 135-50.

Bachmann, Michael. *Anti-Judaism in Galatians? Exegetical Studies on a Polemical Letter and on Paul's Theology*. Translated by Robert L. Brawley. Grand Rapids: Eerdmans, 2008.

Bandstra, Andrew J. *The Law and the Elements of the World: An Exegetical Study in Aspects of Paul's Teaching*. Grand Rapids: Eerdmans, 1964.

Barclay, John M. G. "Mirror-Reading a Polemical Letter: Galatians as a Test Case." *JSNT* 31 (1987): 73-93.

———. *Obeying the Truth: Paul's Ethics in Galatians*. Minneapolis: Fortress, 1988.

Barrett, Charles K. "The Allegory of Abraham, Sarah, and Hagar in the Argument of Galatians." In *Rechtfertigung: Festschrift für Ernst Käsemann zum 70*. Geburtstag, edited by J. Friedrich, W. Pöhlmann, and P. Stuhlmacher, 1-16. Tübingen: Mohr Siebeck, 1976.

———. *Freedom and Obligation: A Study in the Epistle to the Galatians*. Philadelphia: Westminster, 1985.

———. "Paul and the 'Pillar' Apostles." In *Studia Paulina in Honorem J. de*

Zwaan, edited by J. N. Sevenster and W. C. van Unnik, 1-19. Haarlem: Bohn, 1953.

Bauckham, Richard. "James, Peter, and the Gentiles." In *The Missions of James, Peter, and Paul: Tension in Early Christianity*, edited by Bruce Chilton and Craig Evans, 91-115. NovTSup 115. Leiden: Brill, 2005.

Baugh, S. M. "Galatians 3:20 and the Covenant of Redemption." *WTJ* 66 (2004): 49-70.

Beale, G. K. "The Old Testament Background of Paul's Reference to 'the Fruit of Spirit'in Galatians 5:22." *BBR* 15 (2005): 1-38.

———. "Peace and Mercy upon the Israel of God: The Old Testament Background of Galatians 6:16b." *Bib* 80 (1999): 204-23.

Belleville, Linda. "'Under Law': Structural Analysis and the Pauline Concept of Law in Galatians 3:21-4:11." *JSNT* 26 (1986): 53-78.

Betz, Hans Dieter. "The Literary Composition and Function of Paul's Letter to the Galatians." *NTS* 21 (1975): 352-79.

Black, David A. "Weakness Language in Galatians." GTJ 4 (1983): 15-36.

Bonneau, Normand. "The Logic of Paul's Argument on the Curse of the Law in Galatians 3:10-14." *NovT* 39 (1997): 60-80.

Borger, Peder. "Observations on the Theme 'Paul and Philo': Paul's Preaching of Circumcision in Galatia (Gal. 5:11) and Debates on Circumcision in Philo." In *The Pauline Literature and Theology*, edited by S. Pederson, 92-102. Göttingen: Vandenhoeck & Ruprecht, 1980.

Brawley, Robert L. "Meta-Ethics and the Role of Works of Law in Galatians." In *Lutherische und Neue Paulusperspektive: Beiträge zu einem Schlüsselproblem der gegenwärtigen exegetischen Diskussion*, edited by Michael Bachmann, 135-59. WUNT 182. Tübingen: Mohr Siebeck, 2005.

Brinsmead, B. H. *Galatians–Dialogical Response to Opponents*. SBLDS 65. Chico, CA: Scholars Press, 1982.

Bryant, Robert A. *The Risen Crucified Christ in Galatians*. SBLDS 185. Atlanta:

Society of Biblical Literature, 2001.

Byrne, Brendan J. "Sons of God"–"Seed of Abraham": A Study of the Idea of the Sonship of God of All Christians in *Paul against the Jewish Background*. Rome: Pontifical Biblical Institute, 1979.

Calvert, Nancy L. "Abraham and Idolatry: Paul's Comparison of Obedience to the Law with Idolatry in Galatians 4.1-10." In *Paul and the Scriptures of Israel*, edited by C. A. Evans and J. A. Sanders, 222-37. JSNTSup 83. Sheffield: JSOT Press, 1993.

Campbell, R. A. "'Against Such Things There Is No Law'? Galatians 5:23b Again." *ExpTim* 107 (1996): 271-72.

Caneday, Ardel B. "The Faithfulness of Jesus Christ as a Theme in Paul's Theology in Galatians." In *The Faith of Jesus Christ: Exegetical, Biblical, and Theological Studies*, edited by Michael F. Bird and Preston Sprinkle, 221-46. Peabody, MA: Hendrickson, 2009.

Cavallin, H. C. C. "'The Righteous Shall Live by Faith': A Decisive Argument for the Traditional Interpretation." *ST* 32 (1978): 33-43.

Chibici-Revneanu, Nicole. "Leben im Gesetz: Die paulinische Interpretation von Lev 18:5 (Gal 3:12; Röm 10:5)." *NovT* 50 (2008): 105-19.

Choi, Hung-Sik. "PISTIS in Galatians 5:5-6: Neglected Evidence for the Faithfulness of Christ." *JBL* 124 (2005): 467-90.

Ciampa, Roy E. *The Presence and Function of Scripture in Galatians 1 and 2*. WUNT 102. Tübingen: Mohr Siebeck, 1998.

Collins, C. John. "Galatians 3:16: What Kind of Exegete Was Paul?" *TynBul* 54 (2003): 75-86.

———. "Syntactical Note (Genesis 3:15): Is the Woman's Seed Singular or Plural?" *TynBul* 48 (1997): 139-48.

Cosgrove, Charles H. "Arguing Like a Mere Human Being: Galatians 3:15-18 in Rhetorical Perspective." *NTS* 34 (1988): 536-49.

———. *Cross and Spirit: A Study in the Argument and Theology of Galatians*.

Macon, GA: Mercer University Press, 1988.

Cowan, J. Andrew. "The Legal Significance of Christ's Risen Life: Union with Christ and Justification in Galatians 2:17–20." *JSNT* 40 (2018): 453–72.

Cranford, Michael. "The Possibility of Perfect Obedience: Paul and an Implied Premise in Galatians 3:10 and 5:3." *NovT* 36 (1994): 242–58.

Crownfield, Frederic R. "The Singular Problem of the Dual Galatians." *JBL* 64 (1945): 491–500.

Cummins, Stephen A. *Paul and the Crucified Christ in Antioch: Maccabean Martyrdom and Galatians 1 and 2*. SNTSMS 114. Cambridge: Cambridge University Press, 2001.

Dahl, Nils A. "Der Name Israel: Zur Auslegung von Gal 6,16." *Judaica* 6 (1950): 161–70.

Das, A. Andrew. "Another Look at ἐὰν μή in Galatians 2:16." *JBL* 119 (2000): 529–39.

———. "Galatians 3:10: A 'Newer Perspective' on an Omitted Premise." In *Unity and Diversity in the Gospels and Paul*, edited by Christopher W. Skinner and Kelly R. Iverson, 203–23. Atlanta: Society of Biblical Literature, 2012.

———. *Paul and the Stories of Israel: Grand Thematic Narratives in Galatians*. Minneapolis: Fortress, 2016.

Davis, Anne. "Allegorically Speaking in Galatians 4:21–5:1." *BBR* 14 (2004): 161–74.

Davis, Basil S. *Christ as Devotio: The Argument of Galatians 3:1-14*. Lanham, MD: University Press of America, 2002.

de Boer, Martinus C. "The Meaning of the Phrase τὰ στοιχεῖα τοῦ κόσμου in Galatians." *NTS* 53 (2007): 204–24.

de Roo, Jacqueline C. R. *"Works of the Law" at Qumran and in Paul*. NTM 13. Sheffield: Sheffield Phoenix, 2007.

Donaldson, T. L. "The 'Curse of the Law' and the Inclusion of the Gentiles: Galatians 3:13–14." *NTS* 32 (1986): 94–112.

Dunn, James D. G. "The Incident at Antioch (Gal 2:11-18)." *JSNT* 18 (1983): 3-57.

———. "Works of the Law and the Curse of the Law (Galatians 3:10-14)." *NTS* 31 (1985): 523-42.

———. "Yet Once More—'The Works of the Law': A Response." *JSNT* 46 (1992): 99-117.

Dunne, John Anthony. *Persecution and Participation in Galatians*. WUNT 2/454. Tübingen: Mohr Siebeck, 2017.

Eastman, Susan G. "'Cast Out the Slave Woman and Her Son': The Dynamics of Exclusion and Inclusion in Galatians 4.30." *JSNT* 28 (2006): 309-36.

———. "The Evil Eye and the Curse of the Law: Galatians 3.1 Revisited." *JSNT* 83 (2001): 69-87.

———. *Recovering Paul's Mother Tongue: Language and Theology in Galatians*. Grand Rapids: Eerdmans, 2007.

Elliott, Mark W., Scott J. Hafemann, N. T. Wright, and John Frederick, eds. *Galatians and Christian Theology: Justification, the Gospel, and Ethics in Paul's Letter*. Grand Rapids: Baker Academic, 2014.

Elliott, Susan. *Cutting Too Close for Comfort: Paul's Letter to the Galatians in Its Anatolian Cultic Context*. JSNTSup 248. London: T&T Clark, 2003.

Fairweather, Janet. "The Epistle to the Galatians and Classical Rhetoric: Parts 1-2." *TynBul* 45, no. 1 (1994): 2-38.

———. "The Epistle to the Galatians and Classical Rhetoric: Part 3." *TynBul* 45, no. 2 (1994): 213-43.

Filtvedt, Ole Jakob. "'God's Israel' in Galatians 6:16: An Overview and Assessment of the Key Arguments." *CBR* 15 (2016): 123-40.

Fredriksen, Paula. "Judaism, the Circumcision of Gentiles, and Apocalyptic Hope: Another Look at Galatians 1 and 2." *JTS* 42 (1991): 532-64.

Garlington, Don. "Role Reversal and Paul's Use of Scripture in Galatians 3.10-13."

JSNT 65 (1997): 85-121.

Gathercole, Simon J. "The Petrine and Pauline Sola Fide in Galatians 2. In *Lutherische und Neue Paulusperspektive: Beiträge zu einem Schlüsselproblem der gegenwärtigen exegetischen Diskussion*, edited by Michael Bachmann, 309-27. WUNT 182. Tübingen: Mohr Siebeck, 2005.

———. "Torah, Life, and Salvation: Leviticus 18:5 in Early Judaism and the New Testament." In *From Prophecy to Testament: The Function of the Old Testament in the New*, edited by C. A. Evans and J. A. Sanders, 131-50. Peabody, MA: Hendrickson, 2004.

Gaventa, Beverly R. "Galatians 1 and 2: Autobiography as Paradigm." *NovT4* (1986): 309-26.

———. "The Maternity of Paul." In *The Conversation Continues: Studies in Paul and John in Honor of J. Louis Martyn*, edited by Robert Y. Fortna and Beverly R. Gaventa, 189-201. Nashville: Abingdon, 1990.

Gignilliat, Mark S. "Isaiah's Offspring: Paul's Isaiah 54:1 Quotation in Galatians 4:27." *BBR* 25 (2015): 205-23.

Goddard, A. J., and S. A. Cummins. "Ill or Ill-Treated? Conflict and Persecution as the Context of Paul's Original Ministry in Galatia (Galatians 4.12-20)." *JSNT* 52 (1993): 93-126.

Gombis, Timothy G. "The 'Transgressor' and the 'Curse of the Law': The Logic of Paul's Argument in Galatians 2-3." *NTS* 53 (2007): 81-93.

Gordon, T. David. "Abraham and Sinai Contrasted in Galatians 3:6-14." In *The Law Is Not of Faith: Essays on Works and Grace in the Mosaic Covenants*, edited by Bryan D. Estelle, J. V. Fesko, and David VanDrunen, 240-58. Phillipsburg, NJ: P&R, 2009.

———. "A Note on ΠΑΙΔΑΓΩΓΟΣ in Galatians 3.24-25." *NTS* 35 (1989): 150-54.

———. "The Problem at Galatia." *Interpretation* 41 (1987): 32-43.

Grindheim, Sigurd. "Apostate Turned Prophet: Paul's Prophetic Understanding and Prophetic Hermeneutic with Special Reference to Galatians 3.10-12."

NTS 53 (2007): 545-72.

Gundry, Robert H. "Grace, Works, and Staying Saved in Paul." *Bib* 66 (1985): 1-38.

Hafemann, Scott J. "Paul and the Exile of Israel in Galatians 3-4." In *Exile: Old Testament, Jewish, and Christian Conceptions*, edited by James M. Scott, 329-71. JSJSup 56. Leiden: Brill, 1997.

Hahn, Scott W. "Covenant, Oath, and the Aqedah: Διαθήκη in Galatians 3:15-18." *CBQ* 67 (2005): 79-100.

Hall, R. G. "The Rhetorical Outline for Galatians: A Reconsideration." *JBL* 106 (1987): 277-88.

Hamilton, James M., Jr. "The Seed of the Woman and the Blessing of Abraham." *TynBul* 58 (2007): 253-73.

Hansen, G. Walter. *Abraham in Galatians: Epistolary and Rhetorical Contexts*. JSNTSup 29. Sheffield: Sheffield Academic, 1989.

Hardin, Justin K. *Galatians and the Imperial Cult: A Critical Analysis of the First-Century Social Context of Paul's Letter*. WUNT 237. Tübingen: Mohr Siebeck, 2008.

Hays, Richard B. *The Faith of Jesus Christ: An Investigation of the Narrative Substructure of Galatians 3:1-4:11*. 2nd ed. Grand Rapids: Eerdmans, 2002.

Hong, In-Gyu. *The Law in Galatians*. JSNTSup 81. Sheffield: Sheffield Academic, 1993.

Hove, Richard W. *Equality in Christ? Galatians 3:28 and the Gender Dispute*. Wheaton: Crossway, 1999.

Howard, George. *Paul: Crisis in Galatia; A Study in Early Christian Theology*. 2nd ed. SNTSMS 35. Cambridge: Cambridge University Press, 1990.

Hughes, John J. "Hebrews IX 15ff. and Galatians III 15ff.: A Study in Covenant Practice and Procedure." *NovT* 21 (1979): 27-96.

Hunn, Debbie. "The Baptism of Galatians 3:27: A Contextual Approach." *ExpTim* 115 (2005): 372-75.

———. "Galatians 3:13-14: Mere Assertion?" *WTJ* 80 (2018): 141-57.

Jobes, Karen H. "Jerusalem, Our Mother: Metalepsis and Intertextuality in Galatians 4:21-31." *WTJ* 55 (1993): 299-320.

Johnson, H. Wayne. "The Paradigm of Abraham in Galatians 3:6-9." *TJ* 8 (1987): 179-99.

Kern, Philip H. *Rhetoric in Galatians: Assessing an Approach to Paul's Epistle*. SNTSMS 101. Cambridge: Cambridge University Press, 1998.

Köstenberger, Andreas. "The Identity of the 'ΙΣΡΑΗΛ ΤΟΥ ΘΕΟΥ (Israel of God) in Galatians 6:16." *Faith and Mission* 19 (2001): 3-24.

Kwon, Yon-Gyong. *Eschatology in Galatians: Rethinking Paul's Response to the Crisis in Galatia*. WUNT 183. Tübingen: Mohr Siebeck, 2004.

Lambrecht, Jan. "Abraham and His Offspring: A Comparison of Galatians 5,1 with 3,13." *Bib* 80 (1999): 525-36.

———. "Critical Reflections on Paul's 'Partisan ἐκ' as Recently Presented by Don Garlington." *ETL* 85 (2009): 135-41.

Lee, Chee-Chiew. *The Blessing of Abraham, the Spirit, and Justification in Galatians: Their Relationship and Significance for Understanding Paul's Theology*. Eugene, OR: Pickwick, 2013.

Longenecker, Bruce W. *The Triumph of Abraham's God: The Transformation of Identity in Galatians*. Nashville: Abingdon, 1998.

———. "'Until Christ Is Formed in You': Suprahuman Forces and Moral Character in Galatians." *CBQ* 61 (1999): 92-108.

Longenecker, Richard N. "The Pedagogical Nature of the Law in Galatians 3:19-4:7." *JETS* 25 (1982): 53-61.

Lull, D. J. "'The Law Was Our Pedagogue': A Study in Galatians 3.19-25." *JBL* 105 (1986): 481-98.

Lutjens, Ronald. "'You Do Not Do What You Want': What Does Galatians 5:17 Really Mean?" *Presb* 16 (1990): 103-17.

Machen, J. Gresham. *Machen's Notes on Galatians: Notes on Biblical Exposition and Other Aids to Interpretation of the Epistle to the Galatians from the Writings of J. Gresham Machen*. Edited by John H. Skilton. Nutley, NJ: Presbyterian & Reformed, 1977.

Martin, Neil. "Returning to the Stoichea tou Kosmou: Enslavement to the Physical Elements in Galatians 4:3 and 9?" *JSNT* 40 (2018): 434-52.

Martin, Troy W. "The Covenant of Circumcision (Gen. 17:9-14) and the SituationalAntitheses in Galatians 3:28." *JBL* 122 (2003): 111-25.

———. "Whose Flesh? What Temptation? (Gal. 4.13-14)." *JSNT* 74 (1999): 65-91.

Martyn, J. Louis. "Apocalyptic Antinomies in Paul's Letter to the Galatians." *NTS* 31 (1985): 410-24.

Matera, Frank J. "The Culmination of Paul's Argument to the Galatians: Gal. 5.1-6:7." *JSNT* 32 (1988): 79-91.

Matlock, R. Barry. "PISTIS in Galatians 3:26: Neglected Evidence for 'Faith in Christ'?" *NTS* 49 (2003): 433-39.

———. "The Rhetoric of πίστις in Paul: Galatians 2.16, 3.22, and Philippians 3.9." *JSNT* 30 (2007): 173-203.

McEleney, Neil. "Conversion, Circumcision, and the Law." *NTS* 20 (1974): 319-41.

McLean, Bradley H. *The Cursed Christ: Mediterranean Expulsion Rituals and Pauline Soteriology*. JSNTSup 126. Sheffield: Sheffield Academic, 1996.

Meier, John P. "The Brothers and Sisters of Jesus in Ecumenical Perspective." *CBQ* 54 (1992): 1-28.

Mijoga, Hilary B. P. *The Pauline Notion of Deeds of the Law*. Lanham, MD: International Scholars Publications, 1999.

Mitchell, Stephen. *Anatolia: Land, Men, and God in Asia Minor*. Vol. 1, The Celts in Anatolia and the Impact of Roman Rule. Oxford: Clarendon, 1993.

———. *Anatolia: Land, Men, and God in Asia Minor*. Vol. 2, The Rise of the

Church. Oxford: Clarendon, 1993.

Mitternacht, Dieter. "Foolish Galatians?—A Recipient-Oriented Assessment of Paul's Letter." In *The Galatians Debate: Contemporary Issues in Rhetorical and Historical Interpretation*, edited by Mark D. Nanos, 408-33. Peabody, MA: Hendrickson, 2002.

Moo, Douglas J. "'Law,' 'Works of the Law,' and Legalism in Paul." *WTJ* 45 (1983): 73-100.

Morales, Rodrigo J. *The Spirit and the Restoration of Israel: New Exodus and New Creation; Motifs in Galatians*. WUNT 282. Tübingen: Mohr Siebeck, 2010.

———. "The Words of the Luminaries, the Curse of the Law, and the Outpouring of the Spirit in Gal 3,10-14." *ZNW* 100 (2009): 269-77.

Morland, Kjell Arne. *The Rhetoric of Curse in Galatians: Paul Confronts Another Gospel*. Atlanta: Scholars Press, 1995.

Muddiman, John. "An Anatomy of Galatians." In *Crossing the Boundaries: Essays in Biblical Interpretation in Honour of Michael D. Goulder*, edited by Stanley E. Porter, Paul Joyce, and David E. Orton, 257-70. BIS 8. Leiden: Brill, 1994.

Nanos, Mark D. "Inter-and Intra-Jewish Political Context of Paul's Letter to the Galatians." In *The Galatians Debate: Contemporary Issues in Rhetorical and Historical Interpretation*, edited by Mark D. Nanos, 396-407. Peabody, MA: Hendrickson, 2002.

———. *The Irony of Galatians: Paul's Letter in First-Century Context*. Minneapolis: Fortress, 2000.

———. "What Was at Stake in Peter's 'Eating with Gentiles' at Antioch?" In *The Galatians Debate: Contemporary Issues in Rhetorical and Historical Interpretation*, edited by Mark D. Nanos, 282-318. Peabody, MA: Hendrickson, 2000.

Nolland, John. "Uncircumcised Proselytes?" *JSJ* 12 (1981): 173-94.

Oakes, Peter S. "Pistis as a Relational Way of Life in Galatians." *JSNT* 30 (2018): 255-75.

O'Brien, Kelli S. "The Curse of the Law (Galatians 3:13): Crucifixion,

Persecution, and Deuteronomy 21:22-23." *JSNT* 29 (2006): 55-76.

Owen, Paul L. "The 'Works of the Law' in Romans and Galatians: A New Defense of the Subjective Genitive." *JBL* 126 (2007): 553-77.

Perriman, Andrew C. "The Rhetorical Strategy of Galatians 4:21-5:1." *EvQ* 65 (1993): 27-42.

Rainbow, Paul A. *The Way of Salvation: The Role of Christian Obedience in Justification*. Waynesboro, GA: Paternoster, 2005.

Räisänen, Heikki. "Galatians 2:16 and Paul's Break with Judaism." *NTS* 31 (1985): 543-53.

Rapa, Robert Keith. *The Meaning of "Works of the Law" in Galatians and Romans*. Studies in Biblical Literature 31. New York: Peter Lang, 2001.

Ray, Charles A., Jr. "The Identity of the 'Israel of God.'" *TTE* 50 (1994): 105-14.

Reicke, Bo. "The Law and This World according to Paul." *JBL* 70 (1951): 259-67.

Richardson, Peter. *Israel in the Apostolic Church*. SNTSMS 10. Cambridge: Cambridge University Press, 1969.

Robinson, D. W. B. "The Circumcision of Titus and Paul's 'Liberty'" *ABR* 12 (1964): 24-42.

Ropes, J. H. *The Singular Problem of the Epistle to the Galatians*. Cambridge: Harvard University Press, 1929.

Russell, Walter B. "The Apostle Paul's Redemptive-Historical Argumentation in Galatians 5:13-26." *WTJ* 57 (1995): 333-57.

———. "Rhetorical Analysis of the Book of Galatians." *BSac* 150 (1993): 341-58, 416-39.

Sanders, E. P. "Jewish Association with Gentiles and Galatians 2:11-14." In *The Conversation Continues: Studies in Paul and John in Honor of J. Louis Martyn*, edited by Robert T. Fortna and Beverly R. Gaventa, 170-88. Nashville: Abingdon, 1990.

Schnabel, Eckhard J. *Early Christian Mission*. 2 vols. Downers Grove, IL: InterVarsity, 2004.

Scott, Ian W. "Common Ground? The Role of Galatians 2.16 in Paul's Argument." *NTS* 53 (2007): 425-35.

Scott, James M. "'For as Many as Are of Works of the Law Are Under a Curse' (Galatians 3.10)." In *Paul and the Scriptures of Israel*, edited by C. A. Evans and J. A. Sanders, 187-221. JSNTSup 83. Sheffield: JSOT Press, 1993.

Silva, Moisés. "Faith versus Works of Law in Galatians." In *Justification and Variegated Nomism*, vol. 2, The Paradoxes of Paul, edited by D. A. Carson, P. T. O'Brien, and M. A. Seifrid, 217-48. Tübingen: Mohr Siebeck, 2004.

———. *Interpreting Galatians: Explorations in Exegetical Method*. 2nd ed. Grand Rapids: Baker Academic, 2001.

Smiles, Vincent M. *The Gospel and the Law in Galatia: Paul's Response to Jewish Christian Separatism and the Threat of Galatian Apostasy*. Collegeville, MN: Liturgical Press, 1998.

Smit, Joop. "The Letter of Paul to the Galatians: A Deliberative Speech." *NTS* 35 (1989): 1-26.

Smith, C. C. "Ἐκκλεῖσαι in Galatians 4:17: The Motif of the Excluded Lover as a Metaphor of Manipulation." *CBQ* 58 (1996): 480-99.

Smith, Michael J. "The Role of the Pedagogue in Galatians." *BSac* 163 (2006): 97-214.

Sprinkle, Preston. *Law and Life: The Interpretation of Leviticus 18:5 in Early Judaism and in Paul*. WUNT 241. Tübingen: Mohr Siebeck, 2008.

———. "Πίστις Χριστοῦ as an Eschatological Event." In *The Faith of Jesus Christ: Biblical, and Theological Studies*, edited by Michael F. Bird and Preston Sprinkle, 165-84. Peabody, MA: Hendrickson, 2009.

Stanley, Christopher D. "'Under a Curse': A Fresh Reading of Galatians 3.10-14." *NTS* 36 (1990): 481-511.

Stanton, Graham. "The Law of Moses and the Law of Christ: Galatians 3:1-6:2." In *Paul and the Mosaic Law*, edited by James D. G. Dunn, 99-116. WUNT 89. Tübingen: Mohr Siebeck, 1996.

Strelan, J. G. "Burden Bearing and the Law of Christ: A Re-Examination of Galatians 6:2." *JBL* 94 (1975): 266-76.

Thornton, T. C. G. "Jewish New Moon Festivals: Galatians 4:3-11 and Colossians 2:16." *JTS* 40 (1989): 97-100.

Tolmie, D. Francois. *Persuading the Galatians: A Text-Centred Rhetorical Analysis of a Pauline Letter*. WUNT 190. Tübingen: Mohr Siebeck, 2005.

Trudinger, L. Paul. "'ΕΤΕΡΟΝ ΔΕ ΤΩΝ ΑΠΟΣΤΟΛΩΝ ΟΥΚ ΕΙΔΟΝ, ΕΙ ΜΗ ΙΑΚΩΒΟΝ': A Note on Galatians i 19." *NovT* 17 (1975): 200-202.

Tyson, J. B. "Paul's Opponents in Galatia." *NovT* 10 (1968): 241-54.

VanLandingham, Chris. *Judgment and Justification in Early Judaism and the Apostle Paul*. Peabody, MA: Hendrickson, 2006.

Vos, Johan S. "Paul's Argumentation in Galatians 1-2." In *The Galatians Debate: Contemporary Issues in Rhetorical and Historical Interpretation*, edited by Mark D. Nanos, 169-80. Peabody, MA: Hendrickson, 2002.

Wakefield, Andrew H. *Where to Live: The Hermeneutical Significance of Paul's Citations from Scripture in Galatians 3:1-14*. AcBib 14. Atlanta: Society of Biblical Literature, 2003.

Wallace, Daniel B. "Galatians 3:19-20: A Crux Interpretum for Paul's View of the Law." *WTJ* 52 (1990): 225-45.

Wallis, Ian G. *Faith of Jesus Christ in Early Christian Traditions*. SNTSMS 84. Cambridge: Cambridge University Press, 1995.

Walter, Nikolaus. "Paul and the Opponents of the Christ-Gospel in Galatia." In *The Galatians Debate: Contemporary Issues in Rhetorical and Historical Interpretation*, edited by Mark D. Nanos, 62-66. Peabody, MA: Hendrickson, 2002.

Watson, Francis. *Paul and the Hermeneutics of Faith*. London: T&T Clark, 2004.

Watts, Rikk E. "'For I Am Not Ashamed of the Gospel': Romans 1:16-17 and Habakkuk 2:4." In *Romans and the People of God*, edited by S. Soderlund and N. T. Wright, 3-25. Grand Rapids: Eerdmans, 1999.

Weima, Jeffrey A. D. "Gal 6:11-18: A Hermeneutical Key to the Galatian Letter." *CTJ* 28 (1993): 90-107.

———. *Neglected Endings: The Significance of the Pauline Letter Closings*. JSNTSup 101. Sheffield: JSOT Press, 1994.

Westerholm, Stephen. "On Fulfilling the Whole Law (Gal 5:14)." *Svensk Exegetisk Årsbok* 51-52 (1986-87): 229-37.

———. *Perspectives Old and New on Paul: The "Lutheran" Paul and His Critics*. Grand Rapids: Eerdmans, 2004.

Wiarda, Timothy. "Plot and Character in Galatians 1-2." *TynBul* 55 (2004): 231-52.

Wilcox, Max. "The Promise of the 'Seed' in the New Testament and the Targumim." *JSNT* 5 (1979): 2-20.

———. "'Upon the Tree'—Deut. 21:22-23 in the New Testament." *JBL* 96 (1977): 90-94.

Wiley, Tatha. *Paul and the Gentile Women: Reframing Galatians*. New York: Continuum, 2005.

Williams, Sam K. "The Hearing of Faith: ΑΚΟΗ ΠΙΣΤΕΩΣ in Galatians 3." *NTS* 35 (1989): 82-93.

———. "Justification and the Spirit in Galatians." *JSNT* 29 (1987): 91-100.

Willitts, Joel. "Context Matters: Paul's Use of Leviticus 18:5 in Galatians 3:12." *TynBul* 54 (2003): 105-22.

———. "Isa 54,1 and Gal 4,24b-27: Reading Genesis in Light of Isaiah." *ZNW* 96 (2005): 188-210.

Wilson, R. McL. "Gnostics—in Galatia?" In *Studia Evangelica, vol. 4, Papers Presented to the Second International Congress on New Testament Studies Held at Christ Church, Oxford, 1961, part 1, The New Testament Scriptures*, edited by F. L. Cross et al., 358-67. Berlin: Akademie, 1968.

Wilson, Todd A. *The Curse of the Law and the Crisis in Galatia: Reassessing the*

Purpose of Galatians. WUNT 225. Tübingen: Mohr Siebeck, 2007.

———. "The Law of Christ and the Law of Moses: Reflections on a Recent Trend in Interpretation." *CBR* 5 (2006): 123-44.

———. "'Under Law' in Galatians: A Pauline Theological Abbreviation." *JTS* 56 (2005): 362-92.

———. "Wilderness Apostasy and Paul's Portrayal of the Crisis in Galatians." *NTS* 50 (2004): 550-71.

Wisdom, Jeffrey R. *Blessing for the Nations and the Curse of the Law: Paul's Citation of Genesis and Deuteronomy in Gal 3.8-10*. WUNT 133. Tübingen: Mohr Siebeck, 2001.

Witherington, Ben, III. "Rite and Rights for Women–Galatians 3.28." *NTS* 27 (1981): 593-604.

Woyke Johannes. "Nochmals zu den 'schwachen und unfähigen Elementen' (Gal. 4.9): Paulus, Philo und die στοιχεῖα τοῦ κόσμου." *NTS* 54 (2008): 221-34.

Wright, N. T. "Paul, Arabia, and Elijah (Galatians 1:17)." *JBL* 115 (1996): 683-92.

Yeung, Maureen W. *Faith in Jesus and Paul: A Comparison with Special Reference to "Faith That Can Move Mountains" and "Your Faith Has Healed/Saved You."* WUNT 147. Tübingen: Mohr Siebeck, 2002.

Young, Norman H. "Paidagogos: The Social Setting of a Pauline Metaphor." *NovT* 29 (1987): 150-76.

———. "Pronominal Shifts in Paul's Argument to the Galatians." In *Early Christianity in Late Antiquity and Beyond, 205-15. Vol. 2 of Ancient History in a Modern University*, edited by T. W. Hillard, R. A. Kearsley, C. E. V. Nixon, and A. M. Nobbs. Grand Rapids: Eerdmans, 1998.

Ziesler, J. A. *The Meaning of Righteousness in Paul: A Linguistic and Theological Enquiry*. SNTSMS 20. Cambridge: Cambridge University Press, 1972.

6. 에베소서

서론

바울이 에베소에 있었던 기간에 대한 설명은 사도행전 19장에 기록된다. 에베소서는 그리스도의 복음에 관하여 신학적으로 풍부한 묵상을 나타내는 웅장한 문체로 기록되었다. 신학과 윤리의 분리는 궁극적으로 인위적이지만, 그러나 1-3장은 신학적인 토대를 마련하고 4-6장은 그 신학을 독자들에게 적용한다. 많은 학자는 이 편지가 원래 많은 교회에 보내어진 회람(encyclical) 서신이었다고 믿는다. 이것은 확실히 가능하지만, 그러나 이 편지가 원래 에베소에 보내어졌고, "에베소에 있는"이라는 표현은 일부 사본에서 실수로 삭제되었을 가능성이 더 크다. 우리는 이 편지가 다른 교회들에 보내어졌다는 명확한 본문 증거를 가지고 있지 않다. 몇몇 학자들이 바울의 저작성을 거절하는데, 이 또한 주목되어야 한다. 여기에서 저작성과 같은 질문들을 판단하는 것이 나의 목적은 아니지만, 그러나 나는 바울을 저자로 이해할 수 있는 합당한 이유들이 있다는 것을 제안한다.

우리는 이 편지를 전체적으로 크게 두 부분, 즉 신학(1-3장)과 윤리(4-6장)로 나눌 수도 있지만, 에베소서의 구체적인 주제들은 아래에 제시된 것처럼 나열할 수 있다.

개요	
우리에게 구원을 주신 하나님을 찬양함	1:1-14
우리의 구원을 이해하기 위해 기도함	1:15-23
우리의 구원의 경이로움과 위대함	2:1-10
유대인과 이방인이 한 몸 안에서 화목하게 됨	2:11-3:13
하나님의 충만함이 가득하길 기도함	3:14-21
연합에 대한 권면	4:1-16
삶의 모든 영역에서 경건에 대한 권면	4:17-6:9
사탄의 세력에 맞서라	6:10-24

하나님을 찬양함(1:1-14)

이 서신의 서론은 바울의 다른 서신들과 비교했을 때, 아주 평범하다. 그러나 그의 서신들에서 가장 눈에 띄는 본문 중 하나인, 에베소서 1:3-14에서 예수 그리스도 안에서 주어진 위대한 구원에 대하여 하나님을 찬양한다. 헬라어로 3-14절은 한 문장이지만, 이것을 여러 부분으로 나누는 것은 어렵지 않으며, 이 본문은 "그의 은혜의 영광을 찬송하게 하려는 것"(1:6)과 "그의 영광의 찬송이 되게 함"(1:12), 그리고 "그의 영광을 찬송하게 하려 함"(1:14)을 구두점으로 끊을 수 있다. 이 세 표현은 "찬송하리로다 하나님"(1:3)이라고 말하는 것의 또 다른 방법이다. 바울은 이 편지를 하나님 중심의 강조로 시작하는데, 이 강조는 서론 전체에 울려 퍼진다(reverberate). 그의 다른 몇몇 서신들과 달리, 바울은 논쟁으로 시작하는 것이 아니라, 독자들을 예배로 부르고 있다. 이 편지의 격조 높은 문체와 묵상적인(meditative) 성격은 처음부터 이 편지의 성격과 목적에 부합한다.

신자들은 그리스도 안에서 하늘에 속한 "모든 신령한 복"을 누리기 때문에, 하나님을 찬양한다(1:3). 이 단락의 특징 중 하나는 삼위일체의 성격이다.

성부는 축복하시고, 선택하시고, 예정하시고, 구속하시고, 용서하시고, 깨닫게 하시고, 계획하시고, 기업을 주시며, 인치신다. 또한 놀라운 것은 그리스도를 대상으로 하는 전치사구의 반복이다. 가령, 모든 신령한 복은 "그리스도 안에서" 우리의 것이며(1:3), 선택은 "그리스도 안에서" 이루어지며(1:4), 예정은 "예수 그리스도로 말미암아" 되며(1:5), 은혜는 "그가 사랑하시는 자 안에서" 거저 주시며(1:6), 속량은 "그리스도 안에서" 받으며(1:7), 하나님의 뜻은 "그리스도 안에서 예정하신 것"이며(1:9), 모든 것이 "그리스도 안에서" 통일되며(1:10), 우리의 기업은 "그 안에서" 되었으며(1:11), 소망은 "그리스도 안에서" 바라게 되었으며(1:12), 신자들은 "그 안에서" 인치심을 받았다(1:13)는 진술들 안에 "그리스도 안에서"라는 표현이 계속 나타난다. 신자들에게 주어진 "신령한" 복들은 성령에게서 오는 것이다. 신자들은 또한 "약속의 성령으로 인치심을 받았고"(1:13), 성령은 "우리 기업의 영광의 보증"이 되신다(1:14). 우리는 구원이 아버지에게서 오고, 아들 안에서 그리고 아들을 통하여 성취되며, 성령에 의해 적용된다고 말할 수 있다.

바울이 언급하는 영적인 복들에 관하여 몇 가지 설명이 주어져야 한다. 첫째, 하나님은 신자들이 구원에 이르도록 택하시고 예정하셨다(1:4-5). 선택은 인간의 선택에 근거한 것이 아니다. 즉, 이 선택은 "창세 전에" 일어났다(1:4). 또한, 선택은 그 목적과 의도가 거룩한 삶이기 때문에 신자들의 일상생활과 단절되지 않는다. 선택은 "그리스도 안에서" 이루어졌다는 것이 중요한데, 이것은 하나님의 예정하신 사랑이 십자가에서 예수 그리스도의 사역을 통해 현실이 된다는 것을 의미한다. 바울은 여기에서 하나님이 그리스도를 선택하였고 그런 다음, 신자들이 그리스도 안에 있도록 선택한다는 것을 가르치지 않는다. 대신에 하나님은 그리스도 안에서 신자들을 선택하였다는 것을 가르친다. 이 둘은 전혀 다른 개념이다. 분명히, 예정은 구원을 초래한다. 왜냐하면 예정된 사람들은 하나님의 가족 구성원들, 즉 하나님의 사랑하는 아들들과 딸들이 되도록 입양되기 때문이다. 선택에 집중하는 목적은 신학적 논증들을 촉발하기 위함이 아니라, 신자들이 구원 안에서 자신들에게 부어진 은혜로 인하여 하나님을 찬양하게 하기 위함이다.

두 번째 복은 구속이며(1:7-8), 다시 한번 하나님의 은혜의 풍성함이 찬양받는다. 구속은 하나님의 능력으로 애굽에서의 종살이에서 해방된 이스라엘을 상기하면서, 하나님의 위대한 구원의 행위에 초점을 맞춘다(출 6:6). 여기에서 구원은 우리의 범죄들, 즉 하나님의 뜻을 고의로 무시하는 것에서 온다. 구원은 그리스도의 피를 통하여 값을 치르고 발생하였다. 즉, 구약의 희생 제사에 나타난 것처럼(레 17:11), "피"라는 단어는 신자들을 죄에서 해방한 그리스도의 죽음을 가리킨다.

셋째, 하나님은 자기의 무한한 지식과 지혜에 따라 역사를 계획하셨다(1:9-10). "그 뜻의 비밀"은 과거에는 감춰져 있었지만 이제 드러난 것을 의미하며, 이 표현은 예수 그리스도를 중심에 두고 있다. 하나님의 계획이 하나님 자신에게 기쁨과 즐거움을 준다는 것은 놀라운 일이다. 중요하게도, 이 계획은 인류를 위한 하나님의 지혜로운 목적을 반영하기 때문에 신자들의 마음을 사로잡게 된다. 이 비밀, 이제 모두에게 선포된 이 비밀은 하늘과 땅에 있는 모든 것이 그리스도 안에서 통일된다는 것이다. 모든 역사는 그리스도를 가리키며, 그리스도 안에서 이 역사를 조직하는 원리와 근거를 발견하게 된다.

넷째, 신자들은 장래의 기업에 대한 소망을 가진다(엡 1:11-12). 1인칭 복수들은 유대인 신자들에게만 제한되지 않는다. 왜냐하면 이전 구절들 안에 나타난 많은 1인칭 복수들은 유대인들에게만 국한될 수 없기 때문이다. 강조되는 것은 이 기업을 받는 것에 대한 확신이다. 왜냐하면 하나님의 주권적인 목적들 안에서 일어나는 모든 것들이 그의 뜻에 순응하기 때문이다(1:10 참조). 그러므로 신자들은 자신들에게 약속된 이 기업을 기대하며 소망과 확신을 가지고 미래를 바라본다.

다섯째, 신자들은 복음을 믿을 때 성령으로 인치심을 받는다(1:13-14). 인치심은 신자들이 진정으로 하나님에게 속한 사람으로 인증되었다는 것이다. 동시에 같은 맥락에서, 성령은 최종적인 "기업"의 보증이시다. 즉, 성령은 구속받은 사람들의 최종적인 부활을 보증한다는 것이다. 인치심은 취소할 수 없는 특성이 있으므로 하나님께서 선택하고 예정한 사람들이 최종적인 기업을 누리게 될 것이라는 보증을 제공한다. 여기에서 2인칭 대명사로 전환이 일어나는데, 아마도 이방인만을 지칭하지 않는 것 같다. 물론, 몇몇 해석자들이 이방인만을 가리킨다고 주장하지만 말이다. 대신에, 바울은 지금 전체 독자들에게 직접적으로 이야기하고 있으며, 이들의 구원의 완성에 대하여 이들을 확신시킨다.

감사와 기도(1:15-23)

우리는 일반적으로 바울서신에 나타난 인사말 이후에 감사 단락을 발견하지만, 그러나 에베소서에는 서두 부분 바로 이후에 복이나 찬양이 위치한다(1:3-14). 그런 다음, 감사 단락이 복 뒤에 오지만, 그러나 감사 단락은 오히려 축약되고(1:15-16), 기도로 전환된다(1:17-23). 바울의 다른 서신에서 우리는 감사 단락(빌 1:3-8; 골 1:3-8에서처럼) 다음에 기도가 있음을 본다(빌 1:9-11; 골 1:9-12). 감사 단락 뒤에 기도가 연이어 따라 나오는 경우, 기도 부분이 감사 단락에 합쳐져서 자연스럽게 감사 단락이 더 긴 것처럼 보인다. 비록 감사 단락이 짧다고 해서, 바울이 에베소서에서 진정으로 감사하지 않는 것은 아니다. 그는 기독교의 삶의 기본이 되는 그리스도 안에서 신자들의 믿음과 모든 성도를 향한 사랑에 대하여 감사한다(엡 1:15-16).

17절에서 바울은 하나님 아버지께서 신자들에게 하나님을 아는 지혜와 계시의 성령(이것은 단지 인간의 영이 아님)을 주시도록 기도한다. 이러한 기도는 인간이 하나님의 도움 없이 또는 인간의 지성의 힘을 통하여 하나님을 알 수 있는 능력을 갖추고 있지 않음을 증명한다. 성부와 성령께서 신자들이 "알 수 있도록" 하신 결과는 이들의 "마음의 눈"이 밝혀지는 것으로 나타난다(1:18). 이들은 하나님께서 자신들을 위해 행하신 놀라운 일을 심오하게 이해한다. 바울은 신자들을 위해 세 가지를 알기를 기도하는데, 이것들은 (1) "그의 부르심의 소망"(1:18)과 (2) 하나님의 "기업의 영광의 풍성함"(1:18), 그리고 (3) 신자들에게 주어지는 하나님의 놀라운 능력(1:19-23)이다. 우리는 바울이 특히 마지막 요청에 집중하고 있음을 즉시 알게 된다.

첫째, 신자들은 부르심을 받은 소망을 붙잡아야 한다. 부르심은 하나님께서 신자들을 믿음에 반응하도록 효과적으로 부르시는 부르심을 의미하는데, 이 부르심은 어두움이 있었던 곳에 빛을 창조하신 하나님의 강력한 부르심이다(고후 4:6). 신자들이 기다리는 소망은 이들이 그리스도와 같이 되고 모든 죄에서 정결하게 되고, 따라서 이들이 원래 창조되었던 것처럼 될 것이라는 확고한 확신이다.

둘째, 신자들은 하나님의 "기업"이 하나님의 백성이 되는 것임을 이해하도록 기도해야 한다. 이 본문은 우리의 기업에 대하여 말하지 않지만, 그러나 하나님의 기업은 자기 백성을 의미한다. 성도들은 하나님의 기업이기 때문에 하나님께서 자기에게 속한 사람들을 어떻게 기뻐하시고 귀히 여기시며 사랑하는지를 보여준다. 바울은 신자들이 자신들이 얼마나 하나님의 사랑을 받는지 알게 되기를 기도한다.

셋째, 기도를 통하여 신자들은 하나님의 놀라운 능력을 알게 될 것이다(엡 1:19-23). 이 능력은 그리스도를 죽은 자 가운데서 일으키시고 하늘에서 그를 하나님의 우편에 앉히신 바로 그 능력이다. 바울은 시편 110:1을 분명히 언급하는데, 이 구절 안에는 다윗의 "주"(이스라엘의 하나님)는 모든 원수가 다윗 왕의 발 아래 놓일 때까지 다윗의 우편에 앉아 있을 것이라고 선언한다. 이 예언은 예수 그리스도 안에서 성취되었으며, 그리스도의 권세는 그리스도가 모든 권세, 즉 선한 천사이든지 악한 천사이든지 모든 천사를 다스릴 정도이며, 그리스도의 통치는 이 세대와 오는 세대와 관련하여 영원하다. 에베소서 1:22는 시편 8편의 말씀을 인용하는데, 이 8편은 전 세계가 인간에게 복종함을 축하하는 창조에 관한 시이다. 이 시는 아담과 하와가 하나님의 대리 통치자로서 행사해야 했던 통치를 반영한다. 인간이 범죄한 이후, 인간에게 약속된 통치는 죄가 없으신 분, 예수 그리스도 안에서 성취되었다. 그리스도가 하나님의 우편에서 다스리기 때문에, 이제 모든 만물이 그에게 복종하게 된다. 예수는 이제 "머리"이신데, 이 표현은 교회 위에 있는 통치자와 권위를 의미한다. 교회는 그리스도의 몸이며, 교회는 그리스도의 충만함으로 가득 채워진다. 교회가 그리스도에게 속하고 그리스도는 교회의 머리이기 때문에, 그리스도의 정복과 그리스도의 능력, 그리고 그리스도의 승리는 교회의 승리이다. 그리스도가 죽음을 이기신 것처럼, 교회 역시 승리 안에서 다스릴 것이다.

죽음과 부활(2:1-10)

바울은 독자들이 그리스도 안에 있는 자신들의 위대한 능력을 진정으로 깨달을 수 있기를 기도한다. 바울은 2:1-10에서 이들을 죽음에서 건져낸 능력에 대하여 상기시킴으로써 이들의 이해를 돕는다. 이 본문은 세 부분, 즉 (1) 인간의 곤경(2:1-3), (2) 신자들에게 주어진 새 생명(2:4-7), (3) 새 생명의 기초와 목적(2:8-10)으로 나눌 수 있다.

인간의 곤경은 암울한 용어로 묘사된다. 불신자들은 죄로 인하여 약해질 뿐만 아니라, 죄 안에서 "죽었고" 생명에서 완전히 끊어졌다(2:1). 불신자들이 사는 죽음의 영역은 세 가지, 즉 (1) 사회학적, (2) 영적, (3) 심리학적 방법으로 표현된다. 사회학적으로 불신자들은 "세상 풍조를 따르며" 살고 있다(2:2). 온갖 매력을 지닌 세속 사회는 이들을 지배하고 있으며, 이들은 세상의 인정과 박수를 받기 위하여 살고 있다. 이 불신자들은 악한 시대의 지배 아래 있으며, 이 세상을 본받고 있다(롬 12:2; 갈 1:4). 바울은 종종 "시대"라는 용어를 이 현재의 시대와 오는 시대를 대조하기 위하여 사용한다(엡 1:21; 2:7; 3:9, 11, 21). 영적으로, 신자들은 공중 권세 잡은 자인 사탄의 지배 아래 있다(2:2). "공중"은 달과 지구 아래 있는 영역을 나타낸다. 물론, 그리스도는 사탄을 다스리고 계시지만, 그러나 사탄은 불순종하고 믿지 않은 자들 안에서 역사하고 있다.

셋째, 죄의 심리학적 차원은 2:3에 묘사된다. 불신자들은 "육체의 욕심"에 따라 지낸다. 다시 말해, 일상생활에서 이들은 무엇이 자신들에게 즐거움을 가져올 것인지 생각하고, 이 욕심을 실행하기 위하여 노력한다. 우리는 마치 인간의 감정 문제가 유일한 현실인 것처럼 생각해서는 안 되며, 인간의 곤경이 단순히 심리적인 것만이 아니라는 점에 유의해야 한다. 사실, 이 문제는 아주 다면적이다. 왜냐하면 악의 보이지 않는 영적인(사탄적인) 차원이 있고 이 악은 우리가 사는 환경(세상)에 의해서도 전파되기 때문이다. 그런데도, 인간들은 여전히 자신들의 선택에 대한 책임이 있는데, 이들은 세계 무대의 꼭두각시가 아니기 때문이다. 이들이 내린 결정은 실제적이며 진짜이다. 그러므로 모든 인간은 "진노의 자녀"로서 세상에 들어온다. 죽음이 우리를 휘감았고 우리가 어떻게 탈출할 수 있는지 가늠하기 어려울 정도이다.

성경에서 가장 놀랍고 영광스러운 단어 중 두 단어가 바로 여기에 있다는 사실이 자주 지적되는데, "그러나 하나님"(2:4, 헬라어 원문에는 "그러나 하나님"이 문장의 첫 부분에 위치함-옮긴이)이라는 표현이다. 우리는 우리 자신을 구원할 수 없지만, 그러나 하나님은 우리를 구원할 수 있다. 여기에서 놀라운 사실은 하나님은 하나님 자신을 거절하고 멸시하는 자들, 바로 이 죄인들에 대한 긍휼과 사랑이 풍성하다는 것이다. 그리스도를 죽은 자로부터 살리신 바로 그 하나님은 죄 가운데에서 죽은 자들에게도 생명을 주신다(2:5). 바울은 이러한 삶이 자격이 없는 사람들에게 하나님의 은혜와 친절, 그리고 은총과 사랑을 증명한다고 외치기 위해 잠시 멈춘다. 은혜는 단지 과분한 은혜만이 아니라 신적인 능력이기도 하다. 왜냐하면 신자들은 그리스도와 함께 일으킴을 받고 하늘에 앉기 때문이다(2:6). 우리는 그리스도와 함께, 죽음과 이 세속적인 세상과 사탄을 다스린다. 현재, 하나님의 친절과 은혜에 대하여 신자들은 다 이해할 수 없지만, 그러나 "오는 여러 세대에"(2:7) 하나님의 사랑과 자비의 넓은 바다는 우리를 몇 번이고 휩쓸 것이며, 신자들은 자신들에게 부어진 죽음에서 생명으로의 위대한 구원에 대하여 매우 놀라게 될 것이다.

새 생명의 기초와 목적은 2:8-10에 나와 있다. 신자들의 구원은 전적으로 은혜에 의해서 그리고 믿음을 통하여 주어진다. 중성인 "이것"('투토'[*touto*])이라는 표현은 앞에 등장하는 모든 것을 포괄하므로, 하나님께서 인간에게 주시는 것 안에 믿음이 포함된다(2:8). 믿음은 근본적으로 행위, 즉 인간이 성취하는 것에 반대되는 것이다. 구원은 행함으로 얻어지는 것이 아니라, 믿음으로 얻어지는 것이다. 우리는 여기에서 믿음이 그리스도 안에 있는 하나님의 선물에 근거함을 알게 된다. 행위는 인간의 자랑을 위한 문을 열게 되지만, 그러나 믿음은 모든 선한 것을 위하여 하나님께 전적으로 의탁하는 것이다. 바울은 신자들이 단순히 수동적으로 아무 일 없는 것과 같은 고요한 삶을 요구하지 않는다. 그는 신자들이 하나님의 새 창조 사역의 산물임을 우리에게 상기시키는데(고후 5:17), 이들이 사망에서 생명으로 옮겨졌다는 것이다. 그러나 이러한 새로운 생명은 구원의 근거가 아니라, 은혜로 주어진 구원으로부터 자연스럽게 흘러나오는 삶의 표현인 "선한 일"(2:10)을 행하도록 인도한다.

그리스도 안에서 연합된 유대인들과 이방인들(2:11–22)

어떤 면에서 2:11-22는 2:1-10과 상당히 유사하지만, 그러나 2:11-22의 초점은 그리스도 안에서 유대인들과 이방인들의 화해가 특징적이라는 점에서 다르다. 이 구절들은 다시 세 부분으로 나눌 수 있는데, (1) 멀리 있었던 이방인들이 가까워졌다는 것(2:11-13), (2) 연합의 기초로서 그리스도의 죽음(2:14-18), 그리고 (3) 유대인들과 이방인들은 똑같은 시민이자 하나님의 새 성전(2:19-22)이라는 것이다.

11-13절에서 바울은 이방인들이 언약의 외인들로서 일종의 불리함을 가졌음을 진술한다. 즉, 이들은 할례를 받지 않았고, 그런 의미에서 이들은 하나님의 언약의 사랑 밖에 있었다는 것이다(창 17:9-14 참조). 여기에 언급된 할례는 구원을 가져오지 않는데, 이 할례는 육체적인 행동에 국한되고 마음의 할례와 별도로 하나님과의 바른 관계를 얻지 못하기 때문이다. 여기에서의 초점은 이방인들에게 있고, 이들의 곤경은 에베소서 2:12에서 다섯 진술로 요약된다. (1) 이방인으로서 이들은 유대인들이 가졌던 것과 달리 메시아에 대한 약속을 갖지 못했다. (2) 이들은 이스라엘, 즉 하나님 백성으로서의 시민권이 없었다. (3) 구원을 약속하는 언약들(아마도 아브라함, 모세, 다윗 언약들과 새 언약을 포함)은 이들에게 해당하지 않았다. (4) 그러므로 이방인들은 소망이 없었다. 물론 이것은 이들에게 소망의 감정이 없었다는 것이 아니라, 소망의 참 근거들, 즉 객관적인 소망이 없었다는 것을 의미한다. (5) 이들은 하나님과 분리되었고, 하나님에게 속하지 않았다. 그리스도 앞에서 이방인들이 하나님과 긍정적이거나 심지어 중립적인 관계 안에 서 있는 것으로 바울이 생각하지 않았다는 것은 놀라운 일이다. 오히려, 바울은 이방인들이 하나님에게 속하지 않았다고 주장했다(롬 1:18-32 참조). 우리는 "그러나 지금"이라는 놀라운 표현을 접하게 되는데, 이 표현은 새 날이 왔고 새 언약이 시작되었음을 표시한다(엡 2:13). 하나님에게서 멀리 떨어져 있었던 이방인들이

이제 그리스도의 피를 통하여 "가까워졌다." 이방인들에게 근본적으로 필요한 것은 용서였으며, 이것은 그리스도의 속죄의 죽음을 통하여 이루어졌다.

13절은 이방인들이 가까이 오게 된 근거를 지적하고, 2:14-18은 어떻게 유대인들과 이방인들이 그리스도의 죽음을 통하여 하나님과 화평하게 되었고 서로 화목하게 되었는지를 설명한다. 그리스도가 유대인들과 이방인들을 함께 연합했기 때문에, 그리스도는 "우리의 화평"이시다. 여기에서 구문이 복잡하고 논란의 여지가 있지만, 그러나 우리는 모든 문제에 대한 해결을 여기에서 제시할 필요는 없고 주요한 요점들에만 집중할 수 있다. 바울이 말하는 적대적인 관계의 벽이 의미하는 바는 논쟁의 여지가 있으며 많은 주장이 있다. 몇몇 학자들은 바울이 유대인들과 이방인들을 구분하는 성전의 울타리를 염두에 두고 있다고 생각하는데, 이 울타리에는 만약 이방인들이 이 경계를 넘어간다면, 죽임을 당할 것이라고 경고하는 글이 있었다. 그러나 이 언급은 우리가 아리스테아스의 편지(the Letter of Aristeas, 142-43)에 나타난 율법 그 자체를 의미할 가능성이 더 크다. 유대인들과 이방인들을 구분하는 율법은 그리스도의 죽음을 통하여 제거되었다(엡 2:14). 다음 구절은 이러한 이해를 확증하는데, 모세율법과 계명들은 폐하여 졌다는 것이다(2:15). 몇몇 학자들은 바울이 의식법을 의미한다고 생각하지만, 바울이 다른 구절에서 말한 것처럼, 율법 전체가 더 이상 유효하지 않다는 것을 의미할 가능성이 더 크다(롬 7:4-6; 고후 3:7-18; 갈 3:15-4:7 참조). 그렇다고, 율법 안에 있는 명령들에 대한 역할이 없다는 것이 아니다. 바울은 나중에 에베소서에서 한 명령을 인용하기까지 한다(6:2). 그는 이 명령을 권위 있는 것으로 이해했을 것인데, 이 명령이 그리스도의 법의 일부이기 때문이다.

율법을 폐하였다는 것은 그리스도에게 속한 유대인들과 이방인들이 "한 새 사람"이 됨을 의미하며, 이 결과는 이들 사이에 "화평"이 있다는 것이다(2:15). 유대인들과 이방인들 사이의 수평적인 연합은 수직적인 실체들에 뿌리를 두고 있다. 이 유대인들과 이방인들이 그리스도의 십자가를 통하여

"한 몸"으로 하나님과 화목하였기 때문이다(2:16). 유대인들과 이방인들 사이에 수백 년 동안 지속된 사회적, 문화적, 종교적 적개심은 그리스도 안에서 끝났다. 이들은 이제 바울이 말한 것처럼, 한 몸, 즉 "한 새 사람"으로 함께 있게 되었다.

성취의 날이 도래한 이후, 전도자들이 복음을 멀리 있는 이방인들과 가까이에 있는 유대인들에게(2:17) 전하고 있다. 하나님과의 화목과 사람들 간의 화평, 즉 모든 족속과 모든 민족을 위한 화평의 복된 소식은 예수 그리스도를 통하여 얻게 되었다. 바울은 이사야 57:19를 암시하는데, 이사야 57장의 맥락 안에서 주님은 이스라엘의 죄와 우상 숭배를 책망하시고 심판을 약속한다. 그러나 심판의 메시지 가운데에는 겸손한 자와 억눌린 자를 위한 구원의 약속이 있다. 하나님에게서 멀리 떨어져 있는 이스라엘 안에 있는 사람들은 하나님의 은혜와 자비로 말미암아 가까워질 것이다. 이사야 57장에 등장하는, 가까이 있는 사람과 멀리 있는 사람 모두 이스라엘 안에 있다. 바울은 아마도 우리가 이방인 구원에 대한 많은 약속을 발견하는 이사야서의 더 포괄적인 메시지를 취하는 것 같다(사 2:1-4; 11:10-12; 18:7; 19:18-25; 42:1, 4, 6; 45:21-22; 49:6-7; 52:15; 55:3-5; 56:3-8; 60:6-7, 10; 66:12-21 참조). 또한 바울은 유대인들과 이방인들 모두 예수 그리스도를 통하여 화평을 발견한다는 것을 전달하기 위하여 이사야 57장의 말씀을 사용한다. 성령을 통하여, 유대인들과 이방인들 모두 하나님께 나아가는 것을 누리게 된다(엡 2:18).

유대인들과 이방인들을 하나님에 대한 구원의 관계 안으로 가져온, 그리스도의 구속 사역 때문에, 이방인들은 더 이상 이방인으로 간주되지 않는다. 이들은 이제 성도들의 큰 무리의 일부이며, 하나님의 새 성전의 구성원들이다(2:19-22). 성전의 기초는 사도들과 선지자들의 가르침이다. 여기에서 선지자들은 구약의 선지자들이 아니라, 신약의 선지자들이다. 만약 구약의 선지자가 고려되었다면, 우리는 사도들 앞에 선지자들이 먼저 나열될 것이라고 기대할 것이다. 그러므로 3:5에서 우리는 신약 선지자들이 바울의 마음 속에 분명히 있었음을 보게 될 것이다. 사도들과 선지자들 모두 교회에 복음을 전하는 권위 있는 전도자들이다. 그리스도는 성전의 "기촛돌"(cornerstone)과 동일시된다(시 118:22 참조. 개역개정은 "모퉁이의 머릿돌"로 번역됨-옮긴이). 물론 여기에 머릿돌(capstone)이 의도된 것일 수 있지만, 그러나 우리가 "기촛돌"이라는 의미를 지닐 가능성이 더 크다(사 28:16 참조). 성전 전체는 십자가에 못 박히시고 부활하신 그리스도로부터 그 형태와 방향을 취한다. 하나님의 새 성전, 즉 하나님의 거처로서 교회는 성장하고 있다(엡 2:21)! 주님께서 교회 안에서 행하는 일을 적절하게 묘사하는 이러한 은유는 거의 다른 곳에서 찾아볼 수 없다. 유대인들과 이방인들이 함께 주님의 성전을 구성한다. 즉, 주님은 그의 영(Spirit)으로 새 성전에 거하신다.

비밀을 다루는 바울의 역할(3:1-13)

바울은 교회 안에서 유대인들과 이방인들의 연합으로 인하여, 기도로 나아가게 된다. 왜냐하면 그리스도가 하나님과 이들을 화목하게 하고 교회 안에서 이들이 서로 화평을 이루도록 하셨기 때문이다(3:1). 그러나 바울은 하나님께서 이방인들에 대한 사도로서 자신에게 주신 특별한 역할을 생각하면서, 화제에서 잠시 벗어난다. 바울은 자기 자신을 로마의 죄수가 아니라 "그리스도 예수"의 갇힌 자로서 밝힌다. 그의 투옥은 하나님의 일을 방해하지 않는데, 이방인들을 위한 것이기 때문이다. 우리가 다른 본문에서 보았던 것처럼, 바울의 고난은 주님께서 교회를 발전시키기 위해 사용하는 수단 중 하나이다. 이전에는 감추어졌으나 이제 계시된 이 비밀의 계시는 특별히 바울에게 드러나게 되었으며, 2:11-22에서 에베소 교인들은 이미 바울의 이해를 엿보았다(3:3-4).

이 비밀의 내용은 무엇인가? 이 비밀은 역사에 대한 하나님의 목적이 예수 그리스도를 중심으로 움직이고 예수 그리스도 안에서 이 비밀의 의미가 발견된다는 것인데, 우리는 1:9-10에서 이미 이 비밀을 보았다. 그러나 여기에서 이 비밀의 또 다른 차원이 탐구된다. 바울은 이전의 세대들이 이 비밀을 이해하지 못했다는 것을 강조하지만, 그러나 하나님의 성령은 사도들과 선지자들에게 이것을 드러내었다는 것이다. 그러므로 이 선지자들은 신약의 선지자들이라는 것이 분명한데, 이 비밀이 이전의 세대들에 의해, 심지어 구약의 선지자들에 의해서도 이해되지 않았기 때문이다! 이 비밀은 이제 구속사의 새 시대 안에서 드러난다. 이 비밀의 내용은 3:6에 드러나 있는데, 이방인들이 그리스도 예수 안에서 이스라엘과 함께 "상속자"라는 것이다. 이방인 기독교인들은 이등 시민이 아니라, 같은 몸의 "지체들"('쉬쏘마'[*syssōma*])이다. 바울은 그리스도 안에서 유대인들과 이방인들의 동등함을 강조하는 이 단어를 가져왔을 수 있다. 이방인 기독교인들은 창세기 3:15의 원시 복음(protoevangelium)으로 시작하여 아브라함과 다윗, 그리고 선지자들에게 확증된 구원의 약속들을 이스라엘과 함께 나눈다. 우리가 구약성경을 읽을 때, 하나님의 백성으로 들어가는 이방인들의 신분은 불분명하게 보인다. 몇몇 본문에서 이들은 열등한 위치를 차지하는 것처럼 보이지만(사 60:10-14; 61:5-7; 슥 2:11-12; 8:20-23), 다른 본문들에서 이들은 동등한 위치에 있는 것처럼 보인다(시 47:9; 87:6; 사 11:10; 19:16-25; 25:6-7; 49:6; 55:5; 56:6-7). 사도들과 선지자들은 유대인들과 이방인들이 하나님 백성의 동등한 구성원들이므로 하나님 백성 안에서 인종적 또는 민족적 우월성에 대한 근거가 없음을 분명히 했다.

바울은 자신의 역할에 대하여 자랑하지 않았으며, 그 자신이 교회를 박해했기 때문에 겸손했다. 하나님께서는 바울에게 그리스도의 풍성함을 이방인들에게 전하며(엡 3:8), 과거에 감추어졌던 비밀의 계획을 모든 사람에게 드러내도록 하는 특권을 주셨다(3:9). 그리스도의 화해 사역을 통하여 성취된, 교회 안에서 유대인들과 이방인들의 연합은 하나님의 다면적인 지혜를 드러낸다. 특히, 하나님의 지혜는 선한 천사들과 악한 천사들을 의미할 수 있는 "하늘에 있는 통치자들과 권세들"에게 나타난다(3:10). 교회는 하나님의 목적에 있어서 플랜 B가 아니라, 역사 전체에 걸쳐 그리스도 예수 안에서 하나님의 의도가 성취되었음을 나타낸다(3:11). 유대인들과 이방인들 모두 그리스도 안에서 그리고 그리스도를 믿음으로 말미암아 하나님에게 담대하고 확신 있게 나아간다(3:12). 이 계획에 대하여 생각하면서 바울은 에베소 교인들에게 자신의 투옥이 마치 하나님의 계획안에서 방해를 나타내는 것처럼 낙담하지 말라고 요청한다. 이와 반대로, 그의 투옥은 이들의 "영광"을 위한 것이다(3:13). 주님은 바울의 고난을 훨씬 더 넓게 복음을 확장하기 위하여 사용하고 있다.

그리스도의 사랑을 알도록 기도함(3:14-21)

이제 바울은 화제에서 벗어나기 이전(3:1 이전), 즉 자신이 말하고자 했던 내용으로 돌아간다. 교회 안에서 유대인들과 이방인들의 연합, 즉 교회 안에 있는 하나님의 놀라운 지혜는 바울이 무릎을 꿇고 기도하도록 했다(3:14). 성부 하나님은 모든 사회 집단, 모든 민족 집단의 근원이자 권위이다. 여기에서 바울은 인간뿐만 아니라, 악마를 포함하여 천사들 모두를 의도한다. 또 다른 흥미로운 가능성은 모든 가족은 신자들을 의미하는데, 이 신자들은 땅에 있는 자들이나 아니면 죽어서 지금 하늘에 있는 자들을 지칭할 수 있다. 그러나 바울이 죽은 신자들을 하늘에 있는 것처럼 자주 말하지 않기 때문에, 땅에 있는 신자들이 더 적합한 것 같다. 바울은 3:16에서 "영광의 풍성함"이라고 표현하는데, 인간이 필요한 모든 자원을 갖고 계신 하나님을 염두에 두고 기도한다. 바울은 전능하신 하나님께서 성령을 통하여 신자들을 내적으로 강하게 하기를 기도한다. 물론 성령은 이미 신자들에게 내주하지만,

그러나 여기에서 바울은 성령께서 이들 안에서 능력으로 역사하기를 기도한다. 이 신자들이 강하게 된 결과로서, 이들이 그리스도를 신뢰할 때 그리스도는 이들의 마음 안에서 더욱 역사할 것이다(롬 8:10; 갈 2:20 참조). 지금 바울은 이 신자들이 그리스도의 내주하심의 효과를 경험하게 되기를 기도한다.

에베소서 3:17-19의 구문은 매우 어렵다. 이 구문과 관련하여 세부적인 내용들에 대하여 모두에게 만족할만한 설명이 없다는 것을 자각하면서, 우리가 할 수 있는 최선으로 이해해야 할 것이다. 바울은 신자들이 하나님의 사랑의 위대함을 이해할 수 있도록 기도한다. 이들은 하나님의 사랑에 뿌리를 두고 터가 굳어졌으며 예수 그리스도의 속죄의 죽음 안에서 하나님의 사랑을 알고 받아들인 자들이다. 신자들은 하나님께서 그리스도 안에서 유대인들과 이방인들을 서로 화목하게 하시고 하나님 자신과도 친히 화목하게 하신 것을 진정으로 이해해야 한다. 그때야 비로소, 신자들은 인간의 경험을 초월하는 그리스도의 사랑을 경험할 것이다. 이들이 이러한 사랑으로 가득할 때, 이들은 "하나님의 모든 충만하신 것으로" 충만하게 된다(3:19). 하나님의 사랑이 신자들의 마음과 삶에 스며들 때, 이들은 하나님이 처음부터 의도한 그대로 되는 것이다. 바울은 하나님께서 "우리가 구하거나 생각하는 모든 것에 더 넘치도록" 행하시기 때문에, 그의 능력을 찬양하는 송영으로 3장을 끝맺는다(3:20-21). 예수 그리스도의 교회는 매우 찬란한 실체이며, 바울은 하나님께서 그리스도 안에서 그리고 교회 안에서 영원히 영광 받으시기를 기도한다.

소명에 합당한 삶(4:1-6)

에베소서는 하나님께서 그리스도 안에서 행하신 일에 대한 강조에서 신자들이 행하도록 부르심을 받은 것으로, 즉 직설법(indicative)에서 명령법

(imperative)으로 이동한다. 이러한 전환은 "그러므로"와 "내가 권하노니"('파라칼로'[*parakalō*])라는 표현에서 분명한데, 특히 후자는 이 편지의 권면 부분의 시작임을 알린다. 훈계의 내용은 "부르심을 받은 일에 합당하게 행하도록"이라는 표현에서 발견된다(4:1). 신자들을 믿음으로 부르시는 그리스도의 은혜는 이들이 사는 방식에 반영되어야 한다. 합당하게 사는 것이 무엇을 의미하는지 설명할 때, 강조점은 몸의 연합을 보존하는 데 필요한 자질들인 겸손과 온유, 그리고 용서이다. 신자들은 2:11-22가 분명히 가르치는 것처럼, 이미 하나이지만, 그러나 이들은 현재 누리고 있는 "성령이 하나 되게 하신 것"을 부지런히 유지해야 한다(4:3).

직설법과 명령법 사이의 경계는 깔끔하게 구분되지 않는다. 왜냐하면 4:4-6 안에서 연합의 기초가 묘사되어 있고, 7회 정도 등장하는 "하나"라는 단어의 반복은 신자들이 현재 공유하는 것을 강조하기 때문이다. 바울은 유대인들과 이방인들이 그리스도의 사역을 통하여 서로 화해되었다고 선언하는 1-3장의 많은 부분의 초점인 "한 몸"으로 시작한다. "한 성령"은 1-3장에서 중요한 주제였는데, 신자들 모두는 성령으로 인치심을 받았고, 성령은 기업의 보증이라는 것이다(1:13-14). 신자들은 또한 "한 성령"(2:18)을 통하여 아버지에게 나아가며, 성령 안에서 하나님이 거하실 처소이다(2:22). 성령은 또한 신자들의 속사람을 능력으로 강하게 하신다(3:16).

바울은 신자들의 부르심의 소망에 대하여 자세히 설명했으며(1:18), 그는 신자들이 특히 부르심의 소망이 무엇인지 이해하기를 기도한다. 신자들은 서로에게 속하고, 모든 신자는 같은 성령을 가지며, 모든 신자는 같은 운명을 공유한다. 아마도 여기에서 신자들이 누리는 연합에 나타난 삼위일체의 성격을 언급할 수 있는데, "성령도 한 분"(4:4), 예수 그리스도 즉 "주도 한 분"(4:5), "하나님도 한 분이시니 곧 만유의 아버지"(4:6)라는 표현이 그렇다. 신자들은 삼위일체 하나님에게 속한다. 삼위일체가 없는 기독교 연합은 없다. 신자들은 또한 세례에 대한 공통의 경험을 공유하는데, 이 세례는 기독교 신앙으로의 입문이자 신자가 세상을 버렸다는 표시이다. 이 연합은 단순히 느낌이나 감정이 아니지만, 신자들은 여기에서 "한 믿음"을 공유하는데, 이 믿음은 단순히 신뢰를 의미하지 않고, 공통된 신앙 고백과 기독교 신앙의 기본 진리들에 대한 공유된 교리적 신념을 의미한다.

성숙을 위한 은사들(4:7-16)

교회의 연합은 그리스도의 몸에 주어진 은사들을 통하여 유지되고 성장한다. 각 사람과 모든 신자는 자신들의 은사를 행사할 수 있도록 그리스도로부터 은혜가 주어졌다(4:7). 신자들이 행사하는 은사들은 그리스도가 마귀의 권세를 이기셨기 때문에 그들의 것이지만(4:8-10), 이 구절들에서 바울이 무엇을 의미하는지, 논란의 여지가 있다. 부활하신 주님이시며 죽음을 이기신 분으로서 예수는 승천하였다. 그의 승리는 마귀의 권세들에 대한 승리를 의미했고, 이 권세들은 그의 죽음과 부활 때문에 제어되었다(1:21-22). 부활하시고 승천하신 주님으로서 그는 자기 백성들에게 은사들을 주셨다.

여기에 나타나는 논쟁은 바울이 에베소서 4:8에서 인용하는 시편 68:18의 사용에서 비롯된다. 왜냐하면 이 시편에서 하나님은 선물들을 받으셨다고 나오지만, 정작 사람들에게 선물들을 주지 않았기 때문이다. 실질적인 연구는 이 구절에서 바울은 무엇을 의도하고 있는지 설명하기 위해 활발하게 일어났다. 가장 좋은 해결책은 바울은 이 구절이 말하는 것을 알았고 이 동사를 의도적으로 바꾸었다고 인식하는 것이다. 실제로 이렇게 인식하는 것은 그렇게 자의적이지 않다. 왜냐하면 바울이 의도하고 있는 것이 이 시편 전체의 메시지와 일치하기 때문이다. 시편 68편은 하나님께서 일어나 원수들을 이기도록 요청한다. 이러한 승리는 이스라엘이 주님을 찬양하도록 할 것이다. 시내산에서의 주님의 승천은 모든 원수에 대한 승리와 자기 백성들에게 베푼 은혜를 증명한다. 이 시편의 첫 번째 부분은 하나님의 승리를 축하하며, 그다음, 하나님께서 백성들에게 주신 공급으로 이동한다. 바울은 이 시편을 그리스도 안에서 성취된 것으로 이해하기 때문에 이 시편을 적절하게 사용하고 있는 셈이다. 즉, 그리스도는 원수들(특히 마귀의 세력들)을 이기셨고, 그리스도가 이긴 승리의 결과로서 자기 백성들을 축복하였다. 하나님께서 자기 백성에게 무언가를 주신다는 개념은 이 시편 전체의 핵심이며 이 시편은 이 부분에서 끝난다(시 68:35).

여기에서 강조점은 그리스도의 승리와 높은 곳으로 승천하심, 그리고 성취된 승리에 비추어 분배되는 은사들에 있다. 에베소서 4:9는 특히 어려운데, 그리스도가 올라가셨고 내려가셨다고 말해지는 표현 때문이다. 몇몇 학자는 그리스도가 올라가셨을 때 내려가신 분이 성령이라고 말하길 원하지만, 그러나 바울은 올라가셨고 내려오셨던 분이 같은 존재임을 명백히 밝히며, 이 존재가 가리키는 대상은 분명히 그리스도이다. 여기에서 논의는 그리스도께서 "땅 아래 낮은 곳으로" 내리셨다는 것이 무엇을 의미하는지에 초점을 맞춘다(4:9). 한 가지 견해는 "낮은 곳"은 땅을 의미하지만, 그러나 고대 세계의 대부분 사람은 이 표현이 지하세계를 가리킨다고 생각했을 것이다. 만약 이 표현이 땅을 의미하는 것이었다면, 어쩌면 쉽게 생략되었을 것이다. 다른 학자들은 구약 성도들이 그리스도를 믿게 하려고 죽은 자들에게 두 번째 기회를 주었다고 생각하거나, 아니면 그리스도 이전에 죽었던 림보([limbo], 예수를 알지 못하고 죽은 사람들의 사후 상태를 가리킴-옮긴이) 안에 있는 성도들을 자유롭게 하려고 예수가 죽은 자의 영역으로 갔다고 생각한다. 그러나 이 모든 견해는 성경에 등장하는 어떤 구절과도 부합하지 않는다. 따라서 이 표현은 그리스도의 죽음, 즉 예수가 죽은 자의 영역에 있음을 가리킨다고 이해하는 것이 좋을 것 같다. 바울은 비록 죽었지만 일어나셔서, 승리하시고 다스리는 주님이신 예수 그리스도가 모든 것을 충만하게 하신다고 가르친다(1:20-22 참조).

교회에 주어진 은사들은 은사를 받은 사람들이며(4:11), 여기에 열거된 목록은 대표적이지, 모든 은사를 나열하는 완전한 것이 아니다(고전 12:8-10, 28-30; 롬 12:6-8 참조). 초점은 하나님의 말씀이 선포되고, 선포된 말씀을 통하여 신자들을 강하게 만드는 은사들에 있다. 우리는 이미 사도들과 선지자들이 교회의 기초이며(엡 2:20), 여기에 선지자들은 신약의 선지자들로 보이며(3:5), 사도들과 선지자들은 서로 구별된다는 것을 보았다. 복음 전하는 자들은 다른 사람들에게 복음을 전하는 사람들이다(행 21:8; 딤후 4:5 참조). "목사들과 교사들"의 관계를 어떻게 이해해야 하는지 논란이 있고, 문법적으로 이 문제를 단호하게 해결하지 못한다. 이들은 확실히 "사도들과 선지자들"처럼 구별될 수도 있거나 아마도 이들은 같은 직분을 설명하는 다른 두 방법일 수도 있다. 아마도 가장 좋은 해결책은 목사들과 교사들이 기능에 있어서 어느 정도 중복되지만, 이들은 완전히 똑같지 않다고 말하는 것이다.

은사들의 목적은 "성도들을 온전하게 하여, 봉사의 일을 하게 하며 그리스도의 몸을 세우려" 함이다(엡 4:12). 몇몇 학자들에 의하면, 이 세 가지 활동들은 은사를 받은 사람들의 역할을 나타내는데, 예를 들어, 목사들과 교사들의 사역은 성도들을 온전하게 하고, 이 성도들을 온전하게 하는 것은 이 사역의 일에 해당하며, 이렇게 함으로써 이 일은 한 몸을 세운다는 것이다. 다른 학자들은 은사를 가진 사람들이 성도들을 온전하게 하고, 이 성도들은 사역의 일을 하며, 그다음 교회가 세워진다고 주장한다. 마치 연쇄적인 반응으로 이루어지는 것처럼 말이다. 나는 두 번째 견해에 약간 기울어져 있다. 아마도 12절에서 '프로스'(*pros*)에서 '에이스'(*eis*)로 전치사를 바꾼 것은 나의 주장을 뒷받침하는 것 같다. 어쨌든, 바울은 각 사람이 하는 역할을 강조하는데, 은사들은 "각 사람에게"(4:7, 11) 주어진다는 것이며, 몸은 "각 지체의 분량대로 역사하여" 그 몸을 자라게 한다(4:16).

그리스도는 교회가 "하나님의 모든 충만하신 것으로" 가득 채워지게 하려고 오셨고(3:19), 그리스도는 "만물을 충만하게" 하기 위하여 오셨다(4:10).

그러나 이 일은 주의 날까지 온전히 이루어지지 않을 것이다. 여전히 통치하고 다스리는 그리스도는 자기 교회에 은사들을 수여하여, 이 교회가 "믿음 안에서 하나가 되는 것"을 누리도록 한다(4:13). 교회의 이러한 모습은 "한 믿음" 안에서 신앙 고백의 일치와 지속이 있다는 것을 의미한다(4:5, 14). 교회의 성장을 설명하는 또 다른 방법은 "하나님의 아들을 아는 일"이다(4:13). 그리스도에 대한 교리의 영속성과 개인적인 지식은 "적"이 아니라 "친구"이다. 왜냐하면 잘못된 가르침은 예수를 하나님의 아들로 아는 참된 지식에서 멀어지게 하기 때문이다. 교회는 그리스도 안에서 누리는 충만에 이르기까지 끊임없이 성장해야 한다. 예수는 교회의 머리인데(4:15), 예수는 승천하신 주님이며 교회 성장의 근원이고, 교회는 복음의 진리가 사랑 안에서 선포될 때와 각 지체가 자기 역할을 할 때 성장한다.

그리스도를 아는 사람들로 사는 삶(4:17-24)

바울은 신자들이 장성하여 그리스도의 충만한 데까지 자라는 것이 무엇을 의미하는지에 대하여 구체적인 훈계들을 주기 시작한다. 이 훈계들은 이 편지의 끝까지 계속된다. 이 단락은 이들이 어떻게 살아야 하는지에 대하여 바울이 증언하면서 엄숙하게 시작한다. 그는 불신자들을 이방인들로 가리키는데(4:17), 이것은 유대인들과 이방인들을 막론하고 그리스도를 믿는 신자들이 회복된 이스라엘에 속한다는 것을 제안한다(2:11-22; 3:5-6 참조). 비록 이 단락과 로마서 1장 간의 차이점들이 존재한다고 할지라도, 우리는 이 둘 사이의 유사점들을 보게 된다. 신자들은 그리스도 안에서 새롭게 되었기 때문에, 이들은 더 이상 이교도들처럼 살지 않아야 한다. 왜냐하면 불신자들의 모든 사고방식은 헛되고, 이들의 이해(2:3 참조)는 어둡게 되기 때문이다(롬 1:21 참조). 근본적인 문제는 불신자들이 하나님이 주는 생명을 가지고 있지 않다는 것이며(엡 2:1, 5), 하나님과 이 불신자들의 분리는 유죄의 책임이 있는 무지, 곧 하나님을 향하여 완악하고 냉담한 마음에서 찾을 수 있다(4:18). 이들이 자기 자신들을 반복적으로 죄에 내어줌으로 자신들을 "감각 없는" 자로 만들었고, 자신들을 방탕과 "모든 더러운 것"에 내어 맡겼다(4:19). 로마서에서 바울은 하나님께서 인간을 악에 넘겨주었다고 강조하지만(1:24, 26, 28), 그러나 여기에서는 인간이 악에 자신을 넘겨주는 능동적 선택이 특징적이다.

바울은 4:20에서 다소 이상한 표현을 사용하는데, "오직 너희는 그리스도를 그같이 배우지 아니하였느니라!"라고 진술한다. '사람을 배운다'라는 표현은 일반적이지 않지만, 그러나 바울은 독자들이 단순히 윤리의 강령을 배우지 않았다는 인상을 주기를 원한다. 이들은 한 인격을 알게 되었다. 즉 신자들은 사랑에 빠졌기 때문에 변화된다. 결국, 이들은 진리가 예수 안에 있다는 것을 매우 잘 알고 있다(4:21). 여기에서 그리스도와 자신들의 관계의 개인적인 특성이 다시 한번 강조된다. 신자들은 예수를 알고 있다. 우리는 4:22-24에서 몇 개의 부정사들을 발견하는데, 이것들이 어떻게 기능하는지에 대하여 논쟁이 있지만, 대부분은 이것들이 명령적인 기능을 하고 있다는 것에 동의한다. 신자들은 "옛 사람"(4:22)을 벗어 버려야 하고, "심령이 새롭게 되어야" 하며(4:23), "새 사람을 입어야" 한다(4:24). 다른 본문에서 바울은 옛 사람이 십자가에 못 박혔고(롬 6:6; 또한 갈 2:20 참조), 옛 사람을 이미 벗어 버렸다고(골 3:9) 말한다. 같은 맥락에서, 신자들은 이미 새 사람을 입었다(골 3:10). 몇몇 학자들은 이 구절들에 등장하는 개념들이 약간 모순적이라고 생각하지만, 그러나 이것들은 "이미"와 "아직 아니" 사이의 긴장과 바울 안에 나타난 직설법과 명령법의 관계를 잘 나타낸다. 갈라디아서 3:27에서 바울은 신자들이 세례 안에서 그리스도로 옷 입었다고 말하지만, 로마서 13:14에서 이들은 그리스도로 옷 입도록 권면한다. 우리는 여기에서 비슷한 현상을 보게 된다. 옛 것은 벗어 버렸으며 새 것은 입었고, 신자들은 매일의 삶 속에서 이 종말론적 실체를 깨닫고 살아야 한다. 이들은 날마다 옛 사람을 벗어야 하며, 새 사람을 입어야 한다. 여기에서 바울이 가르치는 것을 완벽하게 이해하는 공식은 없지만, 그러나 이들은 에베소서 4:24에서 말하는 것처럼, 그리스도 안에 있는 존재이며 새로운 피조물이다(2:10 참조). 따라서 이들의 심령은 복음 안에서 날마다 새롭게 되어야 한다(4:23; 또한, 롬 12:2 참조).

매일의 삶 속에서 벗어 버리는 것과 입는 것(4:25-5:2)

옛 것을 벗고 새 것을 입는 것은 다소 막연해 보일 수 있지만, 그러나 바울은 이 개념을 특별히 상세하게 다루며, 거의 모든 경우에 그는 악을 벗어 버리고 의를 입는다는 것이 무엇을 의미하는지에 대한 예를 제시한다. 몇몇 학자들은 단락을 구분할 때, 4:25-5:2가 아니라 4:32까지 끝내기도 하지만, 이러한 이해는 확실히 하나의 가능성이지만, 그러나 나는 5:1-2가 4:25-32의 결론이자 요약으로 기능한다고 생각한다.

신자들은 거짓을 버리고 참된 것을 입어야 한다(4:25). 이들은 단순히 거짓말하는 것을 피하는 것뿐만 아니라, 진리의 아름다움과 투명함으로 진리를 포용해야 한다. 이에 대한 이유는 우리가 말하는 사람들이 우리의 "이웃"이며, 더 구체적으로, 이 사람들이 그리스도의 몸의 지체들이고, 복음 안에서 함께 걷는 자들이며, 같은 가족 구성원들이기 때문이다. 가족 구성원들은 서로 진리를 말한다.

26-27절은 분노에 대하여 말한다. 놀랍게도, 신자들은 "분을 내어도 죄를 짓지 말라"고 명령을 받는다. 몇몇 학자들은 우리가 여기에서 명령법을 가지지 않는다고 생각한다. 그러나 이것을 명령법으로 읽는 이유는 다윗 주변의 몇몇 사람들이 모욕하고 거짓말쟁이일지라도, 다윗이 주님 안에서 기쁨과 평화를 발견하는 시편 4편과 일치하기 때문이다. 물론 다윗은 화를 낼

수 있었지만, 그렇다고 죄에 빠져서는 안 되었다(시 4:4). 그는 자신을 변호하실 하나님을 신뢰하면서 주 안에서 안식할 때, 그는 죄를 피하게 될 수 있었다. 만약 분노가 사람을 지배하고 사로잡기 시작하면, 분노가 죄로 변하는 것처럼 보인다. 의로운 분노는 악을 인식하고 미워하지만, 이러한 분노는 또한 하나님의 주권과 보호하심을 신뢰한다. 그러므로 사람은 과도히 화를 내지 않게 된다. 우리는 여기에서 왜 해가 지도록 분을 품지 않아야 하는지에 대한 이유를 알 수 있게 된다. 왜냐하면 만약 분노가 사람을 먹어 삼키기 시작하면, 사람들은 분노를 멈출 수 없기 때문이다. 이렇게 된다면, 사람들은 삶 속에서 마귀에게 자리를 내어주게 된다(엡 4:27).

바울은 일과 수고로 관심을 돌린다(4:28). 도둑질은 구원 이전의 삶을 특징짓는 것일 수 있지만, 그러나 이러한 삶의 방식은 과거의 일이 되어야 한다(출 20:15 참조). 하지만, 바울은 악이 여전히 남겨진 삶에 아쉬움을 갖는다. 그래서 신자들도 자신들의 필요를 채우고 궁핍한 사람들에게 베풀기 위하여 자신들이 하는 일이 무엇이든지 열심히 해야 함을 주장한다. 바울은 도둑질에서 관대하게 베푸는 삶으로 나아가는 삶을 그린다.

도둑질의 주제는 에베소서 4:29에서 말의 주제로 바뀐다. 벗어야 하는 것은 썩고 더러운 말이다. 여기에서 "더러운"이라는 표현은 다른 구절들 안에서 썩은 과일을 묘사하기 위해 사용된다(마 7:17, 18; 12:33; 눅 6:43). 이 구절에서 중요한 것은 단순히 더러운 말을 입 밖에 내지 않는다고 해서 입 밖으로 나오지 않았을 뿐이지, 내면이 깨끗한 모습은 아니라는 것이다. 그런데도, 잊지 않아야 하는 것은 신자들은 옛 것을 벗어버릴 뿐만 아니라, 이제 새롭게 되었다는 사실이다! 그래서 이들의 말은 다른 사람들을 강화하고 교화하며 세우는 데 사용되어야 한다. 이 결과로서, 말은 다른 사람들에게 은혜의 수단이 될 수 있다.

30절은 약간 다른데, 우리는 여기에서 더 일반적인 개념을 갖게 된다. 신자들은 성령을 "근심하게 하거나" 슬프게 하지 않도록 부름을 받는데, 이것은 성령이 인격체임을 암시한다. 성령은 구속을 위해서(1:14), 구원의 완성을 위해서 신자들을 "인치셨다"(엡 1:13)! 성령을 근심하게 하는 것은 신자들의 정체성과 운명에 일치하지 않는다.

에베소서 4:31-32는 벗는 것과 입는 것의 패턴으로 돌아오며, 31절은 독자들이 무엇을 벗어야 하는지, 32절은 이들이 무엇을 입어야 하는지를 알려 준다. 악독과 노함과 분냄과 떠드는 것과 비방하는 것은 이들의 삶에서 제거되어야 한다. 대신에, 신자들의 삶은 친절과 불쌍히 여김과 용서로 특징지어져야 한다. 바울은 신자들을 복음과 동떨어진 선을 행하도록 부르는 것이 아니다. 다른 사람에 대한 용서는 그리스도 자신에게서 받은 용서에서 흘러나온다. 신자들이 자신들의 악을 진정으로 깨달을 때, 자신들에게 해를 끼친 사람들을 용서할 수 있다. 왜냐하면 신자들은 자신들을 구원해주시고 용서해주시는 하나님께 감사하는 마음에 뿌리를 두고 있기 때문이다.

악을 멀리하고 선한 것을 추구하는 것은 신자들이 하나님을 닮는다는 또 다른 표현이다(5:1). 이러한 본받음은 외적인 의무가 아니라, 신자들이 하나님의 사랑받는 자녀이기 때문에 가능한데, 이는 가족 관계를 반영한다고 할 수 있다. 만약 신자들의 새로운 삶을 요약할 수 있다면, 이것은 사랑의 삶을 살라는 부르심이며, 사랑하라는 명령은 그리스도의 자기희생과 희생적인 사랑에 근거를 두게 된다. 이러한 사랑과 희생은 하나님을 기쁘게 하는 향기이다(5:2). 구약성경의 희생제물들은 자주 기쁘게 하는 향기라고 말해지지만(예를 들어, 창 8:21; 출 29:18; 레 1:9; 2:2; 3:5; 17:6), 그러나 그리스도의 희생은 모든 동물 제사보다도 더 위대하며, 온전한 속죄를 이루기 때문에, 이 동물 제사들을 능가한다.

변화된 삶(5:3-14)

바울은 신자들이 하나님의 사랑받은 자들로서, 그리스도가 자기 생명을 바친 희생을 누리는 사람들로서 살아야 하는 삶을 계속해서 제시한다. 에베소서 5:3-7은 이들이 피해야 하는 것에 중점을 두고 있고, 8-14절은 변화시키는 빛의 능력을 특징으로 한다. 3-7절은 성적인 죄와 탐욕의 위험에 집중한다. 성적인 부도덕은 우리 사회의 경우와 마찬가지로 그리스-로마 세계에서 매우 일반적이었다. 성적인 죄는 종종 탐욕을 동반했다. 왜냐하면 이 성적인 죄와 탐욕 안에서 사람들은 하나님의 영광 대신에 편안과 쾌락을 위해 살고 있기 때문이다. 그러한 행위는 분명히 합당하지 않기 때문에 하나님의 거룩한 백성들 사이에서 존재해서는 안 된다. 음란하고 어리석은 말과 성적인 풍자가 있는 말이나, 유머를 위해 다른 사람들을 비하하는 말도 버려야 한다. 이러한 말을 해서는 안 되고, 훨씬 더 건전하고 기운 나게 하는 말을 해야 하는데, 이렇게 할 수 있는 것은 감사로 가득한 마음에서 비롯된다. 어쨌든, 성적인 죄와 탐욕은 작은 문제들이 아니다. 왜냐하면 신자들이 자신들을 그러한 죄에 내어주는 것은 하나님 나라에서 기업을 얻을 수 없으며, 이들은 마지막 날에 하나님의 진노에 직면할 것이다(5:5-6). 많은 사람은 그러한 죄악의 삶을 산다고 해도 어떤 징계가 없다고 생각하면서 스스로 속는 삶을 살 수 있다.

8-14절은 빛과 어둠을 대조하고 빛의 변화시키는 능력을 강조한다. 어두움은 신자들에게 생소한 것처럼 보이지 않는다. 왜냐하면 이 신자들의 존재 역시 예전에 어두움으로 표시되었기 때문이다(4:18 참조). 그러나 그리스도의 사랑으로 말미암아, 이들의 존재는 지금 빛으로 표시된다. 신자들은 단순히 이 빛 안에 있다는 것만이 아니다. 이들은 "주 안에서 빛"이고 이들은 빛처럼 살아야 한다. 에베소서 안에서 그때(믿지 않았던)와 지금(믿고 있는) 사이의 대조는 다시 나타난다(2:1-6, 11-13; 4:17-24 참조). "빛의 열매"(5:9)라는 표

현은 갈라디아서 안에 나타난 "성령의 열매"(5:22)를 생각나게 하는데, 우리는 여기에서 빛의 변화시키는 능력을 보게 된다. 왜냐하면 빛은 "착함과 의로움과 진실함"을 생산하기 때문이다(엡 5:9). 신자들은 이 빛 안에 있으므로, 바울은 윤리 규범을 자세하게 제시하지 않지만, 그는 이들이 주님을 기쁘게 하는 것이 무엇인지 평가하고 시험할 수 있다고 믿는다(5:10). 우리는 빛과 어두움에 따르는 행동들의 넓은 그림을 가질 수 있지만, 그러나 바울은 모든 상황에 대한 규정집을 제공하지 않는다.

신자들은 이 어두움이 자신들을 삼키지 않도록 깨어 있어야 한다. 대신에, 이들은 악한 것을 있는 그대로 나타내야 한다(5:11). 은밀히 행한 일은 부끄러운 것이기 때문에 이에 대하여 머뭇거릴 필요가 없다. 그러나 빛을 받는 사람들은 변화된다(5:13). 빛은 단지 드러내는 것이 아니라, 변화하고 바꾼다(5:14). 5:14에 나타난 인용의 출처는 논쟁적인 문제이다. 몇몇 학자들은 이것이 초기 기독교의 찬송이라고 생각한다. 아마도 더 가능성이 있는 것은 이 표현은 이사야 60:1과 26:19에서 함께 만들어진 것 같다. 5:14는 죄 가운데 잠자고 있는 불신자들에게 분명히 말해진다. 말하자면, 이들은 일어나서 그리스도가 자신의 모든 영광스러운 능력으로 이들에게 비취도록 해야 하며, 이렇게 함으로써 빛의 자녀들이 된다!

지혜롭고 성령에 의한 삶(5:15-21)

어리석게 살지 말고 지혜롭게 살라는 훈계는 구약의 지혜 문학과 일치하는데, 지혜로운 자들은 주님의 뜻을 분별하기 때문이다. 바울이 술 취함과 성령의 충만을 대조할 때, 그는 몇몇 해석자들이 생각하는 것처럼, 에베소 교인들이 실제로 술에 취하고 있었다는 것을 의미하지 않는다. 물론 이 권면이 모든 기독교인에게 필요한 것처럼, 에베소 교인들 역시 이 말이 필요하다는 것을 지적한다(엡 5:18-21). 바울이 성령의 충만으로 무엇을 의미하고 있는지에 대하여 논쟁이 있다. 몇몇 학자들은 우리가 성령에 의해서 채워지는 것(성령에 의해 충만하게 됨)으로 생각한다. 다른 학자들은 성령이 채워지는 내용 그 자체(성령으로 채워짐)라고 말한다. 하지만, 또 다른 학자들은 성령이 충만의 활동이 일어나는 영역(성령의 영역 안에서 채워짐)이라고 생각한다. 나는 포도주와의 대조가 바울이 말하는 것을 해석하는 데 가장 큰 도움이 된다고 제안한다. 사람들이 취할 때, 이들은 술이라는 수단으로 그리고 술로 취하게 된다. 그러므로, 바울은 여기에서 성령에 의해서 그리고 성령으로 충만하게 된다는 것을 말하고 있다.

다섯 개의 분사들은 성령에 의해(by) 충만하게 되거나 성령으로(with) 충만해야 하는 주동사와 관련되는데, 이 분사들은 (1) 시를 말하며 (2) 찬송하며 (3) 신령한 노래를 하고 (4) 감사하고, (5) 복종하는 것이다. 이 분사들을 어떻게 이해해야 하는가? 이것들은 결과를 가리키는가? 아니면, 수단으로 해석해야 하는가? 이 두 선택 모두 합리적이어서, 결정하기가 어렵다. 아마도 이 두 범주가 도움이 되지 않을 수도 있다. 왜냐하면 둘 다 맞을 수도 있기 때문이다. 또한, 바울이 의도했던 것보다 우리가 더 세심하게 분류하고 있을지도 모른다. 우리는 성령 안에서의 삶에 기쁨이 수반된다는 것을 알게 되는데, 찬송과 노래들을 부르고 감사하기 때문이다. 우리는 역시 신자들이 서로에게 복종하는 것을 발견하는데, 이것은 공동체로서 교회의 삶을 의미하고, 교회 안에서 신자들은 서로에게 복종한다는 것을 보여준다. 성령을 가진 사람들은 자신들의 이기적인 뜻을 다른 사람에게 부과하지 않으며 찬송과 노래들로 가득하다.

가정 내의 관계(5:22-6:9)

성령으로 충만한 사람들은 자신들이 남편과 아내(5:22-33)이든지, 아니면 부모와 자녀(6:1-4)이든지, 아니면, 종과 주인(6:5-9)이든지, 누구이든지 간에 가정 안에서 서로 화목해야 한다. 가장 긴 설명은 남편과 아내에 관한 것이다. 바울은 아내들에게 자기 남편에게 복종하도록 요청하는데(5:22-24), 오늘날 서구의 많은 사람은 이 훈계가 상당히 생소한 것처럼 보인다. 몇몇 학자들은 이 훈계가 문화적으로 1세기에 제한되어 있다고 주장하지만, 그러나 그 판단은 잘못된 것처럼 보이는데, 아내가 남편에게 복종하는 것은 교회가 그리스도에게 복종하는 것과 비교되기 때문이다. 더 나아가, 이 본문은 창세기 2:24를 인용함으로써 끝맺는데, 이 구절은 구약성경에서 결혼에 관한 한 정평이 난 본문이다. 결혼은 부모를 떠나고(그러나 버리는 것이 아님) 자신의 배우자와 합하여 한 몸이 되는 것으로 구성된다(엡 5:31). 바울은 창세기에 있는 이 진술이 그리스도와 교회에 관련된 비밀이라고 말한다(5:32). 다시 말해서, 결혼은 그리스도와 교회에 대해 감춰져 있는 무엇인가를 드러냈지만, 그러나 이제 결혼의 비밀이 밝히 드러나게 되었다는 것이다. 교회에 대한 그리스도의 관계가 결혼을 반영하는 것이 아니다. 대신에, 결혼이 교회에 대한 그리스도의 관계를 반영한다. 그러므로 교회에 대한 그리스도의 관계는 주요하고 근본적이다. 달리 말하자면, 남편에게 복종하도록 아내에게 하는 요청은 초-문화적인데(transcultural), 이 요청이 교회에 대한 그리스도의 관계를 나타내기 때문이다.

물론 복종의 의미가 심히 오해될 수도 있다. 몇몇 학자들은 이 의미를 군국주의적으로, 융통성이 없는 완고한 방법으로 잘못 이해해왔다. 그러나 중요한 것은 분명히 상호 의존의 모습이 여기에 있으며, 이 모습이 결혼의 관계를 나타낸다는 것이다(고전 7:2-5). 또한 남편은 아내에게 복종하도록 강요하는 명령을 받은 것이 아니다. 왜냐하면 아내들이 주님께 하듯이 자발적으로 남편에게 복종하기 때문이다. 바울은 남편의 지도적 지위 안에 복종에 근거를 둔다(엡 5:23). 몇몇 학자들은 "머리"라는 표현이 근원을 의미한다고 주장해왔지만, 그러나 우리는 에베소서의 다른 본문에서 권위의 개념이 "머리"라는 표현 안에 있다는 것을 보았다(1:22; 4:15; 또한, 골 1:18; 2:10, 19 참조). 남편의 권위에 대한 언급으로 이해하는 것은 명확하고 논리적으로 복종하라는 부름에 일치한다. 더욱더, 남편들이 어떻게 아내들의 근원인지 알기 어렵다. 왜냐하면 남편들이 육체적으로나 영적으로 아내들의 근원이 아니기 때문이다.

바울은 그리스-로마 세계에 존재했던 위계질서의 개념을 수정하고 손질한다. 남편의 리더십은 이기적으로 자신의 길을 고집하는 리더십이 아니라, 사랑을 베푸는 권위가 되어야 한다(엡 5:25). 이 모델은 교회를 위하여 자신의 생명을 주신 교회를 향한 그리스도의 사랑이다. 남편들은 자기 자신들을 돌보는 것과 같이 아내를 소중히 여기고 양육하고 돌보아야 한다(5:28-29). 여기에서 그리스도와 남편들 사이의 불연속성 역시 인식하는 것은 중요하다. 남편들은 자기의 아내들을 구원하지 않지만, 그러나 그리스도는 교회의 구원자이다(5:23). 그리스도와 교회의 관계가 여기에서 중요한 역할을 한다. 그리스도의 독특한 역할은 그리스도가 교회를 거룩하게 하고 깨끗하게 씻는다는 점에서 나타난다(아마도 세례 안에서, 5:26). 동시에, 그리스도는 교회를 종말론적으로 잘 보호하여, 그 결과 마지막 날에 교회가 신부처럼 아름답고 흠이 없게 될 것이다(5:27).

자녀들은 "주 안에서" 부모들에게 "순종하도록" 명령을 받는다(6:1). "주 안에서"라는 표현은 "부모"라는 용어가 아니라, 동사를 수식한다. 모든 불신자는 일반적으로 부모에게 순종하는 것이 옳은 것이라고 동의한다. 6:2-3에서 십계명의 다섯 번째 계명이 소개된다(출 20:12; 신 5:16). 바울은 구약의 율법이 폐기되었다고 주장하면서, 왜 구약의 명령을 인용하는가(엡 2:15)? 율법의 도덕적 규범이 그리스도의 법의 구성 요소로서 예수 그리스도의 교회를 위하여 계속해서 권위가 있으므로, 바울이 그렇게 하는 것이다. 바울은 순종하는 자녀들에게 장수를 약속하는가? 아마도 그럴 수 있다. 그러나 가장 좋은 대답은 바울서신 안에 일반적으로 나타나는 것처럼(롬 4:13 참조), 땅이 하늘의 기업을 의미한다는 것이다. 자녀들의 순종은 이들이 하나님에게 속한다는 증거이며, 순종하는 사람들은 영원히 새 창조의 일부가 될 것이다. 아버지들은 자기 자녀들을 주의 일들 안에서 훈련해야 하며, 동시에 이 아버지들은 자녀들에게 좌절감을 심어주는 완벽주의를 경계해야 한다(6:4).

우리는 고린도전서 7:17-24에서 그리스-로마 세계에 있었던 노예 제도에 대해 논의했다. 6:5-9에서 바울은 이 이슈를 다시 이야기한다. 바울은 결코 노예 제도를 승인하지 않으며, 이러한 제도는 하나님의 선한 창조에 근거하지 않는다. 즉, 이 제도는 인간의 사악한 제도이다. 우리의 관점에서 이 문제를 이해하자면, 왜 초기 기독교인들이 혁명을 지지하지 않았는지 우리는 의아해할 수 있다. 그러나 우리는 이 당시 사회는 자본주의나 민주주의 사회가 아니었음을 기억해야 한다. 물론 이렇게 주장한다고 해서, 시스템이 잔인하고 비인간적이며 악하다는 것을 잠시라도 부정하는 것이 아니다. 분명히, 종들은 주인들에게 순종하도록 요구를 받는다. 하지만, 이 권면의 핵심은 종들이 근본적으로 자신들의 주인이 아니라, 주님을 섬기는 것에 있다. 그리스도의 종으로서 신자들이 하는 모든 일은 주님의 영광을 위한 것이어야 한다. 동시에 주인들은 권위를 남용하지 않도록 그리고 종을 위협하지 않도록 경고를 받는다. 결국, 인간 주인들은 자신들이 행한 일에 대하여 책임을 물으시고 공평하게 심판하실, 하늘 안에 주님을 모시고 있다.

하나님의 전신 갑주를 입고 서라(6:10-24)

이 편지는 하나님의 갑옷을 입고 마귀와 영적인 세력들에 맞서라는 요청으로 끝난다. 신자들은 이러한 세력들을 견딜 힘과 능력을 갖추고 있지 않다. 의심할 여지 없이, 신자들이 직면하는 적들은 마귀인데, 이 적들은 "혈과 육"이 아니라 "하늘에 있는 악의 영들"이라는 것이다(6:12). 몇몇 학자들은 문자 그대로 악마적 존재가 보이지 않는다고 주장하지만, 그러나 이러한 이해는 성경 본문을 길들이고, 어떤 현실에 특정한 과학적 세계관을 강요하는 서구 계몽주의 사고방식을 나타낸다. 바울은 신자들을 압제하고 대적하는, 보이지 않은 마귀 세력이 있음을 분명히 믿었다.

신자들이 그리스도와 함께 죽고 그리스도와 함께 살았기 때문에(2:1-6), 이들은 우주적 권세에 맞서도록 요청을 받는다(6:11, 13, 14). 이들은 하나님의 갑옷을 입고 서 있다(6:11, 13; 또한, 사 59:17을 보라). 갑옷은 진리의 띠, 의의 호심경, 발에 있는 "평안의 복음" (엡 6:15), 믿음의 방패, 구원의 투구, 성령의 검, 그리고 기도를 포함한다. 어떤 갑옷이 무엇과 어울리는지 지나치게 규명할 필요는 없다. 왜냐하면 데살로니가전서 5:8에는 호심경이 "믿음과 사랑"이지만, 여기에서는 "의"이기 때문이다. 진리는 신자들이 추구하는 복음의 진리와 진리의 생명을 의미한다. 의는 신자들에게 주어진 의의 선물이자, 신적인 선물인 의의 생명이다. 발을 위하여, 신자들은 평화의 복음으로 무장하고 끊임없이 전할 준비가 되어 있어야 한다. 사탄의 모든 "불화살"을 막는 방패는 믿음이다(엡 6:16). 하나님의 말씀은 성령의 검이며, 이 목록에서 단 하나의 공격 무기로 나타난다. 몇몇 학자들은 기도가 어떤 특정한 갑옷과 관련이 없으므로 과연 기도가 이 갑옷의 일부인지 질문을 제기하지만, 그러나 기도는 복음의 말씀과 성도의 인내가 성취되는 수단이기 때문에, 포함되어야 한다.

이 편지는 신자들을 격려하기 위하여 방문하게 될 두기고에 대한 소식으로 끝난다. 바울은 이 신자들이 하나님의 평강과 은혜를 알게 되기를 기도하며, 은혜는 절대로 꺼지지 않을 예수 그리스도를 향한 사랑을 가진 사람들에게 남겨진다.

에베소서: 주석들

Abbott, Thomas K. *A Critical and Exegetical Commentary on the Epistles to the Ephesians and to the Colossians*. 1897. Reprinted, Edinburgh: T&T Clark, 1985.

Aletti, Jean-Noel. *Saint Paul, Epitre aux Ephesiens*. Etudes Bibliques, NS 42. Paris: J. Gabalda, 2001.

Arnold, Clinton E. *Ephesians*. ZECNT. Grand Rapids: Zondervan, 2010.

Arnold, Clinton E., Frank S. Thielman, et al. *Ephesians, Philippians, Colossians, Philemon*. ZIBBC 8. Edited by Clinton E. Arnold. Grand Rapids: Zondervan, 2002.

Barth, Markus. *Ephesians*. 2 vols. AB 34. Garden City, NY: Doubleday, 1974.

Baugh, S. M. *Ephesians*. EEC. Bellingham, WA: Lexham, 2016.

Best, Ernest. *A Critical and Exegetical Commentary on Ephesians*. ICC. Edinburgh: T&T Clark, 1998.

Bruce, F. F. *The Epistles to the Colossians, to Philemon, and to the Ephesians*. 2nd ed. NICNT. Grand Rapids: Eerdmans, 1984.

Cohick, Lynn H. *Ephesians*. NCCS. Eugene, OR: Cascade, 2010.

Donelson, Lewis R. Colossians, *Ephesians, First and Second Timothy, and Titus*. Louisville: Westminster John Knox, 1996.

Eadie, John. *A Commentary on the Greek Text of the Epistle of Paul to the Ephesians*. 3rd ed. Edinburgh: T&T Clark, 1883.

Foulkes, Francis. *Ephesians: An Introduction and Commentary*. TNTC. Reprinted, Downers Grove, IL: InterVarsity, 1956.

Fowl, Stephen E. *Ephesians: A Commentary*. NTL. Louisville: Westminster John Knox, 2012.

Hodge, Charles. *A Commentary on the Epistle to the Ephesians*. Reprinted, Grand Rapids: Eerdmans, 1994.

Hoehner, Harold W. *Ephesians: An Exegetical Commentary*. Grand Rapids: Baker Academic, 2002.

Kitchen, Martin. *Ephesians*. New Testament Readings. New York: Routledge,

1994.

Klein, William W. "Ephesians." In *Ephesians-Philemon, vol. 12 of The Expositor's Bible Commentary*, rev. ed., edited by Tremper Longman III and David E. Garland, 19-173. Grand Rapids: Zondervan, 2006.

Kreitzer, Larry J. *The Epistle to the Ephesians*. Peterborough, ON: Epworth, 1998.

Lincoln, Andrew T. Ephesians. WBC 42. Dallas: Word, 1990.

MacDonald, Margaret. *Colossians and Ephesians*. SP. Collegeville, MN: Liturgical Press, 2000.

Merkle, Benjamin L. *Ephesians*. EGGNT. Nashville: B&H Academic, 2016.

Moule, H. C. G. *The Epistle to the Ephesians*. Cambridge: Cambridge University Press, 1886.

Muddiman, John. *A Commentary on the Epistle to the Ephesians*. BNTC. New York: Continuum, 2001.

O'Brien, Peter. *The Letter to the Ephesians*. PNTC. Grand Rapids: Eerdmans, 1999.

Patzia, Arthur. *Ephesians, Colossians, Philemon*. GNC. San Francisco: Harper & Row, 1984.

Perkins, Pheme. *Ephesians*. ANTC. Nashville: Abingdon, 1997.

Roberts, Mark D. *Ephesians*. SOGBC. Grand Rapids: Zondervan, 2016.

Schnackenburg, Rudolf. *Ephesians: A Commentary*. Translated by Helen Heron. Edinburgh: T&T Clark, 1991.

Snodgrass, Klyne. *Ephesians*. NIVAC. Grand Rapids: Zondervan, 1996.

Stott, John. *The Message of Ephesians*. Downers Grove, IL: InterVarsity, 1979.

Swain, Lionel. *Ephesians*. Wilmington, DE: Michael Glazier, 1980.

Talbert, C. H. *Ephesians and Colossians*. PCNT. Grand Rapids: Baker Academic, 2007.

Thielman, Frank. *Ephesians*. BECNT. Grand Rapids: Baker Academic, 2010.

Westcott, Brooke Foss. *Saint Paul's Epistle to the Ephesians: The Greek Text with Notes and Addenda*. London: Macmillan, 1906.

Witherington, Ben, III. *The Letters to Philemon, the Colossians, and the Ephesians: A Socio-Rhetorical Commentary on the Captivity Epistles*. Grand Rapids: Eerdmans, 2007.

Wright, N. T. *Paul for Everyone: The Prison Letters: Ephesians, Philippians, Colossians, and Philemon*. 2nd ed. Louisville: Westminster John Knox, 2004.

에베소서: 연구논문(article)과 소논문(essay), 그리고 단행본들

Agnew, Francis H. "The Origin of the NT Apostle-Concept: A Review of Research." *JBL* 105 (1986): 75-96.

Allen, Thomas G. "Exaltation and Solidarity with Christ: Ephesians 1:20 and 2:6." *JSNT* 28 (1986): 103-20.

Arnold, Clinton E. "The 'Exorcism' of Ephesians 6:12." *JSNT* 30 (1987): 71-87.

———. *Power and Magic: The Concept of Power in Ephesians in Light of Its Historical Setting*. SNTSMS 63. New York: Cambridge University Press, 1989.

———. *Powers of Darkness: Principalities and Powers in Paul's Letters*. Downers Grove, IL: InterVarsity, 1992.

Asher, Jeffrey R. "An Unworthy Foe; Heroic "Eθη, Trickery, and an Insult in Ephesians 6:11." *JBL* 130 (2011): 729-48.

Barth, Markus. *The Broken Wall: A Study of the Epistle to the Ephesians*. Valley Forge, PA: Judson, 1959.

Bauckham, Richard J. "Pseudo-Apostolic Letters." *JBL* 107 (1988): 469-94.

Baugh, S. M. "A Foreign World: Ephesus in the First Century." In *Women in the Church: A Fresh Analysis of 1 Timothy 2:9-15*, edited by A. Köstenberger and T. Schreiner, 2nd ed., 13-38. Grand Rapids: Baker Academic, 2005.

———. "Marriage and Family in Ancient Greek Society." In *Marriage and Family in the Biblical World*, edited by K. M. Campbell, 103-31. Downers Grove, IL: InterVarsity, 2003.

Beale, G. K., and Benjamin Gladd. *Hidden but Now Revealed: A Biblical Theology of Mystery*. Downers Grove, IL: InterVarsity, 2014.

Best, Ernest. "Ephesians i.1 Again." In Paul and Paulinism, edited by M. D.

Hooker and S. G. Wilson, 273-79. London: SPCK, 1982.

Black, David. "The Peculiarities of Ephesians and the Ephesian Address." *GTJ* 2 (1981): 59-73.

Bockmuehl, M. *Revelation and Mystery in Ancient Judaism and Pauline Christianity*. Grand Rapids: Eerdmans, 1997.

Brannon, M. *The Heavenlies in Ephesians: A Lexical, Exegetical, and Conceptual Analysis*. LNTS. London: T&T Clark, 2011.

Caird, G. *Principalities and Powers: A Study in Pauline Theology*. New York: Oxford University Press, 1956.

Campbell, Constantine R. *Paul and Union with Christ: An Exegetical and Theological Study*. Grand Rapids: Zondervan, 2012.

Campbell-Reed, E. "Should Wives 'Submit Graciously'? A Feminist Approach to Interpreting Ephesians 5:21-33." *RevExp* 98 (2001): 263-76.

Caragounis, C. C. *The Ephesian Mysterion: Meaning and Context*. Lund: CWK Gleerup, 1977.

Carr, W. *Angels and Principalities: The Background, Meaning and Development of the Pauline Phrase "Hai Archai kai hai Exousiai."* SNTSMS 42. Cambridge: Cambridge University Press, 1981.

Cervin, R. "Does Κεφαλή Mean 'Source' or 'Authority Over' in Greek Literature? A Rebuttal." *TJ* 10 (1989): 85-112.

Collins, J. "Ephesians 5:18: What Does πληροῦσθε ἐν πνεύματι Mean?" *Presb* 33 (2007): 12-30.

Coutts, J. "Ephesians 1:3-14 and 1 Peter 1:3-12." *NTS* 3 (1957): 115-27.

Dahl, N. Studies in *Ephesians: Introductory Questions, Text-Critical Issues, Interpretation of Texts and Themes*. WUNT 131. Tübingen: Mohr Siebeck, 2000.

Darko, Daniel K. *No Longer Living as the Gentiles: Differentiation and Shared Ethical Values in Ephesians 4.17-6.9*. New York: T&T Clark, 2008.

Dawes, Gregory W. *The Body in Question: Metaphor and Meaning in the*

Interpretation of Ephesians 5:21-33. Boston: Brill, 1998.

Easton, B. "New Testament Ethical Lists." *JBL* 51 (1932): 1-12.

Gibson, J. "Ephesians 5:21-33 and the Lack of Marital Unity in the Roman Empire." *BSac* 168 (2001): 162-77.

Gombis, T. "Being the Fullness of God in Christ by the Spirit: Ephesians 5:18 in Its Epistolary Setting." *TynBul* 53 (2002): 259-71.

———. "Cosmic Lordship and Divine Gift-Giving: Psalm 68 in Ephesians 4:8." *NovT* 47 (2005): 367-80.

———. *The Drama of Ephesians: Participating in the Triumph of God*. Downers Grove, IL: InterVarsity, 2010.

———. "Ephesians 2 as a Narrative of Divine Warfare." *JSNT* 26 (2004): 403-18.

Gordon, D. "'Equipping' Ministry in Ephesians 4?" *JETS* 37 (1994): 69-78.

Gosnell, P. "Ephesians 5:18-20 and Mealtime Propriety." *TynBul* 44 (1993): 363-71.

Grudem, Wayne. "Does ΚΕΦΑΛΗ ('Head') Mean 'Source' or 'Authority Over' in Greek Literature?" *TJ* 6 (1985): 38-59.

———. "The Meaning of Κεφαλή ('Head'): An Evaluation of New Evidence, Real and Alleged." *JETS* 44 (2001): 25-65.

———. "The Meaning of Κεφαλή ('Head'): A Response to Recent Studies." *TJ* 11 (1990): 3-72.

Harris, W. Hall, III. "The Ascent and Descent of Christ in Ephesians 4:9-10." *BSac* 151 (1994): 9-10.

———. *The Descent of Christ: Ephesians 4:7-11 and Traditional Hebrew Imagery*. AGJU 32. Grand Rapids: Baker, 1996.

———. "The 'Heavenlies' Reconsidered: Οὐρανός and Ἐπουράνιος in Ephesians." *BSac* 148 (1991): 72-89.

Heil, J. "Ephesians 5:18b: 'But Be Filled in the Spirit.'" *CBQ* 69 (2007): 506-16.

Jeal, R. "A Strange Style of Expression: Ephesians 1:23." *Filología Neotestamentaria* 10 (1997): 129–38.

Kerr, A. J. "ARRABVN." *JETS* 39 (1988): 92–97.

Klein, W. *The New Chosen People: A Corporate View of Election*. Grand Rapids: Zondervan, 1990.

Köstenberger, Andreas. "The Mystery of Christ and the Church: Head and Body, 'One Flesh.'" *TJ* 12 (1991): 79–94.

———. "What Does It Mean to Be Filled with the Spirit? A Biblical Investigation." *JETS* 40 (1997): 229–40.

Kreitzer, L. Joseph. "'Crude Language' and 'Shameful Things Done in Secret' (Ephesians 5.4, 12): Allusions to the Cult of Demeter/Cybele in Hierapolis?" *JSNT* 71 (1998): 51–77.

———. *Hierapolis in the Heavens: Studies in the Letter to the Ephesians*. London: T&T Clark, 2007.

Lau, Te-Li. *The Politics of Peace: Ephesians, Dio Chrysostom, and the Confucian Four Books*. Boston: Brill, 2010.

Lincoln, Andrew T. *Paradise Now and Not Yet*. SNTSMS. Cambridge: Cambridge University Press, 1981.

———. "The Use of the OT in Ephesians." *JSNT* 14 (1982): 16–57.

Lincoln, Andrew T., and A. Wedderburn. *The Theology of the Later Pauline Letters*. New York: Cambridge University Press, 1993.

Lunde, J., and J. Dunne. "Paul's Creative and Contextual Use of Isaiah in Ephesians 5:14." *JETS* 55 (2012): 87–110.

———. "Paul's Creative and Contextual Use of Psalm 68 in Ephesians 4:8." *WTJ* 74 (2012): 99–117.

McKelvey, R. *The New Temple: The Church in the New Testament*. New York: Oxford University Press, 1969.

Miletic, S. *"One Flesh": Eph. 5:22-24, 5.31, Marriage and the New Creation*. AnBib 115. Rome: Pontifical Biblical Institute, 1988.

Moritz, Thorsten. *A Profound Mystery: The Use of the Old Testament in Ephesians*. NovTSup 85. New York: Brill, 1996.

Page, S. "Whose Ministry? A Re-Appraisal of Ephesians 4:12." *NovT* 47 (2005): 26-46.

Petrenko, Ester A. G. D. *Created in Christ Jesus for Good Works: The Integration of Soteriology and Ethics in Ephesians*. PBM. Milton Keynes, UK: Paternoster, 2011.

Reinhard, D. "Ephesians 6:10-18: A Call to Personal Piety or Another Way of Describing Union with Christ?" *JETS* 48 (2005): 521-32.

Sampley, J. Paul. *"'And the Two Shall Become One Flesh': A Study of Traditions in Ephesians 5:21-35."* Cambridge: Cambridge University Press, 1971.

Schlier, Heinrich. *Christus und die Kirche im Epheserbrief*. BHT 6. Tübingen: Mohr Siebeck, 1930.

Smith, Gary. "Paul's Use of Psalm 68:18 in Ephesians 4:8." *JETS* 18 (1975): 181-89.

Strelan, Rick. Paul, *Artemis, and the Jews in Ephesus*. BZNW 80. New York: de Gruyter, 1996.

Stuhlmacher, Peter. "'He Is Our Peace' (Eph. 2:14)—On the Exegesis and Significance of Eph. 2:14-18." In *Reconciliation, Law, and Righteousness: Essays in Biblical Theology*, 182-200. Philadelphia: Fortress, 1986.

Taylor, R. "The Use of Psalm 68:18 in Ephesians 4:8 in Light of the Ancient Versions." *BSac* 148 (1991): 319-36.

Wallace, Daniel. "Ὀργίζεσθε in Ephesians 4:26: Command or Condition?" *CTR* 3 (1989): 353-72.

Wansink, C. *Chained in Christ: The Experience and Rhetoric of Paul's Imprisonments*. JSNTSup 130. Sheffield: Sheffield Academic, 1996.

White, R. Fowler. "Gaffin and Grudem on Eph 2:20: In Defense of Gaffin's Cessationist Exegesis." *WTJ* 54 (1992): 303-20.

Wiles, G. *Paul's Intercessory Prayers: The Significance of the Intercessory Prayer*

Passages in the Letters of Paul. SNTSMS 24. Cambridge: Cambridge University Press, 1974.

Wink, Walter. *Engaging the Powers: Discernment and Resistance in a World of Domination*. Minneapolis: Fortress, 1992.

———. *Naming the Powers: The Language of Power in the New Testament*. Vol. 1 of The Powers. Philadelphia: Fortress, 1984.

———. *Unmasking the Powers: The Invisible Forces That Determine Human Existence*. Vol. 2 of The Powers. Philadelphia: Fortress, 1986.

Winter, Bruce. *Roman Wives, Roman Widows: The Appearance of New Women and the Pauline Communities*. Grand Rapids: Eerdmans, 2003.

Yee, Tet-Lim N. Jews, *Gentiles and Ethnic Reconciliation: Paul's Jewish Identity and Ephesians*. SNTSMS 130. Cambridge: Cambridge University Press, 2005.

7. 빌립보서

서론

빌립보 교회는 바울이 빌립보에 방문했을 때 세워졌다. 이에 대한 기록은 사도행전 16:11-40에서 발견된다. 빌립보서가 기록된 시기와 장소는 논쟁 중이다. 몇몇 학자들은 가이사랴, 다른 학자들은 에베소서, 여전히 또 다른 학자들은 로마를 주장한다. 이 문제를 논의할 수 있는 지면의 한계 때문에 자세하게 다룰 수 없지만, 그러나 나는 빌립보서가 그가 투옥 기간(AD 60-62년) 로마에서 기록되었다는 전통적인 견해를 지지한다. 바울이 편지를 쓰게 된 동기가 무엇일까? 분명히, 빌립보 교인들은 바울의 사역을 돕기 위하여 재정을 보냈고 바울은 이에 대하여 감사를 한다(빌 1:3-6; 4:10-20). 재정적 선물을 바울에게 주었다고 해서, 오직 이 이유 하나만으로 그가 이 편지를 보낸 것인지 확실히 설명하지 못한다. 이러한 이유뿐만 아니라, 아마도 1:12-2:30과 4:2-9에 묘사되는 것처럼, 공동체가 연합하지 못해서 회중 전체가 힘들어했고, 바울은 회중 연합을 위해 이 편지를 썼던 것 같다. 이러한 연합은 복음 전파를 위해 꼭 필요했으며, 바울이 이 편지를 기록한 또 다른 이유 중 하나였을 것이다. 우리가 3:2-4:1에 이를 때, 어조가 갑자기 바뀌는데, 우리는 거짓 교사들에 대한 경고를 발견한다. 몇몇 학자들은 이 단락에서 두 가지의 다른 반대자들이 언급된다고 생각하지만, 그러나 더 간단한 가설이 선호될 수 있을 것 같다. 이 단락 전체에 묘사된 반대자들은 갈라디아서에서 우리가 발견하는 것과 비슷한 가르침을 가진 유대주의자들이라는 것이다. 흥미롭게도, 또 다른 학자들은 이 편지에 언급된 다른 여러 주제가 빌립보서가 여러 개의 독립된 편지들로 구성된 것임을 보여준다고 주장하기도 한다. 그러나 이러한 이론은 설득력이 없으며, 나는 이 편지가 한 통의 편지로서 어떻게 함께 잘 어울리는지 보여줄 것이다. 이 편지를 전체적으로 살펴보기 이전에, 빌립보서 안에 두드러진 두 가지 주제들이 다음과 같이 제시될 수 있다.

빌립보서에 나타난 기쁨	
1:4	바울은 기쁨을 가지고 기도한다
1:18	바울은 그리스도가 선포된 것을 기뻐한다
1:25	바울은 믿음 안에서 빌립보 교인들의 기쁨을 위해 계속 살 것이다
2:2	바울이 빌립보 교인들에게 기쁨을 완성하라고 요청한다
2:17-18	바울은 빌립보 교인들과 함께 기뻐하며 그들에게 같은 기쁨을 요청한다
2:28	바울이 빌립보 교인들이 기뻐하도록 에바브로디도를 보낸다
2:29	바울이 빌립보 교인들에게 에바브로디도를 기쁨으로 영접하도록 명령한다
3:1	바울이 빌립보 교인들에게 주 안에서 기뻐하라고 말한다
4:1	바울은 빌립보 교인들이 자신의 기쁨임을 말한다
4:4	바울이 빌립보 교인들에게 주 안에서 기뻐하라고 두 번 명한다
4:10	바울은 자신을 위한 빌립보 교인들의 염려를 보고 주 안에서 기뻐한다

복음 안에서 동역함	
1:5	"너희가 복음을 위한 일에 참여함"
1:7	"너희가 다 나와 함께 은혜에 참여한 자가 됨이라"

1:27	"복음의 신앙을 위하여 협력하는 것"
2:22	"나와 함께 복음을 위하여 수고하였느니라"
2:25	"나의 형제요 함께 수고하고 함께 군사 된 자요"
3:17	"너희는 함께 나를 본받으라"
4:3	"또 참으로 나와 멍에를 같이한 네게 구하노니 복음에 나와 함께 힘쓰던 저 여인들을 돕고 또한 글레멘드와 그 외에 나의 동역자들을 도우라 그 이름들이 생명책에 있느니라"
4:15	"주고 받는 내 일에 참여한 교회가 너희 외에 아무도 없었느니라"

바로 아래의 개요는 내가 빌립보서와 관련해서 다루게 될 제목들과 약간 다르지만, 나는 이 개요가 이 편지를 이해하기에 유익한 안목을 제공한다고 생각한다.

개요	
감사의 기쁨과 결실을 위한 기도	1:1-11
복음을 나누고 나누는 것을 보는 기쁨	1:12-26
그리스도처럼 사는 기쁨	1:27-2:30
그리스도를 아는 기쁨은 성도를 거짓 교사들로부터 보호한다	3:1-4:1
평안과 희생적인 구제의 기쁨	4:2-23

서두 부분(1:1-11)

이 편지는 인사말(빌 1:1-2)과 감사 단락(1:3-8), 그리고 기도(1:9-11)로 시작한다. 몇 가지 특징이 이 인사말에 두드러진다. 바울이 이 편지를 분명히 저술하였지만, 공동 발신인으로서 바울과 디모데가 함께 언급된다. 또한, 주목할 수 있는 것은 바울이 썼던 다른 편지들과 대조적으로, 그는 자신의 사도적 권위에 대해 어떤 말도 하지 않는다는 것이다. 대신에, 바울과 디모데는 "종들"('둘로이'[*douloi*], 개역개정은 단수로 표기되었지만, 헬라어 원문은 복수임-옮긴이)로 명시된다. 그렇다면, 바울이 자신의 사도적 권위를 왜 언급하지 않는가? 특별한 이유가 있을까? 이 이유에 대하여 나는 교회가 분열로 고통받고 있었기 때문이라고 생각한다. 이런 분열의 상황 때문에, 바울은 이 편지 전체와 관련되는 주요한 주제(섬김)로 시작한다. 바울과 디모데는 종들이었으며, 이들의 목표는 믿음 안에서 다른 사람들을 세우는 것이었다. 또 다른 특징은 이 편지의 인사말에는 "감독들과 집사들"이 포함되어 있다는 것이다. 아주 놀랍게도, 우리는 바울의 다른 서신의 인사말에서 지도자들에 대한 언급을 볼 수 없다. 아마도 빌립보 교회 안에 분열이 있었기 때문에, 이 지도자들을 도입부에 언급하는 것 같다. 편지 전체를 살펴볼 때, 만약 유오디아와 순두게가 집사들이 아니라고 한다면(4:2-3), 바울은 지도자들이 잘못하고 있다는 것을 특별히 언급하지 않는 셈이다. 그러나 아마도 이 두 사람은 교회에서 중요한 일을 하고 있었고 이들이 연합과 일치를 추구하는 데 특별한 책임을 지고 있어서 언급하는 것 같다.

일반적으로 빌립보서에는 기쁨의 표현이 자주 등장한다고 알려져 있는데, 실제로 감사 단락은 기쁨으로 가득 차 있고(1:3-8), 이 기쁨은 바울의 기도에 스며들어 있다. 그는 빌립보 교인들이 "복음을 위한 일에 참여하고" 있어서 기쁨으로 가득한데, 이 참여는 처음부터 있었다(1:5). 이러한 협력의 관계는 재정적인 지원으로 표시되었지만, 그렇다고 이 협력 관계를 이러한 재정 지원만으로 축소할 수 없다. 어쨌든, 교인들의 참여는 자신들이 하나님께 속했다는 것을 분명히 보여주는 것이었고, 하나님께서 이들의 회심(conversion), 즉 "착한 일"을 시작하셨다는 것을 의미한다. 더 나아가, 하나님께서는 시작한 것을 교인들이 최종적인 구원의 성취에 이르기까지 신실하게 완성할 것임을 의미했다. 복음의 은혜 안에서 바울의 동역자들이었던 빌립보 교인들과의 교제는 그가 투옥 중이었을 때도 교인들이 그와 동일시할 정도였다. 이들이 하나님을 사랑하고 바울을 사랑했기에, 이들과 바울은 더욱 깊은 애정으로 결속되었다. 이 단락을 특징 짓는 사랑과 기쁨에 대한 표현은 초대 교회 안에서 서로 간의 관계들이 얼마나 아름다웠는지를 보여준다.

빌립보 교인들은 기독교인들로서 훌륭한 출발을 했다. 바울은 이들의 삶을 특징 짓는 사랑이 매우 명백하게 증가하고, 특히 이들의 사랑이 지식과 모든 총명으로 풍성하게 되길 기도한다(1:9-11). 만약 이들이 지식 안에서 자란다면, 이들은 모든 상황에서 무엇이 참사랑이고 옳은지 분별하여 마지막 날까지 하나님을 기쁘게 하고 책망할 것이 없는 삶을 살게 될 것이다. 이들은 의롭고 아름다운 삶을 살게 될 것이며, 이러한 삶의 방식은 그리스도가 주시는 힘에서 나오고 하나님께 영광을 돌리게 된다.

복음의 삶의 본보기로서 바울(1:12-26)

빌립보 교회 안에서 분열의 문제는 거짓 가르침과 관련되어 있지 않았다. 또한, 교회가 여러 사역자를 중심으로 편이 갈렸던 고린도 교회의 모습과도 비슷하지 않았고, 그렇다고 부자와 가난한 자가 나뉘었던 것도 아니었다. 사실, 이와 같은 이유들로 인하여 교회가 분열되었다는 증거를 우리는 가지고 있지 않다. 어쩌면, 일상생활의 사소한 싸움이 문제를 일으킨 것처럼 보인다. 어쨌든, 바울은 감옥에 있었을 때(아마도 로마에서) 자신에게 일어난 일에 관한 이야기를 나눈다. 바울은 이 이야기를 무작정 생각나는 대로 하는 것이 아니라, 빌립보 교인들을 위한 모델이자 본보기로서 자신을 소개하기 위하여서 한다.

바울은 복음을 위해 살았다. 그는 자신의 투옥이 어떻게 로마 제국의 시위대뿐만 아니라 다른 사람들에게도 복음을 전하는 원동력이 되었는지 이야기한다. 이 시위대는 아마도 바울이 감옥에 있을 때 자신을 지키던 군인들을 의미하는 것 같다. 이러한 투옥에도 불구하고 바울의 담대함을 본 다른 신자들은 두려움 없이 복음을 전할 수 있는 용기를 얻었다. 하지만, 그가 처한 상황은 복잡했는데, 로마에서 바울 주변에 있는 기독교인들 사이에서 분열이 있었기 때문이다. 몇몇 사람들은 바울이 자신들보다 더 뛰어나다는 사실에 분개하면서, 시기와 경쟁심으로 그리스도를 전파했다. 확신할 수 없지만, 어떤 면에서 이 사람들은 바울을 괴롭게 하거나 아마도 당국이 바울을 감옥에 가두는 동안 더 압제하기를 바랐을 수 있다. 그러나 다른 사람들은 바울에 대한 진정한 사랑으로 그리스도를 전했고, 하나님께서 복음을 위하여 바울이 고난을 받도록 특별히 정하셨다는 것을 알았다. 이러한 상황에 대하여 바울은 어떻게 반응했는가? 기쁨과 함께 반응했다! 동기가 좋든 나쁘든, 그리스도가 전파되고 있었다. 바울은 자신을 시기했던 사람들도 그리스도를 전파했기 때문에 기뻐했다. 아마도 그를 시기했던 사람들은 참 복음을 전하고 있었으며, 교리적인 일탈이 없었다는 것이 분명하다. 왜 바울이 이 이야기를 하고 있는가? 바울은 빌립보 교인들에게 사랑하기 어려운 사람들을 어떻게 사랑해야 하는지에 대한 본보기를 준다. 바울은 다른 사람들의 인정을 위해 살지 않았다. 그는 복음을 위하여 살았다. 그러므로 복음이 전진하고 있었을 때, 그는 자기 삶을 비참하게 만드는 사람들과 사소한 갈등을 간과할 수 있었다.

19-26절은 바울의 삶에 활력을 불어넣는 것에 중점을 둔다. 바울은 자신이 처한 상황들을 후회하거나 한탄하지 않는다. 왜냐하면 이 상황들은 비록 감옥에 갇혀 있지만, 종말론적인 구원으로 인도했기 때문이다. 믿음으로 얻은 구원은 내주하신 성령에 의해 종말론적으로 최종적으로 이루어진다. 또한, 성도들은 구원의 여정에서 다른 성도들의 기도로 인하여 힘을 얻을 수 있다. 19절은 욥기 13:16을 암시하는데, 이 구절에서 욥은 자신의 고난이 자신을 구원으로 인도할 것이라고 단언하는데, 바울의 소망도 이와 비슷하다. 바울의 목표는 삶과 죽음의 상황에서도 자신이 살아서 그리스도에게 영광을 가져오는 것이다. 바울은 아주 유명한 구절 중 하나를 말하는데, 바로

"이는 내게 사는 것이 그리스도니 죽는 것도 유익함이라"(빌 1:21)이다. 바울은 대의를 위하여 자신의 생명을 버리는 것이 아니라, 한 사람을 위하여 자신의 모든 것을 바친다. 결국 사랑은 우리가 어떻게 살고 무엇을 하는지를 통제한다. 죽는 것은 유익인데, 이 죽음이 그리스도와 더 깊고 더 친밀한 관계로 이어질 것이기 때문이다.

죽는 것이 가장 큰 기쁨의 길이다. 그러나 바울이 살아 있는 동안, 그는 다른 사람을 돕는 사역을 하였으며, 그가 한순간이라도, 영원히 그리스도를 영화롭게 하길 원했기 때문에, 그가 과연 살아있는 것을 바라야 하는지 죽는 것을 바라야 하는지 갈등하게 되었다. 여기에서 죽음은 떠나서 그리스도와 함께 있는 것을 의미하며, 이것이 가장 최고의 선이다. 하지만, 바울은 빌립보 교인들과 다른 사람들을 섬기기 위해 계속 살아야 한다고 확신하게 되었다. 또한, 바울은 다른 사람들이 믿음의 기쁨 안에서 나아가게 하려고 살았다. 여기에서 다시 한번, 바울은 모델이자 본보기로서 기능한다. 그는 이 생을 떠나서 그리스도와 함께 있는 것을 바랐지만, 그러나 그는 그리스도를 영화롭게 하고 다른 사람들이 믿음 안에서 진보하도록, 돕고 섬기기 위해 살았다.

하늘의 시민으로서 복음에 합당한 삶(1:27–2:4)

신자들은 하늘의 시민들이다. 아마도 이 편지의 가장 중심적인 훈계 안에서 이들이 복음에 합당한 삶을 살도록 권면을 받는다(1:27). 이것이 구체적으로 의미하는 것은 교회가 연합되어야 한다는 것인데, 성령 안에서 하나가 되고, 믿음 안에서 연합되어야 한다(1:28). 연합은 복음에 대한 헌신과 그리스도에 대한 충성에서 온다. 외부의 압력인, 반대자들이 초래하는 모든 압박은 공동체 내부의 관계들을 훼손하고 엉망으로 만들 수 있다. 반대자들이 누구인지 우리는 알지 못하지만, 그러나 빌립보 지역에서 바울에게 일어난 일들을 고려할 때(행 16:11-40), 이 반대는 정치적이거나 종교적일 수 있다. 어쨌든, 바울은 신자들이 구원을 얻을 것이며 반대자들은 종말론적인 파멸을 경험할 것이라고 확언한다(빌 1:29). 또한, 바울은 모든 것을 다스리시는 하나님께서 빌립보 교인들에게 믿음과 그리스도를 위한 고난의 특권(주목할 만하게!)을 주셨다는 것을 강조한다. 이 교인들은 바울이 복음을 위하여 직면했던 똑같은 고난, 즉 "그와 같은 싸움"에 동참하고 있다(1:30).

2:1-4에서 교회는 연합을 위해 부름을 받으며, 바울은 일치의 중요성을 강조하는 용어들을 사용한다. 만약 교인들이 겸손하고 자신들을 위해 살지 않고 다른 사람을 중심으로 산다면, 그리고 만약 이들이 자신들의 일보다 다른 사람들의 일들을 먼저 신경 써준다면, 바울은 기쁨으로 가득할 것이다. 연합에 대한 분명한 강조는 빌립보 교회가 분열로 어려움을 겪고 있음을 시사한다. 연합에 대한 요청은 이들이 그리스도 안에 있는 여러 수단, 즉 권면과 "사랑의 위로" 그리고 "성령의 교제"와 "긍휼이나 자비"에 뿌리를 두고 있음을 나타낸다(2:1). 연합에 대한 도전(직설법)은 실제적인 삶(명령법)을 근거로 한다.

본보기로서 그리스도(2:5-11)

빌립보서 2:5-11은 바울의 서신들 안에서 가장 고상하고 아름다운 본문 중의 하나이기 때문에 아주 유명하면서도, 학자들의 논쟁이 활발하게 일어나는 본문이다. 몇몇 학자들은 이 본문이 오직 그리스도의 구원 사역에 관한 내용만 담고 있는 것으로 이해한다. 즉, 이 학자들은 이 본문에서 그리스도가 본보기로서 제시되고 있다는 것을 부인한다. 그러나 이러한 해석이 잘못된 이분법이라는 것을 우리는 분별할 수 있다. 참으로, 2:5의 가장 자연스러운 읽기는 바울이 독자들에게 그리스도를 닮도록 촉구한다는 것이다. 또한, 그리스도를 닮도록 하는 요청은 이 단락의 요점이다! 빌립보 교회는 연합되어야 하고 다른 사람들을 위하여 살아야 한다. 여기에서 예수는 최고의 본보기로서 기능한다. 그리스도를 닮아야 한다는 것은 그리스도가 행하신 것처럼 되는 것이지만, 그렇게 된다고 해도 모든 것이 완전히 똑같지는 않다. 왜냐하면 자기 자신을 낮추는 신자들은 주님처럼 높아지지 않을 것이기 때문이다. 그런데도 고난을 받은 신자들은 그리스도와 함께 살아나게 될 것이다(3:10-11, 20-21).

대부분 학자는 6-11절이 찬송가나 신앙고백의 진술로 구성한다는 데 동의하고, 몇몇 학자들은 이 구절들이 바울이 쓴 것은 맞지만, 바울이 쓰기 이전에 있었던 진술들이라고 생각한다. 어쨌든, 우리의 임무는 이 본문을 해석하는 것이다. 이 본문은 두 개의 연으로 정확하게 나뉜다. 6-8절은 그리스도의 비하(humiliation)를 나타내며, 9-11절은 그리스도의 승귀(exaltation)를 나타낸다. 우리는 자기 자신을 낮추시는 예수와 과연 예수 그리스도가 "하나님의 본체"였다는 것이 무엇을 의미하는지에 관한 질문으로 시작한다(2:6). 이 표현은 예수가 겉으로만 하나님으로 나타났다거나 아니면, 예수가 하나님이 아니면서도 하나님의 영광을 가졌다는 것을 의미하지 않는다. 우리는 7절에서 예수가 "종의 형체"를 취하였다는 것을 알게 된다. 이것은 문맥이 분명히 증명하는 것처럼, 그가 사람이 되셨다는 것을 의미한다. 그러나 그의 인간성은 단순히 외적인 것이 아니었다. 즉, 예수는 참으로 완전히 인간이었다. 마찬가지로, 예수는 참으로 완전히 신이었다.

우리는 6절에서 예수가 완전히 하나님이었다는 또 다른 중요한 단서를 갖는다. CSB(또한, NIV와 NRSV 참조)는 예수가 "하나님과 동등됨을 취할 것으로 여기지 않았다"라고 이 구절을 올바르게 번역한다. 다시 말해, 예수는 하나님과 완전히 동등하셨지만, 그의 신성을 이용하지 않으셨다. 예수가 하나님의 본체가 되신다는 것은 그가 완전히 하나님과 동등하셨다고 말하는 또 다른 표현이다.

이 구절들 안에서 예수님은 누군가 본받아야 하는 본보기로서 기능한다. 왜냐하면 그는 자신의 권리에 집착하지 않으셨기 때문이다. 그는 완전히 하나님이셨지만(2:6), "자기를 비워 종의 형체를 가지셨고 사람들과 같이" 되셨다(2:7). 이렇게 종에 대한 언급은 이사야 53장의 주의 종을 암시할 수도 있다. 해석의 역사 안에서 몇몇 학자들은 비운다는 것이 예수가 사람이 되기 위하여 자신의 신성을 완전히 포기하는 것으로 이해했다. 그러나 이 본문은 예수가 자신의 신성을 포기하는 것에 대하여 어떤 말도 하지 않는다. 그는 인성을 취했다고 말한다. 만약 우리가 "비우다"라는 동사를 수식하는 분사를 보면, 그는 무언가를 빼는 것이 아니라 더함으로써 비웠다. 하나님이 인성을 취하기 위하여 자기 자신을 낮추는 것이다. 예수의 신적인 속성들은 그가 이 땅에 있을 때 가리어져 있거나 항상 행사하지 않으셨지만, 그렇다고 그는 자신의 신성을 포기하지 않았다.

하나님의 아들은 자신의 신성을 이용하지 않았지만, 사람이 되심으로써 그 자신을 비우셨다. 사람으로서, 그는 왕으로 대접받고 존경받을 수 있었다. 그러나 그 대신에 그는 죽기까지 복종하시면서 "자기를 낮추셨다." 그는 기꺼이 죽으실 뿐만 아니라, 그는 가장 수치스럽고 고통스러운 십자가 죽음을 당하셨다. 키케로(Cicero)는 이 십자가는 "가장 잔인하고 역겨운 형벌"이었다고 말했다(*Against Verres* 2.5.169). 요세푸스(Josephus) 역시 이 죽음을 "가장 불쌍한 죽음"이라고 말했다(*J.W.* 7.203). 빌립보 교인들은 서로를 사랑하도록 부름을 받았으며, 모델이자 최고의 모범은 십자가에서 자신을 내어 주신 그리스도의 사랑임을 바울은 강조한다.

예수가 자신을 내어 주신 사랑의 결과로서, 하나님은 "그를 지극히 높여"주시고, 그에게 "모든 이름 위에 뛰어난 이름을 주셨다"(빌 2:9). 따라서 천사와 인간을 막론하고 모든 창조물은 예수 그리스도에게 복종하고 그의 주되심을 고백한다(2:10-11). 예수를 주로 높인다고 해서 아버지를 낮춘다는 것이 아니다. 오히려, 아버지를 찬송하고 아버지에게 영광을 가져다준다. 바울이 여기에서 언급하는 구약의 본문을 살펴보면, 두 가지 사실이 분명히 나타난다. 첫째, 예수의 신성이 명확하게 묘사된다. 바울이 인용한 본문은 이사야 45:20-25이다. 이사야서와 특히 2:10-11에 대하여 놀라운 것 중 하나는 아주 명확하게 드러나는 유일신 사상이다. 여호와는 한 분이시며 유일한 참 하나님이시기 때문에(45:20-21), 모든 우상숭배는 조롱받게 된다. 유일한 한 분 하나님이 있으므로, 구원에 이르는 길은 오직 하나이다(45:22). 여호와는 주님이시기 때문에, "내게 모든 무릎이 꿇겠고 모든 혀가 맹세"하게 될 것이다(45:23). 분명히, 바울은 이 구절을 이사야서에서 가져와서, 나사렛 예수에게 적용한다. 예수 그리스도는 여호와와 같은 정체성을 공유하신다. 여호와가 경배받으시는 것처럼, 예수 역시 경배를 받는다. 바울은 바리새인으로서 유일한 한 분 하나님이 있다는 것을 매우 잘 알았다. 그러므로 우리는 유일신 사상이 포기된 것이 아니라, 우리가 처음 생각했던 것보다 더 복잡하다는 분명한 증거를 보게 된다. 하나님의 존재 안에는 복잡성(complexity)이 있다.

구약 본문은 또한 보편주의의 문제와 관련하여 도움이 된다. 빌립보서 안에서 바울은 결국 우주의 모든 피조물이 예수를 주님으로 영접하고 구원받을 것으로 생각하는가? 그의 서신들 안에서 심판에 대한 많은 확언은 이러한 이해가 바울의 의도를 잘못 해석하고 있음을 증명한다. 우리는 또한 이사야 45장에 있는 다음 두 구절에서 왜 잘못 해석하는 것인지 이유에 관하여 답을 얻게 된다. 모든 무릎이 꿇을 것이고 모든 입으로 고백하지만, "그에게 노하는 자는 부끄러움을 당할 것이다"(45:24). 다시 말해, 모든 사람은 충성을 맹세할 것이지만, 이사야나 바울 둘 다, 모두가 기뻐하면서 복종할 것으로 생각하지 않는다. 즉, 몇몇 사람들은 그의 통치를 여전히 미워할 것이고, 종말론적인 굴욕과 영원한 수치에 직면할 것이다. 그러나 회복된 이스라엘에 속한 다른 사람들은 "의롭다 함을 얻을 것이다"(사 45:25). 이들은 예수를 주님으로 기쁘게 고백할 것이며 속죄를 위한 그리스도의 죽음과 부활을 근거로 그 앞에 서게 될 것이다. 우리는 바울이 말한 요점으로 돌아와야 한다. 예수가 기꺼이 기쁨으로 하나님으로서 자신의 권리를 포기하고 다른 사람들의 구원을 위하여 고난을 받았다는 것이 하나님께서 그를 높이신 이유이다. 그렇게 최선으로 사랑하는 사람은 버림을 받지 않고 항상 상을 받는다. 독자들도 역시 마찬가지로, 비록 독자들 자신들이 주님으로 높여지지 않을 것이지만, 만약 이들이 자기 자신들을 내려놓고 다른 사람들을 사랑한다면, 상을 받게 될 것이다.

순종의 필요성(2:12-18)

그리스도의 겸손은 신자를 위한 본보기 역할을 하며, 또한 순종의 필요성을 지적한다. 이러한 순종은 신자들이 자신들의 "구원을 이루어야" 한다는 것을 의미한다(빌 2:12). 이 구절에서 구원은 분명히 미래적이며, 구원을 이룬다는 진술은 바울의 서신에서 특히 상당히 놀랄 만한 표현이다! 확실히, 바울은 사람이 무언가를 행하여 이룬 의(righteousness)에 근거하는 구원을 의도하지 않으며, 또한 오직 믿음으로 얻는 은혜로운 선물로서 구원의 개념을 제거하지 않는다(3:9 참조). 그러나 중요한 것은 이미 의의 선물을 받은 사람들은 하나님 백성으로서의 의로운 삶을 살아야 한다. 참으로, 의롭게 된 사람들은 자연스럽게 그 의의 모습이 표출되어야 한다. 그러한 살아 있는 의의 모습이 나타나지 않는 것은 진정으로 구원받은 사람의 모습이 아니다(3:12-16 참조). 바울은 그리스도 안에서 새 생명, 즉 새로운 순종의 증거가 있기를 기대했다. 또한, 2:13에서 바울이 명시하는 것처럼, 이러한 순종은 저절로 생기는 것이 아니다. 선한 일은 하나님께서 구원받은 사람 안에서 행하시기 때문에 가능한 것이다. 참으로, 하나님은 선하고 의로운 일을 하고자 하는 마음조차 수여하시기 때문에, 인간이 행하는 선에 대하여 모든 영광은 하나님에게 돌아가게 된다.

순종하고 구원을 이룬다고 했을 때, 이러한 모습은 원망하거나 논쟁하지 않는다는 것과 관련된다(2:14). 원망은 광야에서 이스라엘 백성을 특징 지우는 것이며(출 16:7-9, 12; 민 17:20, 25), 이들은 궁극적으로 약속의 땅으로 들어가지 못했다. 빌립보서 2:15에서 바울이 신명기 32:5를 인용하는 것은 매우 중요하다. 모세의 노래에서 이스라엘의 죄가 드러나는데, 이 백성들이 비난받아야 하는 존재임을 암시한다('모메타'[*mōmēta*], LXX). 사실, 광야 세대는 "하나님의 자녀가 아니요 흠이 있고 삐뚤어진 세대"였다. 바울은 바로 이 표현을 택하여, 빌립보 교인들은 "어그러지고 거스르는 세대" 가운데서 "하나님의 흠 없는 자녀"가 되기 위하여 순종해야 한다고 말한다(빌 2:15). 확실히, 바울은 신자들이 자신들의 구원을 이룬다고 생각하지 않는다. 그러나 만약 순종이 없다면, 이들은 하나님에게 속한 것이 아니라 세상에 속한 것임을 나타낸다. 신자들이 "빛들로 나타낸다"는 말은 다니엘 12:3을 암시하며, 이 구절에서 의인은 악인 중에서 하나님의 책에 기록된 이름을 가진 자들로서(12:1), 그리고 악한 세상에서 빛나는 자들로서(12:3) 드러나야 한다. 스트레스와 고통이 가득한 세상에서 신자들은 끝까지 견디고 인내해야 하며, "생명의 말씀"을 붙잡아야 한다(빌 2:16). 동시에 이들은 복음의 증인들로서 빛을 발해야 한다(마 5:16 참조). 만약 빌립보 교인들이 믿음 안에서 인내한다면, 바울은 매우 기뻐할 것이다. 왜냐하면 이들을 위한 그의 수고가 헛되지 않았기 때문이다(빌 2:16). 그는 자신의 희생이 이들의 구원으로 이어진다면 어떤 희생이라도 마다하지 않고 기꺼이 인내할 수 있었다(그리스도처럼! 2:6-11). 왜냐하면 그렇게 함으로써, 그는 기쁨으로 가득하게 될 것이며, 빌립보 교인들 역시 기쁨으로 가득할 것이기 때문이다.

디모데와 에바브로디도의 본보기(2:19–30)

교회를 깨뜨리는 분열은 신자들이 하나님의 영광과 다른 신자들의 유익을 위해 살 때 극복된다. 최고의 본보기는 예수 그리스도인데, 자신이 가졌던 존귀에 집착하지 않고 자신을 낮추어 십자가에 달려 죽으신 분이시다. 바울 역시, 복음이 동기가 되어서 자기 자신을 내어 준 사람의 본보기로서 기능한다. 이제 바울은 빌립보 교인들이 따라야 하는 본보기로서 다른 두 사람을 제시하는데, 디모데와 에바브라디도이다. 우리는 바울이 빌립보 교인들에게 보내기를 희망하는 디모데를 먼저 생각하려고 한다(2:19-24). 디모데는 자신의 이익에 몰두하거나 자기만을 사랑하지 않았기 때문에 눈에 띄는 인물이라고 할 수 있다. 그는 빌립보 교인들의 복지에 대하여 진정으로 걱정하고 염려하였다. 대부분 사람은 자신들의 삶에 대한 걱정으로 사로잡혀 있지만, 그러나 디모데는 예수 그리스도의 것들에 관하여 관심을 가졌다(2:5-11 참조). 바울은 빌립보 교인들을 섬기고 돌볼 수 있게 하려고, 디모데를 자신의 사랑하는 아들로서 보내기를 희망한다.

바울은 에바브로디도를 "나의 형제요 함께 수고하고 함께 군사 된 자"(2:25)로 지칭하면서 칭찬을 한다(2:25-30). 또한, 에바브로디도는 빌립보 교인들이 보낸 사자였으며, 바울의 필요를 돌보는 데 그리스도처럼 행동한 사람이었다. 에바브로디도가 사역하는 동안 아프게 되었는데, 이 병은 그가 거의 죽을 정도로 너무 심각했었다. 아마도 다른 사람을 위한 사랑 때문에 그는 자기 생명까지도 위협될 정도로 아팠던 것 같다. 우리가 주목할 수 있는 것은 하나님께서 에바브로디도의 생명을 살려준 것에 대한 바울의 반응에서, 바울은 삶과 죽음의 문제를 단순하게 바라보지 않았다는 것이다. 즉, 그가 살아도 되고 죽어도 아무렇지 않은 것처럼 바울은 반응하지 않는다. 바울은 에바브로디도의 회복을 알았을 때, "만약 에바브로디도가 죽었다면, 죽는 것도 역시 유익했을 것이다"라고 말하지 않는다(1:21 참조)! 대신에 그는 하나님께서 에바브로디도의 생명을 구해주심으로써, 에바브로디도와 바울 자신에게 긍휼을 베풀었다고 말한다. 물론, 죽는 것 역시 유익할 수 있지만, 그러나 죽음 또한 최후의 원수이며 슬퍼하고 애통해야 하는 것이다(고전 15:26; 롬 12:15). 어쨌든, 에바브로디도는 빌립보에 돌아갔을 때 환영을 받아야 하고 존경을 받아야 한다. 왜냐하면 그는 그리스도를 위하여 살았고, 다른 사람들을 위하여 자신의 생명을 내어놓았기 때문이다.

나쁜 본보기들을 조심하라(3:1–6)

3장은 빌립보 교인들이 피해야 하는 거짓 교사들에 대한 논의와 함께 다른 주제로 움직이는 것처럼 보이지만, 그러나 우리는 3장 전체에서, 3장과 1-2장을 연결하는 표시들을 발견하게 된다. 다시 말해서, 이 거짓 교사들은 나쁜 본보기들로 기능하고, 바울은 빌립보 교인들이 이 교사들을 닮기를 원하지 않고 바울 자신과 자신의 동역자들을 닮기를 원한다.

1절은 화제를 전환하는 기능을 하며, 해석하기가 쉽지 않다. 적어도 우리는 기뻐하도록 하는 요청은 분열을 막는 효과를 가져오며, 아마도 거짓 교사들로부터 이 교인들을 보호한다고 할 수 있다. 거짓 교사들의 문제로 전환하는 것이 갑작스러운데, 이 교사들은 꼭 교회 안에 있었던 것 같지 않다. 왜냐하면 바울이 빌립보 교인들에게 다른 구절들 안에서 교회들을 방해하고 있었던 이 교사들을 경계하라고 경고했기 때문이다. 이 교사들은 할례와 율법 준수를 옹호했기 때문에(3:2-9), 이들은 갈라디아 교회의 유대주의자들과 같은 이미지를 나타낸다. 이 교사들은 구원을 얻기 위하여 율법 준수를 주장했다. 바울은 이들을 개들과 행악하는 자들, 그리고 몸을 상해하는 자들과 동일시하면서, 이들의 악한 영향력을 암시한다. "개들"은 유대인들이 부정한 이방인들에게 일반적으로 사용했던 용어이다(마 7:6; 15:26-27 참조).

개들은 유대 문화에서 사랑스러운 동물이 아니었고, 돼지처럼 부정하게 취급되었다(출 22:31; 눅 16:21). 바울은 유대 교사들을 하나님 앞에서 부정한 개들로 여기면서 풍자적으로 표현한다. 마찬가지로 유대주의자들은 자신들이 선한 일을 행하였다고 믿었지만, 바울은 이들을 "행악하는 자들"로 여기고 거절한다(빌 3:2). 마지막으로 이들은 할례로 인하여 하나님 앞에서 칭찬받는다고 여기며, 자신들의 할례에 대하여 자랑스럽게 생각했다. 그러나 바울은 "할례"('페리토메'[*peritomē*])라는 단어에 대한 언어유희를 하는데, 헬라어 문장으로 이 유희가 분명하게 나타난다. 바울은 '페리토메'(*peritomē*[할례])를 이교도들이 자신들을 상해하였던 '카타토메'(*katatomē*)에 비교한다(신 23:1; 또한, 갈 5:12 참조). "상해하다"('카타템노'[*katatemnō*])라는 동사는 바알 선지자들의 몸을 상하게 한 것을 묘사하기 위하여 사용되었다(왕상 18:28 LXX). 바울은 한 때 자신의 할례를 주님께 대한 헌신의 표시로서 여겼었다. 그러나 이제 바울은 만약 사람들이 하나님에게 은총을 구하는 방법으로 이 할례 의식에 집착한다면, 이 의식은 이교도들이 행하는 풍습과 다름없다고 여기며 이를 안타깝게 생각하였다.

신자들은 진정한 할례자인데(롬 2:25-29 참조), 진정한 할례는 육신이 아니라 영적이므로(신 30:6), 진정으로 할례를 받은 사람들은 성령으로 말미암아 한 분이신 참 하나님을 예배하게 된다(빌 3:3). 이들은 자신들을 신뢰하지 않고 오직 그리스도 예수만을 신뢰한다. 교회를 혼란스럽게 하는 반대자들은 분명히 자신들의 자질들과 유산에 대하여 매우 자랑스러워했지만, 바울은 만약 이들이 그렇게 자랑할 만한 것을 내세우는 게임을 원한다면(고후 11장 참조), 그 역시 할 수 있고 이길 것이라고 주장한다(빌 3:4-6)! 바울은 율법에 따라 태어난 지 팔일 만에 할례를 받은 전형적인 유대인이었다(레 12:3). 그가 이스라엘 민족에서 왔을 뿐만 아니라, 그 역시 베냐민 지파에서 왔다는 것을 나타냈다. 베냐민 지파에서 이스라엘의 초대 왕(사울)이 나왔는데, 아마도 이 이름을 따서 바울의 이름은 지어졌을 것이다. 바울은 자신을 "히브리인 중에 히브리인"이었다고 말할 때(빌 3:5), 그는 아마도 자신이 모국어인 아람어를 말했다는 것을 의미할 것이다.

이 지점까지 바울은 출생과 관련된 자질들을 말하지만, 그는 이제 자신이 성취한 것을 계속해서 나열하게 된다. 그는 바리새파에 합류했는데, 사도행전(26:5)에서 그가 말하는 것처럼, 바리새인들은 "우리 종교의 가장 엄한 파"였다. 이들은 아마도 일반 사람 중에서 가장 인기 있는 사람들이었을 것이다. 앞서 언급한 것처럼, 바울의 열심은 비느하스(민 25:11)와 엘리야(왕상 19:10, 14), 그리고 맛다디아(1 Macc. 2:23-27, 50, 54, 58)의 열심을 따르는 것이었다. 바울의 열심은 교회에 대한 박해에서 분명했다. 회심하기 이전, 그는 교회를 박해하는 것에 대하여 죄책감을 느끼지 못했고, 오히려 자신의 열심을 주님을 기쁘게 하는 것으로 생각했다. 마지막으로, 바울은 "율법의 의로는 흠이 없는 자"였다(빌 3:6). 흠이 없다는 것은 죄가 없다는 것과 같은 의미가 아니다. 바울은 유별나게 토라에 헌신했으며, 이러한 헌신은 죄를 위한 희생제물을 바치는 것을 포함했다. 아마도 이렇게 제사 의식에 충실했다는 것을 함축하는 것 같다.

그리스도를 얻는 것(3:7-11)

바울의 민족적 유산과 그의 율법 준수는 그의 동시대 사람 중에서 그 자신을 더욱 돋보이게 했다. 이러한 것들은 그 자신에게 "유익"(gain)인 것처럼 보였는데, 특별히 그와 하나님의 관계에 관하여서 더 그러했다. 하지만 예수를 만난 이후에, 그는 이것 모두를 그리스도를 위하여 "해"(loss)로 여겼다. 바울은 예수가 온 세상을 "얻는 것"(gaining)과 자기 목숨을 "잃는 것"(losing)에 대하여 말하는 진술에서(막 8:36) 사용된 똑같은 단어들을 사용한다(가령, "얻음"[gain]과 "잃음"[loss]). 이전에 바울은 자신의 유산과 열심으로 세상을 얻은 것처럼 보였지만, 그러나 그는 실제로 자신의 영혼을 잃고 있었다. 그래서 그가 가졌던 모든 "유익"(gain)은 예수 그리스도를 아는 특권에 비하면 "해"(loss)였던 것이다(빌 3:7). 참으로, 바울은 다메섹 도상에서 예수를 만나기 이전에 자신이 이루었던 것과 자신이 어떤 사람이었는지를 회상하는 것처럼 보이는데, 그는 신자가 된 것을 절대로 후회하지 않았다. 오히려, 그리스도를 아는 것이 너무 고상하여 바울이 과거에 얻었던 것을 그리스도를 아는 것에 비하면 쓰레기나 배설물로 여겼을 정도이다.

바울의 목표는 그리스도가 다시 오시는 마지막 날에 그리스도 안에서 "발견"되는 것이었다. 이 은유는 마치 재판관이 발견하는 것과 같은 이미지이다(3:9). 심판 날에 재판관은 어떤 근거로 바울이 의롭다는 것을 알게 되는가? 여기에서 그는 자신이 가진 의는 율법에서 난 것이 아니며 오직 그리스도를 믿음으로 말미암은 것임을 분명히 한다. 바울은 여기에서 자세하게 설명하지 않지만, 율법을 준수하는 것에서 의가 오지 않는데, 모든 사람이 죄인이며 하나님의 명령을 지키는 데 실패하기 때문임을 우리는 다른 구절들을 통하여 알게 된다(롬 1:18-3:20; 3:23; 5:20; 7:7-25; 갈 3:10; 5:3 참조). 그러므로 하나님과의 바른 관계와 하나님과 바른 신분은 그리스도를 믿음으로 오고, 또한 무언가를 이루는 것을 통해서가 아니라 믿는 것을 통하여 온다. 삶속에서 바울의 목적은 그리스도를 알고 그의 죽음과 능력을 경험하는 것이었는데, 이것은 바울이 자신의 고난에 참여할 때 실재가 되었다. 이런 점에서 고난이 먼저 오고 그다음 영광이 온다고 할 수 있다(빌 3:10). 어떻게 해서든지, 바울의 갈망은 마지막 날 부활과 오는 시대의 생명을 얻는 것이었다(3:11).

상을 얻기 위해 달려라(3:12-16)

바울의 목표는 부활이었는데, 이 부활은 "온전함"이라는 표현과 밀접한 관련이 있다. 왜냐하면 부활의 날에 신자들은 온전하게 될 것이기 때문이다. 아마도 유대주의자들은 율법을 통하여 일종의 온전함을 주장했던 것 같지만, 그러나 이들이 정말 주장했는지 확신하기는 어렵다. 어쨌든, 바울은 이 목적을 붙잡기 위하여 온 힘을 쏟았다. 그러나 여기에서도 강조점은 그가 쏟았던 노력에 있지 않다. 왜냐하면 그는 그리스도가 먼저 그를 붙잡았기 때문에 그 노력을 했던 것뿐이다(3:12). 바울은 자신이 아직 온전함에 도달하지 못했다는 것을 인식했는데, 즉 그는 여전히 믿음의 여정 가운데 있는 순례자였다. 그러나 그는 과거에 연연하지 않았고, 하나님께서 그를 부르신 이후부터 종말론적인 상을 얻기 위하여 계속 앞으로 달려갔다(3:13-14). 다시 우리는 바울의 노력과 그의 노력을 지탱하는 하나님의 은혜 사이의 미묘한 균형을 보게 된다(2:12-13 참조). 15절은 아이러니한데, "온전한"('텔레이오이'[*teleioi*]) 사람들과 "성숙한 사람들"은 자신들이 온전하지 않다는 것을 인식한다! 몇몇 학자들은 이 문제에 관하여 혼동한 것도 사실이다. 그러나 만약 이 사람들이 기독교인들이라고 가정한다면, 이들이 믿음 안에서 계속해서 성장하고 있을 때, 하나님께서 이들에게, 역사의 맨 마지막인 종말에서만 온전함을 얻을 수 있다는 사실을 나타내시는 것으로 우리는 이해할 수 있다.

올바른 사람들을 계속해서 본받으라(3:17-4:1)

빌립보서의 중심 주제 중 하나는 우리가 1-2장에서 보았던 것처럼, 의로운 사람들을 본받는 것이다. 바울은 이 단락에서 이 주제를 다시 가져와서, 독자들에게 자기 자신과 같은 사람들을 따르고 다른 복음 메시지를 전하는 사람들로부터 피하도록 지시한다. 3:18-19에 등장하는 반대자들의 정체는 논쟁을 초래하는 주제인데, "이들이 과연 3:2-9에 묘사된 사람들과 같은 반대자들인지"에 대해서이다. 만약 그렇다면, 이들은 유대주의자들이었을 것이다. 몇몇 학자들은 우리가 새로운 반대자들을 갖게 되었다고 주장하기도 한다. 왜냐하면 묘사된 사람들은 율법을 준수하는 유대주의자들과는 대조적으로 자유분방하고 방탕한 것처럼 보이기 때문이다. 결정하기가 매우 어렵지만, 그러나 나는 여기의 반대자들은 3장에서 언급된 사람들과 똑같다는 견해를 갖고 있다. 가장 간단한 가설은 똑같은 집단이 고려된다는 것이고, 나는 왜 이러한 해석이 더 가능성이 있는지 그 이유를 아래에서 보여줄 것이다.

바울은 자기 자신을 본받으라는 부름으로 시작하지만, 그러나 이러한 요청은 바울을 본받는 것에만 국한되지 않는다(3:17). 빌립보 교인들은 바울이 세운 모범을 따르는 모든 신자를 본받아야 한다. 바울은 자기 기분에 내키는 대로 사람들이 복종하며, 자신을 추종하는 숭배자들이 되도록 하지 않는다. 우리는 이미 디모데와 에바브로디도가 본보기로서 제시된다는 것을 보았다(2:19-30). 독자들은 누가 좋은 본보기인지 관찰하고 따라야 한다. 왜냐하면 다른 방향으로 가는 많은 사람, 즉 "십자가의 원수"였던 많은 사람이 있었기 때문이다(3:18). 유대주의자들을 십자가의 적으로 규정하는 것은 놀라운 일이 아니다. 우리는 갈라디아서에서 할례에 대한 이 유대주의자들의 주장이 십자가를 폄하하는 것임을 보았다(갈 2:21; 3:1; 5:11; 6:12-14 참조). 신자들은 '의를 자신들에게서 발견하지 않고, 십자가에 달리시고 부활하신 그리스도 안에 의가 있다는 것을 아는 사람들'을 본받아야 한다.

반대자들의 잘못들은 작지 않았다. 이들의 운명은 종말론적인 멸망이었다(3:19). "그들의 신은 배"라고 말하는 것은 반드시 이들이 자유분방하였다는 것을 의미하지 않는다. 즉, 이들의 신이 자기 자신들이거나, 아마도 이들이 음식법에 초점을 맞추었다는 것을 말하는 방법일 것이다. 이들이 자랑하는 것은 부끄러운 것인데, 이들이 창조주보다 오히려 피조물을 경배하고 있고(롬 1:25), 이로써 이들은 자신들의 마음을 하늘에 두지 않고 땅에 두고 있기 때문이다.

하늘은 빌립보 신자들이 시민권을 얻는 곳인데(빌 3:20), 이러한 진술은 빌립보가 로마의 식민지였다는 사실을 자랑스럽게 생각하는 사람들에게 타격을 줄 수 있었다. 진정한 구원자는 가이사가 아니라 예수이며, 신자들은 예수의 오심을 기다리고 자신들의 소망을 로마나 다른 지상 왕국에 두지 않는다. 우리 몸의 약함과 썩어질 것은 우리를 겸손하게 하고, 예수가 와서 우리의 몸을 변화시켜 예수 자신의 형체와 같이 영화롭고 권능 있게 하시기 전에는 신자들이 기다리는 하나님 나라가 임하지 않았다는 것을 보여 준다(3:21). 죽음과 죄는 정복되어야 하고 그리스도에게 완전히 복종 되어야 한다. 물론, 바울은 빌립보 교인들이 바울 자신의 기쁨이요 면류관이자, 사랑하는 자들이라는 것을 상기시키는 것처럼(4:1), 승리는 확실하므로 이들은 확신하면서 믿음을 붙잡아야 한다.

화평과 기쁨에 대한 권면(4:2–9)

4:2-9에서 화목에 대한 명령이 주제인 것처럼 보일 정도로, 우리는 이와 관련된 몇 가지 권면들을 발견한다. 연합에 대한 요청은 이제 더욱 구체적으로 된다. 유오디아와 순두게, 이 두 여인이 사이가 안 좋았던 것 같다(4:2-3). 이 여인들은 사역 안에서 아마도 빌립보 도시 안에서 선교사나 복음 전도자들로서 중요한 역할을 했을 것이다. 이들은 "동역자들"이었으며, 바울과 함께 복음 안에서 일했다. 우리는 이들이 특별히 악한 사람들로 묘사되는 것으로 생각해서는 안 된다. 실제로 이들은 선한 사역자들로 드러난다. 글레멘드와 같은 다른 신자들도 이 두 여인 사이에 화목이 회복되는 것을

돕고 지켜보는 역할을 해야 한다.

신자들이 기뻐하도록 두 번이나 권면을 받는데, 그런 면에서 기쁨이 중심이 된다(4:4). 만약 회중이 즐거우면, 이들이 하나가 되어 분열이 없어질 것이다. 마찬가지로, 신자들은 주님이 곧 오신다는 것을 기억하면서, 자애롭고 합리적이며 포용할 수 있어야 한다(4:5). 종종 이 땅에서 매우 중요하게 보이는(물론 이 땅에서의 삶은 중요하다!) 몇몇 문제들은 영원의 빛 안에서 볼 때 논쟁할 가치가 없을 정도이다. 이 땅에서의 삶은 긴장이 많고 걱정거리로 가득 차 있다. 바울은 자신의 가장 유명한 권면 중 하나를 주는데, 신자들이 걱정을 자제하고 기도로 하나님에게 간구할 것을 촉구한다(4:6). 이러한 기도는 "감사함으로" 드려야 한다. 왜냐하면 신자들은 하나님께서 자신들을 사랑하시고 삶의 모든 상황을 돌보시고 다스리시는 전능한 하나님이심을 알기 때문이다. 신자들이 이처럼 하나님 안에서 안식할 때, 하나님의 평강이 이들의 마음을 채우시고 견고하게 하실 것이며, "모든 지각에 뛰어난" 평강은 근심하고 초조할 수밖에 없는 이유들을 가진 사람들 위에 임하게 될 것이다(4:7). 평강이 있는 곳에 연합이 있다. 8-9절에 나타난 권면들은 "평강의 하나님"이 빌립보 교인들과 함께 계속 거하신다는 것을 확증하기 위하여 주어진다. 신자들은 참되며 경건하며 옳으며 정결하며 사랑받을 만한 것을 생각해야 한다(4:8). 바울은 9절에서 자신을 교인들을 위한 본보기로 제시하면서 이들이 따르도록 권면한다. 바울의 권면대로 사는 이 교인들은 조화롭고 평화를 이루게 될 것이다.

감사와 작별 인사(4:10-23)

바울은 편지의 서두에서 언급했던 것(1:3-8), 즉 복음 안에서 빌립보 교인들과 동역자 관계로 돌아온다. 여기에서 그는 특히 사역 안에서 자신을 돕기 위하여 이들이 보냈던 선물에 감사한다. 어떤 학자는 "감사하는 것 같지 않은(thankless) 감사"가 여기에 있다고 말했지만, 그러나 감사가 미묘하게 담겨 있다고 말하는 것이 더 좋을 것 같다. 우리가 보겠지만, 이 감사의 뉘앙스에 대한 합당한 이유가 있다. 바울은 빌립보 교인들이 자신에게 선물을 줌으로써 자신에 관한 관심을 새롭게 했을 때 자신을 가득 채웠던 기쁨으로 시작한다. 물론 이전에 바울에 대한 이들의 애정이 어느 시점에서 표시되지 않았던 것도 사실이었다. 그러나 엄밀하게 이들은 그에 대한 애정이 없어서가 아니라, 단지 그에게 선물을 보낼 "기회가 없었다."(4:10).

바울은 감사하게 생각했지만, 그러나 그는 즉각 그 선물이 정말로 필요하지 않았다고 말했다. 왜냐하면 그는 자신이 가진 것이 많든 적든 모든 상황에서 자족하는 법을 배웠기 때문이다(4:11-12). 그리스도는 모든 상황에서 견딜 수 있도록 그에게 힘과 은혜를 주셨다(4:13). 바울은 빌립보 교인들이 자신에게 주었던 선물의 가치를 떨어뜨리기 위하여 이 말을 하지 않았다. 그러나 이들에게 돈과 물질적 소유에 대한 올바른 시각을 주기 위해서 그는 이 말을 했다. 그는 오늘날 많은 건강과 부를 강조하는 설교자들처럼 이들의 선물을 간절히 원하지 않았다. 하지만, 그는 이들의 도움에 감사했고 이들의 사랑에 감사했다. 그래서 그는 어려움 속에 있는 자신을 돕는 것에 대해 이들에게 감사하는 것으로 돌아온다(4:14). 참으로 빌립보 교인들은 그의 사역을 위하여 그를 반복적으로 도왔다는 것을 명시하면서(4:15-16), 바울은 4:17에서 이들이 주었던 선물에 대하여 더 이야기한다. 무엇보다도 가장 중요한 것은 그가 받았던 선물이 아니었다. 물론 비록 그는 그 선물에 감사했지만, 그가 더욱 중요하게 생각한 것은 빌립보 교인들의 마음이었다. 선물을 주는 것은 빌립보 교인들에게 가장 유익했다! 그러나 이 교인들은 그가 이 선물을 정말 원하지 않았던 것은 아닌지 생각하면서, 그가 말한 것을 곡해해서는 안 된다. 왜냐하면 그가 이들에게서 선물을 받았기 때문에 그에게 모든 것이 있고 지금 행복하기 때문이다(4:18). 바울은 구약 언어를 사용하는데, 이들의 선물은 "받으실 만한 향기로운 제물이요 하나님을 기쁘시게 한 것"이다. 그러나 빌립보 교인들은 궁극적으로 그들 자신들을 고귀하다고 생각해서는 안 된다. 왜냐하면 하나님은 한량없는 영광 가운데에서 "너희(그들의) 모든 쓸 것을 채울 것이기" 때문이다. 즉, 하나님은 이들에게 필요한 모든 것을 줄 것이다. 하나님은 영광을 영원히 받으신다(4:20). 왜냐하면 모든 선한 것이 하나님으로부터 나오기 때문이다. 바울은 이 편지에서 교회에게 인사를 건네면서 짧은 작별 인사를 한다(4:21). 그와 함께 한 사람들이 인사말을 보냈고, 그는 "가이사의 집 사람들"의 인사를 강조한다(4:22). 이 사람들은 아마도 바울이 감옥에 있었을 때 바울의 복음 전도를 통하여 신자들이 되었을 것이다. 우리는 바울이 갇혀 있었을 때, 파수꾼에게 몇 시간 동안 그가 어떻게 행동하고 무엇을 말했을지 충분히 추측할 수 있다! 이 편지는 은혜를 위한 기도로 끝나는데, 이 은혜는 바울이 선포한 복음의 서명이자, 빌립보 교인들에게 보내는 편지를 통하여 전달된다.

빌립보서: 주석들

Barth, Karl. *The Epistle to the Philippians*. 40th anniversary ed. Edited by Bruce L. McCormack and Francis Watson. Louisville: Westminster John Knox, 2002.

Beare, F. W. *A Commentary on the Epistle to the Philippians*. 2nd ed. BNTC. London: Black, 1969.

Bockmuehl, Markus. *The Epistle to the Philippians*. BNTC. London: A&C Black, 1997.

Bruce, F. F. *Philippians*. NIBC. Peabody, MA: Hendrickson, 1989.

Calvin, John. *The Epistles of Paul the Apostle to the Galatians, Ephesians, Philippians and Colossians*. Translated by T. H. L. Parker, edited by David W. Torrance and Thomas F. Torrance. Calvin's Commentaries. Grand Rapids: Eerdmans, 1965.

Carson, D. A. *Basics for Believers: An Exposition of Philippians*. Grand Rapids: Baker, 1996.

Collange, Jean-François. *The Epistle of Saint Paul to the Philippians*. Translated by A. W. Hethcote. London: Epworth, 1979.

Cousar, Charles B. *Philippians and Philemon: A Commentary*. New Testament Library. Louisville: Westminster John Knox, 2009.

Eadie, John Young William. *A Commentary on the Greek Text of the Epistle of Paul to the Philippians*. Edinburgh: T&T Clark, 1884. Reprinted, Birmingham, AL: Solid Ground Christian Books, 2005.

Fee, Gordon D. *Paul's Letter to the Philippians*. NICNT. Grand Rapids: Eerdmans, 1995.

Fowl, Stephen E. *Philippians*. THNTC. Grand Rapids: Eerdmans, 2005.

Hansen, G. Walter. *The Letter to the Philippians*. PNTC. Grand Rapids: Eerdmans, 2009.

Harmon, Matthew. *Philippians: A Mentor Commentary*. Ross-shire, UK: Christian Focus, 2015.

Hawthorne, Gerald F., and Ralph P. Martin. *Philippians*. Rev. ed. WBC. Nashville: Thomas Nelson, 2004.

Holloway, Paul A. *Philippians*. Hermeneia. Minneapolis: Fortress, 2017.

Kennedy, H. A. A. "The Epistle to the Philippians." In *The Expositor's Greek Testament*, edited by W. Robertson Nicoll, 397-474. London: Hodder & Stoughton, 1897.

Kent, Homer A. "Philippians." In *Ephesians through Philemon*, vol. 11 of The Expositor's Bible Commentary, edited by Frank E. Gaebelein, 95-159. Grand Rapids: Zondervan, 1978.

Lightfoot, J. B. *Saint Paul's Epistle to the Philippians*. London: Macmillan & Co., 1898.

Martin, Ralph P. *Philippians: An Introduction and Commentary*. TNTC. Downers Grove, IL: InterVarsity, 2007.

Melick, Richard R. *Philippians, Colossians, Philemon*. NAC 32. Nashville: Broadman & Holman, 1991.

Michael, John Hugh. *The Epistle of Paul to the Philippians*. MNTC. London: Hodder & Stoughton, 1928.

Motyer, Alec. *The Message of Philippians*. BST. Downers Grove, IL: InterVarsity, 1997.

O'Brien, Peter T. *The Epistle to the Philippians: A Commentary on the Greek Text*. NIGTC. Grand Rapids: Eerdmans, 1991.

Reumann, John H. P. *Philippians: A New Translation with Introduction and Commentary*. AB 33. New Haven: Yale University Press, 2008.

Silva, Moisés. *Philippians*. 2nd ed. BECNT. Grand Rapids: Baker Academic, 2005.

———. "Philippians." In *Commentary on the New Testament Use of the Old Testament*, edited by G. K. Beale and D. A. Carson, 835-39. Grand Rapids: Baker Academic, 2007.

Thompson, James, and Bruce W. Longenecker. *Philippians and Philemon: A Commentary*. PCNT. Grand Rapids: Baker Academic, 2016.

Thurston, Bonnie B., and Judith M. Ryan. *Philippians and Philemon*. SP. Collegeville, MN: Liturgical Press, 2005.

Vincent, Marvin R. *A Critical and Exegetical Commentary on the Epistles to the Philippians and to Philemon*. ICC. New York: C. Scribner's Sons, 1897.

Witherington, Ben, III. *Paul's Letter to the Philippians: A Socio-Rhetorical Commentary*. Grand Rapids: Eerdmans, 2011.

빌립보서: 연구논문(article)과 소논문(essay), 그리고 단행본들

Bertschmann, Dorothea H. "Is There Kenosis in This Text? Rereading Philippians 3:2-11 in the Light of the Christ Hymn." *JBL* 137 (2018): 235-54.

Bockmuehl, Markus. "'The Form of God' (Phil. 2:6): Variations on a Theme of Jewish Mysticism." *JTS* 48 (1997): 1-23.

Briones, David. "Paul's Intentional 'Thankless Thanks' in Philippians 4.10-20." *JSNT* 34 (2011): 47-69.

Burk, Denny. "On the Articular Infinitive in Philippians 2:6: A Grammatical Note with Christological Implications." *TynBul* 55 (2004): 253-74.

Capper, B. J. "Paul's Dispute with Philippi: Understanding Paul's Argument in Philippians 1-2 from His Thanks in 4.10-20." *TZ* 49 (1993): 193-214.

Croy, N. Clayton. "'To Die Is Gain' (Philippians 1:19-26): Does Paul Contemplate Suicide?" *JBL* 122 (2003): 517-31.

Fabricatore, Daniel J. *Form of God, Form of a Servant: An Examination of the Greek Noun μορφή in Philippians 2:6-7*. Lanham, MD: University Press of America, 2010.

Fee, Gordon D. "Philippians 2:5-11: Hymn or Exalted Pauline Prose?" *BBR* 2 (1992): 29-46.

Geoffrion, Timothy C. *The Rhetorical Purpose and the Political Military Character of Philippians: A Call to Stand Firm*. Lewiston, NY: Mellen Biblical Press, 1993.

Gundry, Robert H. "Style and Substance in 'The Myth of God Incarnate' according to Philippians 2:6-11." In *Crossing the Boundaries: Essays in*

Biblical Interpretation in Honour of Michael D. Goulder, edited by Stanley Porter, Paul Joyce, and David E. Orton, 271-93. Leiden: Brill, 1994.

Hawthorne, Gerald F. *Word Biblical Themes: Philippians*. Word Biblical Themes. Waco, TX: Word, 1987.

Heil, John Paul. *Philippians: Let Us Rejoice in Being Conformed to Christ*. Society of Biblical Literature: Early Christianity and Its Literature. Atlanta: SBL, 2010.

Hellerman, Joseph H. *Reconstructing Honor in Roman Philippi: Carmen Christi as Cursus Pudorum*. SNTSMS. New York: Cambridge University Press, 2005.

Holloway, Paul A. *Consolation in Philippians: Philosophical Sources and Rhetorical Strategy*. SNTSMS 112. New York: Cambridge University Press, 2001.

Hoover, Roy W. "Harpagmos Enigma: A Philological Solution." *HTR* 64 (1971): 95-119.

Jewett, Robert. "Conflicting Movements in the Early Church as Reflected in Philippians." *NovT* 12 (1970): 362-90.

Keown, Mark J. *Congregational Evangelism in Philippians: The Centrality of an Appeal for Gospel Proclamation to the Fabric of Philippians*. PBM. Milton Keynes, UK: Paternoster, 2008.

Martin, Ralph P. *A Hymn of Christ: Philippians 2:5-11 in Recent Interpretation and in the Setting of Early Christian Worship*. Downers Grove, IL: InterVarsity, 1997.

Oakes, Peter. *Philippians: From People to Letter*. SNTSMS 110. New York: Cambridge University Press, 2001. Palmer, D. W. "To Die Is Gain (Philippians 1:21)." NovT 17 (1975): 203-18.

Perkins, Pheme. "Philippians: Theology for the Heavenly Politeuma." In *Pauline Theology*, vol. 1, *Thessalonians, Philippians, Galatians, Philemon*, edited by Jouette M. Bassler, 89-104. Minneapolis: Fortress, 1991.

Peterman, Gerald W. "'Thankless Thanks': The Epistolary Social Convention in Philippians 4 (1997): 10-20." *TynBul* 41 (1991): 261-70.

Pilhofer, Peter. *Philippi*. WUNT 87. Tübingen: Mohr Siebeck, 1995.

Rapske, Brian. *The Book of Acts and Paul in Roman Custody*. The Book of Acts in Its First-Century Setting. Grand Rapids: Eerdmans, 1994.

Reed, Jeffrey T. *A Discourse Analysis of Philippians: Method and Rhetoric in the Debate over Literary Integrity*. JSNTSup 136. Sheffield: Sheffield Academic, 1997.

Reumann, John H. P. "Philippians 3.20-21–A Hymnic Fragment?" *NTS* 30 (1984): 593-609.

Strimple, Robert B. "Philippians 2:5-11 in Recent Studies: Some Exegetical Conclusions." *WTJ* 41 (1976): 247-68.

Sumney, Jerry L. *Philippians: A Greek Student's Intermediate Reader*. Peabody, MA: Hendrickson, 2007.

Tellbe, Mikael. "The Sociological Factors behind Philippians 3.1-11 and the Conflict at Philippi." *JSNT* 55 (1994): 97-121.

Ware, James P. *Paul and the Mission of the Church: Philippians in Ancient Jewish Context*. Grand Rapids: Baker Academic, 2011.

Witherington, Ben, III. *Friendship and Finances in Philippi: The Letter of Paul to the Philippians*. NTC. Valley Forge, PA: Trinity Press International, 1994.

Wright, N. T. "Harpagmos and the Meaning of Philippians 2:5-11." *JTS* 37 (1986): 321-52.

8. 골로새서

서론

몇몇 학자들은 바울이 골로새서를 썼다는 것을 의심한다. 이 책의 목적은 그러한 질문들을 검토하는 것이 아니다. 하지만, 나는 바울이 이 책의 저자임을 지지하는 좋은 논거들이 존재한다고 믿으며, 이어지는 논의에서 바울의 저작성은 당연한 것으로 여겨질 것이다. 바울이 이 편지를 쓴 장소 역시 논란이 되고 있다. 몇몇 학자들은 에베소라고 가정한다. 물론 이것은 확실히 하나의 가능성이다. 그러나 나는 이 편지가 로마에서 기록되었다는 전통적인 견해에 동의하는데, 만약 그렇다면, 이 편지는 AD 60-62년에 기록되었을 것이다.

더 많은 토론을 촉발한 것은 이 편지를 기록하게 한 상황이다. 골로새는 아주 작은 도시였고, 분명히 바울 자신이 이 도시에 복음을 전하지 않았거나, 그는 결코 골로새 교인들을 만난 적이 없었던 것 같다(2:1). 아마도 골로새 출신인 에바브라는 바울의 사역을 통하여 기독교인이 되었을 것이며, 바울의 동역자로서, 에바브라가 그곳에 교회를 세웠을 것이다(1:7; 4:12-13). 그는 아마도 바울을 방문했을 것이고, 바울에게 골로새 안에서 일어나고 있는 일에 대하여 알렸고 그의 도움을 청했을 것이다. 에바브라가 바울을 방문하도록 한 이유, 즉 골로새에서 무슨 일이 일어났던 것인가? 학자들 대부분은 몇몇 거짓 가르침이 교회를 위협하고 있었고, 바울은 잘못된 철학에 맞서기 위하여 이 편지를 기록했다는 데 동의한다(2:8). 실제로 소수 학자는 바울이 이 편지 안에서 거짓 가르침을 반박하지 않는다고 주장하기도 하지만, 그러나 우리가 2:6-23을 볼 때, 바울은 자신이 선포한 복음을 대체하는 다른 주장을 반박하는 것이 분명한 것처럼 보인다.

거짓 교사들은 무엇을 주장하고 선포했는가? 나는 골로새에 있었던 거짓 교사들의 정체에 대하여 44가지의 다른 견해가 있다고 말하는 책을 읽었다. 이 수치는 약간 과장되긴 했지만, 그러나 우리는 즉각적으로 거짓 가르침의 본질을 분별하기가 쉽지 않다는 것을 알게 된다. 여기에서 세 가지 이론들이 언급될 것이고, 나는 이 세 가지 중 마지막의 것을 지지한다. 첫째, 골로새 교회를 도전했던 거짓 가르침은 영지주의적이라고 말하는 것이 한때 꽤 유명했지만, 발전된 상태의 영지주의적 가르침이 AD 2세기까지 일어나지 않았기 때문에, 이 견해는 오늘날 거의 들리지 않을 정도이다. 둘째, 그 거짓 가르침은 유대교와 지역 이교도 민속 신앙의 혼합이었다는 것이다. 주목할 만하게, 이 혼합된 모습은 마술과 신비 종교들의 입회 의식들, 그리고 특정 유대 관습들인데, 이것들이 이 편지에 묘사된 것처럼 보이기 때문에, 이러한 이해는 확실히 가능하고, 참으로 가장 그럴듯한 배경이 될 수도 있다.

셋째, 그러나 나는 가장 가능성 있는 해결책은 거짓 가르침이 유대 신비주의의 형태였다고 믿는다. 이러한 이해를 지지하는 많은 부분이 있다. 왜냐하면 바울은 할례(2:11)와 안식일, 그리고 절기와 초하루(2:16)를 언급하기 때문이다. 음식에 관한 규정은 유대인의 배경에도 부합한다(2:20-23). 이러한 형태의 가르침은 확실히 천사를 강조했었는데(1:16; 2:8, 10, 18, 20), 실제로, 제2성전기 유대교에 천사들에 대한 상당한 관심이 있었다. 이 거짓 가르침을 유대적인 것으로 이해하는 것은 이 편지의 실제 내용에도 관련된다. 마술은 그 거짓 가르침에서 중요했을 수 있지만, 그러나 바울은 마술과 관련된 문제를 결코 이 편지에서 언급하지 않는다. 거짓 교사들은 아마도 지식(2:4-5, 8)과 특정한 규정을 따르는 것(2:16-23), 그리고 천사들을 숭배하는 것(2:8, 10, 18, 20)이 중요하다고 강조했을 것이다. 이 모든 것을 어떻게 조합해야 하는지 결정하는 것은 어려우며, 이러한 것들을 조합하려는 다양한 이론들이 제안된다. 물론 지면의 한계 때문에 나는 아래의 주석적인 설명에서 잠정적으로 몇몇 가능한 제안만을 할 것이지만, 그러나 이 문제들에 대한 확실한 설명은 불가능하다는 것을 우리는 인식해야 한다.

우리는 골로새서의 대략적인 개요를 다음과 같이 요약할 수 있다(물론 자세한 내용은 아래에서 다루게 될 제목 안에서 설명될 것임).

개요	
새로운 생명에 대한 감사와 분별을 위한 기도	1:1-12
예수 그리스도의 위대함과 인내하라는 요청	1:13-23
이방인들에 대한 바울의 사역	1:24-2:5
너희는 그리스도 안에서 온전하다는 것을 깨달아라	2:6-23
그리스도 안에서 새로운 삶을 사는 것	3:1-4:6
마지막 인사	4:7-18

인사말과 감사(1:1-8)

이 편지에서 인사말은 바울의 다른 서신들에 나타나는 일반적인 요소들을 가진다(1:1-2). 사도로서 바울과 형제로서 디모데가 함께 발신인들로 등장하지만, 그러나 이 편지는 디모데가 아니라 바울이 저술하였다. 골로새에 있는 신자들은 성도들이면서도, "신실한 형제들"이며 바울은 이들이 그렇게 신실하게 남아 있기를 원한다.

바울은 신자들의 믿음과 사랑에 감사한다. 왜냐하면 이 믿음과 사랑은 기독교인의 삶에 중요한 특징들이었기 때문이다(1:3-4). 믿음과 사랑은 소망 때문에 생긴다(1:5). 분명히 믿음과 소망은 밀접하게 관련되고, 소망을 가진 사람들은 하나님께서 자신들에게 영생을 보장해 주셨음을 확신한다. 사랑은 또한 소망에 의존한다. 다시 말해, 신자들은 자신들의 필요가 충족될 것과 하나님께서 행복한 미래를 영원토록 약속하실 것을 알 때 사랑하게 된다. 소망은 골로새 교인들에게 선포된 복음, 즉 십자가에 달리시고 부활하신 그리스도에 대한 복음에 뿌리를 두고 있다. 골로새 교인들은 이 메시지를 들었고 받아들였다. 이 복음이 어디에서 전파되든지 열매를 맺고 자라는데 (1:6), 이러한 모습은 "생육하고 번성"하도록 인간에게 주어진 사명을 상기시켜 준다(창 1:28). 그러나 여기에서 복음의 새 창조의 능력이 보인다. 우리는 복음이 구원에 이르게 하는 하나님의 능력이라는 바울의 주장을 상기한다(롬 1:16). 골로새 교인들은 바울의 동역자인 에바브라에게서 이 복음을 배웠고(골 1:7), 이 교인들 안에 있는 사랑은 성령에게서 온다(1:8).

분별과 성장을 위한 기도(1:9–14)

거짓 교사들은 다른 복음을 주장하고 있었고, 따라서 골로새 교인들은 분별과 지혜가 필요했다. 바로 이것을 위해 바울이 기도한다. 왜냐하면 진정한 지혜는 하나님으로부터 오는 선물이기 때문이다. 바울은 지혜 그 자체에 관심이 있었던 것이 아니며, 또한 그는 관념적으로 총명을 얻기 위해 기도하는 것이 아니다. 그의 기도의 목표는 골로새 교인들이 자신들의 부름에 합당한 방법으로 살고 매일의 삶 속에서 주님을 기쁘게 하는 것인데, 이것은 이들이 "하나님을 아는 것"에서부터 자라게 됨을 의미한다(1:10). 사실, 인간은 스스로 성장할 수 있는 선천적인 능력이 없다. 그래서 바울은 이 교인들을 강화할 수 있는 하나님의 능력을 위해 기도한다. 왜냐하면 하나님은 이들이 필요한 모든 자원을 가지고 있기 때문이다. 하나님의 능력은 인내와 오래 참음을 제공하며, 신자들은 자신들에게 부어진 은혜를 깨달을 때 기쁨과 감사로 가득하게 된다. 이들은 이제 빛의 영역 안에 있고 어떤 것도 흔들 수 없는 소망, 즉 기업을 누린다(1:5).

12절의 끝부분은 '바울의 기도'에서 '신자들이 누리는 위대한 구원'으로 화제가 전환된다. 또한, 12-13절에서 우리는 신자들의 새 삶과 옛 삶을 너무 적절하게 묘사하는 빛과 흑암 대조를 보게 된다. 신자들은 "흑암"의 영역에서 건지어졌고 구원받았는데, 이 흑암 속에 있었던 이들은 마귀의 권세 아래 살았다. 이제 이들은 "아들의 나라"로 "옮겨지게" 되었다. 신자들은 새로운 왕 아래 살고 있으며 새로운 나라의 구성원들이 되었다. 여기에서 그 "나라"는 미래가 아니라 현재의 실체이며, 그 "아들"은 비록 완전히 충만하지 않지만, 이미 통치하고 있다는 것을 보여준다. 14절에서 하나님의 백성의 "속량"이라는 표현은 구원도 의미하고 하나님 백성의 자유도 함축하는데, 엄밀하게 이 표현은 출애굽과 새 출애굽 언어이다. 하나님께서 자기 백성들을 구원하는 모습은 이집트에서 이스라엘을 구원하는 사건으로 거슬러 올라간다는 것을 우리는 이전에 보았다(예를 들어, 사 48:20; 49:25). 주목할 만하게, 여기에서 속량은 외적인 원수에 초점을 맞추는 것이 아니라, 자신의 죄에 초점을 맞추는 것이다. 구속은 용서, 즉 죄로 인하여 활성화된 죄책감과 수치심으로부터 자유에 있다.

창조의 주님이자 교회의 주님으로서 그리스도(1:15-20)

여기에서 우리는 이 편지와 바울의 다른 모든 편지에서 가장 중요한 본문 중 하나에 도달한다. 대부분 학자는 1:15-20이 초기 기독교 찬송의 내용을 포함한다는 것에 동의한다. 학자들은 바울이 이 찬송을 썼는지 아니면,

다른 사람이 바울의 글을 개작하고 추가했을 것인지 논쟁한다. 우리의 목적은 문맥 안에서 해석하는 것이기 때문에, 이러한 문제가 근본적으로 중요하지 않다고 할지라도, 나는 바울이 저술한 글이라고 생각한다. 이 찬송은 다양한 방식으로 나뉘며, 여기에서 두 가지 중요한 부분이 나타나는데, 첫째, 그리스도는 창조의 주님이시며(골 1:15-17), 둘째, 그리스도는 교회의 주님(1:18-20)이라는 것이다. 거짓 가르침은 분명히 예수 그리스도의 중심성(centrality)과 충분성(sufficiency)을 훼손하였던 것 같다. 따라서 우리는 골로새서의 주제가 그리스도의 충만이라고 말할 수 있다.

우리는 그리스도를 창조의 주님으로 생각하는 것으로 시작한다(1:15-17). 그 아들은 "보이지 아니하는 하나님의 형상"인데(1:15; 또한, 고후 4:4 참조), 이 표현은 예수 그리스도가 인간에게 하나님이 어떤 분인지 나타낸다는 것을 의미한다. 요한이 말하는 것처럼, 그는 보이지 아니하는 하나님을, 본 적이 없는 사람들에게 설명한다(요 1:18). 인간은 "하나님의 형상대로" 창조되었지만(창 1:26-27), 그러나 아들은 하나님의 형상이며, 인간에게 하나님이 어떤 분인지 완벽하게 나타내고 있다. 그러므로 아들은 완전히 인간이며 완전히 하나님이다. 바울은 여기에서 지혜 전통을 사용했을 것이다. 우리는 지혜서 7:26에서 지혜는 "영원한 빛의 찬란한 광채이며 하나님의 활동력을 비춰주는 티 없는 거울이며 하나님의 선하심을 보여주는 형상"이라고 진술된다.

15b절은 그리스도를 "모든 피조물보다 먼저 나신 이"라고 이야기한다(골 1:15). 과거에 아리우스(Arius)와 오늘날 여호와증인은 이 구절과 다른 본문들을 통하여 예수가 완전히 하나님이 아니며 그는 창조되었고, 그가 존재하지 않았던 때가 있었다고 주장한다. 그러나 여기에서 "먼저 나신"이라는 단어를 사용하는 바울은 시간적인 우선순위(priority)를 염두에 두지 않는다. 만에 하나 그렇게 생각한다고 해도, 이것은 시간의 영원성에 나타난 우선순위이다. 하지만, 주요한 개념은 주권과 통치라고 할 수 있다. 또한, 어쩌면 위치적으로 우선순위가 고려될 수 있다. 히브리 문화에서 "먼저 난 자"는

권위와 주권을 누렸다. 우리는 이 모습을 시편 89:27에서 매우 분명하게 보게 되는데, 이 구절에서 시편 기자는 "내가 또 그를 장자로 삼고 세상 왕들에게 지존자가 되게 하며"라고 말하면서 다윗에게 준 주님의 약속을 나타낸다. 다윗은 초대 왕이 아니었고 바로 사울이 초대 왕이었다. 또한, 다윗은 가족 중에서 장자가 아니었다. 사실, 그는 막내였다. 그러나 그는 장자로 취급되는데, 그의 주권과 통치를 드러내기 위함이다. 마찬가지로, 창조의 장자로서 예수는 모든 창조물에 대한 통치와 권위를 가지고 있음을 나타낸다. 예수는 모든 왕에 대하여 권위를 가질 뿐만 아니라, 그는 모든 창조된 실체의 통치자이다!

골로새서 1:16은 아들로서 예수가 만물을 창조하였기 때문에 피조물이 아님을 확증한다. 사실, 바울은 "만물"이 정말로 모든 것을 의미한다는 것을 분명히 하기 위하여 큰 노력을 기울인다. 이 만물은 하늘에 있는 것과 땅 위에 있는 것 모두를 포함한다. 아들이신 예수 그리스도의 창조 없이 존재하게 된 실체의 영역은 있지 않다. 중요하게도, "보이는"과 "보이지 않는"이라는 단어들을 추가하여 어떤 피조물도 저절로 생겨나지 않았음을 증명한다. 마지막으로, "왕권들이나 주권들이나 통치자들이나 권세들"이 아들에 의해 창조되었다고 한다. 이 용어들은 지상의 통치자들을 언급할 수 있지만, 그러나 거의 모든 학자는 이것들은 거짓 교사들의 신학에서 근본적인 역할을 했던 천사의 능력을 가리킨다고 옳게 지적한다. 우리는 이 교사들이 무엇을 가르쳤는지 정확하게 모르지만, 그러나 이들은 천사를 달래거나 숭배하는 것을 분명히 강조했다(2:18). 바울은 선하든 나쁘든, 모든 천사가 그리스도에 의해 창조되었다는 것을 강조한다(비록 악한 천사들은 창조된 이후 하나님에게 등을 돌렸음에도 불구하고). 그러므로 골로새 교인들은 천사들에게 집착해서는 안 되고, 예수 그리스도를 중심에 두어야 한다. 그런데 여기에 나열된 천사들을 어떤 범주에 넣어서 명확하게 설명하기는 어렵다. 왜냐하면 구별하기 위한 정보가 우리에게 충분하지 않기 때문이다.

17절은 창조주이신 그리스도에 대한 주제로 끝맺는다. 그는 "만물보다 먼저" 계신다. 그가 창조주이기 때문에, 그는 만물이 창조되기 이전부터 존재하셨고, 따라서 만물 위에 계시는 주권자이시다. 게다가, 그는 "만물과 함께" 서 계신다. 모든 창조된 실체와 모든 원자, 그리고 모든 분자는 아들에 의해 유지되고 제자리에 고정된다. 아들은 만물을 창조했을 뿐만 아니라, 계속해서 만물을 통치하신다. 그는 만물을 창조한 다음, 자연 세계에서 만물이 펼쳐지는 것을 지켜보는 이신론적(deistic) 신이 아니다. 오히려, 그는 매 순간 우주에서 일어나는 것을 지탱하고 붙들고 인도하고 통제한다(히 1:3 참조).

그리스도는 창조의 주님일 뿐만 아니라 교회의 주님이시다(골 1:18-20). 그는 "몸인 교회의 머리"이시다(1:18). "머리"는 여기에서 근원을 의미할 수 있지만, 그러나 이 문맥 안에서(2:10 참조) 거의 확실히 권위를 의미한다. 예수는 모든 창조물을 다스리는 주권자일 뿐만 아니라, 예수 그리스도의 교회 안에서 최고이시다. 여기에서 교회는 그리스도와의 연합으로 하늘에 모인 보편 교회를 의미한다. 바울은 또한 예수가 "근본"이라고 진술하는데(1:18), 이 표현이 등장하는 구절들을 고려해보면, 예수가 새 창조의 시작이며 동시에 예수가 새 창조의 주권자이고 통치자라는 것을 나타내는 것 같다. 예수는 "죽은 자들 가운데서 먼저 나신 이"로서 새 창조의 창시자이다(계 1:5 참조). 여기에서 "먼저 나신 이"라는 단어는 새 창조가 도래했다는 것을 보여주는데, 시간상 '우선으로 앞선다'(priority)는 개념을 가진다. 죽은 자의 부활은 종말론적이며 마지막 날의 사건이다(사 25:8; 26:19; 겔 37:4-14; 단 12:1-2; 호 6:2 참조). 이 종말은 예수 그리스도 안에서 시작했지만, 아직 역사의 끝은 오지 않았다. 그리스도의 부활 목적은 그가 모든 것 안에서 처음이 되는 것이며, 만물의 "으뜸"으로 나타나는 것이다(골 1:18). 이 구절에서 우리는 다시 골로새서의 중심 주제를 보게 되는데, 이 주제는 그리스도가 신자들이 필요한 모든 것이며, 예수에 다른 어떤 것을 "더할" 여지가 없다는 것이다.

예수는 으뜸이시다. 왜냐하면 "아버지께서는 모든 충만으로 예수 안에

거하게 하시기" 때문이다(1:19). 우리가 2:9에서 보는 것처럼, "그 안에는 신성의 모든 충만이 육체로 거하신다." 아마도 거짓 교사들은 신성의 모든 "충만"이 천사를 통하여서든 아니면 음식과 음료에 대한 특정 규정들을 준수함을 통해서이든 어떤 식으로든 성취될 수 있거나 성취되어야 한다고 말하고 있었다. 그러나 바울은 모든 "충만"이 그리스도 안에 있다고 강조한다. 주님은 구약에서 장막 안에 거하는 것을 기뻐하셨지만(시 68:16), 그러나 예수는 새로운 성전이며, 이전에 성전이 가리켰던 것을 더 심오한 방법으로 성취한다.

하나님의 모든 충만은 예수 안에 있고, 예수는 완전히 신이기 때문에, 하나님은 예수를 통하여 모든 것을 자기 자신과 화목하게 하기를 기뻐하였다. 우리는 여기에서 예수가 완전한 신이셨기 때문에 십자가에서 구원 사역을 성취할 수 있었음을 보게 된다. 바울은 단순히 기능론적(functional) 기독론을 고수하지 않았다. 왜냐하면 존재론([ontology], 예수의 신성)은 분명히 예수가 행한 사역의 기초이기 때문이다. 화평과 화목은 그의 피를 통하여, 그리고 십자가에서 그의 죽음을 통하여 성취되었다. 십자가에서 성취된 사역을 믿지 않고서, 누구도 예수 안에 있는 하나님의 임재의 충만함을 누릴 수 없었다. 여기에서 놀라운 것은 화해가 이루어진 것은 하늘과 땅 그리고 천사와 인간을 포함하는, 보편적인 성격을 갖는다는 것이다. 다시 말해, 악한 천사들이 이 화해 사역에 포함된다. 몇몇 학자들은 여기에서 바울이 보편주의(universalism)를 가르치고, 모든 사람은 결국 하나님과 화해하여 아무도 하나님에게서 소외되지 않을 것임을 가르친다고 결론을 내린다. 그러나 바로 그 다음 구절들은 사람이 최종적인 구원을 위하여 끝까지 견뎌야 한다고 지적하므로(골 1:21-23), 보편주의는 배제된다. 게다가, 바울서신 안에 나타난 심판에 대한 많은 본문은 그렇게 쉽게 설명될 수 없다. 또한, 많은 해석자는 믿음과 회개 안에서 주님에게 기쁘게 순종하는 모든 사람이 하나님과 화평을 누릴 것이지만, 그의 통치를 거스르는 자들은 정복되고 억제되며 제압될 것이라고 옳게 이해해왔다. 즉, 이러한 모습이 바울이 가르치는 것이며, 모든 것이 화목하게 될 것이라는 의미이다. 악의 전초기지는 패배할 것이라는 의미에서 온 우주는 화해될 것이다. 즉, 악은 없어지고 억제되고 사로잡혀질 것이다.

끝까지 인내하라(1:21-23)

화목이 신자들의 상황에 포함되고, 이들에게 화목이 요구된다는 것은 1:21-23에서 설명된다. 회심 이전 신자들은 하나님과 화목하지 않고 오히려 적대적이었다. 이들은 하나님과 화목하지 않고 그와 멀어진 상태였으며, 또한 하나님에 대한 이들의 적개심과 이로 인해 그와 떨어진 소외의 상태였다. 이러한 상태는 이들의 삶 속에서 행해지는 악 안에서 분명히 나타났다. 우리가 바울서신 안에서 자주 보았던 것처럼, 바울은 "그러나 이제는"(1:22, 헬라어 원문에는 "그러나"가 있음-옮긴이)이라는 표현으로, "그때"(then)와 "지금"(now)을 비교한다. 이제 신자들은 화목하게 되었으며 이제 이들은 하나님과 친구가 되었고, 이제 이들은 그와 화평의 관계가 되었지만, 그러나 이러한 화평은 엄청난 대가가 따랐다. 예수는 육신으로 고난과 죽음을 견뎠는데, 이에 대한 목적은 신자들이 마지막 날에 "거룩하고 흠 없고 책망할 것이 없는" 존재로서 세우려는 것이었다. 그러나 이들이 마지막 날까지 이렇게 세워지기까지는 인내가 필요하다. 신자들은 "복음의 소망" 안에서 계속해서 견디고 굳게 서야 한다(1:23). 구원을 가져오는 화해는 자동적인 것이 아니다. 여기에는 인내가 필요한데, 이 인내는 하나님의 은혜 안에서 계속 머무는 것 말고 다른 어떤 것으로 이해될 수 없다. 골로새 교인들이 들었던 복음은 "천하 만민"에게 선포되었는데, "천하 만민"에게 선포되었다는 것은 분명히 세상의 모든 사람이 이 복음을 들었다는 것을 의미하지 않는다. 우리는 로마서 10:18에서 비슷한 개념을 보게 되는데, 바울은 아마도 복음이 이방인들에게까지 확장되어 모든 피조물에게 이르렀다고 말하는 것 같다.

골로새 교인들의 믿음과 인내 안에서 바울의 역할(1:24–2:5)

23절은 바울이 그 자신을 복음의 "일꾼"이라고 지칭하는데, 바울은 이러한 자신의 역할을 1:24-2:5에서 더욱 확장한다. 이 단락(1:24-2:5)의 기능은 무엇인가? 이 당시 바울의 복음이 많은 사람에게 선포되고 있었는데, 거짓 교사들은 그의 복음에 의문을 제기하거나, 적어도 그의 복음을 수정하려 했던 것 같다. 우리가 골로새 교인들이 결코 바울을 만난 적이 없었다는 것을 상기할 때, 우리는 왜 그가 이방인들을 위한 사도로서 자신의 독특한 역할을 설명하는지 이해할 수 있다. 왜냐하면 골로새 교인들의 구원은 바울이 선포한 복음과 연결되어 있기 때문이다. 바울은 이 당시 로마에 투옥되어 있었는데, 그는 자신의 고난이 골로새 교인들을 위한 것임을 알린다(1:24)! 참으로, 그리스도의 몸, 즉 교회를 위하여 바울은 "그리스도의 남은 고난"에 자신의 고난으로 채우고 있었다. 이러한 표현은 약간은 과장된 것처럼 보이며, 어쩌면 바울 자신의 사역을 더욱 강조하기 위한 은유적인 표현이라는 것을 우리는 알아야 한다. 어떻게 그리스도의 고난이 부족할 수 있는가? 골로새서의 주제는 그리스도, 즉 그리스도의 인격과 사역(그의 죽음과 부활)이 골로새 교인들이 필요한 모든 것임을 나타낸다. 그 어떤 것도, 그 누구도 예수 그리스도 안에 있는 것을 보완하거나 개선할 수 없다.

바울은 그리스도의 충분성을 의심하고 있지 않으며, 그는 자기 자신을 자랑하고 있지 않다. 그는 사도로서 고유한 사명을 받았고, 그의 고난은 그리스도가 당한 고난의 결과였다. 그는 말씀을 선포했고, 이 과정에서 고난을 받았으며, 고난 속에서도 그리고 고난을 통하여 "하나님의 말씀을 이루려"(1:25) 함으로써, 그는 그리스도의 남은 고난을 채웠다. 다시 말해, 바울의 선포는 복음이 만민에게 전해지는 수단이 되었다(1:23). 예수의 고난과 예수의 죽음은 사람들을 주님과 화목하게 하였지만, 그러나 바울의 사역은 그리스도의 메시지가 이방인들에게 전해지는 수단이었다. 주님은 과거에 감춰져 있었다가 계시된 비밀을 드러내는 특별한 역할을 바울에게 맡기셨다. 이 비밀은 그리스도에 중심을 두지만(에베소서처럼), 그러나 여기에서 비밀은 유대인들과 이방인들 안에 거하시는 그리스도이다(1:27). 바울은 신자들의 소망을 다시 한번 강조하는데, 왜냐하면 이들 안에 있는 그리스도는 "영광의 소망"이시기 때문이다.

28절에서 바울은 자신의 사역이 모든 곳에 있는 모든 사람을 위한 것임을 강조한다. 새롭고 독특한 방법으로 바울에게 밝혀진 비밀은 하나님의 구원하는 목적들의 범위 안에서 이방인들을 포함했고, 바울의 사명은 예수 그리스도의 복음을 가르치고 선포하여 모든 사람이 장성하게 되는 것이었다. 바울은 자신의 사역을 특징짓는 수고와 고난을 견디게 하는 신적인 능력에 의해 활력을 얻었다(1:29). 바울은 골로새 교인들과 라오디게아 교인들, 그리고 자기 자신을 한 번도 만난 적이 없는 모든 사람을 위하여(2:1) 온 힘을 기꺼이 쏟았다. 그가 이렇게 한 이유는 신자들이 격려받고 "사랑 안에서 연합"(2:2)하도록 하기 위함이었다. 특히, 도전적인 거짓 가르침을 고려한다면, 바울은 하나님의 비밀이 예수 그리스도를 중심에 두고 있음을, 교인들이 완전히 이해하기를 원하였다. 다른 곳에서 지혜와 통찰력을 찾기가 쉬울 수 있지만, 그러나 "그 안에는 지혜와 지식의 모든 보화가 감추어져" 있었다(2:3). 다시 한번 골로새서의 주요한 주제가 나타나는데, 골로새 교인들은 그리스도 안에 있는 모든 것을 가지고 있다는 것이다. 즉, 이들이 필요한 모든 지혜와 모든 지식은 그리스도 안에 있으며, 따라서 이들은 천사를 숭배하거나 금욕을 하거나 음식을 멀리할 필요가 없다.

이제 바울은 하나님의 비밀과 모든 지혜와 지식이 그리스도 안에 있다는 것을 왜 그렇게 강조하는지 그 이유를 이들에게 알린다. 몇몇 거짓 교사들은 다른 관점을 퍼뜨리려고 했으며, 이 교사들의 주장은 진실하게 보이는 그럴듯함을 가지고 있었다(2:4). 하지만, 골로새 교인들은 바울이 함께 있지 않더라도 속아서는 안 된다. 그는 심령으로 이들과 함께 있었으며, 성령의 능력이 이들 가운데 있었다. 바울은 에바브라로부터 골로새에 있는 신자들이 잘하고 있음을 알았고, 그는 이들의 질서 있게 행함과 그리스도를 믿는 "믿음"(2:5)을 기뻐했다. 바울은 골로새 교인들이 실패했기 때문에 이 편지를 쓰지 않았다. 그는 이 교인들의 영적 상태를 근본적으로 만족해했다. 그는 이들의 상태를 잘 유지하기 위하여, 그리고 이들이 거짓 교사들 편에 서는 것을 막기 위해 이 편지를 기록했다.

끝까지 견뎌라!(2:6–10)

거짓 가르침이 손짓했지만, 그러나 바울은 골로새 교인들이 출발했던 방향으로 계속 걸어갈 것을 훈계한다. 신자들로서 이들은 "그리스도 예수를 주로 받았고" 고백했으며, 이들은 예수의 주권과 통치 아래 살아가면서 같은 방향으로 계속 나아가야 한다(2:6). 이들은 자신들의 뿌리(그리스도!)를 잃어서는 안 되며, 이들은 이제 다른 새로운 기초를 필요로 하지 않고, 이들은 계속해서 그리스도 안에서 "세움"을 받아야 한다(2:7). 여기에서 "믿음에" 굳게 선다는 것은 주관적인 신뢰에 초점을 맞추는 것이 아니다. 비록 이러한 신뢰가 확실히 함축되어 있다고 할지라도, 이 표현은 지식, 즉 이들의 믿음에 대한 교리적인 측면에 초점을 맞추는 것이다. 골로새 교인들은 자신들 안에 있는 복음에 대한 지식이 계속 성장한다면, 흔들리지 않을 것이다. 동시에 감사는 이들의 삶 속에서 넘쳐야 한다. 즉, 이들이 만약 감사하는 마음을 갖는다면, 그리고 이들이 계속 십자가에서 자신들을 위해 성취된 위대한 화해를 계속 기억한다면, 이들은 그리스도로부터 떠나지 않을 것이다.

처음으로 2:8에서 우리는 거짓 교사들이 적어도 골로새 교인들의 주의를 얻으려 시도하고 있었다는 분명한 표시를 보게 된다. 이 교사들은 이 교인들을 낚아채서 다른 철학으로 끌어들이고 사로잡으려고 했다. "철학"이라는 단어는 본질적으로 부정적인 것이 아니지만, 그러나 문맥 안에서 이 철학이 문제가 있었음을 우리는 감지할 수 있다. 근본적인 문제는 이 철학은 그리스도 중심이 아니었다는 것이다. 오히려, 이 철학은 인간의 전통에 일치했으며, 이 철학이 말하는 것들을 가지고 구원할 수 없었다. 바울은 이 철학이 "세상의 초등학문"에 기초하고 있음을 말한다. "초등학문"('스토이케이아'[*stoicheia*])이라는 단어는 우리가 갈라디아서에서 본 것처럼(4:3, 9), 해석하기가 상당히 어렵다. 이 단어는 기본 원리들, 즉 천사의 영들이나 가장 일반적으로 땅, 공기, 불, 물과 같은 우주의 구성 요소들을 가리킬 수 있다. 이 모든 것이 가능하지만, 그러나 이 표현은 영적인 세력과 관련되는 것으로 이해해야 한다. '스토이케이아'라는 이 단어는 분명히 AD 3세기까지는 악마의 영과 동일시되지 않는다. 하지만, 세상의 물질적인 요소들은 우리가 갈라디아서에서 보았던 것처럼, 영적 세력의 지배 아래 있는 것으로 생각된다. 영적인 세력들과 관련되어 있다는 개념은 이 편지에서 매우 중요한 역할을 하는 천사에 대한 강조와 일치한다.

9-10절은 왜 이방 철학이 거부되어야 하는지 그 이유를 설명한다. 하나님의 모든 충만은 그리스도 안에서 "육체로" 거하신다(1:19 참조). 신자들은 그 안에서 충만하고 온전하다(2:10). 이들이 그리스도 안에서 충만하고, 하나님의 모든 충만이 그리스도 안에 거하기 때문에, 선전되고 있는 그 철학은 거절되어야 한다. 예수가 모든 천사의 "통치자와 권세"에 대한 권위, 즉 "머리"이기 때문에 신자들은 천사의 능력으로부터 어떤 보충을 받을 필요가 없다. 예수는 천사들을 창조하였기 때문에 이 천사들을 다스리는 분이시다. 가능하지 않은 가정이지만, 만약 신자들이 예수 그리스도 안에 있는 모든 것을 잊어버리게 된다면, 이들은 그제야 다른 무엇이나 다른 사람에게 의지하

게 될 것이다. 물론 이런 일을 절대로 일어나지 않겠지만 말이다.

그리스도 안에서 새 생명과 승리(2:11–15)

바울은 그리스도 안에 있는 완전함이 무엇을 포함하는지, 그리고 그리스도 안에 있는 충분함이 무엇을 수반하는지를 설명한다. 신자들은 새 생명을 누리고 옛 삶을 뒤로 남겨놓았다. 즉, 이들의 죄는 용서를 받았다. 또한, 그리스도는 악한 영적 세력을 이기셨다. 골로새 교인들은 육체적인 할례보다 훨씬 더 나은 것을 받았다(2:11). 몇몇 학자들은 여기에서 할례는 그리스도의 죽음을 묘사한다고 생각한다. 그러나 바울은 신자들이 거듭나지 않은 사람, 옛 아담을 벗어 버렸다는 것을 의미했을 가능성이 더 크다. 즉, 그리스도는 죄 있는 본성을 끊어버린 분으로 생각되었을 것이다. 예수가 죽을 때 육체를 벗었다는 개념은 다소 가현적으로(docetic) 들리는데(가현[假現]이란 겉으로만 육체의 형태를 취하였다는 주장–옮긴이), 여기에서 강조점은 그리스도가 신자들을 위하여 성취한 일에 있다. 이 신자들은 그리스도만으로 충분한데, 옛 아담이 그리스도의 죽음으로 치명적인 타격을 입었기 때문이다.

12절은 신자들이 누리는 실체에 관하여 자세히 설명한다. 세례 안에서 신자들은 그리스도와 함께 장사되고 다시 일어났다. 신자들은 그리스도와 연합되어 있어서, 그리스도의 죽음은 이 신자들의 죽음이며 그의 부활 역시 신자들의 것이었다. 세례 의식 자체가 구원을 일으키지 않는다. 세례는 그리스도를 죽은 자 가운데에서 살리신 하나님에 대한 믿음을 동반한다(이 당시 세례는 오늘날과 달리 믿음과 동시에 이루어졌다–옮긴이). 또한, 세례는 하나님의 은혜에 의해 부여된 새 생명과 함께 영적인 할례와 연결되어 있다(신 30:6 참조). 골로새 교인들은 주변에서 주장되고 있는 철학에 주의를 기울일 이유가 없다. 왜냐하면 이 교인들은 이미 그리스도 안에서 새 생명을 얻었기 때문인데, 이들의 옛사람은 죽었고 이제는 그리스도와 함께 다시 살아나게 되었다.

이전에 골로새 교인들은 영적으로 죽었고, 이들의 할례받지 않은 육체는 한 분이신 참 하나님과 언약을 맺지 않았다는 것을 증거하지만(골 2:13), 그러나 회심 이후, 이들은 그리스도 안에서 살아나게 되었다. 이들의 범죄는 용서받게 되었다. 바울은 2:14에서 두 가지 놀랄 만한 방법 안에서 죄로부터의 자유를 강조한다. 첫째, 사람들이 하나님에게 진 빚은 차용증서(IOU)로 표현된다. 이들은 율법에 기록된 하나님의 요구인 의무를 지키지 않았다. 그러나 하나님께서는 이러한 의무들을 십자가에서 "지우시고 제하여 버리셨다." 둘째, 바꾸어 말하면, 우리가 하나님에게 진 빚은 십자가에 못 박혔는데, 이것은 이 빚이 결정적으로 영원히 탕감되었다는 것을 의미한다. 인간의 근본적인 문제는 죄이며, 신자들은 자신들의 죄가 용서받았기 때문에 그리스도 안에서 온전하게 된다.

골로새 교회를 도전했던 철학은 확실히 천사들에 대한 개념과 함께 흥미를 끌었고, 아마도 이 철학은 악한 천사를 달래는 것을 강조했을 것이다. 거짓 교사들이 가르쳤던 것이 무엇이든, 초점은 천사들에 있지 않고 예수에게 있어야 한다. 왜냐하면 예수는 십자가와 부활에서 악한 "통치자들과 권세들"을 제거하였기 때문이다(2:15). 이 악한 영적 세력들은 공개적으로 수치를 당하고 구경거리가 되었다. 바울은 로마인들이 패배한 적에 대한 승리를 축하하면서 거리에서 승리의 행진을 하는 개선 행렬의 그림을 사용한다. 이 행렬이 끝나면 적들은 죽임을 당할 것이다. 골로새 교인들은 천사들을 두려워하거나 특별히 숭배할 이유가 없었다. 왜냐하면 예수는 악한 영적인 세력들을 물리쳤기 때문이다. 이 세력들은 예수 그리스도에 비하면 실제로 약하고 불쌍하다. 이 단락의 주제는 분명한데, 그리스도는 충만하다는 것이다.

그리스도의 죽음 안에서 자유(2:16-23)

신자들은 그리스도 안에서 새 사람이 되었고, 이들의 죄는 용서를 받았고, 마귀의 세력은 결정적으로 패배했기 때문에, 이들은 음식들이나 날들 준수로 인하여 누가 비판할까 염려할 필요가 없다. 거짓 교사들은 그러한 규정들을 지지했음이 틀림없고, 이 규정들이 구약성경에서 나온 것이 분명한데, 절기들과 초하루, 그리고 안식일은 구약의 관습을 반영하기 때문이다(출 12:14; 20:8-11; 23:15, 16, 18; 민 28:11). 이러한 이해는 골로새서 2:17에 의해 확증된다. 왜냐하면 음식과 날들은 "장래 일의 그림자"로서 확인되기 때문이다. 히브리서 10:1에서 "그림자"라는 표현이 똑같이 나타나는데, 이 표현은 그리스도의 희생을 예견한 구약의 희생 제사들을 묘사하기 위해 사용되었다. 바울은 장차 올 일의 그림자로서 음식들과 날들 준수를 언급하는데, 이러한 모습은 이교도들의 의식들과 관련되지 않는다. 왜냐하면 우리는 음식과 날 준수가 구약성경의 규정들에 연결된다는 것을 확실히 알고 있기 때문이다. 특정한 음식법과 날들을 준수하는 것은 그리스도가 오시기 이전 아주 적절했지만, 그러나 그리스도는 이것들이 가리켰던 "본질"(substance)이나 "실체"(reality)이셨다. 그가 오셨기 때문에 특정한 음식법이나 날들 준수를 요구하는 것은 구원의 역사 안에서 거꾸로 거슬러 올라가는 것이며 그리스도의 충분성을 깎아내리는 것이다.

우리는 골로새서 2:18에서 거짓 철학에 대하여 더 알게 되는데, 여기에서 바울이 말하는 것의 의미는 상당히 어렵고 논쟁의 여지가 있다. 우리는 자세한 내용을 다룰 만한 지면을 가지고 있지 않기 때문에, 세부 사항을 조사하지 않고 가장 가능성이 있다고 생각되는 견해를 제시하는 것으로 만족해야 할 것이다. 거짓 교사들은 골로새 교인들에게 특정 음식들을 금하는 것을 포함하는 금욕주의를 강요하려고 시도하고 있었다(2:16). 이 교사들은 또한 금식을 명령했을 수도 있다. 아마도 이 교사들은 이러한 접근이 하나님께 더 가까이 갈 수 있다고 믿었을 것이다. 이 교사들은 또한 "천사 숭배"에 매료되었다. 몇몇 학자들은 여기에 묘사되는 것이 천사들에 의한 예배(worship by angels)이며, 골로새 교인들은 이러한 예배에 참여했을 것으로 생각한다. 하지만, 이 표현은 골로새 교인들이 천사들을 숭배하는 것을 가리킬 가능성이 더 크다. 이 철학의 유대적인 배경을 고려할 때, 이러한 장면은 상당히 이상한 것처럼 보이는데, 유대인들은 예배가 유일한 참 하나님을 위한 것이어야 함을 믿었기 때문이다. 몇몇 학자들은 이로부터 거짓 철학은 혼합주의적이었으며, 이교적인 요소들이 섞인 것이라고 결론을 내린다. 이러한 이해는 확실히 가능하지만, 그러나 나는 거짓 교사들이 자신들을 천사를 숭배하는 사람들로 여기지 않았을 것이라는 개념이 더 가능성이 있다고 믿는다. 이 교사들은 아마도 천사의 능력을 단순히 동경한다고(venerate) 주장했을 것이다. 그러나 바울의 입장에서, 천사들에 대한 이들의 과도한 관심과 중요성은 숭배와 같은 것이었다. 아마도 이러한 상황은 로마 가톨릭과 개신교 사이의 논쟁과 유사할 것이다. 로마 가톨릭은 자신들이 마리아를 공경하는 것이지, 숭배하는 것이 아니라고 말한다. 그러나 많은 개신교도는 그러한 구별은 실제로 가능하지 않다고 생각한다. 거짓 철학을 신봉하는 사람들은 금욕주의를 실천하고 천사들을 숭배하는 것이 자신의 영적 생활에 중요하다고 믿었던 것이 분명하다.

바울이 18b절에서 말하는 것은 분명히 이해하기 어렵지만, 학자 대부분은 이 철학이 환상의 중요성을 주장했다는 것에 동의한다. 아마도 거짓 교사들은 '진정으로 영적인 사람들이 환상의 영역에 접근할 수 있고, 환상과 천사 숭배, 그리고 특정한 음식을 금식함으로, 신적인 충만을 받았다'라고 말했을 것이다. 이 교사들은 의심할 여지 없이 자신들의 영성과 헌신에 깊은 인상을 받았지만, 그러나 바울은 성령이 없다면, 게으르고 "헛되이 과장"한 개념이라고 생각하면서, 이들의 시도들을 일축한다(2:18-19).

바울이 그 거짓 철학을 반박하면서, 골로새 교인들이 그리스도 안에서 누구인지 그 정체성을 상기시킨다(2:20-23). 예수의 죽음은 이 교인들의 죽음이었고, 따라서 이들은 더 이상 "세상의 초등학문"에 얽매이지 않았다(2:8, 11, 20 참조). 세상과 세상을 다스리는 영적인 세력들은 골로새 교인들을 다스릴 만한 어떠한 권위가 있지 않다. 왜냐하면 옛 사람인, 옛 아담이 그리스도와 함께 죽었기 때문이다. 교회의 적대자들이 주장하는 규례들과 규정들은 피상적이다. 이러한 것들이 부정하기 때문에, 맛보거나 만지지 말라는 명령들은 단순히 "사람의 명령과 가르침"일 뿐이다(2:22). 음식을 너무 중요하게 생각해서는 안 된다. 왜냐하면 음식은 인간의 소화 체계를 통과하여 제거되기 때문이다! 거짓 교사들의 철학은 영적이고 까다로운 것처럼 보이지만, 그러나 사실은 인간이 발명한 종교이며 금식과 금욕을 요구하는 종교였다. 비록 이러한 요구 조건들이 인간을 사로잡았고 종교적으로 보이기는 했지만, 그렇다고 이 조건들은 "방종"을 억제하지 않는다. 사실, 이러한 조건들은 자기만족을 조장하는데, 인간의 교만을 부추기기 때문이다.

위의 것들에 집중함(3:1-4)

골로새 교인들은 그리스도와 함께 죽었지만(2:11-12; 3:3), 그러나 이 교인들은 또한 그와 함께 다시 살아났다(2:13; 3:1). 이들은 예수 그리스도 안에서 필요한 모든 충분함을 가지고 있으므로, 천사를 숭배하고 금욕을 하고 특정한 날을 준수할 필요가 없다. 이 규정들은 실제로 "땅의 것"이며(3:2), "위의 것" 즉 하늘의 실체들은 신자들이 예수 그리스도 안에서 누리는 것이다. 예수는 부활하시고 통치하는 그리스도이시다. 신자들은 그와 함께 다스리고 통치한다. 그 규정들은 죽은 자를 살리려는 시도를 제안했지만, 신자들은 이미 예수 그리스도 안에서 생명에 참여하고 있다. 이 신자들의 생명은 "그리스도와 함께 하나님 안에 감추어졌다"(3:3). 그러므로 여기에는 종말론적인 기간이 존재한다. 그러나 그리스도가 나타나는 날이 올 것이며, 신자들은 영광의 충만함을 누리게 될 것이다. 그러나 지금도 그리스도는 모든 것을 충족시키는 "우리 생명"이시다(3:4).

죽고, 벗어 버림(3:5–11)

예수 그리스도 안에 있는 죽음과 생명은 실제적인 의미가 있다. 새 생명은 일상에서 구체적으로 자기 자신을 드러내는 것이다. 3:5-11에서 바울은 어떤 악들을 정죄하고 어떤 덕들은 칭찬한다. 그리스도와 함께 죽은 자들은 자신들의 삶 속에서 세상적인 것을 죽여야 한다(2:11-12, 20; 3:3). 바울은 성적인 죄를 언급하기 위해 여러 용어를 사용한다. 하나님이 정한 범위 밖의 성에 대한 욕망은 우상숭배인데, 자기 신을 기쁘게 하기 때문이다. 이러한 죄는 사소한 것이 아니다. 왜냐하면 하나님의 진노가 이 욕망을 좇는 사람들 위에 쏟아질 것이기 때문이다(3:6). 골로새 교인들이 과거에는 그러한 방법으로 살았지만, 그러나 지금 이들은 그리스도 안에 살고 있으며, 이런 것들을 버려야 한다(3:7).

신자들은 분함과 노여움과 거짓말을 포함한 모든 악한 말을 버려야 한다(3:8-9). 바울은 훈계할 때 복음을 잊지 않는다. 왜냐하면 악을 벗어 버리라는 요구는 이들이 이미 "옛 사람과 그 행위를 벗어" 버렸다는 진리에 뿌리를 두고 있기 때문이다(3:9). 옛 사람과 옛 아담, 즉 거듭나지 않은 사람이 그리스도와 함께 죽었다(2:11-12, 20: 3:3). 따라서 신자들은 예수 그리스도 안에서 부름을 받게 된다. 참으로 신자들은 옛 사람을 벗어 버릴 뿐만 아니라, 이들은 "새 사람을 입었다"(3:10). 이들은 그리스도와 함께 죽었고 그와 함께 부활했다. 이들은 완전하지 않다. 왜냐하면 이들이 하나님을 더욱 닮아가고 있다는 점에서 "새롭게" 되고 있기 때문이다. 그리스도 안에서 이들은 하나님께서 의도하신 대로 만들어지고 있다. 새 사람과 새 자아는 그리스도 그 자신이다. 그리스도 안에서 인종 범주들은 더 이상 중요하지 않고(헬라인이든 유대인이든), 할례와 같은 종교적 관습들 또한 중요하지 않다(3:11). 문화의 주류 밖에 있었서 가장 낮은 자로 여겨졌던 야만인과 스구디아인은 그리스도 안에서 하나가 되었다. "종이나 자유인"도 마찬가지이다. 우리는 골로새서의 주제를 포착하는 표현들을 발견하는데, "그리스도는 만유이요" 그리스도는 "만유 안에" 계신다는 것이다.

입는 것(3:12-17)

신자들은 그리스도와 함께 죽었고 그와 함께 다시 살아났다(2:13; 3:1). 따라서 이 신자들은 그리스도 안에서 새롭게 되었다(3:10). 그뿐만 아니라, 이제 교회는 구약성경 안에서 이스라엘의 위치를 차지한다. 이제 신자들은 하나님의 선택받은 자들이며 주님의 택함을 받은 자들이다. 이스라엘처럼, 이들은 "거룩하고" 하나님의 사랑의 대상이다(3:12). 신자들은 하나님의 사랑을 받은 자들로서 새로운 삶을 살도록 권면을 받고 있으며, 새로운 방법으로 살아야 한다. 왜냐하면 이들은 이미 주님이 사랑하는 자들이기 때문이다. 주님이 이들을 사랑하기 때문에, 이들은 "긍휼과 자비"로 살아가면서 다른 사람들에게도 그와 같은 사랑을 보여야 한다. 이들은 또한 겸손하고 온유하며 다른 사람들에게 인내해야 한다. 주님이 이들을 용서하시고 이들의 죄를 담당하였기 때문에, 이들은 다른 사람들을 용서해야 하고 어려운 사람들을 용납해야 한다(3:13).

우리는 사랑이 모든 미덕을 하나로 묶고, 그리스도 안에 있는 하나님의 친절에 대한 인간의 반응을 요약하는 미덕으로 평가된다는 사실에 놀라지 않는다(3:14). 회중 안에서, 그리스도의 한 몸 안에서, 서로의 관계 안에서, 평강이 공동체를 다스리고 감사가 공동체의 특징이 되어야 한다(3:15). 그리스도의 말씀, 즉 복음 메시지는 교회의 삶에 깊은 영향을 끼쳐야 하고, 이 메시지는 구성원들이 다양한 노래와 찬송으로 서로 가르치고 권면할 때 현실이 된다(3:16). 그리스도의 말씀 또한 신자들이 전체적으로 하나님을 찬양할 때 기쁜 노래를 통해 전파된다. 우리는 여기에서 풍성히 거하시는 그리스도의 말씀이 개인적인 경험이 아니라 교회가 전체적으로 모일 때 현실이 되는 것을 보게 된다. 골로새서는 그리스도가 만유이시며(3:11) 그분이 우리의 생명이시고(3:4), 모든 충만이 그 안에 있다는 것(2:9-10)을 강조한다. 따라서 신자들이 예수를 통하여 하나님 아버지에게 감사와 찬양을 드리는 것처럼, 우리는 말에나 행동이나 모든 일을 예수의 이름으로 해야 한다는 사실을 알게 된다.

가족 관계(3:18–4:1)

골로새서에 나타난 가족 구성원들에 대한 훈계들은 훨씬 더 간단하다고 할지라도(엡 5:22-6:4 참조), 여러 면에서 에베소서와 일치한다. 에베소서는 성령으로 충만함을 받으라고 하지만(5:18), 그러나 골로새서는 말씀으로 충만함을 받으라고 말한다(3:16). 가족 관계(골 3:18-21)와 주인과 종 사이의 관계(3:22-4:1)에 대한 논의에서, 우리는 말씀이 풍성하게 거하는 결과를 발견하게 된다. 우리가 에베소서에서 보았던 것처럼(5:22-24), 아내들은 남편에게 복종하도록 권면 되는데, 이러한 행동은 "주 안에서"(골 3:18) 합당하기 때문이다. 에베소서에 등장하는 것처럼, 사랑하고 양육하는 리더십은 남편에게 할당되고, 여자들은 이 리더십에 적응하고 지원해야 한다(골 3:19). 남편들은 특히 아내들을 괴롭게 하지 않도록 명령을 받는다. 아내들은 남편의 삶의 약점들을 인식하고 필연적으로 지적하며, 아내의 그러한 관찰을 거부해서는 안 된다. 남편들은 아내에게 등을 돌리지 말아야 하며 아내를 원망해서는 안 된다. 자녀들은 주님에게 순종하는 법을 배워야 한다. 즉, 이 자녀들은 모든 면에서 자신들의 부모에게 순종하는 것을 배우고 그렇게 함으로써 주님을 기쁘게 해야 한다(3:20). 고대 세계와 아마도 오늘날에도 어머니가 양육하고 보살피는 것처럼 행하지 않는 아버지들은 자녀들의 많은 결점을 과도하게 지적함으로써 이들을 화나게 하지 않도록 주의해야 한다(3:21). 자녀들은 결국 "낙심"하고 좌절할 수도 있다.

우리는 에베소서 6:5-9에서 종과 주인들에 대한 바울의 권면들을 보았다. 우리는 여기에서도 비슷한 명령들을 보게 된다. 에베소서 안에서 우리는 고대 세계에서 노예 제도의 역할에 대하여 논의했으며, 우리는 이 노예 제도가 결코 바울이나 어떤 성경 저자에 의해 승인된 적이 없다는 점을 분명히 발견했고, 이 논의를 다시 반복하지 않을 것이다. 이 제도는 규정되지만, 결코 칭찬 되지 않는다. 하지만, 바울은 혁명적이지 않았다(3:22-4:1). 종들은 주님을 경외하면서 자신들의 일을 해야 한다. 이것은 종들이 주인의 지시에 철저하게 순종하고, 주인이 지켜볼 때만 열심히 일하는 것이 아님을 의미한다. 종들은 자신들의 일에서 주님을 섬기고 있으므로, "마음을 다하여" 섬겨야 한다(3:23). 종들은 땅에서 기업을 얻지 못하지만, 그러나 이들은 이 땅의 어떤 왕보다도 더 나은 기업을 받을 것이다. 왜냐하면 이들은 영원한 생명의 기업을 받을 것이기 때문이다. 이들의 진정한 주인, 그리고 이들이 궁극적으로 섬기는 유일한 분은 예수 그리스도이다! 반면에, 악을 행하는 종은 저지른 잘못 때문에 고난을 받을 것인데, 주님이 공정한 심판자이기 때문이다. 고대 세계의 가정 규례(household codes)들 안에서, 종속된 구성원이 언급되는 것이 일반적이었고, 사회적 이익을 누리는 사람들은 언급되지 않았다. 그러나 바울은 남편들과 부모들, 그리고 주인들을 언급한다! 주인들은 제한 없는 권위를 가지지 않는다. 즉 이 주인들 역시 그리스도의 종들이다. 왜냐하면 그리스도는 "하늘에 상전"(4:1)이기 때문이다. 그래서 이 주인들은 그리스도의 권위 아래에 있는 자들로서 살아야 한다. 이들은 공정과 공평함으로 자신들의 종들을 대해야 한다.

기도와 지혜(4:2-6)

바울은 이 편지의 끝부분에 가까워지면서, 자신의 다른 편지들 안에서 일반적으로 하는 것처럼, 교회가 기도하도록 요청하고 교인들이 정기적으로 기도에 주의를 기울이도록 격려한다. 이 교인들은 깨어 있고, 경계해야 하며 하나님께서 자신들에게 주신 모든 것에 대하여 감사해야 한다. 바울은 또한 자신의 선교 사역을 위한 기도를 간청하며, 이들에게 복음을 선포할 기회를 위해 기도해 달라고 요청한다(4:3-4). 그는 감옥에 갇히게 된 이유인 "그리스도의 비밀"에 대해 말하기를 간절히 바란다. 특히, 교인들은 바울이 이 비밀을 분명하게 말할 수 있는 능력을 위해 기도해야 한다. 신자들은 기회를 이용하여 불신자들과의 관계 안에서 지혜를 행사하도록 권면을 받는다(4:5). 4:3-4에서 그는 복음 선포에 대하여 강조하는데, 그는 아마도 복음을 듣지 않아서 아직 믿지 않은 사람들에게 복음이 전달될 수 있는 경우들을 염두에 두고 있을 것이다. 더 구체적으로 말하자면, 신자들의 말은 은혜롭고 소금으로 맛을 냄과 같이 하는 것이 필수적이다. 왜냐하면 이렇게 해야만, 이들이 다른 사람들에게 합당한 방식으로 능숙하게 대답할 것이기 때문이다.

마지막 인사(4:7-18)

흥미롭게도, 골로새서의 마지막 인사는 로마서를 제외하고 다른 어떤 서

신보다도 길다. 아마 바울이 골로새와 로마에 방문하지 않았기 때문일 것이다. 그는 이 인사말을 통하여 자신을 교회에 소개하고 추천하고 있는 셈이다. 이 구절들은 다음의 부분으로 나눌 수 있다.

두기고와 오네시모를 보냄	4:7-9
할례파들의 인사	4:10-11
에바브라의 인사와 추천	4:12-13
누가와 데마의 인사	4:14
라오디게아에 관한 인사와 지시	4:15-16
아킵보에게 권면	4:17
바울의 인사와 은혜의 축도	4:18

바울은 이 편지를 거의 확실히 가지고 갔을 두기고를 칭찬함으로써 시작한다(4:7-8). 바울은 두기고를 "사랑 받는 형제요 신실한 일꾼이요 주 안에서 함께 종이 된 자"(4:7)로 지칭하면서 그를 아낌없이 칭찬한다. 그러므로 두기고가 바울에 관한 소식을 전할 때와 골로새 교인들을 격려할 때, 이 교인들은 두기고를 전적으로 신뢰해야 한다. 바울은 또한 우리가 빌레몬서에서 훨씬 더 많은 것을 배울 수 있는, 오네시모를 돌려보내고 있었다. 오네시모는 이 회중에 잘 알려져 있었고, 빌레몬은 골로새 교회의 일원임을 보여준다. 오네시모 또한 높은 칭찬을 받는다. 우리는 골로새서로부터 그가 빌레몬의 종이었다는 단서를 가지고 있지 않다. 왜냐하면 여기에서 그는 "신실하고 사랑을 받는 형제"(4:9)로서 칭찬을 받기 때문이다. 바울은 오네시모가 돌아갈 때 교인들에게 받아들여지도록 준비한다.

로마에서 함께 있는 세 명의 유대 동역자들이 인사를 한다(4:10-11). 아리스다고(행 19:29; 20:4; 27:2; 몬 24)는 아마도 로마에서 바울과 함께 투옥되어 고난을 겪었을 것이다. 바나바의 사촌으로 밝혀진 마가가 인사를 하는데, 바울과 마가 사이에서 이전에 말다툼을 한 이후 마가가 칭찬받는 것을 보는 것은 흥미롭다(행 13:13; 15:37-39; 또한, 딤후 4:11; 몬 24 참조). 바울은 마가 요한이 골로새에 도착할 것을 예상하고 교인들이 그를 환영하도록 권면한다. 마지막으로 언급된 사람은 유스도라 하는 예수인데, 그러나 우리는 그에 대하여 더 아는 것이 없다. 이 모든 사람은 바울을 위로했다.

아마도 골로새 교회를 개척했고 빌레몬서에 따르면 바울과 함께 감옥에 있었던(몬 23) 에바브라는 그리스도의 신실한 종으로서 인사를 보낸다(4:12-13). 에바브라는 골로새 교인들이 끝까지 믿음 안에서 계속해서 완전하고 온전하게 되어, 하나님의 뜻을 이루기를 간절하게 기도했다. 바울은 에바브라가 골로새와 라오디게아, 그리고 히에라볼리에 있는 신자들을 위하여 많이 수고하는 것을 증언한다. 사랑의 주요한 표시는 수고를 하는 것이며 시간을 쓰는 것인데, 우리는 에바브라의 사역에서 그러한 모습을 보게 된다.

14절에서 누가와 데마가 인사를 전하는데, 이들은 할례파에 속하지 않기 때문에, 이 둘은 아마도 이방인들로 추정할 수 있다. 오직 여기에서 우리는 누가가 의사였다는 말을 듣는데, 실제로 그는 신약성경에서 다른 두 본문에서 언급된다(딤후 4:11; 몬 24). 누가는 유명한데, 많은 학자들은 그가 누가복음과 사도행전의 저자였기 때문이라고 주장한다(내가 판단하기에도 이 주장은 맞는 것 같다). 데마는 또한 디모데후서 4:10과 빌레몬서 24절에서 언급되는데, 디모데후서에서 우리는 데마가 바울을 버렸다는 것을 알게 된다.

라오디게아에 있는 신자들과 눔바의 집에 모인 교회에게도 인사말이 전달된다(골 4:15-16). 바울은 자신의 편지가 권위를 가졌다고 믿었다. 왜냐하면 그는 골로새 교인들에게 이 편지가 라오디게아에 있는 교회에게도 (아마도 베껴 기록하여) 전달하도록 지시했고 이 편지는 두 교회에서 공개적으로 읽혀야 했기 때문이다. 분명히 한 통의 편지는 라오디게아에 보내어졌고, 바울은 이 편지가 골로새에서도 읽히길 원했다. 불행하게도, 우리는 이 라오디게아에 보낸 편지에 대한 지식이 없으며, 이 편지는 역사의 모래 속에서 사라졌다.

바울은 아킵보가 자신의 사역을 수행하기 위해 특별한 격려가 필요하다고 믿었다. 따라서 그는 온 교회 앞에서 읽히도록 이 편지 안에서 아킵보를 위한 언급을 더한다(4:17). 우리가 아킵보의 역할에 대하여 더 말하는 것은 어렵다. 왜냐하면 우리는 자세한 사항들을 모르기 때문이다. 그러나 분명히 바울이 보기에, 아킵보를 위한 공개적인 말은 빌레몬서에서도 언급된 그가 옳은 일을 행하도록 동기부여를 할 것이다. 이 편지의 말미에서, 바울은 특별히 교회에게 인사하기 위하여 펜을 들었고(골 4:18), 복음을 위한 자신의 투옥을 기억하도록 교인들에게 요구한다. 이들은 만약 예수를 주님으로서 계속해서 따른다면, 그리고 이들이 거짓 교사들에게 굴복하지 않는다면, 복음 때문에 갇힐 수밖에 없었던 바울의 사슬을 기억할 것이다. 바울은 은혜의 축도로 이 편지를 마치는데, 이 은혜가 이 편지를 통하여 독자들에게 전달된다는 점에서, 이 편지 자체가 독자들을 위한 은혜의 수단인 셈이다.

골로새서: 주석들

Abbott, Thomas K. *A Critical and Exegetical Commentary on the Epistles to the Ephesians and to the Colossians*. ICC. Edinburgh: T&T Clark, 1897.

Barth, Markus, and Helmut Blanke. *Colossians*. AB 34B. New Haven: Yale University Press, 2007.

Beale, G. K. *Colossians and Philemon*. BECNT. Grand Rapids: Baker Academic, 2019.

Bird, Michael F. *Colossians and Philemon*. NCCS. Eugene, OR: Cascade, 2009.

Bruce, F. F. *The Epistles to the Colossians, to Philemon, and to the Ephesians*. NICNT. Grand Rapids: Eerdmans, 1984.

Calvin, John. *The Epistles of Paul the Apostle to the Galatians, Ephesians, Philippians and Colossians*. Grand Rapids: Eerdmans, 1965.

Campbell, Constantine R. *Colossians and Philemon: A Handbook on the Greek Text*. BHGNT. Waco: Baylor University Press, 2013.

Dunn, James D. G. *The Epistles to the Colossians and to Philemon*. NIGTC. Grand Rapids: Eerdmans, 1996.

Eadie, John. *Commentary on the Epistle of Paul to the Colossians*. Richard Griffin, 1856. Reprinted, Grand Rapids: Zondervan, 1957.

Foster, Paul. *Colossians*. BNTC. New York: Bloomsbury, 2016.

Garland, David E. *Colossians and Philemon*. NIVAC. Grand Rapids: Zondervan, 1998.

Gorday, Peter. *Colossians, 1-2 Thessalonians, 1-2 Timothy, Titus, Philemon*. ACCS 9 (NT). Downers Grove, IL: InterVarsity, 2000.

Harris, Murray J. *Colossians and Philemon*. EGGNT. Grand Rapids: Eerdmans, 1991.

Hay, David M. *Colossians*. ANTC. Nashville: Abingdon, 2000.

Lightfoot, J. B. *Saint Paul's Epistles to the Colossians and to Philemon*. London: Macmillan, 1897. Reprinted, Grand Rapids: Zondervan, 1971.

Lincoln, Andrew T. "The Letter to the Colossians." In *The New Interpreter's Bible*, edited by Leander E. Keck et al., 11:553-669. Nashville: Abingdon, 2000.

Lohse, Eduard. *Colossians and Philemon*. Hermeneia. Philadelphia: Fortress, 1971.

Lucas, R. C. *The Message of Colossians and Philemon: Fullness and Freedom*. BST. Downers Grove, IL: InterVarsity, 1980.

MacDonald, Margaret Y. *Colossians and Ephesians*. SP 17. Collegeville, MN: Liturgical Press, 2000.

Martin, Ralph P. *Colossians and Philemon*. NCB. Grand Rapids: Eerdmans, 1973.

McKnight, Scot. *The Letter to the Colossians*. NICNT. Grand Rapids: Eerdmans, 2018.

Melick, Richard R., Jr. *Philippians, Colossians, Philemon*. NAC 32. Nashville: Broadman, 2000.

Moo, Douglas. *The Letters to the Colossians and to Philemon*. PNTC. Grand Rapids: Eerdmans, 2008.

Moule, C. F. D. *The Epistles of Paul the Apostle to the Colossians and to Philemon*. CGTC. Cambridge: Cambridge University Press, 1968.

O'Brien, Peter T. *Colossians, Philemon*. WBC. Waco: Word, 1982.

Pao, David W. *Colossians and Philemon*. ZECNT. Grand Rapids: Zondervan, 2012.

Pokorný, Petr. *Colossians: A Commentary*. Peabody, MA: Hendrickson, 1991.

Schweizer, Eduard. *The Letter to the Colossians: A Commentary*. Minneapolis: Augsburg, 1982.

Seitz, Christopher R. *Colossians*. BTCB. Grand Rapids: Brazos, 2014.

Thompson, Marianne Meye. *Colossians and Philemon*. THNTC. Grand Rapids: Eerdmans, 2005.

Wall, Robert W. *Colossians and Philemon*. IVPNTC. Downers Grove, IL: InterVarsity, 1993.

Wilson, R. McL. *A Critical and Exegetical Commentary on Colossians and Philemon*. ICC. Edinburgh: T&T Clark, 2005.

Wright, N. T. *The Epistles of Paul to the Colossians and to Philemon*. TNTC. Leicester, UK: Inter-Varsity, 1986.

골로새서: 연구논문(article)과 소논문(essay), 그리고 단행본들

Beetham, Christopher A. *Echoes of Scripture in the Letter of Paul to the Colossians*. BIS 96. Leiden: Brill, 2008.

Bevere, A. R. *Sharing in the Inheritance: Identity and the Moral Life in Colossians*. JSNTSup 226. Sheffield: Sheffield Academic, 2003.

Bockmuehl, M. "A Note on the Text of Colossians 4:3." *JTS* 39 (1988): 489-94.

Bornkamm, G. "The Heresy of Colossians." In *Conflict at Colossae: A Problem in the Interpretation of Early Christianity Illustrated by Selected Modern Studies*, edited by F. O. Francis and W. A. Meeks, 123-45. Missoula, MT: Scholars Press, 1973.

Bruce, F. F. "Colossian Problems, Pt. 1: Jews and Christians in the Lycus Valley." *BSac* 141 (1984): 3-15.

———. "Colossian Problems, Pt. 2: The 'Christ Hymn' of Colossians 1:15-20." *BSac* 141 (1984): 99-111.

———. "Colossian Problems, Pt. 3: The Colossian Heresy." *BSac* 141 (1984): 195-208.

———. "Colossian Problems, Pt. 4: Christ as Conqueror and Reconciler." *BSac* 141 (1984): 291-302.

Cannon, G. E. *The Use of Traditional Material in Colossians*. Macon, GA: Mercer University Press, 1983.

Carr, W. "Two Notes on Colossians." *JTS* 24 (1973): 492-500.

Craddock, F. B. "'All Things in Him'–A Critical Note on Col 1:15-20." *NTS* 12 (1965): 78-80.

Crouch, J. E. *The Origin and Intention of the Colossian Haustafel*. FRLANT 109. Göttingen: Vandenhoeck & Ruprecht, 1972.

DeMaris, R. E. *The Colossian Controversy: Wisdom in Dispute at Colossae*. JSNTSup 96. Sheffield: JSOT Press, 1994.

Ellis, E. Earle. "Colossians 1:12-20: Christus Creator, Christus Salvator." In

Interpreting the New Testament Text: Introduction to the Art and Science of Exegesis, edited by D. L. Bock and B. M. Fanning, 415-28. Wheaton: Crossway, 2006.

Evans, Craig A. "The Colossian Mystics." *Bib* 63 (1982): 188-205.

Ferguson, Everett. "Spiritual Circumcision in Early Christianity." *SJT* 41 (1988): 485-97.

Fossum, J. "Colossians 1:15-18a in the Light of Jewish Mysticism and Gnosticism." *NTS* 35 (1989): 183-201.

Francis, F. O. "The Background of Embateuein in Legal Papyri and Oracle Inscriptions." In *Conflict in Colossae: A Problem in the Interpretation of Early Christianity Illustrated by Selected Modern Studies*, edited by F. O. Francis and W. A. Meeks, 197-206. Missoula, MT: Scholars Press, 1973.

———. "Humility and Angelic Worship in Col. 2:18." In *Conflict in Colossae: A Problem in the Interpretation of Early Christianity Illustrated by Selected Modern Studies*, edited by F. O. Francis and W. A. Meeks, 163-95. Missoula, MT: Scholars Press, 1973.

Gardner, P. D. "'Circumcised in Baptism—Raised through Faith': A Note on Col. 2:11-12." *WTJ* 45 (1983): 172-77.

Hartman, Lars. "Code and Context: A Few Reflections on the Parenesis of Col 3:6-4:1." In *Tradition and Interpretation in the New Testament*, edited by G. F. Hawthorne, 237-47. Grand Rapids: Eerdmans, 1987.

Helyer, Larry R. "Colossians 1:15-20: Pre-Pauline or Pauline?" *JETS* 26 (1983): 167-79.

———. "Cosmic Christology and Col 1:15-20." *JETS* 37 (1994): 235-46.

Hollenbach, B. "Col 2:23: Which Things Lead to the Fulfillment of the Flesh." *NTS* 25 (1979): 254-61.

Hooker, Morna D. "Were There False Teachers in Colossae?" In *Christ and Spirit in the New Testament: Studies in Honour of Charles Francis Digby Moule*, edited by B. Lindars and S. S. Smalley, 315-31. Cambridge: Cambridge

University Press, 1973.

Hunt, J. P. T. "Colossians 2:11-12, the Circumcision/Baptism Analogy, and Infant Baptism." *TynBul* 41 (1990): 227-44.

Kiley, M. C. *Colossians as Pseudepigraphy*. The Biblical Seminar. Sheffield: JSOT Press, 1986.

Lamp, J. S. "Wisdom in Col 1:15-20: Contribution and Significance." *JETS* 21 (1998): 213-20.

Leppä, O. *The Making of Colossians: A Study on the Formation and Purpose of a Deutero-Pauline Letter*. Publications of the Finnish Exegetical Society 86. Göttingen: Vandenhoeck & Ruprecht, 2003.

Lightfoot, J. B. "The Colossian Heresy." In *Conflict in Colossae: A Problem in the Interpretation of Early Christianity Illustrated by Selected Modern Studies*, edited by F. O. Francis and W. A. Meeks, 13-59. Missoula, MT: Scholars Press, 1973.

Lincoln, A. T. "The Household Code and Wisdom Mode of Colossians." *JSNT* 74 (1999): 93-112.

Lyonnet, S. "Paul's Adversaries in Colossae." In *Conflict in Colossae: A Problem in the Interpretation of Early Christianity Illustrated by Selected Modern Studies*, edited by F. O. Francis and W. A. Meeks, 147-61. Missoula, MT: Scholars Press, 1973.

Martin, Ralph P. "An Early Christian Hymn (Col. 1:15-20)." *EvQ* 36 (1964): 195-205.

Martin, Troy. By *Philosophy and Empty Deceit: Colossians as Response to a Cynic Critique*. JSNTSup 118. Sheffield: Sheffield Academic, 1996.

Motyer, Stephen. "The Relationship between Paul's Gospel of 'All One in Christ Jesus' (Galatians 3:28) and the 'Household Codes.'" *Vox Evangelica* 19 (1989): 33-48.

Moule, C. F. D. "New Life in Colossians 3 :1-17." *RevExp* 70 (1973): 481-93.

O' Brien, Peter T. "The Church as a Heavenly and Eschatological Entity." In *The*

Church in the Bible and the World, edited by D. A. Carson, 88-119. Exeter: Paternoster, 1987.

———. "Col 1:20 and the Reconciliation of All Things." *RTR* 33 (1974): 45-53.

Rowland, Christopher. "Apocalyptic Visions and the Exaltation of Christ in the Letter to the Colossians." *JSNT* 19 (1983): 73-83.

Salter, Martin C. "Does Baptism Replace Circumcision? An Examination of the Relationship between Circumcision and Baptism in Colossians 2:11-12." *Themelios* 35 (2010): 15-29.

Sappington, T. J. *Revelation and Redemption at Colossae*. JSNTSup 53. Sheffield: JSOT Press, 1991.

Schweizer, E. "Christ in the Letter to the Colossians." *RevExp* 70 (1973): 451-67.

———. "Traditional Ethical Patterns in the Pauline and Post-Pauline Letters and Their Development." In *Text and Interpretation: Studies in the New Testament Presented to Matthew Black*, edited by E. Best and R. Wilson, 195-209. New York: Cambridge University Press, 1979.

Smith, I. K. *Heavenly Perspective: A Study of the Apostle Paul's Response to a Jewish Mystical Movement at Colossae*. LNTS 346. Edinburgh: T&T Clark, 2006.

Stettler, Hanna. "An Interpretation of Colossians 1:24 in the Framework of Paul's Mission Theology." In *The Mission of the Early Church to Jews and Gentiles*, edited by J. Ådna and H. Kvalbein, 185-208. WUNT 127. Tübingen: Mohr Siebeck, 2000.

Sumney, Jerry L. "Those Who 'Pass Judgment': The Identity of the Opponents in Colossians." *Bib* 74 (1993): 366-88.

Thornton, T. G. C. "Jewish New Moon Festivals, Galatians 4:3-11 and Colossians 2:16." *JTS* 40 (1989): 97-100.

Thurston, Bonnie Bowman. *All the Fullness of God: The Christ of Colossians*. Eugene, OR: Cascade, 2017.

Wilson, W. T. *The Hope of Glory: Education and Exhortation in the Epistle to the Colossians*. NovTSup 88. New York: Brill, 1997.

Yates, R. "Colossians and Gnosis." *JSNT* 27 (1986): 49-68.

———. "Colossians 2:15: Christ Triumphant." *NTS* 37 (1991): 573-91.

9. 데살로니가전서

서론

바울은 약 AD 49년이나 50년에 데살로니가에 방문하여 교회를 세웠다(행 17:1-9). 이 도시는 65,000-100,000의 인구를 가진 큰 도시였다. 에게 해의 항구가 있었던 데살로니가는 에그나티아 대로(Via Egnatia)라고 불리는 로마 제국의 주요 동서 도로 중 하나에 위치한 이점을 누리고 있는 메게도냐의 최대의 도시였다. 대부분의 주요 도시들에 나타나는 것처럼, 다양한 종파와 종교들이 존재했으며, 특히 황제 숭배 의식(imperial cult)은 상당히 두드러졌다. 기독교인들은 분명히 소수였으며, 데살로니가전서와 데살로니가후서는 신자들이 직면한 박해에서 소수자의 위치였음을 묘사한다. 첫 번째 편지는 아마도 AD 50년에 교회가 설립된 직후에 기록되었고, 따라서 이 서신은 바울의 초기 편지들 중 하나이다. 만약 누군가가 갈라디아서의 연대를 나중으로 받아들인다면, 데살로니가전서가 바울의 첫 번째 편지가 될 것이지만, 나는 갈라디아서가 더 이른 연대라고 생각한다. 바울은 데살로니가 교인들이 시련들과 반대를 견뎌내고 있을 때 이들의 믿음에 대하여 하나님께 감사를 표현하기 위하여 첫 번째 편지를 썼다. 또한, 전반적으로 바울은 교회의 성장에 매우 만족했지만, 그는 이들의 부족한 어떤 부분과 관련하여 이들을 강하게 하고 싶었기 때문에, 이 편지를 저술했다.

데살로니가전서의 큰 그림을 위해, 우리는 다음의 개요를 제공한다.

개요	
데살로니가 교인들의 회심에 대한 감사	1:1-10
바울의 신앙의 본	2:1-12
데살로니가 교인들의 인내에 대한 감사	2:13-3:13
영적인 성장에 대한 권면들	4:1-5:28

인사말과 감사(1:1-10)

인사말에 세 명의 공동 발신인들이 나타난다. 바울과 실루아노(실라)와 디모데인데, 분명히 바울만이 이 편지를 썼는데, 이 편지의 마지막 명령(5:27)과 2:18에 나타난 1인칭 단수의 등장에 의해 확증된다. 바울은 실루아노와 디모데를 포함하는데, 아마도 실라가 이 교회를 세우는 데 중요한 역할을 했고, 디모데는 이 교회를 강화하고 유지하는 데 도움을 주었기 때문일 것이다. 이 둘을 공동 발신인으로 포함하는 것은 바울의 신뢰성을 높이고 그의 권위를 더하는 효과가 있다. 왜냐하면 바울은 이 편지를 사적인 편지로써 교회에 쓰지 않았기 때문이다. 데살로니가 교인들은 하나님 아버지와 주 예수 그리스도에 연합된 교회, 즉 회중으로 지칭된다. 우리는 그리스도가 아버지와 같은 수준에 계신다는 점에서 그의 위치를 가늠할 수 있다.

이 편지의 유쾌한 어조는 처음부터 시작되는데, 바로 바울이 교인들에 대하여 감사할 때이다. 인사말 이후 감사 단락의 존재는 바울서신에서 일반적이다. 그러나 이렇게 통례적으로 나타난다고 해서, 감사의 의미가 없다고 우리는 결론을 내려서는 안 된다. 바울은 복음에 대한 데살로니가 교인들의 반응에 대하여 하나님에게 진정으로 감사했다. 그는 특히 이 교인들의 믿음과 사랑, 그리고 소망(1:3)에 초점을 맞춘다. 믿음과 사랑, 그리고 소망은 신자들의 삶 속에서 단지 추상적인 특성들이 아니다. 이것들은 일상의 삶에서 심오한 차이를 만들어낸다. 예를 들어, 믿음은 역사(일)가 일어나게 하고 따라서 믿음의 열매는 구체적인 방법으로 나타난다. 사랑은 다른 사람을 위하여 자기 삶을 쏟아붓는, 기쁘지만 힘든 수고를 가져온다. 소망은 인내를 낳는다. 미래에 대한 소망을 가진 사람들은 더 나은 날들이 도래했음을 알기 때문에 힘든 시기와 어려운 상황들을 이겨낼 수 있다. 데살로니가 교인들의 믿음과 소망, 그리고 사랑은 자신들이 하나님의 선택을 받았다는 증거이다. 이스라엘이 구약성경에서 하나님이 택하신 백성이었던 것처럼(예를 들어, 신 7:7-8), 이제 예수 그리스도의 교회는 하나님이 택하신 백성이다(살전 1:4). 이 교인들은 하나님의 은혜로운 선택으로 인하여 하나님의 백성에 속한다.

바울은 신자들이 택함을 받은 자들임을 알고 있다. 왜냐하면 그가 이들 가운데에서 사역하였을 때, 복음이 "말로만 이른 것이 아니라 또한 능력"으로 이들에게 임하였기 때문이다. 즉 성령은 바울이 선포한 십자가 메시지를 통하여 역사하고 있었다(1:5; 또한, 고전 1:18; 2:4 참조). 바울의 메시지는 그의 삶에 의해 뒷받침되었다. 왜냐하면 그 자신은 복음에 의해 변화되었고, 따라서 그 메시지와 이 메시지를 전하는 사람이 일치했기 때문이었다. 이러한 일치된 모습은 바울이 선포한 복음의 진리를 증명했다. 바울이 보여준 본보기는 데살로니가 교인들에게 영향을 미쳤다. 왜냐하면 이들은 하나님을 위하여 핍박받으면서도 바울과 주님을 본받았고, 이러한 박해 중에서도 성령께서 이들 속에서 초자연적인 기쁨을 주셨기 때문이다(살전 1:6). 데살로니가 교인들의 기쁨은 차례로 마게도냐와 아가야 지역에 있는 신자들을 위한 본이 되었고, 그 결과 복음은 마게도냐와 아가야, 그리고 다른 많은 교회에서도 울려 퍼졌다(1:7-8). 교인들의 믿음의 활력과 진정성은 부정될 수 없었다. 왜냐하면 이들은 즐겁게 박해를 견뎌 냈기 때문이다.

바울은 교인들의 회심에 대하여 더 생각하며, 또한 그가 이들의 회심에 대하여 다른 사람들에게 보고할 필요가 없었다는 사실도 기억한다. 즉, 모든 곳에서 사람들은 바울과 실라가 방문했을 당시에 관하여 이야기하고 있었다(행 17:1-9). 데살로니가전서 1:9-10은 회심에 대하여 적절하게 설명하고 있다는 것이 자주 지적되었다. 많은 신들을 숭배하는 일이 데살로니가에 매우 일반적이었다고 할지라도, 데살로니가 교인들은 우상들을 멀리했다(고전 8:5 참조). 우상들을 거부하는 것은 사회적, 경제적 결과들을 가져왔다. 데살로니가 교인들은 유일한 참 하나님, 그리고 살아 계신 하나님에게 자신들을 전적으로 바쳤다. 왜냐하면 우상들은 실체가 없고, 실제로 존재하지도 않고 능력도 없는, 환상에 불과하기 때문이다(살전 1:9; 또한, 시 96:5 참조). 데살로니가 교인들은 참 하나님을 섬겼을 뿐만 아니라, 전적으로 그분 안에 소망을 두었다. 따라서 이들은 하나님의 아들 예수 그리스도의 재림을 사모하고 기다리고 있었다(살전 1:10). 그 아들은 부활하시고 통치하는 주님이시며, 그의 오심의 날은 진노와 심판의 날이 될 것이지만, 그러나 그날에 그 아들은 신자들을 진노로부터 구원할 것이다. 바울은 데살로니가전서에서 칭의에 대하여 언급한 적이 없지만, 그러나 우리는 여기에서 똑같은 기본 개념을 발견한다. 신자들은 예수 그리스도를 통하여 형벌에서 구출될 것이며, 의심 없이 바울은 예수의 속죄를 위한 죽음과 그의 부활을 염두에 두고 있다.

바울의 사역에 대한 변호(2:1-16)

바울은 자신의 사역을 2:1-16에서 변호한다. 우리는 세 가지 주요 주제들을 보게 되는데, (1) 그의 성실과 (2) 그의 사랑, 그리고 (3) 그의 복음이다. 다시 말해, 바울의 사역은 에토스(ethos)와 파토스(pathos), 그리고 로고스(logos)로 특징지어졌다(비록 이 마지막 주제는 다음 부분으로 이어진다고 할지라도! 2:13을 보라). 바울은 여기에서 반대자들에 대항하여 자기 자신을 변호하고 있는가? 아니면, 그는 단순히 데살로니가 교인들에게 윤리적인 본보기로 자신을 제시하고 있는가? 확신하기는 어렵지만, 바울과 데살로니가 교인들 모두가 박해받았기 때문에, 대적자들에 대한 대응이 더 나은 것 같다. 평소와 같이, 박해는 비난으로 시작되는데, 만약 데살로니가 교인들이 주변의 동료들에게 거절당하였다면, 대적자들은 바울과 실루아노, 그리고 디모데의 성실에 대하여 의문을 제기하는 것이 이치에 맞다. 바울은 자신의 사역의 긍정적인 효과와 자신의 메시지를 기쁘게 받아들이는 것을 강조한다(2:1). 바울과 실루아노의 용기는 이들이 빌립보에서 매질을 당했던 고난에 대한 반응으로 뒷받침된다(행 16:19-23). 하지만, 이들이 데살로니가에 도착했을 때 얼마 지나지 않아 소동이 일어나서 이들이 재빨리 이동할 수밖에 없을 정도로 반대가 극심했지만, 이들은 복음을 담대하게 선포했다(17:1-10).

우리는 바울의 담대함을 어떻게 설명하는가? 바울은 자신의 성실을 지적한다. 믿으라는 권면은 사람들을 속이거나 잘못 인도하려는 시도가 아니었다. 바울의 삶은 순결하고 깨끗했으며 존귀했다(살전 2:3). 하나님은 바울을 감찰하시며 승인하셨으므로, 그가 복음을 선포할 때 하나님 자신의 허가를 가졌다(2:4). 많은 순회 교사들은 그리스-로마 세계에서 돌아다니면서, 자신들의 훌륭하고 화려한 수사학으로 군중들에게 깊은 인상을 주려고 노력했다. 바울은 이 순회 교사들과 현저한 대조를 이루었다. 즉, 그의 목적은 사람들을 기쁘게 하는 것이 아니었고, 그 자신에게 가해진 박해가 이 목적을 보여주었다! 다른 사람들을 기쁘게 하는 한 가지 방법은 아첨이다. 왜냐하면 만약 우리가 다른 사람들에게 아첨하면, 이들은 우리를 칭찬할 것이기 때문이다. 그러나 바울은 필요에 따라 말하기 어려운 진리들을 기꺼이 말했고, 그는 자신의 사역을 재정적으로 무언가를 얻기 위한 도구로써 사용하지 않았다(2:5). 바울은 다른 사람들을 강요하고 자신의 이기적인 뜻에 다른 사람들을 복종시키기 위하여 사역을 이용하지도 않았다(2:7). 반대로, 그는 어린아이처럼 순수했다. 실제로 우리는 여기에서 본문의 이문(textual variant)을 가지고 있는데, 대부분의 영어 본문들은 "어린아이" 대신에 "유순한"이라는 표현으로 읽는다(2:7). "유순한"이라는 읽기는 좋은 의미를 만드는 것이 사실이지만, "어린아이"라는 읽기가 훨씬 더 가능성이 있을 것 같다. 바울이 순수하고 간사하지 않았다는 것은 그가 데살로니가 교인들을 이용하지 않았다는 것을 증명한다.

바울은 "어린아이" 은유를 "유모"로 전환하여, 데살로니가 교인들을 향한 자신의 깊은 사랑과 애정을 보여준다(2:7-8). 그는 자기 능력을 과시하기 위하여 도시에 들어가지 않았고, 또한 청중들의 삶에 전혀 관심이 없었던 순회 교사와 같지 않았다. 바울은 오직 복음만을 선포했을 뿐만 아니라, 그는 데살로니가 교인들에게 시간과 에너지를 줌으로써, 자신의 사랑을 드러내었다. 바울의 사랑은 그의 노력으로 입증되었다. 다른 사람들로부터 돈을 받는 것을 피하고자, 그는 천막 만드는 일을 했는데, 특히 그가 처음으로 도시를 복음화할 때는 더욱 그러했다. 그리스-로마 세계에서 엘리트 계급은 육체노동을 멸시했는데, 바울은 학자 엘리트 출신이었다. 하지만, 그는 어려운 일을 무시하지 않았고, 자신의 복음 전파가 개인의 부요함의 수단으로 오해받지 않도록 헌신했다(2:9).

바울은 비록 완벽하다고 주장하지 않았지만, 그러나 그는 자신의 공적 사역이 흠 없이 이루어졌음을 주장했다(2:10). 그의 행동은 거룩하고 옳고 흠이 없었다. 바울은 자기 자신을 유아들과 유모에 비유하고 또한 아버지에 비유했다(2:11-12). 데살로니가 교인들은 그의 사랑하는 자녀들이었고, 아버지라는 이름에 합당하게 자녀들이 잘되기를 간절히 바랐으며, 그는 이들이 하나님 나라에 합당하게 살도록 권면하였다.

바울은 자신의 성실함을 강조하고(1:2-10 참조), 데살로니가 교인들의 믿음에 감사한다(2:13-16). 데살로니가 교인들이 하나님의 말씀을 받아들이고 기꺼이 박해받았던 것 역시 바울의 사도적 권위와 성실을 확인시켜 준다. 데살로니가 교인들이 바울과 실라의 입에서 하나님의 말씀, 즉 그리스도의 복음을 들었을 때, 이들은 바울과 실라의 말이 단순히 인간의 말이 아니라는 것을 인식했다. 바울과 실라가 선포한 복음은 실제로 세상을 향한 하나님의 메시지이며, 이 복음은 믿는 자들 안에서 강력하게 역사하였다(2:13).

몇몇 학자들은 14-16절이 바울이 쓴 것이 아니라 이후에 삽입된 것으로 생각하지만, 그러나 이 견해에 대한 본문의 증거는 없다. 왜냐하면 이 구절들은 모든 사본에 있기 때문이다. 아마도 학자들은 증오로 가득한 진술로 인식되는 것으로부터 바울을 구하고 싶어하지만, 그러나 우리는 여기에서 바울이 말하는 것이 증오스럽거나 놀라운 것이 아님을 알게 될 것이다. 첫째, 바울은 여기에서 모든 유대인을 비난하는 것이 아니라 예수를 죽이는 데 가담한 자들, 선지자들을 죽인 자들, 교회를 핍박한 자들, 이방인 선교를 방해한 자들을 기소한다. 참으로 바울의 기소는 배교에 대하여 동료 유대인들을 책망한 구약 선지자들의 말에 비교할 수 있다. 구약 선지자들이 선포한 심판은 이 선지자들이 동료 유대인들을 미워했다는 것을 의미하지 않는다. 사랑은 때때로 어려운 것들을 말해야 한다. 실제로 바울의 주요한 목적은 유대인을 비판하는 것이 아니라, 데살로니가 사람들이 "동족에게서"(2:14) 같은 종류의 반대에 직면했다는 것을 말하는 것이었다. 많은 사람이 "함께 연대하여" 데살로니가 교인들을 박해했다. 이 교인들이 박해받는다고 해서 이들을 박해하는 사람들에 대한 심판이 신속하거나 즉각적이지 않다는 것을 우리는 알게 된다. 즉, 이 심판은 죄가 채워졌을 때만(2:16) 주어진다. 우리는 창세기 15:16에서 아모리 족속의 형벌이 죄가 "가득 차게" 될 때까지 연기되었다는 것을 생각할 수 있다.

"노하심이 끝까지 그들에게 임하였다"라고 바울이 말하는데, 이 진술이 의미하는 것이 무엇인지 논쟁이 있다(살전 2:16). 바울은 부정과거 동사 "임하였다"('에프따센'[*ephthasen*])를 사용하는데, 많은 학자들은 이 동사가 글라우디오 아래에서 발생한 기근과 같은(행 11:28) 특정한 심판과 관련이 있다고 생각한다. 이러한 해석은 확실히 가능하지만, 그러나 창세기 15:16과의 평행은 최종적인 심판을 암시하며, 이 부정과거 시제는 반드시 과거 시간에만 국한되지 않는다. 그러므로 역사의 맨 마지막에서 최후의 심판에 대한 언급으로 이해한다면, 더 설득력이 있을 것 같다. 결국, 바울은 아모리 사람들의 멸망을 가리키는 심판과 밀접한 평행을 가져온다. 바울의 요점은 박해자들이 궁극적으로 승리하는 것이 아니라는 것이며, 우리는 이 단락의 주요한 목적을 잊어서는 안 된다. 바울은 데살로니가 교인들이 유대에 있는 신자들과 같은 고난을 경험했다고 할지라도, 복음을 받아들인 것에 감사하였다(살전 2:14).

바울이 방문할 수 없게 됨(2:17-20)

바울은 여기에서 3:10까지 이어지는 단락을 시작한다. 그는 데살로니가 교인들을 방문할 수 없다는 사실(2:17-20)과 자기 대신에 디모데를 보내는 것(3:1-5), 그리고 디모데로부터 소식을 받은 기쁨(3:6-10)에 대하여 생각한다. 데살로니가 도시로부터 바울이 도피한 상황은 사도행전 17:5-9에 기록되어 있다. 폭도들은 바울과 그의 동료들이 예수를 높이고 가이사를 깎아내리는 것에 대하여 비난했고, 이 지역 관리들은 이 상황을 진정시키기 위하여 야손에게서 보석금을 받았는데, 아마도 이때 바울과 실라가 이 도시를 떠날 것이라는 약속도 받았을 것이다. 바울은 이후에 데살로니가 교인들과 대면하기 위하여 모든 노력을 기울였지만 실패했다(2:17). 데살로니가로 돌아갈 수 없도록 하는 정치적인 음모가 일어나면서, 그는 사탄의 역사를 보게 된다(2:18). 바울은 데살로니가 교인들을 보고자 하는 자신의 강렬한 열망을 설명한다(2:19-20). 이 교인들은 심판의 날에 바울의 기쁨, 소망, 영광, "자랑의 면류관"이었다.

디모데의 방문(3:1-5)

데살로니가 교인들에 대한 바울의 사랑은 그가 따로 떨어져 아덴에 혼자 있었지만, 그는 데살로니가 사람들이 새로 찾은 믿음으로 어떻게 지내고 있는지에 대한 소식을 듣기를 갈망했다는 점에서 분명하다. 그는 데살로니가 교인들을 믿음 안에서 격려하고 이들이 강하게 되기를 바랐기 때문에, 자신의 믿음직한 형제이자 복음의 동역자인 디모데를 보냈다. 이 교인들은 바울이 경고했던 것처럼, 기독교인들로서 새로운 삶을 살아가면서 고난을 겪고 있었기 때문에 격려가 필요했다. 이러한 고난은 우연이 아니라, 하나님 자신께서 친히 정하신 것이었다. 아마도 데살로니가 교인들은 더 이상 이교도의 축제와 의식들을 참여하지 않았기 때문에 사회적으로 고통을 받았을 것이며, 이들은 아마도 가이사에 필적하는 왕을 예배하는 사람들로 의심받았을 것이다. 이렇게 크고 작은 고난들은 이들의 믿음을 흔들고 방해할 수 있었다. 그래서 바울은 새 신자들이었던 이들이 어떻게 지내고 있는지 알고 싶어 했다. 바울은 이들의 상황을 확인하기 위하여 디모데를 보냈다. 왜냐하면 바울은 사탄이 데살로니가 교인들을 유혹하여, 어쩌면 이들이 믿음을 저버렸을지도 모른다고 염려하였기 때문이다. 만약 그렇다면, 바울의 수고는 헛되었을 것이다. 여기에서 바울은 믿음의 여정 안에서 구원을 위해 인내가 필수적이라고 믿는다. 신자들은 믿음 안에서 계속 견뎌야 한다. 처음 가졌던 결심만으로는 충분하지 않다. 물론 진정한 믿음을 가진 자들은 끝까지 인내하게 된다. 바울은 데살로니가 사람들의 믿음에 대하여 하나님의 눈으로 볼 수 없었기 때문에, 그가 삶의 압박에 대한 이들의 반응을 볼 때까지 그 믿음이 참인지 확신할 수 없었다.

디모데의 보고를 통해 얻은 바울의 기쁨(3:6-10)

바울은 데살로니가 교인들에 대한 디모데의 보고를 받고 기쁨으로 가득 찼다. 왜냐하면 바울에 대한 교인들의 애정과 열망은 그리스도와 바울의 메시지에 대한 이들의 사랑을 나타내었기 때문이다. 그래서 바울이 고난을 받고 있다고 할지라도, 그는 격려받았고 데살로니가 교인들의 믿음에 대하여 기쁨으로 충만하게 되었다. 주님 안에 있는 이들의 위치는 삶을 가치 있게 만들었다! 궁극적으로, 바울은 데살로니가 교인들에 대하여 하나님께 감사하였고, 그가 이 교인들을 위하여 가졌던 애정과 사랑은 이 편지를 통하여 빛을 발한다. 이 편지의 첫 번째 부분이 끝나가고 있는데, 바울은 데살로니가 교인들의 믿음에 감사하지만, 그러나 그는 자신이 이들을 방문할 수 있기를 기도한다(3:10). 비록 데살로니가 교인들이 잘 지내고 있다고 할지라도, 이들은 많은 부분에서 온전한 것 같지 않았다. 이들의 삶 속에서 아직 성장의 여지가 있었고, 따라서 바울은 이들의 "믿음이 부족한 것을 보충하게 하려고" 이들을 방문하기를 희망한다. 교회 내 몇몇 사람들은 여전히 결함이 존재했다. 바울이 즉시 방문할 수 없었기 때문에, 그는 다음의 가르침들 안에서 이들의 결함 중 일부를 수정하기를 희망했다.

사랑과 거룩함을 위한 기도(3:11-13)

바울은 데살로니가 교인들의 믿음 안에서 부족한 것을 채워주기를 갈망했다. 따라서 그는 이들을 다시 만나기를 원했고, 이 만남의 소망을 이루게 해달라고 기도한다. 사탄이 바울을 가로막았을 수도 있지만(2:18), 그러나 궁극적으로 아버지와 예수가 모든 상황을 다스리신다. 만약 하나님의 뜻이라면, 바울은 데살로니가에 돌아갈 것이다. 몇몇 학자들은 바울이 3:11에서 두 개의 주어(아버지와 예수)가 단수 동사를 사용하는 것을 보고 그리스도의 신성을 확립하려고 시도했다. 그러나 그리스도의 신성에 대한 더 나은 논증은 그의 기도가 아버지와 주 예수에게 드리는 것이라는 사실이다. 유일신 신앙으로 양육된 바리새인으로서, 바울은 오직 하나님께 기도했고, 따라서 이 기도 안에서 예수를 포함한다는 것은 중요하다. 바울은 주님께서 '믿는 자와 믿지 않는 자들'에 대한 데살로니가 교인들의 사랑을 더욱 풍성하게 해 주시기를 기도했다(3:12). 우리는 여기에서 거룩함 안에서 성장한다는 것은 근본적으로 사랑 안에서 성장하는 것임을 보게 된다. 만약 이 교인들이 사랑 안에서 성장했다면, 이들은 예수의 재림 때에 흠이 없었을 것이며, 우리가 이 편지 전체에서 보았듯이, 바울의 관심은 데살로니가 교인들의 인내에 있다(3:13).

권면들에 대한 도입(4:1–2)

바울은 데살로니가 교인들의 믿음 안에서 부족한 것을 보충하기 위하여 방문하기를 바랐다(3:10-13). 또한, 이 편지의 나머지 부분에서 그는 이들의 믿음 안에 부족한 것을 보충할 권면들을 하고 있다. 하나님을 기쁘게 한다는 것이 의미하는 것은 바울이 "주 예수로 말미암아"(4:2) 전한 "명령"들을 이들이 성취하는 것이다. 바울에게, 은혜는 새로운 삶과 순종의 삶을 위한 기초가 된다. 바울은 데살로니가 교인들에게 불만이 있어서 이들을 가르치는 것이 아니었다. 왜냐하면 이들은 이미 자신들의 삶 속에서 하나님을 기쁘게 하고 있었기 때문이다. 하지만, 이들은 완전함에 이르지 못했고, 이들은 신자들로서 더욱더 거룩함 안에서 성장할 수 있었다.

성적인 순결 속에서 살아라(4:3-8)

성적 부도덕은 그리스-로마 세계에서 지극히 흔한 일이었다. 우리는 앞서 아테나에우스(Athenaeus)의 진술을 주목했는데, 그는 "우리는 쾌락을 위해 연인을, 일상적인 내연 관계를 위해 내연녀를 갖지만, 그러나 합법적으로 자녀들을 낳고 우리의 가정 재산을 지키는데 신뢰할 수 있는 보호자를 갖기 위해 아내를 둔다"(*Deipn*. 13.573B)라고 진술한다. 여러 면에서 그리스-로마 세계는 오늘날 서구 문화와 매우 비슷한데, 이 서구 문화에서 사람들은 자신들의 몸을 어떻게 해야 하는지 권면하는 사람에게 화를 낸다. 그러나 신자들은 자신의 욕망과 뜻을 구해서는 안 되며, 하나님의 뜻을 구해야 하고, 하나님의 뜻은 신자들의 "거룩함"이다. 따라서 이들은 선하고 순수한 것에 헌신하고 드려져야 한다(살전 4:3). 바울이 염두에 두는 거룩함은 "음행을 버리는" 것이다. "음란"('포르네이아'[*porneia*])에 해당하는 헬라 단어는 근친상간, 혼전 성관계, 간음, 동성간에 일어나는 성행위, 음란물 및 기타 불법적인 성적 행위를 포함하는 성적인 죄에 대한 일반적인 용어이다.

4절의 의미는 논쟁의 여지가 있다. 학자들은 특히 '크타스따이'(*ktasthai*)와 '스큐오스'(*skeuos*)라는 두 단어의 의미에 대하여 논쟁한다. 첫 번째 단어는 "취하다/획득하다" 또는 "소유하다"로 번역될 수 있다. 두 번째 단어는 문자적으로 "그릇'으로 번역되는데, 이 그릇은 어떤 사람의 아내나 그 사람의 신체/성적인 기관일 수 있다. 첫 번째 해석은 "각각 거룩함과 존귀함으로 자기의 아내 취할 줄을 알고"라는 진술에서 표현된다. 이 읽기에 따르면, 성적인 관계 안에서 거룩함은 아내를 얻는 것과 관련이 된다. 두 번째 해석에 따르면, 바울은 신자들이 자신들의 아내와 존귀하고 거룩한 방법으로 살도록 권고하기 위하여 동사 '크타스따이'를 사용한다는 것이다. 세 번째 해석은 대부분의 다른 영어 번역본에서 지지되는데, "각각 거룩함과 존귀함으로 자기 몸을 제어할 줄을 알고"라고 번역된다. 이 주장은 다소 기술적인 것이

되지만, 그러나 나는 마지막 읽기가 가장 설득력이 있다고 생각한다. 이 단어가 가리키는 특정 대상이 신체인지 성기인지 알기 어렵지만, 이 두 선택 사이에서 차이점은 특이성이다. 바울은 아마도 아내를 얻는 방법에 대해 지시하지 않았을 것이다. 왜냐하면 누군가가 아내를 얻는 방법을 "안다"는 표현이 무엇을 의미하는지 알기 어렵기 때문이다. 즉, 마치 이 주제에 대해 특별한 수업을 들어야 하는 것처럼 들린다! 또한 많은 결혼이 중매로 이루어졌기 때문에, 이러한 읽기는 있을 것 같지 않다. 두 번째 해석은 칭찬할 부분이 더 많지만, 그러나 그릇을 아내가 아니라, 몸이나 성기를 가리키는 것으로 이해하는 것이 더 자연스럽다. 신자들은 구원의 방법으로 하나님을 알기 때문에, 하나님에 대한 이들의 지식은 성적인 생활과 거룩함과 존귀함에 반영되어야 하며, 이들이 "이방인과 같이" 색욕을 따라서는 안 된다(살전 4:5).

만약 어떤 남자가 성적으로 죄를 짓는다면, 그는 한 아버지나 한 남편, 즉 한 형제에게 죄를 짓는 것이다. 바울은 가부장적인 세계에서 편지를 썼으며, 오늘날 우리는 바울의 말을 더 광범위하게 합법적으로 적용할 수 있지만, 그러나 그는 한 남편이자 한 아버지에게 미치는 영향을 특히 생각한다. 그러한 죄는 가벼운 문제가 아니다. 왜냐하면 주님은 죄를 짓는 자들을 응징하고 심판할 것이기 때문이다(4:6). 하나님은 순결과 거룩함을 위하여 신자들을 부르셨다(4:7). 여기에서 요구되는 성 윤리는 선택 사항이 아니다. 왜냐하면 이러한 명령을 거절하는 사람들은 성령을 거스르는 것이기 때문이다. 바른 정통 교리(orthodoxy)는 바른 실천(orthopraxy)이 없으면 무의미하며, 바울은 성적 순결에 대하여 전혀 타협하지 않는다.

일상의 삶에서 사랑하라(4:9–12)

데살로니가 교인들은 4:9-12에서 사랑하고 행하도록 요청받는다. 어떤 면에서 이들은 서로 사랑하는 것에 대한 가르침이 필요하지 않다. 왜냐하면 이들은 "서로 사랑하도록 하나님께서 가르쳤기 때문이다." 바울은 이사야 54:13을 인용하는데, 이 구절은 주님께서 이스라엘과 예루살렘을 포로에서 회복하신다는 문맥 안에 있다. 이스라엘이 포로 생활에서 돌아온 것은 종의 속죄 사역에 근거한 것이며(사 52:13-53:12), 하나님에 의해 가르침을 받는 것 역시 그 종의 사역의 결과이다. 주님의 모든 자녀에 대한 가르침은 예레미야 31:31-34에 나타난 새 언약의 약속과 일치하는데, 이 구절들 안에서 주님은 자기 백성들의 마음에 하나님의 법을 기록하신다고 진술된다. 데살로니가 교인들은 서로 사랑하고 있다. 왜냐하면 종말이 도래했고, 새 언약이 이르렀기 때문이다. 우리는 언약의 성취 안에서 "이미 그러나 아직 아니"라는 차원을 보게 된다. 데살로니가 교인들은 서로에게 진정으로 사랑하는 형제들과 자매들이었지만, 이들은 온전한 상태에 이르지 않았다. 이들은 아직 완전히 사랑하지 않았고, 사랑에 관하여 개선의 여지가 있었다(살전 3:12 참조). 바울은 또한 데살로니가 교인들에게 게으름뱅이가 되지 말고 일할 것을 요구하는데, 이 문제는 5:14에서 다시 나타나고 데살로니가후서 3:6-12에서는 전면에 등장한다. 열심히 일하지 않는 것은 데살로니가전서에는 작은 불꽃이었지만, 그러나 데살로니가후서에 이르러서는 큰불이 되었다. 일하기 싫어서 남에게 의존하는 것은 불신자들의 비난을 가져왔으며, 데살로니가 교인들이 복음을 증거하는 한 가지 방법은 열심히 일하는 것이었다.

죽은 신자들에 대한 소망(4:13-18)

4:13-18에서 바울의 권면을 촉발한 것은 데살로니가 신자들에 의해 제기된 우려였다. 분명히, 아직 살아 있는 데살로니가 신자들은 예수의 재림 이전에 죽은 신자들이 예수가 다시 오실 때 어떤 불이익을 당할 수 있다고

확신했다. 이들이 왜 믿다가 죽은 자들이 불이익을 당할 것으로 생각했는지 많은 이론이 제기되었고 발전되어 왔다. 사실, 이러한 이론들을 나열할 지면이 부족할 정도이다. 대부분의 제안은 추측이며 가능성이 거의 없다. 우리는 왜 이들이 그러한 확신을 했는지 모른다는 것을 인정해야 한다. 이들은 어떤 면에서 혼란스러워했고, 믿다가 죽은 신자들이 예수가 오기 이전에 죽었기 때문에 불리한 처지에 있을 것으로 생각했다.

바울이 이 논의에서 얻고자 했던 것은 13절과 18절에서 진술된다. 그는 살아있는 신자들이 믿지 않은 자들이 그러는 것처럼, 믿다가 죽은 자들에 대하여 슬퍼하기를 원하지 않는다. 확실히, 신자들은 사랑하는 동료 신자들의 죽음에 대하여 슬퍼하지만(롬 12:15; 빌 2:27 참조), 그러나 이들의 슬픔은 불신자들의 슬픔과는 다르다. 왜냐하면 불신자들은 소망이 없기 때문이다. 바울은 단순히 주관적인 소망을 생각하는 것이 아니다. 왜냐하면 죽은 불신자들도 주관적인 확신과 소망으로 가득하기 때문이다. 그가 염두에 두고 있는 것은 객관적인 소망이다. 즉, 불신자들이 미래에 대하여 가지고 있는 꿈들은 환상이지만, 신자들은 참된 소망을 가진다(살전 4:13). 18절은 동일한 진리를 나타내는데, 신자들은 바울이 14-17절에서 가르쳤던 것을 들음으로써 격려를 받아야 한다는 것이다. 4:13-18은 샌드위치 구조와 같다. 즉, 비록 신자들이 슬퍼한다고 할지라도, 이들의 슬픔은 소망이 함께 한다(13절). 다시 말해, 고통 중에서 이들은 위로를 발견해야 한다(18절). 14-17절에서 바울은 이들이 격려받고 소망을 가져야 하는 이유들을 제시한다. 즉, 14-17절은 샌드위치 안에 있는 고기와 같다.

소망과 격려의 기초는 당연히 그리스도의 죽음과 부활이다(4:14). 예수에게 속한 사람들, 즉, 바울이 항상 신자들을 가리키는 "자는" 자들은 예수가 돌아올 때 예수와 함께 있게 될 것이다. 바울은 이들이 예수와 함께 있을 것임을 어떻게 아는가? 주님의 말씀 때문이다. 여기에 적합한 예수의 특정한 말씀을 발견하기는 어렵다. 그래서 어떤 학자들은 바울이 기록되지 않은 예수의 말씀이나 개인적인 계시에 호소한다고 생각한다. 바울은 일반적으로 마태복음 24:29-31, 40-41절과 아마도 25:1-13에 있는 예수의 말씀에 호소했을 가능성이 크다. 주님의 말씀은 주님이 다시 오실 때 살아 있는 자들이 죽은 신자들보다 앞서지 않을 것임을 확증한다. 흥미롭게도, 몇몇 학자들은 바울이 여기에서 오류를 범하고 있다고 생각하는데, 왜냐하면 예수가 재림하실 때 살아 있게 될 "우리"에 바울 자신을 위치시키고 있기 때문이다. 사실 이 의미는 분명하다. 바울이 살아 있는 신자들과 동일시하는 이유는 그가 아직 살아 있기 때문이다. 그는 분명히 예수가 재림할 때 살아 있을 것이라고 주장하는 것이 아니다.

바울은 예수가 재림할 때, 무슨 일이 일어나게 될지 이야기한다. 주님은 호령과 천사장(아마도, 미가엘)의 소리와 나팔 소리와 함께 하늘로부터 강림할 것이다. 몇몇 학자들은 이 세 가지 묘사들 모두는 같은 지시 대상이라고 생각한다. 이 세 가지는 아마도 각각 다른 의미를 지니겠지만, 그러나 이러한 문제는 별로 중요하지 않다. 그런데도 중요한 부분은 그 사건이 소리와 함께 울려 퍼지기 때문에, 비밀 휴거라는 것이다! 데살로니가 교인들을 위한 요점은 죽은 신자들이 먼저 일어나고 그 후에야 살아 있는 신자들이 공중에서 주를 영접하기 위하여 끌어 올려진다(휴거)는 것이다(살전 4:17). 바울은 여기에서 휴거를 분명히 가르치지만, 이 휴거는 재림과 구별되지 않고 재림 때에 일어나게 된다. "영접하다"('아판테시스'[*apantēsis*])라는 단어는 고위 인사를 만나려고 밖으로 나가는 시민들을 지칭하기 위하여 자주 사용되는데, 나간 시민들은 그 도시로 돌아오는 그 존경받는 사람을 호위한다. 이 성도들은 공중으로 끌어올려지고, 이들의 주님과 함께 승리 안에서 땅으로 돌아오며, 죽은 자로부터 일어난 사람들과 함께 새 창조 안에서 영원히 통치할 것이다.

주의 날까지 힘을 내라(5:1–11)

종말론은 데살로니가 서신들 안에서 중요한 역할을 한다. 바울은 "주의 날"을 언급한다(5:1-11). 그는 죽은 신자들이 어떤 불이익을 받지 않을 것이라고 방금 설명했고, 이제 그는 그날이 왜 신자들이 고대해야 하는 날인지에 대하여 더 설명한다. 이렇게 설명하는 목적은 목회적인 가르침을 위해서이다. 왜냐하면 이 가르침들은 데살로니가 교인들을 격려하고 교화하기 위하여 주어졌기 때문이다(5:11). 자세한 종말론적인 도표는 제공되지 않지만, 그러나 최종 결과에 대하여 위로는 전달된다. 바울은 이들에게 종말의 사건을 지칭하는 "때와 시기"에 대하여 가르쳤지만(행 1:7), 그는 이들이 이미 받은 것에 대하여 더 생각나게 할 필요가 있었다(살전 5:1). 그는 교인들에게 구약에서 매우 흔한 표현인(예를 들어, 사 13:6, 9; 욜1:15; 2:1, 11, 31; 암 5:18, 20; 옵 15; 습 1:7, 8, 14, 18; 2:2, 3; 말 4:5) "주의 날"이 "밤에 도둑 같이"(살전 5:2) 올 것이라고 상기시킨다. 물론, 그는 이 말을 하면서, 예수 자신의 말씀을 암시한다(마 24:43; 눅 12:39; 또한, 벧후 3:10; 계 3:3; 16:15 참조).

불신자들은 로마 제국이 성취한 일의 일반적인 표현이었던 "평안과 안전"을 말하고 있을 때, 종말론적인 멸망은 경고 없이 닥칠 것이다(살전 5:3). 한 여인은 자신의 진통이 언제 시작할지 모른다. 즉, 심판과 구원의 날인 주의 날의 시작은 불신자들의 멸망을 초래할 것이다. 반면에, 그날에 신자들은 어둠 속에 있지 않을 것이다. 비록 이들은 그날이 언제 올지 정확한 시간을 모른다고 할지라도, 도둑이 오는 것과 같지 않을 것이다(5:4). 그 이유는 신자들은 낮과 빛의 백성들이기 때문이다. 즉, 이들은 악과 어둠에 속하지 않기 때문이다(5:5).

이 권면은 우리가 예수의 말세 강화에서 보는 것과 일치한다. 신자들은 영적인 잠에 빠져서는 안 되고, 깨어 있어야 한다(마 24:42, 43; 25:13; 26:41; 막 13:34, 35, 37; 눅 12:37 참조). "자다"라는 표현은 악에 대한 은유로 사용된다. 즉,

악을 행하는 자들은 밤과 어둠에 속한 자들이다(살전 5:6-7). 그러므로 영적으로 깨어 있다는 것은 예수가 재림하실 정확한 시간을 예상한다는 것을 의미하지 않는다. 이렇게 깨어 있다는 것은 그리스도가 재림할 때 준비가 되어 있다는 것을 나타내고, 이렇게 준비가 되어 있다는 것은 믿음과 소망, 그리고 사랑의 영적인 갑옷을 입었다면, 분명하다(5:8; 또한, 1:3 참조). 소망은 신자들이 죽음 이후의 삶을 고대할 때 두드러지게 나타난다. 왜냐하면 하나님은 주의 날에 쏟아질 진노를 신자들이 경험하지 않도록 정하셨기 때문이다. 대신에, 예수는 신자들을 그 진노에서 건져 내시고, 이들에게 구원을 주신다(5:9; 또한, 1:10 참조). 바울은 아마도 4:13-18을 뒤돌아보면서 5:10에서 그 은유의 의미를 분명히 한다. 예수는 믿는 자들을 위하여 죽으셨다. 그래서 깨어 있든지(살아 있든지) 자든지(죽든지) 신자들은 예수와 함께 살 것이다. 신자들이 격려받아야 하는 것은 당연하다. 예수는 주의 날에 신자들이 진노에 직면하지 않고 "구원을 받게" 하실 것임을 보증한다(5:9). 이들은 어둠 속에 있지 않고 빛 속에 있으며, 밝은 날의 영원한 미래를 가진다.

공동체에 대한 권면들(5:12-24)

이 편지가 마무리되고 있을 때, 바울은 일련의 권면들을 포함하는데, 이 권면들 역시 데살로니가 교인들의 삶 속에서 부족한 것을 채우기 위하여 고안되며, 이들이 정기적으로 상기해야 할 필요가 있는 삶의 영역을 나타낸다. 그는 지도자들과 회중 사이의 관계로 시작한다(5:12-13). 목사와 장로, 그리고 감독자와 같은 지도자들에 대한 직함들은 특정되지 않는다. 그 대신에, 이 지도자들은 자신들의 수고와 리더십, 그리고 교육으로 인정을 받아야 한다. 또한, 이들은 이렇게 인정을 받도록 한 요소들을 통하여 회중이 자신들을 존경하고 사랑하도록 동기를 부여해야 한다. 바울은 지도자들과 회중 사이의 분열이 쉽게 스며들고 있음을 인식하고 모든 사람에게 서로 화목하게 살 것을 촉구한다.

일반적인 실제 권면들이 따른다. 게으른 사람들은 일하기 위해 강력한 훈계가 필요하다(살전 4:11-12; 살후 3:6-11 참조). 반면에, 낙심하고 약한 사람들은 격려받아야 하고 도움을 받아야 한다. 이들은 경고들과 훈계가 아니라 위로가 필요하다. 구속받은 자들과 함께 사는 것은 아직 천국이 아니다. 그러므로 모든 사람에게 인내를 베풀어야 한다. 복수심에 불타는 분노는 설 자리가 없으며, 오히려 신자들은 삶 속에서 만나는 신자들과 불신자들과 함께 선한 일에 전념해야 한다(살전 5:15). 세 가지의 명령들은 음악의 스타카토(staccato) 방식으로 등장한다(5:16-18). 삶 속에 있는 모든 고난과 압박에도 불구하고, 신자들은 항상 기뻐해야 하고 끊임없이 기도해야 하고(정기적으로 자주), 모든 상황에서 감사해야 한다. 이 모든 것들은 그리스도 안에 있는 신자들을 위한 하나님의 뜻이다.

19-22절은 회중 안에서 카리스마적인 은사들에 초점을 맞추는데, 특히 예언에 맞춘다. 예언하는 사람들은 교회의 상황을 다루기 위하여 하나님의 특정한 말씀을 한다. 바울은 회중이 예언의 말씀을 멸시하지 않도록 경고한다. 왜냐하면 만약 그렇게 한다면, 교인들은 교회 안에서 성령의 역사를 억압할 것이기 때문이다. 동시에 예언들은 검토되어야 하고 평가되어야 한다. 왜냐하면 만약 신자들이 무비판적으로 말한 것을 받아들인다면, 이들은 길을 잃을 수 있기 때문이다. 이들은 모든 악을 피해야 한다. 신자들은 관대하지만 생각이 얕지 않고, 겸손하지만 잘 속지 않고, 검소하면서도 통찰력이 있어야 하며, 순결하면서도 분별력이 있어야 한다.

5:23-24에서 바울은 데살로니가 교인들의 거룩함을 위해 기도하고, 평강을 주는 하나님이 이들을 온전히 거룩하게 하시고 예수 그리스도가 오실 때까지 이들을 지켜 주시기를 간구한다(5:23). 몇몇 학자들은 23절에서 인간(영, 혼, 몸)에 대한 삼분법적인(trichotomous) 이해를 읽었지만, 바울의 의도는

인간의 요소들을 묘사하는 것이 아니라, 거룩함이 포괄적임을 강조한다. 거룩함 안에서 이러한 완성은 그리스도의 강림 이전에 도달되지 않을 것이다. 하나님은 신실하므로, 마지막 날에 인간 안에 성화 사역을 완성하실 것이다.

맺음말(5:25–28)

데살로니가전서의 맺음말은 주목할 만하게 짧다. 바울은 자신의 사역을 위해 기도를 요청한다. 그는 또한 교회에 거룩한 입맞춤으로 서로 인사하도록 명령하는데, 이 입맞춤은 회중 안에 존재하는 가족 관계의 따뜻함을 나타낸다. 이 편지를 공개적으로 읽도록 하는 권면은 권위 있는 구약성경의 관습과 관련되며(출 24:7; 신 17:19; 31:11; 수 8:34-35; 느 8:3, 8, 13; 9:3; 13:1), 바울의 가르침이 권위가 있고 단순히 그의 개인적인 의견이 아님을 나타낸다. 이 편지는 은혜의 축도로 끝나며, 이 편지 자체가 그러한 은혜의 수단인 셈이다.

데살로니가전서의 참고문헌은 데살로니가후서와 함께 10장에서 제시된다.

10. 데살로니가후서

서론

데살로니가후서는 데살로니가전서가 기록된 지 얼마 지나지 않아 기록되었을 가능성이 있다. 우리는 이 편지에서 교회가 계속해서 종말론과 씨름했음을 보게 된다. 몇몇 학자들은 이 편지가 다양한 문체적인 이유와 신학적인 이유들로 인하여 차명(pseudonymous, 익명의 저자가 기록한 이후 바울의 이름을 넣었다는 주장-옮긴이) 서신이라고 주장하기도 한다. 이러한 문제들을 판단하는 것이 이 책의 목적은 아니지만, 그러나 나는 바울의 저작권에 대한 반대가 설득력이 있다고 생각하지 않는다. 또한, 많은 학자는 이 편지가 바울의 진짜 저작임을 주장한다. 바울은 실제로 차명 서신들을 보낸 사람들을 비난하고 있으며(2:2), 편지의 맺음말에 데살로니가후서의 진위(authenticity)를 보증하고 있다(3:17). 만약 이 편지의 저자가 바울이 아니라고 한다면, 이것이야말로 가장 최고 수준의 속임수로 보일 정도이다. 다시 말해, 바울이 이 편지를 기록한 것이 분명하다. 이러한 속임수를 가정하는 것은 신약성경 안에 기록된 진리에 비추었을 때, 전혀 부합하지 않는다. 이 편지의 대략적인 개요는 다음과 같이 제시될 수 있다.

개요	
신자들의 믿음과 소망, 그리고 사랑에 대한 감사	1:1-4
악한 자들에 대한 심판과 경건한 자들에 대한 구원	1:5-12
주의 날에 대한 가르침	2:1-12
선택에 대한 감사와 인내를 위한 기도	2:13-17
선교에 대한 기도	3:1-5
게으른 자들에 대한 훈계	3:6-18

인사말과 감사(1:1-4)

바울은 회중에게 인사하고, 이들 가운데에서 하나님의 역사에 대하여 감사함으로써 시작한다. 1:1-4와 4절 이후를 구분하고 있는데, 이 구분은 구조적인 이유들 때문만은 아니다. 왜냐하면 이 두 구절 사이에는 이렇게 구분할 만한 분명한 표시가 있지 않다. 오히려, 이러한 구분은 내용상의 이유 때문이다. 즉, 바울이 하고자 하는 논의를 위해 이렇게 구분하는 것이 편의상 좋기 때문이다. 이 인사말은 데살로니가전서와 매우 유사하다. 물론, 데살로니가전서에 비해 이 편지의 인사말은 약간의 추가적인 내용을 포함한다. 예를 들어, 이 편지의 인사말에서는 은혜와 평강이 하나님 아버지와 주 예수 그리스도에게서 나온다고 구체적으로 진술한다. 몇몇 학자들은 3절에서 시작하는 감사 단락은 데살로니가전서에서 우리가 발견하는 것보다 훨씬 더 차갑다고 생각한다. 왜냐하면 바울은 감사하는 것이 당연한 의무라고 말하기 때문이다. 그러나 의무라고 해서 감사가 제한된다거나 덜 믿을 만하다는 것을 의미하지 않는다. 바울은 데살로니가 교인들로 인하여 하나님께 감사하다는 것은 아주 합당하다고 주장한다. 왜냐하면 이들의 믿음이 더욱 자라가며 서로 사랑하는 것이 더하였기 때문이다. 이들의 믿음과 사랑에 대한 묘사는 그의 감사가 진심에서 우러나온 것임을 보여준다. 참으로, 바울은 다른 교회들과 함께 있을 때 데살로니가 교인들에 대하여 자랑했다. 왜냐하면 이들은 박해들과 압력을 견디고 있었기 때문이다. 이들의 믿음과 사랑이 고난 속에서 성장하였기 때문에, 이들은 하나님께 진정으로 소망을 두고 있었다.

하나님의 무서운 심판과 영광스러운 구원(1:5–10)

바울은 불신자들이 마땅히 받아야 할 심판으로 전환한다. 우리는 그가 그렇게 하는 주요한 이유를 논의의 과정에서 보게 될 것이다. 심판의 대상은 불신자들이지만, 그러나 이 편지의 청중은 신자들이라는 점을 처음에 주목해야 한다. 다시 말해, 바울은 비기독교인들을 위해 이 말들을 쓰지 않았고, 신자들을 위하여 기록했다. 우리는 그가 불신자들에 대하여 그렇게 강한 말을 왜 했는지 그 이유를 분명히 이해하기를 원한다. 5절에서 "표"라는 단어는 논란이 있지만, 그러나 바울은 아마도 불신자들이 신자들을 박해하는 것은 불신자들에 대한 하나님의 심판이 의롭다는 "표"임을 의미하는 것 같다. 동시에, 신자들의 고난은 이들이 하나님 나라에 합당하게 만든다. 물론 이 고난 때문에 신자들이 공로를 얻거나 하나님 나라에 들어갈 수 있다는 것을 의미하지 않는다. 왜냐하면 하나님 나라에 들어갈 수 있는 것은 하나님의 은혜에 의해서이기 때문이다. 동시에, 하나님의 은혜로 변화되지 않은 사람은 하나님 나라에 들어갈 수 없다.

바울은 특히 데살로니가 교인들을 압박하고 학대하고 있었던 사람들을 염두에 두고 있다. 그러나 하나님은 "공의로운" 분이시며, 하나님은 신자들에게 해를 끼치는 사람들에게 반드시 "갚으실" 것이다(1:6). 몇몇 학자들은 바울 신학에는 응보의(retributive) 윤리가 없다고 말한다. 그러나 여기에서 우리는 분명히 그 처벌이 구약성경 안에 나타난 일반적인 가르침에 부합한다는 것을 알게 된다(예를 들어, 출 21:24, 27; 렘 24:20; 신 19:21). 바울은 데살로니가후서 1:6에서 불신자들의 고난이 무엇이 될 것인지 아직 설명하지 않는다. 그러나 논의가 전개될 때, 그 처벌의 성격이 묘사된다. 하나님께서는 악인을 위한 고난을 주겠다고 말씀하시며, 신자들에게 구원을 약속하신다. 즉, 이 구원과 형벌은 예수가 재림하실 때 일어날 것인데, 이때 예수는 하늘로부터 나타나며, 자기의 "능력의 천사들"과 함께 돌아올 것이다(1:7; 또한, 마 16:27; 25:31 참조). 우리는 이 구원과 심판이 동시에 일어나기 때문에, 여기에 묘사된 심판이 있기 7년 전에 휴거가 일어날 근거가 없음을 주목해야 한다. 성도들의 휴거와 재림은 동시에 일어난다.

그 환난은 주님이 악인들을 벌하시고 의인에게 상을 주기 위해 오실 최후의 심판을 가리킨다는 것임이 분명하다(살후 1:8). "불꽃"이라는 단어는 복음을 알지 못하거나 복음에 순종하지 않은 사람들에게 주님께서 "공의"(즉, 복수)를 행하기 위해 어떻게 오시는지를 묘사한다. 바울은 이사야 66장을 인용하는데, 이 장은 하나님이 자기 백성을 위한 구원 사역과 자신을 대적하는 자들의 형벌을 묘사하고 있다. 예루살렘은 기쁨과 평강, 그리고 위로로 가득할 것이다(사 66:10-14). 그러나 데살로니가후서 안에서 묘사된 심판의 모습과 비슷하게 이사야는 "보라 여호와께서 불에 둘러싸여 강림하시니리 그의 수레들은 회오리바람 같으리로다 그가 혁혁한 위세로 노여움을 나타내시며 맹렬한 화염으로 책망하실 것이라"(66:15)라고 말한다. 그다음 구절은 이 주제를 되풀이하는데, "여호와께서 불과 칼로 모든 혈육에게 심판을 베푸신즉 여호와께 죽임 당할 자가 많으리니"(66:16)라고 진술된다.

불신자들이 과연 고난을 받게 될 것인지, 이 고난의 본질에 대하여 조금이라도 의심이 있다면, 데살로니가후서 1:9는 이러한 의심을 제거한다. 멸망과 형벌은 "영원하며," 불신자들은 "주의 얼굴과 그의 힘의 영광"에서 배제된다는 것인데, 이것은 이 불신자들이 주님의 은혜로운 얼굴에서 영원히 배제된다는 것을 암시하기 때문에, 단순히 소멸(annihilation)의 정도가 아니다. 여기에서 바울은 주의 두려운 날을 기록하고 있는 이사야 2장의 언어를 선택하는데, 칠십 인역(LXX)에서 이 심판은 "그의 위엄과 그 광대하심의 영광"에서 멀리 있다(2:10, 19, 21). 이 형벌은 분명히 응보적이며(retributive), 영원하고 끔찍하며, 구약의 묵시와 일치한다(신 32:41; 레 26:25; 겔 25:12).

이제 우리는 악인의 형벌에 대한 이유로 돌아가야 한다. 또한, 우리는 대상과 청중의 구분을 기억해야 한다. 이 편지는 불신자들에게 보내어지지 않았기 때문에, 이 불신자들이 이 내용의 대상도 아니고, 청중이 아님을 알아야 한다. 왜 바울은 신자들에게 말할 때 악인의 영원한 형벌을 언급하는가? 이에 대한 대답은 신자들이 직면하는 고난 안에서 견디게 하기 위함이다. 신자들이 고난과 박해를 견디는 것이 그만한 가치가 있음을 알아야 한다. 사실, 이들은 믿음을 저버리고 이교도 친구와 이웃들에 동조하는 것에 대하여 쉽게 생각할 수 있었다. 바울은 지금 박해하는 사람들이 나중에 형벌을 받을 것이며, 이들의 형벌은 절대로 끝나지 않을 것이라고 상기시킨다. 반면에, 지금 박해를 받는 자들은 나중에 영원한 안식을 얻게 될 것이다. 악인들의 멸망은 고통받는 성도들이 끝까지 견디고 인내하도록 동기를 부여하기 위하여 제시된다.

신자들의 종말론적인 구원은 또한 데살로니가후서 1:10에서 자세히 설명된다. 주의 날은 심판의 날뿐만 아니라 구원의 날이다. 예수는 그날에 "영광을 받으시고" "놀랍게 여김을 얻으실" 것이다. 이날은 단순히 안식의 날이 아니라 비교할 수 없는 놀라운 아름다움의 날이 될 것이다(시 89:7 참조). 데살로니가 독자들은 자신들의 믿음 때문에, 즉 복음에 대한 자신들의 믿음 때문에, 기쁨으로 가득할 것이다. 바울은 모든 신자가 자신들의 복에 참여할 것임을 강조하며, 이들 중 어느 사람도 배제되지 않을 것이라는 약속과 함께 위로한다.

바울의 기도(1:11–12)

마지막 날, 즉, 심판과 구원의 날이 오고 있으므로, 바울은 데살로니가 교인들을 위하여 기도하고 이들이 진정으로 인내하고 경건한 삶을 살도록 하여, 기독교인들로 불러주신 소명에 합당하게 되기를 간구한다. 데살로니가 교인들은 자신들의 힘으로 그렇게 이룰 수 없고, 이루지도 못할 것이며, 따라서 바울은 주님께서 이 교인들에게 능력을 주시기를 기도한다. 또한, 그는 이들이 선을 사모하며, 새 생명이 속사람의 영역 안에서 자라고 있다는 것을 보여주도록 기도한다. 하지만, 바울은 여기에서 멈추지 않는다. 왜냐하면 그는 이들의 믿음이 행함을 나타낼 것을 계속해서 기도하기 때문이다(살전 1:3 참조). 그러므로 하나님의 은혜로, 그리스도의 이름이 데살로니가 교인들 가운데에서 영화롭게 될 것이고 존귀하게 될 것이다(사 66:5 참조).

예수는 오실 것이며 사탄의 사람은 죽임을 당할 것임(2:1–12)

거의 모든 사람이 2:1-12는 바울의 편지들 안에서 이해하기에 가장 어려운 구절이라는 것에 동의한다. 이 구절들의 목적은 데살로니가 교인들이 인내하도록 격려하고 강화하기 위함이다. 이들은 믿음을 붙잡아야 한다. 왜냐하면 비록 악이 더 강해지지만, 예수는 돌아와서 악을 정복할 것이며, 신자들은 영원히 승리할 것이기 때문이다.

이 단락의 주제는 예수의 오심과 그 앞에 신자들의 모임에 대해서이다(2:1). 여기에서 예수의 오심과 신자들의 모임은 두 가지 관점에서 이야기되는, 그러나 같은 사건에 대한 보완적인 설명이다. 한편으로 예수는 그의 백성과 함께 있을 것이다. 반면에, 신자들은 그에게 모일 것이다. 바울은 예수의 오심을 다시 언급하는데, 그는 이것을 데살로니가전서에서도 이미 논의했다(1:7, 10을 보라).

바울이 이 주제를 이야기하는 것은 데살로니가 교인들이 예언이나 말로나, 또는 바울에게서 온 것으로 추정되는 편지에 의해 흔들리거나 혼란스러워졌기 때문이다(2:2). "영"과 "말"이라는 의미는 아마도 예언적 단어를 의미할 수 있다. 여기에 언급된, 예언이나 말이나 또한 편지는 모두 바울에게서 온 것으로 이해되었거나, 아마도 편지만 바울에게서 온 것이라고 주장되었을 가능성이 있다. 여기에 사용된 표현은 우리에게 모호함을 주지만, 바울이나 독자들에게는 분명했을 것이다. 왜냐하면 이들은 바울이 무슨 말을 하고 있는지 알았기 때문이다. 어쩌면, 바울이 데살로니가 교인들의 혼란의 정확한 원인을 몰랐기 때문에 세 가지의 가능성을 언급하는 것 같다. 어쨌든, 데살로니가 교인들은 미혹되지 않도록 경계해야 했다(2:3).

분명히, 이 교인 중 몇몇은 주의 날이 이미 이르렀다고 믿었다(2:2). 많은 해석자는 "이르렀다"라는 표현에 대하여, 교인 몇몇이 그날이 금방이라도 일어날 것으로 믿었는데, 아직 그날이 오지 않았다는 것을 설명하기 위해 바울이 이 표현을 사용하고 있다고 주장한다. 그러나 "이르렀다"('에네스테켄'[*enestēken*])라는 단어는 완료 시상이며, 이것은 거의 확실히 존재하는 실체를 나타낸다. 사용된 이 단어는 항상 현재 있는 사건들을 가리키며, 가까이 있거나 임박한 사건들을 의미하지 않는다(롬 8:38; 고전 3:22; 7:26; 갈 1:4; 히 9:9). 또 다른 문제는 주의 날이 가까이 있거나 임박했다는 개념이 그 당시 기독교인들의 일반적인 견해였는데, 왜 이것이 문제가 되었는지 알기 어렵다는 것이다. 신약성경 전체는 예수가 곧 오실 것이라고 가르친다. 이와 달리, 데살로니가 교인들이 주의 날이 이미 왔다고 생각했다는 것도 아주 이상하게 보이는데, 과연 이 교인들이 세상의 끝이 왔다고 생각했을 것인지 이 또한 의아스럽다는 것이다. 이러한 상황에서, 2:2의 "주의 날이 이르렀다"라는 표현에 대한 여러 설명이 완벽할 수 없다는 것을 인정하고, 우리는 이 표현이 말하는 그대로 자연스럽게 이해하고 바울이 말하고 있는 것을 결정해야 한다. 분명히, 데살로니가 교인들은 끝이 이르렀고 그리스도의 재림이 이미 일어났다고 생각했다. 즉, 이들이 어떻게 이렇게 생각할 수 있었는지는 우리에게 수수께끼이지만, 우리는 모든 조각을 함께 맞추기가 어렵다는 것을 인정해야 한다. 이런 의미에서 우리는 모든 것을 듣지 못하는, 마치 전화를 통하여 이루어지는 대화의 한쪽 편의 내용을 듣는 것에 대한 좌절에 다시 직면하고 있는 셈이다. 왜냐하면 바울과 데살로니가 교인들은 무슨 일이 일어나고 있는지 알고 있었지만, 바울은 자세히 설명하지 않기 때문이다.

바울은 데살로니가 교인들이 주의 날이 오지 않았다고 확신할 수 있도록, 그 이유를 가능한 한 명확하게 계속 설명한다. 그날이 오기 전에 두 가지 일이 일어나야 하는데, 배교와 불법의 사람이 등장하는 것이다(2:3). 우리는 이것들을 차례로 설명할 것이다. 배교는 하나님의 일에서 떠나는 것을 의미한다(수 22:22; 대상 29:19; 렘 2:19; 행 21:21; 또한, 1 Macc. 2:15 참조). 배교는 종교적인가? 아니면 정치적인가? 비록 종교와 정치 사이의 첨예한 구분이 고대 세계에서는 적합하지 않다고 할지라도, 성경에서 초점은 확실히 종교적인 실체에 있다. 실제로 고대 세계에서 종교와 정치의 영역이 종종 병합되었다. 몇몇 해석자들에 따르면, 여기에 언급된 배교는 믿음을 고백하는 기독교인들에 의해서 일어난 것이 아니라, 창조된 질서를 통하여 하나님을 알고 있는 사회가 하나님의 것들을 거절하는 것이라고 주장한다(롬 1:18-32 참조). 이 해석자들은 바울이 데살로니가 교회가 무너지지 않고 인내하고 번영하기를 기대했기 때문에, 배교는 교회 밖에서 일어나는 것이라고 지적한다. 다른 학자들은 배교가 교회 안에서 일어날 것이라고 주장하는데, 즉, 교회 안에서 믿음을 고백한 사람들이 그 믿음에서 떠나는 것을 의미한다. 이들은 "배교"라는 단어가 한때 붙잡았던 것에서 떠나는 것을 의미한다고 주장한다. 사실, 몇몇 다른 본문들은 신자들이 이전에 붙잡았던 것에서 떨어지는 것으로 묘사하기도 한다(딤전 4:1-5; 딤후 3:1-9; 벧후 2:1-22). 바울의 진술은 너무 간결하여서, 그가 무엇을 염두에 두고 있는지 분별하기가 쉽지 않다. 우리가 아는 것은 바울이 교회 안에서 일어날 배교에 대하여 생각하고 있을 가능성이 있지만, 교회 안이든지 교회 밖이든지, 또는 둘 다이든지, 종말이 오기 전에 기독교 신앙으로부터 돌아서는 일이 발생한다는 것이다.

"불법의 사람" 곧 "멸망의 아들"이 오기 전에는 끝이 오지 않을 것이다. "멸망의 아들"이라는 표현의 의미는 CSB 번역본이 "멸망의 운명에 처한 사람"이라고 번역함으로 그 의미를 잘 포착하는데, 여기에서 멸망은 심판의 날에 일어날 최종적이고 영원한 멸망을 나타낸다(1:5-9). 그 사람은 멸망을 경험할 것이다. 왜냐하면 그는 자기 자신을 불법에 내어줄 것이기 때문이다. 다시 말해, 그는 자기 자신을 하나님과 하나님의 뜻에 복종시키지 않고 오히려 이기적인 욕망을 추구하고 하나님께서 정하신 것을 거절할 것이다. 그 사람은 다른 본문들 안에서 "적그리스도"라고 불리는 사람과 같고(요일 2:18, 22; 4:3; 요이 7), 예수 역시 이 사람을 "거짓 그리스도들"이라고 경고했다(마 24:5, 23-24; 막 13:21-22; 눅 21:8).

우리가 더 진행하기 전에, 우리는 바울이 환난 전 휴거를 믿지 않았다는 암묵적인 증거가 있다. 결국, 데살로니가 교인들은 끝이 왔다고 믿었다는 것인데, 만약 바울이 환난 전 휴거를 믿었다면, 이러한 개념에 대한 가장 명확하고 모호하지 않은 논박은 그가 "분명히, 끝은 오지 않았습니다. 신자들은 휴거 되지 않았습니다. 나는 여전히 여기에 있습니다!"라고 말하는 것이어야 한다. 그러나 바울은 이러한 진술을 하지 않는다. 그는 이러한 말을 하지 않으면서, 데살로니가 교인들에게 끝이 오지 않았다는 것을 가장 명료하게 설득하기를 원했기 때문에, 우리는 그가 환난 전 휴거를 믿지 않았다고 주장하게 된다. 즉, 그는 그러한 사건을 믿지 않았기 때문에, 그러한 진술을 하지 않는 것이다.

멸망될 운명인, 불법의 사람은 자기 자신을 높이고 한 분 참 하나님에 대한 예배를 포함하여 다른 신에 대한 숭배를 무시함으로써 자신의 이기적인 의지를 보여준다. 우리는 "지극히 높은 이와" 같아질 것을 원했기 때문에(사

14:14) "하늘에 올라 하나님의 뭇 별 위에"(사 14:13) 스스로 높아지고자 했던 바벨론 왕을 기억하게 된다. 불법의 사람은 "나는 신이라 내가 하나님의 자리 곧 바다 가운데에 앉아 있다"라고 말한, 두로 왕과 같다(겔 28:2; 또한, 28:6 참조). 궁극적으로, 이 사람은 모든 곳에서 모든 사람의 예배를 요구한다. 그는 실제로 하나님의 성전에서 한 자리를 취하여, 자신이 하나님이라고 선포한다(살후 2:4). 그렇게 함으로써, 바울은 다니엘이 안티오쿠스 에피파네스(Antiochus Epiphanes, BC 175-164년)를 거울삼아 말한 "왕"에 대한 예언을 성취하는데, 다니엘 11:36에서 "그 왕은 자기 마음대로 행하며 스스로 높여 모든 신보다 크다 하며 비상한 말로 신들의 신을 대적하며 형통하기를 분노하심이 그칠 때까지 하리니 이는 그 작정된 일을 반드시 이룰 것임이라"고 진술된다. 다음 구절에서 말하는 것처럼, "그는 모든 것보다 스스로 크다"라고 말할 것이다(11:37).

이 "적그리스도"는 또한 하나님의 성전에 앉아서, 자기 자신을 하나님으로 선포할 것이다(살후 2:4). 한 가지 가능성은 하나님의 성전은 교회를 가리킨다는 것인데, 이는 바울이 다른 곳에서 성전을 언급한 방식과 일치한다(예를 들어, 고전 3:16-17; 고후 6:16; 엡 2:21). 어쨌든, 바울은 예수 그리스도의 교회 안에서 엄청난 배교를 상상한다. 분명히 이 견해는 설득력이 있다. 비록 문자 그대로의 의미가 반드시 여기에서 요구된다고 말할 수 없지만, 이 문맥은 예루살렘 성전에 대한 언급을 제안한다. 우리는 위에서 인용된, 에스겔 28:2와 이사야 14:13-14, 그리고 다니엘 11:36-37에 나타난 이 개념의 선례들을 보게 된다. 바울은 BC 63년에 폼페이(Pompey)가 성전에 들어갔을 때 성전을 더럽힌 것을 염두에 두었을 것이다(Josephus, *Ant.* 14.69-76; Pss. Sol. 17.11). 황제 칼리굴라(Caligula)는 또한 자신의 의도가 실현되지 않았다고 할지라도, 성전 안에서 자신의 동상을 세우려는 열망으로 그 땅에 공포로 가득 채웠다(Josephus, *J.W.* 2.184-85; *Ant.* 18.261-309; Philo, *Embassy* 203-346). 세대주의자들(dispensationalist)은 이 예언이 재건된 성전과 더불어 미래에 문자적으로 성취될 것이라고 믿는다. 그러나 이러한 견해보다 좀 더 가능성이 큰 주장은 이 예언은 묵시적으로 이해되어야 하며, 따라서 이 예언은 일반적인 의미에서 성취될 것이며, 문자적인 성전에 대한 언급이 반드시 요구되지 않는다는 것이다. 절대적인 예배와 권위를 요구할 사람이 올 것이다. 왕들이 권력을 얻을 때, 이들은 절대적인 권위를 향하여 강하게 집착하게 될 것이며, 그 불법의 사람은 우리가 히틀러, 스탈린, 마오쩌둥 및 역사 안에서 모든 과대망상자 안에서 보게 되는 모든 광기를 스스로 성취할 것이다.

데살로니가 교인들이 혼란스러워했기 때문에, 바울은 자신이 과거에 이 문제들에 관하여 가르쳤음을 조심스럽게 상기시킨다(살후 2:5). 우리는 또한 왜 이 본문이 우리에게 그렇게 어려운지 그 이유를 다시 상기하게 된다. 바울은 이전의 대화들과 가르침에 의존하기 때문에, 여기에 나타난 단어들이나 표현들은 상당히 생략 적(elliptical)이다. 예를 들어, 그는 데살로니가 교인들이 불법의 사람이 나타나는 것을 막는 것이 무엇인지 알고 있다고 말하지만, 현대 주석을 보면, 억제하는 자가 누구인지 우리는 확실히 알지 못한다는 것을 드러내는데, 이는 막는 자의 정체에 대하여 아주 많은 이론이 있다는 이유를 설명한다. 우리가 그 막는 자에 대하여 더 자세하게 논의하기 전에, 우리는 6-7절에 대한 몇 가지 다른 사항에 주목해야 한다. 바울이 여기에서 말하는 것은 주의 날이 이미 이르렀다는 개념에 반대하는 주장의 일부이다. 다시 말해, 그날은 임한 상태가 아니다. 왜냐하면 그 억제가 제거되지 않았기 때문이다. 그렇다. 악은 지금 존재한다. 왜냐하면 "불법의 비밀이 이미 활동"해 왔기 때문이다. 그러나 악은 아직 정점에 도달하지 않았다. 악의 완전한 타락은 지금 숨겨져 있는데, 악이 억제되고 있기 때문이다. 그 억제가 제거되면, 악은 완전히 나타나게 될 것이다.

그렇다면, 그 막는 자가 누구일까? 우리는 이 막는 자의 정체가 무엇인지 질문을 제기하게 된다. 우리는 중성(2:6)과 남성(2:7) 형태를 발견하게 되는데, 막는 자가 사물이자(2:6) 사람(2:7)이라는 것이다. 위에서 주목된 것처럼, 데살로니가 교인들은 확실히 알았다고 할지라도, 우리는 그 막는 자의 정체성을 확실히 알지 못한다. 역사 안에서 이 정체에 대한 많은 주장이 있었다는 것만 보아도, 그 정체를 알아내는 것은 정말 어려운 문제이다. 몇몇 학자들은 그 막는 자를 로마 제국과 황제라고 이해했다. 그러나 황제는 더 이상 존재하지 않기 때문에, 몇몇 학자들은 바울이 의미하는 것을 정부와 총독들에게 적용한다(롬 13:1-7). 이 견해가 여러 장점이 있지만, 로마 황제가 더 이상 존재하지 않고 복수의 총독들이 단수 형태의 막는 자에 부합하지 않기 때문에 이 견해는 단수 형태를 잘 설명하지 못한다는 치명적인 단점이 있다. 게다가, 만약 정부가 악을 억제한다면, 정부가 악을 조장하는 요한계시록 13장을 어떻게 우리는 설명해야 하는가? 우리는 또한 '그리스도의 십자가 처형'과 '통치하는 권세들에 의해 신자들의 박해'에서 나타나는 것처럼, 정부가 악을 위한 세력이 될 수 있다는 것을 알게 된다.

설득력이 상당히 약한 견해는 이 막는 자의 의미가 복음의 전파와 바울의 인격이라는 주장이다. 더 나아가, 이 견해는 설교자들과 복음 선포가 오늘날 악을 억제하는 것이라고 확대할 수 있다. 이러한 이해가 가진 문제는 바울은 이 편지를 쓸 때 자기 죽음을 예상하지 않았고, 그러므로 "그 중에서 옮겨질" 사람이 바울을 가리킨다는 분명한 표시가 없다는 것이다(살후 2:7). 같은 문제가 복수의 설교자들에게도 적용되는데, 우리는 이 설교자들이 2:7에서 "옮겨질" 것이라고 바울이 생각했다는 증거가 부족하다. 몇몇 세대주의자들은 바울이 성령을 가리킨다고 주장하는데, 이 표현은 헬라어에서 남성과 중성 대명사로 언급되기 때문이다. 그러나 이 견해는 설득력이 없다. 왜냐하면 바울은 어느 곳에서도 중성 대명사를 사용하여 성령을 묘사하지 않고, 삼위일체의 세 번째 위격이신 성령이 이 구절에서 "옮겨질" 존재로 이해되어야 하는지 분명하지 않기 때문이다. 이 견해는 또한 환난 전 휴거의 개념과 결부되어 있지만, 그러나 우리가 보았던 것처럼, 데살로니가전서 4:13-18과 데살로니가후서 1-2장은 환난 전 휴거와 맞지 않는다. 다른 학자들은 '카테코'(*katechō*)라는 동사가 "다스리다" 또는 "지배하다"를 의미하는 것으로 이해하고, 바울이 불법의 사람이 도착할 때까지 다스리는 악과 사탄의 세력에 대해서 말한다고 생각한다. 이 견해는 설득력이 없다. 사실, 학자 대부분은 '카테코'라는 동사가 "억제하다"를 의미한다고 주장한다. 게다가, 사탄이 이 구절에서 제거된 이후에 불법의 사람이 나타날 것이라고 말하는 것은 어딘가 모르게 상당히 이치에 맞지 않는다. 요한계시록 13장에서 짐승과 사탄은 동시에 활동하며, 그 짐승은 사탄에게서 권세를 받는다.

우리는 무엇이 악을 억제하고 있는지 누가 악을 억제하고 있는지 확실히 모른다는 것을 인정해야 한다. 궁극적으로, 하나님은 악이 그 잠재력을 최대한 발휘하지 못하도록, 몇몇 수단들을 쓰고 있다. 따라서 비록 우리가 무엇이 악을 막고 있는지 모른다고 할지라도, 우리는 그 악이 억제되고 있다는 것과 하나님께서 자신의 주권으로 일어나는 모든 것을 주관하신다는 것을 알고 있다. 아마도 악을 억제하는 것에 대한 최고의 적합한 후보는 천사장 미가엘이며, 미가엘의 행동과 인격은 하나님께서 악을 제지하기 위해 사용하는 수단일 것이다. 바울은 다니엘 10-12장을 인용하는데, 이 장들 안에는 미가엘이 바사(Persia)와 헬라(Greece)의 악한 천사들을 제지하는 행동을 한다(10:13, 20-21). 우리는 천사들이 억제하는 역할을 한다는 것을 다른 곳에서도 본다(계 7:1; 20:1-3). 아마도 다니엘 12:1은 미가엘이 제거될 것임을 예상하며, 그의 억제가 풀려 배교의 문이 열리고 불법의 사람이 등장할 것임을 보여준다. 그러면 다음에 오는 것은 하나님의 백성을 위한 큰 고난의 시기이다.

막는 것과 막는 자가 제거될 때, 하나님을 반대하는 불법의 사람이 "나타날 것이다"(살후 2:8). 바울은 이 이야기를 꺼내자마자 바로 이 불법의 사람의 몰락을 기록한다. 왜냐하면 "그 때에 불법한 자가 나타나리니 주 예수께서 그 입의 기운으로 그를 죽이시고 강림하여 나타나심으로 폐하실" 것이기 때문이다. 여기에서 바울은 이사야 11장에서 메시아 본문을 언급하는데, 이

장 안에서 우리는 이새의 줄기에서 한 싹이 "그의 입의 막대기로 세상을 치며 그의 입술의 기운으로 악인을 죽일 것"이라는 진술을 보게 된다(사 11:4). 여기에서 바울의 목적은 데살로니가 교인들을 위로하는 것이다. 그렇다. 악은 존재하고 실재하지만, 그러나 악은 승리하지 못할 것이며, 악의 통치 기간은 짧을 것이다. 악의 나라는 결국 약하고 일시적이므로, 신자들이 박해받는다고 할지라도, 계속해서 견뎌야 한다.

바울은 먼저 불법한 자의 패배에 집중하지만, 그러나 그는 전환하여 불법한 자의 나타남에 대하여 이야기한다(살후 2:9). 불법한 자의 도래는 사탄의 역사 때문이며, 모든 능력과 표적과 거짓 기적에 의해 입증된다. 표적과 기적은 "거짓"이라고 말한다. 비록 바울은 이것들이 "가짜" 기적들이라고 말하지만, 그렇다고 초자연적이지 않은 기적들이라고 제안하는 것이 아니다. 표적들과 기적들은 정말 초자연적일 수 있겠지만, 이것들은 악에 의해 움직이고 생기게 된다. 성경의 다른 본문들 안에서 우리는 기적들이 악의 세력에서 비롯될 수 있음을 보게 된다(출 7:22; 8:7; 신 13:1-2; 마 24:24; 막 13:22; 계 13:13-15; 19:20). 멸망하고 있는 자들, 즉 종말론적인 파멸을 향하는 자들은 이러한 표적들과 기적들에 의해 미혹될 것이다(살후 2:9-10). 언뜻 보기에, 이것은 불공평해 보인다. 왜냐하면 이들은 기적들을 일으키는 이 악한 세력들을 따르는 것에 대한 좋은 이유를 가지는 것처럼 보일 것이기 때문이다. 어쩌면, 파멸을 향하여 가는 자들은 이 기적들에 단순히 속아서 미혹되었다고 말할 수 있기 때문이다. 그러나 바울은 불신자들이 구원받지 못하고 "멸망하는" 이유이자, 근본적인 문제는 "그들이 진리의 사랑을 받지 아니하기" 때문이다(2:10). 그들은 진리와 오류를 분별하는 것이 너무 어렵기 때문에 멸망하는 것이 아니다. 그들이 진리를 사랑하지 않기 때문에 자기 자신들을 악에 빠뜨리는 것이다. 그들은 악의 존재를 알면서도, 이 악을 신뢰할 수 있는 것으로 생각한다. 왜냐하면 그들이 오히려 악을 신뢰할 수 있는 것으로 생각하려고 노력하기 때문이다. 마음의 확신은 자기 영혼을 너무 사랑하는 것에서 비롯된다.

사람들은 자신들이 사랑하는 것을 추구한다는 것을 인식하는 것은 2:11-12를 해석하는 데 중요하다. 왜냐하면 하나님께서 불신자들에게 미혹의 역사를 보내서 이들이 거짓 것을 믿게 하신다는 것이 왜곡되어 보일 수 있기 때문이다. 그러나 우리는 불신자들이 정작 사랑하는 것을 하나님께서 확인하신다는 것을 인정해야 한다. 하나님은 진리를 추구하는 사람들에게 미혹의 영을 보내지 않는다. 그러나 12절에서 말하는 것처럼, 그는 "불의를 좋아하는 모든 자들"에게 보낸다. 이 12절은 우리가 열왕기상 22장을 생각하게 하는데, 이 장에서 주님은 거짓 선지자들에게 아합을 죽게 하려고 "거짓말하는 영"을 넣었다(22:20-23). 아합과 거짓 선지자들은 중립적이고 수동적인 대상들이 아니었다. 즉, 이들은 이미 주님을 대적했다. 만약 그렇다면, 왜 바울은 데살로니가 교인들에게 이 말들을 썼을까? 첫째, 만약 기적들이 악의 세력들에 의해 행해진다면, 이 교인들이 놀라게 되어서는 안 되고, 그러한 기적들이 이들의 믿음을 흔들리게 해서는 안 되었기 때문이다. 둘째, 이 교인들은 악을 품는 자가 마음의 욕심 때문에 그렇게 행한다는 것을 기억해야 했기 때문이다. 셋째, 악을 행하는 자들은 반드시 멸망하므로 이 교인들은 그 악한 자들의 길을 따라서는 안 된다는 것을 상기해야 했기 때문이다.

택함을 받은 자들은 굳건하게 서라(2:13-15)

제기되는 질문은 어떻게 우리는 데살로니가 신자들이 '악한 것을 기뻐하고 사랑하는 불신자들'과 다른 위치에 서 있다는 것을 설명하는가? 신자들 역시 본성으로 죄인들이었기 때문에 근본적으로 그 성품이 다른 것은 아니다. 다시 말해, 데살로니가 신자들은 자신들의 구원에 대한 공로를 인정할 수 없다. 그러나 하나님께서 "처음부터" "첫 열매"로서 구원받게 하려고 이들을 택하셨기 때문에, 모든 찬양은 오직 그에게만 돌려진다(살후 2:13). 신자들에게 주어진 구원은 하나님의 택하신 사랑과 신자들을 구별하여 주님에게 인도하시는 성령의 사역 때문이다. 물론, 데살로니가 교인들이 아무것도 행하지 않은 것은 아니다. 즉, 이들은 복음의 진리를 믿었다. 그런데도, 이 교인들의 믿음은 이들을 구별하는 성령의 역사와 하나님의 택하신 사역의 결과였다. 하나님의 선택은 역사가 시작하기 전에 일어났다. 그러나 부르심은 사람들이 복음을 듣고 믿을 때 역사 안에서 일어난다. 데살로니가 교인들은 택함을 받고 부름을 받기 때문에 격려를 받아야 하고, 이에 대한 반응으로 이들은 바울이 주었던 전통을 붙잡고 지켜야 한다.

격려를 위한 기도(2:16–17)

2장의 목적은 박해받는 데살로니가 교인들을 격려하여 끝까지 계속해서 견디게 하는 것이다. 그러므로 바울은 주 예수 그리스도와 하나님 아버지께서 신자들을 권면하고, 말과 행동 안에서 이들을 굳건하게 하시기를 기도한다. 이 기도 안에서 예수 그리스도가 아버지 앞에 언급되는 것은 매우 놀라운 일인데, 아마도 2장에서 예수께서 하신 중요한 역할 때문일 것이다. 어쨌든, 그리스도와 아버지에게 드리는 기도는 예수의 신적인 위치를 보여준다. 하나님의 사랑은 데살로니가 교인들에게 다시 상기되고 있는데, 바울서신 안에서 하나님의 사랑은 종종 선택과 연결된다(롬 1:7; 9:13; 골 3:12; 살전 1:4; 살후 2:13). 데살로니가 교인들은 견디기 위해서 격려를 받아야 한다. 이 격려는 이들을 향한 하나님의 영원한 사랑을 아는 것에서 오고, 동시에 이들은 어떤 것도 흔들 수 없다는 소망을 갖게 된다. 이러한 사랑과 소망은 하나님의 선물이며, 엄밀하게 받을 만한 가치가 없는 이들에게는 과분한 것이다. 이 사랑과 소망은 박해와 환난 가운데 있는 신자들에게 든든한 보루의 역할을 하게 된다.

기도와 확신(3:1–5)

3:1-5는 기도하라는 권면과 확신의 표현, 그리고 기도를 포함한다. 이 단락은 다소 느슨하게 구성되어 있고, 이 편지의 마지막 부분을 예상하게 한다. 바울은 데살로니가 교인들에게 자신의 사명에 대하여 기도하도록 요청하며, 특히 "주의 말씀," 즉 복음이 많은 민족과 지방에 전파되도록 이 교인들에게 요청한다(살후 3:1). 바울은 또한 그 말씀이 선포된 대로 믿고 받아들여지고 "영광스럽게" 되기를 요청한다. 복음의 전파는 반대와 박해를 불러일으키는데, 이것들은 복음 선포를 방해하기 위한 것들이다. 그러므로 데살로니가 교인들은 바울이 악한 대적들의 손아귀에 빠지지 않도록 기도해야 한다. 결국, 바울이 데살로니가 교인들에게 상기시키는 것처럼, 믿지 않은 사람들이 많이 있다.

바울은 자신의 상황에서 데살로니가 교인들의 삶의 상황으로 방향을 전환한다. 위험이 사방에서 도사리고 있지만, 그러나 "주는 미쁘시다"(3:3). 바울서신 안에서 주님의 신실하심은 자기 백성을 보호하신다는 약속과 밀접하게 연결되어 있다(고전 1:9; 10:13; 살전 5:24; 딤후 2:13). 여기에서도 마찬가지이다. 바울은 데살로니가 교인들이 겪은 박해에 대하여 거의 확실히 생각하고 있고, 사탄이 그 원인일 가능성이 크다. 하지만, 주님은 신자들을 굳세게 하시고 이들을 보호하여 끝까지 견디게 하실 것이다. 한편으로, 신자들은 사탄으로부터 건져짐을 위해 기도하도록 요청받지만(마 6:13), 그러나 이들은 또한 우리가 여기에서 보는 것처럼, 악한 자에게서 구원받을 것이라는 약속도 받게 된다.

주님이 미쁘시므로, 바울은 데살로니가 교인들이 주님의 명령을 수행할 것이라고 확신한다(3:4). 바울은 여기에서 특수한 정황을 생각하지 않고 진술하기 때문에 3:4를 일반적인 차원에서 이해되어야 한다. 만약 신자들이 하나님의 사랑을 안다면, 이들은 견딜 것이다. 따라서 바울은 이들이 하나님의 사랑을 경험하기를 기도한다. 동시에, 그는 "그리스도의 인내"에 대하여 기도하는데, 이 표현은 그리스도가 주시는 인내를 의미하는 것이 아니라 그리스도의 삶을 특징짓는 인내를 의미한다.

게으른 자들에 대한 훈계들(3:6-15)

데살로니가에 있는 몇몇 사람들은 분명히 일하는 것을 멈추었다. 이들이 일을 그만둔 이유에 대해서는 여러 가지 추측들이 있다. 가장 좋은 추측은 이들이 '종말이 도래했다'라는 종말론이나, 또는 '종말이 도래하려 한다'라는 종말론을 갖고 있었기 때문에 이들이 일을 그만두었다는 것이다. 하지만, 우리는 왜 이들이 일하지 않았는지 그 이유에 대하여 확실히 모르기 때문에, 주장되는 이론은 가설로 남아 있어야 한다. 일하기를 거절하는 사람들에게 이 훈계가 전달되었는지를 확인하는 것이 중요하다. 바울은 일하고 싶은데 찾을 수 없었던 사람들이나 병에 걸렸거나 늙어서 일할 수 없는 사람들을 생각하고 있지 않다. 바울은 "우리 주 예수 그리스도의 이름으로" 이들에게 명령하면서 엄숙하게 시작한다(3:6). 신자들은 게으른 자들과 전해진 전통을 따르지 않는 사람들을 멀리해야 한다. 여기에서 전통은 일하라는 훈계이다. 명예와 수치가 중요한 역할을 했던 고대 세계에서, 일하기를 거절한 사람들과 교제를 거부하는 것이 큰 효과가 있었을 것이다.

그런 다음, 바울은 자기 자신의 예에 호소한다(3:7-9). 그가 처음 어느 도시에 도착했을 때, 바울의 습관은 보수를 받는 것이 아니라, 비용을 충당하기 위하여 천막 만드는 일을 하였다. 바울이 설명하는 것처럼, 그 일은 심신을 피곤하고 지치게 하였으며, "주야로" 행해졌다. 바울은 데살로니가 교인들에게 재정적 부담이 되기를 원하지 않았다. 그래서 그는 일을 하였다. 이렇게 일을 함으로써, 그는 자기 자신과 '여행하면서 사람들에게서 돈을 빼앗는 순회 교사들'과 구별하였다. 바울은 자신이 경제적인 지원을 받을 권리를 가졌다고 믿었지만, 그러나 우리가 고린도전서 9장과 고린도후서 11장에서 본 것처럼, 그는 복음의 순수함을 보존하고 본보기가 되기 위하여 자신의 권리를 행사하지 않았다.

바울은 데살로니가 교인들에게 자신이 사역하는 동안 이들을 가르쳤던 규칙을 상기시키는데, 일하는 것을 거절하는 사람은 먹게 해서는 안 된다는 것이다(살후 3:10). 이 지침은 일을 찾을 수 없는 사람들이나 육체적으로 일할 수 없는 사람들이 아니라, 기꺼이 일하려고 하지 않은 사람들에게 주어진다는 것을 다시 상기하는 것은 주요하다. 배에서 꼬르륵 소리가 나는 것이 일할 수 있는 좋은 동기라고 바울은 믿는다. 교회 내 몇몇 사람들은 게으른 사람들이었고 일하는 것을 거부한다는 보고가 바울에게 전달되었다. CSB는 헬라어로 언어유희를 하는 표현을 잘 지적하는데, 이들이 "일하지 아니하고 일을 만들기만 하는 자들"이라는 것이다(3:11, 헬라어로 "일하지 아니하다"[에르가조마이]라는 표현과 "일을 만들다"[페리에르가조마이]라는 표현은 같은 어근을 가짐-옮긴이). 여기에서 일을 만든다는 것은 자기 집은 정돈되지 않은 상태에서 다른 사람들의 삶을 간섭하는 것을 의미한다.

바울은 3:12에서 게으른 자들에게 직접 말한다. "이런 자들에게 우리가 명하고 주 예수 그리스도 안에서 권한다"라는 서두의 말은 이 명령을 따르는 권위와 진지함을 의미한다. 바울이 보기에, 일을 거부한다는 것은 사소한 문제가 아니다. 그러므로 게으른 자들은 일에 돌아가 자신의 필요를 충족시키라는 명령을 받는다. 일하는 것을 거부하는 사람들은 도움을 받아서는 안 된다(3:10). 그러나 동시에 몇몇 사람들은 게으르고 일하기를 거부한다는 인식이 신자들의 관대함을 약화해서는 안 된다(3:13). 교회의 신자들은 모든 이가 게을러서 돕는 것을 거부한다고 말하는 함정에 빠져서는 안 된다.

일에 대한 권면들이 무시되거나 부정된다면 어떻게 해야 하는가? 신자들은 이러한 사람을 주목하고 그와 교제하기를 거부해야 한다. 그와 교제하기를 거부하는 것은 믿음의 공동체 내에서 일종의 징계이며, 이러한 방식으로 행동하는 사람이 수치심과 양심의 가책을 느끼도록 해야 한다. 다른 사람들과 교제하지 않는 것이 바리새인의 교만을 드러낸다고 우리는 생각해서는 안 된다. 여기에서 목적은 자기 칭찬이 아니라 일하기를 거부하는 사람의 유익을 위해서이다. 바울은 교회의 반응이 회개와 개혁으로 이어지기를 바란다. 사실, 바울은 자신의 훈계가 잘못 이해될까 걱정했다(3:15). 비록 게으른 자들이 원수라고 할지라도, 마음속으로 이들을 미워해서는 안 된다. 오히려, 이 훈계와 책망은 형제와 자매를 사랑하는 마음에서 나오는 것이다.

맺음말(3:16–18)

회중은 박해에 시달렸고, 종말론으로 혼란스러웠으며, 몇몇 사람들이 일하기를 거부했기 때문에 분열되었다. 그러므로 바울은 예수 그리스도, 즉 "평강의 주"가 "때마다 일마다" 모든 상황에서 평강을 주시도록 기도하면서, 평강을 특별히 강조한다(3:16). 우리는 예수의 신적인 정체성을 다시 확증하는, 예수에게 드리는 기도의 또 다른 놀라운 예를 보게 된다. 그러한 평강은 주 예수 그리스도가 데살로니가 교인들과 함께 있을 때 이들의 것이 될 것이며, 바울은 그렇게 되기를 기도한다.

바울은 이 지점에서, 펜을 들고 자기 손으로 서명을 덧붙인다(3:17). 분명히, 이것은 모든 편지에서 바울의 관행이었다. 그러한 서명은 이 편지의 진위와 권위를 입증하였다(2:2 참조). 바울은 데살로니가 교인들 전체를 바라보는데, 그리스도의 은혜가 이들 모든 각 사람에게 있기를 바라는 기도를 하면서 이 편지를 끝맺는다(3:18).

Beale, G. K. *1-2 Thessalonians*. IVPNTC. Downers Grove, IL: InterVarsity, 2003.

Best, E. K. *Commentary on the First and Second Epistles to the Thessalonians*. BNTC. London: Black, 1997.

Bruce, F. F. 1 *& 2 Thessalonians*. WBC. Waco: Word, 1982.

Eadie, J. K. *Commentary on the Greek Text of the Epistle of Paul to the Thessalonians*. Edited by W. Young. London: Macmillan, 1877.

Elias, J. W. *First and Second Thessalonians*. BCBC. Scottdale, PA: Herald Press, 1995.

Fee, Gordon D. *The First and Second Letters to the Thessalonians*. NICNT. Grand Rapids: Eerdmans, 2009.

Findlay, G. G. *The Epistles to the Thessalonians*. Cambridge Bible for Schools and Colleges. Cambridge: Cambridge University Press, 1891.

Fowl, S. E. *A Critical and Exegetical Commentary on the Epistles of St. Paul to the Thessalonians*. ICC. Edinburgh: T&T Clark, 1912.

Furnish, Victor P. *1 Thessalonians, 2 Thessalonians*. ANTC. Nashville: Abingdon, 2007.

Gaventa, Beverly R. *First and Second Thessalonians*. Interpretation. Louisville: John Knox, 1998.

Green, Gene L. *The Letters to the Thessalonians*. PNTC. Grand Rapids: Eerdmans, 2002.

Hobbs, H. H. "1-2 Thessalonians." In *The Broadman Bible Commentary*, edited by C. J. Allen, 11:257-98. Nashville: Broadman, 1971.

Holmes, Michael W. *1 and 2 Thessalonians*. NIVAC. Grand Rapids: Zondervan, 1998.

Kim, Seyoon, and F. F. Bruce. *1 & 2 Thessalonians*. Rev. ed. WBC. Dallas: Word, 2019.

Laub, F. *1. und 2. Thessalonicherbrief*. Würzberg: Echter, 1998.

Malherbe, Abraham J. *The Letters to the Thessalonians: A New Translation with Introduction and Commentary*. AB 32B. New York: Doubleday, 2000.

Marshall, I. Howard. *1 and 2 Thessalonians: Based on the Revised Standard Version*. NCBC. Grand Rapids: Eerdmans, 1983.

Martin, D. M. *1, 2 Thessalonians*. NAC 33. Nashville: Broadman & Holman, 1995.

McKinnish Bridges, L. *1 and 2 Thessalonians*. SHBC. Macon, GA: Smyth & Helwys, 2008.

Milligan, G. St. *Paul's Epistles to the Thessalonians: The Greek Text with Introduction and Notes*. London: Macmillan, 1908.

Moore, A. L. *1 and 2 Thessalonians: Based on the Revised Standard Version*. NCBC. London: Nelson, 1969.

Morris, Leon. *First and Second Epistles to the Thessalonians*. Rev. ed. NICNT. Grand Rapids: Eerdmans, 1991.

Plummer, A. *A Commentary on St. Paul's First Epistle to the Thessalonians*. London: Robert Scott, 1918.

Reese, J. M. *1 and 2 Thessalonians. New Testament Message*. Wilmington, DE: Michael Glazier, 1979.

Richard, E. J. *First and Second Thessalonians*. SP. Collegeville, MN: Liturgical Press, 1995.

Shogren, Gary S. *1 and 2 Thessalonians*. ZECNT. Grand Rapids: Zondervan, 2012.

Thomas, Robert L. "1-2 Thessalonians." In *Ephesians through Philemon*, vol. 11 of *The Expositor's Bible Commentary*, edited by F. E. Gaebelein, 227-337. Grand Rapids: Zondervan, 1978.

Walvoord, John F. *The Thessalonian Epistles*. Grand Rapids: Zondervan, 1976.

Wanamaker, Charles A. *The Epistles to the Thessalonians: A Commentary on the Greek Text*. NIGTC. Grand Rapids: Eerdmans, 1990.

Ward, R. A. *Commentary on 1 and 2 Thessalonians*. Waco: Word, 1973.

Weatherly, J. A. *1 and 2 Thessalonians*. CPNIVC. Joplin, MO: College Press, 1996.

Weima, Jeffrey A. D. *1-2 Thessalonians*. BECNT. Grand Rapids: Baker Academic, 2014.

Williams, D. J. *1 and 2 Thessalonians*. NIBC. Peabody, MA: Hendrickson, 1992.

Witherington, Ben, III. *1 and 2 Thessalonians: A Socio-Rhetorical Commentary*.

Grand Rapids: Eerdmans, 2006.

데살로니가전 · 후서: 연구논문(article)과 소논문(essay), 그리고 단행본들

Ascough, R. *1 and 2 Thessalonians: Encountering the Christ Group at Thessalonike*. PGNT 13. Sheffield: Sheffield Phoenix, 2014.

———. *Paul's Macedonian Associations: The Social Context of Philippians and 1 Thessalonians*. WUNT 161. Tübingen: Mohr Siebeck, 2003.

Aune, David E. "Trouble in Thessalonica: An Exegetical Study of I Thess 4:9-12, 5:12-14 and II Thess 3:6-15 in Light of First Century Social Conditions." Master's thesis, Regent College, 1989.

Bailey, J. A. "Who Wrote II Thessalonians?" *NTS* 25 (1978-79): 131-45.

Barclay, John M. G. "Conflict in Thessalonica." *CBQ* 55 (1993): 512-30.

Bassler, Jouette M. "The Enigmatic Sign: 2 Thessalonians 1:5." *CBQ* 46 (1984): 496-510.

Baumert, N. "Homeiromenoi in 1 Thess 2:8." *Bib* 68 (1987): 552-63.

Benson, G. P. "Note on 1 Thessalonians 1.6." *ExpTim* 107 (1996): 143-44.

Black, David Alan. "The Weak in Thessalonica: A Study in Pauline Lexicography." *JETS* 5 (1982): 307-21.

Boers, Hendrikus. "The Form Critical Study of Paul's Letters: I Thessalonians as a Case Study." *NTS* 22 (1975): 140-58.

Burke, T. J. *Family Matters: A Socio-Historical Study of Kinship Metaphors in 1 Thessalonians*. JSNTSup 247. London: T&T Clark, 2003.

———. "Pauline Paternity in 1 Thessalonians." *TynBul* 51 (2000): 59-80.

Callow, J. A. *Semantic Structure Analysis of Second Thessalonians*. Dallas: Summer Institute of Linguistics, 1982.

Caragounis, Chrys. "Parainesis on ἉΓΙΑΣΜΟΣ (1 Thess. 4:3-8)." *Filología neotestamentaria* 15 (2002): 133-51.

Carras, George P. "Jewish Ethics and Gentile Converts: Remarks on 1 Thes 4,3-8." In *The Thessalonian Correspondence*, edited by R. F. Collins, 306-15. BETL 87. Leuven: Leuven University Press, 1990.

Chadwick, Henry. "1 Thess. 3:3: σαίνεσθαι." *JTS* 1 (1950): 156-58.

Chapa, J. "Is First Thessalonians a Letter of Consolation?" *NTS* 40 (1994): 150-60.

Collins, Raymond F. "The Function of Paraenesis in 1 Thess 4,1-12; 5,12-22." *ETL* 74 (1998): 398-414.

———. *Studies on the First Letter to the Thessalonians*. BETL 66. Leuven: Leuven University Press, 1994.

———. "'This Is the Will of God: Your Sanctification' (1 Thess 4:3)." *LTP* 39 (1983): 27-53.

Cranfield, Charles E. B. "A Study of 1 Thessalonians 2." *Irish Biblical Studies* 1 (1979): 215-26.

Crawford, C. "The 'Tiny' Problem of 1 Thessalonians 2:7: The Case of the Curious Vocative." *Bib* 54 (1973): 69-72.

Delobel, J. "One Letter Too Many in Paul's First Letter? A Study of (ν)ηπιοι in 1 Thess 2:7." *Louvain Studies* 20 (1995): 126-33.

Dixon P. S. "The Evil Restraint in 2 Thess 2:6." *JETS* 33 (1990): 445-49.

Donfried, Karl P. "The Cults of Thessalonica and the Thessalonian Correspondence." *NTS* 31 (1985): 336-56.

———. "The Imperial Cults of Thessalonica and Political Conflict in 1 Thessalonians." In *Paul and Empire: Religion and Power in Roman Imperial Society*, edited by R. A. Horsley, 215-23. Harrisburg, PA: Trinity Press International, 1997.

———. "Paul and Judaism: 1 Thessalonians 2:13-16 as a Test Case." *Interpretation* 38 (1984): 242-53.

———. *Paul, Thessalonica, and Early Christianity*. Grand Rapids: Eerdmans, 2002.

———. "2 Thessalonians and the Church of Thessalonica." In *Origins and Method: Towards a New Understanding of Judaism and Christianity; Essays in Honour of John C. Hurd*, edited by B. H. McLean, 128-44. JSNTSup 86. Sheffield: JSOT Press, 1993.

———. "The Theology of 1 and 2 Thessalonians." In *The Theology of the Shorter Pauline Letters*, edited by J. D. G. Dunn, 1-113. NTT. Cambridge: Cambridge University Press, 1993.

———. "War Timotheus in Athen? Exegetische Überlegungen zu 1 Thess 3,1-3." In *Die Freude an Gott–unsere Kraft: Festschrift für Otto Bernhard Knoch zum 65*. Geburtstag, edited by J. J. Degenhardt, 189-96. Stuttgart: Katholisches Bibelwerk, 1991.

Dunham, Duane A. "2 Thessalonians 1:3-10: A Study in Sentence Structure." *JETS* 24 (1981): 39-46.

Edgar, T. R. "The Meaning of 'Sleep' in 1 Thessalonians 5:10." *JETS* 22 (1979): 345-49.

Elgvin, T. "'To Master His Own Vessel': 1 Thess 4:4 in Light of New Qumran Evidence." *NTS* 43 (1997): 604-19.

Ellingworth, Paul. "Which Way Are We Going? A Verb of Movement, Especially in 1 Thess 4:14b." *BT* 25 (1974): 426-31.

Esler, Philip. "2 Thessalonians." In *The Oxford Bible Commentary*, edited by J. Barton and J. Muddiman, 1213-20. Oxford: Oxford University Press, 2000.

Evans, Craig A. "Ascending and Descending with a Shout: Psalm 47.6 [47.5 ET = 46.6 LXX] and 1 Thessalonians 4.16." In *Paul and the Scriptures of Israel*, edited by C. A. Evans and J. A. Sanders, 238-53. JSNTSup 83. SEJC 1. Sheffield: JSOT Press, 1993.

Evans, R. M. *Eschatology and Ethics: A Study of Thessalonica and Paul's Letters to the Thessalonians*. Princeton, NJ: McMahon Printing, 1968.

Fee, Gordon D. "On Text and Commentary on 1 and 2 Thessalonians." In *SBL*

1992 Seminar Papers, edited by E. H. Lovering Jr., 165-83. Atlanta: Scholars Press, 1992.

———. "Pneuma and Eschatology in 2 Thessalonians 2.1-2: A Proposal about 'Testing the Prophets' and the Purpose of 2 Thessalonians." In *To Tell the Mystery: Essays on New Testament Eschatology in Honor of Robert H. Gundry*, edited by T. E. Schmidt and M. Silva, 196-215. JSNTSup 100. Sheffield: JSOT Press, 1994.

Foster, Paul. "Who Wrote 2 Thessalonians? A Fresh Look at an Old Problem." *JSNT* 35 (2012): 150-75.

Gaventa, Beverly R. "Apostles as Babes and Nurses in 1 Thessalonians 2:7." In *Faith and History: Essays in Honor of Paul W. Meyer*, edited by J. T. Carroll, C. H. Cosgrove, and E. E. Johnson, 193-207. Atlanta: Scholars Press, 1991.

Getty, M. A. "The Imitation of Paul in the Letters to the Thessalonians." In *The Thessalonian Correspondence*, edited by K. F. Collins, 277-83. BETL 87. Leuven: Leuven University Press, 1990.

Giblin, Charles H. "2 Thessalonians 2 Re-read as Pseudepigraphical: A Revised Reaffirmation of The Threat to Faith." In *The Thessalonian Correspondence*, edited by K. F. Collins, 459-69. BETL 87. Leuven: Leuven University Press, 1990.

———. *The Threat to Faith: An Exegetical and Theological Reexamination of 2 Thessalonians 2*. AnBib 31. Rome: Pontifical Biblical Institute, 1967.

Gilliard, F. D. "Paul and the Killing of the Prophets in 1 Thess. 2:15." *NovT* 36 (1994): 259-70.

———. "The Problem of the Antisemitic Comma between 1 Thessalonians 2:14 and 15." *NTS* 35 (1989): 481-502.

Gillman, J. "Paul's Eisodos: The Proclaimed and the Proclaimer (1 Thes 2,8)." In *The Thessalonian Correspondence*, edited by R. F. Collins, 62-70. BETL 87. Leuven: Leuven University Press, 1990.

———. "Signals of Transformation in 1 Thessalonians 4:13-18." *CBQ* 47 (1985):

263-81.

Gregson R. "Solution to the Problems of the Thessalonian Epistles." *EvQ* 38 (1966): 76-80.

Gundry, R. H. "A Brief Note on 'Hellenistic Formal Receptions and Paul's Use of ΑΠΑΝΤΗΣΙΣ in 1 Thessalonians 4:17.'" *BBR* 6 (1979): 39-41.

Hannah, D. D. "The Angelic Restrainer of 2 Thessalonians 2.6-7." In *Calling Time: Religion and Change at the Turn of the Millennium*, edited by M. Percy, 28-45. Sheffield: Sheffield Academic, 2000.

Heil, J. H. "Those Now 'Asleep' (Not Dead) Must Be 'Awakened' for the Day of the Lord in 1 Thess 5.9-10." *NTS* 46 (2000): 464-71.

Hendrix, H. L. "Archaeology and Eschatology at Thessalonica." In *The Future of Early Christians: Essays in Honor of Helmut Koester*, edited by B. A. Pearson, 107-18. Minneapolis: Fortress, 1991.

———. "Thessalonica." In *Archaeological Resources for New Testament Studies: A Collection of Slides on Culture and Religion in Antiquity*, edited by H. Koester and H. L. Hendrix, 1:1-49. Philadelphia: Fortress, 1987.

Hodges, Zane C. "The Rapture in 1 Thessalonians 5:1-11." In *Walvoord: A Tribute*, edited by D. K. Campbell, 67-79. Chicago: Moody, 1982.

Holland, G. S. "'A Letter Supposedly from Us': A Contribution to the Discussion about the Authorship of 2 Thessalonians." In *The Thessalonian Correspondence*, edited by R. F. Collins, 394-402. BETL 87. Leuven: Leuven University Press, 1990.

———. *The Tradition That You Received from Us: 2 Thessalonians in the Pauline Tradition*. Hermeneutische Untersuchungen zur Theologie 24. Tübingen: Mohr Siebeck, 1988.

Holtz, T. "On the Background of 1 Thessalonians 2:1-12." In *The Thessalonians Debate: Methodological Discord or Methodological Synthesis?*, edited by K. P. Donfried and J. Beutler, 69-80. Grand Rapids: Eerdmans, 2000.

Hooker, Morna D. "1 Thessalonians 1:9-10: A Nutshell–but What Kind of Nut?" In Frühes Christentum, 435-48. Vol. 3 of *Geschichte–Tradition–Reflexion:*

Festschriften für Martin Hengel zum 70. Geburtstag, edited by H. Cancik, H. Lichtenberger, and P. Schäfer. Tübingen: Mohr Siebeck, 1996.

Horbury, W. "1 Thessalonians 2:3 as Rebutting the Charge of False Prophecy." *JTS* 33 (1982): 492-508.

House, H. Wayne. "Apostasia in 2 Thessalonians 2:3: Apostasy or Rapture?" In *When the Trumpet Sounds*, edited by T. Ice and T. J. Demy, 261-95. Eugene, OR: Harvest House, 1995.

Howard, T. L. "The Literary Unity of 1 Thessalonians 4:13-5:11." *Grace Theological Journal* 9 (1988): 163-90.

Hughes, F. W. *Early Christian Rhetoric and 2 Thessalonians*. JSNTSup 30. Sheffield: JSOT Press, 1989.

———. "The Rhetoric of 1 Thessalonians." In *The Thessalonian Correspondence*, edited by R. F. Collins, 94-116. BETL 87. Leuven: Leuven University Press, 1990.

Jewett, Robert. "Enthusiastic Radicalism and the Thessalonian Correspondence." *1972 Proceedings of the Society of Biblical Literature* 1 (1972): 181-232.

———. *The Thessalonian Correspondence: Pauline Rhetoric and Millenarian Piety*. Foundations and Facets. Philadelphia: Fortress, 1986.

Johanson, B. C. *To All the Brethren: A Text-Linguistic and Rhetorical Approach to 1 Thessalonians*. Coniectanea biblica: New Testament Series 16. Stockholm: Almqvist & Wiksell, 1987.

Kim, Seyoon. "The Jesus Tradition in 1 Thess 4.13-5.11." *NTS* 48 (2002): 225-42.

———. "Paul's Entry (εἴσοδος) and the Thessalonians' Faith (1 Thessalonians 1-3)." *NTS* 51 (2005): 37-47.

Koester, Helmut. "From Paul's Eschatology to the Apocalyptic Schemata of 2 Thessalonians." In *The Thessalonian Correspondence*, edited by R. F. Collins, 441-58. BETL 87. Leuven: Leuven University Press, 1990.

———. "Imperial Ideology and Paul's Eschatology in 1 Thessalonians." In *Paul and Empire*, edited by R. A. Horsley, 158-66. Harrisburg, PA: Trinity Press

International, 1997.

———. "The Text of 1 Thessalonians." In *The Living Text: Essays in Honor of Ernest W. Saunders*, edited by D. E. Groh and R. Jewett, 219-27. Lanham, MD: University Press of America, 1985.

Krodel, G. A. "The 'Religious Power of Lawlessness' (Katechon) as Precursor of the 'Lawless One' (Anomos): 2 Thess 2:6-7." *Currents in Theology and Mission* 17 (1990): 440-46.

Lambrecht, Jan. "Loving God and Steadfastly Awaiting Christ (2 Thessalonians 3,5)." *ETL* 76 (2000): 435-41.

———. "A Structural Analysis of 1 Thessalonians 4-5." In *The Thessalonian Debate: Methodological Discord or Methodological Synthesis?*, edited by K. P. Donfried and J. Beutler, 163-78. Grand Rapids: Eerdmans, 2000.

———. "Thanksgivings in 1 Thessalonians 1-3." In *The Thessalonian Correspondence*, edited by R. F. Collins, 183-205. BETL 87. Leuven: Leuven University Press, 1990.

Malherbe, Abraham J. "Exhortation in First Thessalonians." *NovT* 25 (1983): 238-56.

———. *Paul and the Thessalonians: The Philosophic Tradition of Pastoral Care*. Philadelphia: Fortress, 1987.

Marshall, I. Howard. "Election and Calling to Salvation in 1 and 2 Thessalonians." In *The Thessalonian Correspondence*, edited by R. F. Collins, 259-76. BETL 87. Leuven: Leuven University Press, 1990.

———. "Pauline Theology in the Thessalonian Correspondence." In *Paul and Paulinism: Festschrift for C. K. Barrett*, edited by M. D. Hooker and S. G. Wilson, 173-83. London: SPCK, 1982.

McGehee, M. "A Rejoinder to Two Recent Studies Dealing with 1 Thess 4:4." *CBQ* 51 (1989): 82-89.

Mearns, C. L. "Early Eschatological Development in Paul: The Evidence of I and II Thessalonians." *NTS* 27 (1981): 137-57.

Míguez, Néstor O. *The Practice of Hope: Ideology and Intention in 1 Thessalonians*. Minneapolis: Fortress, 2012.

Nicholl, Colin R. *From Hope to Despair in Thessalonica: Situating 1 and 2 Thessalonians*. SNTSMS 126. Cambridge: Cambridge University Press, 2004.

Otto, R. E. "The Meeting in the Air (1 Thess. 4:17)." *HBT* 19 (1997): 192-212.

Pearson, B. A. "1 Thessalonians 2:13-16: A Deutero-Pauline Interpolation." *HTR* 64 (1971): 79-94.

Plevnik, Joseph. "1 Thess 5:1-11: Its Authenticity, Intention and Message." *Bib* 60 (1979): 71-90.

———. "The Taking Up of the Faithful and the Resurrection of the Dead in 1 Thessalonians 4:13-18." *CBQ* 46 (1984): 274-83.

Powell, C. E. "The Identity of the 'Restrainer' in 2 Thessalonians 2:6-7." *BSac* 154 (1997): 320-32.

Robinson, D. W. B. "II Thess. 2,6: 'That Which Restrains' or 'That Which Holds Sway'?" In Studia Evangelica, vol. 2, *Papers Presented to the Second International Congress on New Testament StudiesHeld at Christ Church, Oxford, 1961*, part 1, *The New Testament Scriptures*, edited by F. L. Cross et al., 635-38. TUGAL 87. Berlin: Akademie, 1964.

Roetzel, Calvin J. "1 Thess 5:12-28: A Case Study." In *SBL 1972 Proceedings*, edited by L. C. McGaughy, 2:367-83. Chico, CA: Society of Biblical Literature, 1972.

Ross, J. M. "1 Thessalonians 3.13." *BT* 26 (1975): 444.

Russell, R. "The Idle in 2 Thess 3:6-12: An Eschatological or a Social Problem?" *NTS* 34 (1988): 105-19.

Schlueter, C. J. *Filling Up the Measure: Polemical Hyperbole in 1 Thessalonians 2:14-16*. JSNTSup 98. Sheffield: JSOT Press, 1994.

Schmidt, D. D. "1 Thess 2:13-16: Linguistic Evidence for an Interpolation." *JBL* 102 (1983): 269-79.

———. "The Syntactical Style of 2 Thessalonians: How Pauline Is It?" In *The*

Thessalonian Correspondence, edited by R. F. Collins, 383-93. BETL 87. Leuven: Leuven University Press, 1990.

Stephenson, A. M. G. "On the Meaning of ἐνέστηκεν ἡ ἡμέρα τοῦ κυρίου in 2 Thessalonians 2,2." In *Studia evangelica, vol. 4, Papers Presented to the Third International Congress on New Testament Studies Held at Christ Church, Oxford, 1965*, part 1, *The New Testament Scriptures*, edited by F. L. Cross et al., 442-51. TUGAL 102. Berlin: Akademie, 1968.

Still, Todd D. *Conflict at Thessalonica: A Pauline Church and Its Neighbours*. JSNTSup 183. Sheffield: Sheffield Academic, 1999.

Theodoret, Bishop of Cyrrhus. "I and II Thessalonians." In *Commentary on the Letters of St. Paul*, translated by R. C. Hill, 2:107-35. Brookline, MA: Holy Cross Orthodox Press, 2001.

Trudinger, P. "The Priority of 2 Thessalonians Revisited: Some Fresh Evidence." *Downside Review* 113 (1995): 31-35.

Wallace, Daniel B. "A Textual Problem in 1 Thessalonians 1:10: Ἐκ τῆς Ὀργῆς vs. Ἀπὸ τῆς Ὀργῆς." *BSac* 147 (1990): 470-79.

Walton, Steve. "What Has Aristotle to Do with Paul? Rhetorical Criticism and 1 Thessalonians." *TynBul* 46 (1995): 229-50.

Ware, James P. "The Thessalonians as a Missionary Congregation: 1 Thessalonians 1,5-8." *ZNW* 83 (1992): 126-31.

Warfield, B. B. "The Prophecies of St. Paul, I: 1 and 2 Thessalonians." *The Expositor*, 3rd series, 4 (1886): 30-44.

Weatherly, J. A. "The Authenticity of 1 Thessalonians 2.13-16: Additional Evidence." *JSNT* 42 (1991): 79-98.

———. "Responsibility for the Death of Jesus in Paul: 1 Thessalonians 2:14-16." In *Jewish Responsibility for the Death of Jesus in Luke-Acts*, 176-94. JSNTSup 106. Sheffield: Sheffield Academic, 1994.

Weima, Jeffrey A. D. "An Apology for the Apologetic Function of 1 Thessalonians 2.1-12." *JSNT* 68 (1997): 73-99.

———. "'But We Became Infants among You': The Case for ΝΗΠΙΟΙ in 1 Thess 2.7." *NTS* 46 (2000): 547-64.

———. "The Slaying of Satan's Superman and the Sure Salvation of the Saints: Paul's Apocalyptic Word of Comfort (2 Thessalonians 2:1-17)." *CTJ* 41 (2006): 67-88.

Weima, Jeffrey A. D., and Stanley E. Porter. *An Annotated Bibliography of 1 and 2 Thessalonians*. New Testament Tools and Studies 26. Leiden: Brill, 1998.

Whitton, J. "A Neglected Meaning for Skeuos in 1 Thessalonians 4.4." *NTS* 28 (1982): 142-43.

Wilson, G. B. *I and II Thessalonians: A Digest of Reformed Comment*. Edinburgh: Banner of Truth Trust, 1975.

Winter, Bruce W. "The Entries and Ethics of Orators and Paul (1 Thessalonians 2:1-12)." *TynBul* 44 (1993): 55-74.

———. "'If a Man Does Not Wish to Work …': A Cultural and Historical Setting for 2 Thessalonians 3:6-16." *TynBul* 40 (1989): 303-15.

Witmer, Stephen E. "Θεοδίδακτοι in 1 Thessalonians 4.9: A Pauline Neologism." *NTS* 52 (2006): 239-50.

Yarbrough, Robert W. "Sexual Gratification in 1 Thess 4:1-8." *TJ* 20 (1999): 215-32.

11. 디모데전서

서론

목회 서신들은 개인들에게 보내어진 것인데, 디모데에게 쓰인 두 통의 편지와 디도에게 쓰인 한 통의 편지로 이루어졌다. 비평적인 학문의 영역에서, 학자들은 종종 문학적, 신학적, 역사적 이유로 이 서신들을 차명(바울이 아닌 익명의 저자가 이 서신을 기록하고 바울의 이름을 사용한다는 주장-옮긴이) 서신으로 인정한다. 이러한 질문들을 논의하는 것이 이 책의 목적은 아니다. 그러나 나는 목회 서신들이 실제로 바울에 의해 기록되었다고 믿는다. 물론, 바울이 대서자(amanuensis, 저자의 구술을 받아쓰는 사람이며, 이 당시 대서자를 고용하여 글을 쓰는 것은 일반적인 관습임-옮긴이)를 사용했을 수 있고, 이 과정에서 저작권에 대한 답을 찾을 수도 있겠지만 말이다. 오늘날, 바울이 목회 서신들의 저자라고 주장하는 존슨(Luke Johnson), 피(Gordon Fee), 거쓰리(Donald Guthrie), 엘리스(Earle Ellis), 나이트(George Knight), 마운스(William Mounce), 쾨스텐버거(Andreas Kostenberger), 야부르(Robert Yarbrough), 카슨(D. A. Carson), 무(Douglas Moo)와 같은 많은 주석가들이 있다. 디모데전서의 연대와 관련해서도 학자들의 이견들이 많이 있다. 그래서 이 연대를 정하는 것이 쉽지 않다. 디모데전서는 바울이 투옥되기 이전, 사역하는 동안 기록되었을 수 있다. 그러나 나는 바울이 첫 번째 로마 투옥에서 풀려났다는 전통적인 견해에 동의하면서, 아마도 그가 이 편지를 AD 67년 이전, 즉 AD 64-65년에 기록했을 것이라고 주장한다. 이 편지는 실제로 교회의 목사가 아니라, 에베소 교회에서 사역하였던 디모데에게 쓴 것인데, 디모데는 사도 바울의 대리 역할을 하였다. 우리는 60년대 중반에 에베소 교회가 거짓 가르침과 씨름하고 있었고, 바울이 이러한 문제들에 관하여 에베소 교인들을 가르치며, 지도하고 바로잡을 디모데에게 편지를 썼음을 알게 된다. 디모데전서의 개요는 설명하기가 쉽지 않아 보이지만, 또 어떻게 보면 오히려 간단하게도 보인다. 이 간단한 개요는 다음과 같이 제시될 수 있다.

개요	
거짓 교사들을 조심하라	1:1-20
모두를 위하여 기도하라	2:1-7
교회 안에 적절한 조직을 세우라	2:8-3:16
네 생명과 가르침으로 거짓 선생들을 대적하라	4:1-16
과부들과 장로들, 그리고 종들을 위한 교훈들	5:1-6:2
디모데를 위한 마지막 권면들	6:3-21

인사말(1:1-2)

바울은 자기 자신을 사도로 명시한다. 왜냐하면 그는 디모데 뿐만 아니라 에베소 교회를 위해 이 편지를 썼기 때문이다. 그러므로 1:1-2에서 기록된 것은 권위적인 모습이 있다. 바울의 권위가 특히 강조되는데, 하나님께서 명령하시고 그를 사도로 임명했다는 것이 언급되기 때문이다. 바울은 자신이 사도로 임명되었던 다메섹 도상에서 예수 그리스도의 나타나셨던 것을 염두에 두고 있다. 구원과 구세주로서 하나님(그리스도와 함께)은 목회 서신들 안에서 반복적인 주제들이다. 우리는 구원과 하나님이 디모데전서의 주요한 주제 중에 있다는 것을 미리 보게 된다. 소망 또한 두드러진 주제인데, 종말론이 목회 서신들 안에 나타난다는 것을 보여준다.

이 편지는 사도 바울의 대리 역할을 한 디모데에게 보낸 것이다. 디모데는 사도 바울과 믿을 만한 사람이자 동료였으며, 아마도 가장 가까운 사람이었을 것이다(행 16:1, 3; 17:14-15; 18:5; 19:22; 20:4; 롬 16:21; 고전 4:17; 16:10; 고후 1:1, 19; 빌 1:1; 2:19; 골 1:1; 살전 1:1; 3:2, 6; 살후 1:1; 딤전 1:2, 18; 6:20; 딤후 1:2; 몬 1). 바울은 그를 완전히 신뢰했으므로 그는 디모데가 사역의 현장에서 민감하고 중대한 일들을 수행하도록 위임했다. 여기에서 디모데는 바울의 "믿음 안에서 참 아들"로서 묘사되며(딤전 1:2), 바울의 대리로서 에베소에서 일어나고 있는 것을 해결하도록 요청받는다. 우리는 바울의 다른 서신들 안에 나타난 것처럼 일반적인 은혜 축도를 갖지만, 그러나 흥미롭게도, 긍휼이라는 표현이 은혜와 평강에 덧붙여진다. 은혜와 긍휼은 의미에 있어서 매우 유사하다. 물론 은혜가 미래에 대한 하나님의 힘을 나타낸다고 할지라도, 이 두 표현은 인간의 잘못을 용서하는 하나님의 사랑을 궁극적으로 나타낸다. 이 세 표현은 밀접한 관련이 있는데, 하나님의 은혜와 긍휼을 받는 자들이 그의 평강을 누리기 때문이다.

거짓 교사들에 관한 지침들(1:3-11)

우리는 역사 안에서 일어난 바울의 사역과 관련하여 세부 사항을 더 알고 싶어 한다. 그러나 한계가 있음을 우리는 인정해야 한다. 분명히 바울은 마게도냐를 향하여 떠나야 했고(그가 AD 62년에 첫 번째 로마 투옥에서 풀려난 이후), 그는 디모데가 에베소의 상황을 처리하기 위하여 그곳에 머물도록 요청했다. 구체적으로 누구인지 드러나지 않지만, 불특정의 어떤 사람들이 그릇된 교리들을 가르치고 있었다. 바울은 디모데에게 이 교리들에 대응하고, 시정하도록 명령했다. 이 거짓 교사들이 가르쳤던 것은 답답할 정도로 모호한데, 바울이 "신화와 끝없는 족보"(1:4)라고 말하는 정도이다. 아마도 신화와 족보는 구약성경에 뿌리를 둔 것 같다. 왜냐하면 이 교사들은 율법에 매료되었기 때문이다(1:7-8). 바울이 "끝없는" 족보라고 말하는데, 어쩌면, 그는 이 족보가 지루하고 사변적이었다는 것을 암시하기 위하여 과장되게 말했을 수 있다. 바울이 전한 복음은 신화와 설화, 그리고 전설이 아닌 역사에 근거한 것이다. 바울은 거짓 가르침을 정확하게 묘사하지 않는다. 왜냐하면 그 가르침이 무익하고 시간 낭비이기 때문이다. 오히려, 바울은 믿음이 중심이 되는 하나님의 계획에 집중한다.

바울의 가르침의 "목적"은 바울 사상의 중심 주제인 사랑이다(롬 12:9; 13:8-10; 고전 8:1-3; 13:1-13; 갈 5:14, 22; 엡 5:2, 25; 빌 1:9-11; 골 3:14 참조). 사랑은 하나님을 중심으로 하는 "청결한 마음"에서 나오고(시 24:4 참조), 또한 어떤 죄도 고백하지 않은 상태로 남겨져 있지 않고 악이 삶 속에서 허용되지 않은 "선한 양심"에서 나온다. 마지막으로 사랑은 "거짓이 없는 믿음"(딤전 1:5)에서 비롯되며, 믿음은 사랑으로 표현된다(갈 5:6). 바울은 거짓 교사들의 관심에 의해 촉발된 "헛된 말"이 아니라, 사람들의 변화에 관심이 있었다(딤전 1:6). 사실, 이 거짓 교사들은 사랑과 청결, 그리고 선한 양심과 믿음에 관심이 없었고, 신비한 일들에 관심이 많았다. 이 교사들은 가르치기를 갈망하고 특히 모세율법을 가르치기를 원했다(1:7). 그러나 불행하게도 이들은 자신들이 가르치고자 했던 것들에 대하여 정확하게 모르면서 가르치기만을 원했다. 이들은 자신들이 무슨 말을 하고 있는지도 몰랐음에도 불구하고, 자신들의 주장에 대하여 독단적이고 고집을 내세웠다.

바울은 율법 그 자체를 반대하지 않았다. 바울의 설명은 간단하게 나타나는데, 아마도 디모데가 율법에 대한 바울의 신학을 에베소 교인들에게 잘 설명할 수 있었기 때문일 것이다. 이 거짓 교사들이 가진 문제는 이들이 율법을 "적법하게" 사용하지 않는다는 것이다(1:8). 율법에는 한 가지 이상의 목적이 있다. 우리는 잘못된 교사들이 율법을 어떻게 사용하고 있었는지 알기는 어렵다. 하지만, 우리는 바울이 율법에 대하여 말한 것에 대하여 이해할 수 있다. 율법은 의인을 위한 것이 아닌데, 이는 율법이 사람을 의롭게 만들지 않는다는 것을 의미하는 것 같다(1:9). 다음 단락에서 증명하는 것처럼(1:12-17), 그러한 의는 율법이 아니라, 예수 그리스도를 믿는 믿음에서 온다. 완벽한 사람은 율법을 필요하지 않지만, 그러나 모든 사람이 죄인이기 때문에, 율법은 중요한 역할을 한다. 율법은 "불법한" 자와 "복종하지 아니하는" 자와 "경건하지 아니한" 자와 "죄인"인 자들을 위한 것이다(1:9). 율법은 죄가 무엇인지 정의하고, 악한 사람들의 불법을 드러낸다. 아마도 바울은 또한 율법이 죄를 증가시킨다는 생각을 염두에 두었을 수 있다(롬 5:20). 또한 그는 율법에 명시된 빠른 형벌이 시행될 때 율법이 죄를 억제한다는 개념도 생각했을 수 있다.

바울은 십계명 안에 나타난 계명들과 일치하는 죄들과 함께, 특히 율법에 대한 심각한 위반에 대하여 자세히 설명한다.

디모데전서 본문	십계명 본문
아버지와 어머니를 죽이는 자(1:9)	네 부모를 공경하라(출 20:12)
살인하는 자(1:9)	살인하지 말라(출 20:13)
음행하는 자와 남색하는 자(1:10)	간음하지 말라(출 20:14)
인신 매매를 하는 자(1:10)	도둑질하지 말라(출 20:15)
거짓말하는 자와 거짓맹세 하는 자(1:10)	네 이웃에 대하여 거짓 증거하지 말라(출 20:16)

바울은 부모를 욕되게 할 뿐만 아니라 부모를 살인하는 것까지 고발한다. 그는 간음에만 국한하지 않고 음행과 강간, 그리고 동물과 성관계를 포

함할 수 있는 일반적으로 성적인 부도덕을 언급한다. 우리가 고린도전서 6:9에서 보았던 남색('아르세노코이타이'[*arsenokoitai*])에 대한 단어는 레위기에서 오는데, 18:22에서 "너는 여자와 동침함 같이 남자와 동침하지 말라"라고 진술되며, 20:13에서 "누구든지 여인과 동침하듯 남자와 동침하면 둘 다 가증한 일을 행함인즉"이라고 진술된다. 동성 간의 성관계에 대한 유대인의 일반적인 견해는 이러한 관계는 항상 틀렸다는 것이다. 율법은 또한 인신매매를 비난하는데, 이것은 바울이 노예 제도를 인정하지 않았다는 또 다른 표시이다. 십계명에 일치하여, 바울은 또한 살인과 거짓말, 그리고 위증을 금한다.

완전히 거룩한 사람에게는 율법이 필요하지 않다. 예를 들어, 하나님께서는 율법이 필요하지 않으시다. 율법에 대한 올바른 이해는 "바른 교훈"과 일치한다(딤전 1:10). 바른 교훈은 "복되신 하나님"의 놀라운 광채와 영광을 특징으로 하는 복음과 일치한다(1:11). 복음은 바울에게 "맡기신" 것이었고, 그는 거짓 교사들로부터 이 복음을 지킴으로써 자신의 의무를 성취한다. 율법은 모든 사람이 죄인임을 나타내기 때문에 하나님 앞에서 인간을 의롭게 할 수 없다. 오직 복음만이 사람에게 새 생명을 주고 진정으로 변화시킬 수 있다.

바울이 긍휼과 사역에 감사함(1:12-17)

바울은 그리스도 예수로부터 받았던 크나큰 긍휼과 사역에 감사한다. 1:12-17은 왜 여기에 위치하는가? 이 질문은 특히 1:18에서 바울이 '디모데가 거짓 가르침에 저항해야 할 필요성'으로 돌아가기 때문에, 제기될 수 있다. 이전의 단락과의 연결 고리는 복음인데(1:11), 바울이 이 단락을 여기에 위치시키는 것은 거짓 교사들이 은혜의 복음에서 벗어났기 때문이다. 바울은 목적 없이 자기 삶과 사역에 대하여 강조하지 않는다. 그러므로 그는 아마도 이 단락을 거짓 교사들을 바로잡고 대항하기 위하여 포함하는 것 같다.

바울은 그리스도를 통하여 자신에게 주어진 능력에 감사한다. 신실한 자로서 바울은 직분을 임명받고 현장에서 사역하게 되었다(1:12). 바울은 자신이 고린도전서 7:25에서 말하는 것처럼, '주님의 긍휼이 임하였고 이로 인하여 자신이 신실했다'라고 자랑하는 것이 아니다. 바울은 자신이 하나님의 이름을 욕하고 하나님의 교회, 즉 하나님의 참 백성을 심하게 박해했었던(딤전 1:13) 그 과거의 삶을 이야기한다(또한, 갈 1:13-14; 빌 3:4-6 참조). 하지만, 하나님은 바울에게 긍휼을 주셨는데, 그가 믿지 아니했고 알지 못하였기 때문이다. 바울은 무지가 죄에 대한 변명이라고 말하는 것이 아니다. 왜냐하면 그의 무지는 확실히 책임이 있기 때문이다. 그런데도, 바울은 용서가 없는, 고의로 비방하는 죄를 범하지 않았다(민 15:30 참조).

바울은 목회 서신들 안에서 "미쁘고 신뢰할 수 있는 말"의 첫 번째를 열거한다(딤전 3:1; 4:9; 딤후 2:11; 딛 3:8). 여기에서 그는 모든 사람이 받아들여야 하는 복음의 근본적인 진리를 공유한다. "그리스도 예수께서 죄인을 구원하시려고 세상에 임하셨다"(딤전 1:15). 거짓 교사들은 족보에 대한 환상으로 일부 사람들을 구원의 길에서 멀어지도록 했을 가능성이 있다. 바울은 그 자신을 죄인 중 "괴수"라고 묘사하는데, 이 표현이 자신이 누구인지를 보여주기 때문이다. 동시에 바울이 말하는 것은 하나님의 은혜와 긍휼이 가장 낮은 데까지 이른다는 것을 입증한다. 긍휼을 구하는 모든 사람은 긍휼을 발견한다. 이것은 바울이 그다음 구절에서 말하는 것과 아주 잘 들어맞는다. 예수 그리스도는 죄인 중 괴수인 바울에게 오래 참으심을 보이셨는데, 이후에 주를 믿어 영생하는 자들에게 본이 되도록 하기 위함이었다(1:16). 바울의 구원은 모든 사람에게 모범적이고(paradigmatic) 교훈적이며, 그리스도를 믿는 모든 사람을 향한 그리스도의 인내를 보여준다(그의 신성에 대한 표시). 모든 죄인에 대한 그리스도의 사랑에 대한 놀라운 강조는 거짓 교사들이 복음의 중심성과 죄인들을 구원하기 위한 하나님의 열망으로부터 탈선했음을 확인시켜주는 것처럼 보인다.

바울은 자신에게 베풀어진 긍휼을 생각할 때, 그의 마음은 만유의 왕이자, 주권적인 하나님에 대한 찬양으로 가득하게 된다(1:17). 그와 같은 분은 없으시다. 왜냐하면 하나님은 역사의 모든 것을 다스리기 때문이며, 그의 통치는 절대로 끝나지 않을 것인데, 그는 "불멸"하시기 때문이다. 구약의 계시에 따르면, 그는 "보이지 않는" 하나님이시다(출 33:20; 신 4:12; 또한, 요 1:18; 6:46; 골 1:15 참조). 그는 유일한 참 하나님이시다. 다른 모든 신은 조롱받아 마땅한 인간의 상상에서 나온 산물들이다(사 44:9-20). 하나님은 너무 위대하시고 죄인들에게 친절과 긍휼을 보여주시기 때문에, "존귀와 영광을 영원무궁하도록" 받기에 합당하시다.

디모데에게 주어진 책임(1:18-20)

바울은 디모데전서 1:5에서 언급한 교훈이라는 단어를 선택하여, 거짓 교사들에 관하여 디모데에게 계속 권면한다. 디모데는 자신이 직면한 상황에 대처할 수 있는 능력을 갖추고 있었으며, 이것은 디모데가 에베소에서의 사역으로 임명되었을 때, 자신을 지도한 예언들에 의하여 확증되었다(딤전 4:14; 딤후 1:6-7). 디모데는 적절하게 훈련되었기 때문에, 거짓 교사들을 대적하고 "선한 싸움"을 싸우는 데 용기를 내야 한다(딤전 1:18). 이 싸움은 육체의 무기로 싸우는 것이 아니다(1:19). 왜냐하면 디모데는 하나님을 계속 신뢰하고 착한 양심을 가져야 하기 때문이다(1:19). 그러나 거짓 교사들은 착한 양심을 버렸다.

"후메내오와 알렉산더"는 거짓 교사들로 불리는데(1:20), 바울서신 안에서 이들의 이름은 거의 나오지 않는다. 후메내오는 디모데후서 2:17-18에서 빌레도와 함께 부활을 부인하는 것으로 기록되고, 아마도 알렉산더는 디모데후서 4:14-15에서도 언급되는 동일 인물인 것 같다. 바울은 고린도에서 근친상간을 범한 사람이 사탄에 넘겨진 것처럼(고전 5:5), 이 사람들을 사탄에 넘겨주었다. 비록 욥의 경우는 그가 범한 죄 때문이 아니었지만, 우리는 욥이 사탄에게 넘겨졌던 구약의 전례를 알고 있다(욥 2:6). 누군가를 사탄에게 넘겨준다는 것은 이 넘겨진 자들이 교회 밖에 있다는 것을 의미한다. 일단 누군가가 교회 안에 있지 않다면, 이들은 사탄의 영역에 있는 것이다. 왜냐하면 사탄이 "이 세상의 신"(고후 4:4)이고, "지금 불순종의 아들들 가운데서 역사하는 영"(엡 2:2)이기 때문이다. 이렇게 넘기는 행동은 보복적이거나 비열한 것이 아니다. 왜냐하면 바울은 이들이 신성을 모독하지 않을 것이라는 사실을 드러내기 때문인데(딤전 1:20), 아마도 신성을 모독하지 못하게 한다는 표현은 이들의 구원을 바라는 또 다른 방식일 것이다(고전 5:5 참조). 그러므로 가혹한 징계는 궁극적으로 자비로운 목적을 가진다.

기도와 구원(2:1-7)

디모데가 에베소 교인들에게 전해야 하는 교훈들은 2장부터 본격적으로 시작된다. 바울의 교훈들을 따름으로써, 에베소 교인들은 믿음 안에서 강해져야 하고, 거짓 가르침을 대적할 준비를 하게 된다. 바울은 기도에 대하여 다양한 용어를 사용하는데, 이 기도는 간구와 감사를 포함한다. 여기에서 간구와 감사는 모든 사람을 위해 제공된다. 2:1-7의 주제를 고려할 때, 바울은 아마도 특히 구원을 위한 기도를 염두에 두는 것 같다. 여기에 어떤 사람들도 배제되어서는 안 된다. 바울은 임금들과 높은 지위에 있는 모든 사람을 위한 기도로 전환한다(2:2). 신자들은 사회생활이 평화롭고 질서가 있을 수 있도록, 통치권을 행사하는 사람들을 위해 기도해야 한다. 하나님은 인간 사회가 정의와 지혜, 그리고 공평으로 다스려질 때 기뻐하신다.

구원은 모든 곳에 있는, 모든 사람을 위해서이다. 아마도 거짓 교사들은 구원받은 사람들을 특정한 사람들로 제한하기 위하여 족보를 사용하고 있었다. 하나님은 모든 사람이 구원받기를 바란다고 바울이 말할 때, 그는 아마도 유대 민족과 이방 민족의 관점에서 생각했을 것이다. 7절은 이 읽기를 지지하는 것처럼 보인다. 왜냐하면 바울은 자신의 역할을 이방인의 전령과 사도로서 확인하고 자신은 거짓말을 하지 않는다고 덧붙이기 때문이다. 그가 거짓말을 하지 않는다는 진술은 이방인 선교가 적어도 에베소에 있는 사람들 안에서 논란이 되지 않았기 때문에 가능했을 것이다. 어쨌든, 중요하게도, 하나님은 예외 없이 모든 사람에게 보편적인 구원을 약속하지 않는다. 왜냐하면 많은 사람이 구원받지 못할 것이 너무나 분명하기 때문이다. 구원은 믿는 자들에게만 주어진다.

바울은 또한 구원의 기초를 설명한다. 신명기 6:4의 쉐마(Shema)를 반영하는 언급이자, 바울 당대에 유대인들에게 통용되었을 한 분 하나님은 구원의 유일한 길을 가리킨다. 바울은 바로 이 중요한 사실을 로마서 3:29-30에서 지적하면서, 할례자나 무할례자 모두 믿음으로 구원을 받는다는 것을 강조한다. 바울은 2:5에서 그렇게 직접적이지 않지만, 그러나 한 분 하나님에 대한 똑같은 개념을 가져온다. 하나님은 오직 한 분이 계시므로 "하나님과 사람 사이에 중보자도 한 분"이시며, 이 중보자는 "사람이신 그리스도 예수"이시다(딤전 2:5). 바울은 그리스도의 인성을 강조한다. 왜냐하면 바울은 십자가에서 인간을 위해 인간으로서(그의 신성을 포기하지 않고) 죽었던 예수 그리스도의 죽음에 대하여 생각하기 때문이다. 그리스도의 죽음은 특정한 사람들에게 국한되지 않고, 모든 민족을 위함이었다. 6절은 이 진리를 재확인하고 확장하며, 그가 "모든 사람을 위하여 자기를 대속물"로 주셨고, 그의 죽음은 사람들이 죄로부터 구원받는 수단이었음을 나타낸다. 그의 죽음은 하나님께서 의도하시고 주권적으로 계획하셨던 정확한 시간에 이루어졌다.

예배의 현장에서 남자들과 여자들을 위한 교훈들(2:8-15)

우리 앞에 있는 2:8-15는 성경 전체에서 가장 논쟁적인 단락 중 하나이다. 분명히, 우리는 이 구절들을 둘러싸고 있는 모든 주장들을 올바로 평가할 수 없다. 몇 가지 다른 이해들과 본문에 대한 나의 해석을 간략하게 언급할 지면만이 있을 뿐이다. 본문의 정황은 공적인 예배 안에서 교회가 예배를 위해 모일 때 해야 할 적절한 행동과 관련된다. 바울은 남자들에게 이야기함으로써 시작한다(2:8). 모든 회중 안에서 이 남자들은 기도할 때 "거룩한 손"을 들어야 한다(시 134:2 참조). 이사야는 이스라엘 백성을 고발하는데, 이들이 손을 들고 기도할 때 이들의 손이 피로 더러워졌기 때문이다(사 1:15). 바울은 회중 안에서 오직 남자들만 기도해야 한다고 말하는 것이 아니다(고전 11:5 참조). 또한, 그는 여자들이 화를 낼 수 있다는 것을 부인하고 있지 않다. 하지만, 아마도 남자들은 분노와 다툼의 희생양이 되는 경향이 더 많을 것이므로 바울이 권면을 하는 것이다.

바울은 디모데전서 2:9-15에서 여자들에게로 향한다. 아마도 이 구절들은 몇몇 여자들이 바울이 규정한 것을 어기고 있었기 때문에 기록된 것처럼 보인다. 아마도 이들은 갈라디아서 3:28을 자신들의 상황에 적용했고, 남자들과 여자들 사이에 어떤 역할의 차이가 없다고 주장했을 것이다. 여자들의 장식은 디모데전서 2:9-10에서 논의된다. 몇몇 학자들은 모든 회중이 모인 상태가 아니라고 생각한다. 왜냐하면 적절한 옷은 모든 상황에서 중요하기 때문이다. 물론 이것은 확실히 사실이다. 그러나 이 정황은 바울이 집합적인(corporate) 모임에 초점을 맞추고 있다는 것을 암시한다. 현대 독자들에게, 여기에 제시된 교훈들은 극단적인 것처럼 들릴 수 있다. 그러나 여자들을 위한 적절한 장식에 관한 권면들은 그리스-로마 세계에서 일반적이었다(Juvenal, *Sat*. 6.352-65, 457-73; Plutarch, *Mor*. 142ab). 이 여자들의 사회적 위치를 고려할 때, 디모데전서의 독자들은 이 단어들을 읽을 때 놀라지 않았을 것이다.

어떤 해석자들은 바울의 훈계를 융통성이 없는 것으로 읽는다. 마치 그가 어떤 보석이 박힌 장신구를 금지한 것처럼 말이다. 여기에서 바울이 말한 것을 해석하는 열쇠는 "단정하게 옷을 입으며 소박함과 정절로써 자기를 단장한다"(2:9)라는 표현에서 발견될 수 있다. 바울이 반대하는 것은 오늘날에도 여전히 통용되는, 과시적이고 매혹적인 복장이다. 왜냐하면 교회는 패션쇼가 될 수도 있고, 정숙하지 않은 복장은 다른 사람들에게 불편함을 줄 수 있기 때문이다. 요점은 여자들이 가능한 한 가장 가난한 옷을 입어야 한다는 것이 아니다. 바울의 의도는 의복에 대해 건강하지 않은 집착이다(사 3:16-24 참조). 남자들도 같은 함정에 빠질 수도 있다. 만약에 남자들도 그렇다면, 똑같은 지시가 이들에게 주어질 것이다. 여자들은 "선행"으로 자신들을 단장해야 한다(딤전 2:10). 이러한 선행은 여자들이 "하나님을 경외한다"라는 것을 증명한다.

바울은 공적 예배에서 가르치는 여성들에게 말한다. 우리는 여자들이 회중의 모임 안에서 기도하고 예언했다는 것을 알고 있다(고전 11:5). 따라서 바울의 지시들은 '여자들이 말하는 것' 자체를 금지한 것으로 해석되어서는 안 된다. 참으로 그는 여자들이 배우도록 격려함으로써 시작하는데(눅 10:38-42 참조), 이것은 예수 당시 일부 랍비들의 견해와 반대되는 것이기도 하다. 바울은 여자들이 성경 안에서 교육받고 훈련을 받아야 한다고 믿고 있다. 여자들이 신학교에 다니거나 성경적 훈련을 받지 않아야 한다고 생각하는 남성이 있다면, 이 권면의 의미를 제대로 이해하지 못하는 것이다. 동시에, 여자들은 순종함으로 배워야 한다(고전 14:34 참조). 순종은 오늘날 약간 나쁜 이미지를 풍길 수도 있지만, 그러나 모든 신자는 삶 속에서 하나님의 권위와 통치에 복종하도록 요구를 받는다. 궁극적으로, 여자들은 회중 안에서 장로/감독을 통하여 중재되는 하나님의 권위에 복종하도록 명령을 받는다(딤전 3:1-7; 5:17; 딛 1:5-9 참조). 물론, 이 장로/감독은 사람이기에 오류가 있고 교정이 필요할 수도 있다(딤전 5:19-20). 하지만, 우리는 하나님께서 특정한 구조들을 세우셨다는 것을 우리의 반권위주의(antiauthoritarian) 문화에서 인식해야 한다.

2:12에서 바울은 자신이 여자들이 "가르치는 것과 남자를 주관하는 것을 허락하지" 않는다고 말한다. 오늘날 이 구절의 거의 모든 단어가 논쟁 가운데 있다. 몇몇 학자들은 이 금지가 일시적이라고 생각한다. 왜냐하면 바울은 "허락한다"라는 동사의 현재 시제 1인칭 단수 형태를 사용하기 때문이다. 그러나 이 주장은 거절되어야 한다. 왜냐하면 바울은 종종 계속되는 권위를 갖는 명령들을 위하여 1인칭 단수형을 사용하기 때문이다(예를 들어, 롬 12:1; 고전 1:10; 딤전 2:1, 8). 이 명령이 제한적인 범위를 갖는지는 시제가 아니라 문맥에서 분별 되어야 한다.

"주관한다"('아우뗀테인'[*authentein*])라는 동사의 의미에 대하여 논쟁하는 것은 실제로 누구나 손쉽게 할 수 있는 일이다. 오늘날 학자들은 이 동사가 긍정적인 뉘앙스를 가지는지 아니면 부정적인 뉘앙스를 가지는지 논쟁한다. 이 동사가 "주관한다"라는 의미를 갖는가? 아니면 "독재적으로 지배한다"라는 의미를 갖는가? 사실, 이 동사는 문맥 안에서 부정적인 의미도, 긍정적인 의미도 모두 가질 수 있다. 만약 이 동사의 긍정적인 의미를 살린다면, "나는 여자가 가르치는 것과 남자를 주관하는 것을 허락하지 않습니다!"라고 이해될 것이다. 만약 부정적인 의미를 살린다면, "나는 여자가 거짓 교리를 가르치는 것과 남자들을 독재적으로 지배하는 것을 허락하지 않습니다!"라고 이해할 수 있다. 이렇게 이 동사를 "독재적으로 지배하다"라는 부정적인 의미로 이해한다면, 여자가 적절한 방법으로 권위를 행사할 수 있는 여지가 있을 것이다. 하지만, 최근의 연구는 이 동사가 "권위를 찬탈한다"라든가, 또는 "권위를 잡다"라는 의미가 아니라, "권위를 행사한다"라는 의미임을 보여준다. 또한, "가르친다"와 "주관한다"라는 두 표현이 한 쌍으로 나타나는 것에 주목해야 한다. "가르친다"라는 단어는 항상 목회 서신들 안에서 긍정적인 단어이기 때문에, "주관한다"라는 표현 역시 긍정적으로 이해해야 한다. 다시 말해서, 가르치는 것과 권위를 행사하는 것은 그 자체로 선하지만, 그러나 여자들은 회중 안에서 그렇게 해서는 안 된다. 가르치고 권위를 행사하는 것 대신에, 여자들은 "조용히" 해야 하는데, 이 표현은 이들이 절대적으로 침묵해야 한다는 것을 의미하지 않는다. 그러나 이들은 "온유하고 안정한 심령"을 가져야 한다(벧전 3:4).

과연 이 명령이 여전히 오늘날에도 적용되는가? 성경 안에 나타난 몇몇 문제들은 오늘날 우리의 상황에 같은 방식으로 적용되지 않는다. 종들은 주인들에게 복종하도록 명령을 받지만, 그러나 실제로 오늘날 어느 사람도 사회 시스템으로서 노예 제도를 인정하는 사람은 없다. 많은 해석자는 2:12에 나타난 금지는 비슷한 방식으로 다루어져야 한다고 생각한다. 그러나 노예 제도와 여기에서 말해지는 것 사이의 차이점을 인식하는 것은 중요하다. 노예 제도는 성경에서 승인하지 않은, 인간의 악한 제도이다. 다시 말해, 노예 제도에 대하여 권면은 주어지지만, 절대로 권장되지 않는다. 그러나 남자들과 여자들의 관계는 창조 때 하나님에 의해 세워졌다. 따라서 바울은 창세기 2:21-23에 나타난 창조 기사에 분명히 의존하며, 하와 이전에 창조된 아담에게, 즉 창조 사건에 호소한다고 말하고 있다. 바울은 여자들이 하나님의 선한 피조물 중 남자들을 가르치거나 주관해서는 안 된다는 개념을 지지하기 때문에, 여기에 등장하는 명령은 초월적인 규범을 나타낸다. 성경 기자들이 창조에 호소할 때, 우리는 여전히 오늘날에도 적용되는 규범임을 알아야 한다. 그러므로 예수는 '결혼이 한 남자와 한 여자가 평생 함께하는 것'이라고 가르치기 위하여 아담과 하와의 창조를 지적한다(마 19:3-12). 바울 역시 동성 간의 성관계가 하나님의 뜻에 어긋나는 것이며(롬 1:26-27), 결혼은 선한 것이며(딤전 4:3-5), 음식은 하나님의 선물(고전 10:25-26)이라고 주장할 때, 창조에 의지한다.

몇몇 학자들은 여자들이 이단에 미혹되었기 때문에 가르치는 것이 허용되지 않았다거나 이 여자들이 거짓 가르침을 퍼뜨리고 있었다거나, 이들이 교육받지 못한 상태였다고 주장하면서, 여자들의 가르침을 금지한 것이 일시적이라고 주장한다. 사실, 디모데전서에서 언급된 거짓 교사들은 남자들뿐이며(1:20), 에베소와 같은 도시에서는 모든 여자가 교육받지 않았을 가능성이 매우 크다. 그러나 이 모든 주장들의 단점은 이 본문에 주어진 이유(창조된 질서)를 무시하고, 본문에 없는 이유, 즉 쉽게 말할 수 있는 이유를 제시한다는 것이다.

2:14에 나타난 금지에 대한 두 번째 이유는 평가하기가 더 어렵다. 몇몇 학자들은 여자들이 남자들보다 속는 경향이 있으므로 가르쳐서는 안 된다고 말했다. 만약 이것이 사실이라면, 우리는 왜 여자들이 다른 여자들과 아이들을 가르칠 수 있도록 권면 되는지 의아하게 될 것이다(딛 2:3 참조). 또한, 아담의 죄도 '속은 죄'인데, 우리가 아담의 이러한 상황을 어떻게 이해해야 하는지 난감하게 된다. 왜냐하면 어느 사람도 전체적으로 모든 것을 파악한 상태에서 죄를 짓는 사람이 없기 때문이다. 즉, 아무도 완전한 결과들을 알고 죄를 짓지 않는다. 엄밀하게, 모든 죄는 속임수가 포함된다. 동료 디모데에게 짧은 편지를 쓰고 있는 바울은 하와가 먼저 속았지만, 아담이 인류에게 들어온 죄에 대한 책임이 있다고 지적하고 있는 것처럼 보인다(롬 5:12-19). 다시 말해, 아담의 일차적인 책임은 '가르치고 권위를 행사하는' 데 있어서 남자들이 가지는 특별한 역할을 지적한다. 사탄은 먼저 하와를 유혹함으로써 남성의 리더십을 무너뜨리려고 했다.

디모데전서 2:15의 내용도 이해하기 어렵다. 여자가 "해산함으로 구원을 얻을 것"이라는 진술은 바울이 말한 것 중 가장 어려운 것 중 하나이며, 우리가 은혜로 구원을 받는다는 생각과 모순되는 것처럼 보인다. 몇몇 학자들은 바울이 육체적인 보존, 즉 여성이 출산할 때 생명을 보존하는 것에 대하여 생각한다고 제안함으로써, 이 문제를 해결하려고 했다. 이러한 읽기에 대하여 두 가지 주요한 문제들이 있다. 첫째, "구원하다"라는 동사는 목회 서신들 안에서 바울이 가장 좋아하는 동사 중 하나이고, 항상 영적인 구원을 가리킨다는 것이다. 둘째, 많은 여자가 아이를 출산할 때 사망한다는 것이다. 흥미롭게도, 다른 학자들은 창세기 3:15의 약속 성취를 이해하면서, 아이를 해산하는 것을 그리스도와 연결하여 이해하였다. 이것은 매우 매력적인 생각이다. 그러나 만약 이것이 정말로 바울이 염두에 둔 것이라면, 그렇다 치더라도, 그는 자신의 요점을 너무 불명확하게 말하는 것처럼 보인다. 대부분의 주석가들이 이 연결을 놓칠 정도로 말이다!

바울은 무엇을 염두에 두고 있는가? "구원얻다"라는 단어는 영적인 구원을 의미한다. 그러나 바울은 여자들이 구원받기 위하여 아이들을 낳아야 한다고 가르치고 있지 않다. 이것은 그가 여자들이 독신으로 남아 있으라고 권고하는, 고린도전서 7장에도 모순되는 것이다. 우리는 여기에서 남자들과 여자들의 차이들이 고려되는 상황을 기억해야 한다. 남자들을 여자들과 가장 극적으로 구분하는 것은 직설적으로 말하자면, 여자들이 아이를 가질 수 있고 남자들이 가질 수 없다는 것이다. 여자가 구원받는다는 것은 여자로서 삶을 사는 것이며, 종종 자녀를 낳는 자신의 소명을 성취하는 것이다. 아이들에 대한 언급은 여자의 전체적인 삶에 대한 부분적인 예이다. 따라서 바울은 구원을 위해 필요한 것이 인내라고 설명한다. 주님을 믿고 "믿음과 사랑과 거룩함에" 계속해서 거하는 사람들은 구원받은 자의 삶을 살게 될 것이다.

감독들에 대한 자질들(3:1–7)

만약 교회가 거짓 교사들에 의해 발생한 문제들을 해결해야 한다면, 만약 교회가 복음을 주장해야 한다면, 교회는 경건한 지도자를 필요로 할 것이다. 우리는 여기에서 두 번째로 미쁜 진술을 갖는다. 바울은 감독이 되고자 하는 열망이 있는 사람들을 칭찬한다. "감독"이라는 단어는 "장로"라는 용어와 같은 직분을 묘사한다(행 20:17, 28; 딛 1:5, 7 참조). 바울이 칭찬하는 감독이 되고자 하는 열정은 다른 사람들을 다스리거나 주목받고 안락한 삶을 살고자 하는 이기적인 욕망이 아니다. 감독이 되고자 하는 마음은 예수 그리스도의 복음 안에서 다른 사람들을 섬기고 돕고자 하는 열망을 반영하기 때문에, 고귀한 바람이다.

바울은 감독들이 해야 하는 일에 대하여 거의 언급하지 않는다. 오히려, 그는 경건한 성격은 섬기는 것을 위하여 가장 중요한 조건이라는 것을 보여주면서, 그 직분에 대한 성품 자질들에 관하여 중점을 두고 있다는 것은 상당히 주목할 만하다. 집사들에게는 언급되지 않은, 두 가지 자질들이 감독들에게 요구되는데, 가르치는 능력(딤전 3:2)과 교회를 다스리는 것(3:5)이다. 주목할 만하게, 이것들은 2:12에서 여자들에게 금지된 두 가지 행동인데, 여자들은 감독으로서 기능해서는 안 된다는 것을 보여준다. 감독들은 성경을 가르치는 능력을 갖춰야 하며, 이들은 교회를 인도하고 다스려야 한다. 이러한 리더십은 독재적이거나 위압적이어서는 안 된다. 바울은 이 리더십을 가정을 돌보는 것에 관련시키는데, 다른 본문들에서는 아이들을 분노하게 하는 것까지 경고할 정도이다(엡 6:4; 골 3:21). 감독들은 지도자여야 하지만, 그러나 리더십에는 강인함과 부드러움, 능력과 신념, 사랑과 온유가 있어야 한다.

만약 우리가 인격적 자질을 좀 더 들여다보면, 우리는 중요한 요구 사항을 보게 된다. 감독은 "책망할 것이 없어야" 한다(딤전 3:2). 이 요구 사항은 완벽함과 혼동되어서는 안 된다. 즉, 감독이라는 직분을 거절할만한 분명한 근거들이 없다는 것이며, 감독이 되고자 하는 사람을 칭찬할 긍정적인 이유들이 많이 있다는 것을 의미한다. 이 성품 자질들은 디모데가 바울과 함께 한 사역의 현장 속에서 잘 알게 되었던 자질들이었을 것이다. 여기에 제시된 목록의 내용이 감독을 위한 모든 자질인 것처럼 의도되지 않으며, 이 내용은 실제로 모든 신자에게 기대되는 것이다. 또한, 이 목록은 엄격하게 해석되어서는 안 된다. 예를 들어, 바울은 모든 장로가 결혼할 것을 요구하지 않는다. 왜냐하면 다른 본문에서 그는 특히 독신의 삶을 추천하고 있기 때문이다(고전 7장)! 분명히 바울은 자신이나 예수가 봉사할 자격이 없다고 생각하지 않았을 것이다.

"한 아내의 남편"이라는 구의 의미는 학자들의 논쟁을 일으키는 표현이다(딤전 3:2). 몇몇 학자들은 바울이 일부다처제를 허용하지 않는다고 생각하는데, 물론 이러한 생각이 포함되지만, 바울 시대에는 일부다처제가 드물었기 때문에 아마도 바울의 마음에 가장 먼저 자리 잡았던 의도는 아니었을 것이다. 일부다처제에 대한 반대되는 또 다른 주장은 디모데전서 5:9에서 "한 남편의 아내"라는 평행 구이다. 이 표현을 사용할 때, 바울은 확실히 일처다부제를 생각하지 않았을 것이다. 왜냐하면 일처다부제는 존재하지 않았기 때문이다. 따라서 바울이 남편은 "한 여자의 남자"이어야 한다고 말할 때, 그는 일부다처제나 일처다부제가 아닌 다른 것을 염두에 두고 있었을 것이다. 다른 학자들은 바울이 '이혼했다가 재혼한 사람'을 허용하지 않는다고 주장하는데, 이러한 주장은 확실히 가능할 수 있다. 그러나 이혼과 재혼은 누군가를 자동으로 배제하지 않을 가능성이 더 크다. 즉, 이혼했다가 재혼한 사람이라고 해서, 배제되지 않았을 것이다. 바울은 역시, 감독의 자질로서 술을 즐기지 말아야 한다고 진술한다(3:3). 그러나 이 표현은 술에 취해 본 적이 없다는 것을 의미하지 않는다. 오히려, 이러한 문제에 관하여 여러 해 동안 좋은 행적을 갖는다는 것을 의미한다. 바울은 아마도 결혼에 관해 같은 생각을 염두에 두고 있었을 것이다. 즉, 한 남자가 여러 해 동안 신실한 남편으로 지내왔다면, 그리고 이 남자의 결혼이 교회와 지역 사회 안에서 긍정적으로 인정된다면, 감독으로 봉사할 자격이 있다는 것이다.

성품 자질들을 간략하게 살펴보면, 감독으로 임명될 사람들의 특성을 알 수 있게 된다. 감독은 절제하며 존경받을 만하고 분별력이 있어야 한다(3:2). 이 자질들은 다소 평범하다고 생각될 수 있지만, 그러나 날마다 그러한 방식으로 사는 사람들은 일관성과 경건이 두드러진다. 감독들은 나그네를 관대하게 대접해야 하는데, 이들은 자신들의 시간을 희생하고 다른 사람들을 돕기 위하여 사생활을 희생할 용의가 있다는 것을 나타낸다. 감독은 자신의 식욕을 통제해야 한다. 바울은 금욕하지 않았지만, 술과 쾌락을 위해 사는 사람들은 제외된다. 또한, 감독들은 권위주의적으로 다른 사람을 괴롭히는 사람이어서는 안 된다(요삼 9-10절에 등장하는 디오드레베처럼!). 감독들은 역시 강하면서도 온유하고 겸손해야 한다. 만약 이들이 계속해서 싸우고 다투고 항상 논쟁에 휘말린다면, 이들은 그 직분에 적합하지 않게 된다. 신자들은 진리를 위하여 싸워야 하지만, 그러나 신자들은 논쟁해서는 안 된다. 돈을 사랑하는 사람들 역시 거절되어야 한다. 왜냐하면 감독들은 관대하고 베풀어야 하며, 돈을 쌓아 두려고 하는 경향이 없어야 하기 때문이다.

앞서 우리는 감독들이 자신의 가정을 잘 다스려야 하고, 이들의 자녀들은 순종해야 한다고 언급했다(딤전 3:4-5). 이것은 이들의 자녀들이 완벽해야 한다거나, 가정에서 서로 간에 대화도 없고 활기가 없으며 딱딱한 분위기로 가득한 것으로 이해되어서는 안 된다. 건강한 가정은 기쁨과 순종, 그리고 행복과 질서로 가득하다. 만약 가정 안에서 아이가 거칠고 통제 불능이어서 가족들 모두를 곤경에 빠뜨린다면, 가정이 정상적이지 않은 것이다. 만약 만약 교회 안에 있는 사람들이 감독들의 존재를 두려워한다면, 이 역시 교회가 정상적이지 않은 것이다. 바울은 완벽하고 고결 그 자체를 요구하는 것이 아니라 건강하고 즐거운 순종을 요구한다.

감독의 후보로서 새로운 개종자들은 교만하기 쉬우므로 피해야 한다. 즉, 이들은 자신의 죄와 연약함을 인식할 충분한 경험이 있지 않고, 자기 멋대로 생각하고 자신의 주장만이 옳다고 여길 수 있다. 마귀도 교만 때문에 죄를 지었는데, 교만은 죄의 뿌리라고 할 수 있다. 따라서 상대적으로 새로운 신자를 임명하기를 거절하는 것은 이들이 가질 수 있는 잠재적인 몰락을 피하도록 할 것이다. 마지막으로, 감독들은 외부인들에게 좋은 평판을 얻는 것이 중요하다. 만약 임명된 감독이 사업에서 속임수를 쓰거나 다른 사람들에게 직업윤리에서 벗어난 방법으로 행동하는 것을 불신자들이 알게 된다면, 이 불신자들은 교회를 멸시하고 비난하게 될 것이다.

집사들에 대한 자질들(3:8–13)

바울이 집사들의 자질들을 약술할 때, 교회의 질서와 조직은 계속 설명된다. 우리는 집사들의 임무에 대하여 아는 것이 거의 없고(빌 1:1 참조), 다시 한번, 섬기는 자들의 성품이 강조된다는 것은 주목할 만하다. 집사들과 관련하여 생략된, 감독들에 대하여 두 가지는 교회를 가르치고, 인도하는 능력이다. 확실히 이 목록은 대표적인 내용이며, 모든 것을 다 말하는 것은 아니지만, 이 두 자질이 언급되지 않았다는 것은 중요하다. 집사들은 여러 가지 방법으로 교회를 섬기는데, 오늘날 이들은 교회의 임명을 받고 재정, 교회 의식(ordinance), 환대, 병자들의 돌봄, 모든 종류의 실제적인 사역들 안에서 봉사하게 된다.

요구되는 성품은 감독들에게서 기대되는 것 이하가 아니라 같은 수준에 도달하는 것이다. 이들의 삶은 이들이 하는 신앙 고백과 일치해야 하며, 술의 노예가 되어서는 안 되며 돈을 사랑해서는 안 된다(딤전 3:8). 교리상으로, 이들은 전심과 기쁨으로 믿음을 붙잡아야 한다(3:9). 교회는 누군가를 시험하고 검토하지 않고서 섬길 사람으로 임명하는 것에 대하여 주의해야 한다. 집사들로 섬기는 사람들은 자신들의 성격과 관련해서 입증되고 긍정적으로 인정받아야 한다.

우리는 12절에서 남자 집사들이 가정과 관련하여 감독들과 같은 요구사항을 가지고 있다는 것을 알게 된다. 이들은 신실한 남편들이어야 하며 자녀들을 통제 불능의 상태가 되지 않도록 잘 지도해야 한다. 집사로 섬기는 사람들은 "아름다운 지위"를 얻는다(3:13). 바울이 이 세상을 염두에 두고 있는지, 아니면 오는 세대를 염두에 두고 있는지, 아마도 둘 다 염두에 두고 있는지 알기 어렵다. 어쨌든, 집사로서 섬기는 사람들은 자신들의 담력과 확신을 증가시킬 것이다.

학자들은 11절에서 아내들이 언급되는지, 아니면 여성 집사들이 언급되는지 논쟁한다. 나는 여성 집사들에 대한 언급이 훨씬 더 가능성이 있다고 생각한다. 이러한 언급은 디모데전서 2:12에 나타난 훈계를 어기는 것이 아니다. 왜냐하면 집사들은 가르치거나 권위를 행사하지 않고 다양한 방법으로 회중을 섬기고, 교회 안에 있는 사람들은 여자들이 얼마나 희생적으로 섬기는지를 잘 알고 있기 때문이다. 여성 집사들을 지지하는 주장들은 다음과 같다. (1) 성품 요구 사항들이 남자들에게 명령된 것들과 똑같다. (2) "이와 같이"라는 단어는 가장 자연스럽게 여자들도 남자들과 마찬가지로 집사였다는 것을 암시한다. (3) 만약 바울이 "아내들"을 명시하기를 원했다면, 그는 다른 본문에서 하는 것처럼, "그들의"라는 표현을 쉽게 추가할 수 있었을 것이다. 그러나 3:11에는 소유격이 없는데, 이 현상은 여자 집사들을 가리키기 때문이다. (4) 우리는 무엇보다도, 바울이 감독들의 아내들을 위하여 요구되는 성품 자질들을 강조하기를 기대할 것이다. 왜냐하면 감독들은 교회를 관리하고 교사들로서 섬기기 때문이다. 그러나 감독들의 아내들에 관한 내용은 나타나지 않는다. 이런 문맥적인 상황에서, 그가 집사들의 아내들만 강조한다는 것은 상당히 이상하게 보일 수 있다. 그러나 만약 바울이 여성 집사들을 언급하고 있다면, 문맥에서 아주 부합하게 보이게 된다. (5) 뵈뵈는 거의 확실히 겐그레아에 있는 교회의 여성 집사였다(롬 16:1). (6) 2세기 초에 여성 집사들이 있었다(Pliny the Younger, *Letters* 10.96).

여성 집사들에 대한 요구 사항은 4가지 항목으로 제한되어 있지만, 그러나 우리는 바울이 믿음직한 동역자이자 가장 친한 친구에게 중요한 주제들만 썼다는 것을 기억해야 한다. 남성 집사들에 대해 논의를 하는 가운데, 바울은 디모데에게 여성 집사들의 역할에 대하여 상기한다(딤전 3:11). 남자들처럼, 여성 집사들은 정숙하여 존경받아야 하며, 다른 사람을 모함해서는 안

되고, 다른 사람들의 명예를 훼손해서는 안 된다. 직분을 가진 남자들처럼, 이들은 자제력을 보여야 하며 믿음직스럽고 신뢰할 수 있어야 한다.

하나님의 집 안에서 옳은 행동(3:14-16)

바울은 자신이 속히 올 수 있기를 바라는 마음으로 이 편지를 썼다. 그러나 만약 늦어진다면, 그는 디모데와 다른 사람들이 짧은 지침서를 갖기를 원했는데, 이들이 "하나님의 집에서 어떻게 행하여야 할지" 알도록 하기 위함이었다. 여기에서 "집"은 구약성경에서 종종 볼 수 있는 것처럼, 아마도 성전을 의미할 것이다(예를 들어, 삼하 7:5, 6, 7; 왕상 3:2; 5:18; 6:2; 대상 22:1; 스 6:3; 시 122:1; 호 8:1; 욜 1:13; 미 1:2; 등등). 그러나 이제 하나님의 성전은 "살아 계신 하나님의 교회"(딤전 3:15)이다. "진리의 기둥과 터"로서 교회는 세상 안에서 복음을 위한 등대이다. 복음은 교회를 만들지만, 교회는 복음을 보존한다. 만약 교회가 진리로부터 떠나면, 복음을 증거하는 사람은 고난을 받게 된다.

복음의 진리는 바울을 신앙 고백 진술이 담긴 3:16으로 이끈다. 경건은 이제 예수 그리스도 안에서 계시된 비밀이다. 이 비밀은 경건에 이르는 유일한 길이 예수 그리스도를 통하는 것이며, 인간은 경건해지기 위하여 하나님이 필요하다는 것이 이제 분명해졌다는 것을 의미한다. 신앙 고백의 진술은 여섯 행을 가지며, 성육신으로 시작하는데, 예수가 육신으로 나타났다는 것이다. 가장 놀라운 진리 중 하나는 하나님이 사람이 되었다는 것이며, 하나님은 예수 그리스도의 육과 피로 인성을 취하셨다는 것이다. 바울은 십자가가 아니라, "성령 안에서" 성취되었던, 예수가 정당하다고 인정받은 변호(vindication)에 관하여 이야기한다. 예수의 부활은 그의 "의롭다 하심"을 입증한다. 즉, 그의 부활은 하나님께서 예수가 메시아이며 의롭다는 사실을 인정하셨다는 공적인 진술로서 기능한다. 부활하신 분이자, 만물을 다스리는 분으로서, 예수는 "천사들에게 보이시고," 십자가에 못 박히고 부활하신 주님으로서 만국에 전파되신다. 예수는 유일한 주님이시며, 다른 이로써는 구원을 받을 수 없고, 오직 예수를 통해서만 구원받을 수 있다(행 4:12). 모든 곳의 모든 사람이 예수를 주님으로 믿는 것은 아니지만, 그러나 예수를 주님으로 전파하는 것은 온 세상이 예수를 메시아와 주님으로 믿도록 한다. 바울은 예수의 승천, 즉 그가 지금 아버지의 우편에서 누리고 있는 영광으로 끝맺는다.

악한 영의 가르침에 대한 경고(4:1–5)

교회가 도덕적으로, 교리상으로 신뢰할 수 있는 지도자들을 필요로 하는 한 가지 이유는 거짓 가르침의 출현 때문이다. 디모데전서 3:16에서 요약된 경건의 비밀은 불행하게도 많은 사람에 의해 부인된다. 성령은 아마도 바울에게 주어진 예언 안에서 "후일에 어떤 사람들이 믿음에서"(4:1) 떠날 것이라고 구체적으로 가르쳤다. 종말이 예수의 죽음과 부활과 함께 도래했으므로(행 2:17; 요일 2:18; 히 1:2), 여기에서 바울은 머나먼 미래를 바라보고 있는 것이 아니다. 몇몇 거짓 교사들은 바울 당시 복음의 진리에서 벗어나 있었고, 이 교사 자신들이 믿는 것이 참되고 선하다고 생각했을 사람들에게 악영향을 미쳤다. 하지만, 바울은 이 가르침을 "미혹하는 영"과 "귀신"에서 비롯된 것으로 취급한다. 교인들을 속인 존재이자, 눈에 보이지 않은 근원은 귀신들이었지만, 직접적인 근원은 외식함으로 거짓말하는 거짓 교사들이었다(딤전 4:2). 이 교사들은 "양심이 화인을 맞아서" 악에 너무 익숙해져 있었다.

이 교사들은 결혼을 금하고 어떤 음식물을 먹지 않으면서 금욕을 옹호했기 때문에, 자신들이 순결하다고 믿었다(4:3). 그러나 실제로, 결혼과 음식은 둘 다 선하고 아름답다. 이를 뒷받침하기 위해 바울은 하나님의 창조물에 호소한다. "하나님께서 지으신" 음식은 복음의 진리를 받아들인 신자들이 감사와 찬양으로 받아야 한다. "하나님께서 지으신 모든 것이 선하매 감사함으로"(4:4) 받아야 한다고 말하는 바울은 누군가가 감사하기만 한다면, 마약을 하거나 음란물을 사용하는 것이 허용된다고 주장하는 것이 아니다. 우리는 문맥에 충실해야 하는데, 그의 요점은 결혼과 음식물은 창조주 하나님께서 신자들과 모든 사람에게 주신 선한 선물이라는 것이다. 음식물은 하나님의 말씀에 의해 신성하게 구별되어 선한 것으로 "거룩하여 진다"(4:5). 4:5에 나타난 하나님의 말씀은 창세기 1:31과 그가 창조한 모든 것이 "매우 좋았다"고 말씀하시는 하나님의 선언을 언급하는 것 같다. 유대인 사회에서, 음식에 대하여 감사하는 것은 전형적인 관습이었다. 감사함으로써, 모든 좋은 선물은 하나님의 손에서 나온다는 것이 인정된다.

가르쳐야 하는 디모데의 책임(4:6-16)

디모데는 그리스도의 "일꾼"이었고 에베소 교회를 다스리지 않았다. 그러나 디모데는 이들에게 진리를 일깨워 줄 특별한 책임이 있었다. 믿음에 대한 올바른 이해는 양육을 받고 강화되어야 한다. 불행하게도, 양심이 화인을 맞은 사람들은 "망령되고 허탄한 신화"에 매료되었다(딤전 4:7). 우리는 이 거짓 교사들의 가르침에 대하여 더 많이 알고 싶었지만, 바울은 우리에게 더 많은 정보를 제공하지 않는다. 아마도 그는 그들의 가르침이 상당히 쓸모없다고 생각했기 때문일 것이다. 디모데는 "경건"에 이르도록 자신에게 초점을 맞추고 연단 해야 한다(4:7). 몇몇 지적인 가르침은 실제로 무가치한데, 이것을 결정하는 한 가지 방법은 이 가르침이 경건한 생활에 어떤 영향을 주는지이다.

육체적 훈련과 연습은 몇몇 기독교인들이 과체중이거나 폭식을 하는 세상에서 어느 정도 가치가 있다. 하지만, 훨씬 더 중요한 것은 경건인데, 이것은 건강과 육체적 운동을 중요하게 생각하는 많은 사람에게 하는 말씀이다. 경건이 더 중요한 이유는 예수 그리스도를 믿는 믿음을 통하여 경건한 사람들은 내생의 삶을 누리고, 또한 내세의 생명도 약속받기 때문이다(4:8). 죽을 몸에 초점을 맞추는 것은 영원과 비교할 때 엄청나게 근시안적이다. 9절에 나오는 "미쁘다 이 말"의 내용을 분별하는 것은 어렵다. 바울이 8절을 가리키는 것인가? 아니면 10절을 가리키는 것인가? 아마도 이 문제를 해결하는 것은 크게 중요하지 않은데, 어떤 식으로든 이 두 구절이 내세의 삶을 언급하기 때문이다. 바울은 운동 경기나 육체적 시합에서 수고하고 애쓰지 않았다. 그는 "살아 계신 하나님"(4:10)을 바라보고 자신의 소망을 고정하였다. 하나님은 "모든 사람 특히 믿는 자들의 구주"이신데, 이 표현을 통해 바울이 의미하는 것이 무엇인지 논쟁의 여지가 있다. 분명하게도, 우리는 보편주의를 배제할 수 있다. 왜냐하면 모든 사람이 구원받는다고 한다면, 꼭 신자들이 구원받는다고 덧붙일 필요가 없기 때문이다! 몇몇 학자들은 여기에서 "구주"가 영적인 구원을 의미하지 않는다고 주장한다. 그러나 이 학자들의 주장은 상당히 잘못된 것 같다. 왜냐하면 이 단어는 목회 서신들 안에서 영적인 구원을 의미하고, 구원은 이 편지에서 바울이 가장 좋아하는 주제 중 하나이기 때문이다. 바울은 아마도 모든 사람, 즉 유대인들과 이방인들이 구원받는 것이 가능하지만, 그러나 오직 믿는 자들에게 현실이 된다는 것을 의미하는 것 같다.

디모데는 "이것들을 명하고 가르치라"라고 명령을 받는데(4:11), 아마도 7-10절에 있는 지시들로 돌아가는 것 같다. 디모데는 자신의 젊음 때문에 자신을 멸시하는 사람을 막을 수 없었지만, 그러나 이 훈계는 디모데를 위할 뿐만 아니라, 전체 회중을 위한 것이었다(4:12). 젊다는 것이 의미하는 것은 상대적이다. 왜냐하면 다른 문화들이 이 문제에 대해 다른 평가를 하기 때문이다. 바울은 아마도 60대였을 것이고, 만약 디모데가 10대 때에 개종했다면, 이 편지를 받는 당시에는 30대 초반이었을 것이다. 만약 디모데가 눈에 띄고 칭찬받을 만한 방식으로 행동했다면, 그는 사람들의 존경을 받았을 것이다. 회중이 모일 때, 성경을 공개적으로 읽어야 한다. 왜냐하면 공개적으로 읽는 것은 권위가 있는 것으로 간주하기 때문이다(4:13). 오늘날 너무나 많은 교회는 성경을 공개적으로 읽는 것 없이 예배하는데, 이것은 한탄스러운 일이다. 모인 회중은 또한 설교를 의미하는 "권하는 것"을 위한 시간을 주어야 한다. 교회는 정기적으로 가르침을 필요로 하기 때문에, "가르치는 것"에 주의를 기울여야 한다.

읽는 것과 권하는 것, 그리고 가르치는 것은 디모데 자신이 수행해야 하는 것이었다. 바울은 장로들이 디모데에게 안수할 때 주어진 선물에 대하여 상기시켰다(4:14; 또한, 딤후 1:6 참조). 동시에, 주어진 예언은 디모데가 그러한 방식으로 은사를 받았다는 것을 확인시켜주며, 그는 자신의 은사를 그대로 두어서는 안 된다. 디모데는 이 선물과 은사에 대하여 전적으로 자기 자신을 바치고, 사역에 몰두해야 한다. 그의 영적인 진보는 명백할 것이다. 16절은 바울의 관심사를 정확하게 요약한다. 디모데(또한, 사역하는 모든 사람)는 자신의 생명과 가르침을 살펴야 한다. 두 가지 모두 너무 중요하다. 왜냐하면 진리에 대한 바른 이해와 이 진리를 삶에 적용하는 것은 사역과 기독교인의 삶에 필수적이기 때문이다. 인내와 견딤은 명령인데, 이것들은 종말론적인 구조 안에서 구원에 필수적이다. 바울은 구원을 얻는 것에 대하여 거의 이야기를 하지 않는데, 그리스도가 죄인들을 구원하신다는 것을 분명히 하였기 때문이다(딤전 1:12-17). 하지만, 믿음을 저버리고 자기 자신들을 죄에 넘겨준 사람들은 과연 구원받은 존재로서 합당한 삶을 살고 있는지 스스로 돌아보아야 한다. 예수를 믿고 구원받는다면, 이 구원에 합당한 삶은 지극히 자연스러운 것이다. 거짓 교사들은 그릇 행하였는데, 만약 이들이 회개하지 않는다면, 이들은 영원한 상급을 유업으로 받지 못할 것이다. 이러한 문제들과 관련해서, 디모데의 인내는 자신만을 위한 것이 아니었다. 그러나 그의 사역에서 보여주는 인내는 그의 말을 듣는 사람들에게 중요한 본이 되며, 구원받은 자들로서 끝까지 인내할 수 있는 동기부여가 될 것이었다.

가족으로서 교회(5:1–2)

교회 안에 있는 관계는 가족 안에 있는 관계와 같다. 확장된 가족은 우리가 신자들로서 서로를 어떻게 대해야 하는지에 대한 본보기이다. 여기에서의 권면들은 젊은 디모데에게 주어지지만, 그러나 각 사람은 이 본문을 나이와 성별을 고려하여 적용할 수 있다. 젊은 사람으로서 디모데는 연로한 남자들을 존경해야 한다. 따라서 그는 이 남자들을 거칠게 꾸짖거나 책망해서는 안 된다. 대신에, 그는 이들에게 부드럽게 간청하고 호소해야 한다. 그는 젊은 남자들도 역시 가혹하게 책망해서는 안 되지만, 그 관계가 연로한 남자들과 다르다는 것을 인식하고 이들은 형제들로서 대해야 한다. 연로한 여자들은 어머니들에게 주어진 존경과 명예로 대우받아야 한다. 젊은 여자들은 자매로서 권면을 받아야 하지만, 그러나 여기에서 바울은 "온전히 깨끗함"이라는 표현을 지혜롭게 덧붙인다. 성적인 욕망은 계속되고, 정욕은 흔한 유혹이다. 따라서 디모데는 자신의 마음과 행실을 지켜야 하고, 죄에 넘어가지 않도록 해야 한다.

과부들을 존대하라(5:3–16)

교회가 돌보는 가족이 되어야 한다는 것은 디모데전서 5:3-16에 등장하는 과부들과 이들에 대한 복지에 의해 분명해진다. 과부들의 필요를 공급하고 이들이 정당하게 대우를 받도록 하는 것의 중요성은 구약성경에서 두드러진다(예를 들어, 출 22:22; 신10:18; 26:12-13; 욥 22:9; 31:18; 시 68:5; 146:9; 렘 7:6; 22:3; 겔 22:7; 슥 4:10; 말 3:5; 또한, 약 1:27 참조). 과부들을 존대하는 것은 재정적 지원의 필요에 초점을 맞추지만, 그렇다고 이것에만 국한되지 않는다. 그러나 교회는 처음부터 과부들을 위한 재정의 유일한 보급처가 되어서는 안 된다. 과부들의 가족은 교회로부터 도움을 받기 이전, 과부들의 필요를 공급해야 할 의무가 있다(딤전 5:3-4, 16). 책임의 영역들이 설정되어야 한다. 즉, 충분한 자금을 가진 가족이 책임을 회피하여 과부를 교회의 보살핌으로 옮기는 것이 아니라, 과부들을 돌볼 수 있도록 해야 한다. 만약 가족이 재정을 가지고 있다면, 이들은 자기 가족 돌보는 일을 교회에 미루어서는 안 된다. 가족 구성원들은 사랑하는 사람들의 일상적인 필요를 돌봄으로써 자신들의 경건을 보여주어야 한다. 이 문제 전체에 대한 중요성은 8절에 나타난다. 과부들을 공급하지 않은 사람들은 "믿음을 배반한 자요 불신자보다 더 악한 자"이다. 가족 안에 있는 과부를 돕는 것을 거부하는 사람들은 그리스도를 부인하는 것이며 기독교 신앙을 저버리는 것이다.

물론 모든 과부가 가족 구성원들의 도움을 받을 수 있는 것은 아니다. 만약 과부들이 하나님의 일들에 전념하고 일용할 양식을 필요로 한다면, 교회는 나서서 도와주어야 한다. 디모데전서 5:3-16에 나오는 것처럼, 두 가지 다른 범주의 과부들을 분별하는 것은 어렵다. 몇몇 학자들은 궁핍한 과부들은 3-8절에서 논의되고, 9-15절에는 사역에 몸담고 있는 특별한 과부들이 나타난다고 믿는다. 9-15절에 나타난 과부들은 심지어 후견인 역할을 하는 부유한 과부들로 보인다. 과부들의 제도를 지지하는 주장들은 다음과 같다. (1) 나이 제한은 9-15절에 규정되지만, 3-8절에는 규정되어 있지 않아서 이 두 집단이 차이가 있다는 것을 제안한다. (2) 명부에 올린다(9절)는 표현과 올리지 말라(11절)는 표현들은 일종의 과정을 의미할 수 있는데, 이 과정을 통해 자격을 갖춘 과부들이 목록 안에 이름을 올릴 수 있었다. (3) 9-10절에 나타난 과부들에 대한 자격들은 장로들과 집사들을 위한 자격들과 유사한데(3:1-13), 공적인 사역을 암시한다. (4) 젊은 과부들은 금지되는데(11-15절), 이들은 금욕의 서약을 유지할 수 없고 그러한 서약들은 그 제도에 들어가기 위하여 요구되었을 것이다.

별도의 과부 제도를 감지하는 것은 상당히 매력적이며, 이 본문 안에 몇 가지 문제들을 해결한다. 그러나 똑같은 과부 집단이 3-8절과 9-16절에 나타나는 것으로 보이고, 별도의 과부 제도는 고려되지 않은 것으로 보인다. 몇 가지 주장들이 이 해석을 지지한다. (1) 3-8절과 9-15절 사이를 구분하는 증거는 발견하기 어렵다. 과부들의 새로운 범주가 9절 안에서 이야기되는지 거의 분명하지 않다. (2) "명부에 올리다"와 "올리지 말지니"(9절, 11절)라는 표현들은 재정 지원을 받기 위해 이미 목록에 올라간 것을 의미할 가능성이 더 크다. 교회의 어떤 종류의 공식적 행동이 고려되지만, 그러나 이 표현 자체가 사역에 전념하는 과부들의 공식적인 제도에 대한 언급이라고 말할 필요까지는 없다. (3) 60세 제한은 여성의 기력이 저하되어 부양의 필요성이 증가하는 나이를 나타낸다. 아마도 60세 이전의 대부분 과부는 재정의 다른 근원들이 가능했을 것이라고 바울은 느끼는 것 같다. 그렇다고, 바울은 60세 미만의 과부들을 돕는 것을 절대로 금하지 않는다. 여기에서 우리는 융통성이 없는 규칙이 아니라, 하나의 지침을 가진다. 그러므로 적어도 60세가 되는 것은 사역의 제도에 포함되지 않는 것으로 이해해야 한다. 왜냐하면 그러한 과부들은 사역을 위해 더 적은 힘을 가졌기 때문이다. (4) 성품 자질들에 대한 언급(9-10절)은 반드시 직분을 암시하는 것이 아니다. 왜냐하면 5절은 부양을 받을 만한 과부들은 기도에 전념하고 하나님에게 소망을 두어야 함을 나타내기 때문이다. 그러므로 9-10절은 5절에서 이미 제시한 성품에 대한 요구 사항들을 자세히 설명한다. (5) 과부들의 제도로 이해하는 가장 강력한 주장은 젊은 여자들이 서약한 금욕 서원에서 비롯된다(5:11-15). 그러나 그러한 여성들이 재혼함으로써, 교회의 기도의 삶을 포기하는 것이 가능하다. 바울은 이 젊은 여자들이 그들 자신을 기도보다 다른 활동에 전념한다는 것을 알게 되었고, 그래서 재혼과 자녀 양육을 권고한다 (13-15절).

만약 과부들에 대한 가르침이 궁핍한 과부들에 대한 것이라면, 우리는 그러한 지원이 바울에게 얼마나 중요했는지 알게 된다. 경건하고 연로한 과부들은 재정적으로 도움을 받아야 한다. 우리는 바울이 왜 연로하고 궁핍한 모든 과부가 포함하지 않은 이유가 궁금할 수 있다. 왜 성품에 관한 자질들이 있는가? 아마도 그리스도를 진정으로 믿는 과부들만 도움을 받도록 하기 위함이었을 것이다. 재정은 아마도 한정되어 있었고, 교회는 모든 필요를 충족시킬 자금이 부족했기 때문에, 정말로 필요한 부분을 충족시키는 데 집중해야 했다. 바울은 궁핍한 불신자들을 돕는 것은 원칙적으로 반대하는 것은 아니다. 그는 (우리가 갈라디아서 6:10과 디모데전서 5:3-16에서 본 것처럼) 책임의 범위들을 설정한다. 신자들은 자기 가족 구성원들과 동료 신자들을 먼저 부양해야 한다. 그런 다음, 재정이 허락되면, 다른 사람들을 부양해야 한다. 이러한 접근은 이기적이지 않다. 각자에게 속한 구성원을 돌보지 않은 공동체는 결국 어느 사람도 돌보지 않게 될 것이다.

성품과 관련된 자질들에 대하여 좀 더 언급해야 한다. 자원들은 제한되기 때문에, 오랜 기간 신실함의 기록을 가진 여자들이 지원받아야 한다(5:9-10). 이 여자들은 충실한 결혼 생활을 했고, 자녀들을 잘 양육한 것으로 인정받았으며, 관대하게 대접하였고, 선한 일을 했던 사람들이었다. 이와 달리, 몇몇 젊은 과부들(5:12)은 결혼하지 않겠다고 약속하고 교회의 자금을 받고 난 다음, 돌아서서 결혼한 것으로 보인다. 힘과 시간이 넉넉했던(이들이 교회로부터 지원을 받았기 때문에) 이 젊은 여자 중 일부는 험담하고 다른 사람들의 삶에 간섭하기 시작했다. 우리는 바울이 이 젊은 여자들의 결혼에 대하여 눈살을 찌푸렸다고 생각할 수도 있지만(5:11-12), 그러나 그는 실제로 이들이 결혼하고 자녀들을 양육하기를 원했다(5:14). 바울을 힘들게 했던 것은 이 여자들이 한 가지를 약속하고 다른 것을 하면서도, 항상 교회의 기금을 받고 있었다는 것이다. 몇몇 사람들이 죄와 사탄에게 자신들을 넘겨줄 때 교회의 증거가 손상되었다(5:14-15).

장로들을 존경함(5:17-25)

이 편지에서 바울의 관심은 지도자들이 교회를 현명하고 경건한 방법으로 인도하여, 교회가 세상에 생생한 증인이 되도록 하는 것이다. 그는 "감독"과 같은 직분인 장로들의 문제에 돌아간다(행 20:17, 28; 딛 1:5). 아마도 장로들이 교회의 생활 안에서 중요한 역할을 하기 때문일 것이다. 우리가 앞서 보았던 것처럼, 장로들은 인도하고 가르친다는 점에서 구별되고, 목회 서신들 안에서 가르침과 설교하는 것이 얼마나 중요한지 보여준다. 어쨌든, 이 사역을 잘 수행하는 사람들은 "배나 존경"을 받아야 하는데, 아마도 이것은 보수와 존경을 의미할 것이다(보수를 두 배로 준다는 것이 아님!). 장로가 보수를 받는 것은 신명기 25:4에서 뒷받침되며, 이것은 재정적 지원과 관련하여 바울이 가장 좋아하는 구절이다. 왜냐하면 그는 고린도전서 9:9에서도 이 구절을 인용하기 때문이다. 이 논의는 더 작은 것에서 더 큰 것으로(from the lesser to the greater, 가벼운 차원의 진리에서 무거운 차원의 진리로 이동하는 수사법-옮긴이) 진행된다. 만약 소가 일하고 있는 동안 먹는 것을 제한해서는 안 된다면, 하물며 목회자들은 확실히 지원받을 자격이 있다. 예수의 말씀에 대한 권위를 반영하는 두 번째 성경은 예수가 선교를 위해 파견한 사람들에게 "일꾼이 그 삯을 받는 것은 마땅하다"라고 말한 지시를 전달한다. 이 말은 누가복음 10:7의 표현에 더 가깝지만, 마태복음 10:10에서 멀지 않다. 우리는 예수의 말씀에 대한 권위에 대한 표시를 보게 된다. 여기에서 이 진술들은 교회들이 말씀을 전하기 위하여 적어도 한 사람을 재정적으로 지원해야 한다는 생각을 확고히 한다.

지도자의 삶은 복잡하고 논쟁으로 가득 차 있다. 비난들이 주어질 수 있다. 바울은 두, 세 증인에 대하여 구약의 요구 사항에 호소하는데(신 17:6; 19:15), 이것은 증거로 입증되지 않는 한, 어떤 혐의도 받아들여지지 않는다는 것을 보장한다. 거짓말과 명예 훼손, 그리고 중상모략은 슬프게도 일반적이기 때문에, 교회들은 지도자에 대한 잘못된 보고를 받아들이기 전에 조심해야 한다. 또한, 책망과 교정이 필요한 죄를 짓는 장로들은 공개적으로 책망을 받아야 한다. 지도자들에 의한 중대하고 노골적인 죄들(성적인 부정, 재정적 부패, 다른 사람들을 학대)은 용납되거나 덮어두어서는 안 된다. 회중이 그 죄가 심각하게 받아들이는 것을 볼 때, 이것을 지켜보는 사람들은 두려워할 것이다. 회중은 지도자들이 죄를 심각하게 생각한다는 것을 인식할 것이며, 이것은 그들도 똑같이 심각하게 인식하는 행동을 하도록 자극할 것이다.

바울의 명령들이 평범한 것처럼 보일 수 있지만, 그러나 이 명령들은 최대한 진지하게 받아들여야 한다. 그러므로 5:17-20에 나타난 명령들은 편애와 불공평 없이 수행되어야 한다. 이것은 여러 수준에서 작동할 수 있다. 누군가가 좋아하는 장로는 더 많은 보수를 받을 수 있고, 반대로 개인적인 반감은 장로에게 정당한 급여를 박탈할 수 있다. 또한, 교회 안에 있는 리더십은 때때로 고인 물이 되어서 부패하는 경우가 있다. 이 리더십은 자기방어에 강한, 나이 먹은 사람들의 모임이 되며, 따라서 죄를 짓는 지도자들을 편파적으로 보호하기도 한다.

지도자들은 교회 안에서 중요한 역할을 한다. 따라서 장로들은 성급하고 빠르게 임명되어서는 안 된다. 사람의 삶은 신중하게 평가되어야 하고, 장로로 추천되는 사람은 선택되기 이전에 알려져야 한다(딤전 3:1-7). 만약 자격이 없는 누군가가 직분을 취한다면, 그를 임명한 사람들이 임명된 사람의 잘못에 대하여 일부 책임을 분담하게 된다. 정결은 단순히 각자의 삶뿐만 아니라, 다른 사람들과의 관계에도 관련된다. 바울은 정결에 대하여 언급하면서, 디모데에게 이와 관련하여 권면한다. 어떤 이유에서든, 디모데는 포도주를 삼가고 있었지만(아마도 금욕적인 이유?), 바울은 디모데를 자주 괴롭히는 위장 문제를 개선하게 하려고 포도주를 마시도록 권면한다.

5:24-25에서 바울의 요점을 이해하기는 쉽지 않다. 그는 몇몇 악한 행위들과 선한 행위들은 분별하기 쉽지만, 그러나 다른 경우에는 악한 것과 선한 것이 무엇인지 이후에 분별할 수 있다고 가르친다. 여기에서 바울의 요점은 하나님이 결국 모든 것을 드러내시고 바로잡는다는 것이다. 몇몇 학자들은 바울이 디모데에게 좋은 사람을 지도자로서 임명하는 것이 어떤 경우에는 다소 명백하지만, 다른 경우에는 사람의 선함과 악함이 나중에 명백해질 것이라고 확신시켰다고 생각한다. 디모데는 어떤 사람의 모든 것이 좋아 보여서, 이 사람을 지도자로 임명하기 위해 애를 태우거나 초조해해서는 안 된다. 왜냐하면 나중에 이 사람이 배교할 수 있기 때문이다.

종들에 대한 명령들(6:1-2a)

6:1-2a에서 종들에게 주어진 몇 가지 간략한 지침들이 있다. 바울은 결코 노예 제도를 지지하거나 칭찬하지 않으며, 기존의 이 악한 제도를 규제한다는 점을 앞서 언급했었다. 만약 종들이 자유를 얻을 수 있다면, 이들은 자유를 얻어야 한다(고전 7:21). 기존의 사회 안에서 바울은 사회 혁명(revolution)을 주장하지 않고, 내부로부터 사회 변혁(transformation)을 주장한다. 그러므로 종들은 자신들의 주인들을 공경하고 책임을 다하도록 지시를 받는다. 이 훈계의 목적은 하나님의 이름과 복음의 가르침이 비방을 받지 않도록 하기 위함이다. 만약 주인들이 신자들이라면, 종들은 복음 안에 있는 형제애와 평등을 인식하고 자신이 섬겨야 하는 그 책임을 다하지 않으려고 하는 유혹을 받을 수 있다. 종들은 자신들의 주인들을 무례하게 대할 수도 있다. 그러나 실제로 이들은 주인들을 더욱더 최선으로 섬겨야 한다. 왜냐하

면 이들의 섬김의 수혜자들인 주인들은 신자들이며, 하나님의 사랑을 받는 자들이기 때문이다.

거짓 교사들에 대한 경고(6:2b–10)

아래 표에 나타나는 것은 디모데전서의 끝부분이 처음에 언급된 문제들을 회상하는 방법을 보여주는 야부르(Robert Yarbrough)가 만든 표이다. 이 편지의 처음과 끝은 같은 주제들을 보여주며, 독자들에게 이 주제들의 중요성을 강조한다.

1:3 에베소에 머물러야 하는 책임	6:2b 믿음을 가르치고 옹호할 책임
1:4-7 거짓 교사들에 대한 문제와 사랑에 대한 칭찬	6:3-6 거짓 교사들에 대한 문제와 경건에 대한 칭찬
1:8-10 구약성경(율법)에 대한 적절한 사용	6:7-10 돈에 대한 적절한 관심(또한, 17-19절을 보라)
1:11-16 증거: 바울은 율법이 아니라 그리스도에 의해 구원받았다.	6:11-15a 호소: 디모데는 선한 고백을 하도록 한, 그리스도 안에 있는 영생을 붙잡아야 한다.
1:17 송영	6:15b-16 송영
1:18-20 적용: 믿음을 버린 자들에 관한 경고와 함께, 디모데에게 주어진 책임	6:17-19 적용: 믿음을 거절한 사람들에 관한 경고와 함께, 디모데의 리더십 아래 부유한 사람들에게 주어진 책임

자료: Robert W. Yarbrough, *The Letters to Timothy and Titus*, PNTC (Grand Rapids: Eerdmans, 2018), 305

이 편지가 끝나가면서, 바울은 디모데에게 이 편지의 주요한 주제를 상기시키는데, 디모데는 이 편지에서 바울이 말한 것들에 관하여 사람들을 가르치고 격려해야 한다. 이 가르침은 중요하다. 왜냐하면 몇몇 거짓 교사들은 거짓 교리들을 가르치고 있기 때문이다(딤전 1:3 참조). 이 교사들은 주 예수 그리스도로부터 오는 건전한 말씀을 먹고 마시지 않고, 아프고 병든 말들에 주의를 기울이고 있다(6:3). 근본적인 문제는 그러한 교사들의 삶에서 찾을 수 있는데, 이들은 "교만"하다. 비록 이들이 자신들의 지식에 자만심이 있었다고 할지라도, 이들은 정말로 아무것도 알지 못했다(6:4). 이들은 변론과 언쟁을 일삼는 것을 지식으로 착각하지만, 실제로 이들은 투기와 분쟁과 비방과 악한 생각, 그리고 지속적인 불화를 일으키고 있다. 이들의 마음은 "부패하여지고 진리를 잃어" 버린 상태이다(6:5). 이 거짓 교사들이 벌이는 이 모든 것들 뒤에는 출세와 번영에 대한 열망이 있다.

참된 이익과 발전은 "자족과 함께 경건"이 있을 때이다(6:6). 분별력이 있고 지혜로운 사람들은 우리가 이 세상에 들어온 것과 같은 방식으로 아무것도 가지고 가지 못한 채로, 이 세상을 떠날 것임을 깨닫는다(6:7). 그러므로 우리는 현세에서 먹을 것과 입을 것으로 만족해야 한다(6:8). 재물에 대한 욕망은 사람의 목숨을 빼앗아 가고 영원한 멸망에 이르게 할 수 있으므로 큰 위험을 초래한다(6:9). 여기에서 바울은 예수를 생각나게 하는데, 예수는 재물의 위험성에 대하여 많은 경고를 하며, 세상을 얻을 수 있지만, 영혼을 잃을 수 있음을 가르쳤다(마 16:26). 돈을 버는 것과 돈의 열매를 즐기는 것은 악이 아니지만, 그러나 돈을 사랑하는 것은 "일만 악의 뿌리"가 된다(6:10). 돈을 갈망함으로써, 몇몇 사람들은 믿음과 복음에서 떨어져 나갔고, 이들은 재물의 유혹에 사로잡혀, 슬픔 위에 슬픔으로 자신들을 꼼짝 못 하게 했다(마 13:22 참조).

디모데에게 주어진 훈계(6:11–16)

디모데 앞에 있는 큰 어려움을 고려하고서, 바울은 디모데를 향하여 계속 옳은 길을 가라고 경고한다. 그가 "하나님의 사람"이라고 디모데를 부를 때, 우리는 모세(신 33:1; 수 14:5)나 여러 선지자(삼상 2:27; 왕상 12:22; 13:1, 2, 4; 20:28), 또는 사무엘(삼상 9:6, 7, 8, 10)이나 엘리야(왕상 17:18, 24; 왕하 1:9), 또는 엘리사(왕하 4:7, 9; 5:8)나 다윗(느 12:24)과 같은 "하나님의 사람"이라고 불린 구약의 저명한 지도자들을 상기하게 된다. 바울은 디모데가 이 사람들과 같은 수준을 가지고 있다고 말하는 것이 아니다. 그러나 바울은 주님을 위한 대변자로서 디모데가 해야 하는 중요한 역할을 지적한다. 하나님의 사람인 디모데는 부를 얻고자 하는 모든 욕망을 피해야 한다. 대신에, 그는 "의와 경건과 믿음과 사랑과 인내와 온유를 따라야" 한다(딤전 6:11). 성품 자질들은 부보다도 훨씬 더 중요하고, 이 자질들의 유익은 영원하다. 디모데는 "믿음의 선한 싸움을 싸우고 영생을 취해야 한다"(6:12). 다시 말해, 디모데는 자신이 이미 적극적으로 유지하고, 다른 사람들 앞에서 예수 그리스도를 고백했던 그 날처럼, "선한 증언"을 계속해야 한다. 처음에 했던 고백의 유효성은 끊임없이 계속된 고백으로 확인된다.

디모데에게 주어진 책임의 엄숙함과 두려움은 창조주 하나님과 예수 그리스도의 임재를 호소함으로써 강조되는데, 이것은 예수를 하나님과 같은 수준에 두는 또 다른 놀라운 예이다(6:13). 하나님은 창조주이며, 그리스도는 여기에서 본보기로서 언급된다. 왜냐하면 예수는 AD 26-36년에 유대 총독이었던 본디오 빌라도 앞에서 "선한 증언"을 하였기 때문이다. 바울은 예수의 지상 생애에 대한 사건을 자주 언급하지 않는다. 여기에서 선한 증언은 협박과 위협을 받을 때 진리를 증거하는 것을 포함한다. 디모데가 하나님과 그리스도 안에서 살기 때문에, 또한 그리스도가 디모데에게 본보기가 되기 때문에, 디모데는 흠도 없고 책망 받을 것도 없이 "이 명령을 지키도록" 명령을 받는다(6:14). 6:14의 내용은 아마도 디모데가 그리스도가 나타날 때까지 선한 증언을 지켜야 한다는 의미일 것이다. 마지막 종말은 하나님께서 정하시고 자신의 지혜에 따라 지정한 완벽한 그 때에 올 것이다(6:15).

바울은 모든 통치자들과 왕들, 그리고 군주들에 대한 하나님의 축복과 주권을 인정하면서, 송영으로 이동한다(1:17 참조). 내재적이고 본질적인 불멸(immortality)은 오직 하나님에게만 있다. 왜냐하면 하나님은 생명을 주시기도 하고, 취하시기도 하기 때문이다(6:16). 하나님은 너무나 영광스럽고 장엄하고 찬란하셔서, 어느 사람도 은혜 없이 그의 임재 앞에 있는 눈 부신 빛과 아름다움에 접근할 수 없을 정도이다. 하나님은 어떤 피조물이 볼 수 없는, 유일무이한 존재이시다. 따라서, 모든 영광과 권세가 그에게 속하게 된다.

부한 자들에 대한 권면(6:17-19)

부유하고 성공한 사람들은 자신들이 삶을 지배한다고 생각할 수 있다. 왜냐하면 이들의 부는 많은 질병으로부터 자신들을 보호하기 때문이다. 그런데도, 마치 그들이 자신들의 생명과 미래를 확보한 것처럼, 자만에 빠져서도 안 되고 스스로 주의해야 한다. 부는 사람들이 바라는 우상이 되기 쉬울 수 있지만, 그러나 이 부는 헛되고 불안정하다. 왜냐하면 부는 빨리 사라질 수 있기 때문이다. 대신에, 사람들은 미래에 대한 희망을 전적으로 하나님에게 두어야 한다. 하나님은 사람들이 세상을 부정하며 살도록 요구하지 않는다. 왜냐하면 그는 "모든 것을 후히 주사 누리게 하시기 때문이다"(6:17). 부유한 자들은 다른 사람들에게 관대하게 베풀고, 궁핍하고 고통을 받는 사람들을 도울 수 있는 특별한 기회를 가진 셈이다. 따라서 부는 누려야 하지만, 그러나 부는 사람들이 자신들의 안락에 초점을 맞추는 수단이 되어서는 안 된다. 다른 사람들에게 관대하게 베풂으로써, 부한 자들은 영원히 끝나지 않는 장래를 위하여 재물을 쌓아야 한다(6:19). 6:19에서 바울의 진술은 재물을 하늘에 쌓아 두라는 예수의 가르침을 생각나게 한다(마 6:19-20). 부한 자들이 예수를 믿고 구원받은 이후 예수의 가르침을 지키며 구원받은 자의 삶을 살게 된다면, 참 생명, 곧 영원한 생명을 얻게 될 것이다. 그런 의미에서, 영원한 생명은 부한 자들의 관대한 삶의 방식 안에서 드러나는 선물이다.

디모데에게 주는 마지막 훈계(6:20-21)

이 편지의 맺음말은 아주 갑작스럽게 끝난다. 아마도 이 맺음말의 간결함은 '바울의 상황'과 '바울과 디모데의 관계' 때문으로 짐작할 수 있다. 디모데는 바울에게서 대략적인 가르침을 받았고, 세부적으로 메울 수 있다. 디모데를 향한 바울의 애정은 "오 디모데야"(헬라어 문장에는 "오"라는 감탄사가 있음-옮긴이)라는 표현에서 나타난다(딤전 6:20). 거짓 교사들이 위협하는 가운데, 디모데는 바울이 "부탁한 것을 지켜야" 한다. 즉, 디모데는 복음을 지켜야 한다. 거짓 교사들의 말은 "지식"이라고 불렸을 수 있지만, 그러나 바울에게 있어서, 이 교사들의 말은 "헛된 말"에 불과하고(6:20), 이들의 말은 참 지식과 아무런 관련이 없다. 이들의 가르침을 받아들이는 사람들은 믿음에서 벗어났고, 디모데는 혼란 속에서도 교인들의 보호자와 견실한 사람이 되도록 요청을 받는다. 이것을 위하여 디모데는 하나님의 은혜가 필요하다. 중요하게도, 이 은혜는 이 편지로 전달되며, 평생 디모데가 필요로 하는 것이었다.

목회 서신들(디모데전서, 디모데후서, 디도서)의 참고문헌은 디도서 이후에 제시된다.

12. 디모데후서

서론

디모데전서에 대한 서론에서 진술한 것처럼, 나는 목회 서신들을 바울이 진짜로 기록했다고 이해한다. 우리는 디모데후서의 정확한 정황에 대하여 오직 추측만 할 수 있다. 많은 학자가 주장하는 것과 마찬가지로, 나는 바울이 첫 번째 로마 투옥에서 풀려났고 이후 다시 체포되어 로마에 투옥되었다는 전통적인 견해를 지지한다. 디모데후서는 바울의 두 번째 투옥을 반영하며, 로마에서의 첫 번째 투옥과 대조적으로 두 번째 투옥의 상황에서, 그는 풀려나지 않았을 것이다(빌 1:22-24; 몬 22 참조). 바울은 아마도 AD 67년 정도에 로마에서 처형되었을 것이며, 따라서 이 편지는 그의 마지막 편지인 셈이다. 디모데후서의 개요는 다음과 같이 제시될 수도 있지만, 나는 아래에서 이 편지를 좀 더 세분하여 다룰 것이다.

개요	
복음을 지켜라	1:1-18
복음을 위해 고난을 받으라	2:1-26
악한 사람들을 피하고 선한 사람들을 본받아라	3:1-17
끝까지 말씀을 선포하라	4:1-18

인사말(1:1–2)

바울은 "사랑하는 아들"이라고 지칭하는 디모데에게 개인적으로 편지를 쓰고 있지만, 그런데도 바울은 권위를 포함하는 사도라는 용어를 사용하며 자신이 사도임을 밝힌다. 왜냐하면 비록 이 편지는 개인 서신으로 분류될 수 있지만, 엄밀하게 에베소에 있는 교회를 위한 편지이며, 사도적 권위를 드러내는 모든 표시를 지니고 있기 때문이다. 바울의 사도적 권위는 저절로 생긴 것이 아니라, 하나님의 뜻으로 말미암아 생긴 것이며, 이 "뜻"은 다메섹으로 가는 길에서 일어난 사건을 암시한다. 즉, 이 사건에서 바울은 사도로 부름을 받았다. 바울의 소명은 "그리스도 예수 안에 있는 생명"을 전파하고 확장하는 것이었다. 참 생명을 어디에서 발견할 수 있는지 사람들에게 말한다는 것은 정말 위대한 소명이다. 바울은 이 편지를 디모데에게 썼는데, 디모데는 특히 바울이 사랑한 사람이었고 믿음 안에서 "아들"이었다. 확실히 이 둘의 관계는 우리가 생각하는 것보다 더 가까웠을 것이다. 바울은 디모데를 위해 하나님 아버지와 주 예수 그리스도로부터 은혜와 긍휼, 그리고 평강을 간구한다.

감사 단락(1:3–5)

바울의 다른 서신에 나타난 것과 마찬가지로, 이 편지는 인사말 뒤에 감사 단락이 뒤따른다. 여기에서 바울은 디모데에 대한 개인적이고 진심 어린 감사를 표현하는데, 그가 디모데를 계속 기억하고 기도한다는 것이다. 우리는 디모데가 눈물을 흘린 이유를 알고 싶어 하지만, 아쉽게도 바울은 자세히 설명할 필요를 느끼지 못했다. 왜냐하면 디모데와 바울은 정확히 무엇을 말하고 있는지 서로 알고 있었기 때문이다. 주목할 만한 것은 바울과 디모데의 관계가 놀라울 정도로 가깝다는 것이다. 바울은 디모데를 다시 만나기를 갈망하는데, 그가 디모데를 만나게 될 때 기쁨으로 가득할 것이기 때문이다.

여기에서도 역사가 한몫을 한다. 바울은 디모데의 양심이 깨끗하다는 것과 그가 하나님을 섬겼던 조상들의 긴 혈통에 속한다는 것에 감사한다. 분명히 바울은 기독교 믿음이 구약성경과 단절되었다고 생각하지 않는다. 대신에, 이 믿음은 구약성경에 뿌리를 두고 있으며 구약성경을 성취한다. 디모데 역시 이 역사의 흐름 안에 있었다. 왜냐하면 디모데가 가진 믿음은 그의 할머니와 어머니에게로 거슬러 올라갈 수 있기 때문이다. 세대에서 세대로, 가족에서 가족으로 전해지는 믿음의 바통(baton)이 있다. 이스라엘의 역사는 신실하지 않음(unfaithfulness)이 자주 나타나는 특징이지만, 하나님의 진리는 살아남았고, 세대에서 세대로 계속 선포된다.

복음을 지켜라(1:6–14)

디모데는 외조모와 어머니가 신실함으로 인하여 받았던 고난의 길 안에서 따르고 있었다. 이 여정 안에서 그는 바울이 안수할 때 받았던 은사를 새롭게 일깨우도록 요청받는다. 6절에서 은사에 대한 언급은 아마도 디모데전서 4:14에서 언급한 것과 같아 보이며, 6절에서는 좀 더 개인적인 차원에서 진술된다. 7절에서 디모데는 자율적인(autonomous) 용기와 힘을 요구받지 않는다. 왜냐하면 하나님께서는 자신에게 속한 자들에게 두려워하지 않는 마음과 능력, 그리고 사랑과 절제하는 마음을 주시기 때문이다(딤후 1:7). 하나님께서 자신에게 속한 사람들을 강화하고, 두려움 대신에 용기와 미움 대신에 사랑을 주신다는 약속을 고려할 때, 디모데는 주님을 증언하는 것에 대하여 "부끄러워"해서는 안 된다(1:8). 물론, 바울은 감옥 안에서 비참한 상태로 살고 있었기 때문에, 특히 명예와 수치 문화에서 누군가가 바울 자신을 알고 있다는 것을 드러내기는 쉽지 않았을 것이다. 어려운 상황에 있는 바울을 부끄러워하지 않으면서, 디모데는 하나님의 능력과 은혜로 세상에 생명을 주는 메시지인 복음을 위해 고난을 받아야 한다.

신앙고백 형태의 진술이 있는 9-10절에서 복음의 본질이 드러난다. 하나님께서는 구원하시고 부르시고, 죄에서 건져 내시고, 사람들을 하나님 자신에게로 인도하신다. 신자들은 거룩함으로 부름을 받지만, 그러나 구원은 행위에 근거하지 않고 하나님의 주권적인 목적과 의지, 그리고 은혜에 근거한다. 참으로, 구원은 주님에게서 말미암는데, 주님은 역사가 시작되기 전에 그 자신에게 속한 사람들에게 은혜를 주기로 계획하셨기 때문이다. 아주 오래전 계획된 것이 이제 역사 안에서 구원자로서 오신 예수 그리스도를 통하여 분명히 나타났다. 복음은 좋은 소식이다. 왜냐하면 사람의 큰 원수인 사망(고전 15:26)이 정복당했고, "생명과 썩지 아니할 것"이 복음을 통하여 드러났기 때문이다(딤후 1:10). 바울이 디모데에게 복음을 위하여 고난을 받도록 요청한 이유는 고난은 절대로 끝나지 않을 생명의 문을 열어 주기 때문이다. 사역의 현장에서 직면하는 고난을 고려했을 때, 우리는 바울이 복음의 사도이자, 선포자요, 또한 교사로 부름을 받은 것에 대하여 왜 특권과 기쁨을 느꼈는지 이해하게 된다.

바울은 생명과 구원을 약속하는 메시지를 위하여 고난받는 것을 부끄러워하지 않았다. 하나님은 바울에게 복음을 맡기셨고, 바울은 하나님께서 마지막 날까지 복음을 보호하시고 지킬 것이라고 확신하였다(1:12). 복음이 생명과 구원의 길이기 때문에, 디모데 역시 바울이 가르쳤던 바른 가르침을 지켜야 한다(1:13). 디모데는 바울이 가르치고 지켰던 복음을 성령의 능력으로 지켜야 한다(1:14). 성령이 디모데 안에 내주하였기 때문에, 디모데는 복음을 지킬 힘과 능력을 갖출 수 있었다.

오네시보로: 부끄러워하지 않은 사람의 본보기(1:15–18)

디모데는 주님이나 바울을 부끄러워해서는 안 된다. 오네시보로는 바울을 부끄러워하지 않은 사람의 본보기로 나타난다. 실제로 바울이 체포되었을 때, 아시아 지방에서 많은 사람은 아마도 그를 버렸던 것 같고, "부겔로와 허모게네"는 그렇게 버린 것에 대하여 불명예스럽게 언급된다(1:15). 이와 반대로, 오네시보로는 감옥에 있는 바울을 자주 방문하였고 그를 격려했었다(1:16). 아마도 바울이 갇혀 있었던 때는 죄수들이 친구들에 의해 부양받아야 하는 시기였던 것 같다. 그는 바울이 어디에 갇혀 있는지 발견하기 위하여 노력과 시간을 보냈다. 아마도 그는 바울이 "사슬"에 매인 곳이 어디인지 몰랐다는 변명을 할 수 있었을 것이다. 이렇게 오네시보로가 다른 사람을 돌보고 봉사하는 것만 보아도, 그가 에베소에서 어떻게 행동했었을지 충분히 감지될 수 있고, 실제로 그는 그곳에서 많이 봉사하였다. 명예와 수치의 문화의 분위기상, 죄수와 교제함으로써, 오네시보로는 비난받을 수도 있었다. 따라서 바울은 오네시보로의 용기 때문에 주님께서 그의 가족과 오네시보로에게 긍휼을 베푸시기를 기도한다(1:18).

고난에 대한 요청(2:1–13)

디모데를 향한 여러 명령이 2:1-13에 나타난다. 디모데는 오네시보로의 길을 따라야 하고 그리스도의 사자로서 기꺼이 고난을 받아야 한다. 바울이 사랑하는 아들로서, 디모데는 자신 앞에 있는 일을 수행하기 위하여 그리스도 안에 있는 능력과 은혜가 필요하다(2:1). 사실, 디모데가 행해야 하는 임무는 너무 크다. 그래서 하나님의 능력이 필요하다. 바울은 신실하게 디모데에게 복음을 전달했고, 디모데는 자주 바울의 가르침을 들었다. 이제 바울은 주님과 함께해야 하는 마지막 시간이 다가오기 때문에, 디모데는 고난을 받으라는 도전을 취해야 하고 신뢰할 만하고 믿음직한 사람들에게 복음을 전해야 한다. 그다음에는, 디모데로부터 복음을 받은 사람들은 또 다른 사람들에게 그 믿음을 전달해야 할 것이다. 신실한 가르침은 대를 이어 이 연결고리를 만들어낼 것이다!

우리는 안전한 환경에서 정보가 전달되는 교실을 상상해서는 안 된다. 이 지시들은 고난을 받도록 부름을 받은 자들에게 주어지고, 디모데는 그리스도의 병사로서 고난을 받는 자들의 대열에 합류해야 한다(2:3). 고난 중에서도 복음을 전해야 하는 사명을 설명하기 위하여, 바울은 병사와 경기하는 자, 그리고 농부의 삶을 예로 들어 설명한다(2:4-6). 병사들은 편안한 삶을 살도록 부름을 받지 않는다. 이들의 목표는 지휘관을 기쁘게 하는 것이며, 이들은 통제가 잘된 방식으로 살아야 하고 대의를 위하여 죽을 각오가 되어 있어야 한다. 이처럼, 디모데는 복음에 대한 이해력을 잃을 정도로 주의가 산만해져서는 안 되며, 생명을 다해 복음을 위한 삶을 살아야 한다. 또한, 바울의 다른 예들이 등장하는데, 경기하는 자들은 만약 법을 어긴다면 상을 얻지 못한다. 이들은 열심히 훈련하며 승리를 위하여 모든 노력을 기울여야 한다. 수고와 일에 대한 강조 역시 중요하게 설명되는데, 왜냐하면 집중적으로 노동하는 농부는 수고의 열매를 누리기 때문이다. 바울은 자신이 말한 내용에 대하여 디모데에게 생각하도록 요청한다. 바울의 요청은 디모데가 이 비유들을 묵상하고 얻은 교훈들이 삶 속에 깊이 스며들도록 하기 위함이다(2:7). 동시에 바울은 진정한 총명이 오직 주님에게서 온다고 진술한다. 여기에서 우리는 하나님의 주권과 인간의 책임을 발견하게 된다. 좀 더 이 둘의 관계를 살펴볼 수 있는데, 우리는 하나님께서 우리에게 주신 마음으로 반성하고 깊이 생각해야 한다. 만약 우리가 들은 내용을 이해하게 된다면, 마치 우리가 이 내용을 이해하려고 해서 이해한 것처럼 보이지만, 이것은 엄밀하게 하나님의 선물이다. 우리는 또한 이 둘의 관계를 잠언 2:1-5에서 발견하게 되는데, 이 구절들은 우리가 온 힘을 다하여 지혜를 구해야 하지만, 궁극적으로 주님께서 지혜를 주시는 분이심을 보여준다.

예수 그리스도를 부활하시고 다윗의 씨임을 기억하라는 명령은 바울의 복음에서 필수적이다(딤후 2:8). 바울은 여기에서 고난에 대한 답으로서 예수의 부활을 언급하며, 고난은 마지막 단어가 아님을 보여준다. 예수는 지금 다윗의 왕으로 통치하며, 따라서 고난은 영광으로 가는 길을 제공할 것이다. 또한, 바울은 비록 자신이 고난을 받고 사슬에 매여 있다고 할지라도, 하나님의 말씀, 즉 예수 그리스도의 복음이 매이거나 제한되지 않는다고 진술한다(2:9). 참으로 바울의 고난은 실제로 복음을 더 전파하는 역할을 하므로, 그는 하나님의 택하신 자들을 위하여 고난을 참고 있다. 왜냐하면 바울의 고난은 복음이 선포되는 수단이 되기 때문이다. 따라서 바울의 사역을 통하여 택한 자들은 구원을 누리고 종말론적인 영광을 약속받는다(2:10).

11-13절은 신뢰할 수 있는 "미쁜" 진술이다("미쁨"이라는 표현은 "신실함"과 같은 표현임-옮긴이). 신자들은 그리스도와 함께 죽었고, 그의 죽음은 이들의 것이며, 그의 생명은 이들의 생명이다. 그래서 신자들 역시 그와 함께 살 것이다. 구원은 은혜로 말미암은 것이지만, 그러나 그리스도와 함께 통치하며 다스리는 사람들은 그리스도와 함께 복을 누리기 위하여 끝까지 견뎌야 한다. 예수를 마지막까지 계속 부인하는 사람들은 마지막 종말에 예수에 의해 부

인될 것이다(마 10:33). 이 말은 단순하게 해석되어서는 안 된다. 왜냐하면 베드로는 그리스도를 부인했지만, 그가 회개했을 때 용서받았다(요 21장 참조). 그러므로 바울(그리고 예수)은 예수를 부인하고 돌아서지 않는 사람들이 마지막 날에 버림을 받을 것이라고 가르친다. 주목할 만하게, 디모데후서 2:13의 의미는 논쟁의 여지가 있다. 13절에서 바울은 "우리는 미쁨이 없을지라도 주는 항상 미쁘시니"라고 진술한다. "우리는 미쁨이 없다"라는 표현과 관련하여, 몇몇 학자들은 미쁨이 없는 사람을 예수를 부인하는 사람들과 같은 부류라고 생각한다. 이러한 이해를 기초로, 이 학자들에 의하면, 하나님의 미쁨은 하나님 자신이 믿음이 없는 자들을 거절하는 것에서 더욱 드러난다는 것이다. 왜냐하면 하나님은 자기를 부인하실 수 없기 때문이라는 것이다. 물론, 이러한 해석은 확실히 가능하고, 12절에 나타난 예수를 부인하는 것에 대한 진술과도 잘 맞는다. 하지만, "자기를 부인하실 수 없다"라는 표현은 다른 사실을 제시할 가능성이 더 커 보인다. 신자들의 삶에는 신실하지 못한 모습(faithlessness)이 존재한다. 이 신실하지 못한 모습은 엄밀하게 예수를 거절하는 것에 해당하지 않는다. 그러나 죄라고 볼 수 있다. 모든 신자가 어느 정도 경험하는 그러한 신실하지 못한다는 것 때문에, 하나님께서 이들을 버린다는 의미가 아니다. 하나님은 신실하신 분인데, 하나님이 자신을 부정할 수 없기 때문이고, 또한 하나님이 자신에게 속한 사람들에게 주신 약속을 부인할 수 없기 때문이다(빌 1:6). 나는 이 해석이 옳다고 생각하는데, 하나님의 신실함은 신자들을 끝까지 보존한다는 약속과 연결되어 있기 때문이다(고전 1:9; 10:13; 살전 5:24; 살후 3:3 참조). 우리는 누군가가 예수를 부인할 때와 누군가가 일시적으로 신실하지 못한 경우를 구별해야 한다.

거짓 교사들에 대한 적절한 반응(2:14-26)

이제 바울은 거짓 교사들에 의해 제기된 문제로 돌아간다. 신자들은 2:8-13에서 명시된 진리들에 대하여 정기적으로 상기해야 하며, 유익이 하나도 없고 망하게 하는 말다툼을 피해야 한다. 거짓 교사들은 망령되고 헛된 말을 조장했고, 그 열매는 훨씬 더 경건하지 않은 것이었다. 디모데와 신실하기를 원하는 모든 사람은 하나님이 인정하는 방식으로 자신들의 사역을 부지런히 행해야 한다. 만약 "진리의 말씀," 즉 복음이 신실하게 가르쳐진다면(2:15), 하나님께서 인정할 것이며 종말론적인 수치가 있지 않을 것이다. 거짓 가르침은 건강한 것을 먹어 치우고 삶을 썩게 만드는, 악성 종양처럼 퍼진다(2:17). 거짓 교사들은 자주 그 이름들이 언급되지 않지만, 후메내오와 빌레도가 여기에서 언급된다. 디모데전서 1:20에 언급된 동일 인물 후메내오가 여기에 있는 것 같고, 빌레도의 이름이 등장한 유일한 구절이기도 하다. 이 두 사람은 복음의 진리에서 벗어났고(딤후 2:18), 부활이 이미 지나갔다고 확언했다. 분명히 이들은 미래에 있을, 육체적인 부활을 믿지 않았다. 바울은 고린도전서 15:12-19에서 이러한 견해는 정통 가르침의 범위를 벗어난 것임을 분명히 한다. 불행하게도, 악성 종양 같은 가르침과 부활을 부정하는 것은 교인들에게 영향을 미치고 있었고, 몇몇 사람들의 믿음은 전복되었다.

몇몇 사람들의 믿음이 무너졌다는 모습은 심각한 질문을 일으킨다. 즉, 이 질문은 '과연 하나님에게 속한 사람들이 나중에 돌아서서 믿음을 버리고 구원을 버릴 수 있는지'에 대해서이다. 바울은 디모데후서 2:19에서 시작하여 이 문제에 답한다. 하나님의 집, 즉 하나님의 성전은 견고히 서며, 이것은 민수기 16:5의 인용인데, 이 구절에서 "여호와께서 자기에게 속한 자가 누구인지" 아신다는 것이 진술된다. 구약의 문맥이 중요한데, 왜냐하면 우리는 여기에서 아론과 모세의 리더십에 반역한 고라와 다단, 그리고 아비람의 이야기를 발견하기 때문이다. 민수기 16장에 나타난 설명은 누가 주님의 대변자들이었고 지도자들이었는지를 보여준다. 고라와 그의 무리들의 멸망은 이들이 주님에게 속하지 않았음을 증명한다. 여기에서도 바울의 요점은 비슷하다. 누가 주님에게 속하는지를 분별하는 것은 시간이 걸리지만, 그러나 고라와 그의 무리가 주님에게 진정으로 속하지 않았다는 것을 증명한 것처럼, 믿음을 포기한 사람들은 처음부터 하나님의 집에 속한 구성원이 아니었다.

진정으로 주님에게 속한 사람들이라면, 이들은 악에서 돌이킬 것이다. 여기에서 우리는 민수기 16:26-27의 내용을 통해 똑같은 교훈을 얻을 수 있다. 이스라엘 백성은 고라와 다단, 그리고 아비람과 그들의 가족들과 상종하지 않도록 지시를 받았다. 왜냐하면 이들은 주님을 거역하고 심판을 경험하기 바로 직전이었기 때문이다. 만약 이스라엘 백성이 이들과 함께 상종하고 가담한다면, 이 백성은 같은 운명에 처하게 될 것이다. 마찬가지로, 신자들은 후메내오와 빌레도와 상종하거나 이들의 가르침을 지지해서는 안 된다. 신자들은 이들의 악에서 단호하게 돌이켜야 한다.

디모데후서 2:20-21에 등장하는, 집에 있는 그릇에 대한 예는 하나님을 기쁘게 하는 방식으로 살아야 함을 더욱 강조한다. 집에는 은과 금으로 만든 귀중한 그릇도 있고, 일상적인 일을 위해 사용되는 나무와 흙으로 만든 그릇도 있다. 바울은 이 평범한 예를 디모데와 모든 독자에게 적용한다. 오직 귀하고 깨끗한 그릇들만 하나님의 집에 영원히 남을 것이다. 만일 신자들이 자신들을 악에 굴복하고 거짓 교사들의 말과 방식을 따른다면, 이 신자들은 집 안에서 사용되지 않을 것이다. 이 비유에서 바울의 요점은 진리 안에 끝까지 인내하는 것이 진정으로 주님에게 속한 사람인지 그 여부를 나타낸다는 것이다.

바로 앞 구절에서 강조되는 인내를 고려하면, 2:22의 훈계는 아주 적합하다. 왜냐하면 신자들은 "청년의 정욕"을 피해야 하고, "의와 믿음과 사랑과 화평을" 따라야 하기 때문이다. "주를 깨끗한 마음으로 부르는 자들"은 이러한 자질들을 나타냄으로써 순전함과 진정성을 보여야 한다. 공개적으로 그릇된 가르침을 논박해야 할 때가 분명히 있지만, 그러나 논쟁을 자제해야 할 때가 있다. 왜냐하면 논쟁은 누구에게도 도움이 되지 않은 끝없는 변론으로 이어질 수 있기 때문이다. 주의 종들인 자들은 다투지 않아야 한다(2:24). 이 종들은 논쟁을 일으키지 않으면서도 잘못된 것에 대하여 강하게 반대해야 한다. 이들은 온유하며 강해야 하며, 그릇된 자들의 잘못을 참을성 있게 지적해야 한다. 분노는 주의 일을 이루지 못하며, 소망은 그릇된 자들이 회복될 수 있다는 것이다(2:25-26). 하나님은 거역하는 자들의 저항과 잘못을 극복할 수 있고, 이들에게 복음의 진리의 지식으로 이끄는 "회개함"을 주셔서 개종으로 인도할 수 있다. 불신자들은 마귀의 올무에 사로잡히고 마귀의 뜻에 굴복하지만, 그러나 하나님은 은혜로 이들을 영적인 잠에서 깨울 수 있다. 그래서 하나님께서는 이들이 온유하고 단호하게, 그리고 타협하지 않고 진리의 길을 배우면서, 생명을 얻도록 하실 수 있다.

악한 사람들을 피하라(3:1-9)

3:1-9는 바울이 디모데에게 해로운 영향들에 대하여 경고한 마지막 경우이다. 신약성경에서 늘 그렇듯이, 마지막 날은 현재처럼 이해된다(행 2:17-18; 히 1:2; 요일 2:18). 따라서 바울은 자신의 시대에 이미 일어나고 있었던 것들을 이야기한다. 문제는 '경건하다고 주장하는 사람들'에 의해 발생했으며, 이들의 주장은 적어도 경건의 외적인 모양에 의해 뒷받침되었다(딤후 3:5). 그러나 더 깊이 들여다보면, 거짓 교사들이 위험했다는 것을 알게 된다(3:1-4). 이들이 추구하는 것은 실제로 자아도취(narcissism)와 자기 집착이었다. 바울은 이들의 진정한 본성을 자세히 설명하여 이들의 겉모습을 벗겨낸다. 이들은 하나님을 사랑하지 않았고 돈을 사랑하였다. 이들은 겸손하지 않고 오만

하며 교만하였다. 이들은 말로 욕설을 퍼붓고, 부모의 권위를 무시하며 끊임없이 불평하고 거룩함을 거부하며 타고난 관계들과 애정을 버리고, 용서하기를 거부하며 자제력이 부족하고 다른 사람들에게 사나우며 선한 것과 순결을 미워하고, 친구들을 버리며 쾌락을 자신들의 우상으로 만들었다. 바울은 이러한 것들을 피해야 한다고 말한다.

불행하게도 이 사람들의 결점들이 그들 자신에게만 국한되지 않는다는 것이다. 이들은 다른 사람들, 특히 "어리석은 여자"들에게 영향을 미쳤다(3:6). 물론, 바울은 모든 여자가 어리석다고 말하는 것이 아니다. 그는 거짓 교사들의 해로운 영향에 대한 한 가지 예를 제시한다. 분명히 이 교사들이 집을 방문했고, 여자들을 이용했는데, 이 여자들은 죄에 사로잡혀 있었고 악한 욕망에 휘둘리고 있었다. 이 여자들은 자신들이 배우고 있다고 생각했지만, 그러나 실제로 전혀 아무것도 배우고 있지 않았다(오늘날 많은 사람처럼!). 왜냐하면 이들이 받는 교육은 이들을 복음의 진리로 이끌지 않았기 때문이다(3:7). 여기에서 바울은 유대 전통에 의해 전해졌던, 모세에게 저항했던 "얀네와 얌브레"의 이름을 소환한다. 악명 높은 그들의 본을 따르면서, 바울 시대의 몇몇 거짓 교사들은 자신들의 마음이 부패하였고 믿음에 관하여는 버림 받았으며, 따라서 이들은 신자들이 아니었음을 보여주고 있었다(3:8). 9절은 해석하기 쉽지 않지만, 그러나 이 의미는 아마도 종말론적이다. 왜냐하면 거짓 교사들은 이 현재의 시대에서 다른 사람들을 속이는 데 상당히 "나아갈" 수 있었다. 결국, 마지막 날에 이 교사들은 모세를 대항했던 마술사들의 경우처럼, 어리석은 존재들로 드러나게 될 것이다.

바울과 성경을 따르라(3:10–17)

디모데는 3:1-9에서 묘사된 것들을 피해야 하고, 계속해서 바울을 따라야 하는데(3:10), 여기에는 바울의 가르침, 삶의 방식, 그의 목적, 믿음, 인내, 사랑, 견딤을 포함한다. 디모데는 바울이 비시디아 안디옥과 이고니온, 그리고 루스드라에서 1차 전도 여행을 하는 동안 경험했던 박해들에 대하여 목격했고 또한 들었다(행 13-14장). 그러나 주님은 바울을 모든 상황에서 보호하였다. 바울은 모든 신자가 박해받을 것이라고 확언한다(딤후 3:12). 오늘날 신자들은 세계 곳곳에서 박해받고 있다. 몇몇 사람들은 죽임을 당하고, 몇몇 사람들은 구타당하고, 몇몇 사람들은 언어폭력을 당하고, 몇몇 사람들은 직장을 잃는다. 물론, 박해의 수준은 다르다. 때때로, 언어적 거절일 수 있고(벧전 4:3-4), 다른 경우에는 신자들이 믿음 때문에 죽임을 당하기도 한다. 이 모든 것들은 악한 사람들과 속이는 자들이 악을 조장하는 상황에서 일어난다(딤후 3:13).

디모데는 자신이 가르침을 받았고 배웠고 확신한 일에 인내하며 거해야 한다(3:14). 그는 외조모 로이스와 어머니 유니게, 그리고 확실히 사도 바울을 포함하여 자신을 가르쳤던 사람들의 삶을 알았다(1:5). 이들의 경건한 삶과 이들이 기꺼이 고난에 직면하는 것을 보면서, 디모데는 진리 안에서 강하게 되어야 한다. 디모데는 어려서부터 성경을 알고 있었으며, 이 성경은 "그리스도 예수 안에서 믿음으로 말미암아" 구원에 이르게 하는 지혜를 준다(3:15). 바울은 계속해서 "모든 성경은 하나님의 감동으로 된 것"임을 말한다(3:16). 이 사상은 성경이 영감을 주고 있다는 것이 아니다. 대신에, 객관적으로 성경은 하나님의 말씀으로서 영감되었다는 것이다. 바울은 성경의 실제적인 혜택을 설명하는데, 성경은 가르침의 기초이며 사람들을 바로잡아 주며 의로 교육하기에 유익하다. 성경은 "하나님의 사람"을 갖추고 준비시키는데, 이 표현은 우리가 디모데전서 6:11-16에서 보았던 것처럼, 하나님의 종들과 교사들 지칭하는 구약의 일반적인 용어이다.

말씀을 전파하라(4:1–5)

바울은 방금 디모데에게 성경의 참됨과 유용성에 대하여 상기시키며, 그가 어려서부터 배웠던 것 안에서 계속 머물도록 권면했다. 성경은 진리이고 유익하기 때문에, "말씀을 전파"(4:2)하라는 권면은 자연스럽게 앞 단락(3:14-17)에 이어진다. 전파하라는 명령은 편지 수신자들의 구원과 온전함을 위해 중요하고, 또한 거짓 교사들의 속임수를 막는 데 필수적이다. 말씀을 선포하라는 요청은 엄청난 책임인데, 바울은 디모데에게 하나님과 그리스도 앞에서 말씀 전파의 책임에 대하여 엄숙한 명령을 한다. 전파하는 것은 그리스도가 마지막 날에 모든 사람의 심판자가 될 것이라는 인식과 함께 이루어져야 한다. 우리의 삶은 영원히 지속되지 않는다. 왜냐하면 예수가 다시 오실 것이며 자신의 왕국을 세울 것이기 때문이다.

말씀을 전파하는 사람들은 듣는 사람들이 우호적이든지 반대하든지 말씀을 선포할 준비가 되어 있어야 한다. 전파하는 것은 무엇을 포함하는가? 주목할 만하게, 인내와 가르침이 함께 동반되어야 한다. 변화는 항상 즉시 일어나지 않는다. 따라서 설교자들은 인내심 있게, 때를 얻든지 못 얻든지 가르치고 전해야 한다. 전파하는 것은 악을 경책하며 드러내는 것과 사람들이 어디에 서 있는지 파악하여 바로잡고 조정하는 것, 그리고 끊임없는 격려를 포함한다. 그러한 말씀 전파는 필수적이다. 왜냐하면 많은 사람은 건전한 가르침에 주의를 기울이지 않기 때문이다. 이들은 자신들이 듣기를 원하는 것을 말하는 교사들, 또한 자신들의 귀를 가렵게 해주는 교사들에게 끌린다(4:3). 복음의 진리에 주의를 기울이는 것 대신에, 그들은 허탄한 이야기에 빠져든다(4:4). 바울이 허탄한 이야기에서 의미하는 것은 정확하게 분명하지 않지만, 그러나 구원을 가져오는 복음과 대조되는 어떤 날조된 사상을 가리킬 것이다. 이 상황에서 디모데는 신중하고 침착해야 한다. 즉, 그는 고난을 받고 복음을 계속해서 전파하고, 하나님께서 맡겨주신 사역을 완수할 준비가 되어 있어야 한다.

본보기로서 바울(4:6-8)

바울의 삶은 다른 사람들을 위하여 자기 삶을 포기하는 것을 상징하기 위하여 땅에 부어지는 전제로 묘사된다(빌 2:17). 바울은 죽음의 시간이 가까웠다는 것을 인식한다. 그는 사역의 날이 끝나고 있다는 것을 알면서, 디모데에게 사역을 완수하도록 요청한다. 그는 후회가 아니라, 자신이 하나님의 은혜로 성취한 것에 대해 감사하는 마음으로 자기 삶을 되돌아본다. 그는 선한 싸움을 싸웠고, 달려갈 길을 마쳤다고 진술하는데, 이 진술은 그가 믿음을 지켰고 배교하지 않았다는 표현이다. 여기에 묘사된 이미지는 기독교인의 삶이 쉽지 않다는 것을 증명한다. 이 이미지는 힘든 싸움이나 경쟁, 그리고 피곤한 경주에 비유된다. 그런데도, 의의 면류관이 바울을 기다리기 때문에 모든 노력은 가치가 있다. 하나님은 의로우시며, 사람들의 행위대로 갚아주시고, 그에게 "의의 면류관," 즉 영원한 생명을 주실 것인데, 이 면류관은 바울뿐만 아니라 "주의 나타나심"을 사모하는 모든 자에게 주어질 것이다.

맺음말 인사(4:9-22)

디모데후서의 맺음말에 나타난 표현들은 특히 우리의 가슴을 뭉클하게 한다. 왜냐하면 이 표현들은 바울에 의해 기록된 마지막 말들이기 때문이다. 바울은 감옥에 갇힌 채, 네로 황제의 최종 판결을 기다리고 있었으며, 그는 자신에게 불리한 판결이 내려질 것을 예상했다. 그는 디모데에게 가능한 한 빨리 오도록 요청한다(4:9). 데마(골 4:14; 몬 24를 보라)는 바울을 버렸는데, 다른 이유가 아니라, 그가 "이 세상을 사랑했기" 때문이다(딤후 4:10). 데마의 배신은 아마도 배교를 나타낸다. 그레스게(여기에만 언급됨)는 갈라디아로, 디도(바울에 의해 자주 언급됨: 고후 2:13; 7:6, 13, 14; 8:6, 16, 23; 12:18; 갈 2:1, 3; 딛 1:4)는 달마디아(오늘날 남부 크로아티아)로 아마도 사역의 이유 때문에 여행했을 것이다. 바울의 신실한 친구이자 바울과 함께 많은 여행을 함께 했던 누가는 바울이 가장 어려운 상황에 있을 때 함께 머물렀다. 우리는 또한 바울이 마가 요한을 유익한 사람으로 칭찬한다. 즉, 바울이 한때 신실하지 않다고 거부한 바로 그 요한이 자기 삶이 끝나갈 무렵 소중한 친구였다고 언급한다(행 13:13; 15:37-39; 골 4:10; 몬 24). 흥미롭게도, 마가와 누가는 같은 구절에서 언급되고 있으며, 두 번째 복음서와 세 번째 복음서는 전통적으로 이 둘이 기록하였음을 보게 된다(딤후 4:11).

바울은 두기고를 에베소에 보냈다. 아마도 거의 확실하게 사역 때문이었던 것 같다. 바울에게 있어서, 두기고는 신뢰할 수 있는 동역자였음이 분명하다. 아쉽게도, 비록 이 사람이 여러 번 언급되었다고 할지라도, 우리는 그에 대하여 많이 알지 못한다(4:12; 또한, 행 20:4; 엡 6:21; 골 4:7; 딛 3:12를 보라). 바울은 디모데의 방문을 언급하는데, 디모데가 올 때 겉옷과 가죽 종이를 가져오도록 요청한다. 겉옷은 거의 확실히 감옥에서 추운 겨울 동안 따뜻함을 위하여 필요했는데, 그가 디모데에게 겨울 이전에 오도록 재촉한 그 이유를 설명한다(4:21). 우리는 가죽 종이의 내용을 모른다. 그러나 이 가죽 종이는 아마도 바울이 교화(edification)와 격려를 위해 읽었을 성경 본문을 포함했을 것이다.

아마도 알렉산더는 바울에 대하여 부정적으로 증언하였고, 이로 인해 그가 감옥에 가도록 함으로써 해를 입혔던 것 같다. 아쉽게도, 우리는 그가 어떻게 바울을 반대했는지 확실히 모른다(딤후 4:14). 물론, 알렉산더가 바울의 가르침을 문제로 삼았던 분명한 언급이 있긴 하다(4:15). 여기에 언급된 사람은 디모데전서 1:20에 등장하는 사탄에게 넘겨진 바로 똑같은 알렉산더이다. 몇몇 학자들은 에베소에서 폭동이 일어나는 동안(행 19:33-34), 바울과 그의 동료들을 반대하였던 유대인들을 변호하기를 원했던 바로 그 유대인 알렉산더일 수 있다고 생각하기도 한다. 바울은 최후 심판이 오고 있음과 알렉산더가 그 행한 대로 보응을 받을 것임을 인식한다. 행위에 따른 심판은 구약성경의 공통된 주제이며(욥 34:11; 시 28:4; 62:12; 잠 24:12; 렘 17:10; 25:14; 32:19; 51:24; 겔 33:20), 바울서신의 여러 본문 안에서 가르쳐진다(롬 2:6; 고후 5:10; 11:15). 바울은 또한 디모데에 대한 알렉산더의 반대에 대해서도 염려하고, 디모데에게 알렉산더를 주의하도록 경고한다. 왜냐하면 알렉산더는 디모데에 반대하여 음모를 꾸밀 수 있기 때문이다(딤후 4:15).

바울은 위에서 언급된 것처럼, 알렉산더의 기소로 인하여 촉발된 자신의 재판으로 돌아간다. 분명히 바울은 첫 번째 변론을 가졌을 것이다. 바울은 "나와 함께 한 자가 하나도 없다"라고 말하면서, 자신의 법적 변호를 염두에 두고 있었던 것 같다. 어쨌든, 그는 모든 사람에 의해 버림을 받았던 것 같다. 왜냐하면 명예와 수치의 문화에서 죄수들과 동일시하는 것은 그 죄수와 같은 운명에 노출될 수 있기 때문이다. 그러나 바울은 예수(눅 23:34)와 스데반(행 7:60)처럼, 자기에게 등을 돌리는 자들을 대적하지 않고, 그들에게 허물을 돌리지 않기를 기도했다. 비록 친구들은 바울 자신을 버렸다고 할지라도, 주님은 버리지 않았고, 그가 선포한 복음을 완전하고 자유롭게 선포할 힘과 용기를 그에게 주셨다. 이방인들이 말씀을 들을 것이라는 목표와 바울이 왕들(네로 황제를 포함해서) 앞에서 선포할 것이라는(행 9:15) 목표는 성취되었다. 바울이 사자의 입에서 구출되었다는 것은 네로가 즉시 그를 죽이지 않았다는 것을 의미할 수 있지만(딤후 4:17), 그러나 사자는 여기에서 사탄을 나타낼 가능성이 더 크다(벧전 5:8 참조). 사탄은 네로 뒤에 서 있었다. 바울이 구원을 받았다는 것은 그가 목숨을 건졌다는 것이 아니라, 그가 압박감에 시달리면서도 배교하지 않고 주님을 부인하지 않았다는 것을 의미하였다. 4:17의 내용은 4:18에서 더 의미가 있는데, 이 구절에서 바울은 주님께서 바울 자신을 모든 악한 일에서 건져 내시고 "천국"에 들어가시도록 구원하실 것이라고 확언한다. 바울은 죽음을 피할 생각을 하지 않았지만, 그러나 그는 네로 황제가 자신을 죽이도록 선고하더라도 그리스도를 부인하지 않을 것이라고 확신하였다. 바울은 배교로부터 보호되고 영원히 구원받게 될 것이다. 그리스도가 바울의 믿음을 보존할 것이기 때문에, 모든 영광은 그리스도에게 영원히 돌아간다.

이 편지는 몇 사람의 인사말과 소식, 그리고 요청과 은혜 축도로 끝난다(4:19-22). 분명히 바울이 사랑하는 브리스가와 아굴라는 에베소로 돌아왔다(행 18:2, 18, 26; 롬 16:3-5; 고전 16:19 참조). 이 편지 앞부분에서 칭찬받았던(딤후 1:15-18), 오네시보로의 집에 대한 언급은 오네시보로가 더 이상 살아 있지 않다는 것을 나타낼 수 있지만, 그러나 이러한 추론은 불확실하다. 바울은 에라스도를 고린도에 남겨두었는데, 우리는 사도행전 19:22과 로마서 16:23에 언급된 에라스도와 같은 사람인지 아닌지 확실히 모른다. 아마도 그는 사역하기 위하여 고린도에 남겨졌던 것 같다. 바울은 드로비모(행 20:4; 21:29)가 "병들어서 밀레도에" 남겨 두었는데(딤후 4:20), 이는 바울이 모든 사람을 고칠 수 없었고 고치지 않았다는 것을 보여준다. 여기에서 드로비모가 자신의 죄 때문에 병들었다는 암시는 전혀 없다. 디모데에게 겨울이 오기 이전에 오도록 권한 이후, 우리는 로마에 있는 동료 신자들로부터 인사를 발견하는데, 으불로와 부데와 리노와 글라우디아는 구체적으로 언급된다. 물론, 우리는 이들에 대한 다른 사항들은 모른다(4:21). 바울은 주님께서 디모데와 계속 함께 하시고, "은혜가 교회 전체에 함께 하시기를 기도하며, 이 마지막 편지를 마무리한다(4:22). 여기에서 "너희"라는 표현은 헬라어로 복수 형태인데 이것은 이 편지가 디모데만을 위한 것이 아님을 보여준다.

목회 서신들(디모데전서, 디모데후서, 디도서)의 참고문헌은 디도서 이후에 제시된다.

13. 디도서

서론

디모데전서의 서론에서 언급된 것처럼, 많은 학자들은 바울이 디도서를 기록했다는 주장을 거절한다. 그러나 나는 그 서론에서 오늘날 많은 학자들이 '이 편지가 정말로 바울이 기록한 것'으로 주장한다는 것을 확인했다. 나 역시 바울이 디도서의 저자라고 믿는다. 바울은 아마도 AD 62년에 로마의 첫 번째 투옥에서 풀려난 후 디도서를 기록했을 것이다. 분명히 디도와 바울은 함께 그레데에 여행을 갔고, 아마도 이때 처음으로 그레데에 교회들이 세워졌을 것이다(딛 1:5). 방금 언급된 바와 같이, 디도서는 바울이 지중해의 큰 섬이었던 그레데에 있는 디도에게 쓴 편지이다. 바울은 일들을 바로잡기 위하여 디도를 그레데에 남겨두었고, 겨울이 오기 전에 디도가 니고볼리에 있는 자신에게 합류할 수 있기를 바랐다(3:12).

디도는 바울의 신뢰받는 동역자였다. 그는 처음 갈라디아에 등장하는데, 여기에서 그는 바울과 바나바와 함께 예루살렘으로 여행했고, 그는 의도적이든 의도적이지 않든, 할례가 구원을 위해 필수적인지 아닌지 그 여부를 위하여 이방인으로서 시험 사례가 되었다(갈 2:1-5). 물론 바울은 그 싸움에서 이겼고, 복음의 진리를 보존했다. 고린도후서에서 증명하는 것처럼, 디도는 고린도에서 특히 중요한 역할을 했다. 바울이 눈물의 편지(severe letter)를 고린도 교회에 보낸 이후, 그는 교인들의 반응을 알아내기 위하여 디도를 파송했다. 우리는 그렇게 민감하고 어려운 사명으로 디도를 보냄으로써, 디도에 대하여 바울이 얼마나 신뢰하고 있는지를 보게 된다(고후 2:13; 7:6, 13-14). 바울은 디도가 고린도 교인들이 회개하고 자신들이 지은 죄에 대하여 슬퍼한다는 소식을 가져왔기 때문에 기쁨으로 넘쳤다. 바울은 또한 고린도 교인들에게 예루살렘에 있는 가난한 사람들을 위한 헌금을 하도록 격려하기 위하여 디도를 보냈고(고후 8:6, 16, 23), 그는 디도가 정직했기 때문에, 전적으로 신뢰를 했다. 디도에 대한 마지막 언급은 디모데후서 4:10인데, 이 구절에서 바울은 로마에서 죽기 직전 디도를 달마디아로 보냈고, 디도는 바울의 삶이 끝날 때까지 신실한 동역자이자 친구로 남아있었음을 보여준다.

개요	
복음을 지키기 위하여 장로들을 임명하라	1:1-16
경건한 삶으로 구원을 돋보이게 하라	2:1-15
긍휼을 받았던 자녀들로서 살아라	3:1-15

인사말(1:1-4)

디도서의 서두와 인사말은 바울의 다른 서신들과 비교했을 때, 상당히 긴 편에 속한다. 엄밀하게, 로마서와 갈라디아서만이 디도서보다 더 긴 서두 부분을 가진다. 바울은 자기 자신을 종과 사도로서 밝히는데, 주목할 만하게 로마서 역시 이 두 명칭이 등장한다(롬 1:1). 그리스도의 사도로서 권위를 가지고, 디도는 그리스도를 섬기는 사명을 받는다. 바울의 사역은 택함을 받은 자들 안에서 "믿음"을 조성하고 이들을 구원하는 진리의 지식에 이르게 하는 것이었다. 중요하게도, 이 '진리의 지식'의 결과는 경건이었다. 이 편지의 중심 주제들이 여기에서 감지되는데, 디도는 그레데 섬 안에 경건에 이르는 믿음과 진리가 보존되게 하도록 남겨졌기 때문이다. 이 편지에서 바울은 특히 진정한 회심은 변화된 삶으로 인도하고 믿음은 선한 행위를 일으킨다고 강조한다.

바울이 선포한 진리인, 복음은 소망을 가져오고(딛 1:2), 이 소망은 "영생"과 같은 것으로 취급된다. 미래가 불확실하고 죽음이 다가오는 세상에서 영생의 약속은 경건의 삶을 위한 닻이다. 이 영생에 대한 약속이 너무 엄청나고 좋아서 믿어지지 않을 정도인데, 바울은 하나님께서는 "거짓이 없으시다고" 확언함으로써 확신을 준다. 즉, 하나님의 진실하심은 구약성경에서도 선언된다(민 23:19; 삼상 15:29). 하나님께서는 시간이 존재하기 이전, 행하기로 작정한 것을 반드시 성취할 것이다.

목회 서신들에 나타난 중심 주제 중 하나는 하나님은 "우리 구주"(딛 1:3)라는 것이다. 영생의 소망은 하나님께서 구원하시는 일에 달려 있다. 우리는 3절에서 바울이 사도로 위임되었고 다메섹 도상에서 하나님께서 구원하시는 일을 선포하는 사명을 받았는데, 이 일은 구원의 역사 안에서 특정한 시기에 계시된 것이다. 참으로 바울이 예고한 구원의 일은 예수 그리스도의 사역과 죽음, 그리고 부활 안에서 하나님에 의해 계시되었다. 바울은 그레데에 있는 교인들이 예수 그리스도 안에 있는 소망과 약속, 그리고 구원을 알고 이 소망에 따라 살기를 원했다. 디도는 바울의 "참 아들"이었는데, 이 표현은 아마도 그가 바울에 의해 개종되었다는 것을 의미할 것이다(1:4). 이 교인들은 "같은 믿음"을 공유했고, 이 "믿음"은 바울이 그레데에서 번성하기를 갈망했던 것이었다. 복음은 하나님의 주도로 건강하게 자라므로 바울은 하나님 아버지와 그리스도 예수로부터 은혜와 평강을 간구한다. 의미심장하게도, 바울은 그리스도 예수가 "우리 구주"라는 사실을 추가하며, 디도와 독자들에게 구원과 영생이 오직 그리스도를 통해서만 보장된다는 사실을 깨닫게 한다.

장로들을 임명하라(1:5-9)

디도는 여러 장소에서 잘 섬길 수 있었지만, 현재 그는 그레데에서 미완성의 일을 바로잡고 마무리해야 했다. 훨씬 더 구체적으로, 이 임무는 만약 그가 "각 성에 장로들을" 세운다면(1:5), 완료되는 것이다. 아마도 성읍마다 하나의 교회가 있었을 것이다. 그래서 우리는 모든 교회 안에 다수의 장로, 즉 다수의 교회 지도자들이 있었다는 증거를 보게 된다. 그레데에는 약 20여 개의 성읍이 있었다. 우리는 이 모든 성읍에 교회가 세워졌는지는 모르지만, 이 본문은 적어도 여러 성읍 중 몇몇 성읍에는 교회가 있었음을 보여준다. 우리는 사도행전 14:23에서 다수의 장로를 임명하는 것을 발견하게 되는데, 장로를 임명하는 것은 1차 전도 여행 때부터 바울의 관례였다는 것을 알 수 있다. 회중의 지도자들로서 장로들은 올바른 생각과 생활 안에서 회중들을 인도해야 한다.

우리는 디모데전서 3:1-7에서 읽은 것처럼, 장로들이 섬길 때 필요한 가장 중요한 자질은 이들에게 "책망할 것이 없어야" 한다는 것이다. 이것은 이들이 죄가 없다는 것을 의미하지 않는데, 만약 그렇다면 그 누구도 섬길 수 없기 때문이다. 책망할 것이 없다는 것은 임명된 사람들이 경건한 삶을 살고, 이들을 지배하는 노골적이고 숨은 죄가 없다는 것을 의미한다. 6절에서부터 등장하는 목록은 대표적이지, 이 목록에 나와 있는 것이 전부라는 것은 아니다. 디도서 목록의 내용은 디도가 바울의 오랜 친구이자 동역자였기 때문에, 무엇이 중요한 자질인지 충분히 알고 있었던 것들이다. 각 자질을 면밀하게 살펴보면서 그 의미를 파악하는 것은 아주 중요하다. 우리가 지나치게 문자적이고 융통성이 없이 이해할 때 저지를 수 있는 실수는 "한 아내의 남편"(딛 1:6)이라는 자질이다. 이 표현은 사람이 결혼해야 한다는 것을 의미하지 않는다. 왜냐하면 만약 결혼해야 하는 것으로 이해된다면, 바울과 예수와 같은 사람들은 배제될 수 있고, 고린도전서 7장에서 사역을 위하여 독신으로 남도록 한 바울의 조언은 상당히 이상하게 될 것이기 때문이다. 일부다처제 또한 바울의 중심적인 관심이 아니다(비록 포함된다고 할지라도 드문 경우이다). 우리는 디모데전서 3:2에 나타난 "한 아내의 남편"이라는 표현을 디모데전서 5:9에서도 발견하는데, 이 표현은 일부다처제에 대한 초점이 아니라는 것을 보았다. 또한, 이혼이나 재혼을 했다고 해서, 누군가가 장로가 되는 것을 막지 않는다. 문제는 한 남자가 결혼 생활에 충실한 이력을 가졌는지, 그가 결혼 생활에 대하여 교회와 더 넓은 지역 사회에서 존경받고 명예로운지 그 여부이다.

"믿는 자녀"(딛 1:6)를 갖는다는 것은 믿는다고 공언한 자녀들을 의미할 수 있지만, 그러나 만약 그렇다면, 이 자녀들이 더 어리고 집 안에 있을 때와 관련될 것이다(아마도 바울 시대에는 12세 이하). 만약 그러한 어린 나이의 자녀들이 부모와 다른 견해를 가졌다면, 그것은 걱정거리가 되었을 것이다. 어쨌든, 요점은 아이들이 믿는 자녀라고 했을 때, "믿는"이라는 표현은 바로 앞에 표현된 것처럼, 방탕하거나 불순종하는 일이 없는 자녀를 가리킨다. 확실히, 바울은 장로들이 마치 부모의 명령에 따라 행진하고 규율을 엄격히 준수하는 작은 병정들처럼, 완벽한 자녀들을 가져야 한다는 것을 말하는 것이 아니다. 그의 요점은 장로들의 자녀들이라면, 일반적으로 품행이 좋아야 한다는 것이다. 즉, 이 자녀들은 교회 안에서 문제만 일으키고 말썽만 피우는 "골칫덩어리"여서는 안 된다는 것이다.

바울은 "장로들"(1:5)에서 "감독"들(1:7)로 용어를 바꾸는데, 장로와 감독의 직분은 구별되지 않는다. 이 둘은 같은 직분을 가리킨다(행 20:17, 28을 보라). "장로"라는 표현은 이 직분에 속한 위엄과 존경을, "감독"이라는 표현은 이 직분이 요구하는 기능과 책임을 가리킨다. 복수에서 단수 형태로의 전환은 총칭적이며(generic, 비록 단수이지만 복수를 암시-옮긴이), 교회 안에 오직 한 명의 감독자가 있다는 것으로 해석되어서는 안 된다. 우리는 디모데전서 3:1에서 "감독"이라는 표현이 총칭적인 차원에서 단수 형태로 나타난다는 것을 보게 되지만, 디모데전서 5:17에서 "장로들"이라는 복수 용어로 전환하기도 한다.

성품과 관련해서 다른 자질들은 다시 말하지만, 이 목록이 모든 자질을 말하는 것이 아니고 대표적인 것들이며, '책망할 것이 없는 것'이 의미하는 바를 알려준다고 이해해야 한다. 제 고집대로 하는 교만, 급히 분 내는 것, 술 취함, 깡패처럼 을박지르고 구타하는 것, 더러운 이득을 탐하는 것, 이러한 것들을 가진 사람들은 감독이 될 수 없음을 분명히 한다(딛 1:7). 바울은 몇 가지 긍정적인 자질들을 언급하기도 한다(1:8). 감독들은 사람들을 대접하고 따뜻하게 환영해야 한다. 또한, 지도자들은 선행을 좋아하고 신중하고 의로우며 거룩하며 절제해야 한다. 이러한 자질들은 당연하게 보이지만, 그러나 이러한 꾸준하고 안정적인 지도자들을 갖는 교회들에는 매우 고마운 일이다.

성품은 장로들/감독들에게 타협할 수 없는 요소이다. 또한, 이들은 가르치는 은사도 있어야 한다(딤전 3:2; 5:17 참조). 이들이 가르치기 전, 이들은 "바른 교훈"(1:9), 즉 복음을 알아야 하고 굳게 붙잡아야 한다. 바른 교훈을 알고 있고 붙잡고 있는 감독자들은 건강하게 세워 주는 그 가르침으로 회중을 격려하고 강화해야 한다. 그러나 그레데 상황의 경우, 이들은 이 가르침을 세워야 할 뿐만 아니라, 책망하여 잘못을 없애야 함을 보여준다. 감독들은 또한 거짓 교리를 주장하는 사람들의 잘못을 참을성 있고, 온화하게, 그리고 확고하게 보여줄 능력을 갖춰야 한다.

불순종하는 자를 조용하게 만들라(1:10-16)

디도가 그레데에서 남은 일을 정리하고 좋은 성품을 가지고 건전한 가르침을 가진 장로들/감독들을 임명해야 하는 이유는 불순종하고 속이며, '영생을 주는 소망에서 떠나고 있는' 많은 사람이 있기 때문이다. 분명히, 이들은 유대인이었을 것이다. 왜냐하면 이들은 "할례파"에서 왔기 때문이다(1:10). 이들이 할례파에 속한다고 해서, 이들이 할례를 옹호했다는 의미는 아니며, 실제로 어쩌면 그렇지 않았을 수도 있다. 우리는 14절에서 이 대적자들이 디모데전서에 등장하는 반대자들과 상당히 유사하게 보인다는 것을 알게 된다(딤전 1:4). 이들은 "유대인의 허탄한 이야기"를 주장하고, 진리를 배반하는 사람들의 "명령"을 시행했다(딛 1:14). 우리는 이들이 가르쳤던 것을 정확히 알 수 없지만, 그러나 "아무 것도 깨끗한 것이 없다"라고 말하는 것은 디모데전서 4:3에서 거짓 교사들이 "혼인을 금하고" 어떤 음식물은 먹지 말라고 했던 모습을 상기시킨다. 여기 디도서에서 거짓 교사들은 자신들의 견해를 전파하기 위하여 유대인들의 허탄한 이야기들과 다른 공허한 이야기들을 활용하여 깨끗하지 않은 것에 관하여 비슷하게 가르치고 있었다. 이들의 잘못된 신학은 자신들의 삶에 뿌리를 두고 있었다. 왜냐하면 이들은 불신자들이었고 이들의 마음과 양심이 "더러웠기" 때문이다(딛 1:15). 깨끗한 자들은 "모든 것이 깨끗하다"라고 인식했지만, 그러나 이 거짓 교사들은 그러한 깨끗함이 부족했고, 따라서 이들의 삶과 가르침이 비뚤어져 있었다.

우리는 이 교사들이 선행에 전념했을 것으로 생각할 수 있지만, 그러나 바울은 이들이 재정적 이득에 의해 동기가 부여되었다고 말한다(1:11). 이들은 하나님을 안다고 공언했지만, 그러나 이들의 악한 행동과 삶은 이들의 주장과 모순되었다(1:16). 이들은 "가증한 자요 복종하지 아니하는 자요 모든 선한 일을 버리는 자"였다. 디도는 이들의 입을 막아야 하고, 앞으로 임명될 장로들이 그렇게 해야 한다(1:11). 이 교사들은 아마도 가정 교회들을 언급하고 있는 "가정들"을 온통 무너뜨리고 있었다(롬 16:5; 고전 16:19; 골 4:15; 딤전 3:15; 몬 2 참조). 바울은 그레데 교인들이 이 거짓 교사들의 말을 잘 듣게 될까 염려하면서, 그가 선지자로 밝힌 한 저자의 말을 인용한다(딛 1:12). 바울은 아마도 여기에서 말해진 것이 그저 사실일 것이라고 말하고 있으며, 이에 대한 출처가 그렇게 중요하지 않다고 할지라도, 대부분 학자는 이 말이 그레데의 에피메니데스(BC 6세기)에서 유래되었다고 생각한다.

12절의 말은 문화적인 모욕에 민감한, 오늘날 사람들의 귀에 거슬리는 말이다. 흥미롭게도, 이 진술은 문장 안에서 이미 모순을 포함하고 있다고 지적되어왔다. 그레데 사람이 이 진술을 썼기 때문에, 이 말은 거짓말임에 틀림이 없다는 것이다. 왜냐하면 "그레데인들은 항상 거짓말쟁이"이기 때문이다. 이처럼 "항상"이라는 표현을 문자적으로 읽는다면 큰 오류에 빠질 수 있으며, 이렇게 비평하는 사람은 시를 읽는 방법을 전혀 모른다는 것을 보여준다. 모든 문화는 강점들과 약점들을 가진다. 어떤 문화 안에 있는 사람들은 하나님의 뜻에 반대되는 특정한 거동 특성들(behavior characteristics)을 찬양할 수 있다. 분명히, 거짓말과 게으름, 그리고 악함은 그레데 안에서 조장되었다. 이러한 특징들은 인간의 역사 안에서 그레데 사람들에게만 제한되지 않는다. 바울은 그러한 패턴들이 고쳐질 수 없는 것으로 믿지 않는다. 왜냐하면 디도는 그레데 교인들을 "날카롭게" 책망하여, 이들의 믿음에 대한 이해가 견고하고 안정되도록 할 것이기 때문이다(1:13-14).

모든 사람을 위한 바른 교훈(2:1-10)

바른 교훈은 건강한 삶으로 인도하는데, 바른 교훈이 의미하는 것은 늙은 남자(2:2), 늙은 여자와 젊은 여자(2:3-5), 젊은 남자(2:6), 디도(2:7-8), 종들(2:9-10)을 위해 설명되는 것들이다. 할례파에 속한 사람들은 자신들의 악으로 하나님을 기쁘게 하지 못하지만, 바른 교리는 바른 삶과 일치한다. 늙은 남자들(여기에서 장로의 직분을 지칭하는 것이 아님)은 절제하며 경건하며 신중해야 한다. 바울은 오늘날 평범한(bourgeois) 가치라고 불리는 것을 드러내고 있으며, 이 덕들은 여기에서 답답하고 지나치게 틀에 박힌 것으로 해석되지 않는다. 그는 늙은 남자에 적합한 감성과 품위를 가리킨다. 동시에 늙은 남자들은 하나님에 대한 믿음과 사랑, 그리고 인내함 안에서 확고함을 보여야 한다.

그런 다음, 바울은 늙은 여자들과 젊은 여자들에게 방향을 전환한다(2:3-5). 늙은 여자들은 또한 경건한 삶의 방식으로 살아야 하고, 모함하지 말며 술이나 그 밖의 다른 물질에 중독되지 않아야 한다. 늙은 여자들은 젊은 여자들을 가르칠 특별한 책임을 지고 있는데, 이들은 더 젊은 여자들이 남편들과 자녀들을 사랑하도록 촉구해야 한다. 이 지시들은 진부하게 들리는지 모르지만, 그러나 그러한 사랑이 실제로 실현되면, 그 결과는 엄청날 것이다. 더 젊은 여자들은 분별력이 있어야 하고, 몸과 영혼이 순전하며 집안일을 잘하며 남편에게 복종해야 한다. 우리는 이러한 복종이 아내의 성품을 부정하는 것을 의미하지 않는다는 것을 다른 본문에서 이미 보았다. 확실하게, 만약 남편이 아내가 죄를 짓고 그녀의 양심을 어기길 원한다면, 또한 만약 그 남편이 아내를 학대한다면, 아내는 절대로 복종해서는 안 된다. 아내들은 하나님을 기쁘게 하는 방식으로 살 때, 복음은 더 확증될 것이다.

다소 놀랍게도, 단 한 구절이 젊은 남자들에게 주어지는데(2:6), 아마도 이들이 신중해야 한다는 권면은 이들이 들어야 하는 모든 것을 요약했을 것이다. 바울은 2:7-8에서 젊은 디도에게 전환한다. 디도는 선한 일의 본이 되는 삶을 살아야 하고, 그의 가르침은 흠잡을 데가 없어야 한다.

다른 본문에서, 우리는 종들에게 주어진 지시들에 대하여 논의했다(고전 7:21-23; 엡 6:5-9; 골 3:22-4:1; 딤전 6:1-2; 빌레몬서 참조). 여기에서 종들은 주인들에게 복종하고 잘 섬기고 이 주인들에게 거슬러 말하지 않도록 하는 권면을 받는다(딛 2:9-10). 종들은 도둑질하는 죄가 없어야 하고, 모든 참된 신실성을 나타내야 하는데, 이렇게 함으로써, 이들은 "범사에 우리 구주 하나님의 교훈을 빛나게" 할 것이다.

하나님의 은혜의 능력(2:11–15)

다양한 삶의 처지에서 다양한 사람들을 위하여 그려졌던 새 삶의 기초(2:1-10)가 이제 설명된다(2:11-15). 바울은 단순히 사람들에게 새로운 방식으로 살도록 훈계하지 않는다. 새로운 삶의 방식은 하나님의 은혜에 근거를 두고 있으며, 하나님의 은혜가 "나타나" 모든 사람, 즉 유대인들과 이방인들에게 구원을 주신다. 하나님의 은혜는 특히 예수 그리스도의 사역과 죽음, 그리고 부활안에서 나타났다. 인간은 아담의 아들들과 딸들로서 새로운 삶을 살 능력을 갖추고 있지 않다. 하나님의 은혜는 신자들이 경건하지 않은 것과 "이 세상 정욕"을 거절할 정도로 강화되도록 이들을 가르치고 능력을 부여한다(2:12). 악에 의해 파괴된 시대인 "이 세상"에서, 은혜는 신자들이 신중하고 의로우며 경건하게 살도록 이들을 강하게 한다. 하지만, 이 세상은 완전하지 않고, 기독교인들 역시 완전하지 않다. 이들은 "우리의 크신 하나님 구주"이신 예수 그리스도가 영광스럽게 나타날, "복스러운 소망"(2:13)인 최종적인 완성을 기다린다. "우리의 크신 하나님 구주"라는 진술에 나타난 문법은 예수 그리스도가 하나님이라는 사실을 증명한다. 우리는 그랜빌 샤프(Granville Sharp, 기독론적 구문의 특징적 현상-옮긴이) 법칙이라는 현상을 보게 되는데, 이 이름은 이 법칙을 처음 주장했던 사람의 이름이다. 고유 명사들이 아닌, 두 개의 단수 인칭 명사들이 있고, 이 두 개의 명사가 "~와/~과"(and)라는 단어로 연결되며 하나의 관사가 이 명사들 앞에 있을 때, 이 두 명사는 동일한 개체를 의미한다. 우리는 13절에서 이 구문을 가지며, 따라서 예수 그리스도는 하나님과 구주와 동일시된다는 것이 분명하다. 물론, 예수는 참 인간이셨지만, 우리는 오직 하나님만이 우리를 죄에서 구원하실 수 있음을 상기하게 된다.

오직 하나님만이 우리를 죄에서 구원하신다는 것은 다음 구절에 제시된다(2:14). 예수 그리스도는 우리를 위하여 자신의 생명을 버리셨다. 그는 우리가 죽었어야 하는 그 죽음을 죽으셨다. 그는 우리를 해방하셨고, 우리의 삶을 지배하는 반역과 이기적인 의지에서 신자들을 자유롭게 하셨으며 모든 죄에서 이들을 깨끗하게 하셨으므로 이들은 그의 특별한 소유가 된다. 주님이 사랑하고 구속한 사람들로서, 신자들은 하나님의 은총을 받기 위해서가 아니라 모든 죄로부터 자유롭게 해 주신 것에 대해 감사함으로 "선한 일을 열심히" 해야 한다. 디도의 역할은 이러한 진리 안에서 모든 사람을 가르치고 격려해야 한다(2:15). 바울은 디도가 그러한 방식으로 인도하기 위하여 권위를 행사하도록 위임한다.

구원받은 자들로서 새 삶을 살라(3:1-8)

신자들의 새 생명은 하나님의 은혜에 뿌리를 두고 있다고 바울은 계속해서 강조한다. 우리는 무미건조한 도덕주의를 가지고 있지 않다. 왜냐하면 이 권면들은 하나님의 놀라운 은혜에 근거를 두고 있기 때문이다. 바울은 그레데 교인들에게 통치자들과 권세 잡은 자들에게 복종하고 따르도록 가르침으로써 시작한다(3:1). 우리는 비슷한 권고를 로마서 13:1-7에서 더 자세히 볼 수 있다(또한, 벧전 2:13-17 참조). 인간은 권위에 저항하고 반대하는 경향이 있다. 물론 여기에서 명령받은 것에 대한 예외들이 있다. 그러나 이 훈계는 일반적인 경우에, 초점을 맞추고 있다. 하나님의 은혜는 우리를 변화시켜, 신자들이 "모든 선한 일 행하기를 준비하도록" 한다(딛 3:1). 다른 사람을 비방하며 말로 욕하고 다투며 싸우는 것은 인간적인 것들이지만, 온유하고 겸손한 것은 하나님의 것이다(3:2). 이것은 다른 사람들을 두려워하여 아첨하는 나약한 겁쟁이가 되도록 하는 조언이 아니다. 그러한 온유함과 겸손은 다른 사람들을 위하여 절제된 힘과 능력으로부터 나온다. 왜냐하면 이것들은 그리스도의 사랑에서 나오는 것이기 때문이다.

우리는 바울이 자주 설정한, "그때"(then)와 "지금"(now) 즉, 구원의 이전의 때와 구원의 때 사이의 대조를 보고 있다(3:3-7). 신자들은 하나님을 모르는 사람들과 죄를 짓는 사람들을 업신여기지 말아야 한다. 왜냐하면 이들은 자신들의 과거 역사를 알기 때문이다. 우리 역시 "어리석은 자"였다. 왜냐하면 우리는 하나님에 대한 진리와 삶의 의미에 대하여 몰랐기 때문이다. 우리는 또한 순종하지 아니한 자들이었는데, 하나님의 권위에 응답하는 것을 거절하였기 때문이다. 불신자들은 자신들이 선택한 길을 의식하지 않는다. 이 불신자들은 "속은 자"들인데, 이는 그들이 자신들의 신념과 결정, 그리고 행동이 정당하다고 확신한다는 것을 의미한다. 이들은 자신들이 자유롭다고 생각하지만, 그러나 이들은 실제로 죄의 노예이며(요 8:34; 롬 6:6, 17, 20), 설탕에 중독된 사람들처럼, 정욕과 쾌락에 종노릇하고 있다. 미움와 시기, 그리고 악의가 이들의 삶을 특징짓는다. 물론 이 모든 것들 안에서 바울의 요점은 회심 이전에 모든 신자는 이처럼 살았다는 것이며, 도덕적인 우월성에 대한 근거가 없다는 것이다.

신자들의 새 삶을 설명하는 것은 무엇인가? 이것은 이들 자신의 지혜와 도덕적인 힘 때문이 아니다. 우리는 하나님의 은혜가 나타났다는 언급을 앞서 보았고(딛 2:11), 하나님의 구원하는 자비와 사랑이 나타났다는 것을 여기에서 본다(3:4-5). 바울은 더 자세히 설명하는데, 인간은 "우리가 행한 바 의로운 행위로" 구원을 받지 않는다는 것이다(3:5). 인간의 선함에 대한 여지가 없으므로, 우리의 도덕적 변화에 대한 자부심이 완전히 배제된다. 우리는 구원받을 만한 가치가 없으며, 구원의 시작을 하나님의 긍휼 안에서 발견한다.

신자들은 세례 때에 죄로부터 깨끗하게 되고, 이들은 중생하고 새롭게 하시는 성령의 역사로 구원을 받는다. 여기에서 바울의 말은 세례 의식 자체가 중생을 가져왔다는 것으로 해석되어서는 안 된다. 왜냐하면 세례는 예수를 주로 고백하고 그리스도를 신뢰하고 성령을 받는 일과 같은 여러 사건을 포함하는 전체의 사건에 속하기 때문이다. 사실, 다음 구절은 이것을 명확하게 한다. 하나님은 모든 신자에게 "우리 구주 예수 그리스도로 말미암아" 성령을 주셨다(3:6).

삼위일체는 이 구절들 안에서 빛을 발하며, 성부와 성자, 그리고 성령 모두는 구원 안에서 중요한 역할을 한다는 것을 보여준다. 성부는 구원을 계획하시고 성자는 구원을 이루셨고, 성령은 구원을 적용하셨다. 구원을 받은 사람들은 또한 "은혜를 힘입어 의롭다 하심을" 얻는데, 이것은 목회 서신들 안에 바울의 복음이 없다고 주장하는 학자들의 생각에 결정적으로 반대하는 것이다(3:7). 로마서와 갈라디아서, 그리고 빌립보서에 기록된 바울의 유명한 가르침이 디도서 안에도 마찬가지로 있다! 하나님에 의해 의롭다고 선언되고 그 앞에서 의롭게 되는 칭의는 은혜로 말미암는 것이다! 하나님에 의해 의롭다 하심을 얻은 사람들은 "상속자"이며 확실한 "영생의 소망"을 누린다(3:7). 거듭나고, 새롭게 되고, 구원받고, 의롭게 된 사람들은 "선한 일을 힘써야" 한다(3:8).

피하는 것과 거절하는 것(3:9–11)

우리는 디도서 안에 등장하는 대적자들이 디모데전서 안에 나타난 반대자들과 다소 비슷하다는 또 다른 표시를 보게 된다. 이들은 변론과 언쟁에 휩싸였고, 끝없는 족보 안에서 가치를 발견하였다(딤전 1:4; 6:4 참조; 또한, 딤후 2:23 참조). 게다가, 우리가 또한 디모데전서 1:7-11에서 보는 것처럼, 이들은 "율법"으로부터 자신들의 근거를 만들고 있었다. 디도는 이러한 신학적인 논쟁들을 피해야 했다. 왜냐하면 이 논쟁들은 "무익하고 헛되었기" 때문이다(딤전 1:6; 딛 1:10 참조). 물론, 우리는 신학적인 논쟁이 시간 낭비라고 생각해서는 안 된다. 신자는 오류를 식별하고 논박해야 하는 힘을 써야 하는지에 대한 여부를 결정하기 위한 분별력이 필요하다. 어떤 경우에는(갈라디아서 참조), 그러한 논박은 도움이 되지만, 다른 경우에는 도움이 되지 않는다. 몇몇 이단에 속한 사람들은 신학적인 논쟁을 벌이기도 한다. 왜냐하면 이들은 근본적으로 분열을 일으키고, 당파를 지으며, 제멋대로이고, 성미가 까다롭기 때문이다(딛 3:10). 만약 이러한 사람들이 무익한 논쟁을 계속해서 벌인다면, 이들은 몇 번의 경고를 받은 이후 거절되어야 한다. 이 사람들은 자신들의 행동 때문에 정죄를 받고, 이들의 죄는 불화와 불행을 만든다.

맺음말(3:12–15)

바울의 다른 편지들과 마찬가지로, 이 편지의 맺음말은 최종적인 몇몇 권면들과 인사말, 그리고 은혜 축도를 포함한다. 아마도 바울은 디도가 시작한 일을 계속 진행하기 위하여, 아데마나 두기고를 그레데에 보내려 했던 것 같다. 우리는 아데마에 대하여 다른 어떤 것도 모르지만, 그러나 "아시아 사람"이었던(행 20:4) 두기고는 에베소서(엡 6:21)와 골로새서(골 4:7)를 전달한 사람이었을 것이다. 바울은 죽기 직전, 두기고를 사역을 위하여 에베소에 보내려고 했다(딤후 4:12). 아데마나 두기고, 이 둘 중 한 명이 도착하게 되면, 디도는 니고볼리에 있는 바울 자신에게 합류하도록 요청된다. 왜냐하면 바울은 이곳 니고볼리에서 겨울을 보내기로 했기 때문이다. 그레데에서 니고볼리까지의 거리는 약 482km 정도이기 때문에, 이동하는 것이 쉬운 여정은 아니었다. 니고볼리는 그리스 서부 해안에 있는 에피로스 지방의 수도였다.

이 도시는 다른 도시보다도 온화한 겨울로 유명했으며, 아마도 이것이 바울이 이 도시에서 겨울을 나기로 한 이유였을 것이다. 물론, 분명히 바울의 주된 동기는 복음 전파였지만 말이다.

세나와 아볼로는 아마도 선교 사역을 위하여 가고 있었는데, 바울은 이들의 필요를 채워달라고 요청한다(딛 3:13). 세나는 아마도 로마 세계에서 법률가였을 것이며, 아볼로는 웅변으로 유명했다(행 18:24; 19:1; 고전 1:12; 3:4, 5, 6, 22; 4:6; 16:12). 복음에 의해 만들어진 변화된 삶은 이 편지에서 주요한 주제인데, 우리는 바울이 다시 다른 사람들의 필요를 채우도록 선한 행위의 중요성을 언급하는 것은 놀라운 일이 아니다. 바울이 이 편지에서 반복적으로 말하는 것처럼, 진정한 은혜는 변화시키는 것이다. 이 편지는 믿음 안에서 형성된, 가족 사랑으로 끝난다(3:15). 바울과 함께 있는 사람들은 디도와 그레데에 있는 교회들에게 인사를 건넨다. 믿음 안에서 그리고 복음의 진리 안에서 바울을 사랑하는 사람들 또한 인사를 건넨다. 마지막으로 바울의 관례대로, 이 편지는 모든 사람에게 은혜가 함께 하기를 간구하는 것으로 끝맺는다.

목회 서신들: 주석들

Barrett, Charles K. *1 Timothy, 2 Timothy, Titus*. ANTC. Nashville: Abingdon, 1996.

———. *The Pastoral Epistles in the New English Bible*. Oxford: Clarendon, 1963.

Baugh, S. M. "1 and 2 Timothy, Titus." In *1 and 2 Thessalonians, 1 and 2 Timothy, Titus*, edited by J. A. D. Weima and S. M. Baugh, 444-511. ZIBBC 3. Grand Rapids: Zondervan, 2002.

Belleville, Linda. *1 Timothy*. Cornerstone Biblical Commentary. Carol Stream, IL: Tyndale, 2009.

Bernard, J. H. *The Pastoral Epistles*. Grand Rapids: Eerdmans, 1980.

Calvin, John. *The Second Epistle of Paul the Apostle to the Corinthians and the Epistles to Timothy, Titus and Philemon*. Translated by T. A. Smail. Edited by D. W. Torrance and T. F. Torrance. Grand Rapids: Eerdmans, 1964.

Collins, Raymond F. *1 and 2 Timothy and Titus*. NTL. Louisville: Westminster John Knox, 2002.

Dibelius, Martin, and Hans Conzelmann. The Pastoral Epistles. Translated by P. Buttolph and A. Yarbro. Hermeneia. Philadelphia: Fortress, 1972.

Gloer, W. Hulitt. 1 and 2 Timothy-Titus. SHBC. Macon, GA: Smyth & Helwys, 2010.

Guthrie, Donald. *The Pastoral Epistles*. Rev. ed. TNTC. Leicester, UK: Inter-Varsity, 1990. Hanson, A. T. The Pastoral Epistles. NCB. Grand Rapids: Eerdmans, 1982.

Johnson, Luke T. *The First and Second Letters to Timothy*. AB 35A. New York: Doubleday, 2001.

———. *Letters to Paul's Delegates: 1 Timothy, 2 Timothy, Titus*. NTC. Harrisburg, PA: Trinity Press International, 1996.

Kelly, J. N. D. *The Pastoral Epistles*. BNTC. Peabody, MA: Hendrickson, 1998.

Knight, George W., III. *The Pastoral Epistles*. NIGTC. Grand Rapids: Eerdmans, 1992.

Köstenberger, Andreas. *Commentary on 1-2 Timothy and Titus*. Biblical Theology for Proclamation Series. Nashville: Holman Reference, 2017.

Krause, Deborah. *1 Timothy*. Readings: A New Biblical Commentary. Sheffield: Sheffield Academic, 2004.

Laansma, J. *2 Timothy, Titus*. Cornerstone Biblical Commentary 17. Carol Stream, IL: Tyndale, 2009.

Long, T. G. *1 and 2 Timothy and Titus*. Belief: A Theological Commentary on the Bible. Louisville: Westminster John Knox, 2016.

Luther, Martin. *Commentaries on 1 Corinthians 7, 1 Corinthians 15, Lectures on 1 Timothy*. Edited by H. C. Oswald. LW 28. St. Louis: Concordia, 1973.

Marshall, I. Howard, and Philip H. Towner. *The Pastoral Epistles*. ICC. Edinburgh: T&T Clark, 2004.

Montague, G. T. *First and Second Timothy, Titus*. CCSS. Grand Rapids: Baker Academic, 2008.

Mounce, William D. *Pastoral Epistles*. WBC. Nashville: Thomas Nelson, 2000.

Ngewa, S. *1 and 2 Timothy and Titus*. Africa Bible Commentary Series. Grand Rapids: Zondervan, 2009.

Oden, Thomas C. *First and Second Timothy and Titus*. IBC. Louisville: Westminster John Knox, 1989.

Quinn, J. D. *The Letter to Titus*. AB 35. New York: Doubleday, 1990.

Quinn, J. D., and W. C. Wacker. *The First and Second Letters to Timothy*. Vol. 1. Grand Rapids: Eerdmans, 1999.

Ramsay, W. R. *Historical Commentaryon the Pastoral Epistles*. Edited by M. Wilson. Grand Rapids: Kregel, 1996.

Saarinen, R. *The Pastoral Epistles with Philemon and Jude*. Brazos Theological Commentary on the Bible. Grand Rapids: Brazos, 2008.

Smith, Craig A. *2 Timothy*. Readings: A New Biblical Commentary. Sheffield: Sheffield Phoenix, 2016.

Spencer, A. B. *2 Timothy and Titus*. NCCS. Eugene, OR: Cascade, 2014.

Stott, J. R. W. *The Letters to Timothy and Titus*. NICNT. Grand Rapids: Eerdmans, 2006.

———. *The Message of 1 Timothy and Titus: Guard the Truth*. BST. Downers Grove, IL: InterVarsity, 1996.

Thomas Aquinas. *Commentaries on St. Paul's Epistles to Timothy, Titus, and Philemon*. Translated and edited by C. Baer. South Bend, IN: St. Augustine's Press, 2007.

Trebilco, P., C. Caradus, and S. Rae. *2 Timothy and Titus*. ABCS. Singapore: Asia Theological Association, 2009.

Trebilco, P., and S. Rae. *1 Timothy*. ABCS. Singapore: Asia Theological Association, 2006.

Wall, Robert W., with Richard B. Steele. *1 and 2 Timothy and Titus*. THNTC. Grand Rapids: Eerdmans, 2012.

Witherington, Ben, III. *Letters and Homilies for Hellenized Christians*. Vol. 1, A *Socio-Rhetorical Commentary on Titus, 1-2 Timothy and 1-3 John*. Downers Grove, IL: IVP Academic, 2006.

Wright, N. T. *Paul for Everyone: The Pastoral Letters; 1 and 2 Timothy and Titus*. 2nd ed. London: SPCK, 2004.

Yarbrough, Robert W. *The Letters to Timothy and Titus*. PNTC. Grand Rapids: Eerdmans, 2018.

Zehr, P. *1 and 2 Timothy, Titus*. BCBC. Scottdale, PA: Herald Press, 2010.

목회 서신들: 연구논문(article)과 소논문(essay), 그리고 단행본들

Aageson, James W. *Paul, the Pastoral Epistles, and the Early Church*. Peabody, MA: Hendrickson, 2008.

Balla, Peter. *The Child-Parent Relationship in the New Testament and Its Environment*. WUNT 155. Tübingen: Mohr Siebeck, 2003.

Bassler, Jouette. "A Plethora of Epiphanies: Christology in the Pastoral Letters." *Princeton Seminary Bulletin* 17 (1996): 310-25.

Batten, Alicia J. "Christology, the Pastoral Epistles, and Commentaries." In *On the Writing of New Testament Commentaries*, edited by S. E. Porter and E. J. Schnabel, 317-36. Leiden: Brill, 2013.

———. "Neither Gold nor Braided Hair (1 Timothy 2:9; 1 Peter 3:3): Adornment, Gender and Honour in Antiquity." *NTS* 55 (2009): 484-501.

Baugh, S. M. "A Foreign World: Ephesus in the First Century." In *Women in the Church: An Interpretation and Application of 1 Timothy 2:9-15*, 3rd ed., edited by A. J. Köstenberger and T. R. Schreiner, 25-64. Wheaton: Crossway, 2016.

Burk, Denny. "New and Old Departures in the Translation of Αὐθεντειν 1 Timothy 2:12." In *Women in the Church: An Interpretation and Application of 1 Timothy 2:9-15*, 3rd ed., edited by A. J. Köstenberger and T. R. Schreiner, 279-96. Wheaton: Crossway, 2016.

Christensen, Sean M. "The Pursuit of Self-Control: Titus 2:1-14 and Accommodation to Christ." *JSPL* 6 (2016): 161-80.

Cooper, M., and J. Cabellero. "Reasoning through the Creation Order as a Basis for the Prohibition in 1 Timothy 2:12." *Presb* 43 (2017): 30-38.

Couser, Greg. "'Prayer' and the Public Square: 1 Timothy 2:1-7 and Christian Political Engagement." In *New Testament Theology in Light of the Church's Mission: Essays in Honor of I. Howard Marshall*, edited by J. Laansma, G. Osborne, and R. Van Neste, 277-94. Eugene, OR: Wipf & Stock, 2011.

———. "'The Testimony about the Lord,' 'Borne by the Lord,' or Both? An Insight into Paul and Jesus in the Pastoral Epistles (2 Tim. 1:8)." *TynBul* 52 (2004): 295-316.

Doriani, Daniel. *Women and Ministry: What the Bible Teaches*. Wheaton: Crossway, 2003.

Edwards, J. Christopher. "The Christology of Titus 2:13 and 1 Timothy 2:5." *TynB* 62 (2011): 141-47.

Elliott, J. H. "Jesus Was Not an Egalitarian: A Critique of an Anachronistic and Idealist Theory." *Biblical Theology Bulletin* 32 (2002): 75-91.

Elliott, J. K. *The Greek Text of the Epistles to Timothy and Titus*. Studies and Documents 36. Salt Lake City: University of Utah Press, 1968.

Faber, Riemer. "'Evil Beasts, Lazy Gluttons': A Neglected Theme in the Epistle to Titus." *WTJ* 67 (2005): 135-45.

Feltham, Martin. "1 Timothy 2:5-6 as a Christological Reworking of the Shema." *TynB* 68 (2017): 241-60.

Grudem, Wayne. *Evangelical Feminism: A New Path to Liberalism?* Wheaton: Crossway, 2006.

Harrill, J. Albert. "'Without Lies or Deception': Oracular Claims to Truth in the Epistle to Titus." *NTS* 61 (2018): 451-72.

Harris, Murray J. *Slave of Christ*. Downers Grove, IL: InterVarsity, 1999.

Harrison, P. N. *The Problem of the Pastoral Epistles*. London: Oxford University Press, 1921.

Hubbard, Moyer V. "Kept Safe through Childbearing: Maternal Mortality, Justification by Faith, and the Social Setting of 1 Timothy 2:15." *JETS* 55 (2012): 743-62.

Hübner, J. "Revisiting the Clarity of Scripture in 1 Timothy 2:12." *JETS* 59 (2016): 99-117.

Hutson, Christopher R. "'Saved by Childbearing': The Jewish Context of 1 Timothy 2:15." *NovT* 56 (2014): 392-410.

Johnson, Alan F. "Dissertation and Monograph Summary: 'Pastoral Rule or Lesson on Assimilation?'" *JSPL* 3 (2013): 263-67.

———, ed. *How I Changed My Mind about Women in Leadership: Compelling Stories from Prominent Evangelicals*. Grand Rapids: Zondervan, 2010.

Knight, George W., III. *The Faithful Sayings in the Pastoral Letters*. Grand Rapids: Baker, 1979.

Köstenberger, Andreas, and Thomas R. Schreiner, eds. *Women in the Church: An Interpretation and Application of 1 Timothy 2:9-15*. 3rd ed. Wheaton: Crossway, 2016.

Köstenberger, Margaret E. *Jesus and the Feminists: Who Do They Say That He Is?* Wheaton: Crossway, 2008.

Kruger, Michael. "First Timothy 5:18 and Early Canon Consciousness: Reconsidering a Problematic Text." In *The Language and Literature of the New Testament: Essays in Honour of Stanley E. Porter's 60th Birthday*, edited by L. Dow, C. Evans, and A. Pitts, 680-700. Leiden: Brill, 2017.

Levine, Amy-Jill, with M. Blickenstaff, eds. *A Feminist Companion to the Deutero-Pauline Epistles*. Cleveland: Pilgrim Press, 2003.

Marshall, I. Howard. "The Pastoral Epistles in Recent Study." In *Entrusted with the Gospel*, edited by A. J. Köstenberger and T. L. Wilder, 268-312. Nashville: B&H Academic, 2010.

Naselli, Andrew, and J. D. Crowley. *Conscience: What It Is, How to Train It, and Loving Those Who Differ*. Wheaton: Crossway, 2016.

O'Donnell, Tim. "The Rhetorical Strategy of 1 Timothy." *CBQ* 79 (2017): 455-75.

Pao, David. "Let No One Despise Your Youth: Church and the World in the Pastoral Epistles." *JETS* 57 (2014): 743-55.

Payne, Philip B. *Man and Woman, One in Christ*. Grand Rapids: Zondervan, 2009.

Perry, G. R. "Phoebe of Cenchreae and 'Women' of Ephesus: 'Deacons'in the Earliest Churches." *Presb* 36 (2010): 9-36.

Porter, Stanley E. "Family in the Epistles." In *Family in the Bible: Exploring Customs, Culture, and Context*, edited by R. S. Hess and M. D. Carroll R., 148-66. Grand Rapids: Baker Academic, 2003.

———. "What Does It Mean to be 'Saved by Childbirth' (1 Tim. 2.15)?" *JSNT* 49 (1993): 87-102.

Poythress, Vern S. "The Meaning of μάλιστα in 2 Timothy 4:13 and Related Verses." *JTS* 53 (2002): 523-32.

Robinson, John A. T. *Redating the New Testament*. Philadelphia: Westminster, 1976.

Sanders, E. P. *Paul*. Minneapolis: Fortress, 2015.

Sandom, Carrie. *Different by Design: God's Blueprint for Men and Women*. Ross-shire, UK: Christian Focus, 2012.

Schnabel, Eckhard J. "Paul, Timothy, and Titus: The Assumption of a Pseudonymous Author and of Pseudonymous Recipients in the Light of Literary, Theological, and Historical Evidence." In *Do Historical Matters Matter to Faith?*, edited by J. Hoffmeier and D. Magary, 383-403. Wheaton: Crossway, 2012.

Smith, Claire S. *God's Good Design: What the Bible Really Says about Men and Women*. Kingsford, Australia: Matthias Media, 2012.

———. *Pauline Communities as "Scholastic Communities": A Study of the Vocabulary of "Teaching" in 1 Corinthians, 1 and 2 Timothy and Titus*. WUNT 335. Tübingen: Mohr Siebeck, 2012.

Still, Todd D. "Did Paul Loathe Manual Labor? Revisiting the Work of Ronald F. Hock on the Apostle's Tentmaking and Social Class." *JBL* 125 (2006): 781-95.

Stout, Stephen O. *Preach the Word: A Pauline Theology of Preaching Based on 2 Timothy 4:1-5*. Eugene, OR: Pickwick, 2014.

Swinson, L. Timothy. *What Is Scripture? Paul's Use of "Graphe" in the Letters to Timothy*. Eugene, OR: Wipf & Stock, 2014.

Thornton, Dillon T. *Hostility in the House of God: An Investigation of the Opponents in 1 and 2 Timothy*. Bulletin for Biblical Research Supplement 15. Winona Lake, IN: Eisenbrauns, 2016.

Towner, Philip H. *The Goal of Our Instruction*. JSNTSup 34. Sheffield: Sheffield Academic, 1989.

Tracy, S. "What Does 'Submit in Everything' Really Mean? The Nature and Scope of Marital Submission." *TJ* 29 (2008): 285-312.

Treggiari, S. "Marriage and Family in Roman Society." In *Marriage and Family in the Biblical World*, edited by K. Campbell, 132-82. Downers Grove, IL: InterVarsity, 2003.

Twomey, Jay. *The Pastoral Epistles through the Centuries*. BBC. Chichester, West Sussex (UK): Wiley-Blackwell, 2009.

Wieland, George M. "Roman Crete and the Letter to Titus." *NTS* 55 (2009): 338-54.

Winter, Bruce. "The 'New' Roman Wife and 1 Timothy 2:9-15: The Search for a Sitz im Leben." *TynBul* 51 (2000): 285-94.

Wolters, Al. "ΑΥΘΕΝΤΗΣ and Its Cognates in Biblical Greek." JETS 52 (2011): 719-29.

——. "An Early Parallel of Αὐθεντεῖν." JETS 54 (2011): 673-84.

Yarbough, Robert. "Schlatter on the Pastorals: Mission in the Academy." In *New Testament Theology in Light of the Church's Mission: Essays in Honor of I. Howard Marshall*, edited by J. Laansma, G. Osborne, and R. Van Neste, 295-316. Eugene, OR: Wipf & Stock, 2011.

Young, Frances. *The Theology of the Pastoral Letters*. NTT. Cambridge Cambridge University Press, 1994.

Zamfir, K. *Men and Women in the Household of God: A Contextual Approach to Roles and Ministries in the Pastoral Epistles*. NTOA/SUNT 103. Göttingen: Vandenhoeck & Ruprecht, 2013.

14. 빌레몬서

서론

빌레몬서는 바울서신에서 가장 짧다. 그러나 바울이 빌레몬에게 종 오네시모에 관하여 권면할 때, 기독교의 사랑과 사람들 간의 관계에 대한 아름다운 본보기를 보여준다. 흥미롭게도, 우리가 골로새서와 빌레몬서를 비교할 때, 이 두 편지는 같은 목적지로 보내어졌다는 것이 분명하다. 왜냐하면 아킵보와 오네시모가 이 두 편지에 언급되기 때문이다. 몇몇 학자들은 빌레몬서가 실제로 아킵보에게 보내어졌다고 주장하기도 한다. 그러나 헬라어로 된 편지들의 경우, 언급되는 첫 번째 사람이 일반적으로 수신자였으므로, 우리는 이 편지가 빌레몬에게 보내어진 것으로 확신할 수 있다. 압비아는 아마도 빌레몬의 아내였을 것이며, 아킵보는 아마도 빌레몬의 아들이었을 것이다. 물론 빌레몬은 아킵보와 사역의 현장에서 동역을 했을 것이다.

이 편지는 에베소에서 기록되었을 수 있다. 왜냐하면 로마가 골로새에서 너무 멀기 때문이다. 만약 바울이 에베소에서 이 편지를 기록했다면, 우리는 왜 오네시모가 에베소에 있는 바울을 찾았을지 그 이유를 쉽게 추측할 수도 있다. 무엇보다도, 에베소와 골로새의 거리는 가깝기 때문이다. 그러나 이 주장에 대하여 나는 확신할 수 없다. 오히려, 나는 바울이 AD 60-62년에 로마에 투옥되었던 동안 이 편지를 썼다는 견해에 동의한다. 우리는 다른 출처에서 사람들이 실제로 그리스-로마 세계에서 상당히 자주 그리고 멀리 여행했다는 것을 알고 있다. 그러므로 오네시모가 그렇게 긴 여행을 할 수 있었다는 것을 충분히 상상할 수 있다. 다행히도, 이 편지의 해석은 작성 연대나 장소에 따라 달라지지 않는다.

빌레몬서의 상황을 자세히 추적하기가 어렵지만, 우리는 오네시모와 빌레몬에 대하여 다음의 사항을 알고 있다.

- 오네시모는 빌레몬의 종이었다(16절).
- 오네시모는 아마도 도움을 얻기 위하여 바울을 찾았을 것이다.
- 오네시모는 바울에 의해 개종하였다(10절).
- 바울은 오네시모를 빌레몬에게 돌려보내고 있었다(12절).
- 오네시모는 이전에 빌레몬에게 무익하였다(11절).
- 오네시모는 아마도 빌레몬에게 어떤 식으로든 해를 끼쳤을 것이다(18절).

아마도 오네시모는 바울에게 도망했고, 그에게 자신과 빌레몬 사이의 분쟁을 판단해 달라고 요청했을 것이다. 어쩌면, 그는 도망자 신세였지만, 이전에 바울을 만났었고 그를 존경했기 때문에 바울을 찾았을 수도 있다. 어쨌든, 오네시모는 기독교인이 되었고, 바울은 편지와 함께 오네시모를 빌레몬에게 돌려보내려고 하였으며, 빌레몬이 오네시모를 그리스도 안에 있는 형제로서 받아들이도록 권면하고 격려하였다.

고린도전서 7장에서 우리는 그리스-로마 세계에서 노예 제도에 대하여 논의했고, 에베소서 6장과 골로새서 3장에서는 더 짧게 논의했다. 우리는 노예 제도가 고대 세계에서 인종에 기초하지 않았음을 기억해야 한다. 대부분 사람은 전쟁 때문에 노예가 되거나 심지어 빚을 갚기 위하여 노예로 팔려

갔다. 양도도 가능했고 따라서 노예 제도는 반드시 영구적인 상황은 아니었다. 우리가 앞서 주목했던 것처럼, 노예들은 의사와 교사, 그리고 건축가가 될 수 있었다. 이것은 잠깐이라도 노예 제도가 몹시 비인간적이고 사악하다는 것을 부정하려는 것이 아니다. 왜냐하면 주인들은 종들에 대하여 절대적인 권위를 가졌고, 가장 기본적인 인권을 냉담하게 무시하고 종들을 학대할 수 있는 권한을 가졌기 때문이다. 게다가, 몇몇 종들은 일하기가 정말 어려운 환경이었던, 또한 생활하기 끔찍했던 장소인 광산에서 일했다. 따라서 몇몇 종들의 삶은 새벽부터 황혼까지 절대적으로 비참했다. 이 편지를 주해하면서, 나는 노예 제도에 대한 바울의 반응에 대하여 더 많이 말할 것이다.

개요	
과거에 빌레몬이 다른 사람에게 격려가 되는 삶을 산 것에 대한 감사	1-7절
미래에도 격려가 되는 삶을 살도록 빌레몬에게 요청	8-25절

또 다른 개요는 다음과 같이 나타날 수 있다.

인사말	1-3절
감사와 기도	4-7절
호소에 대안 근거	8-16절
호소: 오네시모를 환영하라	17-21절
맺음말	22-25절

인사말(1-3절)

이 인사말에서 눈에 띄는 것은 바울이 자기 자신을 "그리스도 예수를 위하여 갇힌 자"(1절)로 밝히고 있다는 것이다. 사실, 바울은 이러한 짧은 편지에서 상당히 자주 자신이 투옥되었다는 것을 언급한다(또한, 9절, 10절, 13절, 23절 참조). 일반적으로 바울은 자신을 사도로 묘사하곤 한다. 즉, 바울의 다른 서신에서 그는 자신을 그리스도를 위하여 갇힌 자로 소개하지 않는다. 바울은 강압적인 방법으로 자신의 사도적인 권위를 호소하려고 하지 않는다. 왜냐하면 우리는 빌레몬에게 보내는 이 편지 전체에서 예의를 갖춘 그의 태도를 보기 때문이다. 그런데도, 그의 권위는 빛을 발한다. 왜냐하면 바울은 빌레몬이 바울 자신에게 빚진 것(18절)과 빌레몬이 이 편지에 나온 지시들에 순종할 것이라는 확신(21절)에 대하여 말하기 때문이다. "갇힌 자"라는 명칭은 바울이 쓴 내용에 감정적이면서도 설득력 있는 차원을 더한다. 왜냐하면 그는 빌레몬에게 복음을 위하여 빌레몬 자신의 권리를 포기하도록 요청하기 때문이다. 바울 자신이 그랬던 것처럼 말이다. 이 편지에는 디모데가 공동 발신자로 소개되는데, 여기에서 우리는 바울의 권위에 대한 섬세한 암시를 발견한다. 왜냐하면 사역의 동역자인 디모데는 바울이 썼던 내용에 동의했기 때문이다.

빌레몬은 복음 안에서 바울의 동역자로 밝혀진다. 바울과 빌레몬은 그리스도의 복음에 대한 같은 열정을 나누었으며, 바울이 기록하는 것은 복음을 위해서이다. 그는 또한 빌레몬을 사랑을 받은 자로 묘사한다. 이 묘사는 상당히 중요한데, 바울이 오네시모에 대한 빌레몬의 사랑을 반복적으로 언급하며 호소하기 때문이다. 엄밀하게, 이 사랑은 이 편지의 핵심 주제 중 하나이다(5절, 9절, 16절; 또한, 7절, 12절, 20절 참조). 교회와 압비아, 그리고 아킵보에 대한 언급은 이 편지가 단순히 개인적인 편지가 아님을 지적한다. 오네시모에 대한 빌레몬의 반응은 단순히 빌레몬 자신과 오네시모 사이의 개인적인 문제가 아니었다. 물론, 이 문제는 단순히 빌레몬의 개인적인 일이지만, 그러나 교회 전체와 기독교인들의 평판에 대한 영향과 관계된 문제였다. 바울은 하나님 아버지와 주 예수 그리스도로부터 은혜와 평강이 있기를 기도한다(3절). 빌레몬은 자신이 처한 상황에 합당하게 대처하기 위하여 은혜가 필요했으며, 바울 역시 빌레몬이 바울 자신의 권면에 대하여 생각하고 기도할 때 평강과 안정된 마음을 갖기를 기도한다.

감사 단락(4-7절)

바울의 서신들 안에서 우리는 인사말 뒤에 일반적으로 감사 단락이 있음을 보았고, 우리는 빌레몬서 안에서도 이 동일한 패턴을 보게 된다. 왜냐하면 바울은 4-5절에서 감사를 하기 때문인데, 이 감사는 6절에서 기도로 변형된다. 바울은 빌레몬이 주 예수와 모든 성도에 대한 사랑과 믿음이 있음을 기억하면서, 끊임없이 하나님께 그에 대하여 감사하였다. 바울은 빌레몬의 사랑과 믿음이 오네시모에 관한 상황에서도 계속해서 발휘되길 기대했다. 빌레몬의 과거의 신실함을 고려한다면, 바울은 그가 앞으로도 신실하고 사랑을 베풀 것이라는 확신이 있었다. 6절은 거의 확실히 기도이지만, 그러나 헬라어를 번역하는 것과 이 6절의 의미를 이해하는 것은 쉬운 일이 아니다. 나는 바울과 빌레몬이 공유한 복음과 믿음의 교제가 열매를 맺기를 간구하는 바울의 기도로 이해한다. 다시 말해서, 빌레몬의 믿음의 교제는 빌레몬의 삶 속에서 구체적인 차이를 만들어야 한다. 왜냐하면 빌레몬이 그리스도와의 연합 덕분에, 빌레몬은 모든 선한 선물을 누렸기 때문이다. 바울은 이 공유된 선한 일이 그리스도의 찬양과 영광으로 이어지기를 기도한다(14절 참조). 7절에서 바울이 빌레몬에게서 얻은 격려와 기쁨이 칭찬 되는데, 특히 빌레몬으로 말미암아 "성도들의 마음이 평안함을 얻었기" 때문이다. 여기에서 "마음"에 대한 단어가 문자적으로 "내장"(entrails)이나 "내면"(insides, '스플랑크나'[*splanchna*])을 의미하지만, 이 단어는 "마음"으로 번역되어야 한다. 빌레몬은 평소 신자들에게 새 힘을 주며 도움을 주었고, 바울은 이것이 계속되기를 원했다(12절, 20절). 요약하자면, 4-7절에서 세 가지 주제가 발견되는데, (1) 성도들에 대한 빌레몬의 사랑과 (2) 복음 안에서 빌레몬의 동역, 그리고 (3) 빌레몬이 성도들의 마음을 평안하게 한다는 것이다.

오네시모를 위한 호소(8-20절)

이제 이 편지의 주요 목적이 나타나는데, 바울은 빌레몬에게 돌아오는 종 오네시모를 환영하도록 촉구한다. 우리는 바울이 복음 안에서 친구이자 동역자에게 권면하는 섬세함과 관계 능력을 보게 된다. 혹시 바울이 말한 것 중 일부가 우리에게 와닿지 않고 이질적인 것처럼 느끼게 한다면, 우리는 다른 사회적 규범과 기대를 가진 다른 문화에 살고 있기 때문임을 인식해야 한다. 바울은 아직 이름을 밝히지 않은 오네시모에 관해 빌레몬에게 무엇이 합당한지에 대하여 담대하게 명령할 수 있었다(8절). 그러나 그는 빌레몬이 삶에서 아주 자주 표현했던 바로 그 "사랑"으로써 그에게 촉구한다(9절). 이 호소는 또한 바울의 노년과 그가 갇힌 자가 된 것에 근거한다. 우리의 문화적인 상황에서 우리는 빌레몬의 동정심을 끌어당기는 호소력을 높이 평가할 것이다. 그러나 고대 세계에서 노년은 존경과 존중을 받아야 함을 의미했다(레 19:32; 잠 20:29; 애 5:12). 바울도 그리스도를 위하여 갇힌 자로서 존경과 존중, 그리고 사랑을 받아야 한다. 그는 여기에서 주로 동정에 호소하지 않는다. 그러나 나이가 많은 사람으로서, 그리고 복음을 위해 갇힌 자로서의 위치에서 호소한다.

비로소 이 호소의 성격이 드러나는데, 바울은 오네시모에 대하여 빌레몬에게 간청한다. 분명히 오네시모는 감옥에 있는 바울을 방문했고 바울의 아들이 되었는데, 이것은 그가 개종했다는 것을 의미한다(몬 10절). 서론에서 주목된 것처럼, 우리는 확실히 왜 오네시모가 바울을 방문했는지 정확하게 모른다. 나는 오네시모가 어떤 식으로든 빌레몬에게 화를 냈거나 잘못을 저질렀기 때문에 바울을 만나러 여행을 갔을 것으로 생각한다. 그는 바울을 만나기 위해 여행했다. 왜냐하면 그가 이전에 바울을 만났었고 그를 존경했기 때문이다. 우리는 바울이 오네시모에게 복음을 전했고 오네시모가 그리스도의 복음을 믿었다는 사실을 알고 놀라지 않는다. 오네시모는 아마도 어떤 식으로든 빌레몬에게 잘못을 저질렀던 것이 분명하다. 왜냐하면 바울은 오네시모가 과거에 빌레몬에게 "무익"했다는 것을 인정하기 때문이다(11절). 그러나 이제 그는 회심하였기 때문에, 그는 빌레몬과 바울에게 "유익"(그의 이름의 의미)하게 되었다. 그는 바울에게 유익할 뿐만 아니라, 바울이 믿을 수 없을 정도로 사랑하고 소중한 존재가 되었다. 빌레몬에게 오네시모를 돌려보내는 데 있어서, 바울은 "내 심복"을 보내고 있다고 말한다. 우리는 다시 "내면" 또는 "내장"('스플랑크나'[*splanchna*])을 뜻하는 단어를 보게 되는데, 이 단어는 7절에도 나왔다. 오네시모는 바울을 최선을 다해 섬겼다는 점에서, 바울이 그를 돌려보내는 것은 엄청난 희생과 같았다.

바울은 왜 오네시모가 사랑받고 귀중한지에 대한 이유를 빌레몬에게 계속해서 설명한다(13절). 참으로, 바울은 오네시모를 로마에 데리고 있기를 원했고, 바울은 빌레몬에게 오네시모를 머물도록 요청함으로써, 그를 로마에 데리고 있을 수도 있었다. 결국, 오네시모는 복음을 위하여 감옥에 갇혀 있었던 바울을 최선으로 섬기고 있었기 때문에, 그는 빌레몬이 할 수 없었던 기능을 완수하고 있었다. 다시 말하지만, 우리는 바울이 동정을 불러일으키려 한다고 생각할 수 있지만, 그러나 그가 다른 서신에서는 동정을 얻기 위하여 감옥에 갇힌 것에 대하여 언급하지 않았기 때문에, 그의 사슬의 상황은 빌레몬이 바울 자신의 요청을 수락하도록 더 많은 동기를 제공하는 것으로 이해되어야 한다. 바울은 그리스도를 위하여 빌레몬 안에 있는 "선한 일"을 인식하고, 바울은 왜 오네시모를 자신과 함께 두지 않았는지를 명확하게 설명한다. 그렇게 바울이 그를 빌레몬에게 보내는 것은 어쩌면 꼭 필요했을 수 있고, 의도적일 수 있으며, 빌레몬이 오네시모를 다시 바울에게 보낼 수 밖에 없도록 만들었을 수 있다(14절). 확실히, 바울은 빌레몬에게 자신의 요청을 들어주도록 동기를 부여하기 위하여 썼지만, 그러나 그는 빌레몬의 반응이 진정성 있고 강요에 의해서가 아니라 자발적이길 원했다. 바울이 요청한 선한 일은 빌레몬의 마음에서 나와야 하는데, 이 일은 자유롭고 자발적이어야 한다.

바울은 상황 전체에서 하나님의 섭리를 생각한다. 오네시모는 빌레몬을 떠났을 것이고, 오네시모의 이러한 모습은 자신의 무익함을 증명하였다. 그러나 이 일시적인 상황은 결국 좋은 결과로 귀결되었다. 왜냐하면 이제 빌레몬은 오네시모와 영원히 우정을 누릴 수 있기 때문이다(15절). 바울은 오네시모가 영원히 종이 될 것이라고 말하는 것이 아니다. 대신에, 빌레몬과 오네시모는 이제 영원히 같은 가족, 즉, 하나님의 가족의 일원이 되었다. 몇몇 학자들은 바울이 빌레몬에게 16절에서 오네시모를 자유롭게 하도록, 명시적으로 요청했다고 생각한다. 왜냐하면 바울은 오네시모가 "종과 같이 대하지" 않고 환영을 받아야 한다고 말하기 때문이다. 그러나 그러한 해석은 본문을 과도하게 읽는 것이다. 왜냐하면 요점은 빌레몬과 오네시모 사이의 근본적인 관계는 더 이상 주인과 종의 관계가 아니라는 것이다. 이들은 이제 주 안에서 형제들이며, "주 안에서" 이루어진 가족 관계는 육적인 관계보다 더 우선한다. 이 세상의 관계는 "육신 안에서" 존재한다. 여기에서 "육신 안에서"라는 표현은 빌레몬과 오네시모 사이의 이 세상의 관계를 의미한다. 왜냐하면 일상생활과 육신의 영역 안에서 빌레몬은 오네시모의 주인으로 남아있기 때문이다. 그러나 사회적 지위와 위치는 근본적으로 중요하지 않다(고전 7:21-23). 바울에게 중요한 것은 그리스도와의 관계이며, 따라서 세상 안에서 그렇게 중요한 관계들은 바울에게 크게 의미가 없다. 노예 제도에 대한 의미는 곧 논의될 것이다.

바울은 자기 자신과 믿음의 자녀이자 사랑하는 형제 오네시모를 연결한다. 그는 이제 빌레몬서 11절에 예상된 호소를 하려고 한다. 교제에 대한 개념 또한 6절에서 나오는데, 바울과 빌레몬은 믿음 안에서 동역자였다. 바울은 빌레몬에게 오네시모를 바울 자신을 환영하듯이 환영하도록 요청한다(17절). 이 요청은 바울이 그리스-로마 세계의 사회 구조를 뛰어넘는다는 것을 보여주는, 노예를 위하여 이례적으로 부탁하는 것이다. 아마도 빌레몬은 오네시모가 떠날 때 발생한 손실을 생각할 수 있었을 것이다. 그래서 바울은 만약 어떤 손실이 발생했다면, 자신 앞으로 계산하도록 덧붙인다(18절). 한편으로, 바울은 빌레몬이 바울 자신에게 모든 것을 빚지고 있다는 것을 상기시킴으로, 빌레몬에게 일종의 압박을 주는 것 같다! 분명히, 빌레몬은 바울을 통하여 믿음을 갖게 되었다. 다른 한편으로, 바울은 빚진 것을 기꺼이 갚을 의향이 있었지만, 그러나 그는 또한 빌레몬이 자신에게 진 빚을 돈으로 상환할 것인지에 대하여 도전한다. 왜냐하면 빌레몬은 바울에게 결코 갚을 수 없는 빚을 졌기 때문이다.

바울은 빌레몬을 "형제"로 부르며, 그에게 다시 그리스도 안에 있는 자들로서 서로의 관계를 상기시킨다(20절). 바울은 다시 오네시모의 이름을 사용하여, 빌레몬에게 바울 자신의 요청에 대하여 은혜롭게 반응함으로써 주 안에서 "기쁨을 얻도록"("기쁨을 얻다"라는 표현은 헬라어로 '오니네미'라는 단어인데, 오네시모라는 이름과 같은 어근을 가짐-옮긴이) 요청한다. 우리는 '스플랑크나'(splanchna)라는 단어를 보게 되는데, 엄밀하게 이 단어는 두 번 더 등장했었다(7절, 12절). 바울은 또한 7절에서 "평안함을 얻다"라는 단어를 선택하는데, 7절에서 그는 신자들의 마음이 빌레몬에 의해 평안하게 되었음을 확고히 했다. 12절에서 바울은 오네시모와 자기 자신과의 밀접한 관계를 강조하는데, 그가 오네시모를 자신의 심복('스플랑크나'[*splanchna*])이라고 말할 정도였음을 주장한다. 여기에서 바울은 빌레몬이 과거에 다른 사람들에게 베풀었던 격려의 삶을 행하도록 촉구하는데, 빌레몬에게 요구되는 격려의 삶은 바로 오네시모를 형제로서, 그리고 용서함을 받은 죄인으로서, 그리고 사랑

받는 친구로서 환영함으로, 바울의 마음을 평안하게 하는 것이다.

맺음말(21-25절)

바울은 빌레몬이 자유롭게 반응하기를 원했지만(14절), 그는 또한 빌레몬의 "순종"을 기대하면서 썼다(21절)! 사실, 바울은 자기 제안에 빌레몬이 반응할 것이라고 확신했다. 순종에 대한 바울의 기대는 우리에게 어색하게 보일지 모르지만, 그러나 우리는 이 편지가 기록된 세계와 우리의 문화 사이의 거리를 상기해야 한다. 게다가, 바울과 빌레몬은 서로 알았고 사랑했던 관계이다. 빌레몬서는 바울과 멀리 떨어진 사람에게 보낸 편지가 아니라, 사랑하는 친구들 사이의 편지인 셈이다.

바울은 빌레몬이 바울 자신의 기대를 뛰어넘어, 말한 것보다 더 많은 일을 할 것으로 확신했다. 바울은 빌레몬이 종의 상태인 오네시모를 자유롭게 하도록 제안하고 있었는가? 물론 직접적이고 정확하게는 아니지만, 적어도 암묵적으로라도 바울이 제안하고 있었는가? 이러한 제안이 있었다고 볼 수 있는 여러 암시가 이 편지에 있기는 하다. (1) 바울은 "마땅한 일을 명하도록" 그에게 명령할 수 있었다(8절). (2) 바울은 오네시모를 자신과 함께 두기를 원했다(13절). (3) 바울은 빌레몬의 승낙이 필요했다(14절). (4) 오네시모는 "종과 같이 대하지 아니하고 종 이상으로 곧 사랑 받는 형제"였다(16절). (5) 바울은 빌레몬이 오네시모를 바울 자신에게 하는 것처럼, 환영하도록 조언한다. 또한, 바울은 어떤 소실이라도 빌레몬에게 갚을 것이라고 하였다(17-19절). 많은 해석자는 '바울이 빌레몬에게 오네시모를 종의 상태에서 풀어주도록 하는 여러 암시가 있다'라는 결론을 옹호했고, 물론 이것은 확실히 가능할 수 있다. 아마도 바울은 암묵적으로 빌레몬에게 오네시모를 사역을 위하여 바울 자신에게 돌려보낼 것을 요청하고 있었을 것이고, 이것은 오네시모를 노예 제도에서 자유롭게 하는 것을 포함할 수도 있다. 주인들이 종들을 해방하는 데 도움을 주는 것은 상당히 흔한 일이었다. 하지만, 이 편지의 모호한 여러 표현을 보게 되면, 나는 바울이 노예의 상태에서 해방하도록 하는, 그렇게 구체적인 조언을 주었다고 확신할 수 없다. 다시 말해, 바울은 빌레몬에게 바울 자신의 권고를 합당한 방식으로 수행할 자유를 주었다.

바울은 왜 빌레몬에게 주 안에서 형제로서 오네시모를 자유롭게 하도록 말하지 않았는가? 우리는 기독교 운동이 극히 미미했고, 기독교의 근본적인 목적은 사회 개혁이 아니었음을 기억해야 한다. 종을 해방하는 것에 대한 일반적인 정책은 실용적이지 않았다. 왜냐하면 몇몇 사람들은 자신들의 경제적 상황을 개선하기 위하여 자발적으로 자신들을 노예로 팔았기 때문이다. 우리는 현대 자본주의 사회의 개념을 고대 세계에 강요해서는 안 된다. 마치 해방된 모든 노예가 즉시 다른 직업을 찾을 수 있는 것처럼 말이다. 바울은 노예 제도를 지지하지 않지만, 적어도 종들이 어떻게 해야 하는지 규정하고 주인들과의 관계를 고려해서 하나님의 백성으로서 어떠한 태도를 보여야 바로잡는다. 비록 바울은 노예들에게, 자유를 얻을 수만 있다면, 자유를 얻도록 권고하지만 말이다(고전 7:21). 그런데도 우리는 2천년 전 그리스-로마 세계에서 살았던 사람들에게 우리의 문화적 국면과 사회적 위치를 강요하는 것을 항상 경계해야 한다. 오네시모가 다른 곳에서 일하는 것보다 빌레몬의 종이 되는 것을 더 좋아했을 수도 있다. 아마도, 이것은 오네시모 자신을 위해서도 더 좋은 상황이었을 수 있다. 분명하게, 우리는 알지 못하지만, 그러나 우리는 마치 그러한 상황이 쉽게 해결되는 것처럼, 신약성경 저자들을 판단하는 것을 피해야 한다.

바울은 자신이 감옥에서 석방되기를 희망하면서, 기도가 이 전체의 상황에서 중요한 역할을 할 것으로 믿는다(몬 22절). 만약 바울이 로마에 있었다면, 그의 석방은 로마의 첫 번째 투옥에서 풀려나는 것이다. 골로새에서 중요한 역할을 했고 분명히 바울과 함께 감옥에 있었던 에바브라가 빌레몬에게 인사를 하는데, 의심할 여지 없이, 이들은 밀접하게 함께 했었을 것이며 복음 안에서 아마도 친구들이었을 것이다(23절). 에바브라가 바울의 투옥에 자발적으로 잠시 함께했을 가능성이 있다. 마가와 아리스다고, 그리고 데마와 누가와 같은 다른 사람들도 인사말을 보내는데(골 4:10, 14처럼), 이들은 바울의 동역자들로 불린다(몬 24절). 유스도라 하는 예수(골 4:11)는 생략되었지만, 아마도 그는 빌레몬서가 완성되기 이전에 어떤 이유에서든지 떠났을 수 있다. 이 편지는 은혜의 축도로 끝맺는다(몬 25절). 왜냐하면 은혜는 바울의 권면들을 이루는 데 필요했기 때문이다.

빌레몬서: 주석들

Barth, Markus, and Helmut Blanke. *The Letter to Philemon: A New Translation with Notes and Commentary*. Eerdmans Critical Commentary. Grand Rapids: Eerdmans, 2000.

Beale, G. K. *Colossians and Philemon*. BECNT. Grand Rapids: Baker Academic, 2019.

Bird, Michael F. *Colossians and Philemon*. NCCS. Eugene, OR: Cascade, 2009.

Bruce, F. F. *The Epistles to the Colossians, to Philemon, and to the Ephesians*. NICNT. Grand Rapids: Eerdmans, 1984.

Campbell, Constantine R. *Colossians and Philemon: A Handbook on the Greek Text*. BHGNT. Waco: Baylor University Press, 2013.

Dunn, James D. G. *The Epistles to the Colossians and to Philemon*. NIGTC. Grand Rapids: Eerdmans, 1996.

Fitzmyer, Joseph. *The Letter to Philemon: A New Translation with Introduction and Commentary*. AB 34C. New York: Doubleday, 2000.

Garland, David E. *Colossians and Philemon*. NIVAC. Grand Rapids: Zondervan, 1998.

Gorday, Peter, ed. *Colossians, 1-2 Thessalonians, 1-2 Timothy, Titus, Philemon*. ACCS 9 (NT). Downers Grove, IL: InterVarsity, 2000.

Harris, Murray J. *Colossians and Philemon*. EGGNT. Grand Rapids: Eerdmans, 1991.

Lightfoot, J. B. *Saint Paul's Epistles to the Colossians and to Philemon*. London: Macmillan, 1897. Reprinted, Grand Rapids: Zondervan, 1971.

Lohse, Eduard. *Colossians and Philemon*. Hermeneia. Philadelphia: Fortress, 1971.

Martin, Ralph P. *Colossians and Philemon*. NCB. Grand Rapids: Eerdmans, 1973.

McKnight, Scot. *The Letter to Philemon*. NICNT. Grand Rapids: Eerdmans, 2017.

Melick, Richard R., Jr. *Philippians, Colossians, Philemon*. NAC 32. Nashville: Broadman, 2000.

Moo, Douglas. *The Letters to the Colossians and to Philemon*. PNTC. Grand Rapids: Eerdmans, 2008.

Moule, C. F. D. *The Epistles of Paul the Apostle to the Colossians and to Philemon*. CGTC. Cambridge: Cambridge University Press, 1968.

O'Brien, Peter T. *Colossians, Philemon*. WBC 44. Waco: Word, 1982.

Thompson, James, and Bruce W. Longenecker. *Philippians and Philemon: A Commentary*. PCNT. Grand Rapids: Baker Academic, 2016.

Thompson, Marianne Meye. *Colossians and Philemon*. THNTC. Grand Rapids: Eerdmans, 2005.

Vincent, Marvin R. *A Critical and Exegetical Commentary on the Epistles to the Philippians and to Philemon*. ICC. New York: C. Scribner's Sons, 1911.

Wall, Robert W. *Colossians and Philemon*. IVPNTC. Downers Grove, IL: InterVarsity, 1993.

Wilson, R. McL. *A Critical and Exegetical Commentary on Colossians and Philemon*. ICC. Edinburgh: T&T Clark, 2005.

Wright, N. T. *The Epistles of Paul to the Colossians and to Philemon*. TNTC. Leicester, UK: Inter-Varsity, 1986.

빌레몬서: 연구논문(article)과 소논문(essay), 그리고 단행본들

Banker, J. A *Semantic and Structural Analysis of Philemon*. Dallas: Summer Institute of Linguistics, 1990.

Barclay, John M. G. "Paul, Philemon and the Dilemma of Christian Slave-Ownership." *NTS* 37 (1991): 161-86.

Birdsall, J. N. "Πρεσβύτης in Philemon 9: A Study in Conjectural Emendation." *NTS* 39 (1993): 625-30.

Brogdon, Louis. *A Companion to Philemon*. Eugene, OR: Cascade, 2018.

Burtchaell, J. T. "Paul's Epistle to Philemon: Toward an Alternative Argumentum." *HTR* 86 (1993): 357-76.

———. *Philemon's Problem: A Theology of Grace*. Grand Rapids: Eerdmans, 1998.

Church, F. F. "Rhetorical Structure and Design in Paul's Letter to Philemon." *HTR* 71 (1978): 17-33.

Cope, L. "On Rethinking the Philemon-Colossians Connection" *Biblical Research* 30 (1985): 45-50.

De Vos, C. S. "Once a Slave, Always a Slave? Slavery, Manumission and Relational Patterns in Paul's Letter to Philemon." *JSNT* 82 (2001): 89-105.

Frilingos, C. "'For My Child, Onesimus': Paul and Domestic Power in Philemon." *JBL* 119 (2000): 91-104.

Glaze, R. E., Jr. "Onesimus: Runaway or Emissary?" *TTE* 54 (1996): 3-11.

Goodenough, E. R. "Paul and Onesimus." *HTR* 22 (1929): 181-83.

Harrill, J. Albert. "Using the Roman Jurists to Interpret Philemon: A Response to Peter Lampe." *ZNW* 90 (1999): 135-38.

Heil, John P. "The Chiastic Structure and Meaning of Paul's Letter to Philemon." *Bib* 82 (2001): 178-206.

Ip, Alex Hon Ho. *A Socio-Rhetorical Interpretation of the Letter to Philemon in Light of the New Institutional Economics: An Exhortation to Transform a Master-Slave Economic Relationship into a Brotherly Loving Relationship*. WUNT 2/444. Tübingen: Mohr Siebeck, 2017.

Jeal, Roy R. *Exploring Philemon: Freedom, Brotherhood, and Partnership in the New Society*. Rhetoric of Religious Antiquity 2. Atlanta: SBL Press, 2015.

Johnson, Matthew V., James A. Noel, and Demetrius K. Williams, eds. *Onesimus Our Brother: Reading Religion, Race, and Culture in Philemon*. Minneapolis: Fortress, 2012.

Knox, John. *Philemon among the Letters of Paul*. London: Collins, 1960.

Marshall, I. Howard. "The Theology of Philemon." In *The Theology of the Shorter Pauline Letters*, edited by K. P. Donfried and I. H. Marshall, 175-91. Cambridge: Cambridge University Press, 1993.

Mullins, T. Y. "The Thanksgivings of Philemon and Colossians." *NTS* 30 (1984):

288-93.

Nordling, J. G. "Onesimus Fugitivus: A Defense of the Runaway Slave Hypothesis in Philemon." *JSNT* 13 (1991): 97-119.

Petersen, Norman R. *Rediscovering Paul: Philemon and the Sociology of Paul's Narrative World*. Philadelphia: Fortress, 1985.

Rapske, Brian M. "The Prisoner Paul in the Eyes of Onesimus." *NTS* 37 (1991): 187-203.

Sanders, L. L. "Equality and a Request for the Manumission of Onesimus." *ResQ* 46 (2004): 109-14.

Seesengood, Robert. *Philemon: Imagination, Labor, and Love*. London: Bloomsbury, 2017.

Still, Todd D. "Philemon among the Letters of Paul: Theological and Canonical Considerations." *ResQ* 47 (2005): 133-42.

Tolmie, D. Francois, ed. *Philemon in Perspective: Interpreting a Pauline Letter*. BZNW 169. Berlin: de Gruyter, 2010.

Winter, S. C. "Paul's Letter to Philemon." *NTS* 33 (1987): 1-15.